木部誠二著

有所不為齋雑録の史料にみる日本開国圧力

―与力聞書とオランダ国王開国勧告史料―

汲古書院

①

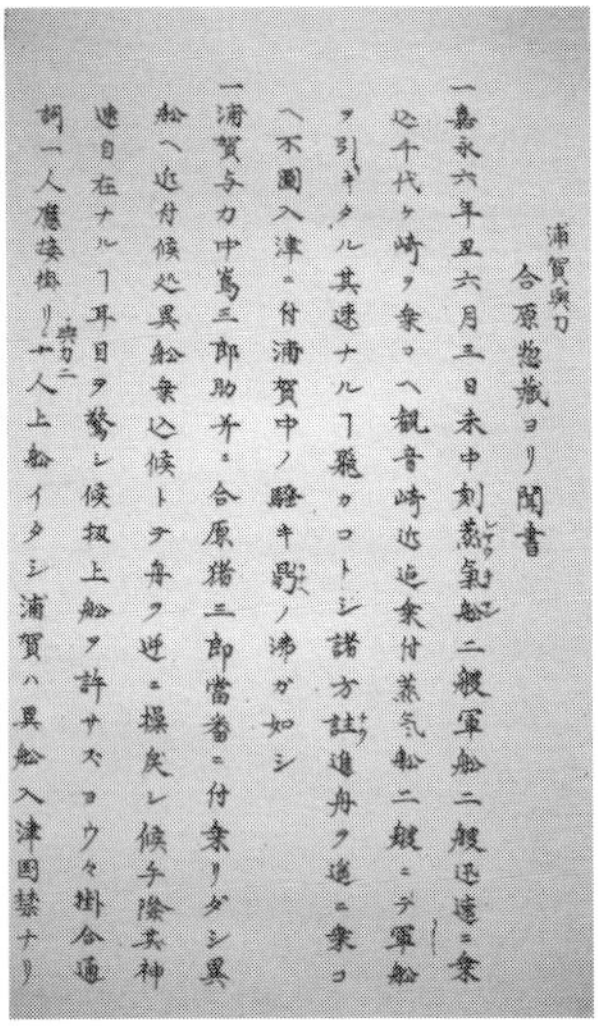

浦賀與力
合原惣蔵ヨリ聞書

一嘉永六年丑六月三日未中刻蒸氣船二艘軍船二艘迅速ニ乗込千代ヶ崎ヲ乗コヘ觀音崎近迄乗付蒸氣船二艘ニテ軍船ヲ引キタル其速ナルコト飛カコトシ諸方註進舟ヲ遣ニ乗コヘ不圖入津ニ付浦賀中ノ騒キ鼎ノ沸カ如シ

一浦賀与力中島三郎助并ニ合原猪三郎當番ニ付乗リダシ異船ヘ近付候処異船乗込候トテ舟ヲ逆ニ操戻シ候テ除其神速自在ナルコト耳目ヲ驚シ候扨上船ヲ許サスヨウヤク掛合通詞一人應接掛リ一人上船イタシ浦賀ハ異船入津國禁ナリ

②

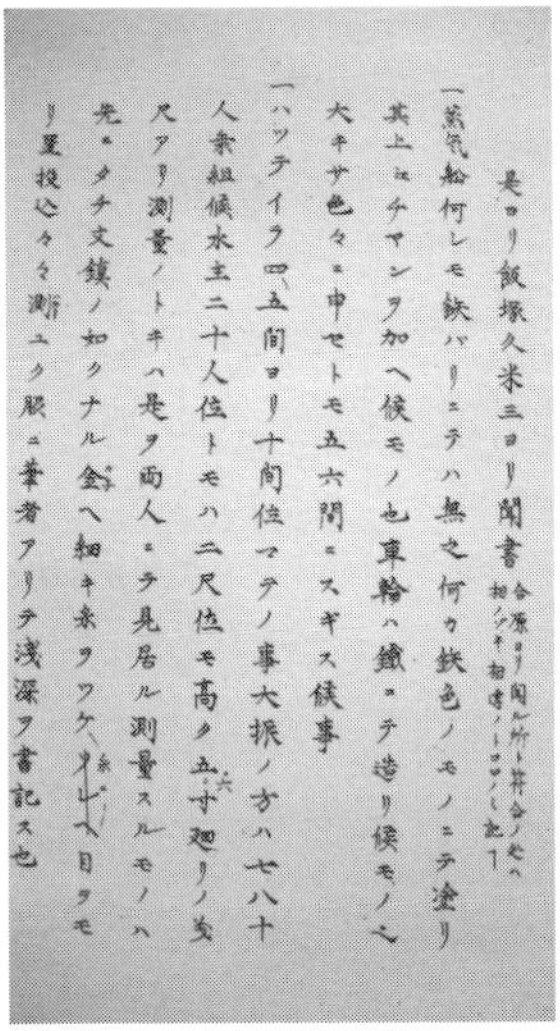

是ヨリ飯塚久米三ヨリ聞書

一蒸氣船何レモ鉄バリニテハ無之何カ鉄色ノモノニテ塗リ其上ニハチヤンヲ加ヘ候モノ也車輪ハ鐵ニテ造リ候モノ之大キサ色々ニ申セトモ五六間ニスギス候事

一ハツテイラ四五間ヨリ十間位マテノ事大振ノ方ハ七八十人乗組候水主二十人位トモハ二尺位モ高ク五寸廻リノ竿ヲ立測量ノトキハ是ヲ両人ニテ見居ル測量スルモノハ先ニタチ文鎮ノ如クナル釜ヘ細キ糸ヲツケ目ヲモリ置投込々々断ユク所ニ筆者アリテ浅深ヲ書記ス也

③

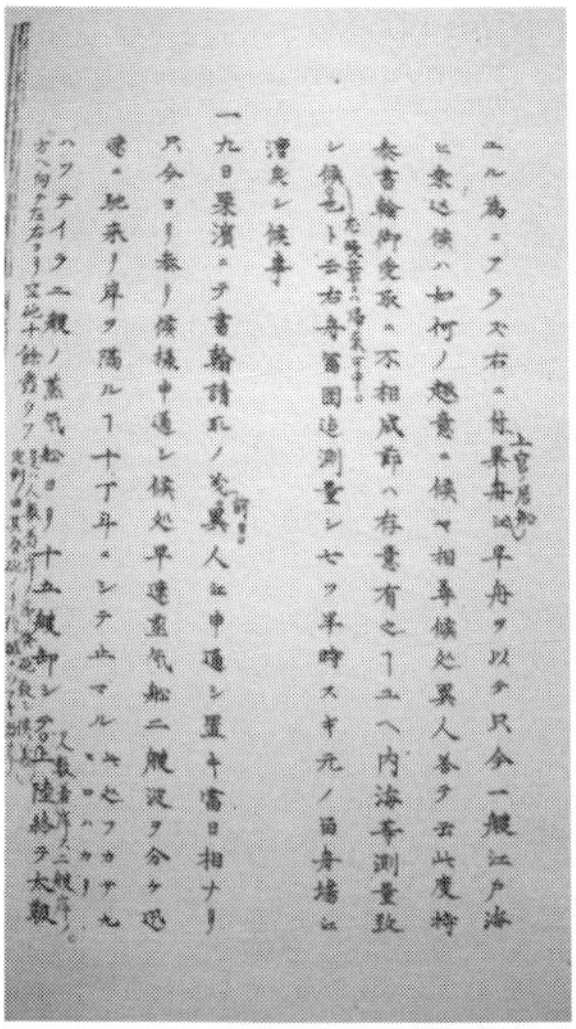

ニル為ニアラス右ニ付早舟ヲ以テ只今一艘江戸海ニ乗込候ハ如何ノ趣意ニ候ヤ相尋候処異人答テ云此度持参書翰御受取ニ不相成節ハ存意有之コトニヘ内海等測量致シ候ト云右等留置迄測量シセツ早晩スキ元ノ碇泊場ニ滞泊シ候事

一九日栗濱ニテ書翰請取ノ処異人ニ申通シ置キ當日相ナリ只今ヨリ参リ候様申遣シ候処早速蒸氣船二艘ヲ分ケ迅速ニ馳来リ岸ヲ隔ルコト十丁斗ニシテ止マル

ハツテイラ二艘ノ蒸氣船ヨリ十五艘卸シ陸路ヲ大艘

④

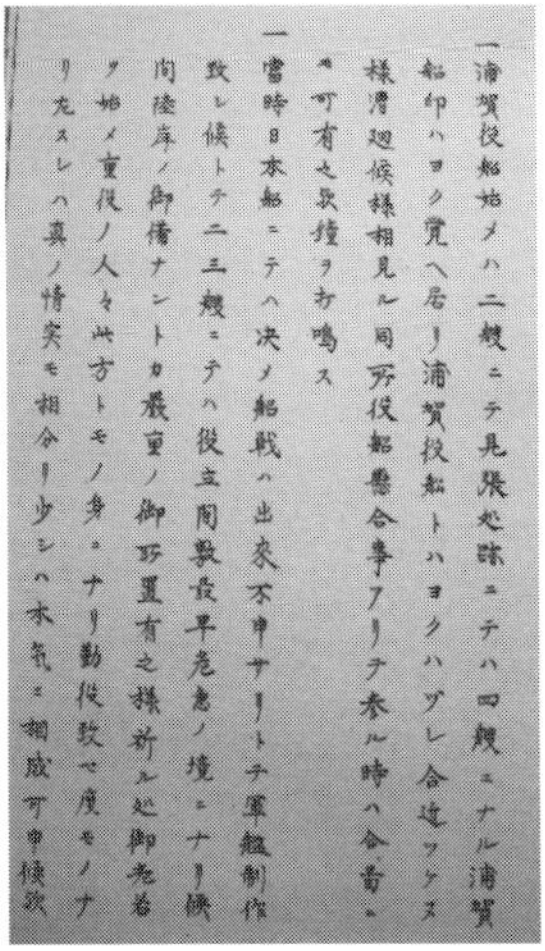

一浦賀役船始メハ二艘ニテ見張処跡ニテハ四艘ニナル浦賀船印ハヨク覚ヘ居リ浦賀役船トハヨクハヅレ合近ツケス様漕廻候様相見ル同所役船懸合事アリテ参ル時ハ合圖ニ可有之哉鐘ヲ打鳴ス

一當時日本船ニテハ决ノ船戦ハ出来不申ナリトテ軍艦制作致シ候トテ二三艘ニテハ役立間敷最早危急ノ境ニナリ候間陸岸ノ御備ナントカ最重ノ御所置有之様祈ル処御先者ヲ始メ重役ノ人々此方トモノ身ニナリ勤役致セ度モノナリ尤スレハ真ノ情実モ相分リ少シハ本氣ニ相成可申候欤

⑤

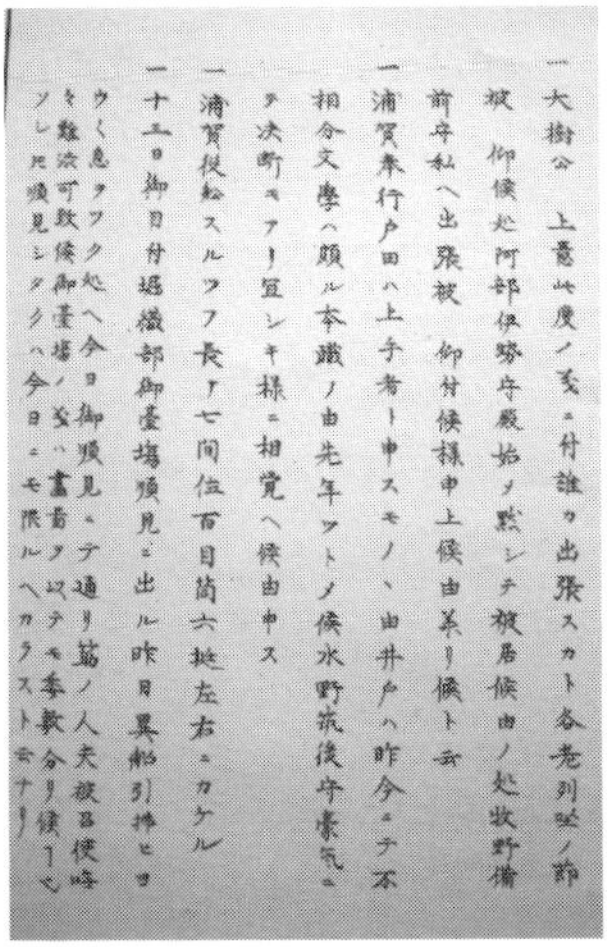

一大樹公　上意此度ノ変ニ付誰カ出張スカト各老列坐ノ節被　仰候処阿部伊勢守殿始メ黙シテ被居候由ノ処牧野備前守私ヘ出張被　仰付候様申上候由ニ承リ候ト云

一浦賀奉行戸田ハ上手者ト申スモノヽ由井戸ハ昨今ニテ不相分文學ハ頗ル本識ノ由先年ワトノ候水野筑後守豪氣ニテ決断モアリ宜シキ様ニ相覚ヘ候由申ス

一浦賀役船スルワフ長サ七間位百目筒六挺左右ニカケル

一十五日御目付堀織部御臺場頃見ニ出ル昨日異船引払ヒヨウヽ急ワツク処ヘ今日御頃見ニテ通リ葛ノ人夫被召使時々難渋可致候御臺場ノ変ハ書留ヲ以テモ参數合リ候コトソレ見頃見シタクハ今日ニモ限ルヘカラスト云ナリ

⑥

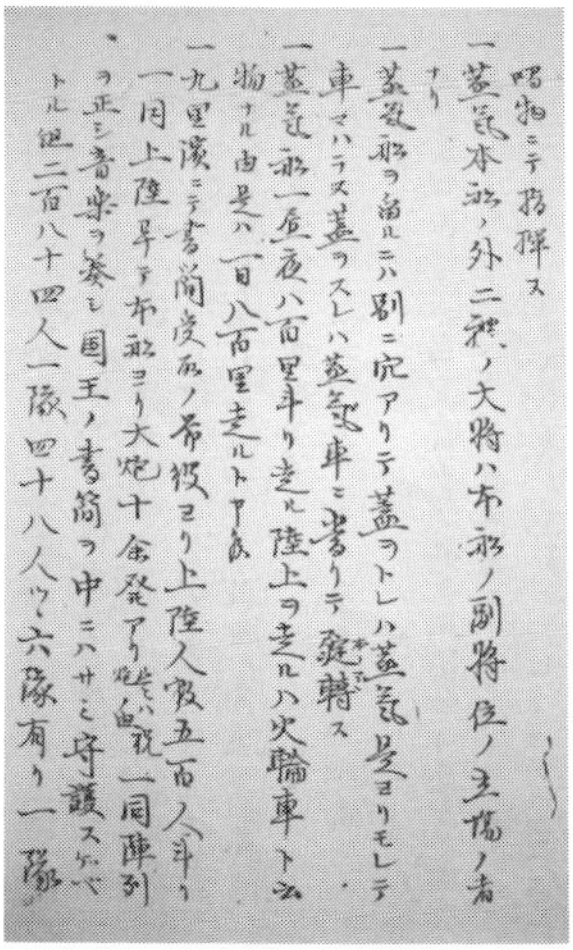

喝物ニテ指揮ス

一蒸氣本船ノ外二船ノ大将ハ布船ノ副将位ノ主備ノ者ナリ

一蒸氣船ノ甲ル二ハ割ニ穴アリテ蓋ヲトレハ蒸氣是ヨリモレテ車マハラス蓋ヲスレハ蒸氣車ニ當リテ旋轉ス

一蒸氣船一昼夜八百里斗リ走ル陸上ヲ走ルハ火輪車ト云物ナル由是ハ一日八百里走ルトアル

一九里濱ニテ書簡受取ノ節彼ヨリ上陸人凡五百人斗リ一同上陸早テ布船ヨリ大炮十余発アリ一同陣列ヲ正シ音楽ヲ奏シ國王ノ書簡ヲ中ニハサミ守護スルヘトル但二百八十四人一隊四十八人ツヽ六隊有リ一隊

⑦

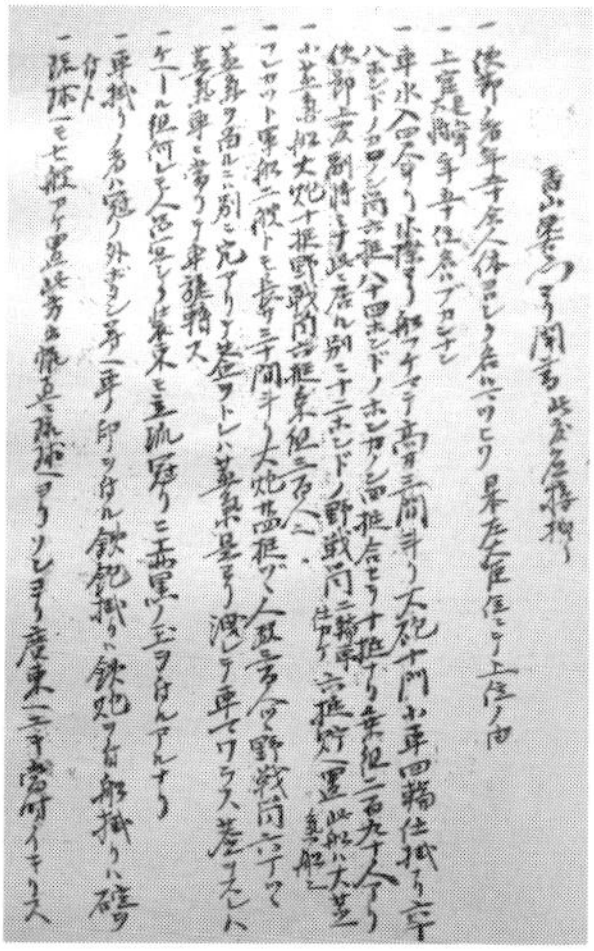

⑧

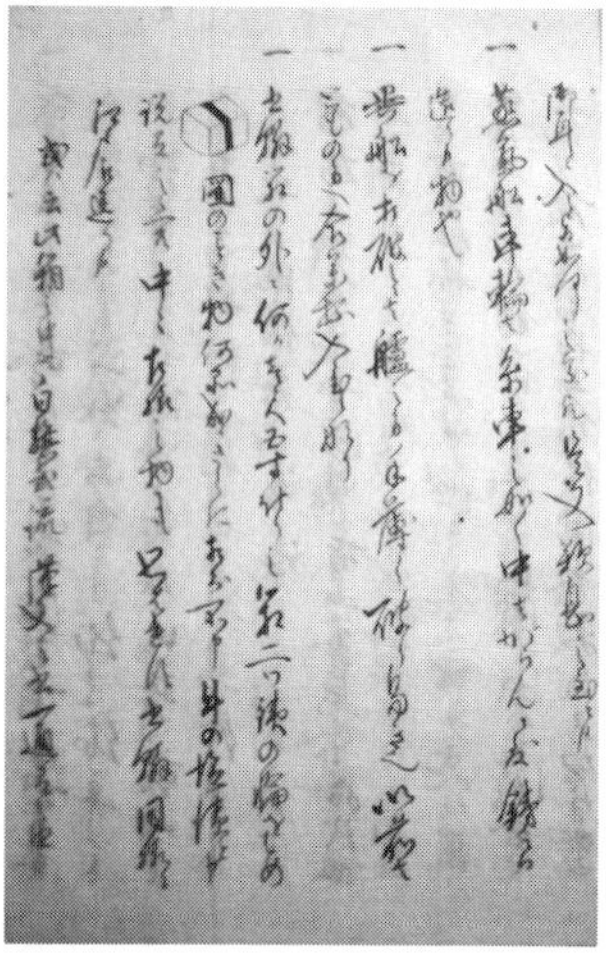

⑨

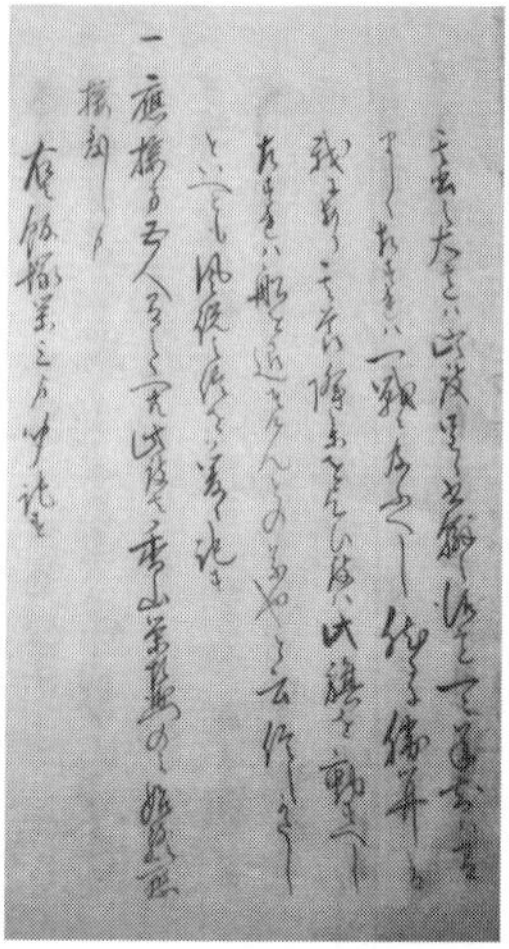

⑩

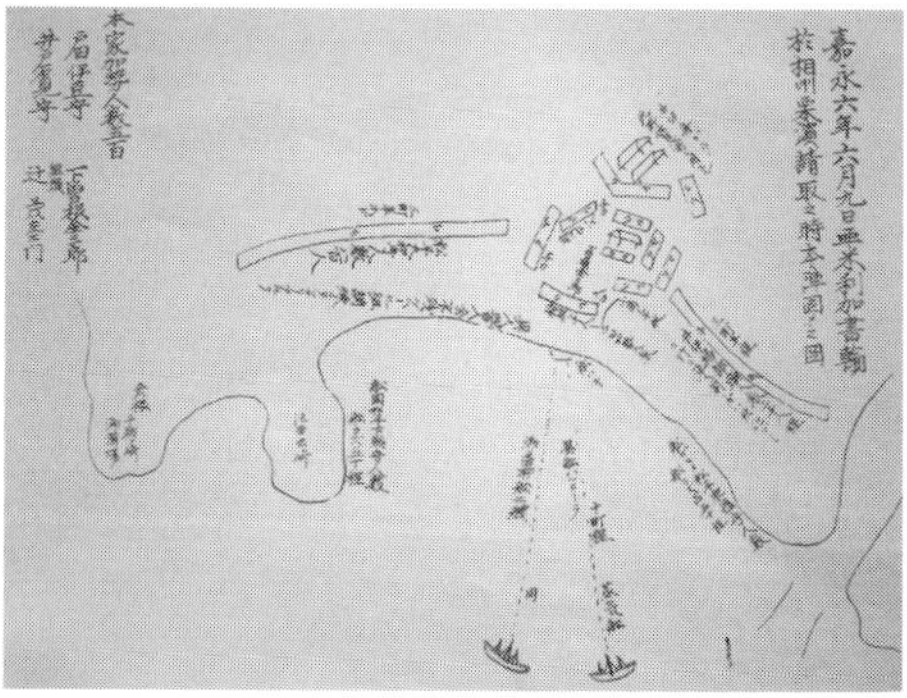

⑪

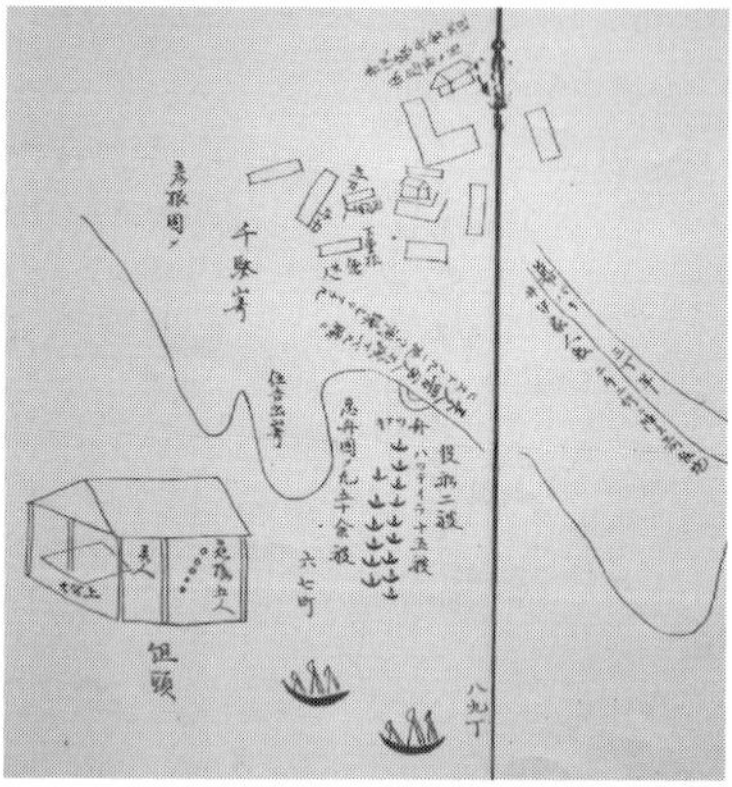

⑫

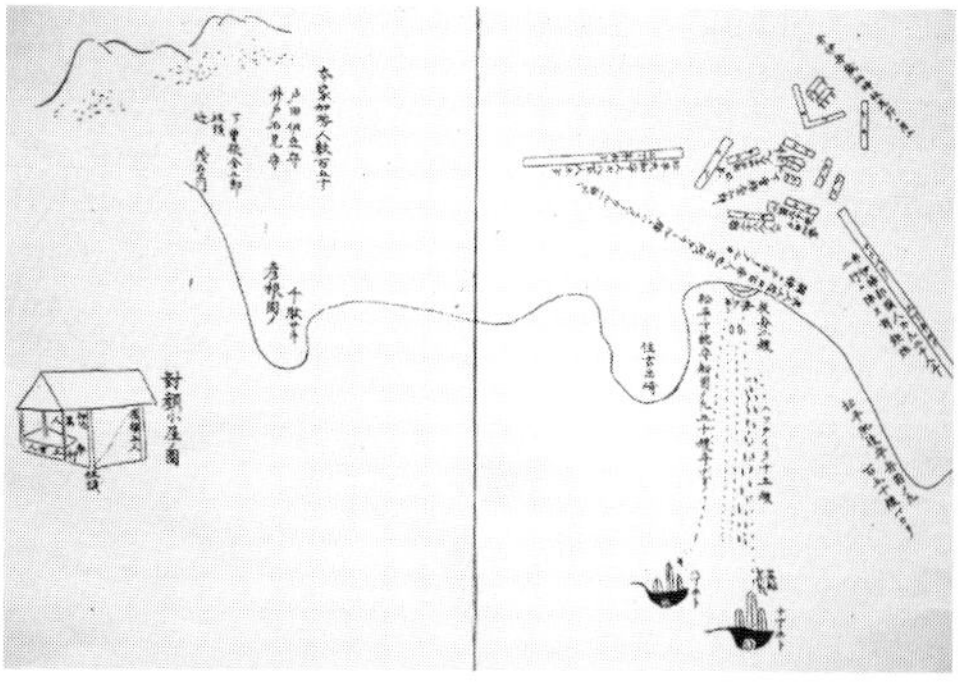

⑬

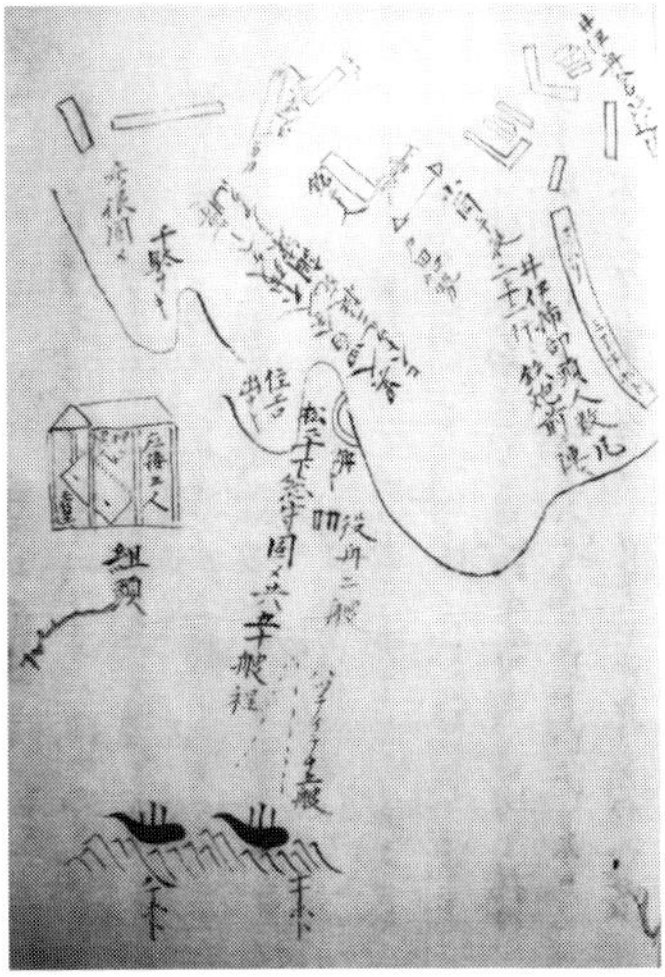

⑭

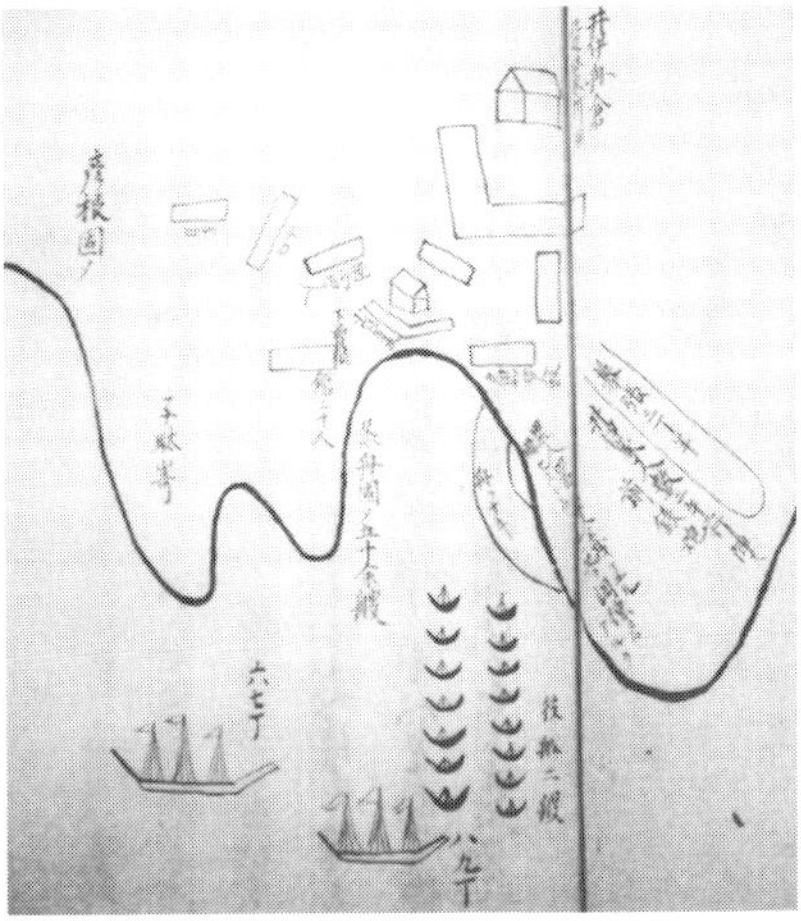

⑮

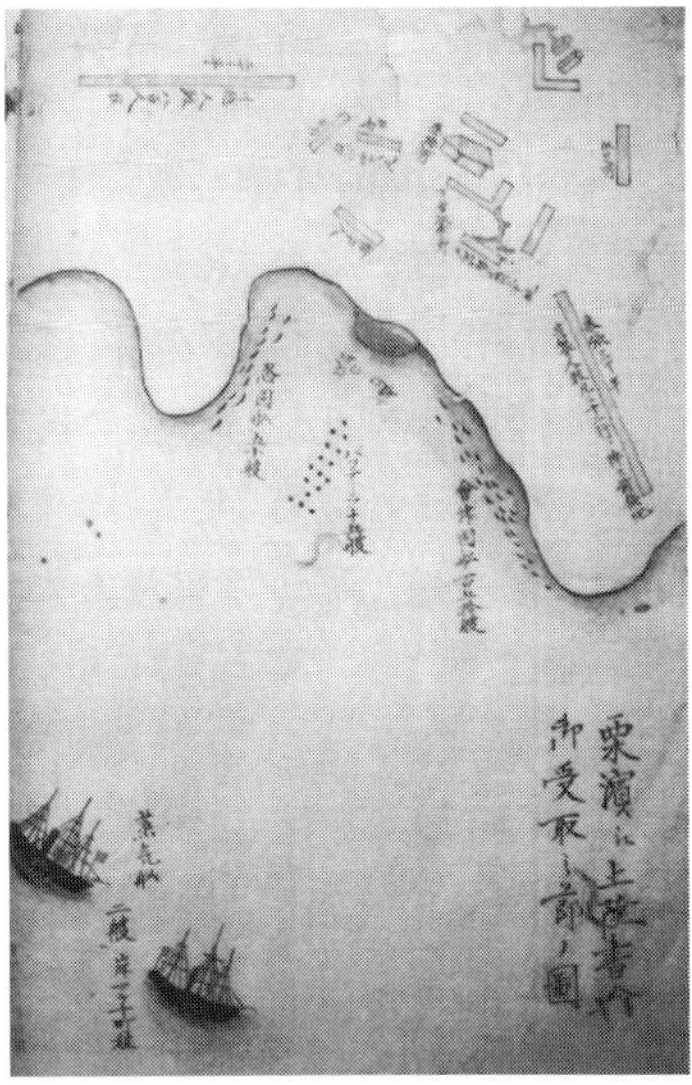

⑯

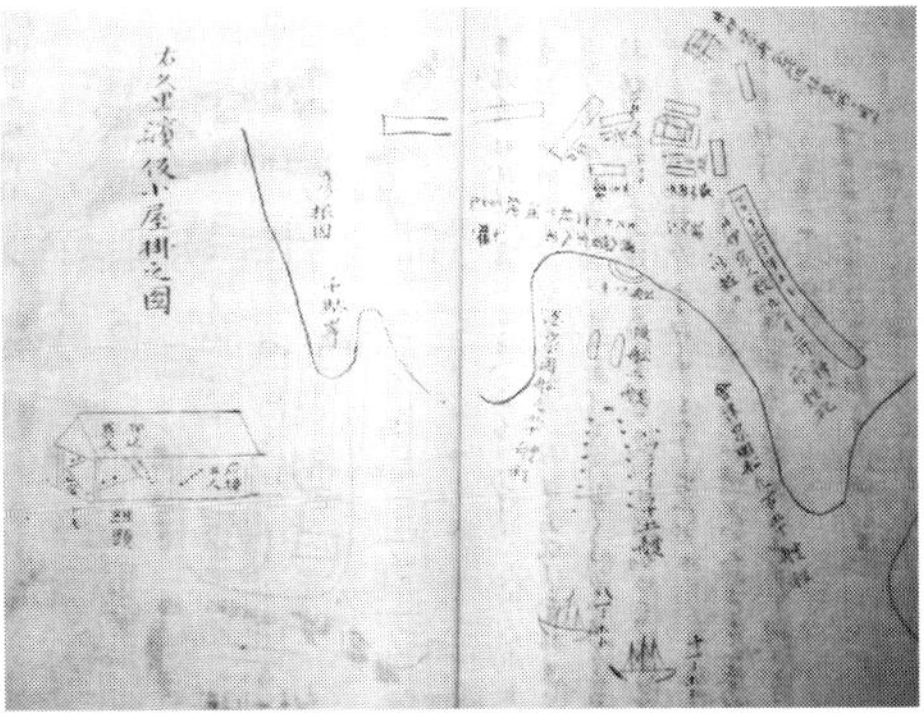

⑰

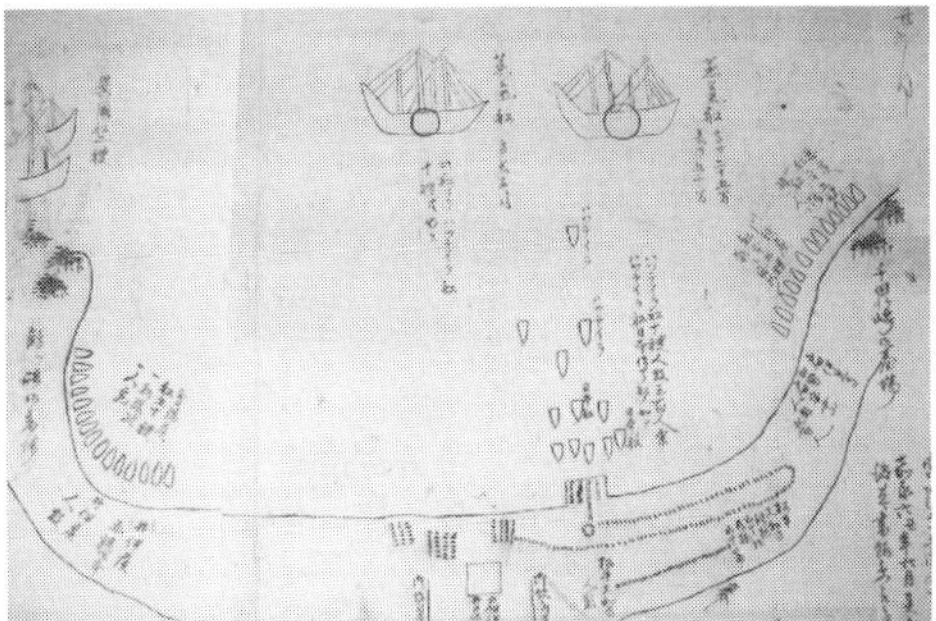

第七節　各稿本系諸写本……111
イ　初稿本系「嘉永癸丑アメリカ船渡来記聞」（記聞本）……111
ロ　初稿本系「海防名応接記」（玉里本）補筆……125
ハ　改稿本系「浦賀与力より之聞書」（内閣本）……139
ニ　改稿本系「飯塚久米三郎ヨリ聞書他」（雑件本）……147
ホ　再稿本系「米船浦賀渡来一件」（一件本）……155
ヘ　再稿本系「亜墨利加軍艦渡来秘譚」（秘譚本）……166
ト　再稿本系「米夷留船秘談」（秘談本）……180
チ　再稿本系「賀港来船記」（船記本）……197
リ　再稿本系「浦賀新聞」（新聞本）……202
ヌ　再稿本系「アメリカ使節応接始末」（始末本）……217
ル　再稿本系「合原伊三郎ヨリ聞書略他」（雑集本）……237
ヲ　再稿本系「灰原某ヨリ聞書他」（片葉本）……250
ワ　再稿本系「合原惣蔵ヨリ聞書他」（片葉七本）……263
第八節　「与力聞書」受容史……283
イ　岡千仞「訂正尊攘紀事補遺」衛兵進入と鼎沸……283
ロ　中村勝麻呂「井伊大老と開港」不測の事態と開港の断行……290

ハ 渡辺修二郎「阿部正弘事蹟」異人の嘲弄と穏便なる開国政策……293
ニ 徳富蘇峰「近世日本国民史 開国日本（二）」危機的現実から討幕への転換……297
ホ 井野辺茂雄「新訂維新前史の研究」実力を伴わない外交と白旗書簡……311
ヘ 高橋恭一「浦賀奉行」与力聞書写本の史料引用……314
ト 「秘談本」風説・白旗書簡の挿入とその展開……325
チ 「ペリー来航予告情報」と与力聞書……338
リ 「与力聞書」受容史まとめ……347
第二章 ペリー来航予告情報とオランダ国王開国勧告史料の研究
──嘉永五年壬子六月和蘭告密書御請取始末にみる幕府政権中枢との情報ネットワーク──……355
はじめに……355
第一節 御請取始末の概要……356
第二節 御請取始末の史料検討……363
イ 都督筆記受理の可否……363
ロ 海防掛評議答申……367
ハ 商館長の誓約と都督筆記開示……372
ニ 前商館長へ挨拶口上案申請……375
ホ 日蘭通商条約草案……378

第三節　御請取始末にみる朱書及び朱書頭註の意味……382
第四節　御請取始末と鈴木大雑集の史料……383
第五節　御請取始末とオランダ国王開国勧告史料……386
第六節　オランダ国王開国勧告と幕府対応史料「弘化元年二年和蘭告密」の概要……387
第七節　弘化元年二年和蘭告密の史料検討……390
イ　和蘭襍録・海軍歴史との対比……390
第八節　御請取始末の加朱にみる幕府政権中枢との情報ネットワーク雛形……395
イ　藤陰関藤先生碑……397
ロ　関藤藤陰年譜にみる石川の政局中枢に至る次第　閣老君側御用の心得……403
ハ　石川添川にみる幕府機密情報の授受……411
ニ　頼山陽・菅茶山・篠崎小竹に学ぶ石川添川の詩文……413
第九節　添川廉齋の史料収集と時局認識……432
附録史料……455
イ　四稿本（初稿本・改稿本・再稿本・修訂本）対校「与力聞書」校本……457
ロ　「与力聞書」諸写本翻字……557

有所不為齋雑録の史料にみる日本開国圧力

——与力聞書とオランダ国王開国勧告史料——

序　章　与力聞書とオランダ国王開国勧告史料研究の沿革と構成

第一節　本研究の端緒と沿革

有所不為齋雑録は、添川廉齋遺稿の晩期・嘉永五年より安政四年末に至り成立した。雑録は対外危機と国内変革を座標軸に、国家治乱の境に立つとの認識のもと開国という社会変革に対峙し、テーマ別史料収集の一つとしてその第三癸丑浦賀雑録で「浦賀与力合原総蔵ヨリ聞書他」として与力聞書を収録し、幕末前期の日本とそれを取り巻く東アジアの姿を生々しく剔出する。ここに添川と与力聞書筆者には、共通の土壌発想があり、与力聞書推敲の在り方に史料収集の近似性もみえる。添川から与力聞書をみると、幕末日本が直面した現実を直視し、維新日本のあるべき姿を模索した精神の軌跡が語られていると観想した筈である。情報をどう処理すれば多面的な現実の真の姿を捉えうるか。それは維新日本のあるべき姿であると確信模索した雑録編輯に、また与力聞書推敲に表現されているのである。

与力聞書は、ペリー来航当時現地で直接応接に当たった五人の浦賀与力による日本側記録の原拠である。与力聞書が写本として流布拡散したのは、与力聞書が表記した「米人闖入一件」が事実として感想されその衝撃が一因だが、国内政治に影響する海外情報として、身分階級の壁を越えた問題であったことによる。写本の奥書をみると藩士・志士・知識人・商人とあらゆる階層の人が書写し、幕末社会に生きるため社会の枠に安住することなく、情報収集活動を展開している。ここには情報収集を特権化して推進した階級への反発というより、むしろ天保以来飢饉に疲弊した社会に生き、日本近海に出没する外国船警備と幕府へ報告する藩財政衰微の根底に生きる人々の姿が、与力聞書の情報収集に生きる証を求める姿として表現されているのである。

第一章では、大日本古文書「幕末外国関係文書之一」に収められた「浦賀奉行支配組与力等よりの聞書」この所謂一六号文書には、参照された「続通信全覧類輯／有所不為齋雑録」を掲げ、二種の引用書の誤脱を指摘する。誤脱とは何か、如何に誤脱を止揚して一六号文書は成り立っているのか。古文書本・類輯本・雑録本を調べても知の扉は開かず、紆余曲折して流布する写本を発掘調査するに至ったのである。諸写本がどのように存在し、特にその表記が右三本とどう関わるのか。その表記の特徴は何か。本文と説明の風説挿入、奥書等逐一検討することにより、一六号文書に至る雑録本と類輯本そして諸写本の関係と表記の特徴意味を明らかにしたい。

第二章は、今何故「ペリー来航予告情報」なのか。それは一六〇年前の事実が日本の方向性を決め、鎖国制度のみならず体制までも崩壊させ、維新の扉を開けた原点を探ることにある。ここでいう「予告情報」とは、雑録第一四に収録された史料「嘉永五年壬子六月和蘭告密書御請取始末」と付随する「甲辰乙巳（弘化元年二年）和蘭告密」所謂オランダ国王開国勧告の一連史料である。嘉永五年長崎にて通信の嫌疑がかかる返翰を望まなければ、ペリー来航予告情報を受け取る問題が生じ、八年前オランダ国王開国勧告を弘化二年に祖法遵守をもって拒絶し以後再び通信のなきよう諭したこととかかわるのである。幕府機密史料「御請取始末」の加朱答申には、史料を諮問した幕閣との間に幕府政権中枢との情報ネットワークが存在することを明らかにした。さらに嘉永五年末まで知られるペリー来航予告情報の関係各所へ通達後とその情報に対する幕閣有司の不見識、筒井肥前守の建言が受け入れられず、翌六年の来航まで放置された動向の一端を垣間見ることができる。幕末の入口で成立したこれらの史料には、世の風潮とは異なる思想による朱書と朱書頭註が付き、新しい時代の方向性を示している。識者には膾炙した雑録ではあるが、史料は引用されることはあっても史料自体の研究は寡聞のため知らない。「御請取始末」のオランダ側の本意は、咬嚠吧都督筆記によりペリー来航を予告し、日本安全のため日蘭通商条約締結批准にあり、この間の動向を明らかにする。

第二節　本研究の目的と視点

第一章では与力聞書諸写本の表記を調べることにより、諸写本は三系統の本文表記を持つことが明らかとなった。その写本三系統の原本はいずれも存在せず、中でも善本は雑録本・類輯本・「高麗環雑記」に収められた雑記本「合原惣蔵ヨリ聞書他」である。表記の特徴と諸写本奥書の日付を勘案すると、この三本が三系統として初稿本・改稿本・再稿本にあたると考えた。ここに古文書本冒頭の按文割註にある二種の引用書存在の意味、また誤脱の意味を初めて明らかにすることができるのである。

一六号文書成立は、雑録本・類輯本から直接導き出すことができなかった。ここに再稿本を設定することにより、一六号文書の存在と表記の特徴を把握できる。それは一六号文書の原本「幕末外交文書集」が存在し、改稿本の本文を底本とし、原則朱で削除・訂正・補足等を施し、その多くを再稿本表記に依っている。一六号文書は、初稿・改稿と展開した与力聞書とは別に、専ら再稿本表記に依り成立しているのである。各稿本系写本は、各稿本原本の書写本である。一六号文書は再稿本による単なる写本ではなく、「彼此参照訂正ヲ加ヘ、其大ニ異ナルモノハ之ヲ傍註ス」る校訂を経た修訂本として存在する。与力聞書は修訂本以外にも、初稿本・改稿本の特徴ある表記が存在することを忘れてはならない。

諸稿本各項の構成は、改稿本の表記形式に至り決定する。初稿本合原第六・一八・二三項、飯塚第八・二〇・二三項、樋田第八・一〇・一一・一六・一七・一八項を全文削除し、改稿本以下の構成が成立した。初稿本合原第二項の末尾「滞船中薪水乏敷候ハヽ、」の薪水給与条から、改稿本以下の項目を改め第三項とした。初稿本合原第一九より二三項の順番を変更し、改稿本以下第一五・一八・一五・一六・一七項とした。玉里本本文は再稿本系であるが、初稿本を参照して補筆する特徴がある。初稿本樋田第八・一〇・一一・一六・一七・一八項は、改稿本以下全文削除されたが、玉里本本文で細字補筆すべきところ、特異な内容を持つとの判断か本文に格上げし項目順番を引き上げて樋田第二・三・四・五・六・七項とした。この細字補筆すべき表記を本文として補足表記した所に「与力聞書」書写史上、初めての校訂作業として古文書本の原本・文書集本の本文校訂に先立つ意義があるのである。

改稿本表記の特徴は、初稿本表記を大きく削除した点にある。さらに表記の変更・補足・倒置等により表現の簡素化・事実の本質に迫り・集約化を図り、達意の文体を目指した。これは久里浜応接場の米人闖入一件の本文表記形成に著しく窺える。内閣本は改稿本を比較的忠実に書写した改稿本系写本だが、二一五例の異文中六三例が初稿本表記である。その多くは初稿本を参照しなければ達成できぬ特異な表記ではなく、内閣本筆者の書写方針や用字法に由来すると考える。ここにも改稿本を底本として書写するにあたり、先行して成立した初稿を参考にするとは、再稿本形成に通じる姿勢を見ることができる。

再稿本の雑記本を初めは、当然改稿本系写本と考えた。初稿本と改稿本から一六号文書表記を捻出できず、しかし雑記本が一六号文書表記に近似する位相に気づいたのである。ここに雑記本を改稿本系写本とせず、新たに再稿本表記を設定する発想が生まれたのである。従ってここに一六号文書成立を解明する筋道が開け、初稿本・改稿本・修訂本との関係を説明できると考えた。

修訂本の原本・文書集本の朱書補訂一覧五九八例中三三五例が、再稿本表記に専ら依拠している。再稿本表記の特徴は、初稿本が浦賀等方言を含む点、より明快に事実を伝達しようと稿本の改訂を再三行い、事実実態を伝えるため初稿で削除した表記を再び採用補足している点にある。表記形式からみると、改稿は初稿を大きく削除して遠ざかり、再稿は削除した初稿表記を変更補足して初稿に近づいていると言える。しかし諸写本の奥書等により聞書本文を各稿本系に分類が可能となり判明したのは、初稿成立後約一ヶ月で改稿のみならず再稿まで脱稿していたという事実であった。この情報整理の驚異的なエネルギーには、収集した史料を徹底して分析し、史的事実・実像に迫ろうとする真摯な追求姿勢が窺えるのである。

文書集本補訂者兼古文書本編纂掛・中村勝麻呂は、再稿本を見ながら雑記本と明記しなかった。稿本の改訂にあたり、表記の削除変更を「誤脱」と表現する。それは修訂本の本文底本に官撰史料の改稿本を置く所以から、再稿本が改稿本のように政府編纂書に掲載された史料として認知されていなかった一写本であることによる。また与力聞書が単一の原本に由来するとの認識にあることによる。現今も単一の原本を想定した識者の言動も存在するからである。諸本調査により与力聞書は、漢字片仮名で表記されていたとみる。一件本奥書に「此聞書真かたかなにてしたゝめ有之候へと手間とり候」とあり、漢字は行草体で、仮名は変体仮名を含む平仮名で連綿可能に書写されたのである。その結果、始末本にある多くの誤写誤解を、漢字草体の判読ミスに求めることができる。簡便な書写が、多くの誤写を生むことになった。

第二章では「御請取始末」により、幕閣有司の国法に媚事し体制維持に固執する体質、長崎奉行牧志摩守義制の出府後老中の諮問にオランダ商館長は貪欲でアメリカとの貿易仲介で儲けるつもりとの見当違いの讒訴といえる答申、鎖国中にオランダによる開国通商の勧告は幕府にとり不可能で、ペリー来航予告情報共々放置する他なかった次第をみる。「御請取始末」には嘉永五年一一月以降の評議答申を窺わせる史料がある。朱書頭註には幕閣の言動の過ちを西洋史や地誌に対する認識の欠如にあることを指摘し、そこから生まれる偏見、誤った判断がペリー来航まで無策に経過した要因を語る。朱書頭註を加朱答申した時期は一二月中またそれ以降を指示する。開明的な答申をした無名氏と諮問した幕府中枢、それは恐らく阿部伊勢守との情報ネットワークの存在が推定される次第をみる。

第三節　本研究の構成と概要

第一章の構成は、一、活字三本調査の限界　二、三稿本の解明と一六号文書　三、諸本聞書各項の構成対比　四、初稿本と改稿本表記の特徴　五、再稿本表記の特徴　六、幕末外交文書集とその朱書補訂一覧　七、各稿本系諸写本　八、与力聞書の受容史　九、附録史料・四稿本（初稿本・改稿本・再稿本・修訂本）対校「与力聞書」校本。「与力聞書」諸写本翻字　以上である。附録史料は第二章の後に付した。

与力聞書は、ペリー来航の日本側記録の原拠である。嘉永六年ペリー来航より現代まで約一六〇年間の与力聞書受容史は、近現代において著しい特徴を持つ。尊攘論者の岡千仞は、明治一七年出版「訂正尊攘紀事補遺」に国書授受を「校将白刃を揮ひ軍をして、各隊整列せしむ。簇擁して館に入り、館隘く衛兵の進入を遏むるも聴かず。」と米人闖入一件を語り国体の侮辱と観想する。ここに攘夷から討幕への転機が存在する。明治四〇年代には旧彦根藩士・中村勝麻呂は「井伊大老と開港」で、旧福山藩士・渡辺修二郎は「阿部正弘事蹟」でいずれも米人闖入一件を語るが、両国親交の端を発き、戦端を開かない政策が国の存続・維新明治をもたらしたと語る。幕末外国関係文書の刊行によの情報活動」第二章第一節の「牧義制の伺書に『別紙三包』…とは〔A〕から〔E〕のどれとどれが組になっていたのかは現時点では不明である。」とする内容がわかる。つまり表書上書③ロに史料②Bを付けた一包、表書上書③ニに包まれた史料②CEと再願横文字表書上書③ハの一包、史料②Dの一包であった。「弘化元年二年和蘭告密」史料全二〇項は前後二段に分かれ、その前段は長崎訳官無名氏訳史料を掲げ、「海軍歴史」四「書翰外箱上書の和解」の宛名は「日本国王帝殿下え」とあるはずが「日本国帝殿下」となり、渋川六蔵訳語に変更され、同五「和蘭国王書翰和解」にないはずの渋川六蔵訳が補足される史料改竄をみた。「和蘭襍録」が掲げる渋川訳の7「鍵箱之上書和解」は「和蘭国王密議庁主事」によって書かれたと訳した。しかし同8「鍵箱之封印和解」は雑録の「紅毛告密」にはタイトルのみだが、襍録は「王之密談所」と史料をすべて削除した長崎訳官無名氏の当該訳語を補足した。7で和蘭国王密議庁と書き、8で〔和蘭国〕王密談所と書いて渋川六蔵訳を掲げ矛盾を露呈した。雑録の紅毛告密を襍録は喎蘭告密に変更し、オランダの開国勧告に対する幕府の拒絶回答より漸次時間を遡り、問題の和蘭国王書翰和解に至るという編輯手法を採った。「和蘭襍録」は、雑録第一四や海軍歴史が編年体で史料配列されるのに比べ、弘化二年史料のテーマである開国勧告拒絶から始まり、その原因の弘化元年史料の国王勧告二訳を掲げる。しかしその渋川六蔵訳には、雑録第一四の渋川六蔵訳の無記入空所に、長崎訳官無名氏訳語を補足している。和蘭襍録は雑録第一四の全史料をみて、長崎訳官無名氏訳を全文削除するも、雑録にある渋川訳にあるはずの密議庁という表記がなく空欄となっているので、長崎訳官無名氏訳語「王之密談所」を誤入して矛盾が生じた。和蘭襍録は雑録第一四をもとに編輯され、和蘭襍録に収めた「嘉永五年子六月和蘭風説申上一件諸書付」も雑録第一四所収「嘉永五年壬子六月和蘭告密書御請取始末」と同一史料を共有しているというより、雑録をまたはその史料原本を引用編輯して成立していると推定する。

幕府政権中枢との情報ネットワーク雛形とは、時の幕閣首座阿部正弘の君側御用を務めた福山藩士・石川和介（関藤藤陰）により幕府機密情報が秘密裡に添川廉齋に提供され、ために雑録編輯が成った次第をみた。布衣の廉齋は安中藩主板倉勝明の漢学賓師で、勝明は正弘と瓜葛の誼があつた。埋没した詩文また史料を発掘してその足跡を明らかにした。

平成に入り白旗二旒と白旗書簡は、その真贋問題に発展したが、「幕末外国関係文書之一」の一一九号文書の表題「六月九日（?）米国使節ペリー書翰　我政府へ　白旗差出の件」には疑問符が付く。この関係文書一に収録された三四六件の史料には、年月・差出人・受取人など表題各所に三四件の疑問符が付く。真贋論議では、疑問符の範囲が、史料全体である、そうではなく一部分に適用されると、自己主張に都合のよい受け止め方をされ議論が展開された。疑問符を解消する史料の発掘を通じた史料批判がなされていない現実がある。一六号文書与力聞書の冒頭按文割註に「○此聞書、筆者を詳ニセズト雖モ、参考ノ為メ、茲ニ収ム、又此書、二種ノ引用書トモニ誤脱多シ」とある。「二種ノ引用書」とは、続通信全覧類輯と有所不為齋雑録であるが、先行する二種の引用書と一六号文書の表記を比較検討しても、誤脱の実体意味を理解できなかった。恐らく右一一九号文書の疑問符も同様の問題を含んでいると考える。一六号文書は多くの史料が存在したため、官撰史料に付された割註の真意を見出すことができると考えたのが、本稿の発端である。

第一章　一六号文書成立の研究序説

――幕末外国関係文書と「与力聞書」写本の関係について――

はじめに

表題の一六号文書とは、大日本古文書「幕末外国関係文書之一」に収録された「浦賀奉行支配組与力等よりの聞書」[註1]（以下「一六号文書」また「古文書本」と称呼）である。一六号文書に興味をもったのは、添川廉齋編輯の「有所不為齋雑録」[註2]研究にあたり、この与力聞書が有所不為齋雑録に収録（以下「雑録本」と称呼）され、その情報が刺激的内容に富んだ応接与力によるペリー来航浦賀騒擾の現地レポートであることによる。一六号文書成立に先立つ雑録本と「続通信全覧類輯之部」[註3]に収録された与力聞書（以下「類輯本」と称呼）の間には、一六号文書冒頭にある按文割註によると「誤脱多」くあり、官撰の類輯本を本文として「彼此参照訂正ヲ加へ」一六号文書が出来たと説く。しかし雑録本と類輯本をいくら調査しても、一六号文書成立に至る道筋はわからず仕舞いであった。

一六号文書成立を解明することは、一史料が写本として如何に展開したかその過程を知ることになり、写本間の異同には意味のあることが了解される。「誤脱」とは何を意味するのか。「彼此」とは雑録本類輯本また他本の本文なのか。「参照訂正」とは何か。さらに一六号文書成立にはどのような合理的史料根拠があったのか。ここに所謂与力聞書写本の持つ諸問題を提示解明できると考える。

多くの「誤脱」を止揚して成立した一六号文書は、雑録本類輯本から直接帰納できない。そこでこの与力聞書に関する本文をもつ諸写本調査をすることにより、その奥書から矢継ぎ早に稿本を改めた事実が判明し、一六号文書に至る合理的根拠の解明が可能となった。諸写本の本文が三系統の稿本に別れることを明らかにした。雑録本を中心とした「初稿本」と類輯本を中心にした「改稿本」と、その本文表記を折衷止揚した高麗環雑記[註4]（以下「雑記本」と称呼）を中心とした「再稿本」が一六号文書成立に関わっているとみる。一六号文書にある按文割註「誤脱」とは、初稿改稿再稿と同一筆者が推敲する際に改めた表記の変更補足削除倒置に由来する謂いとみる。

諸稿本の存在は、諸写本の奥書により初稿成立後一ヶ月間に推敲を重ね改稿再稿と情報処理伝達の質向上に意を尽くした跡とみる。与力聞書は浦賀与力の談話筆記である。しかし浦賀与力の知る術もない幕閣関係者のみ知る幕府機密情報が存在する。与力聞書筆者は幕府機密情報を知悉した幕閣関係者と推定する。与力聞書の性格特徴が単なる聞書ではなく、浦賀へ出張した幕閣関係者による幕閣に対する米船浦賀渡来一件の「浦賀報告書」であるとみる。

本稿一より六まではいわば総論、七は各論で諸写本の在り方を調査し、八は与力聞書受容史として一六号文書が近代の文献にどのように史料として引用されてきたのかみる。与力聞書には、政治情勢に対する意味の探求と日本の将来に対する展望を解明しようとする意図が存在する。史料としての一六号文書は、どのような過程を経て成立したのか、その史料批判なしに引用され一人歩きしてきた。ここにどのような問題が存在するのかみる。先に拙著「添川廉齋ー有所不為齋雑録の研究ー」で取り上げた本史料[註5]の写本としての価値をも見極めたい。

註1　東京帝国大学文科大学史料編纂掛編纂「大日本古文書　幕末外国関係文書之一」明治四三年三月発行、五三頁より七六頁

参照。

註2　添川栗編「有所不為齋雑録」藤田清校字、昭和一七年三月中野同子発行、活字本第一集三一ウより三六オ参照。

註3　維新史学会編「幕末維新外交史料集成」昭和一八年三月発行、第二巻修好門四六二頁より四七一頁、雄松堂出版発行五七三頁より五八八頁参照。

註4　「高麗環雑記」47所収、東京大学史料編纂所所蔵。

註5　拙著「添川廉齋－有所不為齋雑録の研究－」平成一七年八月無窮会発行、第二章第七節「癸丑浦賀雑録にみるペリー国書提出と廉齋際会の足跡」、第八章第一節「六月浦賀奉行支配組与力等よりの聞書－その異文の存在と本文の異同－」、附録史料一「三本対校『浦賀奉行支配組与力等よりの聞書』」参照。

第一節　活字三本調査の限界

先の拙著で雑録本・類輯本の問題点や性格は、一六号文書冒頭の按文割註により、雑録本類輯本二本を対比調査すれば整理ができ、そこから一六号文書成立の鍵が解明できると考えた。雑録本はその第三「癸丑浦賀雑録」に与力五人の聞書が収録される。浦賀与力合原総蔵ヨリ聞書[註1]・飯塚久米ヨリ聞書[註2]・樋田多二郎ヨリ聞キ書[註3]・応接掛香山栄左衛門ヨリ聞書[註4]・応接掛近藤良次ヨリ聞書[註5]がそれで、嘉永六年六月三日ペリー来航による浦賀騒擾を記録した史料である。

この雑録本与力聞書を調査しようと考えた経緯は、一六号文書冒頭の按文割註に

○此聞書、筆者ヲ詳ニセズト雖モ、参考ノ為メ、玆ニ収ム、又此書、二種ノ引用書トモニ誤脱多シ、今続通信全覧類輯ヲ以テ本文トシ、彼此参照訂正ヲ加ヘ、其大ニ異ナルモノハ、之ヲ傍註ス

とある文言から始まった。「二種ノ引用書」とは、末尾に

（続通信全覧類輯／有所不為斎雑録）

とある。ここに誤脱が多いとされる類輯本と雑録本、そして問題を克服止揚した一六号文書の古文書本がある。この三本の編輯は雑録本を収録した有所不為斎雑録が安政四年一二月一五日を以て終わり、編者添川廉斎は翌五年六月二六日に歿している。[注6]類輯本は外務省において明治一八年末に出来、同二一年が編纂の下限とする。[注7]古文書本の幕末外国関係文書之一は、明治四三年三月発行である。与力聞書原本が成立した嘉永六年六月より明治四三年に至る五二年間に、雑録本・類輯本は大きな相違があるため誤脱多しと観想されたが、二本は原本とどのような関係を持つのだろうか。

雑録本・類輯本の調査結果は、古文書本成立に結びつかなかった。その間二本の相違が誤脱とあるので、近代になり第三者による本文改竄まで考えた[注8]がその事実はなかった。ここに至り二本の相違は、聞書原本成立後の何らかの事情による変更ではないかと考えた。聞書原本の成立とその本文の展開を見極めるには、上記三本をいくら比較調査しても限界があると考えるに至った。ここに流布伝存する与力聞書の諸写本を博捜し、その本文や奥書の特徴を探ることにより、一六号文書に至る雑録本・類輯本また諸写本表記の特徴とその存在意味など諸問題を整理し解明する必要に迫られた。

註1　添川栗編「有所不為斎雑録」活字本第一集三一ウ上より三三オ下参照。
註2　註1の同集三三オ下より三四オ上参照。
註3　註1の同集三四オ上より三五オ上参照。
註4　註1の同集三五オ上より同ウ下参照。

註5　註1の同集三五ウ下より三六オ下参照。
註6　拙著「添川廉齋―有所不為齋雑録の研究―」第一章第四節（3）「史料収集の終焉」参照。
註7　田中正弘氏「近代日本と幕末外交文書編纂の研究」平成一〇年二月思文閣出版発行、第二部第一章第四節『続通信全覧』の編纂とその終焉」参照。
註8　幕末明治の歴史学者萩原裕を目当てにその編著「外交始末底本」「外交紀事本末底本」など東京大学史料編纂所で調査したが、当然その徴証を得ることができなかった。

第二節　三稿本の解明と一六号文書

伝存する諸写本の特徴を解明する上で、先の三本調査は限界有るものの、作成した「三本対校『六月浦賀奉行支配組与力等よりの聞書』」は参考になった。一六号文書を編輯した中村勝麻呂[註1]が、雑録本と類輯本を史料としている点に意味があったのである。それは聞書原本成立後一ケ月にして、二稿本を推敲している事実が判明した。ここには聞書筆者による原本の初稿、それを改訂した改稿本、さらにそれを訂正した再稿本と推敲を重ね一六号文書成立に至る過程が明示されたことになる。

ここで管見に入った与力聞書の諸写本を掲げる。但し総見出がない場合、冒頭の小見出をあて仮称とした。

①「浦賀与力合原総蔵ヨリ聞書他」仮称（「有所不為齋雑録」第三癸丑浦賀雑録所収、昭和一七年三月中野同子発行、「雑録本」と称呼）

②「嘉永癸丑アメリカ船渡来記聞　二一」（中村正勝氏著「北辺に散った士魂、中島三郎助」平成一一年四月発

行、以下「記聞本」と称呼）
③「海防名応接記」（鹿児島大学図書館玉里文庫所蔵、以下「玉里本」と称呼）
④「米使ペルリ初テ渡来浦賀栗浜ニ於テ国書進呈一件　一一浦賀与力談話筆記」（続通信全覧類輯之部　五修好門「幕末維新外交史料集成第二巻」昭和一八年発行、「類輯本」と称呼）
⑤「浦賀与力より之聞書」（国立公文書館内閣文庫所蔵、以下「内閣本」と称呼）
⑥「飯塚久米三郎ヨリ聞書他」仮称（「外国雑件　三」所収、国会図書館所蔵「町奉行書類所収外国事件書」中、以下「雑件本」と称呼）
⑦「合原惣蔵ヨリ聞書他」仮称（「高麗環雑記47」所収、東京大学史料編纂所所蔵、以下「雑記本」と称呼）
⑧「嘉永六年六月浦賀奉行支配与力等より聞書　米船浦賀渡来一件」（神奈川県立公文書館所蔵、以下「一件本」と称呼）
⑨「亜墨利加軍艦渡来秘譚」（神奈川県立公文書館所蔵、以下「秘譚本」と称呼）
⑩「米夷留船秘談」（尾崎咢堂旧蔵、横須賀市人文博物館所蔵、以下「秘談本」と称呼）
⑪「賀港来舶記」（横須賀市人文博物館所蔵、以下「舶記本」と称呼）
⑫「浦賀新聞（しんもん）」（進藤寿伯稿、金指正三校註「近世風聞・耳の垢」所収、昭和四七年三月青蛙房発行、以下「新聞本」と称呼）
⑬「アメリカ使節応接始末」（村瀬正章編校訂「村上忠順記録集成・嘉永記」所収、平成九年九月文献出版発行、以下「始末本」と称呼）
⑭「合原伊三郎ヨリ聞書略他」仮称（「鈴木大雑集」第四所収、大正七年九月日本史籍協会発行、以下「雑集本」

と称呼）
⑮「灰原某ヨリ聞書他」仮称（色川三中集録「草乃可伎葉」第一四冊所収、静嘉堂文庫所蔵、以下「片葉本」と称呼）
⑯「合原惣蔵ヨリ聞書他」仮称（色川三中集録「草片葉」第七冊所収、静嘉堂文庫所蔵、以下「片葉七本」と称呼）
⑰「嘉永六年六月三日亜米利加船浦賀入津より同月十二日退帆に至る間の模様につき浦賀奉行支配組与力等よりの聞書」（「幕末外交文書集嘉永6年6月一」所収、東京大学史料編纂所所蔵、以下「文書集本」と称呼）
⑱「六月浦賀奉行支配組与力等よりの聞書　米船浦賀渡来一件」（「大日本古文書　幕末外国関係文書之一」所収、一六号文書・古文書本）

右の一八本をみるに、本文は大きく三系統に分けることができる。それは①雑録本②記聞本③玉里本の補筆の一群、④類輯本⑤内閣本⑥雑件本の一群、⑦雑記本③玉里本の本文⑧一件本⑨秘譚本⑩秘談本⑪舶記本⑫新聞本⑬始末本⑭雑集本⑮片葉本⑯片葉七本⑰文書集本⑱古文書本の一群である。⑱古文書本の一六号文書は、⑦以降の一群の系統を示す特徴を持つ本文であることが明らかとなった。⑱古文書本成立には、④類輯本を本文とするも、①雑録本共に誤脱が多く、①④から直ちに⑰を導くには史料的根拠を欠く弱みがあった。しかし⑱を編纂する原本⑰文書集本をみるに、⑰の本文④に補訂された朱書は、⑦以降の一群の系統による表記と合致するのである。

与力聞書に右の三系統の本文があるのは何故か。そして各系統の本文間には、どのような関係があるのか。この事実を探る手掛かりは、写本奥書によって解明されよう。⑤内閣本の奥書に

癸丑初秋十七日夕燈火ニ写畢

以上撲須辺ノ者ノ嘶承候侭記ス　嘉永六癸丑年八月

とあり、⑤内閣本の与力聞書は嘉永六年七月一七日に本文書写が終わり、その後に書翰受取の図が付いて同年八月にすべて終了している。次に⑦雑記本と同系統の⑨秘譚本の奥書に

癸丑七月十七日脱藁

此書新店奥山氏より借用写置候

嘉永七甲寅年八月　三浦屋権四郎主

とあり、⑨秘譚本の与力聞書は奇しくも⑤と同日に脱稿している。この後に書翰受取の図と附言が付き末尾に借用の一文があり、裏表紙に筆者名が記されている。

右の奥書によって、ペリー退去の六月一二日より程遠からぬ成立の初稿本[註2]から一ヶ月後の七月一七日には、表記の異なる二系統に属する本文が書写された事実を確認できる。初稿本系に対して他稿本系の書写年月日の持つ意味は、初稿本成立と同時に時を置かず初稿本筆者によって改稿本が推敲され、さらに再稿本まで再三稿を改めたことが判明することになる[註3]。⑩秘談本の奥書に

柴浦漁者湍門排輯

嘉永七年甲寅とし後七月湍門真砂国

右で、⑦雑記本と同系統⑨に属する本文形態を持ち、書写された嘉永七年閏七月（安政元年）が意味するのは、再稿本が流布拡大したことになる。ここにA初稿本系、B改稿本系、C再稿本系と表記形態の特徴を設定した。三稿本の原本は存在しない。しかし各稿本の写本が原本成立から三〇日以内に書写されて残った。一六号文書⑱古文書本は、B改稿本系④類輯本を底本とし、A初稿本系①雑録本を見、C再稿本系⑦雑記本の表記を多く取り入れ、校正を経た

修訂本である。①から⑯までは各稿本の写本であり、⑰は校合をへたD⑱修訂本の原本であることになる。

与力聞書筆者が再三初稿本に推敲を加えたのは、未曾有の開国圧力が国家治乱の境に立つと認識した日本の現状を剔出しようとする営為とみる。与力聞書の成立するや推敲を重ね、写本として情報拡散の驚異的な速さは、ペリー来航によって江戸の都市機能停止に伴う混乱から生じた危機意識[註4]に求められる。国家治乱の境に立った混乱を目の当たりにして、事実をどう伝達するか腐心の足跡とみる。現実をどう分析し事実を剔出伝達し、将来展望をどう描くのか、初稿改稿再稿と推敲した情報伝達活動に政治の世代として生きる見識が仄聞されるのである。

与力聞書諸本の系統図を掲げる。

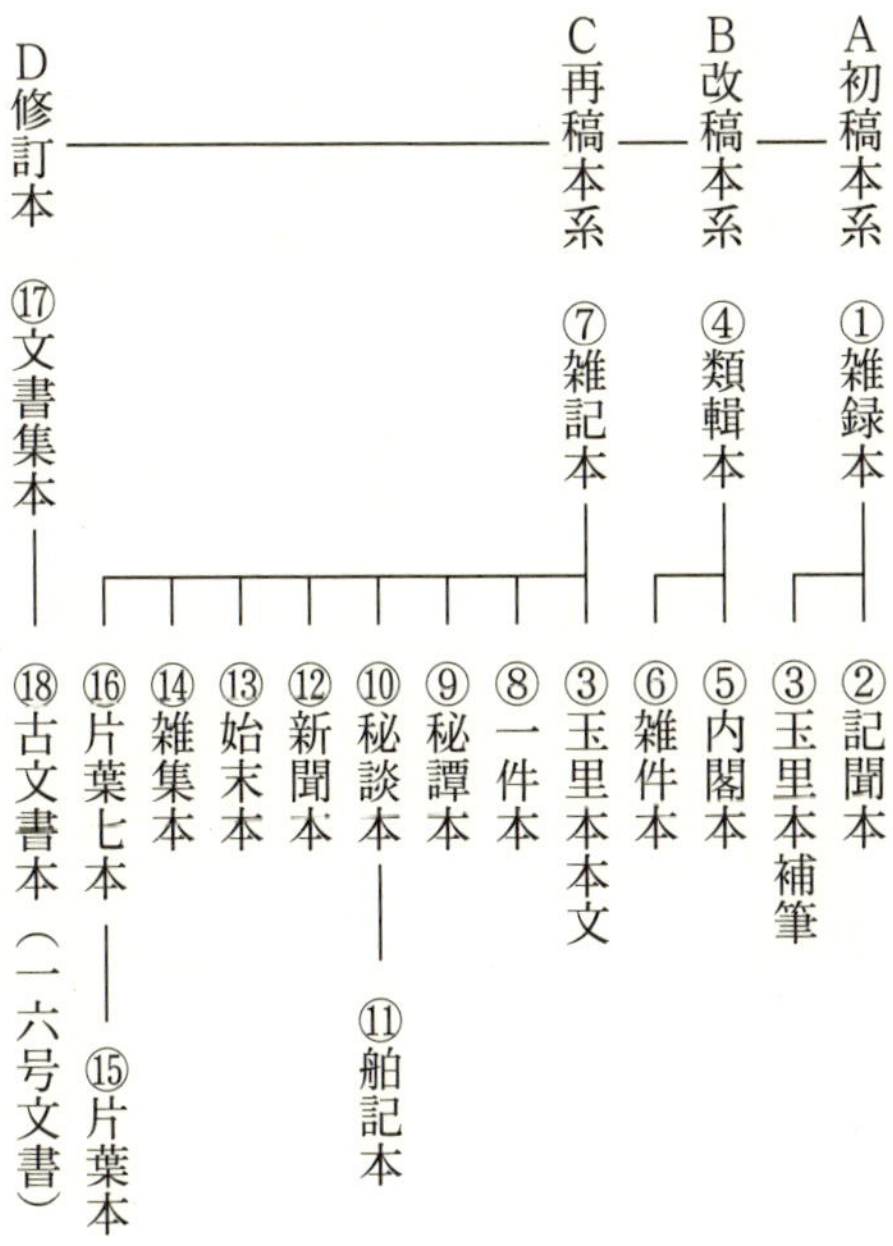
A初稿本系
①雑録本
②記聞本
③玉里本補筆
B改稿本系
④類輯本
⑤内閣本
⑥雑件本
C再稿本系
⑦雑記本
③玉里本本文
⑧一件本
⑨秘譚本
⑩秘談本
⑪船記本
⑫新聞本
⑬始末本
⑭雑集本
⑯片葉七本
⑮片葉本
D修訂本
⑰文書集本
⑱古文書本（一六号文書）

三稿本の関係は、初稿の表記を大きく削除した改稿から、削除した初稿の表記を再用補足して再稿の表記が構成されている。[註5]先に引用した奥書により、初稿から再稿まで一ヶ月で脱稿している事実が判明した。この三稿本の存在には、筆者の意識つまりペリー来航の実態をどう情報伝達するか、事実をどう分析し活用するかという情報活動が表現されているとみる。

管見に入った写本は厖大な写本のほんの一端にすぎず、国内政治に影響する海外情報収集として身分階級の壁を越えた問題であったため、与力聞書は写本として流布拡散した。⑧一件本の奥書に

奉呈蒙齊先生玉机下　高橋親触

此書は薩人鮫島正助所持之書也宮部鼎蔵写し候夫ゟ借用写

とあり、薩摩藩士鮫島正助が持っていた写本を熊本藩士宮部鼎蔵が借りて写し、それを高橋親触が借用して蒙齊先生なる人物に差し上げている。先に掲げた⑨秘譚本には商人三浦屋権四郎が、新店奥山氏より借用書写している。⑩秘談本には柴浦漁者湍門が書写している。⑪船記本に竹亭沢氏の蔵書印があり、

癸丑竹亭筆記二　米船来舶紀事

伊十郎聞書　小網丁廻船問屋也

とあり、江戸小網町廻船問屋沢伊十郎竹亭が書写している。藩士・志士・知識人・商人とあらゆる階層の人が書写し、幕末社会に生きるため社会の枠に安住することなく、情報収集活動を展開している。[註6]ここには情報収集を特権化して推進した階級への反発より、天保以来飢饉に疲弊した社会に生き、日本近海に出没する外国船警備と幕府へ報告する藩財政衰微の根底に生きる人々の姿が、与力聞書情報収集に生きる証を求める姿として表現されているとみる。

与力聞書の筆者は不明である。しかし与力聞書を収録した添川廉齋編輯「有所不為齋雑録」の時代性をみるに、共

通した時代認識を持つとみる。アヘン戦争は天保一一年に始まり同一三年に終わる。同一五年三月にフランスは琉球に通商を求め、七月にはオランダ使節が国書を幕府に呈し開国を勧めた。天保の漠然とした社会不安は、ここに至り対外危機の様相を呈し、嘉永五年六月に特命を帯びたオランダ新商館長赴任により、ペリー来航予告情報[註7]がもたらされた。添川の遺稿は前後晩の三期に分かれ[註8]、その晩期・嘉永五年より安政四年末に成立したのが雑録である。雑録の時代性[註9]は、幕末の動乱に対してもはや慷慨の詩人として生きられぬ状況を表す。漢学という経史の学問に生きる時代でもなく、まさに国家治乱の境に立つとの認識のもと、開国という社会変革に対峙した。添川晩期五年にわたる畢生の史料収集が、雑録続共三二冊となった。その収録の仕方は、第三癸丑浦賀雑録のように、テーマ別史料収集として幕府極秘情報を縦横に編綴した時代認識は前例がない。幕末前期の日本とそれを取り巻く東アジアの姿を生々しく剔出している。ここに添川と与力聞書筆者には、共通の土壌発想があり、与力聞書推敲の在り方に史料収集の近似性をみる。対外危機と国内変革を座標軸にテーマを設定した添川から与力聞書をみると、幕末日本が直面する現実の姿を直視し、維新日本のあるべき姿を模索した精神の軌跡が語られているとみる。

　情報をどう処理すれば多面的な現実の真姿を捉えうるか、それは維新日本のあるべき姿であると確信模索した雑録編輯に、また与力聞書推敲に表現されている。添川の編輯姿勢と短期間に再三推敲した与力聞書筆者の情報処理に対する考え方は、接点を持つと考える。それでは与力聞書が初稿改稿再稿本そして修訂本に至る具体例を、合原総蔵より聞書第一項を掲げてみる。左の一行目は初稿、二行目は改稿、三行目は再稿、四行目は修訂本である。記号の△は表記の変更、ヽは削除、〇は補足、表記が断続していることがわかる。

一嘉永六年丑六月三日未中刻蒸気船二艘軍船二艘迅速ニ乗込千代ケ崎ヲ乗越　観音崎近ク迄馳せ付蒸気船二艘ニ而軍船ヲ
一嘉永六年丑六月三日未中刻蒸気船弐艘軍船弐艘迅速　乗込千代　崎を乗越　観音崎　　迄乗　付蒸気船弐艘に而軍船を
一嘉永六年丑六月三日未中刻蒸気船二艘軍船二艘迅速ニ乗込千代ケ崎ヲノリコへ観音崎近ク迄乗　付蒸気船二艘ニテ軍船ヲ
一嘉永六年丑六月三日未中刻蒸気船弐艘軍船弐艘迅速に乗込千代　崎を乗越　観音崎近く迄乗　付蒸気船弐艘ニ而軍船を
引来ル其速ナル事　飛カ如シ諸方　注進船ヲ遙ニ乗越　不図入津ニ付浦賀中之騒キ大方ナラス
引来る其速なること飛か如し諸方之注進船を遙に乗越へ不計入津に付浦賀　之騒き鼎之沸か如し
引来ル其速ナル乛　飛カ如シ諸方　注進船ヲ遙ニ乗コへ不図入津ニ付浦賀中ノ騒キカナヘノワクカ如シ
引来る其速なること飛か如く諸方之注進船を遙に乗越へ不計入津ニ付浦賀中之騒き鼎之沸か如し（大方ならす）

右四本の表記異同をみるに、概して改稿本は初稿本の表記を変更削除補足し、再稿本は削除等した初稿本の表記を考慮して再用する傾向がある。修訂本は後に詳述する「幕末外交文書集」朱書補訂一覧で示した用例五九八例の出典意味が何に依るのか求めた結果を掲げる。

①初稿の表記による　38例
②再稿の表記による　102例
③初稿再校共通の表記による　233例
④独自の表記による　102例
⑤表記の統一訂正による　123例

右によって修訂本は、再用した初稿本の表記を多く含む再稿本に依拠していることが判明する。従って以下再稿本に至る諸本聞書各項の構成比を明示してその後、初稿本と改稿本の関係に及びその特徴を説明する。

註1　旧彦根藩士の中村勝麻呂は明治三七年一〇月二二日より同三九年一一月八日まで外務省編纂事務嘱託となった。その間に後述する幕末外交文書集を同三七年一一月一五日より同三八年八月二六日まで十ヶ月弱で編纂した。この幕末外交文書集編纂から「井伊大老と開港」同四二年七月啓成社刊行となった。外務省の幕末外交文書集は同三九年八月一七日に東京帝国大学へ引き渡し要請があり、中村は同四〇年一一月七日に東京帝国大学文科大学史料編纂官に任命された。詳細は本書第一節の註7参照。

註2　雑録の史料収集は、嘉永五年より始まり翌六年から雑録編輯が本格化し、①雑録本を収録した第三癸丑浦賀雑録が嘉永六年六月三日より同年一二月二五日までの史料を得るに従って編綴したとみる。拙著「添川廉齋—有所不為齋雑録の研究—」の「史料の収集と雑録の成立」参照。①はその表記から初稿本系の本文形態を示すとみる。

註3　各稿本によって該当箇所の表記が大きく相違することを筆者は当初、「はじめに」の註5の拙著附録史料一「三本対校『六月浦賀奉行支配組与力等よりの聞書』」に「問題なのは樋田多二郎より聞書なのに、合原総蔵ヨリ聞書の本文を挿入して、聞書の事実を捏造していることである。」と考えた。しかし諸写本の調査によって各稿本が約一ヶ月の内に成立していることから、各稿本の筆者が同一人物であると考えるに至った。樋田聞書に二行割註「合原飯塚等ノ申所／符号セル所ハ省ク」とあり、合原樋田の話に符合する所があり、一方を削除し他方に補足したのはあながち捏造改竄とまで断定できまいと考えるに至った。また同拙著の後記に「大日本古文書幕末外国関係文書之一の一六に収録された雑録より引用の六月浦賀奉行支配組与力等よりの聞書は、活字本（筆者註雑録本）と対校すると本文の削除と表現の変更また補足によって成立した二次史料であるという驚くべき事実が判明した。」とみて、そこには古文書本編纂に至る恣意的かつ杜撰な史料の扱いがあると誤った判断をした。諸写本の奥書により各稿本成立年月が奇跡的に重複する（嘉永六年七月一七日）事実から、各写本が属する各稿本の筆者が同一人物であることが判明したことによる。ここに訂正する。

註4　島津斉彬は混乱の避難として渋谷に新規江戸屋敷地を四四〇〇両で購入し、嘉永五年一二月二〇日に買い入れ地を別邸として幕府に稟請し允許されている。岩下哲典氏「幕末日本の情報活動」平成一二年一月雄山閣出版発行、七三頁参照。

註5　先の拙著第八章第一節「六月浦賀奉行支配組与力等よりの聞書―その異文の存在と本文の異同―」で、雑録本と古文書本（また再稿本も同じ）の本文の質と表記の在り方を「藤田清校字活字本（雑録本）と大日本古文書幕末外国関係文書之一所収の本文（古文書本）の関係は、活字本を基にしてその本文を削除しつつ語句の変更と補足を行って、いわば表現の繁から簡へ向かって古文書本が成立していたのである。」とその概略を書いた。

註6　この与力聞書初稿本系①雑録本を収録した有所不為齋雑録が、幕末動乱期の史料集として情報収集活動を行っている。この与力聞書流布拡散の一端は、雑録が添川の盟友広瀬旭荘による日間瑣事備忘録貸与の性格と同じものを持っていたことにもよるとみる。日間瑣事録は塾生門人に口授筆記させる門人教育の日課であり貸与された（広瀬旭荘全集日記篇九、解説二、「『日間瑣事備忘』の性格」四〇〇頁参照）。雑録も同様の性格を持っていたことは註5の拙著第一章第四節（1）「添川廉齋の人間関係」三二頁でみた。事実、茨城大学図書館菅文庫に雑録「第九丙辰長崎下田箱館雑録　下」の写本が架蔵されている。菅文庫とは、水戸藩の医家に生まれ、豊田天功や藤田東湖に従学した菅政友の蔵書である。政友は安政二年彰考館員に挙げられ、後に文庫役となり国史志表の編纂に与った。雑録第九の史料記年は安政三年であるから、嘉永元年添川は徳川斉昭雪冤運動に参加した経緯（註5の拙著結語「水戸甲辰国難と廉齋雪冤運動参加の足跡」三〇九頁参照）もあり、前年に歿した添川の盟友東湖を介して添川歿年の安政五年までの間に貸与され書写されたとみる。ここに雑録が人口に膾炙する要因があり、雑録に収録された与力聞書が流布拡散する因子もあると考える。

註7　本稿第二章「『ペリー来航予告情報とオランダ国王開国勧告史料』の研究―嘉永五年壬子六月和蘭告密書御請取始末にみる幕府政権中枢との情報ネットワーク―」参照。史料中に含まれる幕閣関係者の留書の存在が、史料展開の要となっている。この史料には、嘉永五年末から翌年にかけ加朱された朱書また朱書頭註がある。朱書した幕閣関係者と幕府との情報を共有する相互補完関係がみえる。この幕閣を老中首座阿部伊勢守正弘、幕閣関係者を筒井肥前守政憲かと推定。有所不為齋雑録に収録したこの史料は、阿部の側用人石川和介（関藤藤陰）から添川へ授受されたとみて、両者の関係も同第八節で一考した。

註8　拙著「添川廉齋」各論第二節「廉齋遺艸について」一一頁参照、平成一〇年六月発行。
註9　拙著「添川廉齋―有所不為齋雑録の研究―」第一章第五節「雑録の時代性」三八頁参照。

第三節　諸本聞書各項の構成対比

諸本聞書各項の構成対比を通じて、諸本のグループ分け及び諸本の特徴をつかめればと考える。表の縦は上から①雑録本、②記聞本、③イ玉里本補筆、④類輯本、⑤内閣本、⑥雑件本、⑦雑記本、③ロ玉里本本文、⑧一件本、⑨秘譚本、⑩秘談本、⑪舶記本、⑫新聞本、⑬始末本、⑭雑集本、⑮片葉本、⑯片葉七本、⑰文書集本、⑱古文書本の順に配列、一番下に各項本文の冒頭表記（原則初稿本）を掲げた。その本文に削除、変更△補足○の圏点をつけたのは、諸本により本文を削除また変更や補足したことを意味する。空欄は項目をたてず前項に従属する意味を表す。斜線は該当する本文が無いことを表す。数字は諸本の各項に該当する項目本文の配列順番を表す。但し③イの初1から56は、「海防名応接記の特徴」で調査した各聞書各項目に原則細字補筆された初稿本表記の例数である。詳細は各論にゆずる。左に諸本聞書各項の構成対比表を掲げる。

③玉里本にイとロを区別したのは、単に本文と補筆との差を示しただけではなく、異質の稿本系に属する表記の集合体であるという極めて特異な写本であることによる。初稿本合原第一三項の冒頭表記に付した圏点▽▲は倒置を意味する。倒置には表記を単純に逆にしたものから、この箇所の役船を早船へ、上官之居船を異船へ表記変更し「異船へ早船を以て」と倒置する複雑なものまである。⑮⑯は調査の順番順に示したが、全て同一構成のため同一枠に入れた。表記により⑯から⑮が派生したと考える。

	合原																							
①	1	2		3	4	5	6	7	8	9	10	11	12	13	14	15	16			17	18	19		20
②	1	2		3	4	5	6	7	8	9	10	11	12	13	14		15			16	17	18		19
③イ	初1	初2・3				初4・5		初6		初7		初8	初9	初10	初11・12		初13〜17				初18	初19		初20
④	1	2	3	4	5	6	／	7	8			9	10		11			12	13	14	／	15	18	15
⑤	1	2	3	4	5	6	／	7	8			9	10		11			12	13	14	／	15	18	15
⑥	／	／	／	／	／	／	／	／	／	／	／	／	／	／	／	／	／	／	／	／	／	／	／	／
⑦	1	2	3	4	5	6	／	7	8			9	10		11			12	13	14	／	15	18	15
③ロ	1	2	3	4	5	6	／	7	8			9	10		11			12	13	14	／	15	18	15
⑧	1	2	3	4	5	6	／	7				8	9		10			11	12	13	／	14	17	14
⑨	1	2	3	4	5	6	／	7	8			9	10		11			12	13	14	／	15	18	15
⑩	1	2	3	4	5	6	／	7	8			9	10		11				12	13	／	14	15	14
⑪	1	2	3	4	5	6	／	7	8			9	10		11			12	13	14	／	14	17	14
⑫	1	2	3	／	4	5	／	6	7			8	9		12			11	12	13	／	14	17	14
⑬	1	2	3	4	5	6	／	7	8			9	10		11			12	13	14	／	15	18	／
⑭	／	／	／	／	／	1	／	／	／	／	／	／	2	／	3				4	5	／	6	9	6
⑮⑯	1	2	3	4	5	6	／	7				8	9		10			11	12		／	13	16	／
⑰	1	2	3	4	5	6	／	7	8			9	10		11			12	13	14	／	15	18	15
⑱	1	2	3	4	5	6	／	7	8			9	10		11			12	13	14	／	15	18	15
初稿本冒頭表記	嘉永六年丑六月三日未中刻蒸気船二艘軍船	浦賀与力中島三郎助合原伊三郎当番ニ付乗	滞船中薪水乏敷候ハヽ送り遣し可申ト申処	船ノ大小兵器ノ員数乗組人数等承リ候処彼	大蒸気船将官ノ居船ニテ云々蘭人一人乗組	四艘共ハツテーラ八艘位アリ五日ニハハツ	彼申ニ我船近辺ヘ人ヲ近付候事堅無用ナリ	是迄ノ異船ハ此方掛合之上発砲致シ候処此	江戸ノ兼〻御内意ハ彼カ気ニ中リ候様ノ事	江戸ノ御内存ハ浦賀ニテ万一手強キ事アリ	此度ハ番船一艘モ不指出浦賀ヨリ品川迄ノ	是迄異船ノ儀ニ付テハ上ヘ御心配ヲ掛ケ候	六日九ツ半時蒸気船壱艘小ノ方江戸之方ヘ	浦賀ゟ役船ヲ指出シ上官之居船ヘ参リ蒸気	九日久里浜ニて書翰請取之義前日異人ヘ申	幕之内ヘ繰リ込ム前日懸合ニハ異人上官共	小屋之内上段之間ヘ上官将官副将通リ奉行	右滞船中出帆可致旨懸合候処測量未行届滞	十二日朝四ツ時頃蒸気船弐艘ニて軍船ゟ綱	彼申ニ急ケハ本国ゟ八日九日ニて此地ヘ着	諸家番船少シ異船ヘ近寄ハ剣付鉄炮ニて真	通事申ニ彼カ来年正月ハ此方之当年十月十	又異船チヤンヌリ此節之炎天ニてハトロケ	異船〻ブチノ厚サ大略壱尺六七寸ニ見ユル

			飯塚																						
21	22	23	1	1	3	2	5	6	7	8	9	10	11	12	13	14	15		16	17	18	19	20	21	22
20	21	22	1	2	3	4	5	6	7	8	9	10	11	12	13	14	15		16	17	18	19	20	21	22
		初21		初22・23		初24									初25		初26		初27		初28・29		初30		
16	17	／	1	2	3	4	5	6	7	／	8	10	10	11	12	13	14		15	16	17	18	／	19	20
16	17	／	1	2	3	4	5	6	7	／	8	10	10	11	12	13	14		15	16	17	18	／	19	20
／	／	／	1	2	／	／	3	／	／	／	／	／	／	4	5	6	／	／	／	7	8	／	／	／	／
16	17	／	1	2	3	4	5	6	7	／	8	9	10	11	12	13	14		15	16	17	18	／	19	20
16	17	／	1	2	3	4	5	6	7	／	8	9	10	11	12	13	14	15	16	17	18	19	／	20	21
15	16	／	1	2	3	4	5	6	7	／	8	9	10	11	12	13	14		15	16	17	18	／	19	20
16	17	／	1	2	3	4	5	6	7	／	8	9	10	11	12	13	14		15	16	17	18	／	19	20
16	17	／	1	2	3	4	5	6	7	／	8	9	10	11	12	13	14		15	16	17	18	／	19	20
15	16	／	1	2	3	4	5			／		6	7	8	9	10	11		12		13	14	／		
15	16	／	1	2	3	4	5	6	7	／	8	9	10	11	12	13	14		15	16	17		／	18	19
16	17	／	1	2	／	3	4	5	6	／	7	8	10	10	11	12	13		14	15	16	17	／	18	19
7	8	／	1	2	3	4	5	6	7	／	8	9	10	11	12	13	14		15	16	17	18	／	19	20
14	15	／	1	2	3	4	5	6	7	／	8	9	10	11	12	13	14			15	16	17	／	18	19
16	17	／	1	2	3	4	5	6	7	／	8	9	10	11	12	13	14		15	16	17	18	／	19	20
16	17	／	1	2	3	4	5	6	7	／	8	9	10	11	12	13	14		15	16	17	18	／	19	20
会津家ニて申スニハトコ迄も穏便之御趣意	昨十二日江戸之御沙汰ニ江戸近海迄乗込セ	細川家本牧ヲ御備之時陣隊好ク整ひ万事行	蒸気船軍船何レモ鉄張ニハ無之ナニカ鉄色	バッテイラ大概此方ノ押送リ船ヨリ少シ大	川越持亀ケ崎へ上陸無相違漸と制シ止メ返	本牧へ四艘共滞船中掛合ニ参リ候所異人申	久里浜上陸之節日本之固メ全ク虚飾ニて実	ケヘール組弐拾人壱人位ニて剱ヲ抜下知ス	衣服ハカナキン木綿之様ナル者ヲ服シ手ニ	指図役等少シ頭立候者ハ肩ノ所へイホレツ	弥々請取相済異人等一同悦喜ニ見ユル其様	請取候節ナニカ色々シヤヘリ候ニ付通弁之	返簡請取ニハ八月頃又来ルヘシ此方往来ハ	請取相済候ニ付明朝出帆之筈ニ候処直ニ杉	異船一日ニハ八百里余ヲ走ル当時大ニ開ケ	琉球へ一ト組残し置候由申ス蒸気船二艘軍	通辞異船へ乗込候時応接掛香山栄左衛門ヲ	通辞答テナルホド鉄炮ハ委シクモアルヘク	異船入津之節浦賀市中騒き立荷物等ヲ送リ	御備之儀是迄の姿ニてハ迚も致かたなし此	軍船弐艘長サ廿七八間大砲左右ニて大砲廿	異船を打破るには艫ノ方一番手薄く破り易	士気之振ひしハ会津家随一のよし井伊家人	書翰箱の外ニ何やらん壱尺五寸計之板箱弐	応接役五人あれとも此度ハ香山栄左衛門の

	23	23	初31	／	／	／	／	／	／	／	／	／	／	／	／	／	／	／	書翰請取後贈リ物等互ニ取カハシ候故カ奉
樋田	1	1	初32	1	1	／	1	1	1	1	1	1	1	1	1	1	1	1	此度入津異船ノ義ハ一昨年比ト覚エ候蘭人
	2	2		2	2	／	2	8		2	2	2	2	2	2	2	2	2	蘭人兼テ申通シ候通リ上官ノ名船数総テ符
	3	3	初39	3	3	／	3	9	2	3	3	3	3	3	3	3	3	3	六月三日九里浜ニテ町打有之与力同心一同
	4	4	初40	4	4	／	4	10	3	4	4	4	4	4	4		4	4	異人曰ク番船等アリテハ誠ニウルサシ其方
	5	5	初41	5	5	／	5	11	4	5	5	5	5	5	5	4	5	5	書翰受取ノ場所九里浜ト申義ハ御指図ニテ
	6	6	初42〜48	6	6	／	6	12	5	6	6	6	6	6	6	5	6	6	九里浜上陸ノ夷人ノクリヤリ調練ノ能ク整
	7	7		7	7	1	7	13	6	7	7	7	7	7	7	6	7	7	夷人曰ク此度ノ上官ハ国王ノ命ヲ待タス何
	8	8	初33	／	／	／	／	2	／	／	／	／	／	／	／	／	／	／	浦賀役船始メハ二艘ニテ見張候所跡ニテハ
	9	9		8	8	2	8	14	7	8	8	8	8	8	8	7	8	8	異船コヘリ二尺位カ下タノ方程段ゝ厚ク相
	10	10	初34	／	／	／	／	3	／	／	／	／	／	／	／	／	／	／	当時日本船ニテハ決シテ船戦ハ出来不申サ
	11	11	初35	／	／	／	／	4	／	／	／	／	／	／	／	／	／	／	大樹公　上意此度ノ義ニ付誰レカ出張スカ
	12	12	初51	11	11	3	11	17	10	11	11	11	11	11	11	10	11	11	四家ノ人数会津ヨリ外役ニ立ツトハ思レス
	13	13		9	9	／	9	15	8	9	9	9	9	9	9	8	9	9	川越ハ実体ニテ御奉公精勤落度ナキ様ニト
	14	14	初49・50	10	10	／	10	16	9	10	10	10	10	10	10	9	10	10	細川家本牧御固メニ付浦賀与力モ参リ候所
	15	15		12	12	／	12	18	11	12	12	12	12	12	12	11	12	12	風説ニハ当時明末之兵越テ韃ト戦フイキリ
	16	16	初36	／	／	／	／	5	／	／	／	／	／	／	／	／	／	／	浦賀奉行戸田ハ上手者ト申モノ、由井戸ハ
	17	17	初37	／	／	／	／	6	／	／	／	／	／	／	／	／	／	／	浦賀役船スルツフ長サ七間位百目筒六挺左
	18	18	初38	／	／	／	／	7	／	／	／	／	／	／	／	／	／	／	十三日御目付堀織部御台場順見ニ出ル昨日
香山	1	1		1	1	／	1	1	1	1	1	／	1	1	1	1	1	1	六月三日渡来蒸気船二艘フレカツト二艘北
	2	／		2	2	1	2	2	2	2	2	1		2	2	2	2	2	使節ノ者年五十余人体宜シ名ハマツテヒリ
	3	／		3	3	2	3	3	3	3	3			3	3	3	3	3	上官（是ハ軍大将）年五十位名ブカンナン
	4	2		4	4	3	4	4	4	4	4	2	2	4	4	4	4	4	大蒸気船長サ三十六間位巾八九間位車指渡シ
								5											乗組二百九十人使節上官副将皆此ニ居ル別
	5	3		5	5	4	5	6	5	5	5	3	3	5	5	5	5	5	小蒸気船総鉄張大砲十挺野戦筒六挺乗組三
	6	4		6	6	5	6	7	／	6	6	4	4	6	6	6	6	6	フレカツト軍船二艘共長サ三十間位大砲廿
	4	5		7	7	／	7	8	6	7			5	7	7	7	7	7	船中昼夜トナク提灯ヲ付ケ、ビートロ象ノ角ナド色ゝノ提灯

	8	6		8	8	／	8	9	7	8	／	5	6	／	／	／	8	8	蒸気本船ノ外三艘ノ大将ハ本船ノ副将位立
	9	7		／	9	6	9	10	8	9	7	6	7	9	9	8	9	9	蒸気船ヲ止メル中ハ別ニ穴アリテ蓋ヲ取レ
	10	8		9	10	／	10	11	9	10	8	7	8	10	10	9	10	10	蒸気船一昼夜ニ八百里位走ル陸上ヲ走ル火
	11	9	初52	10	11	／	11	12	10	11	9	8	9	11	11	10	11	11	九日八里浜ニテ書翰受取ノ節ハ彼ヨリ上陸
	12	10	初53・54	11	12	／	12	13	11	12	10	9	10	12	12	11	12	12	国王の書翰弐箱何レモ板三重箱ニテネチ鋲
	13	11				／	13	14	12	13	／		11	13	13	12	13	13	イホレットハ金ノ板金ヨリ総ヲ下ケカザリ
	14	12		12	13	7	14	15	13	14	／	10	12	14	14	13	14	14	ケヘール組何レモ人品宜シク装束モ立派冠
	15	13		13	14	8	15	16		15	11	11	13	15			15	15	車掛リノ者ハ冠其外ホタン等へ車ノ印ヲ付
	16	14		14	15	9	16	17	14	16	12	12	14	16	15	14	16	16	琉球へモ七艘カケ置ク此方出帆直ニ琉球へ
	17	15		15	16	／	17	18	15	17	13	13	15	17	16	15	17	17	アメリカ州先年ハイキリスニ制セラレイキ
	18	16		16	17	10	18		16	18	14		16	18	17	16	18	18	士大将以上ヲモ上官是ヲ指揮ス是モ剱ヲ抜
	19	17		17	18	／	19	19	17	19	15	14	17	19	18	17	19	19	イキリス人ニ比スレハ温純ノ方ナリ総テ法
	20	18		18	19	11	20	20	18	20	16	15	18	20	19	18	20	20	異人六挺仕掛ノ筒ヲ持タサルモノナシケへ
	21	19		19	20	12	21	21	19	21	17	16	19	21	20	19	21	21	此度彼へノ贈リモノハ公辺ヨリニアラス奉
近藤	1	1		1	1	／	1	1	1	1	1	1	1	1	1	1	1	1	三日下田沖ニ異船帆影見ルニ付下田八ツ時
	2	2		2	2	／	2	2	2	2	2	2	2	2	2	2	2	2	着船ノ節佐と倉桐太郎中島三郎介近藤良治
	3	3		3	3	／	3	3	3	3			3	3	3	3	3	2	定例ノ詞ニテ此地へ乗込候﹁国禁ナリ長崎
	4	4		4	4	／	4	4	4	4		3	4	4	4	4	4	4	此度ノ異船蘭人ヨリ通達御座候義昨暮奉行
	5	5	初55・56	5	5	／	5	6	5	5	3	4	5	5	5	5	5	5	書翰受取渡シ不致候テハ国王へ復命致シ候
	6	／		6	6	／	6	5	6	6	4	5	6	6	6	6	6	6	始終懸合ノ節ハ使節上官ノ者ハ対面不致副
	7	6		7	7	／	7		7	7	／		7	7	7	7	7	7	此後返簡受取ニ参リ候時ハ日本王ノ書簡ヲ
	8	7		8	8	／	8	8	8	8	5	6	8	8	8 9	8	8	8	フレカット軍船大砲二十四門蒸気船大砲八
	9	8		9	9	／	9	9	9	9	6	7	9	9	10 11	9	9	8	書簡受取渡相済後異人悦喜ノ様子ニ相見へ
	10	9		10	10	／	10	10	10	10	／		10	10	12	10	10	10	書簡受取渡ノ節ハ何ニカ六ケ敷事テモ言レ
	11	10		11	11	／	11	11	11	11	／	8	11	／	／	11	11	11	右受取ノ席ハ上段ノ間使節上官副将二人〆

右表によって判明するのは

一、初稿本各項目の構成と改稿本以下各項目の構成は異なる。現在流布する⑱古文書本各項目構成は、改稿本の項目構成により決定された。

一、改稿本の項目構成は、聞書筆者が初稿本を推敲するにあたり、合原第六・一八・二三項、飯塚第八・二〇・二三項、樋田第八・一〇・一一・一六・一七・一八項を全文削除することにより達成された。

一、初稿本合原第二項の末尾「薪水給与」条から改稿本以下項目を改め第三項とした。

一、初稿本合原第一九～二二項の項目順番を変更し、改稿本で第一五・一八・一五・一六・一七項とすることで改稿本系のみならず再稿本（系）・修訂本の項目構成を決定した。詳細は附録史料・四稿本対校「与力聞書」校本参照。

一、玉里本本文は再稿本系であるが、初稿本を参照して補筆する特徴がある。初稿本樋田第八・一〇・一一・一六・一七・一八項は改稿本以下全文削除されたが、玉里本本文で細字補筆すべきところ、特異な内容（初33は「浦賀役船合図ニ鐘ヲ打鳴ス」点に白旗伝説に注目か。初34は「筒井が御備厳重の処置を上申したが阿部以外の閣老は聞かなかった」と与力に語らしめた。初35は「大樹公と閣老の論」を与力が語る。初36は「水野筑後守」検証に視点がある。初37は「浦賀役船スルッフ」をかたり初33と関連する。初38は「十三日御台場巡見」を本質的な対応が出来ない政治問題として幕政批判する。）を持つためか本文に格上げし、項目順番を引き上げて樋田第二・三・四・五・六・七項とした。この細字補筆すべき表記を本文として補足したところに、「与力聞書」書写史上、初めての校訂作業として⑱古文書本の原本・⑰文書集本の校訂に先立つ意義が存在するのである。

一、初稿本香山第九項に該当する改稿本は欠文だが、⑤内閣本香山第九項・⑥雑件本香山第六項があり、この欠文を補うことができる意義がある。

第四節　初稿本と改稿本表記の特徴

与力聞書は再三にわたり稿本の推敲が行われたが、改稿本の項目構成をもって再稿本・修訂本項目の規範とした。改稿本と初稿本の項目構成は異なり、その本文表記の差も同様に歴然としている。ここに初稿本改稿本表記の特徴が見られるのである。その詳細は拙著の附録史料一に掲げた「三本対校『六月浦賀奉行支配組与力等よりの聞書』」またそれを改訂補足した「四稿本（初稿本・改稿本・再稿本・修訂本）対校『与力聞書』校本」を参照。本来各単語単位で見るべきだが用例数のみ増え煩雑なため、ここでは表題二稿本の特徴的な表記に絞り掲げる。引用は該当箇所のみ掲げ、その前後を省略した。冒頭の算用数字は用例数ですべて一一例、つぎは該当項目の配列番号を表す。三段に分け上段は初稿本、中段は改稿本の表記を表す。下段は再稿本の該当表記がどう成立しているのか、初稿による（初と表記）、改稿による（改と表記）、初稿改稿折衷による（初改と表記）のか掲げた。さらに初稿・改稿・初稿改稿折衷に依りながら表記をどのように削除・変更・補足しているのかプラス（＋）して見た。改稿本表記に付けた圏点は、初稿本表記を削除丶・変更△・補足○・倒置▽▲である。ここに初稿本表記をもとにペリー来航の現実をより臨場感をもった達意の文にするために、簡素化を図り表記を削除、文意を強調し表記を倒置・変更また補足しているのである。

	初稿本	改稿本	再稿本
1	浦賀与力合原総蔵ヨリ聞書	合原総蔵より聞書 浦賀附与力	改＋変更・削除
2	1迅速ニ乗込千代ケ崎ヲ乗越観音崎近ク迄馳せ付	1迅速乗込千代崎を乗越観音崎迄乗付	初改
3	1浦賀中之騒キ大方ナラス	1浦賀之騒き鼎之沸か如し	初改＋変更
4	2乗出し異船へ近附候処異船乗込過候トテ船ヲ操戻シ	2乗付異船へ近付候処異船乗込とて船を逆に繰戻し	初改＋補足
5	2驚カシ候由決テ上船スル事ヲ免サス稍ク通辞一人応接掛リ与力一人	2驚し候扨上船を許さす様に掛合通詞壱人応接掛壱人	初改＋変更
6	2用アラハ肥前長崎へ参ルヘク旨	2長崎へ参へき旨	初改
7	2ヲマイ方も国命ナレハ禁制ノ場へモ行キ申候	2其方たりとも王命と有れは如何なる国禁の場へも行か（るー欠字）べし	初改＋変更
8	2此趣江戸へ通達致シ呉候様若亦爰ニテ扱ヒ呉不申候ハヽ直ニ	2高官の者受取に参候や答爰にて取上申さす候ハヽ	初改＋変更・補足
9	2裁決致シ候事不相成何レ江戸伺ヒ出テ江戸命令次第	2裁判いたしかたし何れ江戸へ伺命令次第	初改＋変更
10	2指支ヒ申候早速返答承リ度此方返答ニテ	2指支候早速返答承たし此方云	初改
11	2手数モカヽリ候事也何程急キテモ五日位ハカヽリ可申候	2手数も掛り可申候	初＋変更・補足
12	2命令ニテ深存意有事也五日位ハ待居リ可申候ト云	2命令次第にて深き不（所の誤字）存有へし併五日位のとならは待居申へしと云り	初改＋変更
13	2薪水乏敷候ハヽ送リ遣し可申ト申処彼曰	3薪水乏くは送申へき旨申候へは彼云	初改＋補足
14	2手厚ク用意何レモ	3手厚用意致し候へは何も	初＋変更
15	3人数等承リ候処	4人数等相尋候処	初
16	3彼曰其方ニテ右様ノ事御承知ニ相成候迚モ	4彼云其方にて聞候ても	改＋補足
17	3此方ニテ申モ又無益也	4又此方にて申も無益なり	改
18	3申ヘキ筈ナシト云テ一切言ハス	4申へき筈なしと申候	初改＋削除
19	4大蒸気船将官ノ居船ニテ総テノ掛合向ヲ致外三艘へハ人ヲ近ケ寄ラセス蘭人一人	5蘭人壱人	改
20	4日本語ヲ遣ヒ候者一人	5又日本語を遣ふ者壱人乗組居候	初改＋変更

21	4通弁致候右船ニハ二十貫目位ノ真丸筒長筒アリ拾八貫ノボンヘン筒アリ何レモ勝レタル上品ノ筒ノヨシ	5通弁致し候	改
22	5漕歩行キ江戸近ク迄測量ヲ究メ川越持場観音崎台場ノ図	6漕行江戸近迄測量を究め川越持場観音崎の図	初改＋変更
23	5異船ト異ナリ此方彼是申候事ニハ更ニ取合不申落付ハラツテ居	6異船と事変り此方より彼是申候には一向取合申さす落付居	初改＋変更・削除
24	5尽ク死ニアカルケ算定リ居候儀ト相見ヘル	6尽く地あかるの算定りて居候と相見へ候	初＋変更
25	6彼申ニ我船近辺へ人ヲ近付候事堅無用ナリ此事能ニ（この誤字）制シ呉候様若制禁不行届近附候者アラハ此方ニテ直ニ成敗致シ候ト云	6全文削除	改
26	7此度ノハ掛合ナシニ暁一発四ツ時一発暮一発夜四ツ時頃一発ツヽ号砲	7此度は左様無之暁一発四ツ時一発夜四ツ時一発宛号砲	初改＋補足・変更
27	8香山沢山指出シ彼ヲ船ヲ取巻ハ却テ気ヲ起シ宜カラズ	8番船彼船を取巻なと致し候ハヽ却て気を起し不宜	初改＋変更・補足
28	8専要ニ守リ可申事	8専要に守り候様にとの御下知	改＋変更・削除・補足
29	9江戸ノ御内存ハ浦賀ニテ万一手強キ事アリテハ大事ヲ引出シ甚不容易儀也ト御患ヒ被成候事也故ニ浦賀ニテモ尽ク用心	8故浦賀にても	初改＋補足・変更
30	9此度四艘入津之儀ハ兼テ蘭人ヲ以通達アル事ニテ元ヨリ御承知相成居申候儀ナリ当奉行戸田伊豆守老練ニテ候間トコ迄モ穏便ニ取計方行届可申候江戸ノ御了簡之由	8全文削除	改
31	11御心配ヲ掛ケ候テハ恐入候迚十分ノ者ナレハ御心配ニ相成不申ケ条而已六七歩	9御心配を恐れて十分の物なれは六七分御心配に不成箇条而已	初改＋削除・変更・補足
32	11丑当月六日微行ニテ合原氏ゟ聞ケル処尚	9右は当月六日合原氏より聞処尚又	初改＋削除
33	12四艘ニテ海ノ浅深ヲ測量シ行ク	10四艘にて測量しなから行く	初改＋変更
34	12剣ヲ抜てヲトカシ馳通ル	10剱を抜船ぶちに顕れ寄らは斬んとする仕方を致しはせ通「或は剱付鉄砲に真丸を込此方船の二三間先を頻に打をとし通候」（初稿合原18より）	改＋補足・変更

35	12ドコ迄も御堪忍と申候由四家怒ニ不堪手出し致大事を引出候テハ不相済候間浦賀ゟも	10先々穏便に有之様にとの挨拶に及ふ夫より諸家怒に堪へす大事を引出し候ては相成らすとて	初改＋変更・削除
36	12陸上之見物人ヲ指押ヘ諸家ニテ疎忽ニ手出シ無之様制禁スル為ニ指出候事異船ヲ取押ユル為ニアラス	10異船を取押へる為にてなく陸上諸家疎忽に手出し致さぬ様制禁の為也	初＋変更・削除
37	13浦賀ゟ役船ヲ指出シ上官之居船へ参リ蒸気船壱艘	10右に付異船へ早船を以て只今一艘	改
38	13取計候也其節之用意ニ江戸内海	10取計候と故内海	改＋補足・変更
39	14弐艘ゟハツテイラ拾五艘卸シテ人数着岸ス弐艘岸之方へ向て左右ゟ空砲拾余発放ツ 是ハ人数着岸之節発砲いたし候義定例之由其発砲ノ手際誠ウマキモノ也 請取渡シ場所仮リニ小屋出来ル	11夫より「ハツテイラ」を弐艘の蒸気船より十五艘卸し	改
40	14ア（小屋之脇ヲ浦賀人数ニテ固メル小屋之左右ヲ彦根川越之人数ニテ固メル）異人イ（上陸畢テ大鼓ホラ貝笛を吹鳴シ）彦根川越之備之前ヲカケテ人数ヲ子リアルキ組頭様之モノ剣ヲ抜テヒラ〳〵ト振舞シ指揮致候由ウ（ケヘール剱付鉄砲ニテ備ヲ固メ）	11イ（上陸終て太鼓ホラ貝笛を鳴し）繰込ア（小屋の脇を浦賀人数にて固める小屋の左右を彦根川越の人数にて囲む）異人何れもウ（「ゲヘル」剱付鉄砲にて備を固む）彦根川越の備前を歩行き組頭様の者剱をひらめかし指図す	初改＋変更・補足
41	15幕之内へ繰リ込ム前日懸合ニハ異人上官共	11前日掛合には上官共	改
42	16小屋之内上段之間へ上官将官副将通リ奉行両人相対して座ヲトル下之間へハ組頭辻茂左衛門応接掛五人連座其外一切人ヲ不入請取候積リ之所右上官等上段之間へ通ルト直様六拾人程押込	11其上不意に六十人計押込	改
43	16上官ト奉行之脇へ立塞リ上官ト奉行之方を見張リ居ル	11官奉行の脇塞り	初改＋補足・変更
44	16右六十人之者何レモ剣ヲ佩シ六挺仕掛之ビストールヲ持何レモ玉ヲ込メドンドロ仕掛ニテ打ツバカリニ致シ扣居ル此方ニテハ込筒ハ壱挺も無之奉行近クにハ五六人着座スルノミニテ如何ともスル事ナシ畢竟穏便穏便カ主トナル故右様之振舞ナサレ大ニ膽ヲ奪ハレル事残念言ハン方ナシ異人上陸之節ハ勿論船中ニても玉ヲ込置候由右請取渡之前日右相済候ハヽ出帆可致返簡之義ハ追テ長崎表ゟ蘭人ヲ以申通スヘキ旨申候処彼曰左様オツコノ事ニハ不	11先無事にて相済異船「バテイラ」本船に引取 畢竟以下37字、改稿樋田6へ移動	初改＋補足・変更・削除

	及来年又〻渡来返詞承リ可申候何レ出帆ハ致シ可申と云 右相済人数本船へ引取		
45	16蒸気船弐艘軍船ヲ引真シクラニ内海へ乗込	11案外に軍船を引連れ波をけたて丶内海へ乗込	改＋削除・変更
46	16如何ナレハ出船も不致	11右に付いかなれは約定に違出帆も不致	初改＋変更
47	16此辺へカケ可申候と存ル也右故此辺測量致度乗込候也	11因て此辺測量致し置為乗込也	初改＋変更・補足
48	16同日大子河原へ	11尤此後は一艘は掛合の為残置あと不残此辺にかゝると云り同日大師河原へ	改＋削除・補足・変更
49	16表記なし	11但し十日には本船乙艫の沖にかゝり居帆柱に登り望遠鏡にて伺金澤辺へ入海あるとを知り夫より「ハッテイラ」弐艘をろし野島の出張曲り角に大船見通の処へ一艘のこし置今一艘は金龍院山下辺乗廻して後に野島にこきよせ其内始終曲角にのこし候一艘と見通しに相成居る異人も余程用心すると見へたり金澤の土人語れり野島にて水をもらい菓子なとなけ引取かけ砲発いたし候となり（本文一字下げ）	初
50	16トノ振浦賀迄返リ呉候様精〻懸合候ニ付十日朝大津迄引返シ猿島近辺金澤迄尽ク測量ス	12、浦賀迄引戻候様掛合候処漸十日朝大津迄引取猿島辺金澤辺測量致し候	初改＋補足・変更
51	16火炎殊ニ甚シク迅速亦倍セリト云見ル者驚カザルハナシ	13炎殊に甚た迅疾又倍せり見る者驚と云	初改＋変更
52	17彼申ニ急ケハ本国ゟ八日九日ニて此地へ着ス此度ハ拾四日目ニ当方へ着ニ相成候由	14彼本国より急けは八九日にて此地へ着す此度は十四日目に着到する由	初改＋削除・変更
53	18諸家番船少シ異船へ近寄ハ剣付鉄炮ニて真丸ヲ込メ番船弐三間前海中へ打オトシ候由	14全文削除 改稿合原10へ移動	初改＋補足・変更
54	19合原伊三郎曰彼申候処当テニ成ル事一ツモナシ彼此地ゟ本国へ	15合原云彼か申事あてに成候と一つもなし彼地より	初改＋変更・削除
55	19御手当ニて沢山ニ候得共仕宜ニ寄	15御手当にて宜候へ共	初改＋補足・変更
56	19出来候迚一艘ヤ弐艘ニてハ	15一二艘出来に相成候共	改＋変更
57	19又異船チヤンヌリ此節之炎天ニテハトロケ居候右ハ火モ付易キモノナレバ焼キ討ハ宜敷様被思候焼打之手順工風いたし度候	18、異船不残チヤンニテ塗リ有之候此節の炎天にてはとろけ居り候右者火の付やすき物なれは焼打宜様存候何卒焼打の手段工夫致し度存候	初改＋削除・補足・変更

58	19 先日町打之節三百目ニテモミノ木壱弐寸角ヲ立並へ五丁ニテ打候ニ手もなく貫キ申候砲勢ハ意外ニ強きもの也と云	15 先日丁打の節三百目にて椴の木壱尺弐寸の角木を立て五丁手前より打試み候いとやすく打貫申候誠に火勢は意外に強き物と感心致し候是を以て見れは随分「三貫目以上の銃なれは異船は打砕き可申と存候」（同項前文「三貫目位の筒矢比に引受相放ち候へ者必打貫可申と存候」を下敷きにしている。）	初改＋変更・削除・補足
59	20 バッテイラ四五間ゟ拾間位迄栗浜へ上リ候節ハ大振之バッテイラへハ七八拾人乗リ候	15 全文削除（改稿飯塚2へ）	改
60	21 会津家ニテ申スニハトコ迄も穏便之御趣意ニ付異人種〻軽侮乱妨ヲ働キ候由此方持場へ乗込右様之義有之候ハヽ十分之者ハ必ス堪忍いたし兼可申候左スレハ穏便之御趣意ニ背キ恐入候間百性ヲ指出シ取押候様可致ト云	16 会津侯より浦賀奉行へ使者を以、此度の異人前渡来の砌とは事替り尽く諸方にて乱妨日本を蔑にし候段心外無此上候拙者御預り場へ参り右様之儀有之候ハヽ召連候家来共見留候て迚も堪忍致間敷候万一事を起候ては公辺の御趣意にも背き恐入候左様の節は当所の百姓共差出し相抑候様可致候間兼て此段御承知被下候様にとの御事誠に尤の儀と一統風評罷在候	初改＋補足・変更・削除
61	23 細川家本牧ヲ御備之時陣隊好ク整ひ万事行届候様相見ルトノ評判	17 全文削除	改
62	飯塚久米ヨリ聞書	飯塚粂三郎聞書 合原より聞処と符合の条は除き相違之処のみ記す	初改＋削除・補足・変更
63	2 バッテイラ大概此方ノ押送リ船ヨリ少シ大振也	2 「ハッテイラ」は五六間より十間位迄大ぶりの方へ七八十人乗込（改稿で削除した合原20を引用）	初改＋補足・変更
64	4 異人申ニハ此度返簡請取ニ参リ候時ハ爰へ不残乗込只壱艘浦賀へ留置掛合ヲ付可申候彼又曰四海之内	4 異人云四海内	初改＋補足
65	5 警固ニハナリ申サス却嘲ヲ招クノミ畢竟穏便ヲ専要ニいたし候所ゟ何事モ手薄ク成行候也	5 警固には成不申却て嘲りを招き申候畢竟穏を専要に致し候処より何とも手薄に成行形容のみに相成候	初改＋変更
66	8 指図役等少シ頭立候者ハ肩ノ所へイホレット云金物ヲ附ケ片片へ附ル者有両方へ付ケル者モアリ数多ク附ル者宜シキモノヽヨシ	7 全文削除	改

67	12杉田沖へ乗込滞船ス蒸気船壱艘ハ直ニ太子川原沖へ乗込測量シテ直ニ杉田沖へ引返ス	11杉田沖へ乗込候	初改
68	13異船一日ニハ八百里余ヲ走ル当時大ニ開ケテ	12当時は大に開け	改＋補足・変更
69	15通辞異船へ乗込候時応接掛香山栄左衛門ヲ	14通詞香山栄左衛門を	改＋変更
70	15通辞曰アメリカ鉄炮ハ上手ナレトモ日本ニハ槍剱ノ妙術利兵アリト云日本ノ槍剱更ニ恐レス忽鉄炮ニテ打スクメルト云	14通詞成程は委くも有へけれとも日本の槍剱は又外国に及ふ処に非すと云異人笑て日本槍剱術恐るゝに不足悉く打すくめ用立迄には致さぬと申候	初改＋変更・補足・倒置
71	18軍艦弐艘長サ廿七八間大砲左右ニて大砲廿弐挺蒸気船長さ三拾間位左右ニ拾一挺車輪ハ糸車の如ク	17蒸気船車輪は糸車の如く	改
72	20士気之振ひしハ会津家随一のよし伊井（ママ）家人数鉄砲等ハ多けれとも惰弱のよし	18全文削除	改
73	21書翰箱の外ニ何やらん壱尺五寸計之板箱弐ツ（此条着説信し難し）鉄輪をハメ□（鉄輪○）候もの弐ツ被抜候よし	19書簡の外何か壱尺五寸計りの板箱二つ鉄の輪をはめ□如此物	初改＋変更
74	23書翰請取後贈リ物等互ニ取カハシ候故カ奉行ニ懇意ニナツタト申テ喜ひ候由なり	20全文削除	改
75	樋田多二郎ヨリ聞キ書（合原飯塚等ノ申所符合セル所ハ省ク）	樋口多三郎より聞書（合原飯塚等の申処と符合する処は省く）	初改＋変更
76	1与力エハ一切通達モ無御座候昨年モ蘭人ヨリアメリカ来四月中渡来ノ義通達御座候由	1与力へは一切通達無之	初改
77	3馳帰リ候所最早浦賀エ乗込扣居候其神速ニハアキレキリ申候	3馳皈り見れは忽然と四艘の船浦賀に乗込扣へたり共神速たとふるに物なし	改＋変更
78	3香山栄左衛門ハ内意モ申シ含メ置候間栄左衛門ヲ遣ハシ候様申ニ付栄左衛門罷越応接致シ候事	3香山栄左衛門接致申候	初改＋変更・補足
79	4鉄砲ニテ制スト云此方曰左様ナレハ	4鉄砲にて制すと云実に不届の申分なり乍併	改＋変更
80	6九里浜上陸ノ夷人ノクリヤリ調練ノ能ク整ヒ候事其美事ナル事言語ニ述難シ	6九里浜上陸人数は繰出し調練能整其美しきと言語に述かたし	初改＋変更・削除
81	6六挺仕掛筒打ツハカリニ致シ詰込ム	6六挺仕掛のヒスウルに玉を込めすはと云ハヽ切て放つ勢ひにて睨ミ控ゆる	改＋補足・変更・削除

82	6此方下タニ列座スル組頭并応接掛役等蹈ミツフサレ候位ノ勢ノ由奉行応接掛ヲ招テ是エ上レト申ニ付応接役奉行ノ脇エ上リ候由	6下の間に居る応接方既に蹈倒さるゝ程の様子奉行見兼上かれと申付漸々上段之間へ上り	初改＋変更
83	6右ノ勢ニテ如何トモスル事能ハス其侭ニ致シ置キ	6其場を凌き候程のことにて大に胆を抜れ中々指留ると抔出来不申一同無念の歯かみをなしたるのみ是と申も全く公辺穏便のみを御沙汰厳き故たま〳〵鉄砲はあれとも玉を込す火縄に火を付す大に異人共に威を示され返す〳〵も無念のことに候（初稿合原16を倒置）	改＋変更・補足・削除
84	6香山栄左衛門書翰ヲ受取リ戸田奉行エ渡ス奉行一礼シテ受取書付箱入リ先方エ渡シ事済ム 八日ノ日懸合ナリ 返簡ノ義ハ蘭人ヲ以テ	6扨香山栄左衛門書簡受取奉行に渡す奉行一礼して受取の儀相済返簡の儀は前日掛合の節蘭人を以	初改＋変更
85	8浦賀役船始メハ二艘ニテ見張候所跡ニテハ四艘ニナル浦賀船印ハ能ク覚エ居リ浦賀役船トハ能クハツシ合近付ケヌ様漕廻候様相見ル同所役船懸合事アリテ参ル時ハ合図ニモ可有之歟鐘ヲ打鳴ス	7全文削除	改
86	10当時日本船ニテハ決シテ船戦ハ出来不申サリトテ軍艦制作致シ候トテ二三艘ニテハ役立申間敷最早危急ノ境ニナリ候間陸岸ノ御備ナントカ厳重ノ御処置有之様祈ル所御老若ヲ始メ重役ノ人ゝ此方トモノ身ニナリ勤役致セ度モノナリ左スレハ真ノ情実モ相分リ少シハ本気ニ相成可申候歟	8全文削除	改
87	11大樹公　上意此度ノ義ニ付誰レカ出張スカト閣老列座ノ節遣仰候所阿部伊勢守殿始メ黙シテモ被居候由之所牧野備前守私エ出張被仰付候様申上候由承リ候ト云	8全文削除	改
88	12四家ノ人数会津ヨリ外役ニ立ツトハ思レス井伊家ハ甚タ武事ニ暗ク士気モ弱ク候既ニ此度軍船トシテ五大力船ヨリ少ゝ大フリノ舟制造ノ由ニテ	11四家の人数の内会津殊に評判宜敷又用立可申井伊家は甚た武事に暗く士気も弱く被存候此度軍船数艘制作有之処	改＋削除・変更・倒置・補足
89	12総テ大工任セニテ大工ノ思ヒ付次第拵ヒ候トノ事八艘ニテ五千両ニテ受合ヒ候由右様㋐（大金ヲ費シ拵ヒ候ニ）㋑（実用	11大工まかせ思ひ付次第に致し置㋑（彼処此処の詮議もなく）㋐（大金を費しなから）㋓（心を用ひさると）㋒（言語道	初改＋変更・補足・削除

	ノ詮義モナク）大工ニ任セルナト、申事㋒（言語道断）㋔〔是ニテ人材モナク武事ニ㋓（心ヲ用ヒサル「知ヘシ）〕右様ノ舟何程アリテモ全ク虚文ニシテ頼ニナラス	断なり）右様の船何程有之候ても必用には相立申間敷㋔〔是にて人才もなく武事に心を用ひさると察せられ候〕	
90	14浦賀与力モ参リ候所カノン筒ヲ並ヘ置キ山際ヘ竹ヤラヒ	10浦賀より与力参候処山際へは竹矢来	初改＋変更・補足
91	15風説ニハ当時明末之兵越テ韃ト㋐（戦フ）㋑（イキリス）㋒（明兵ヲ援テ）㋓（取合最中ノ由）アメリカ其隙ニ日本ヲ手ニ付ケイキリス人ノ先ヲカケントノ謀ノ由	12風説に此節唐土にて明の末の者兵を起し清と㋓（取合最中の由）㋑（英咭唎）㋒（明を討て）大に㋐（戦ふ）由亜墨利加其隙を伺ひ日本ヲ手に入れんとする由	初改＋変更・補足
92	16浦賀奉行戸田ハ上手者ト申モノヽ由井戸ハ昨今ニテ不相分文学ハ頗ル本職ノ由先年勤メ候水野筑後守豪気ニテ決断モアリ宜シキ様ニ相覚エ候由申ス	12全文削除	改
93	17浦賀役船スルツフ長サ七間位百目筒六挺左右ニカケル	12全文削除	改
94	18十三日御目付堀織部御台場順見ニ出ル昨日異船引拂ヒヨウ〱息ヲツク所エ今日御順見ニテ通リ筋ノ人夫被召使嘸ゝ難渋可致候御台場ノ義ハ画図ヲ以テモ委敷分リ候事ナリソレトモ順見シタクハ今日ニモ限ルヘカラスト云也	12全文削除	改
95	応接掛香山栄左衛門ヨリ聞書（奉行ノ内命アリテ栄左衛門始終応接致シ候由）	香山栄左衛門より聞書（此度の応接掛り）	改＋削除
96	9蒸気船ヲ止メル中ハ別ニ穴アリテ蓋ヲ取レハ蒸気是ヨリモレ出テ車マワラス蓋ヲスレハ蒸気車ニ当リテ車旋転ス	欠文（文書集本朱にて補筆）	改＋変更
97	12書翰ノ趣何ヤラン分ラス右書翰ハアメリカ語フランス語漢文日本文四通ニ致シ来リ候由	11書簡の趣一向分らす（初稿近藤10に「只書翰ハ云々」あるも削除）	初改
98	12又彼ノ重官ヨリ此方ノ重官ヘノ書状アリ紙包ニテ封印付キ（彼ノ執政ヨリ此方ノ執政ヘノ添状ノ様ナモノナリ）	11彼重官より此重官への書簡あり紙包にて封印有之	初改
99	17イキリスト取合ニナリ打勝チ和平取結ヒ候以来ハ対ゝノ国トナル是ハ七十六年前ノ事ノ由	15、取合になり打勝和平取結以来対ゝ国	初改＋補足・変更
100	19イキリス人ニ比スレハ温純ノ方ナリ	17此度の異人英吉利に比すれは温順なり	初改＋変更
101	19ネチレ言ヲ申サレ応接甚難渋致シ候処受取候後ハ	17ねしけし言を申応接甚難渋致し候後ちは	初改＋補足・変更
102	応接掛近藤良次ヨリ聞キ書	近藤良治より聞書	初改

103	1三日下田沖ニ異船帆影見ルニ付	1六月三日下田沖へ異船帆かけ見ゆるに付	改＋変更
104	1異船浦賀着八ツ少シ過ナリ	1異船浦賀着八ツ半時少過なり	初改＋変更
105	4夫レモ只来夏ハ来ルカモ知レヌ位ノ御達ノ由与力共一向弁ヘ居不申候故懸合ノ節大キニ困リ候事有之由	4夫も来夏は来るか位のヿ故与力共も一向弁へ居不申故掛合大に困候由	初改＋削除・変更・補足
106	5即日異船へ其趣ヲ申通シ七八日ノ両日受取渡シノ手筈懸合致候事彼申ニ書簡御受取ニ相成程ナク	5即日其趣異船へ申通程なく	初改＋補足・変更
107	5弥御返簡御出来ノ上本書ハ御返簡ト引換ニ可致ト云ニ	5弥返簡出来の上書引替に可致と云	初改＋変更
108	8一ト目ニハ見限レ不申候蒸気車輪等ノ仕掛ケ	8一日には見限られ申さす蒸気船車輪の仕掛等	初改
109	9悦喜ノ様子ニ相見へ申候本船へ返リ候時送リ参リ候処直ニ酒ナトヲ出シ飲セラレ申候船中一見シテ暫ク手間ヲトリ返リカケニ相成リ	9悦喜の体にて本船へ返り候時送り参候処直に酒を出し申候船中一見して暫く手間取候節も	初改＋変更・補足
110	10何ニカ六ケ敷事テモ言レルカト存シ大心配致シ居候処何モ言事ナシ只書翰ハアメリカ語フランス語漢文和文ト四通リニ認メアル由申候事	10何か六ツケ敷ヿにても申候やと大に心配致し候処何ともなく安心致し候	初改・変更・補足
111	11右五名ヨリ聞ケル所深秘ニ付不免他見	11削除	初

二稿本の差異は右により判然としよう。その推敲は

①表記の削除により表現を簡潔にした。

②表記の一部削除・変更・補足・倒置を組み合わせ事実の本質に迫った。

③表記の全文削除とそれを他項目に移動して事実の集約を図った。

④表記の倒置を含む大幅な組み替えにより達意の文体に近づけた。

⑤与力聞書ではない土人語を一字下げで補足し世態の参考に供した。

また両稿本にいえるが、本文に二行割註を施し聞書筆者の補足説明をしている。初稿と改稿の間で大きく表記の異な

る一一例をみた。その中で推敲の意図と方法が歴然としている例を左に掲げる。それは久里浜応接場の米人闖入一件であり、諸稿本ほぼ同文の合原第十一項・香山第十一項から改稿本の表記を紹介する。（　）の部分である。

前日掛合には上官共廿人程にて上陸の筈の処案に相違し大人数上陸（其上不意に六十人計押込官奉行の脇塞り此方何れも仰天し彼是制し候ハヽ直に奉行を虜にもすへき様子故其儘に致し置候）　合原第一一項

使節上官副将四人分上段の間へ曲ろくを設け奉行は床几に腰をかけ対面一切応対なし只受取渡而已也（其節イホレットを付候者弐拾五人どや〳〵押込上段の間へ上り使節のうしろへ立ふさかる何れも六挺仕掛の筒を持剱帯す）　香山第一一項

右に推敲の跡はなく表記は簡略的である。それでは80〜84樋田第六項を掲げる。右が初稿、左が改稿である。

久里浜上陸ノ夷人ノ　クリヤリ調練ノ能ク整ヒ候事其美　事　言語ニ述難　シ一同幕中エクリ込ミ入口ノ
久里浜上陸　、、、、人数は繰　出し調練　能　整　、、、其美しきこと言語に述かたし一同幕内へ入り込　、入口の
前へ一行ニ列ヲナス上官将官副将小屋ノ内ニ入ルト直様六十人程トヤ〳〵ト蹈込ミ上段ノ間ニ立塞ル何レモ剱ヲ
前に列を一行に立　上官将官副将小屋の内へ入　、と直に六十人程俄に　蹈込　、上段之間へ立上り何れも剱を
佩シ六挺仕掛　筒　打ツハカリニ致シ詰込ム　此方下タ　ニ列座スル組頭
佩ひ六挺仕掛のヒスウルに（㋐玉を込めすはと云ハヽ切て放つ勢ひにて睨ミ控ゆる）　、、下　、の間に居　る　、、
并応接掛等　蹈ミツフサレ候位ノ勢　ノ由奉行応接掛ヲ招テ是エ上　レト申ニ付応接役　奉行ノ脇エ上リ候
、応接方　、既に蹈　倒さるゝ　程の様子　奉行　、、、見兼　、上かれと申　付　、、、漸々上段之間へ上り、
由右ノ勢ニテ　如何トモスル事能ハス其儘ニ致シ置キ
、、、、、（㋑其場を凌き候程のことにて　大に胆を抜れ中々指留ると抔出来不申一同無念の歯か

みをなしたるのみ是と申も全く公辺穏便のみを御沙汰厳き故たま〳〵鉄砲はあれとも玉を込す火縄に火を付す大

　　　　　　　　　　　　　　　　　香山栄左衛門書翰ヲ受取リ戸田奉行エ渡ス奉行一礼シテ受

に異人共に威を示され返す〳〵も無念のことに候）　扨香山栄左衛門書簡、受取　、、、奉行に渡す奉行一礼して受

取書付箱入リ先方エ渡シ事済ム（八日ノ日懸合ナリ）返簡ノ義ハ　　蘭人ヲ以テ中達スヘキ旨申　候所

取の儀、、、、、、相済、、、、、、、、返簡の儀は前日掛合の節蘭人を以、中通すへき旨申達候処

彼曰蘭人ニテ事埒明キ候義ナレハ是迄来船モ不致候右様手遠フノ事ニテハ指支候間早速返簡受取度由申ス

彼云蘭人にて事埒明き候儀なれは是迄来船も不致、右様手遠き　ことにては指支候間早速返簡受取度由申

右の米人闖入一件が、与力聞書最末尾の一文「右五名ヨリ聞ケル所深秘ニ付不免他見」とある極秘事項の核心で、聞書筆者が腐心した痕跡が改稿本に付した削除・補足・変更・倒置が、とりわけ㋐㋑にみえる。この㋐㋑の表記の淵源は改稿本合原第十一項で削除した初稿本合原第十六項にある。

右六十人之者何レモ剣ヲ佩シ❶（六挺仕掛之ピストールヲ持何レモ玉ヲ込メドンドロ仕掛ニ而打ツバカリニ致シ扣居ル）此方ニ而ハ込筒ハ壱挺も無之奉行近クニハ五六人着座スルノミニ而❷（如何ともスル事ナシ畢竟穏便穏便カ主トナル故右様之振舞ナサレ大ニ膽ヲ奪ハレル事残念言ハン方ナシ）異人上陸之節ハ勿論船中ニても玉ヲ込置候由右請取渡之前日右相済候ハヽ出帆可致返簡之義ハ追而長崎表ゟ蘭人ヲ以申通スヘキ旨申候処彼曰左様オツコノ事ニハ不及来年又ゝ渡来返詞承リ可申候何レ出帆ハ致シ可申と云

右初稿本❶は改稿本㋐の、初稿本❷は改稿本㋑で倒置等処理しているが原表記と判断する。このようにして米人闖入一件を樋田第六項に集約し、事実に対する意味評価を下し、戦備を怠ったことへの指弾とみる。一一一例中八五例以

下をみる。

85初稿樋田第八項は、改稿樋田第七項で全文削除する。浦賀役船には船印があり掛合事のある時は合図に鐘を打ち鳴らす由を記す。一〇年程前「白旗書簡」が論議されたが、与力聞書には降伏・軍使・談判を意味する白旗の掲示表記は存在しない。

86初稿樋田第一〇項は、改稿樋田第八項で全文削除する。軍備（軍艦・陸岸の備え）すべて日本が劣り、戦争不能な真の情実を与力をして幕閣に提言している。幕閣の内情は、29・30初稿合原第九項を改稿合原第八項で部分削除する。蘭人のペリー来航予告情報を語り、不用意な事態を起こさぬ穏便の処置を明示する。

87初稿樋田第一一項は、改稿樋田第八項で全文削除する。将軍家慶、閣老列座の中で浦賀出張を質し、衆人沈黙の中に牧野備前守が自ら申し出た由の伝聞である。一二代将軍家慶は嘉永六年六月二二日薨去しており、与力聞書初稿飯塚第一七項（改稿同第一六項とほぼ同文）「此度異船之儀も　将軍家御耳へハ六日ニ申上候よしケ程之大事右様遅く御耳ニ入候ハ如何之儀故歟是又嘆息」とあり、幕閣関係者のみ知る極秘の伝聞である。

88・89初稿樋田第一二項は、改稿樋田第一一項で、井伊家の士気を酷評する。右が初稿、左が改稿である。

井伊家ハ甚タ武事ニ暗ク士気モ弱ク　候既ニ此度軍船トシテ五大力船ヨリ少ゝ大フリノ舟　制造　ノ由ニテ
井伊家は甚た武事に暗く士気も弱く被存候　此度軍船、、、、、、、、、、、、、、、数艘制作有之処、、
浦賀舟大工受取候所聢トシタ軍船ノ図ニヨリテ拵ルト申ス分ケ　モナク総テ大工任　セニテ大工ノ思ヒ付次第
浦賀船大工受取、、、聢と　軍船の法により、、拵ると、、、かこともなく、、大工まかせ、、、、、、思ひ付次第に
拵ヒ　候トノ事八艘ニテ五千両ニテ受合ヒ候由右様（㋐大金ヲ費シ拵ヒ候ニ）（㋑実用ノ詮義モナク）大工ニ任セル
致し置、、、、、、、、、、、、、、、、、、（㋑彼処此処の詮儀もなく）（㋐大金を費しながら）（㋒心を用ひ

ナト、中事言語同断　（㋓是ニテ人材モナク武事ニ（㋒心ヲ用ヒサルヿ）知ヘシ）右様ノ舟何程アリ　テモ全ク
さると）　言語同断なり　右様の船何程有　之候ても必用
虚文ニシテ頼ニナラス　十五万石榊原式部大輔ナトニ被
には相立申間敷　（㋓是にて人才もなく武事に心を用ひさると察せられ候）　十五万石榊原家　抔　に被
仰付候方　宜シト云
仰付候方却て宜しかるへく存候

右により初稿㋐㋑㋒㋓を、改稿では㋑㋐㋒㋓と倒置し表記を補足・削除・変更して推敲しているのである。井伊家は徳川開幕の武事四天王だが、幕末の士気低下に対する酷評は、経済危機に瀕した井伊家の財政（拙稿「井伊直亮による三度にわたる十万石加封願」参照。）に由来するというより反阿部政策をもつ井伊家の鎖国政策に固執する批判があると推定する。

91樋田第一五項は、改稿樋田第一二項でアメリカのしたたかな開国戦略を語る。右が初稿、左が改稿である。

風説ニハ当時　明　末之　兵　越テ韃（清ノ誤リ）ト戦フ　イキリス明兵ヲ援テ（㋐取合最中ノ由）アメリカ
風説に　、此節唐土にて明の末の者兵を起し清と（㋐取合最中の由）英咭唎　明　、を討て　大に戦ふ　由　亜墨利加
其隙ニ　日本ヲ手ニ付ケイキリス人ノ先ヲカケントノ謀ノ由
其隙を伺ひ日本を手に入れ　んとする　由

92初稿樋田第一六項は、改稿同一二項で全文削除する。浦賀奉行戸田・井戸より長崎奉行水野筑後守を称揚する。

94初稿樋田第一八項は改稿同第一二項で全文削除する。米艦六月一二日退去の翌日、目付堀織部御台場巡検に、非常警戒・内海警備撤収の中で現地の負担を批判する。

96初稿香山第九項は改稿で全文欠文となっている。削除したのでないことは、改稿本系の内閣本・雑件本に

9蒸気船ヲ留ルニハ別ニ穴アリテ蓋ヲトレハ蒸気是ヨリモレテ車マハラヌ（スの誤字）蓋ヲスレハ蒸気車ニ当リテ　碇（旋の誤字）転ス

6蒸気　、ヲ留ルニハ別ニ穴アリテ蓋ヲトレハ蒸気是ヨリ洩レテ車マハラス蓋ヲスレハ蒸気車ニ当リテ車旋転ス

（内閣本）

（雑件本）

右二文により改稿欠文を推定するに、初稿本を変更削除（旋の草体を判読できず本ノマヽとルビがある。）した内閣本表記に近いとみる。従って再稿との関係について、改稿本によって変更を加えた（改+変更）とみた。

111初稿近藤第一一項末文は与力聞書の本文でないから改稿で削除しているとみる。しかし内閣本に

右五名ヨリ聞ル処深秘ニ付不許他見

とある表記が雑件本にないが、その奥書に「此書極秘之由書主ゟ申聞られ候左様思召可被下候以上」とあり、雑件本の原本には内閣本のごとき末文が存在したとみる。再稿では改稿本が削除したため初稿の表記によったとみる。

第五節　再稿本表記の特徴

高麗環雑記（以下、雑記本と称呼。）の特徴を探るにあたり、改稿本の表記との異同を追った。改稿本と相違する雑記本表記の特徴はどこにあり、どの稿本の表記と合致するのか。ここに雑記本の特異な表記が何に依拠し何に受け継がれるのか。まず改稿本本文と対比して雑記本各表記が諸稿本とどう関係するのか、それとも独自表記なのかみた。雑記本の表記にルビを振り、それが倒置も含む変更（△）・補足（○）・削除（ヽ）なのか示し、初稿本の表記と同じ

（aとルビ）・初稿本修訂本の表記と同じ（bとルビ）・修訂本の表記と同じ（cとルビ）・独自表記（dとルビ）・初稿本系の「嘉永癸丑アメリカ船渡来記聞」（以下、記聞本と称呼）の表記と同じ（eとルビ）かを註して、各与力聞書各項の用例数を算用数字で示した。二行割註は括弧（　）で表示し、複雑な倒置は改稿本に㋐㋑と示し雑記本でどう移動したかみた。本来の表記を変更二分して接続する表記には「不申ノ上」と▲で示し、字を挟んで補足した接続する表記には「上卜下卜」と●で示した。「事」の準仮名は片仮名「ヿ」平仮名「ど」と示した。この両者はもと同質の記号であるため変更表示をしなかった。その詳細は本稿末に一括して掲げた。

雑記本は初め改稿本系の写本と考えた。しかし修訂本の成立に初稿本と改稿本の明示があるものの、この二本から直接修訂本に至る道筋は不明であった。改めて雑記本の性格をみるに、改稿本とみるより再稿本として捉え直せば初稿本や修訂本との関係解明になると考えたのである。

雑記本の特徴は、初稿本と修訂本に近似する点にある。改稿本と雑記本の表記を比べ、雑記本表記の特徴をまとめたのが左の表である。

	初	初修	修	独	記
合1	4	3	0	5	0
2	18	14	3	10	1
3	3	3	0	2	0
4	1	2	0	1	0
5	2	0	0	1	0
6	9	4	1	4	0
7	2	1	0	3	0
8	10	1	0	12	0
9	12	0	0	9	0
10	23	2	1	10	0
11	27	5	0	14	1
12	10	2	0	4	0
13	2	2	0	0	0
14	1	0	2	1	0
15	21	1	4	11	1
16	2	1	3	5	0
17	2	3	2	0	0
18	3	1	2	2	1
計	152	45	18	94	4
飯1	7	3	1	2	0
2	9	2	3	7	0
3	3	1	2	1	0
4	2	7	0	1	1
5	4	2	1	1	0
6	0	5	6	4	0
7	1	1	0	0	0
8	3	3	1	1	0
9	9	1	0	4	0
10	4	2	1	4	0
11	1	0	0	0	0
12	1	0	0	2	0
13	1	1	0	3	0
14	5	4	3	4	0
15	7	2	1	7	0
16	4	0	0	3	0
17	1	0	0	2	0
18	2	2	0	0	0
19	1	2	2	1	0
計	65	38	21	47	1

	初	初修	修	独	記
樋1	19	8	2	5	1
2	5	0	0	0	0
3	21	18	6	10	0
4	6	7	3	10	0
5	9	6	0	7	1
6	23	11	7	27	0
7	2	0	1	0	0
8	5	2	0	2	0
9	1	2	0	1	0
10	4	0	1	3	0
11	3	1	1	7	0
12	3	1	1	1	1
計	101	56	22	73	3
香1	2	3	0	3	1
2	1	0	0	0	0
3	1	0	0	0	0
4	6	1	2	6	1
5	2	0	2	2	0
6	3	0	0	1	0
7	5	1	1	2	0
8	1	0	0	0	0
(9)	1	0	2	1	0
9	5	3	1	2	0
10	8	4	1	5	0
11	12	5	1	8	0
(13)	0	3	0	1	0
12	5	1	0	0	0
13	4	1	2	2	0
14	6	1	0	2	0
15	8	2	3	2	1
16	2	3	0	0	0
17	12	6	2	10	0
18	／	／	／	／	／
19	4	1	0	0	0
計	88	35	17	47	3

香山18（20）項と近藤6項は、ほぼ同表記とみてカウントしなかった。

	初	初修	修	独	記
近1	1	2	0	1	0
2	2	6	5	3	1
3	5	3	0	1	0
4	4	5	1	7	0
5	6	10	3	13	0
6	／	／	／	／	／
7	6	5	2	7	0
8	4	1	1	1	1
9	3	7	2	4	0
10	2	2	1	3	0
11	4	1	0	0	1
計	37	42	15	40	3

合原	152	45	18	94	4
飯塚	65	38	21	47	1
樋田	101	56	22	73	3
香山	88	35	17	47	3
近藤	37	42	15	40	3
総計	443	216	93	301	14

右により改稿本の表記を受けた雑記本の特徴は、初稿本と修訂本に近似する点にある。雑記本が初稿本表記と一致するa四四三例は、再三にわたる推敲の結果改稿本表記より初稿本表記に戻ったことを意味する。雑記本が初稿本表記と修訂本表記と一致するb二一六例は、雑記本が改稿本表記を取らず初稿本表記を取った点はaと同様だが、それが修訂本表記の基礎となった点に特徴があるのである。この点c九三例とは、修訂本表記の基礎となった雑記本独自表記という意味になる。d三〇一例は初稿本改稿本にない雑記本独自表記であり、修訂本にも引き継がれなかったことを意味する。e一四例はd独自例であるが、数少ない初稿本系の記聞本表記と一致するため付記した。

　さて初a四四三例と初修b二一六例は、初稿本表記に依った六五九例として括ることができる。また初修b二一六例と修c93例は、修訂本が表記の拠り所とした表記三〇九例と括ることができる。そして修c九三例と独d三〇一例さらに記

e一四例は、再稿本独自表記として括ることができるのである。再稿本と改稿本表記の相違を求め、修訂本がどのように成立したのか、それは再稿本にある修訂本表記309例の存在により鮮明に浮かび上がってくるのである。しかも初稿本表記二一六例が、改稿本にない再稿本の特徴でありかつ修訂本への道を開いているのである。この点別の視野から考察した「六、幕末外交文書集とその朱書補訂一覧」を参照されたい。

初稿本表記a四四三例をみる。合原3「手厚ク用意イヅレモ」の「イヅレ」は、初稿「何レモ」、改稿「致し候へは何も」とあり、初稿「何レ」の仮名表記で、改稿本の文脈に初稿の「ク」を補足し、改稿の「致し候へは」を削除した。改稿が「ナニモ」と訓めるが、初稿表記「イヅレ」を強調している。ここに初稿より展開した改稿本を底本としながらもさらに初稿本表記を取り入れ、再稿本表記を確立している点に修訂本に通じる様式をみるのである。事実三〇九例が修訂本表記である。合原10「㋑〔陸上ノ見物人ヲ指押ヘ諸家ニテソコツニ手出シ無之ヤウ制禁スル為〕㋐〔指出シ候「異船取扱フ為ニアラス〕」は、改稿の本文を倒置してほぼ初稿の本文に戻している。初稿では「スル為ニ指出候事異船ヲ取押ユル」とあり、初稿の表記を取るも独自の判断がある。飯塚タイトル「飯塚久米三ヨリ聞書」は、初稿「飯塚久米ヨリ聞書」、改稿「飯塚粂三郎聞書」とあり、「久米三」は初稿「久米」を合字とせず、改稿「三」を取り「郎」を削除する。初稿改稿折衷例は樋田3「騒立」で、初稿「騒キ立チ候ニ付」、改稿「騒動」とあり、改稿の二字を基本に初稿の「立」を取りその前後を削除した。初稿表記に戻すも取捨している例に樋田3割註「〔内意云ニ付〕」の「云」は、初稿「内意云ゝニ付」、改稿「内意に付」とあり、初稿「云ゝ」の畳字が削除され初稿表記を取ったものの初稿のままではないのである。樋田5「シキ并ナラヘ」の「キ」は、初稿「敷キ」、改稿「敷」とあり、初稿の送り仮名を生かし語幹を仮名書きにしたもの。樋田6「調練ヨク」の「ク」も同様である。近藤7「参ルヘケレ𪜈」の「参ルヘ」は、初稿「参ルヘク候」、改稿「可参」とあり、独自表記「ドモ」が改稿の「マイルベシ」に接続し已然形に変化し補足し初稿表記と一部合致した。近藤8「見限ラレ不申」の「不申」は、初稿「見限レ不申候」、改稿「見限られ申さす」とあり、初稿の漢文表記を取ったが「見限ラレ」は改稿表記であり初稿の「候」は改稿で削除しているのに従っている。

初稿本系の記聞本表記e一四例をみる。この記聞本表記が再稿本系秘談本と共通する表記があるのは、独自表記d三〇一例が多く秘談本表記とつながる点とともに再稿本系内の相互関係が窺えるのである。e一四例の1番合原2「扣へ居リ候ヤウ」の「リ」は記聞本のみにある。2合原11「書翰受取」の「受」は秘談本にある。3合原15「大図一尺六七寸」の「図」は、秘談本ここのみ削除。4合原18「焼キ討カ宜ク候」の「カ」は、秘談本にある。5飯塚4「致サ子少モ構ヒ」の「ヒ」は、秘談本にある。6樋田1「慨嘆ニ堪ヘス」の「ヘ」は、秘談本にある。7樋田5割註「(樋田二人)」の削除は、記聞本のみにある。8樋田12「明末ノ兵起リ」の「リ」は、秘談本にある。9香山1「国王ヨリノ書翰一通持参」の「一」は、秘談本のみ「一通」を削除。10香山4「水入ハカリ」の「リ」は、記聞本のみにある。11香山17「出陣等イタシ」の「等」は、秘談本にある。12近藤2「近藤良次」の「次」は、修訂本にある。13近藤8「船中大躰一見」の「躰」は、秘談本にある。14近藤11「応接掛リ与力四人通辞一人」の「辞」は、秘談本この表記を含む一文削除。以上により一四例中、秘談本と一致する例は2・4・5・6・8・11・13の七例、秘談本は該当箇所のみ削除またこの表記を含む一文を削除する例は3・9・14の三例、修訂本の表記と一致する例は12の一例、記聞本のみの例は1・7・10の三例である。従って記聞本表記一四例は、雑記本が記聞本を参照したのではなく偶然の一致であるとみる。同じ再稿本系の秘談本との相互関係から生じた表記であるとみる。詳細は「米夷留船秘談の特徴、再稿本『高麗環雑記』と対比して」を参照されたい。

初稿本修訂本表記b二一六例をみる。この用例は改稿本を底本としつつも改稿本表記を捨て初稿本表記を取り再稿本表記ができ、かつ修訂本表記に引き継がれた表記を意味する。合原2「乗出シ異船へ」の「出シ」は、初稿「出し」、修訂

「出」とあり、修訂は送り仮名はないが改稿「付」と全く異質のため一括りできる。合原2「カヽリ候ユヘ何ホド急キ候テモ五日位ハカヽリ可申」の変更△・補足○表記は、初稿「何程急キテモ五日位ハカヽリ」を取り、その中に独自に「候」を補足した表記を修訂本が採用しているのである。合原6「漕行キ江戸近ク」は、初稿「漕歩行キ江戸近ク」、改稿「漕行江戸近」とあり、改稿に送り仮名を施した結果初稿表記に近づいたもので、初稿の「歩」は削除されたままである。この例で初稿表記を取るとは、補足説明を意味する。飯塚6「上官等ノ冠リモノ恰好是ニ類ス」は、初稿に「冠リモノ」の「ノ」がない外全て同じ。改稿は「ケヘル士官等の冠り物」とある。問題は初稿と改稿以下、帽子の図が左右入れ替わってしまったことだ。樋田タイトル「樋田多々郎ヨリ聞書」は、初稿「樋田多二郎ヨリ聞キ書」、改稿「樋口多三郎より聞書」とあり、「多二郎」は一画増え「三」に、「二」が多の畳字「ゝ」に変更とみて「々」、「々」が「太」の草体とみて修訂本「多太郎」に至ったとみる。樋田3「騒立」は、初稿「騒キ立チ候ニ付」、改稿「騒動」とあり、改稿の二字を基に変更した「動」を初稿表記に戻し、改稿で削除した初稿表記は取らなかった。樋田3「栄左衛門ハ内意モ申含置候間香山ヲ遣シ候様差図ニ付キ右一人ニテ応接イタシ」は、初稿「栄左衛門ハ内意モ申シ含メ置候間栄左衛門ヲ遣ハシ候様申ニ付栄左衛門罷越応接致シ」、改稿「栄左衛門接致」とあり、改稿が初稿を大幅に削除しているため、初稿と比べると初稿の表記を削除・変更して再稿本表記ができ、それが修訂本の表記となっているのである。再稿本表記は初稿本表記に基づくも取捨しているのである。樋田4「何ヲ以テ制敗スルヤ」は、初稿「何ヲ以テ制スルヤ」、改稿「何を以成敗するや」とあり、改稿の熟語「成敗」を基にして「成」を初稿の「制」に置き換えている。修訂本は初稿本表記と同じである。再稿本のみ「制」と「敗」で熟語となし漢語に存在しない特異な表記となっている。近藤9「悦喜ノ様子ニ相見ヘ申候」は、改稿「悦喜の体にて」から全て初稿の表記に戻した例となる。問題外だが近藤10「申シ候歟」の「歟」は、初稿「言レルカ」、改稿「申候や」、修訂「申候哉」とあり、「カ」「ヤ」両様に訓める余地を残し「歟」を取ったとみる。

修訂本表記ｃ九三例をみる。初稿改稿にない再稿本表記が修訂本表記と一致するとは、修訂本表記に引き継がれた再稿本独自表記九三例であったことになる。換言すると修訂本は初稿と改稿を按配してできたものではなく、再稿本独自表記九三例などを吸収して「幕末外交文書集」の朱筆が成立したとみる。原則この九三例は修訂本の原本「幕末外交文書集」の朱筆と一致する（文書集には朱筆11「〇一本騒き大方ならす」は、初稿本表記であるが修訂本本文ではなく一本扱いであるため「改稿本雑記本対比」から外れた）。一致しない例が、修訂者中村勝麻呂独自の加筆と推測される。合原2「上船ヲ免サスヨウ〳〵」は、初稿「稍ク」、改稿「様に」とあり、修訂「よふ〳〵」に至るとみる。合原2「場へモ行可申」は、初稿「場へモ行キ申候」、改稿「場へも行かべし」とあり、修訂「場へも行申べし」の漢語表記である。合原2「何ホド急キ候テモ五日位ハカヽリ」の「候」の前後は、ｂ二一六例の二例（合2のｂ12・13）であるが再稿本は独自に「候」を補足して修訂本表記の先例となった。合原14「彼云本国ヨリ急ケハ」は、初稿「彼申ニ急ケハ本国ゟ」、改稿「彼本国より急けは」とあり、初稿の「申ニ」は修訂「彼れか云本国より急けは」の「云」に直結しなかったが、再稿を介せば理解できる。合原15「宜シク候へ𪜈旨義ニヨリ」は、初稿「沢山ニ候得共仕宜ニ寄」、改稿「宜候へ共」とあり、初稿の「仕宜ニ寄」が修訂では「宜候へ共旨儀ニより候て」となり、「候て」と勝麻呂独自の加筆があるが、初稿と修訂の表記が直結するのは唐突で、再稿本表記が介在しているとみる。合原17「不申候ヤウ存候」は、初稿改稿共「不申候」とあり、再稿本「ヤウ存候」と補足するのは独自表記とわかり、修訂「様に存候」と「に」をさらに補っている。飯塚2「長サ四五間」は、改稿「五六間」とあり初稿は別表記のため修訂「長サ五六（四五）間」の一本の傍註表記となっている。飯塚10割註「（知レ不申ト存候）」は、改稿「（知れ不申）」に補足しており、修訂「（知れすと存候）」に至る。樋田1「日本ノ鉄炮ヲ出シ放サハ」は、改稿「日本銕砲を出し示さは」（初稿とほぼ同じ）とあり、修訂「日本之鉄炮にて打放さは」が「にて打」と独自に変更している外、同表記である。樋田6「ヒストウルニ」は、改稿「ヒスウルに」を補った例で修訂「ヒストヲルに」に引き継がれる。樋田6「穏便々々ノ、」は、改稿「穏便のみを」に表記を補足削除したものだが、修訂「穏便の」は再稿をさらに削除しているとみる。香山5「乗組二百人」は、再稿本の他の諸稿本すべて「三」である。ただし修訂の傍註に「乗組　三（一本二）百人なり」一本として引用される。香山19「取扱ヒ候シカシ」は、初稿「去ナカラ」、改稿「若」とあり、修訂「併」の漢字表記に引き継がれているのである。

最後の独自表記d三〇一例は、記聞本表記e一四例で言及したが、同じ再稿本系の秘談本に引き継がれる例が多い点に特徴があり、諸稿本表記に送り仮名がない場合など、訓読の便宜に送り仮名を補足するなど本文の解釈説明となっている。合原4「筈ナシト云、」は、初稿「筈ナシト云テ一切言ハス」、改稿「筈なしと申候」とあり、初稿「云テ一切言ハス」を改稿が「申候」に表記変更したが、再稿で初稿に戻りつつも独自に云以下を削除してできている。

参考までに再稿本独自表記が秘談本のみにある五五例を以下に一括して掲げる（初めの算用数字は五五例の通し番号、次の算用数字は各与力項目番号、括弧の中は独自三〇一例中の該当番号）。1合原4「筈ナシト云、」（d1）。2合原6「相見ユル」（d4）。3合原7「左様ノ義無之」（d1）。4合原7「一発ツ、発砲」（d2）は諸稿本「号砲」、再稿「発砲」を折衷して秘談「号発」とある。5合原8「候ヤウ、御内達有之候右様」（d345）の「達」を「意」に変更と「之」を削除。6合原8「番船ハ一艘モ」（d10）。7合原9「成居リ候ヿユヘ」（d6）。8合原9「喰違ヒ居リ」（d89）。9合原10「江戸ノ方へ向テ」（d1）。10合原10「早船ヲ以テ」（d2）。11合原10「穏便ニ被成候ヤウ、トノヿニ有之候且ツ」（d5678）の「ツ」のみ秘談なし。12合原11「川越備ノ前ヲ」（d2）。13合原11「上陸ノ筈ニ候処」（d3）。14合原11「奉行ノ脇ニ立塞ル」（d56）。15合原11「虜ニ、ナル、」（d4）の「ナル」を秘談「ナリ候」と変更補足。16合原11「致シ置候処」（d7）。17合原11「掛合候処異人云」（d9）の「異」を秘談「夷」と変更。18合原11「驚カシ申候」（d14）の「カ」秘談なし。19合原12「未タ行トヾカズ故」（d1）を秘談「行届かす候」と表記変更補足。20合原15「宜シク候へトモ」（d４）。21合原15「了簡ニモ候へハ」（d６）。22合原15「参ラザル義ニテ」（d７）。23合原18「焼キ討カ宜ク候」（d１）を秘談「焼討か宜敷候」と削除変更。24飯塚２「四五間ヨリ横一間」（d１）を秘談「四五間ゟ拾間」と表記削除補足。25飯塚２「大振ノ方へハ七八十人乗組候」（d２３）の「候」を秘談削除。26飯塚２「糸ヲツケソレへ」（d６）。27飯塚４「致サ子少モ」（d１）。28飯塚５「専用ニ」（d１）。29飯塚10「カカレハ相成候若シ」（d１）を秘談「カヽリ候へハ相成由」は表記を変更倒置補足している。30飯塚12「当時ハ大イニ」（d１）を秘談「き」に変更。31飯塚14「鉄炮ハ委シク」（d２）。32飯塚16「義、敷是又嘆息」（d２３）。33樋田１「御達有之候然ル処」（d４）。34樋田３「彼是懸合候ニハ」（d３）。35樋田４「制法行キ届カ子」（d５）。36樋田４「不当の申分」（d７）。37樋田４「船ヲヨラヌヤウ」（d８）の「ラ」は諸稿「セ」で秘談「寄さる」と四段下二両様に訓める。38樋田６「述カタク一同」（d４）。39樋田６「穏便々々ノ」（d13）の「ノ」の上に秘談「と」を補足。40樋田６「カへス／＼」（d1415）の「へ」を秘談「え」と変更。41樋田６「候ハヽ一先ツ」（d22）。42樋田６「先ツ出帆ニケ月」（d24）。43樋田「若シ間ニ合ハス」（d26）。44樋田６「ノコシ置候ヨシ」（d27）。45樋田10「見へ申候評判」（d３）の「申候」を秘談削除。46樋田11「榊原ナトニ」（d３）。47樋田11「返テヨロシク存候」（d５６）の「返テ」を秘談削除し「ク存」間に「被」を補足。48香山５「小ノ方蒸気船」（d１）の「ノ」を秘談「之」に変更。49香山11「九日栗浜ニテ」（d１）。50香山11「守固スケヘール」（d４）。51香山12「タガヤサン」（d１）は秘談「銕力木（たがやさん）」とルビ。52香山19「相違ナク候」（d10）を秘談「無相違候」と漢語表記。53近藤２「決テ上船ヲ免サス」（d２）。54近藤４「困リ候ヿ有之候」（d７）の「有之」を秘談は「ニ」に変更。55近藤９「ト云テ又酒ヲ差出候」（d４）を秘談「とて又酒をさし出すゝめ申候」と「云」を削除し「差」を仮名に変更し「すゝめ申」を補足。以上の詳細は「米夷留船秘談の特徴、再稿本『高麗環雑記』と対比して」を参照されたい。

再稿本の独自表記が内閣文庫所蔵「浦賀与力より之聞書」（内閣本と称呼）の表記と一致する例が若干ある。内閣本は改稿本系であるが再稿本と関係すると考えるので以下掲げる。1香山4「三間斗リ総鉄」（d1）は、初稿「位」、改稿「計」とあり、内閣本は「斗」で送り仮名はない。2香山4「三間斗リ大炮」（d34）は、初稿「位」「砲」、改稿「計」「砲」、内閣本は「斗」「炮」となる。「計」と「斗」は相通ずるので当然といえばそれまでである。香山9は改稿本で全文脱字であり、修訂本の原本「幕末外交文書集」には全文朱筆補足されている部分である。しかし改稿本系の内閣本にはその全文があるため比べてみる。一行目初稿本、二行目内閣本、三行目再稿本、四行目修訂本である。

その次に雑記本を改稿本と対比する。

蒸気船ヲ止メル中ハ別ニ穴アリテ蓋ヲ取レハ蒸気是ヨリモレ出テ車マワラス蓋ヲスレハ蒸気車ニ当リテ車旋転ス
蒸気船ヲ留、ルニハ別ニ穴アリテ蓋ヲトレハ蒸気是ヨリモレ　、テ車マハラヌ蓋ヲスレハ蒸気車ニ当リテ　、旋転ス
蒸気船ノ留　ル中ハ別ニ穴アリテ蓋ヲトレハ蒸気是ヨリモレ　テ車マハラス蓋ヲスレハ蒸気車ニ当リテ車旋転ス
蒸気船の止まるには別に穴有　之蓋を取れば蒸気是より漏れ　て車運　らず蓋をすれば蒸気車に当りて車旋転す

右は概して内閣本と再稿本、初稿本と修訂本の用字が近似する。内閣本の「ヌ」と「車」の削除は、表示しなかったが内閣本の「旋転」は訛伝し異体字「䮠」に「本ノマ、」とルビがあるのと関係して、本来「ヌ」は「ス」、削除の「車」は訛伝により失ったと推測される。つまり改稿本系の内閣本は再稿本と関係を有し、修訂本は初稿本表記に依り、仮名を漢字に改め、訓読の便に濁点を施し、漢語表現に改め解釈している。「斗」「計」は同字で、再稿本が改稿本系表記を踏襲している例である。次に正誤表を掲げ、再稿本表記の訛誤を訂正しておく。

雑記本表記の特徴は、初稿本と修訂本に近似すると先に述べた。本稿第三節「諸本聞書各項の構成対比」で明らかにした初稿本各項目構成と改稿本以下の構成が異なる点をふまえ、雑記本が初稿本の表記と近似はするが項目構成は初稿本にあらず改稿本と合致するのである。雑記本の表記が改稿本にあらず、項目構成が改稿本であるとの一見矛盾

する構造は、再稿本の成立を意味する。単一の原本が書写者によって誤脱を生じ、相違する写本が複数存在することになったのではない。与力聞書原本作者が、⑤内閣本⑨秘譚本の奥書により初稿本成立から一ヶ月の間に、再三推敲し、改稿本・再稿本を作成したと考える。雑記本が再稿本の善本であり、再稿本を基に改稿本を修訂し⑰文書集本を作成し、⑱古文書本（一六号文書）の原本となったのである。

該当箇所	誤	正	理由
合2	日数割詰△	詰	誤写
合8	警固又△	ス	誤写
合9d1	品△ゝ	只	誤写
d4	不申ノ○上	削除	誤入
合15d8	大△費	失	誤写
飯2d4	ケ△タ△鉄（シ）	文鎮	ケタは「攵」を二分し鉄は「鎮」の草体を誤写
飯6d3	実々△	ニ	「ニ」を「ゝ」に誤解
樋1	二三日△ニ	月	誤写
	日木△ノ鉄	本	誤写
樋3	一同詰△メ	詰	誤写
	大低△	低	一画なし
	扣へたり共△	其	誤写
d10	記△シ候ハ	託	誤写
樋4d1	此△ト御申付	屹	「屹」の草体の誤写
樋6d1	操△出シ	繰	誤写
樋8d1	相見ス△ル	ユ	誤写

該当箇所	誤	正	理由
樋8d2	銕△板	鉄	鉄の譌字
	ヿモア△リ△	ナク	文脈上の誤解
香4d2	ミツク△	タ	誤写
e1	ハカリ△金	ラ	「計」と「カラ金」の解釈
d5	四艘ノ△十挺	〆	誤写
香7d2	指押△ス	揮	「揮」の草体の誤写
香11	陳△列	陣	誤写
香12d4	ホスカ△ン	ト	誤解
d7	ホ△ス△ト△ン△	イホレット	訛伝
d8	候者十△人△	ナシ	誤写
香13d9	板金ヨク△	リ	誤写
香17	ヤワ△コセ	ソ	誤写
香19	子ヂ也△言ヲ 申也△	レ	仮名「や」は漢字「也」だが、片仮名「レ」を「也」と誤解
	候ト△コ△ヘ△	コトユヘ	コを脱字、ユをコと誤写
	タセ△シ込	マ	誤写
	トノミケ△	チ	誤写

左に改稿本と対比した雑記本の特徴を一括掲げる。

改稿本	雑記本
合原総蔵より聞書（浦賀附与力）	合原惣蔵ヨリ聞書
合1・弐艘迅速乗込千代崎を乗越観音崎迄	1・二艘迅速ニ乗込千代ケ崎ヲノリコヘ観音崎近ク迄
・諸方之注進船を遙に乗越へ不計	・諸方　注進船ヲ遙ニ乗コヘ不図
・浦賀之騒き	・浦賀中ノ騒キ
合2・乗付異船へ	2・乗出シ異船へ
・船を逆に繰戻	・船ヲハ逆ニ操戻
・神速自在の妙目を驚し候	・神速自在ナルヿ目ヲ驚カシ
・上船を許さす様に	・上船ヲ免サスヨウ〳〵
・応接掛壱人	・応接掛リ一人
・長崎へ参へき	・長崎へ参ルヘク
・本より知る処也乍去	・元ヨリ知ル処ナリ去ナカラ
・王命と有れは	・王命ナレバ
・場へも行かべし	・場ヘモ行可申
・書簡を持来る也	・書翰ヲ持来レリ
・参候や答爰にて	・参リ候ヤモシコヽニテ
・申さす候ハヽ江戸	・不申候ハヽ直ニ江戸
・直呈致へしと云	・直呈可致ト云
・いたしかたし	・イタシカタク
・何れ江戸へ伺	・何レ江戸へ伺ヒ
・取扱申へしと	・取扱ヒ可申ト
・聞く右の返答	・キク右　返答
・割つめ参候	・割詰ニテ参リ候
・空敷日を費候	・空ク日ヲ費シ候

改稿本	雑記本
・返答承たし	・返答承リ度
・夫々役方之	・ソレ〳〵役方ノ
・掛り可申	・カヽリ候ユヘ何ホド急キ候テモ五日位ハカヽリ可申
・控居候様申諭候処彼れ云	・扣ヘ居リ候ヤウ申諭シ候処彼　云
・申へしと云り	・可申ト云
合3・乏くは送申へき旨申候へは	3・乏シク候ヘハ送リ可申ト申シ候処
・手厚用意致し候へは何も	・手厚ク用意イヅレモ
合4・人数等相尋候処	4・人数等承リ候処
・商船ト違是は	・商船ト違ヒ是ハ
・筈なしと申候	・筈ナシト云
合5・（相違なしと見ゆ）	5・（相違ナク相見ユル也）
合6・漕行江戸近	6・漕行キ江戸近ク
・観音崎の図	・観音崎台場ノ図
・其上に上陸	・其上　上陸
・やう〳〵差押候	・ヨウ〳〵ニ差押ヘ候
・此方より彼是申候には一向取合申さす	・此方　役人申ニハ更ニ取合不申
・地あかるの算定りて居候と相見へ候	・地ニアカルク算定リ　居候義ト相見ユル
合7・左様無之	7・左様ノ義無之
・夜四ツ時一発宛号砲	・夜四ツ時頃一発ツヽ発砲
・大砲発致し	・大砲連発イタシ

合8・彼気に当り
・道理故兎も角も
・専要に致へし
・格別乱妨
・番船彼船
・不宜
・候様にとの御下知故
・浦賀にても腫物にさはる様に致し
・番船一艘も出さす
・品川迄
・漕ありき
・岸の上にて
・軽侮の致方
・切しつめ申へき
・尤には候
・儀にこれ有且又
・事済候に
・申合行届かす
・穏便に有之様にとの挨拶に及ふ夫より
・怒に堪へす
・相成らす
・弐艘を差出し
・致し候されは右
・〔㋐異船を取押へる為にてなく陸上諸家疎忽に手出し致さぬ様制禁の為也〕
・趣意と尋候処答
・晩景には帰申へしと

8・彼カ気ニアタリ
・道理、兎、角、
・専要ニ可致ヿ
・格別ノ乱妨
・番船差出シ使船
・宜シカラズ
・候ヤウ御内達有之候右様御患ヒ被成候ユヘ
・浦賀ニテモ尽ク用心腫物ニサハルヤウイタシ候テ
・番船ハ一艘モ不指出
・品川辺マテ
・漕アルキ
・岸、ニテ
・軽侮、イタシ候振舞
・切シツメ可申
・尤ニ、候
・義ニ有之尚マタ
・事スミ候ト申ニ
・申合モ不行届
・穏便ニ被成候ヤウ、トノヿニ有之候且ツ
・怒ニ不堪手出シイタシ
・不相成
・二艘ヲ指出シ
・イタシ候、右
・〔㋑陸上ノ見物人ヲ指押へ諸家ニテソコツニ手出シ無之ヤウ制禁スル為、〕〔㋐指出シ候ヿ異船取扱フ為ニアラス〕
・趣意ニ候ヤ相尋候処異人答テ
・晩景ニハ返リ可申ト云

合9・付ては只々上の
・御心配に不成
・箇条は申上さる姿に相成居候故自ら上下の了簡喰違甚
・聞処尚又此度同人へ問合せ校合

9・付テハ品と上ノ
・御心配ニ相成ラザル
・ケ条ハ不申ノ上ル姿ニ、成居リ候ヿユヘ自然上ト下トノ了簡喰違ヒ居リ甚以
・聞ケル処尚、此度同氏へ聞合、校正

合10・江戸の方へ向ひ
・馳出す先へは
・測量しなから行く川越の手にて差留候
・怒に不堪早船にて

10・江戸ノ方へ向テ
・馳出ス先へ、
・測量シ、ユク川越ノ一手ニテ指留候
・怒ニ堪ヘス早船ヲ以テ

合11・書簡請取
・申遣置
・参候様又々申
・はせ来る
・十町計にして
・十五艘卸し
・の人数にて囲む
・川越の備前を歩行き
・耳こすりし

11・書翰受取
・申通シ置キ
・参リ候ヤウ申
・馳来リ
・十丁斗ニシテ止マル
・十五艘卸シテ
・ノ人数ニテ固ム
・川越、備ノ前ヲ子リ歩行キ
・耳コスリヲイタシ

・嘲弄の体に相見
・上陸の筈の処
・押込官奉行の脇塞り
・虜にもすへき
・致し置候
・本船に引取浦賀に
・心得居候
・掛合候処答に
・受取に参候
・弐艘参候
・舟かゝり宜し
・乗込也
・大師河原へ
・野島「ハッテイラ」弐艘
・此も剱を抜き（ヒストウル）を見物をおひやかす

合12・右滞船出帆
・未た不行届故に
・答ふ因勘定
・内海滞留にては不穏
・候様に御達に付
・候様掛合
・引取猿島辺金澤辺測量致し候

合13・綱二本に
・甚た迅疾

・嘲弄 、[○○○○a15△△a16]イタシ候様 子ニ相見 へ[○a17]
・上陸ノ筈ニ[△○d3]候処
・押込[○b1]上官奉行ノ脇 ニ[○d5○b2]立塞 ル[△d6]
・虜ニ 、[△△、d4]ナル
・致シ置候 処[○d7]
・本船 へ[△a18]引[△△d8]トリ浦賀 へ[△a19]
・心得居[○d9]リ候
・掛合候処異人云[○○△d10]
・受取ニ参 リ[○a20]候
・[△d11]二艘参 リ[○a21]候
・舟 掛[△d12]リ 場[○a22]宜シ
・乗込 候[○a23△△d13]ナ リ
・[△d14△a24]太 子 河原へ
・野島へ[○△b3]バッテイラ 二[△d15]艘ニ テ[○○a25]
・此時[○b4]モ釼ヲ抜キヒストウル
　ヲ放[○○b5]チ見物 人[○a26]ヲ驚カシ[△△△a27]
　申[○d16○a28]　候

12・右滞船 中[○b1]出帆
・未タ行[▽△△△▲d1]トヾカズ故 、[a1]
・答 、[a2△△d2○b2]依テ 御 勘定
・内海へ[○a3]滞留ニテハ 甚[○a4]不穏
・候ヤウ[△△d3、a5]　御達ニ付トノ[○○○a6]振
・候ヤウ[△△d4○○a7]精ヽ掛合
・引返シ[△△a8]猿島 近[○a9]辺金澤
　マテ[△△○○a10]尽ク測量 ス[△a11]

13・綱二本ニ テ[○a1]
・甚シク[△△b1]迅 速[△a2]

・驚と云

合14・彼本国より急けは八九日
・着到する由

合15・来る明年正月とは此方の
　十月の頃
・左なくは
・来年二三月頃
・彼か申事
・数艘にて参候
・如何候や
・成され候儀ならは
・宜候へ共
・了簡に候ハヽ
・参ざる儀也
・増益位にては失
・何にも成不申
・御備方被仰付
・大軍船製造
・頼にも成申さす
・打貫可申
・打試み候
・銃なれは
・大都壱尺六寸

合16・異人前渡来
・蔑にし候
・召連候家来共見留候て
・御趣意にも背き

・驚カサルハナシ[△△△△△△b2]

14・彼[○c1]云本国ヨリ急ケハ八日[○a1]九日
・着到シ[△○c2△△d1]候ヨシ

15・来 、[a1]年正月 、[a2]ハ此方ノ
　十月十[○○○b1]一月ノ比[△d1]
・左スレ[△△a3]ハ
・来年[△△d3、a5]二三月ノ 比[○a4△d2]
・カレ　申 処[△a6]
・数艘ニテ参 リ[○a7]候
・如何 ニ[○a8]候ヤ
・被[▽▲a9]成候義ナ レ[△△△a10]　ハ
・宜[○○d4]シク候へ旨[△d5○○○○○c1]義ニヨリ
・了簡ニ[○a11]　モ 候へ[△d6]ハ
・参[○a12]ラ ザル義ニ[△△a13○d7]　テ
・増 、[a14]　位ニテハ 大[△d8]
・何ニモ成[○a15]リ 不申
・御備 、[a16]　被仰付
・大軍 艦[△a17]製造
・頼ニモ 相[○a18]成リ[○d9▽▲a19]不申
・打貫 ケ[○a20]可申
・打試 、[c2]　候シ ガ[○○d10]
・筒[△c3]ナレハ
・大図[△e1△d11]一 尺六 七[○a21]寸

16・異人前ヽ渡来[○c1]
・ナイカシロニ[△△△△d1]イタシ[○○c2]候
・拙[○○c3]者召連候家来ノ 者[○○a1]共見 受[△d2]候テ ハ[○a2]
・御趣意 ヲ[△d3]背キ

・相抑候様	・相押へ候ヤウ
合17・測量為致 ・とのと今更左様の ・当惑間に合不申候	17・測量イタサセ ・トノ御事今更右様ノ義 ・当惑何モ間ニ合不申候ヤウ存候
合18・とろけ居り候 ・焼打宜 ・工夫致し度存候	18・トロケ居、候 ・焼キ討カ宜ク候 ・工夫イタシ度、候
飯塚粂三郎聞書 ・(聞処と)	飯塚久米三、ヨリ聞書 ・(聞ケル処ト)
飯1・軍船共何れ共銕張にて は無之何か鉄色の物にて塗 ・大さ色々 ・恐くは五六間可成	1・軍船、何レモ鉄ハリニ ハ無之何ニカ鉄色ノモノニ テ塗リ ・大キサ色々 ・恐ラクハ五六間ナルベシ
飯2・「ハツテイラ」は五六 間より十間 ・大ぶりの方へ七八十人乗込 主 ・高さ五寸まはり ・見居候 ・文鎮の ・糸を付 ・測り行き脇に筆者有て浅深 を書す	2・バツテイラ、長サ四五 間ヨリ横一間 ・大振ノ方ヘハ七八十人乗 組候水主 ・高ク五寸廻リノ ・見居ル ・ケタ鉄ノ ・糸ヲツケソレヘ ・測リユク脇ニ筆者アリテ 浅深ヲ書記ス
飯3・川越持場亀ケ崎 ・上陸は相違なく候 ・制留候由	3・川越持、亀ケ崎 ・上陸、無相違 ・制之止メ返シ申候、
飯4・参候処 ・四海内水の儀は ・他より参 ・致とも案内いたせねとも構	4・参リ候処 ・四海ノ内水上之義ハ ・他ヨリ参リ ・打トモ案内コソ致サ子 少モ構ヒ
飯5・此方の固全く虚固にて ・警固には成不申 ・穏を専要に ・成行形容のみに相成候	5・此方ノ固メ全ク虚飾ニテ ・警固ニハアタリ申サス ・穏便ヲ専用ニ ・成行、候也
飯6・ケヘル組 ・壱人宛指軍 ・いたすにも能整ひ実に ・感せぬはなし 差引役の冠り物 前  ケヘル士官等の冠り物 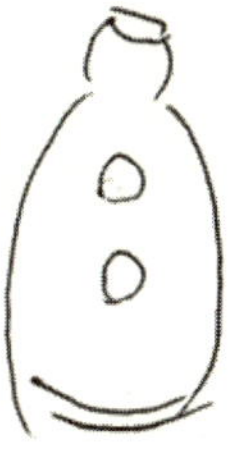	6・ケヘール組 ・一人ツヽノ指揮 ・イカニモ能ク整ヒ実々 ・感セサルハナシ モヽ色  差引役、冠リモノ 前  ケヘール、冠リモノ 上官等ノ冠リモノ 恰好是ニ類ス
飯7・皮にて造候	7・皮ニテ作リ候
飯8・見へ其様何か人をわなゐでも	8・見ユルソノ様子ハ何カナ人 ヲワナヘテモ

・弐人にて都合	・二人ニテ〆
飯9・何か色々	9・何ニカ色々
・通詞を以	・通詞ヲ以テ
・申談候儀船中へ参	・申談シ候義ハ船中へ参リ
・致し度由申断候余程の手間取申候	・致、度由申断ル余ホド手間モトレ候
飯10・請取は	10・請取ニハ
・掛れは相成申候若八月間に合	・カカレハ相成、候若シ八月間ニ合ヒ
・(彼方来年は)	・(彼方ノ来年ハ)
・(十一月頃に当る)	・(十一月比アタル)
・(多分引返し)	・(多分直ニ引返シ)
・(知れ不申)	・(知レ不申ト存候)
飯11・乗込候	11・乗込、
飯12・当時は大に	12・当時ハ大イニ
・入水中へひたし置と云ことに候	・入レ船中へヒタシ置ト云事、
飯13・一組残し置と	13・一ト組ノコシ置クト
・軍船是を	・軍船二艘コレヲ
飯14・鉄砲を好候人と	14・鉄炮ヲ好ミ候人ナリト
・鉄砲か好きならは	・鉄炮カスキナレハ
・通詞成程は委く	・通辞答テナルホド鉄炮ハ委シク
・槍剱術	・鎗鈅ノ術更ニ
・致さぬと申候	・イタサズト云、
飯15・持運ひ其混雑中と言ふ計	15・持チ運ヒ其混雑中々ニ而、ハカリ
・決して右様騒動に及申間敷	・決、テ右様騒動ニ及ヒ申間シク
・と此方より指揮致し為立退	・ヿアレハ此方ヨリ指図イタシ

・迯支度	立退セ・迯ケ支度
・益人気を動し致し方なし甚嘆息也	・、人気ヲ動カシ致、方ナシ甚嘆息ス
飯16・将軍様の御耳	16・将軍、御耳
・箇程のことを	・ケ程ノ大事
・儀に候歟是又嘆息の至に候	・義歟是又嘆息、
飯17・からこに致し銕にて造候物と云	17・カラマニ致シ鉄ニテ造リ候、
飯18・異船を打敗し候	18・異船ヲ打敗、ル
・破れ易し	・破リ易シ
・合薬なと入置候	・合薬ナトヲ入置候ナリ
飯19・書簡の外	19・書翰箱ノ外
・如此物	・如図モノ
・有之とも	・アリ候へ𪜈
・書簡一同	・書翰一同
樋口多三郎より聞書	樋田多々郎ヨリ聞書
・(符合する)	・(符合セル)
樋1・此度入津の異国	1・此度入津ノ異船
・蘭人を以	・蘭人ヲ以テ
・土地拝借	・土地拝用
・願と云と	・願フト云ヿ
・御承知の儀にて候処尽く	・御承知之義ニ、候処コト〳〵ク
・被仰出も無之筒井肥前守	・被仰出モ無之ニ付筒井紀伊守
・頻に御申立	・シキリニ御申立
・至り御達に相成	・至リ四家へ御達ニ相ナリ
・同時御達有之候処	・同節御達有之候然ル処

・奉行秘して	・奉行秘シヲキ
・通達無之	・通達無之　候
・筒井殿より	・紀伊守殿ヨリ
・御申出之処	・御申出シ　ノ処
・乍恐	・恐ナカラ
・日本鋳砲を出し示さは直に迯返るへき	・日本　ノ　鉄炮ヲ出シ　放サハ　直ニ　迯　ケ　返ルヘ　シ
・慨嘆に堪す候	・慨嘆ニ堪ヘス
樋2・申通候	2・申通シ候
・船数すへて符合す	・船数　総テ符合、
・而已相違せり	・ノミ相違ナリ
樋3・栗浜にて	3・九里浜ニテ
・一同詰合居	・一同詰　メ居
・打切候に付休息致し	・打限リ候ニ付休足イタシ
・騒動	・騒立
・海鹿島より	・海鹿島ニテ
・取に出候	・取ニ出居　リ候
・不取敢栗浜	・取リアヘズ久里浜
・馳皈り	・馳帰リ
・共神速	・其神速
・彼申には	・彼レ申ニハ
・来船の儀は	・来　船　ノ　義　ハ
・通達有之と	・通達イタシ置候ヿ
・元来承知の	・元ヨ　リ承知ノ
・彼是掛合に	・彼是　懸　合　候　ニハ
・達呉候	・達シ呉候

・申に付	・申ニ付此方答テ
・承知のと	・御承知ノヿ
・通詞の者を上ら	・通辞ノ者　、登ラ
・通詞一人	・通　辞　一人
・可参処処	・可参ノ処　、
・栄左衛門接致	・栄左エ　門ハ内意モ申含置候間香山ヲ　遣　シ候様差図ニ　付キ右一人ニテ　応　接イタ　シ
・(内意に付)	・(内意　云　ニ付)
・(六つヶ敷儀)	・(六　、ケシキ　義　)
・(有之是は)	・(有之　候　処是ハ)
・(仲か間のと故委しく不申上候云)	・(仲　、間ノヿユ　へ委細　ハ不申上ト　云)
・(託候は深く意味)	・(記　シ候ハ深キ意味)
樋4・番船なと	4・番船等
・其方にて屹と	・其方ニテ此ト
・若制法行届兼ねは進より	・モシ制法行キ届カ子　、近ヨル
・何を以成敗するや	・何ヲ以テ　制敗スルヤ
・鋳砲にて	・鉄炮ニテ
・不届の申分	・不当ノ申分
・能制して船を寄せす様に	・ヨ　ク制シテ船ヲヨラヌ　ヤウ
・進よると	・近ヨルヿヲ
・約束し	・約束イタシ
・指出し進よる	・差出シ近ヨル
・又上陸の	・又陸上ノ
・出来す様	・出来ヌ様

・処に人なき場所は	・所ゝ[△○b6] 人ナキ[、] 処ニテハ[△○○d10]
樋5・書簡受取場所	5・書翰[△b1]受取ノ場[○b2]処[△d1]
・下の間へ	・下タ[○a1]ノ間へ
・敷並板囲ひ	・シ[△d2○a2△d3○b3]キ 并へ 板ニテ[○○b4△△a3]カコヒ
・二重に張	・二重ニ張リ[○a4]
・敷並候浦賀の	・シキ[△△△d4○a5]并へ 候浦賀[、a6]
・ケヘル	・ケヘ[○b5]ール
・（樋口弐人の）	・（樋田[△b6△d5] 二人[、e1]）
・弐挺は	・二[△a7]挺[○○d6]コレハ
・申には是なき也	・申[、a8] ハコ[△△d7△△a9]レキリ也
樋6・上陸人数は繰出し調練 能整其美しきと	6・上陸ノ[○b1○○c1]異人人数ノ[△a1△d1] 操出シ調 練ヨ[△d2△a2△△△d3○b2] クト丶ノヒ 其美事[△a3] ナル[○○b3]ヿ
・一行に立	・一行ニナス[△△a4]
・内へ入と	・内へ入ルト[○a5]
・立上り	・立塞ル[△△b4]
・ヒスウルに玉を込め	・ヒストウル[○c2]ニ玉ヲコミ[△△d4]
・放つ勢ひにて	・ハ[△△d5]ナツノ勢[○d6、d7] ニテ
・下の間に	・下タ[○a6]ノ間ニ
・奉行見兼上かれと申付	・奉行見カ子是[△△d8○b5○c3△d9] へ アカレト申 ニ付[○a7]
・胆を抜れ	・胆ヲ抜 シ[△d10]
・穏便のみを	・穏[△△d12]便々[○○d11] 々ノ[、、c4]
・返す〳〵も	・カヘス〳〵[、d13]
・書簡受取	・書翰[△b6]受取
・受取の儀	・受取其[△c5△d14] 義
・返簡の儀は	・返翰[△c6]ノ義[△a8]ハ

・蘭人を以	・蘭人ヲ以テ[○a9]
・箇様の儀は評定に日数掛り	・ケ[△a10]様ノ 義[△a11] ハ重キヿ[○○b7○d15○b8○a12] ニ テ
・評定に日数掛り	・評定 モ[△a13] 日 間[△a14△d16] ト リ
・左なれは待居	・左[○○○a15]様ナレ[○b9]ハ待 チ[○d17] 居 リ[○d18]
・江戸而已にて	・此義ハ江戸ノ[△△a16] ミニテ ハ[○b10]
・重き評議に	・重キ 御[○c7]評 義[△d19] ニ
・書簡受取に相成る上は一と先	・書翰[△b11]受取ニ相成候[△△a17] ハ、一[、d20] 先ツ[○a18]
・申談候処	・申談[○d21]シ候処
・先出帆三ケ月も過	・先ツ[○d22]出帆 二[△a19] ケ月モ過 キ[○a20]
・来船すへし若間に合す	・来船イ[○○d23]タスヘシ若シ[○a21]間ニ合ハス[○d24]
・致すへしと云	・致スヘシト云 由[○a22]
・残置候由なり	・ノ[△△△a23]コシ置候ヨシ[△△、d25]
樋7・立されは	7・立[○a1]テサレハ
・成らさる由	・ナ[△a2]ラレ[○c1]サルヨ シ[△△d26]
樋8・三尺位か下の	8・二[△a1]尺位敷[△d1]下タノ[○a2]
・相見へ銕板	・相見スル[○d2△a3△d3] 銕板
・小実はり水入	・小実子[○a4]ハリ水入 ハ[○b1]
・海深五ひろ迄は通船すと云	・海深サ[○b2] 五ヒロ迄ハ通船ノ由[△△a5]
樋9・幼年也惣テ	9・幼ナリ[、△△△a1]総テ ノヿ[○b1○d1]
・届き不申	・届キ不申 候[○b2]
樋10・御固に付	10・御固 メ[○a1] ニ付
・与力参候処山際へは	・与力参 リ[○a2] 候処山キハ[△△d1○c1○d2] ナ ド ヘハ
・木戸を付	・木戸ヲ付 ケ[○a3]
見申候評判宜き方	・見へ[○d3] 申候評判宜 シ[○a4] キ方
樋11・軍船の法により拵ると	11・軍船ヲ[△d1△a1] 図 ニヨリ拵ルト

かともなく ・榊原家抔に被仰付 ・却て宜しかるへく存候	申 ヿモアリ ・榊原 ナトニ被仰付 ・返テヨロシ ク存候（四家トハ井伊川越会津忍ヲ云 何レモ海岸御固メ）
樋12・明の末の者兵を起し ・明を討て ・其隙を伺ひ	12・明 末ノ 兵 起リ ・明ヲ 救テ ・ソノ隙ニ
香山栄左衛門より聞書（此度の応接掛り）	香山栄左衛門ヨリ聞書（此度、応接掛 ）
香1・北亜墨利加 ・国王より書簡弐通持参（何れも筥入）	1・北亜米利加 ・国王ヨリノ書翰 一通持参 （何レモ箱入）
・十四日にて	・十四日目ニ
香2・マツチヨセ	2・マツテヒリ
香3・ブカナン	3・ブカンナン
香4・巾は八九間車さしはたし ・三 計惣鉄（本ノマヽ） ・銕はりに非す惣体ミツタ ・水入はカラ金 ・三間計大砲 ・四輪仕掛け ・四挺合て十挺 ・六挺貯置	4・巾 八九間車差 渡シ ・三間斗リ総鉄 ・鉄ハリニアラス総躰ミツク ・水入ハカリ金 ・三間斗リ大炮 ・四輪仕掛 ・四挺ノ十挺 ・六挺貯ヒ置ク
香5・小蒸気船惣銕はり大砲 ・乗組三百人なり	5・小ノ方蒸気船総 鉄ハリ大炮 ・乗組 二（一本）百人

香6・計り大砲二十四挺宛 ・野戦筒六挺宛	6・斗リ大炮 廿四挺ツ、 ・野戦筒六挺ツ、
香7・提灯を付 ・（象角なと色々） ・鉄砲へは不残玉を込 ・厳しく少も	7・提灯ヲ付ケ ・（象ノ角ナト色とアリ） ・鉄炮ヘハ不残玉ヲ込メ ・キビシク少シモ
・鳴物にて指揮す	・鳴物ニテ指押ス
香8・弐艘の大将	8・三艘ノ大将
・全文欠文	9・蒸気船ノ留ルニハ別ニ穴アリテ
香10・一昼夜 ・走るは火輪車と云物なる由 ・一日八百里走ると申候	10・一昼夜ニ ・ハシル火輪船ト云モノアルヨシ ・一日ニ八百里ハシルト云
香11・九里浜にて書簡受取の節 ・上陸人数 ・大砲十余発 ・国王の書簡 ・守護すゲベトル ・四十八人宛 ・弐人宛指図 ・能整居ると	11・九日栗浜ニテ書翰受取ノセツハ ・上陸ノ人数 ・大炮十余発 ・国王ノ書翰 ・守固スケヘール ・四十八人ツ、 ・二人ツ、指図人 ・ヨク整ヒ居候ヿ
香12・国王の書 ・下の箱 ・たかやさし ・蓋をして ・書簡の趣 ・彼重官より此	12・国王ノ書翰 ・下タノ箱 ・タガヤサン ・蓋ヲシテアリ ・書翰ノ趣 ・又彼ノ重官ヨリ此方

・書簡あり ・設け奉行は床几 ・受取渡而已 ・持剱帯す ・(付候者は) ・(先年ホストン) ・(渡来の節は) ・(弐人の外に付るものなし) ・イホット金の板金より ・両眉へ	・書状アリ ・設ク奉行ハ将机 ・受取渡シノミ ・持テ釼ヲ帯ス ・(付ケ候者ハ) ・(先年ホスカン) ・(渡スノセツ、) ・(二一人ヨリ外、　ホストン付 　候者十人) 13・イホレットハ金ノ板金ヨク ・両肩へ
香13・ゲベトル組 ・宜敷装束立派冠り ・玉を付る	14・ケヘール組 ・宜シク装束モ立派冠、 ・玉ヲ付アル
香14・車掛りの者は冠の外 ・付り鉄砲 ・鉄砲を付 ・碇を付候	15・車掛リノ者ノ冠ソノ外 ・付ケル鉄炮 ・鉄炮ヲ付ケ ・イカリヲ付ル
香15・七艘かけ置 ・広東へ行き当時英吉利 ・明末の兵を助け ・英吉利へ軍舞 ・帰国すと云り	16・七艘カケ置ク ・漢東へ往キ当時イキリス ・明末ノ兵ヲ助テ ・イキリスへ軍見舞 ・帰国イタスト云、
香16・亜米利加州先年英吉利に ・其催促に従ひ出陣し ・取合になり打勝和平取結	17・アメリカ州先年ハイキリスニ ・イキリスノ催促ニテ出陣等イタシ ・又取合ニナリ打勝テ和平取結ヒ
・対〻国	・対々ノ国トナル是ハ七十六年前 ノ由
香17・抜指揮す ・弐尺四寸長きは三尺もあり	18・抜キ指揮ス ・二尺三四寸位長キハ三尺位モアリ
香18・英吉利に比すれは温順なり ・整居ると ・乍去書簡不受取以前は ・殺気立色々ねしけし言を申 ・甚難渋致し候後ちは ・相成る ・手薄き故 ・大変に候と故 ・取扱候若 ・此後は ・との道参るは相違なしと存候	19・イキリスニ比スレハ温順 　ノ方也 ・整ヒ居候ヿ ・去ナカラ書翰不受取前ハ ・殺気立チ色〻子ヂレ言ヲ申レ ・甚タ難渋イタシ候処受取候 後ハ ・相成候 ・御手薄キヿユヘ ・大変ニ候トコヘ ・取扱ヒ　候シカシ ・此度ハ ・トノミケ参ルニハ相違ナク　候
香20・此度彼れへの贈 ・よりには非す ・贈物有に付返礼に遣す也	21・此度彼、ヘノ贈リ ・ヨリニアラス ・贈リモノアルニ付返礼ニ遣ス、
近藤良治より聞書	近藤良次ヨリ聞書
近1・八ツ半時少過なり	1・八ツ少シ過也
近2・近藤良治(皆応接) ・決して上船を不許国王の書簡 ・上官の者受取に参候や ・参手渡し可致や書簡	2・近藤良次　(三人トモ応接方) ・決テ上船ヲ免サス国王ノ書翰 ・重官ノ者受取ニ参リ候哉 ・参リ手渡シイタスヘキ哉書翰

・掛合致へき筋	・別ニ掛合可致筋
近3・国禁也長崎へ可参の旨申諭 ・蘭人を以 ・何の事そ ・腹立て掛合甚	3・国禁ナリ長崎へ参ルヘキ旨申諭シ ・蘭人ヲ以テ ・如何ノ義ソ ・腹ヲ立テ掛合向甚タ
近4・昨年暮 ・相成候由併夫も来夏は来るか ・掛合大に困候由	4・昨暮 ・相成リ候ヨシ併シ夫モ只来夏ハ来ルカモ知レヌ ・掛合ノセツ大ニ困リ候ヿ有之候
近5・書簡受取 ・中々六ケ敷 ・七日江戸より ・書簡受取 ・御沙汰に付即日其趣異船へ申通 ・返簡御遣し被成 ・答に夫は急に出来 ・国王の書簡に ・下書を渡し申へし ・書引替に ・右種々 ・書簡而已受取返簡は ・参候筈に約束致し漸々 ・致し候	5・書翰受取 ・中々六カシク ・七日ニ江戸ヨリ ・書翰受トリ ・御達ニ付即日異船へ其趣申通シ候 ・返翰御遣ニ相成 ・答テ云夫レハ急々ニハ参リ ・国王ノ書翰別ニ ・コノ下書ヲ渡シ可申 ・本書引カヘニ ・右種ゝ ・書翰ノミ受取返翰ハ ・参リ候筈ニ約言イタシイヨ〳〵 ・イタシ候ヿ
近7・此後返簡受取に参候時 ・書簡を守護し帰ると ・数艘仕立 ・に程引連可参（マヽ） ・我国王の書簡 ・参候由申候	7・此度返翰受取ニ参リ候セツハ ・書翰ヲ守固シ返リ候ヿ ・軍船数艘仕立テ ・二艘ホト引連レ参ルヘケレ𪜈 ・我カ国王ノ書翰 ・参リ候ヨシ申ス
近8・栗浜上陸 ・船中大抵一見 ・一日には見限られ申さす ・蒸気船車輪の仕掛等	8・栗浜異人上陸 ・船中大躰一見 ・一ト目ニハ見限ラレ不申 ・蒸気車輪等ノ仕掛
近9・書簡受取 ・悦喜の体にて ・送り参候 ・酒を出し申候 ・手間取候節も離れ盃 ・とて又酒を出し候	9・書翰受トリ渡 ・悦喜ノ様子ニ　相見ヘ申候 ・送リ参リ候 ・酒ヲ出シ申シ候 ・手間トリ返リ候セツハ離　杯 ・ト云テ又酒ヲ差出候
近10・書簡受取 ・六ツケ敷とにても申候や ・大に心配致し候	10・書翰受取 ・六　カシキヿテモ申シ候歟 ・大心配イタシ居候
近11・合て四人 ・応接掛りの与力四人通詞二人 ・下段の間 ・　一文欠文	11・〆四人 ・応接掛リ与力四人通辞一人 ・下タノ間 ・不免他見

第六節　幕末外交文書集とその朱書補訂一覧

⑱古文書本（一六号文書）編纂の原本が、東京大学史料編纂所所蔵の⑰文書集本である。以下「幕末外交文書集」[註1]朱書補訂一覧の調査結果を示す。まず⑰文書集本の見出しは墨書で

　嘉永六年六月三日亜米利加船浦賀入津より同月十二日退帆に至る間の模様につき浦賀奉行支配組与力等よりの聞書

とある。⑱古文書本（一六号文書）には「六月浦賀奉行支配組与力等よりの聞書　米船浦賀渡来一件」と文書集の表記を大幅に削除し、補足している。文書集本には外務省一三行罫線欄外に朱書で

　此書二種ノ引用書トモニ誤脱多シ今続通信全覧類輯ヲ以テ本文トシ彼此参照訂正ヲ加ヘ其大ニ異ナルモノハ傍註ヲ以テ標出ス

と前文を補足する。古文書本には「此聞書、筆者ヲ詳ニセズト雖モ、参考ノ為メ、玆ニ収ム、又此書、二種ノ引用書トモニ誤脱多シ、今続通信全覧類輯ヲ以テ本文トシ、彼此参照訂正ヲ加ヘ、其大ニ異ナルモノハ、之ヲ傍註ス」と文書集本に補足変更を加えている。さらに文書集本には見出しが朱書で

　嘉永六年丑六月浦賀表え異国船渡来始末同所与力より聞書之覚

と補足、古文書本と同文である。そして五人による聞書の「近藤良治（次と朱書補訂）より聞書」末尾に朱書

　右五名より聞ける所深秘ニ付不許他見

と二字下げで補足し、左下に二種の引用書

と朱書で明記、古文書本と同文である。文書集本について田中正弘氏は

外務省・内閣・史料編纂掛十三行赤罫紙使用。即ち中村勝麻呂史料編纂官が外務省において編纂したもので、萩原裕の編纂物も下原稿として用いている。朱筆にて校訂す。

とある。[註2] 文書集本は外務省において明治三七年一〇月より翌年一〇月まで、中村勝麻呂が外務省嘱託主任として編纂したのが墨書の本文である。明治四〇年一一月に中村は、東京帝国大学文科大学史料編纂掛に任じ、幕末外国関係文書の編纂に関与したのが朱書の補訂であるとみる。

「幕末外交文書集」とは、外務省記録「自明治三十七年十一月幕末外交文書編纂一件　附外交文書東京帝国大学へ引渡ノ件」[註3]の一、送第一六二五号によると、明治三十七年十一月十五日珍田捨己外務次官ヨリ各県知事宛に

外交文書編纂ニ付開港場所在ノ地方庁へ交渉ノ件　今般本省ニ於テ嘉永六年ヨリ王政維新ニ至ル時代ノ外交文書編纂ニ付テハ各開港場ニ関スル書類ヲモ参考スルノ必要有之候間、貴庁所蔵ノ旧記中和文欧文ヲ問ハズ右ノ年代ニ関スルモノ有之候ハヾ其通数若クハ冊数等御取調至急御通報被下度此段及御依頼候也

外務省は幕末外交文書編纂について、右の通り函館・神奈川・兵庫・長崎・新潟各開港場の地方庁所蔵の旧記調査を依頼した。主任は編纂嘱託中村勝麻呂である。一七　明治三十八年八月二十六日珍田捨己外務次官ヨリ神奈川県知事宛、送第一一四二号によると

去年十一月十五日附ヲ以テ申進候通リ本省ニ於テ維新以前ノ外交文書編纂相成候

と編纂が成った。二〇　明治三十八年十月十日珍田外務次官ヨリ北海道庁長官・神奈川長崎県各知事宛、送一三五六号に

> 本省ニ於テ兼テ編纂罷在候維新以前ノ外交文書類、今回編纂終了致候ニ付テハ、追テ出版ノ上弘ク世ニ発売為致候見込ニ有之候

と編纂が終了した。外務省編纂の幕末外交文書集は、明治三七年一一月一五日に始まり、翌三八年一〇月に終了したのである。この翌三九年には外務省編纂の幕末外交文書集とその編纂事業が、東京帝国大学へ引き渡しの要請がでてくる。二四　明治三十九年八月十七日浜尾東京帝国大学総長ヨリ珍田外務次官宛、坤第四四〇号に（文中の圏点は筆者）

> 一両年来貴省ニ於テ御編纂中ノ幕末外交文書ノ儀ハ学術研究ノ資料トシテ重要ナルベキハ申スニ及ハス。又右御編纂ノ事業ハ本学文科大学史料編纂掛ノ事業ト密接ノ関係有之、或ハソノ一部分トモ看做シ得ルモノト考ヘラレ候ニ付、別段ノ御差支無之限リハ本学ヘ御引渡有之度冀望ノ至リニ候。尤外交文書集ハ尚補修訂正ヲ要スル所尠カラサルニ付、右御引継ノ上ハ過般史料編纂官文学博士三上参次貴官ヘ御面談致候如キ手続ニヨリ便宜措弁シ直チニ補修訂正ニ着手シ且出来得ル限リ速ニ出版公行ノ運ビニ至ラシメタキ見込ニ有之候。サテ学術研究并ニ右幕末外交文書集ノ補修訂正ニ就テハ別冊目録中（乙）第一類ヨリ第七類ニ至ルマテノ貴省御保管ノ書類モ必須ノ材料ニテ候ニヨリ是亦此際御引渡ヲ切望致候。本学ニ於テハ之ヲ永久ニ保存スヘキハ勿論、将来貴省ニ於テ御入用ノ事出来候節ハ格別便宜ニ取扱ヒ可申候。
>
> 御引渡ヲ希望スル書類ノ目録トシテ別冊ニ記載セルモノハ史料編纂官三上参次過日貴省ヘ参リ親シク御蔵書類ヲ一覧致候節、貴省嘱託中村勝麿氏ノ配意ニヨリ調製シタルモノニ有之（以下省略）

と幕末外交文書集の補修訂正の着手を痛感している。別紙で目録の冒頭にある（甲）臨時編纂書類第一類　既ニ編纂ヲ了リシモノに

一幕末外交文書集　百九十三冊

嘉永六年　四冊

右一九三冊中の冒頭で嘉永六年四冊とある第一冊が「幕末外交文書集 嘉永6年6月一」（外務省引継書類外編五六八）なのである。外務省で編纂した幕末外交文書集を、東京帝国大学文科大学史料編纂掛は引渡しを切望し、学術研究の資料として更なる補修訂正に着手し早期の出版公行を願っているのである。

右にみた幕末外交文書集が大日本古文書「幕末外国関係文書」の原本となっている。外務省編纂の文書集本は、明治三七年一〇月二二日に外務次官珍田捨己のもとで中村勝麻呂が外務省嘱託主任として実務を担当した。明治三八年一〇月一〇日に外務省は編纂終了し、明治三九年八月一七日編纂事業が浜尾新東京帝国大学総長より引継要請が出て、同年九月三日に文書集本を東京帝国大学が受領している。中村が外務省編纂事務嘱託を明治三九年一一月八日に解任され、翌四〇年一一月七日に東京帝国大学文科大学史料編纂掛に任じ、幕末外国関係文書の編纂に関与した。[註4] 幕末外国関係文書之一が刊行されたのは、明治四三年三月である。

続通信全覧類輯の本文が文書集の底本として墨書され、墨書の本文に朱書補筆して古文書本の本文が成立した。古文書本からは窺い知れぬ続通信全覧類輯と有所不為齋雑録との関わり合いを、文書集本に施された朱書（一部に墨書）補筆の在り方から探る。

文書集本朱書補訂一覧を作成するにあたり、文書集本文への補筆五九八例には朱書の他、4例の墨書がある。これは201 335 438 574の墨書補筆で、文書集本の書写にあたり底本の表記を意図的に変更した本文に対して底本に復した例とい

える。墨書補筆の本質は、中村が続通信全覧類輯の本文を書写する際、独自に底本表記を変更する因子が存在した。それは誤字を訂正201／574、他に用例あるも表記の統一335／438を計っているのである。

文書集本朱書補訂一覧の用例は五九八例である。該当箇所がわかるように各聞書の項目ごとに分けた。補訂朱書には○印・補訂墨書には△印・削除には丶印・倒置には▽▲印を付け前後を表示した。補訂した元の本文を提示し、無ければ／印を付けた。補訂の性質を訂正・補足・変更・削除・倒置などに分類し、重複する例は明記した。その原因が判明する例にはさらに誤字・異体・脱字・符丁・解釈・割註・合字・同字・書損・略字など明記した。補訂朱書が何の表記に由来するのか、別途作成した「四稿本（初稿本・改稿本・再稿本・修訂本）対校『与力聞書』校本」を参照しつつ、初稿にのみある表記・再稿にのみある表記・初稿再稿共にある表記・独自の表記・表記の統一を計った例に分けた。それは古文書本は元より文書集本が、続通信全覧類輯と有所不為齋雑録二種の引用書を彼此参照訂正を加えたと書いていることによる。

初稿にのみある表記とは、文書集の底本の改稿や再稿に表記が無く、その前後の表記により初稿の表記（削除の無表記も含む）をとったもの三八例ある。その第一例目（11／598）「○一本騒き大方ならす」を四本対校では

初稿　浦賀中之騒キ大方ナラス
改稿　浦賀、之騒き鼎之沸か如し
再稿　浦賀中ノ騒キカナヘノワクカ如シ

とあり、文書集本の本文は改稿の表記であるが、一本として初稿の表記を併用し、古文書本の本文は「鼎之沸か如し」の右に「(大方ならす)」と併記するのである。この例は初稿の有所不為齋雑録を参照しているのであるから、あって当然な用例でむしろ少ない感がする。

再稿にのみある表記とは、底本の改稿や初稿の表記と異なり、再稿の表記（削除の無表記も含む）を取った（同訓異字の範囲も含む）もの一〇二例ある。その第一例目（15／598）「船をハ逆に」を例にとる。

初稿　船ヲ操戻シ
改稿　船を逆に繰戻し
再稿　船ヲハ逆ニ操戻シ

とあり、文書集本は改稿で「逆に」を初稿の表記に補足したものを、再稿で改稿の表記をさらに「ハ」と補足したものを取っているのである。ここで文書集の補訂作業の複雑さを二例挙げておく。樋田第七項の389／598（第七〇例目）「成れさる由」を例にとる。

初稿　ナラサル由
改稿　成らさる由
再稿　ナラレサルヨシ

右をみるに、底本改稿や初稿をみて「ら」を「れ」に変更した独自表記と判断されがちである。しかし再稿によって「ナラ」を「成」で表記し「レ」を接続した例であることが判明するのである。香山第四項の421／598（第七三例目）「水入リ計カラ金」を例にとる。

初稿　水入リハカラ金
改稿　水入、はカラ金
再稿　水入　ハカリ金

右をみるに、底本改稿が初稿「リ」を削除し「水入リは」とした。問題の「は」は初稿改稿共に助詞とみて下接する

「カラ金」を名詞とみる。しかし再稿だけ副助詞「ハカリ」と名詞「金」ともみえる所から、文書集は助詞「は」と受け取らず、副助詞「バカリ」とみて「計」を補足し「カラ金」と折衷下接したのである。

初稿・再稿共にある表記とは、底本の改稿に表記がなく、また表記はあるがそれとは異なり初稿・再稿と共通する表記（削除の無表記も含む）を取ったもの二三三例ある。初稿・再稿にある表記で表記がない第一例目（2／598）「迅速に乗込」を例にとる。

初稿　迅速ニ乗込
改稿　迅速　乗込
再稿　迅速ニ乗込

右をみるに一目瞭然であろう。初稿・再稿にある表記で表記のある第一例目（5／598）より三例目（12／598）は変体仮名「に（丹）」を片仮名「ニ」に表記変更したものなので、表記のある第四例目（13／598）「当番ニ付乗出」を例にとる。

初稿　当番ニ付乗出し
改稿　当番に付乗付
再稿　当番ニ付乗出シ

右をみるに改稿には送り仮名がないため、文書集では出の送り仮名を削除しているのである。右では初稿と再稿が同一表記のため、どちらを見ているのか不明である。しかし文書集の補訂作業で両稿を併見している例がある。それは香山第九項の433／598（第158例目）「蒸気船の止(初独)まるに(再)は別に穴有之(統独)蓋を取れ(初統)ば蒸気是より漏(統)れて車運(独統)らず蓋をすれば(統)蒸気車に当りて車旋転す」（文書集補訂の語の右肩に付けた記号、初は初稿・独は独自表記・再は再稿・統は統一表記に依ることを表す。但し丶印は再稿である。）を例にとり示すが、底本改稿は全文欠文となる。

初稿　蒸気船ヲ止メル中ハ別ニ穴アリテ蓋ヲ取レハ蒸気是ヨリモレ出テ車マワラス蓋ヲスレハ蒸気車ニ当リテ車旋転ス

再稿　蒸気船ノ留ルニハ別ニ穴アリテ蓋ヲトレハ蒸気是ヨリモレテ車マハラス盖ヲスレハ蒸気車ニ当リテ車旋転ス

右をみるに文書集本の補訂において初稿再稿の表記を採用し、独自に表記を補足削除し、表記を統一する作業を実施していることが判明するのである。五九八例の用例には入れなかったが、樋田第五項冒頭は「書翰受取」と墨書されている。しかし底本改稿は「簡」とあり、初稿再稿「翰」を取って本文としてしまった。本来なら朱書補訂し344番となり、初稿再稿の第127例目となるのである。

独自の表記とは、底本の改稿と初稿再稿の表記は異同があるが、その表記とはさらに異なる表記（削除の無表記も含む）を取ったもの一〇二例ある。その第一例目（7／598）「飛か如く」を例にとる。

初稿　飛カ如シ

改稿　飛か如し

再稿　飛カ如シ

右をみるに、助動詞終止形を連用形に独自に変更しているのである。この例で興味を引くのは、樋田第六項の359／598（第60例目）「直に六七人程」にある。「七」は諸稿すべて「十」であり、「六十人」と「六七人」では大差がある。この樋田第六項は合原第一一項と共に、ペリー護衛のため会見場へ上官六〇人程が撃つばかりの剣付き鉄砲を持ち踏み込んだ事件である。此の方は仰天し肝を抜かれた国辱と認識された事実が、「六七人」と恥辱を意識して過小表記されたとみる。古文書本には「六七十人」と表記されるに至ったのであるが。与力聞書の写本にはその末尾に諸藩警備の図を付して、この国辱が表現される一本もあるのである。飯塚第二項の180181／598（第26例目）「横十一間位」は、改稿「十間」・再稿「横一間」とあり、文書集の本文は改稿であるが、一本に「横十一間」として再稿をもとに改稿の表記を折衷し独自表記に至るのである。

表記の統一とは、底本の改稿本文にある誤字（書き損じを含む）や脱字の訂正、同訓異字や異体・符丁・合字などの表記統一を計ったもの一二三例ある。その第1例目（1／598）「軍艦弐艘」は、底本改稿が初稿再稿と共に「船」とあるのを「艦」と変更したが、誤字訂正したのである。表記の統一とするか判断に迷う例を挙げる。香山第一一項の443444を挙げると、443／598（第92例目）「居ること」を文書集本は「事」と朱書するが、初稿再稿が「ヿ」・改稿が「𬼀」と符丁で表記し、正字「事」に変更しているから、他に無い用字で独自表記と見られなくもないのである。444／598（第93例目）「前代未聞の𬼀」を文書集は「事」と朱書するが、初稿「事」・改稿「𬼀（符丁）」・再稿「ヿ」をみるに初稿に依ったと見られなくもない。しかし補訂者中村は、符丁を正字に変更統一して表記しようと意図したと考える。第2例目（3／598）「千代﨑」を「崎」と朱書したのは異体の変更で、以降の異体には加朱していないが以下如此という意味で正字に変更してある。第3例目（6／598）「迅速なる」を「其」と朱書したのは諸稿すべて「其」であり、意味上は通じても用字上の誤字を訂正統一した。第4例目（10／598）「浦賀中之強き」を「騒」と朱書したのは、諸稿すべて「騒」とあるが、騒の草体を強の草体と誤認した誤字の訂正統一である。問題は第10例目（43／598）「手をへて」を「經」と朱書した例である。これは初稿「經」・再稿「経（異体）」とあり同字であるため、当然初稿再稿共にある表記に該当するのである。しかし「へて」と訓む点は共通しており「事」と共に統一表記とした。以上によって五九八例の出典意味を分類すると

①初稿の表記による　38例

②再稿の表記による　102例

③初稿再稿共通の表記による　233例
④独自の表記による　102例
⑤表記の統一訂正による　123例

文書集本は続通信全覧類輯の改稿を底本として、①は有所不為齋雑録の初稿を彼此参照し④⑤により補訂を加えた中村の解釈訂正を施しているが、②③特に②は再稿本の存在なくして文書集の朱書補訂は存在しえない事実を語る。①よりも②の用例数の多さから、③を①②の併用とみるより②に専ら依拠しているのではないか、との推測に突き当たる。再稿本の性格を考えるに、初稿本が浦賀方言を含み情報を伝達する点に、明快に事実を伝達する必要に迫られ初稿を大きく削除推敲して改稿が生まれ、さらに事実実態を伝えるため三度稿を改め削除した表記を多く再用補足した点に意味がある。形式的にみると改稿は初稿から遠ざかり、再稿は初稿に近づいている。しかし初稿成立後一ヶ月で改稿再稿を脱稿した情報整理の動きには、収集した史料の分析を徹底して真実やその実態に迫ろうとする、追究姿勢に貫かれているといえる。稿を改めるにつれ新たな世界が表現されているとみる。③を再稿の表記に依拠すると仮定すると、②の再稿の表記による総計は三三五例（全用例五九八例の五六％）にのぼるのである。

改稿再稿が初稿成立後わずか一ヶ月の短時日のうちに脱稿書写されている事により、各稿本は同一筆者の手になること先に書いた。文書集の筆者・中村勝麻呂は再稿本を見ているにかかわらず、見た写本をどうして末尾に明記しなかったのか。それは聞書の写本が多く存在したことにもよるが、再稿本が改稿本つまり続通信全覧類輯のように政府編纂書に掲載された史料として認知されていなかったことによろう。本文の基礎は変わらないとしても、写本の数だけ枝葉の表記は存在する。初稿と改稿の間には表記の大きな異同があり、官撰史料の改稿を文書集の底本とする所以である。しかし数多くある写本の中から有所不為齋雑録を選び改稿と対校している点に、現在伝わらない添川廉齋編輯の原本・有所不為齋雑録に対する同時代人の評価を背景にしたなにがしかの価値を見出していると考える。それが初稿としての意味と考えるのである。さて中村が見た再稿とは、いかなる写本なのか。詳細は別途作成の「与力聞書諸本の系統図」を参照してほしいが、それは東京大学史料編纂所所蔵の高麗環雑記であろうとみるのである。

　ここに文書集本朱書補訂の用例全五九八例（文書集本朱書補訂一覧）を掲げる。補訂の朱書は用例の右肩に○印、墨書には△印を付けた。

用例	該当項目	補訂朱○（墨△）書	原本	分類	初稿	再稿	初稿再稿	独自	統一表記
1	合原1	軍船○弐艘	艦	誤字訂正					1
2		迅速に○乗込	／	補足			1		
3		千代崎○	崎	異体変更					2
4		観音崎近○く○	／	補足			2		
5		弐艘ニ○而	に	表記変更			3		
6		其○速なる	迅	訂正					3
7		飛か如く○	し	変更				1	
8		入津ニ○付	に	変更			4		
9		浦賀中○之	／	補足			5		
10		騒○き	強	訂正					4
11		○一本騒○き○大○方○な○ら○す○	鼎之沸か如し	補足	1				
12	合原2	当番ニ○付	に	変更			6		
13		乗出○	付	変更			7		

14		乗込過○候○とて	／	補足	2				
15		船をハ○	／	補足		1			
16		操○戻し	繰	変更			8		
17		驚し候由○	／	補足	3				
18		よ○ふ○〱○	様に	変更		2			
19		応接掛与○力○	／	補足	4				
20		異船○の入津	／	補足	5				
21		用○あ○ら○は○肥○前○	／	補足	6				
22		参る○へき	／	補足			9		
23		彼曰○	之	削除補足	7				
24		国禁之儀は○	者	変更			10		
25		元○より	本	変更			11		
26		知る所○也	処	変更				2	
27		行申○べし	か	変更			12		
28		○一○本○を○ま○い○方○も○国○命○な○れ○は○禁○制○の○場○へ○も○行○可○申○候○	其方たりとも云々	補足	8				
29		王○命より	国	変更				3	
30		日本国○王へ	／	補足	9				
31		呈○し候	呆	誤字訂正					5

32		書翰○を	簡	変更			13		
33		若○爰に而	荅	削除補足			14		
34		申さ○す	／	脱字補足					6
35		○一本○此○趣○江○戸○へ○通○達○し○呉○候○様○若○爰○に○て○扱○ひ○呉○不○申○候○ハ○ヽ	高官之者云々	補足	10				
36		直○ニ○	／	補足			15		
37		江戸海○へ	／	補足				4	
38		直呈○致へし	呈	誤字訂正					7
39		致○かたし	いたし	変更削除					8
40		伺ひ○	／	補足			16		
41		詰○に○て○	つめ	変更補足			17		
42		役方之手○を	／	脱字補足					9
43		経○て	へ	変更					10
44		事○何○ほ○と○急○き○候○而○も○五○日○位○ハ○か○ゝ○り○申○へ○し○	／	補足			18		
45		所○存	不	訂正変更		3			
46		有事○也○	へし	変更			19		
47		五日位の事○	と	符丁変更					11
48		なれ○は	ら	変更		4			

49		と云○	り	削除			20		
50	合原3	乏敷○候○ハ○ヽ○	くは	削除補足	11				
51		申候処○	へは	削除補足			21		
52	合原4	商船と違ひ○	／	補足			22		
53		右様の事○	と	符丁変更					12
54		云○て○一○切○言○は○す○	申候	削除補足	12				
55	合原5	大○蒸○気○船○将○官○の○居○船○に○て○総○て○の○掛○合○向○を○致○外○三○艘○へ○は○人○を○近○け○寄○ら○せ○す○	／	補足	13				
56		亜墨利加人に○	／	補足			23		
57		通辯○致し	弁	変更					13
58		右○船○に○て○二○十○貫○目○位○の○真○丸○筒○長○筒○あ○り○拾○八○貫○の○ぼ○ん○へ○ん○筒○あ○り○何○れ○も○勝○れ○た○る○上○品○の○筒○の○よ○し○	／	補足	14				
59	合原6	○バツテイラ	「	削除			24		
60		バ○ツテイラ	ハ	補足		5			
61		○バツテイラ	「	削除			25		
62		バ○ツテイラ	ハ	補足		6			
63		バツテイラ○	」	削除			26		
64		所々漕歩○	／	補足	15				

65		歩行き○	／	補足			27		
66		近く○迄	／	補足			28		
67		観音崎臺○場○の	／	補足			29		
68		是迄入○津○の	／	補足	16				
69		申候事○には	／	補足	17				
70		地に○	／	補足			30		
71		あかるく○	の	変更		7			
72		本○算定りて	／	補足				5	
73		○一本死○を○定○め○居○候○儀○	地あかる云々	解釈補足				6	
74	合原7	大砲連○発	／	補足			31		
75	合原8	乱妨不致○	苦	誤字訂正					14
76		番船差○出○し○彼船	／	補足		8			
77		御○固○四家	／	補足				7	
78		○バツテイラ	「	削除			32		
79		バツテイラ○	」	削除				8	
80	合原9	六七分を○申○上○	／	補足				9	
81		不成様○之○箇条	／	補足				10	
82	合原10	○バツテイラ	「	削除			33		
83		バツテイラ○	」	削除			34		

84		海○の○浅○深○を○測量	／	補足	18				
85		駈○通	はせ	変更					15
86		通り○或ハ	／	補足				11	
87		剱付鉄砲○	砲	変更		9			
88		を○とか○し	／	補足	19				
89		駈○通候	／	補足	20				
90		申へきとの事○	と	符丁変更					16
91		有之◎	これ有	倒置変更			35		
92		と○申に	／	補足			36		
93		と申○にも	／	補足		10			
94		引出し○候	／	脱字補足					17
95	合原11	岸を隔○ると	隔	異体変更					18
96		○ハッテイラ	┐	削除			37		
97		バ○ッテイラ	ハ	補足					19
98		バッテイラ○	└	削除			38		
99		囲○む	固	誤字訂正					20
100		○ゲヘル	┐	削除			39		
101		ゲヘル○	└	削除			40		
102		ひらめかし抔○し○て○	／	補足				12	

103		指図す○	ス	変更					21
104		嘲弄○の体	弄	誤字訂正					22
105		押込上官○	／	補足			41		
106		奉行の脇○	[illegible]	異体変更					23
107		立○塞り	／	補足			42		
108		○バテイラ	┐	削除					24
109		バツ○テイラ	／	補足					25
110		バツテイラ○	└	削除					26
111		野島へ○	／	補足			43		
112		○ハツテイラ	┐	削除			44		
113		バ○ツテイラ	ハ	補足			45		
114		バツテイラ○	└	削除			46		
115		此時○も	／	補足			47		
116		（○ヒストウル）	┐	削除			48		
117		ヒストウル	（ヒストウル）	割註変更			49		
118		を放○ち○見物	／	補足			50		
119		○ハツテイラ	┐	削除					27
120		バ○ツテイラ	ハ	補足					28
121		バツテイラ○	└	削除					29

122	合原12	右滞船中○出帆	／	補足			51		
123		答ふ因て○	／	補足		11			
124		御○勘定奉行	／	補足		12			
125	合原13	火焔○	燄	変更		13			
126		火○炎殊に	／	補足			52		
127		甚し○く○	た	削除補足			53		
128		驚か○さ○る○は○な○し○	と云	変更			54		
129	合原14	彼れ○か○云	／	補足				13	
130		彼れか云○	／	補足		14			
131		着し○候○	到する	変更		15			
132		（海上ハ○）	／	補足				14	
133	合原15	十月十○一○月○	／	補足			55		
134		旨○儀○ニ○よ○り○	／	補足		16			
135		より候○て○御国威	／	補足				15	
136		を御○大切に	／	補足				16	
137		被○仰付	空格	削除			56		
138		三貫△目	箇	誤字訂正					30
139		筒矢比○	頃	変更訂正					31
140		候へは○	者	変更			57		

141		打試候処いと	／	補足				17	
142		筒なれハ	銃	変更		17			
143	合原16	会津侯	矦	異体変更					32
144		前々渡来の	／	補足		18			
145		事変り	替	変更					33
146		こと〱く	尽	変更		19			
147		蔑にいたし	／	補足		20			
148		心外無此上存候	／	補足		21			
149		拙者召連候	／	補足		22			
150		間敷と存候	／	補足		23			
151		一事　起候	を	補足削除					34
152		一事起り候	／	補足		24			
153		候而は	者	変更					35
154		候而は公辺	空格	削除					36
155		御承知置被下	／	補足		25			
156	合原17	御沙汰にてハ	／	補足				18	
157		為致候儀は不宜	／	補足				19	
158		との御事	と	補足変更		26			
159		左様の儀	／	補足			58		

160		当惑何○にも○	／	補足			59		
161		当惑何に○も	／	補足				20	
162		申候様○に存○候○	／	補足		27			
163		申候様に○存候	／	補足				21	
164	合原18	チャンニて○	テ	変更					37
165		炎暑○にては	天	変更				22	
166		右は○	者	変更			60		
167		焼打○之方○	／	補足				23	
168		宜候○様	／	補足		28			
169		宜候様○ニ存候	／	補足				24	
170	飯塚1	飯塚久○米○三郎	粂	合字訂正					38
171		久米三郎よ○り○聞書	／	補足			61		
172		(合原より聞け○る○所○)	処	補足変更		29			
173		(符合のケ○所○は)	条	補足変更				25	
174		何れも○	共	変更			62		
175		五六間な○る○へ○し○	可成	変更			63		
176	飯塚2	○ハツテイラ	┐	削除			64		
177		ハツテイラ○	∟	削除			65		
178		は長○サ○五六間	／	補足		30			

179		○一本四五間より	五六	補足		31			
180		横十一間位	十	補足		32			
181		横十一間位	十	折衷解釈				26	
182		水主廿人位	／	脱字訂正			66		
183		五寸廻り之儀尺	まはり	変更補足		33			
184		書付る様子	す	変更補足				27	
185	飯塚3	川越持場	／	脱字訂正					39
186		やう〳〵	漸々	変更		34			
187		制し止帰り申候	留候由	補足変更		35			
188		制し止帰り申候	／	変更				28	
189	飯塚4	四海之内	／	補足	21				
190		水上の儀	／	補足			67		
191		一体之事にて	／	補足				29	
192		他より参り	／	補足			68		
193		打とも	致	変更			69		
194		案内こそいたせ	／	補足			70		
195		致さね	いたせ	変更			71		
196		構ひ不申	／	補足		36			
197	飯塚5	虚飾にて	固	変更			72		

198		実用の儀無○之○	なし	変更補足				30	
199		警固には当○り○不申	成	変更		37			
200		何事○も	と	符丁変更					40
201		のみに相△成候	候処より	誤字訂正					41
202	飯塚6	壱人ツ○ヽ○の○	宛	変更補足		38			
203		指揮○あり	軍	誤字訂正		39			
204		隊伍行列いか○にも	たす	変更			73		
205		感せ○さ○るはなし	ぬ	変更			74		
206		モ○ヽ○色○	／	補足		40			
207		差引役　○冠り物	の	削除		41			
208		ケヘー○ル○冠りも○の○	ケヘル士官等の冠り物	補足削除		42			
209		上○官○等○の○冠○り○も○の○恰○好○是○に○類○す○	／	補足			75		
210	飯塚7	皮にて造り○	／	補足			76		
211		造りた○る○物	候	変更				31	
212	飯塚8	請取相済夷○人	異	変更				32	
213		悦喜の体に見ゆ○る○	へ	変更			77		
214		其様子○は○	／	補足			78		
215		何かな○人を	／	補足		43			
216		わなへ○でも	ゑ	誤字訂正			79		

217	飯塚9	申談候儀ハ○	／	補足			80		
218	飯塚10	返翰請取ニ○は	／	補足			81		
219		(彼方の○来年は)	／	補足			82		
220		(知れす○)	不申	変更削除				33	
221		(と○存○候○)	／	補足		44			
222	飯塚11	杉田沖え○	へ	変更				34	
223	飯塚12	当時は亜○墨○利○加○	／	補足				35	
224	飯塚13	軍船弐○艘○是を	／	補足			83		
225	飯塚14	此人は鉄炮○	砲	変更			84		
226		鉄炮を○好候	／	脱字補足					42
227		好候人也○と	／	補足			85		
228		異人の○云鉄砲	／	補足				36	
229		異人の云○鉄砲	／	補足	22				
230		異人の云鉄炮○か	砲	変更			86		
231		通詞答○て○	／	補足		45			
232		成程鉄○炮○は	／	補足		46			
233		日本○槍剱	の	削除		47			
234		日本槍剱の○術○は	／	補足		48			
235		外国の○及ふ	に	変更		49			

236		及ふ所○に非す	処	変更				37	
237		日本槍剱の○術恐る	／	補足		50			
238		の術○更○に恐るゝに	／	補足			87		
239		致さす○と申候	ぬ	変更		51			
240	飯塚15	決して○	天	仮名変更					43
241		万一の事○あ○れ○は○	と	変更補足			88		
242		差○図○致し	指揮	変更			89	○	
243	飯塚16	嘆息の至○に候	余	誤字訂正					44
244	飯塚17	カ○ラ○こに致し	から	仮名変更					45
245		カラン○に致し	こ	変更				38	
246	飯塚18	異船を打敗り○	し	変更				39	
247		ト○モ○の方の	とも	仮名変更					46
248		破り○易し	れ	変更			90		
249		ト○モ○の方へは	とも	仮名変更					47
250		入置候な○り○	／	補足			91		
251	飯塚19	書翰○箱○の外	簡	変更補足			92		
252		輪をはめて○	／	補足				40	
253		○		変更				41	
254		如図○物	此	変更		52			

255		有之候○へ○とも	／	補足		53			
256		書翰○一同	簡	変更			93		
257		書翰と○も○一同	／	補足				42	
258	樋田1	樋田○多三郎より	ロ	変更			94		
259		樋田多太郎○より	三	変更				43	
260		此度入津の異船○	国	変更			95		
261		申込有之候○儀	併	誤字訂正					48
262		土地○借并	拝	削除				44	
263		土地借用○并	／	補足			96		
264		願ふ○と	／	補足			97		
265		い○ふ○事○	云と	変更					49
266		こ○と○〳〵○く	尽	変更					50
267		無之候○付	／	補足				45	
268		無之候付○	／	補足			98		
269		頻○に御申上	頓	誤字訂正					51
270		よ○ふ○〳〵○	漸々	変更		54			
271		四○家○へ○御達に	／	補足			99		
272		秘し置○	て	変更			100		
273		紀○伊○守○殿より	筒井	変更			101		

274		日本之○鉄砲	／	補足			102		
275		日本之鉄炮○	砲	変更			103		
276		鉄炮に○て○打○	を出し	変更				46	
277		打放○さん	示	変更		55			
278		打放さは○	ん	誤字訂正					52
279		迯帰○る	返	変更				47	
280		迯帰るへし○位	き	変更			104		
281		位の御○腹合	／	補足				48	
282		慨○嘆に堪す候	概	誤字訂正					53
283	樋田2	蘭人兼て○	而	変更			105		
284		相成候儀○而已	／	脱字補足					54
285	樋田3	町○打有之	丁	通用訂正					55
286		騒き○立○候○に○付○	動	変更	23				
287		注進そ○と	／	補足	24				
288		取に出居○候	／	補足			106		
289		馳帰○り	皈	略字変更					56
290		其○神速	共	誤字訂正					57
291		其神○速	迅	誤字訂正					58
292		○一本に○は○あ○き○れ○き○り○申○候○	たとふる云々	補足	25				

293		彼方○申に	／	補足				49	
294		乗上り候事○決て	と	符丁変更					59
295		乗○上○り○候○事○決○て○	決て乗上り候事	倒置				50	
296		有之事○故	と	符丁変更					60
297		趣を江○戸○へ○通○し○	達	補足変更	26				
298		申候○ニ○付	に	補足変更				51	
299		此○方○答○て○何程	／	補足			107		
300		江戸にて御○承知	／	補足			108		
301		御承知の事○なり	と	符丁変更					61
302		我等○は不存儀	に	変更				52	
303		と計りは○申立	／	補足	27				
304		難相○成候	／	補足	28				
305		承知○の○上	り候	誤字訂正					62
306		彼　○然らハ	れ	削除					63
307		可申　○と○云	上	削除補足			109		
308		三郎助可参の○処	／	補足			110		
309		奉行よ○り○香山	／	補足				53	
310		は○内○意○も○申○含○置○候○間○香○山○を○遣○し○候○ 様○差○図○ニ○付○右○一○人○ニ○て○	／	補足			111		

311		(香山○内意)	へ	削除				54	
312		(内意○の○含に付)	／	補足				55	
313		(六○ヶ敷)	ツ	削除			112		
314		(儀に○有之)	／	補足	29				
315		(仲○間)	か	削除			113		
316		(仲間中○のと故)	／	補足	30				
317		(仲間中の事○故)	と	符丁変更					64
318		(委細○は○不申上)	しく	変更			114		
319		(申上と○云て)	候	変更			115		
320		(又○異○船○応○接○)	／	補足	31				
321		(壱人に託し○候)	／	補足		56			
322		(深き○意味)	く	変更		57			
323		(有之事○の由)	と	符丁変更					65
324	樋田4	若制方○行届	法	変更	32				
325		行届兼近○寄○船	ねは進より	変更			116		
326		成敗い○た○すへし	／	補足			117		
327		制○するや	成敗	変更	33				
328		鉄炮○にて	砲	変更		58			
329		制す○と云	へし	誤字削除					66

番号		本文		種別					
330		船を寄せぬ○様に	す	変更			118		
331		様に致○へし	す	変更	34				
332		近○寄○事○を	進よると	変更		59			
333		役船を差○出し	指	変更		60			
334		近○寄る船	進	変更			119		
335		近寄る△船	る	墨書書損					67
336		陸○上○の	上陸	倒置			120		
337		出来ぬ○様	す	変更			121		
338		然る処○	に	変更			122		
339		図にのりて○	／	補足				56	
340		○バッテイラ	┐	削除			123		
341		バッテイラ○	└	削除			124		
342		所○々○人なき	処に	変更			125		
343		九○里浜へも	久	変更			126		
344	樋田5	受取○の場所	／	補足			127		
345		数十畳敷並へ○	／	補足			128		
346		板○に○て囲ひ	／	補足			129		
347		弐間明○け	あ	変更			130		
348		道○へ毛氈を	に	変更				57	

349		（合原樋田○弐人）	口	変更			131		
350		弐挺是○は	／	補足			132		
351		是切○也	なき	変更			133		
352	樋田6	上陸の○異○人○	／	補足			134		
353		人数之○繰出し	ハ	変更			135		
354		調練能整ひ○	／	補足			136		
355		其美な○る○事○	／	補足			137		
356		幕内へ乗○り込	入	変更		61			
357		入口の所○に	前	変更				58	
358		内へ乗○込○と	入	変更				59	
359		直に六七○人程	十	変更				60	
360		立塞○る○	上り	変更			138		
361		ヒスト○ヲ○ルに	ウ	補足変更		62			
362		睨ミ扣○ゆる	控	変更				61	
363		是○へ○上かれ	／	補足			139		
364		大に膽○を抜れ	胆	変更		63			
365		中々差○留る	指	変更		64			
366		差留る事○抔	と	符丁変更					68
367		穏便の○御沙汰	みを	削除				62	

368		厳敷○故	き	変更		65			
369		鉄炮○はあれとも	砲	変更		66			
370		書翰○受取奉行に	簡	変更			140		
371		受取其○儀相済	の	変更		67			
372		返翰○の儀	簡	変更		68			
373		返翰の儀は○	も	誤字訂正					69
374		手間○取○る○事○にて	遠きと	変更				63	
375		差○支候間	指	変更				64	
376		早速返翰○受取度	簡	変更				65	
377		儀は重○き○事○ニ○	／	補足			141		
378		重き事ニ候○間○	／	補足				66	
379		中○〱○	々	変更				67	
380		左様○なれは	／	補足			142		
381		江戸而已にては○	／	補足			143		
382		重き御○評議	／	補足		69			
383		御評定○に	議	変更				68	
384		相成候事○故	と	符丁変更					70
385		掛り候事○也	と	符丁変更					71
386		書翰○受取に	簡	変更			144		

387		来船致○すへし	／	補足			145		
388		間に合不○申○候はゝ	す	変更補足				69	
389	樋田7	成れ○さる由	ら	削除補足		70			
390	樋田8	異船小○ベリ	に	誤字訂正					72
391		○一本二○尺	三	補足			146		
392		水入○は銅にて	／	補足			147		
393		海深サ○	／	補足			148		
394		五尋○迄は	ひろ	変更					73
395	樋田9	なき様にと○	尓	同字異体					74
396		惣ての○事○	／	補足			149		
397		届き不申候○	／	補足			150		
398	樋田10	細○川○家	本牧	誤字訂正					75
399		細川家ハ○本牧	／	補足				70	
400		山際など○へ○は	／	補足		71			
401	樋田11	四家○人数	の	削除				71	
402		甚○武事に	た	削除				72	
403		制○作有之処	製	誤字訂正					76
404		軍船○の法	艦	書損訂正					77
405		拵ると申○と	／	補足			151		

406		申事○もなく	ど	符丁変更					78
407		大工任○せ	まか	変更					79
408		用ひさる事○	ど	符丁変更					80
409		用ひさる事○	ど	符丁変更					81
410	樋田12	風説に此節○	説	誤字訂正					82
411		明○末の者	の	削除			152		
412		明を救○て	討	変更		72			
413	香山1	国王よりの○書簡	／	補足			153		
414		書翰○弐通	箇	変更			154		
415		(何れも箱○入)	筥	変更			155		
416	香山4	車差○渡○	さしはたし	変更			156		
417		鉄張○に非す	はり	変更					83
418		ミツダに○て○	ニテ	変更					84
419		塗○水入は	る	削除				73	
420		水入り○は	／	補足	35				
421		水入り計○	は	削除補足		73			
422		カラ金○にて	丹	同字異体					85
423	香山5	惣鉄張○	はり	変更					86
424		○一本二○百人	三	変更		74			

425	香山6	三百人ツ○丶○	／	補足			157		
426	香山7	昼夜と○なく	／	脱字補足					87
427		（ヒ○イ○ト○ロ○）	ひいとろ	変更					88
428		（象牙○）	角	変更				74	
429		（色々○なり○）	／	補足				75	
430		鉄炮○へハ	砲	変更		75			
431		絶す事○なし	と	符丁変更					89
432		用心厳重○	しく	変更				76	
433	香山9	蒸○気○船○の○止○ま○る○に○は○別○に○穴○有○之○蓋○を○取○れ○ば○蒸○気○是○よ○り○漏○れ○て○車○運○ら○ず○蓋○を○す○れ○ば○蒸○気○車○に○当○り○て○車○旋○転○す○	／	補足			158		
434	香山10	一昼夜に○八百里	／	補足			159		
435		陸上を走○るは	赱	書体変更					90
436		是は一日に○ハ	／	補足			160		
437		走ると云○	申候	変更		76			
438	香山11	書翰△受取の節	翰（簡）	墨書変更					91
439		国王の書翰○を	簡	変更			161		
440		ゲベ○ール組	ト	変更			162		

441		指図人○あり	／	補足		77			
442		法則能整ひ○	／	補足			163		
443		居る事○	ど	符丁変更					92
444		前代未聞の事○	ど	符丁変更					93
445	香山12	国王の書翰○	／	補足			164		
446		二○箱何れも	た	削除	36				
447		たかやさ○ん○	し	誤字訂正			165		
448		⌓○如此蓋	⌓	確認補足					94
449		蓋をしてあ○り○	／	補足			166		
450		餝○りあり	かさ	変更				77	
451		こ○と○/\○く○	尽	変更					95
452		書翰○の趣	箇	変更			167		
453		書状○あり	箇	変更			168		
454		曲録○を設け	ろく	変更					96
455		どや/\と○押込	／	補足				78	
456		立塞○かる	ふさ	変更			169		
457		（ホストン）○	／	脱字補足					97
458	香山13	イホレットは○	／	補足			170		
459		板金に○て○	より	変更				79	

460		飾○り候物	かさ	変更					98
461		下○るなり	け	削除				80	
462	香山14	ゲベー○ル	ト	変更			171		
463	香山15	印を付る○	り	変更			172		
464		鉄炮○掛りは	砲	変更		78			
465		鉄炮○を付	砲	変更		79			
466	香山16	七艘懸○け置	か	変更					99
467		軍見○舞をして	／	補足		80			
468		帰国致○すと	／	補足		81			
469	香山17	亜墨○利加州	米	変更				81	
470		先年ハ○	／	補足			173		
471		又○取合になり	／	補足		82			
472		打勝て○	／	補足		83			
473		対々之○国	／	補足			174		
474		と○な○る○是○ハ○七○十○六○年○以○前○之○事○と○い○ふ○	／	補足			175		
475		年號○	号	略字補足					100
476	香山18	弐尺三○四寸	／	補足			176		
477		三四寸位○	／	補足			177		
478		三尺位○もあり	／	補足			178		

479	香山19	温順の○方○なり	／	補足			179		
480		整ひ○居ると	／	補足			180		
481		居る事○妙なり	と	符丁変更					101
482		書翰○不受取	簡	変更			181		
483		○一本我○儘○な○る○事○云○ひ○	ねじけし云々	解釈補足				82	
484		候処○請○取○相済候○	／	補足			182		
485		候処請取相○済○候	／	補足				83	
486		後○は大に	ち	削除			183		
487		相成候○	る	変更		84			
488		手薄き事○故	／	補足			184		
489		起されて○は	天	同字異体					102
490		大変に候事○故	と	符丁変更					103
491		とこか○と○こ○迄も	／	補足				84	
492		併○不達	若	変更		85			
493		不遠○内	達	誤字訂正					104
494		又々○来船	／	補足			185		
495		相成候も○の○歟	物	変更			186		
496		参るに○は	／	補足			187		
497	香山21	此度彼○への	れ	削除			188		

498		贈物は○	す	誤字訂正					105
499		彼より○之贈物	／	補足				85	
500	近藤1	近藤良次○	治	変更			189		
501		帆○影見ゆる	かけ	変更					106
502		八ツ半時少し○過	／	補足			190		
503		○一本八ツ○時少し過	半	削除			191		
504		足○らすして	た	変更					107
505		海○上○三○十○六○里也	（海上三十六里）	割註変更		86			
506		海上三十六里也○	／	補足				86	
507	近藤2	近藤良次○	治	変更		87			
508		（三○人○共○応接）	皆	変更			192		
509		（応接方○也）	／	補足		88			
510		（応接方也）○	／	補足				87	
511		乗○船を不許	上	変更				88	
512		書○翰持参	簡	変更			193		
513		重○官の者	上	変更			194		
514		参○り候や	／	補足		89			
515		参り候哉○	や	変更		90			
516		参り○手渡し	／	補足			195		

517		手渡○可致や	し	削除				89	
518		可致哉○	や	変更		91			
519		書翰受○取	簡	変更			196		
520		掛合可○致	致へき	倒置変更			197		
521	近藤3	乗込候事○	ヒ	符丁変更					108
522		長崎○へ	嵜	異体変更					109
523		置候事○也	ヒ	符丁変更					110
524		右様の事○	ヒ	符丁変更					111
525		如○何の事	／	補足			198		
526		如何の儀○そと	事	変更			199		
527		儀ニ○候○哉○と	そ	削除補足				90	
528		と○て大に	云	削除				91	
529		大に腹を○立て	／	補足			200		
530		掛合向○甚難渋	／	補足			201		
531	近藤4	異船○蘭人より	人	誤字訂正					112
532		夫も只○来夏は	／	補足			202		
533		来るかも○知○れ○ぬ○位	／	補足			203		
534		位の事○故	ヒ	符丁変更					113
535		一向辨○へ居	弁	略字変更					114

536		掛合の○節○大に	／	補足			204		
537		大に困り○候	／	補足			205		
538		困り候事○有○之○	／	補足			206		
539		事有之候○由	／	補足		92			
540	近藤5	書翰○受取渡し	簡	変更			207		
541		復命致し候事○	と	符丁変更					115
542		悉○く必死	尽	変更				92	
543		依之○其趣	て	変更				93	
544		七日ニ○江戸より	／	補足			208		
545		書翰○受取候様	簡	変更			209		
546		御達○ニ付	沙汰	変更			210		
547		異○船○へ○其○趣○	其趣異船へ	倒置			211		
548		申通候○程なく	／	補足		93			
549		申通候処○程なく	／	補足				94	
550		返翰○御遣し	簡	変更		94			
551		相○成候儀	被	変更			212		
552		候儀かと○云○	／	補足				95	
553		急にハ○出来	／	補足			213		
554		書翰○別○に下書	簡	変更補足			214		

555		此度は此○下書	／	補足			215		
556		弥返翰○出来	簡	変更					116
557		出来の上本○書	／	補足			216		
558		書翰○而已	簡	変更			217		
559		返翰○は追て	簡	変更		95			
560		弥○明九日	漸々	変更			218		
561	近藤6	掛合之節ハ○	者	変更			219		
562	近藤7	此後返翰○受取	簡	変更		96			
563		参候時は○	／	補足			220		
564		日本王の書翰○	簡	変更		97			
565		守護し帰り○候○と	る	変更補足			221		
566		帰り候事○故	と	符丁変更					117
567		日本国○を敬する	／	補足				96	
568		右故軍○船○数船	／	補足			222		
569		軍船数艘○仕立	船	誤字訂正					118
570		尚又○大軍船	更	変更				97	
571		大軍船二○艘○程	に	誤脱補足			223		
572		国王の書翰○	簡	変更			224		
573		是○程○の	これほど	変更					119

574	近藤8	野戦筒も数挺△	船	誤字訂正					120
575		栗浜異○人○上陸	／	補足		98			
576		広大なるも○の○にて	物	変更		99			
577		一目○には	日	誤字訂正			225		
578		見取○られ	限	変更				98	
579	近藤9	書翰○受取相済	簡	変更		100			
580		受取渡○相済	／	補足			226		
581		受取渡し○相済	／	補足				99	
582		様○子○ニ○相○見○申○候○	体にて	変更			227		
583		手間取帰○候	／	補足		101			
584		離杯○を	れ盃	削除変更			228		
585		と云○て	／	補足			229		
586		酒を出申○候	し	変更	37				
587	近藤10	書翰○受取	簡	変更		102			
588		六○ケ数ど	ツ	削除	38				
589		六ケ敷事○にても	と	符丁変更					121
590		事な○と○申	にても	変更				100	
591		申候哉○と	や	変更					122
592		心配致し居○候	／	補足			230		

593		何事もなく	と	符丁変更					123
594	近藤11	二人都合	／	補足				101	
595		都合　四人	て	削除			231		
596		通詞一人	ニ	変更			232		
597		右五名より聞ける所深秘ニ付 不許他見	／	補足			233		
598		（續通信全覧類輯 有所不為齋雑録）	／	補足				102	

註1　東京大学史料編纂所所蔵「幕末外交文書集　嘉永6年6月一」所収、外務省引継書類・外編五六八。

註2　東京大学史料編纂所「幕末外交文書集編纂材料目録」参照。

註3　田中正弘氏「近代日本と幕末外交文書編纂の研究」（平成一〇年二月思文閣出版発行）附録史料Ⅱ参照。原本は全一冊、外務省外交史料館所蔵。

註4　註3の第二部第三章第四節、外務省における「幕末外交文書集」の編纂と編纂事業の東京帝国大学移管問題、参照。

第七節　各稿本系諸写本

ここには各論として管見に入った各写本を各稿本別に分け紹介する。

イ　初稿本系「嘉永癸丑アメリカ船渡来記聞」（記聞本）

初稿本の表記を伝えるのは、函館・中村正勝氏所蔵「嘉永癸丑アメリカ船渡来記聞」と鹿児島大学図書館玉里文庫所蔵「海防名応接記」補筆のみである。はじめに記聞本の説明から入る。[註1] まず雑録本の合原第十五項が記聞本では、前項に吸収され項目立てがない。雑録本の香山第二・三項が、記聞本では全文欠如している。雑録本の近藤第六項が、記聞本では全文欠如する。脱字から記聞本の原本の様式が推定できる例がある。雑録本合原第二項の国禁を含む次の国禁の前まで二十二字、同第十二項

国禁也用アラハ肥前長崎へ参ルヘク旨申候彼レ曰国禁

川越之一手ニ而指留候処剣ヲ抜てヲトカシ馳通ル川越

の川越を含む次の川越の前まで二十二字が同様に脱字している。これは記聞本の原本が一行二十二字詰めの証左であり、国禁や川越の字に目が移り一行分脱字したと推定する。

つぎに記聞本が雑録本との間で特徴ある表記一五七例を対比して示すが、雑録本の表記を変更△・補足○・削除、・倒置▽▲等した一五七例の記聞本表記には、初稿本系でありながら改稿本・再稿本（修訂本）の表記をもつものが

多くある。これは与力聞書が一年のうちに初稿はもとより改稿・再稿と推敲され、同時に流布した結果の摂取とみる。文書集本の検討において中村勝麻呂が施した朱書五九八例の中に記聞本と表記の合致する一二例があることすでにみた通りである。左に掲げるのは一五七例中第二三例の初め飯塚久米ヨリ聞書にあたるが、雑録本にはない二行割註が付与される。対比するに左の一行目が記聞本、二行目が改稿本、三行目が修訂本である。

異船一条大概合原より承り候所と符合ニ付　相違之義のみ相記ス
合原より聞　処と符合の　条は除き相違之処のみ　記す
合原より聞ける所と符合のケ所は除き相違之処のみ　記す

右のように並べると表記の展開・相互の影響関係が判明する。これは初稿本成立と時を置かず改稿・再稿と稿本が同時に流布した事実によろう。記聞本は初稿本を底本としながらも、改稿本の表記を採り入れているとみる。右の記聞本表記は一行目改稿本と比べ

合原より聞　処と符合の条は除き相違之処のみ　記す
異船一条大概合原より承り候所と符合ニ付　相違之義のみ相記ス

改稿本表記に補足○・変更△・削除ヽを加えて成立していると推定しないと一五七例全体との整合性に矛盾が生じることになる。記聞本は初稿本系でありながら、表記の補足や変更を加え改稿本の表記を受け入れているとみる。ここに記聞本が明治初期の写本であることの性格があると考える。では一五七例の特徴ある記聞本の表記を初稿本と対比し、記聞本表記が改稿本・修訂本と合致すればルビ（1△改修・1とは一五七例中第一例）に註した。合2とは合原第二項である。

雑録本

	浦賀与力合原総蔵ヨリ聞書
合2	上船致シ浦賀ハ異船ノ入津国禁也用アラハ肥前長崎へ参ル へク旨申候彼レ曰国禁ノ儀ハ 夫々彼方ノ手ヲ 江戸ノ命令ニテ 可申ト申処
合5	死ニアカルケ
合7	此方掛合
合8	仮令異人上致シ 香山沢山指出シ
合11	丑当月六日 同氏へ聞合校正ス
合12	蒸気船壱艘小ノ方 川越之一手ニ而指留候処剣ヲ抜てヲトカシ馳通ル川越人数
合14	弐艘波ヲ分迅速ニ 浦賀人数小屋脇ヲ固メ候処異人共耳コスリヲイタシ指サシ 致シ尽ク嘲弄致候様子ニ相見へ候イマ〱シキ事限リナシ 調錬之能整候事奇妙驚入候事
合15	幕之内へ繰リ込ム前日懸合ニハ異人上官共弐拾人程ニ而上 陸之筈之処案ニ相違し大人数上陸ス
合16	上官将官副将通リ 同日大子河原へ 弐艘ニ而寄 未行届故滞留シ居 滞留候甚 猿島近辺
合19	通事申ニ

記聞本

	浦賀与力合原総蔵ゟ△聞書
合2	上船致す△、 異○国船の入津国禁、 之△義△ハ 夫ゝ役[1△改修] 方ノ手ヲ 江戸、 命令次[2○改修] 第にて 可申と申 候[3○改修] 処
合5	死にあかるく[4△修]
合7	此方 へ[5○改修]△ 懸合
合8	縦△令異人上 陸[6○改修] 致し 番[7△△改修] 船沢山指出し
合11	右[8△改修] 当○六月六日 同氏より△△聞合校 合[9△改修] す
合12	蒸気船一艘（小之方）[10註改修] 川越、 人数
合14	二艘波を分 け[11○改修] 迅速ニ 幕▽の▽内▽え▽操▽、▽込▽む▽前▽日▽掛△合▽に▽ハ▽異▽人▽上▽官▽共▽二△十△人▽程▽ニ▽て▽ 上▽陸▽の△笘▽の△処▽案▽ニ▽相▽違▽し▽大▽人▽数▽ニ○て○上▽陸▽す▽ 浦▲賀▲人▲数▲小▲屋▲脇▲を▲固▲、 候▲処▲異▲人▲共▲耳▲こ▲す▲り▲て△致△し▲指▲図△い△た△ し▲尽▲く▲嘲▲弄▲致▲し○候▲様▲子▲ニ▲相▲見▲え△候▲い▲ま▲、 し▲き▲事▲限▲り▲な▲し▲調▲ 練△の△能▲整▲ひ○候▲事▲奇▲妙▲驚▲入▲候▲事▲
合15	上官将、 副将通 辞[△玉里本「弊」] 同日大 師[12△改修] 河原え△ 二艘にて 漕[13○改修] 寄 未行届故滞留 致[14○改修] し居 滞船[△15△△改修]にてハ甚 猿島[16、改修] 辺
合18	通[△改修「詞」] 辞 申ニ

	彼申候処
	火モ付易キモノナレバ焼キ討ハ
	焼打之手順
	（モミノ木壱弐寸）
合21	恐入候間百性ヲ
飯	飯塚久米ヨリ聞書 異船一条大概合原ヨリ承り候所と符合ニ付相違之義ノミ相記ス
飯2	弐尺位ニ高ク五 深浅ヲ書記ス
飯4	誰領分ト 致サス御構ヘハ
飯5	ナリ申サス却嘲ヲ
飯6	弐拾人壱人 手足ヲ仕フ如ク 重役冠リモノ 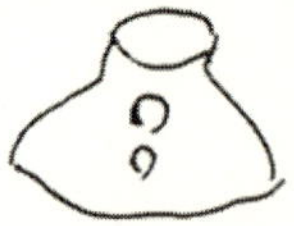 ケヘール組 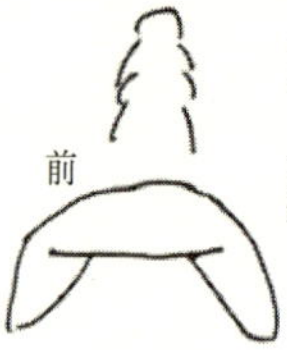 前 上官等ノ冠リモ 恰好是ニ類ス
飯9	悦候様子ニ見ル 二人〆四人
飯10	参リテ承無言ニ致
飯11	出来ル若シ （彼方ノ来年）
飯13	当時大ニ開ケテ
飯14	琉球へ一ト組

	彼申〔17、改修〕処
	火〔18△改修〕の付易きものなれハ△焼〔19、△改修△〕打か
	焼打之手〔20△改修〕段
	（もみの木の一○△尺〔21○改修△〕二寸）
合20	恐入候間百〔22△改修〕姓を
飯	飯塚久米より之○聞書（異船△一条大概合原より承り候所と符合ニ付相違之義のみ相記ス）
飯2	△二尺位にて○高さ〔23△改修〕五 〔24▽▲改修〕浅深を書記す
飯4	誰か〔○改修「彼の」〕領分と 致さす共〔25○、改修〕構ひ△ハ
飯5	成り不〔26△改27▽▲改修〕申却て〔28○〕嘲りを〔○改修〕
飯6	△二△十人え〔29○改修「へ」〕△一人 手足を遣〔30△〕ふか〔○改修〕如く △差△引役冠、もの〔31▽〕 モ○ヽ○イ○ロ○ 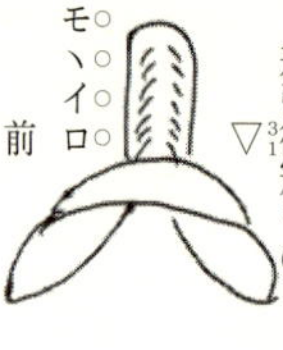 前 ▲改修ケヘール組  上官等、冠、モ 恰好是ニ類ス
飯9	悦候様子ニ見ゆる〔32○改修〕 二人にて〔33○○改修〕〆四人
飯10	参リ可〔34△〕承無言ニ致し〔○改修〕
飯11	出来ス△若〔35、改修〕 （彼か△〔36、改〕来年）
飯13	当時〔37○改修〕ハ大に開けて
飯14	琉球え△一〔38、改修〕組

写本	本文
飯15	此人ハ鉄炮ヲ
	ト申候得は
	異人曰鉄炮カスキナレハ
	日本ノ槍剱更ニ
飯16	奉行申諭決而
	相違候得共落付不申迯ケ支度のみ致し候
	動し致かたなし
飯17	迚も致かたなし
	将軍家御耳
	ケ程之大事右様
飯18	中ハカラカコニ致
飯21	壱尺五寸計之
	更に相別り不申候
	中ゝ右様之物とは思はれす書翰箱一同
	樋田多二郎ヨリ聞キ書（合原飯塚等ノ申所）
樋1	一昨年比ト覚エ候
	義ニ候所尽秘密ニ而已遣成置
	御申立ニ相候所
	同節御達御座候所
	一切通達モ無御座候
	御手当テ向
	何程来トモ
樋3	異船相見ルヨシ
	騒キ立チ候ニ付
	相尋候所
	取モノモ取リ敢ス
	山越シニテ
	二十町計リノ所

写本	本文
飯15	此人ハ鉄砲を[39△改]
	と申候へハ[40△改修]
	異人曰鉄　砲[41△改]か好ならハ[42△改修]
	日本の槍剱　術[43○改修]　更ニ
飯16	奉行申諭決　して[44○改修]
	相違候へ[45△改修]共落付不申迯[46、改修]　支度のみ致し居[47△改修○]り
	動かし致し方なし[48○△改修]
飯17	とても致し方なし[49○△改修]
	将軍様御耳[50△改修]
	ケ程の大事[51○改修]を　右様
飯18	中ハ唐金ニ致[52○改修]し
飯21	一尺五寸許[53○改修]り　之
	更ニ相分リ不申[54△、改修]
	中ゝ[55△改修]左　様の者とハ不被思書翰[56、改修]　一同
	樋田多二郎より聞[57、改修]　書（合原飯塚等の申所と）[58○改修]
樋1	一昨年頃と覚[59、改修]　候
	義に候[60△○改修]処尽く秘密にのみ[61△改修]　被　成置
	御中立に相成[62○改修○]　り候処[63△改修]
	同節御達ニ御坐候[64△改修]　処
	一切通達[65、改修]　無御坐候
	御手当[66、改修]　向
	何ほと来[67○改修]　る　とも
樋3	異船相見ゆる由[68○△改修]
	騒　立[69、、改]　候ニ付
	相尋候[70△改修]　処
	取ものも取[71、改修]　あえす
	山越[72、改修]　にて
	二十町斗り之[73△改修]　処

	役船乗出シ候所彼レ
	乗リ上リ候
	此ニテ彼是
	只入津トハカリハ
	中島三郎介参ルヘキノ所
	奉行ノ曰ク
	内意モ申シ
	栄左衛門ヲ遣ハシ
樋4	御申付ニ致度若シ
	異人曰ク
	舟ヲ寄セヌ様致ス
	舟ヲ制シ又陸上
	用心致シ候由然ル所
樋5	御指図ニテ相定
	下タエ畳五十程敷キ
	幕二重ニ張リ
	（合原樋田与力付添）
樋6	九里浜上陸ノ夷人
	六挺仕掛筒
	此方下タニ列座スル
	蹈ミツフサレ
	応接役奉行ノ脇エ
	書輸ヲ受取リ
	旨申候所
	受取度由申スニ付
	ケ様ノ義
	先ツ出帆致シ
	左様ナルハ一ト先

	役船乗出し候 処[74△改修] 彼[75、改修]
	乗[76、改修] 上り候
	爰にて[77△改修]彼是
	只入津と斗リハ[78△改修]
	中嶌三郎助[79△改修]参るへきの処[80△改修]
	奉行之曰△[81、改]
	内意も申[82、修]
	栄左衛門を遣[83、修] し
樋4	御申付ニ致し度若[84、改修]○
	異人答[85○○改修] て曰、
	舟を寄せぬ様 ニ[86○改修] 致す
	船[87△改修] を制し又上[88▽▲改] 陸
	用心致し候由然る 処[89△修]
樋5	御 差[90△改修] 図にて相定り○
	下[91、] え畳五十ほと敷△△[、改修]
	幕二重に張[92、改修]
	（合原樋田二[93○○改修] 人与力付そへ△△）
樋6	栗△浜上陸の 異[94△修] 人
	六挺仕懸△[95○改修] の 筒
	此方下[96、改修] ニ列坐△する
	蹈[97、改修] つふされ
	応接（懸奉△）行の脇え　（　）は頭註
	書翰を受取[98、改修]
	旨申候 処[99△改修]
	受取度由申[100、改修] ニ付
	か△様の義 は[101○改修]
	先[102、改修] 出帆致し
	左様なれ△ハ[103、改修] 先

本	本文	本	本文
	若シ間ニ合スハ		若〔104、改修〕間に合すハ
樋7	軍功ヲ立テサレハ	樋7	軍功を立〔105、改修〕されハ
樋9	二尺位カ下タノ方	樋9	二尺位か下〔106、改修〕の方
樋12	浦賀舟大工	樋12	浦賀船〔107△改修〕大工
樋13	心掛ケ候	樋13	心懸〔△108、改修〕候
	故思様ニハ		故思〔109○改修〕ふ様にハ
樋14	木戸ヲ付ケ事厳重ニ	樋14	木戸を付〔110、改修〕事厳重に
樋15	風説ニハ当時明末	樋15	風説に〔111、改修〕当時明〔112○改〕の末
	応接掛香山栄左衛門ヨリ聞書		応接懸〔△○〕り香山栄左衛門〔△〕ゟ聞書
香2	使節ノ者年五十余人体宜シ名ハマッテヒリ（日本ニテ申セハ左大臣位ノ高官ノ者ノ由）		全文削除
香3	上官（是ハ軍大将）年五十位名ブカンナン		全文削除
香4	長サ三十六間位	香2	長サ三十〔113○改修〕五六間位
	水入リハカラ金ニテ		水入り斗〔114△△修〕り金にて
	四挺ゟ十挺ナリ		四挺〆〔△△改修「合て」〕て十挺なり
香7	付ケ（ビートロ象ノ角ナド）	香5	付〔115、改修〕（ヒ〔116△△改修〕イトロ象〔117△修〕牙〔△〕ナト）
香8	副将位立派ノ	香6	副将位〔118○改修〕の立派の
香9	蒸気船ヲ止メル中ハ	香7	蒸気船を止める〔△修、改この項なし〕にハ
香10	八百里走ルト云	香8	八百里走ると云〔119、修〕
香11	二人ツ、指図アリ	香9	二人ツ、指図〔○修「人」〕役〔△〕有
香12	金ノ総金物封印ノ付キ	香10	金之〔△120△改修〕惣金物封印之付〔△121、改修〕
	又彼ノ重官		又彼〔122、改修〕重官
	曲ロクヲ設ク		曲ろくを設け〔123△改修〕
	腰ヲカク		腰を懸け〔△124△改修〕
	イポレットヲ付ケ		イ〔125△〕ホレットヲ付〔、改修〕
	後ロヘ立チ塞ル		後〔、△〕え立〔126、改修〕塞る
	筒ヲ持チ剱帯ス		筒を持〔127、改修〕剱〔128○修〕を帯ス
香13	両肩ヘ下ゲルナリ	香11	両肩え〔△129△改〕下けるなり

香15	車ノ印ヲ付ケル
香16	七艘カケ置ク
香19	御手薄キヿ故
	タマシ込ミ
応接掛近藤良次ヨリ聞キ書	
近1	異船帆影見ルニ付
	浦賀着八ツ少シ過
	足ラスシテ乗込すして乗込
近2	中島三郎介近藤良治（三人共応接役）
	書翰受取渡シノ外
近3	難渋致候事
近4	昨暮奉行へ
	大キニ困リ
近5	事穏便致シ
	夫レハ急ニハ
	此度ハ此ノ下書ヲ
	追テ取リニ参リ
近6	始終懸合ノ節ハ使節上官ノ者ハ対面不致副将ノ者ノミ出
	席致シ候ヿ
近7	書簡ヲ守固シ
近8	久里浜夷人上陸
	蒸気車輪等ノ
近9	書簡受取渡相済
	又酒ヲ出サレ申候
近10	書簡受取渡ノ節ハ
	六ケ敷事テモ
近11	組頭ハ下タノ間

香13	車の印を付[130、改修]る
香14	七艘[131△修]懸[132、改修]置
香17	御手薄き[133、改]故
	たまし込[134、改修]
応接[△○]懸り近藤良次より聞[135、改修]書	
近1	異船帆影見[136○改修]ゆるニ付
	浦賀、八ツ[137○改修]時少し過
	足らすして乗込[138、改修]
近2	中島三郎[139△改修]助近藤良次[140△修]（三人共応接役なり）[141○○修]
	書翰受取渡[142、改修△]之外
近3	難渋いた[△△]し[143○改修]候事
近4	昨（年）[頭註、改修]暮奉行へ
	大[144、改修]に困り
近5	事穏便[145○改修]ニ致し
	夫[146、改修]は急にハ
	此度ハ此[147、改修]下書を
	追て取[148、改修]に参り
	全文削除
近6	書翰を守護し[149△修 150△改修]
近7	九里浜[△改・修「栗」]夷人上陸
	蒸気船車輪等の[151○改修]
近8	書翰受取渡相済[152△修]
	又酒を出[153△改]し申候
近9	書[154△修]翰受取渡し[○155△改修]之節ハ
	六け敷事[156○改]にても
近10	組頭ハ下[157△改修]段の間

最後に記聞本の本文と「解読文」は、中村正勝氏著「北辺に散った士魂、中島三郎助」を参照されたい。ここでは記聞本「解読文」の正誤表として該当箇所の変更△・脱字○を掲げた。

箇所	誤	正	理由
合1	飛が△如く	か	解読
合2	異船へ△近付	え	解読
	上船○す	致	脱字
	なが△ら	か	解読
	行と△申候	可	誤字
	者ハ○なし	は	誤入
	此方日△何用	曰	誤植
	彼日△此度	曰	誤植
	我国王よ△り△	ゟ	通用
	日本国王へ△	え	解読
	採△決致し	裁	誤字
	候事は△不相成	ハ	誤字
	江戸ノ命乞△次第	令	誤字
	彼日△江戸へハ	曰	誤植
	日○わり詰ニて	数	脱字
	日数○を費し		削除
	夫々△	ゝ	通用
	伺に△相成	ニ	誤植
	懸○可申候	り	脱字
	彼日△江戸命令	曰	誤植
	彼日△万△端	曰方	誤字
合4	掛合向○致す	を	脱字
	外三艘へ△ハ	え	解読
合4	上品之筒の△由	之	誤字
合5	ハッ△テイラ	ツ	解読
	ハッ△テーラ	ツ	解読
	彼△人立出	役	誤字
	異船戸△異なる	と	誤字
	更々△取合不申	ニ	誤字
	わ△らい△て	ハツ	訛誤
合6	近辺へ△人を	え	解読
	能々△制し	ゝ	通用
合8	中る○事有り	様の	脱字
	専用ニて△致事	可	誤字
	民家へ△立寄	え	解読
	睦△を専用ニ	陸	誤字
	ハッ△テーラ	ツ	解読
合11	了簡喰れ△居	違	誤字
	聞合口△合す	校	誤植
合12	先へ△ハッ△テーラ	えツ	解読
	海之△浅深を	の	誤植
	浦賀へ△問合せ	え	解読
	難△悔致候	軽	誤字
	尚又波△一艘	彼	誤字
	疎怱△ニ手出し	忽	誤字
	浦賀よ△り△も役船	ゟ	通用
合12	疎怱△の手出し	忽	誤字
合13	居船へ△参り	え	解読
	江戸海へ△乗込	え	解読
	熊△々△指遣し	態ゝ	誤字
	富岡前へ△暫く	え	解読
	懸場へ△漕戻ス	え	解読
合14	異人へ△申通し	え	解読
	十町斗△りにして	計	通用
	ハッ△テーラ	ツ	解読
	岸の方へ△向て	え	解読
	与△頭様の者	組	訛誤
	ひらひ△ら△と	〱	通用
	ケー△ヘ△ル	へー	誤植
	(剣△付鉄砲)	劔	通用
	幕の内へ△繰り込む	え	解読
	大人数ニて上陸する○		削除
	いまい○ま○しき事(補足)	〱	脱字
合16	上男の△間へ△	段え	誤字
	上官将○副将	官	脱字
	下の間へ△与△頭	え組	誤字
	上段の間へ△通る	え	解読
	奉行の脇へ△	え	解読
	何れも剣△を佩し	劔	通用

合16	打斗△リニ	計	通用
	穏便々△々△か	〱	通用
	玉を入△置候由	込	誤字
	早々△出帆	ゝ	通用
	ノ事ニ○不及	は	脱字
	通△辞△承リ可申候	返詞	誤字
	人数本船へ△引取	え	解読
	又浦賀へ△向	え	解読
	本牧の前へ△かゝる	え	解読
	却て内海へ△乗込	え	解読
	浦賀は船△掛り場	舟	誤字
	大師河原へ△	え	解読
	十日ハ野嶋へ△	え	解読
	ハッ△テーラ二艘	ツ	解読
	此時も剣△をぬき	剱	通用
	御勘定奉行よ△り△	ゟ	通用
	内海へ△滞船を○にて	え	解読
	候様ニ△懸合候ニ付	精ゝ	誤字
	綱二本△にて	ニ	誤字
合17	此地へ△着す	え	解読
	当方へ△着ニ	え	解読
合18	異船へ△近寄ハ剣△付	え剱	通用
	二三間崎△	先	誤字
	海中へ△相△落し	え打	誤字
合19	彼か来、○年		削除
	此方○当年	の	脱字
	合原伊三郎日△	曰	誤字
合19	当○に来る△	て成	誤字
	本国へ△二十日内	え	解読
	渡来難斗△候由	計	通用
	何れ数千△艘参り	十	誤字
	被成候○了簡	御	脱字
	此三△御台場	上	誤字
	御増ニ○成候位	相	脱字
	中々△間ニ合不申	ゝ	通用
	異船チャ△ンぬり	ヤ	解読
	（五分△ニて打候）	丁	誤字
	（意外ニつ○き）	よ	脱字
	（ものなりという△）	ふ	誤字
合20	ハッ△テーラ	ツ	解読
	栗浜へ△上り	え	解読
	ハッ△テーラへ△ハ	ツえ	解読
合21	異人種々△	ゝ	通用
	持場へ△乗込	え	解読
合23	軍△事行届候様	万	誤字
飯1	其上へ△チャ△ス△を	ヤン	誤字
	大さ色々△ニ	ゝ	通用
飯2	ハッ△テーラ	ツ	解読
	位之儀、○尺有り		削除
	金へ△細き糸付て	え	解読
	糸へ△目をもり	え	解読
	投入△にて測り	込	誤字
飯3	川越持亀ケ崎へ△	え	解読
飯4	本牧へ△四艘	え	解読
飯4	爰へ△不残乗込	え	解読
	懸合を付可申す○候		削除
	他よ△り△参り	ゟ	通用
飯5	彼等へ△之警固	え	解読
	成○不申	り	脱字
	畢意△、○	竟	誤字
飯6	二十人へ△一人	え	解読
	剣△を抜て下知	剱	通用
	手足を遣ふる○か		削除
飯7	カ△ラキン木綿	ナ	誤字
	め△るやす	り	誤字
飯8	頭立候補△ハ	者	誤字
	所へ△イホレッ△トと○	えツ	削除
	かた△か△た△へ（〱）	え	解説
	両方へ△付候	え	解読
飯9	様子ニ見○る	ゆ	脱字
飯10	色々△シャ△ヘリ	ゝヤ	通用
	通弁之者よ△り△	ゟ	通用
	船中へ△参り	え	解読
飯11	十五日かゝ△れハ	ゝ	通用
飯12	杉田沖へ△乗込	え	解読
	大師河原沖へ△乗込	え	解読
	杉田沖へ△引返ス	え	解読
飯13	水中へ△ひたと△置	えし	誤字
飯14	琉球へ△一組	え	解読
	一組という△	ふ	誤字

飯15	通辞異船へ△乗込	え	解読
	亜米利加○鉄砲ハ	え来るへし	脱字
	上手○なれ共	ニなるそ通辞曰亜米利加鉄砲ハ上手	脱字
飯16	奉行申論△	諭	誤字
	万○事、○何△れハ	一の	脱字
			削除
		あ	誤字
	精々△相違△候へ共	ゝ達	誤字
飯18	大砲△左右	礮	通用
飯19	手薄久○遠○く破り		削除
	ともの方へ△	え	解読
飯21	中々△左様	ゝ	通用
	江戸へ△持参り	え	解読
飯22	終△始△応接	始終	倒置
飯23	懇意になっ△たとて	つ	解読
樋	桶△田多二郎	樋	誤字
樋1	右△炭置場	石	誤字
	筒井紀伊守殿よ△り△	ゟ	通用
	四家へ△御達し	え	解読
	浦賀奉行へ△も	え	解読
樋1	与力へ△ハ一切	え	解読
	追々△時節ニも	ゝ	通用
	慨嘆に堪え△す	へ	誤字
樋3	八ツ時大抵○限り	打	脱字
	遠洋に見附△候	付	誤字
	九里浜よ△り△	ゟ	通用
	浦賀まで△	て	解読
	二十町斗△り	計	通用
	浦賀へ△乗込	え	解読
	蘭人よ△り△通達	ゟ	通用
	江戸へ△通しくれ	え	解読
	御承知之義△にて△も	事ニ	誤用
	入津と斗△リハ申し△て△	計立	誤字
	奉行之日△	曰	誤字
	（内意云々△○付）	ゝニ	脱字
	（○色々△議論）	不平	脱字
		ゝ	通用
樋4	御申付と△致○度	ニ	誤字
		し	脱字
	此方曰○何を以て	く	脱字
	異人ハッ△テーら△	ツラ	誤字
	所々△人なき山際	ゝ	通用
	九里浜へ△○上陸	えも	脱字
	追々△	ゝ	通用
樋5	下へ△畳五十ほと	え	解読
	（合原、桶△田二人）	樋	誤字
樋6	九△里△浜上陸	栗	誤字
樋6	入口の前へ△一行に	え	解読
	六十人ほど△やど△や△	と	誤字
		〳〵	通用
	上段の間へ△	え	解読
	打斗△リニ	計	通用
	此方下々△	ニ	誤字
	与△力△	組頭	誤字
	是へ△上れ	え	解読
	応接○行	役奉	脱字
	の脇へ△上り	え	解読
	戸田奉行へ△渡す	え	解読
	先方へ△渡し	え	解読
	中々△、○火急	ゝ	削除
	天子へ△も奏聞	え	解読
	重き評議△に	義	解読
	又候来船致へ△し	べ	誤字
	中途へ△残置	え	解読
樋8	能く○はつれ合		削除
樋9	（必○す誤り）	ら	脱字
	段々△厚く	ゝ	通用
	鉄板に△実子	小	誤字
樋10	重役の人々△	ゝ	通用
樋11	大樹公○上意	□	空格
	閣老例△坐	列	誤字
	私へ△出張被○仰付	え□	空格
樋12	少々△大振の	ゝ	通用
	諚△とした	聢	誤字

樋12	拵○ひ候との事	らゆると申分けなく総て大工まかせにて大工の思ひ付次第拵	脱字
	実用の詮議△もなく	義	解説
	何ほとり○ありても		削除
	全く虚久△にして	文	誤字
	(本のマ△マ△)	ノ、	通用
	被○仰付候	□	空格
樋14	カリン△筒を	ノ	誤字
	様子ニ○見ゆる	相	脱字
樋17	スルッ△フ	ツ	解読
樋18	御台場巡△見	順	誤字
	息をつく処へ△	え	解読
	今日御巡△見	順	誤字
	人は△被召使	夫	誤字
	嘸△々難渋	ゝ	通用
樋18	巡△見支△度ハ	順仕	誤字
香	栄左衛門より△△聞書	ゟ	通用
香1	フレカッ△ト二艘	ツ	解読
	カリホルニヤレ○ゆ△り	よ	削除 誤字
	カルホルニヤレ○		削除
香2	欠文		削除
香3	欠文		削除
香4	中△ハ九間位	巾	誤字
	厚さ△三間位	サ	誤字
	水入り斗△り	計	通用
	船ふちまで△高	て	解読
	〆○十挺なり	て	脱字
香6	フレカッ△ト軍船	ツ	解読
香7	(象牙ナト色々△)	ゝ	通用
香9	もれ出て車廻○す	ら	脱字
香10	陸上○走る	を	脱字
	一日○八百○走る	に里	脱字
香11	彼より△△上陸	ゟ	通用
	書翰箱を中へ△	え	解読
香12	封印之付候上へ△	え	解読
	如、○此蓋		削除
	色々△の飾あり	ゝ	通用
	又彼重官より△△	ゟ	通用
	上段之間へ△	え	解読
	イホレッ△トを△	ツヲ	誤字
	とや△とや△押込	〱	通用
香12	上段之△間へ△○使節	のえ	誤字
		上り	脱字
	六挺仕掛○懸		削除
	(イホレッ△ト)	ツ	解読
	(イホレッ△トを△)	ツヲ	解読
香13	イホレッ△トハ	ツ	解読
	両肩へ△下けるなり	え	解読
香14	ケヘール与△	組	誤字
	冠に赤里△の玉	黒	誤字
香15	ほたん等へ△	え	解読
香16	琉球へ△も	え	解読
	漢東へ△注△き	え往	誤字
	ちゅ△っ△と	ゆつ	解読
香17	和平取繕△ひ候	結	誤字
	以来ハ対々△の国ニ△	ゝと	誤字
香19	色々△ねちれ言	ゝ	通用
	受取候○後ハ		削除
	又々△、○来船	ゝ	削除
香21	彼へ△の贈り物	え	解読
近2	佐々△倉桐太郎	ゝ	通用
近3	定例は△詞にて	の	誤字
	此地へ△乗込候事	え	解読
	長崎へ△参るへき	え	解読
	然るを合△様之事	右	誤字
近4	奉行へ内々△御達し	ゝ	通用
近5	江戸へ△申上る	え	解読
	七日ニ江戸より△△	ゟ	通用

近5	即日異船へ其趣を	え	解読
	受取渡し之手筈		削除
	色々手段を設け	ゝ	通用
	書翰斗り渡し	計	通用
近6	欠文		削除
近7	日本の書翰を	王	脱字
近7	我国の書翰故	王	脱字
	参り候由由候事	申	誤字
近8	フレカット軍船	ツ	解読
	格野戦筒数を	挺	脱字
	蒸気船へ上り	え	解読
近9	本船へ返り候時	え	解読
近9	手間を取る。返り	り	誤字
			削除
近11	右受取の席ハ	請	誤字
	右五名より聞ける	ゟ	通用

右正誤表の補足をする。合2「彼日万端」の「万」は原文「方」の訂正。合14「いまいましき事」の原文「いましき事」で「いま」は脱字の補足。合16「内海へ滞船をにて」の「へ」は「え」の解読、「を」は誤入。合19「当に来る」の「当に」間に「て」が脱字、「来」は「成」の誤字。合19二行割註「五分ニて打候」の「分」は原文「下」で「丁」の誤字。飯8「所へイホレットと」の「へ」は「え」の解読、「ッ」は「ツ」の解説、「と」は原文「ヽ」で初稿になく記聞の補足。飯10「色々シャヘリ」の「々」は「ゝ」の通用、「ャ」は「ヤ」の解説。飯16「万事、何れハ」の原文は「万一の事あれハ」で「一の」脱字、読点「、」削除、「何」は仮名「阿」の誤字。樋3二行割註「内意云々付」の「云々」は原文「云ゝ付」とあり「ゝ」の通用、「ニ」脱字。樋4「九里浜へ上陸」の「へ」は原文「えも」、「え」の通用、「も」脱字。樋11「私へ出張被仰付」の「へ」は「え」の通用、「被仰」間に空格あり。香12「上段之間へ使節」の「之」は「の」、「へ」は「え」の誤字、「へ使」間に「上り」脱字。香17「以来ハ対々の国ニ」の「々」は「ゝ」の通用、「ニ」は「と」の誤字。香19「又々、来船」の「々」は「ゝ」の通用、読点「、」削除。近9「手間を取る。返り」の「る」は「り」の誤字、句点「。」削除。

註1　横須賀市山本詔一氏は与力聞書を一〇本近くみておられ、函館市中村正勝氏著「北辺に散った士魂、中島三郎助」（平成一

一年四月発行）の恵与を賜り、その中に②記聞本があった。山本氏には県立公文書館・市人文博物館へ便宜を図っていただいた。記して感謝申し上げる。山本氏には「嘉永六年六月浦賀奉行支配与力等より聞書」（横浜市立大学よこはまアーバンカレッジテキスト）があり、原本は神奈川県立図書館「異国船見聞記」である。山本氏には横須賀史学研究会編浦賀奉行所関係史料第四集（6）「嘉永六年六月浦賀支配与力等より聞書ー米船浦賀渡来一件ー」があり、数種の善本（これが⑧一件本⑨秘譚本⑩秘談本）を対校し編者が取捨を行い個別の一本を編成し、一種の総合的異本を作っている。⑩秘談本を翻字したのが高橋恭一氏「浦賀奉行与力よりの聞書（黒船来航見聞実記）」（横須賀市博物館研究報告［人文科学］第六号）である。中村正勝氏は与力聞書の筆者をその著で「当日の幕閣に出席した目付役の岩瀬修理忠震ではないか」（六頁）また「この古文書の原本は岩瀬忠震が後日記述して己を浦賀に出張を命じた老中牧野備前守に浦賀沖の事件を『嘉永癸丑アメリカ船渡来始記聞と後年訂正末』を付して差し出していたのかも知れない。」（八頁）そして書写年代は「この古文書は明治時代の初期頃盛んに使用された和紙の罫紙で木版画で刷られた用紙である。古文書原本から写本したのは当然の如くに明治維新後であるのは見過ごすことは出来ない。」（七頁）と言及する。平成一五年二月付記のある岩下哲典氏「江戸時代における白旗認識と『ペリーの白旗』」（青山史学第二一号）で飯塚久米三郎より聞書に註して「浦賀奉行所与力の聞書作成者は海保帆平（水戸藩士）と思われる。」（八三頁）と言い、平成一八年二月に岩下哲典氏「江戸の海外情報ネットワーク」（歴史文化ライブラリー207、二〇〇六年二月吉川弘文館発行）に、砲艦外交から白旗伝説によせて「この『与力聞書』の作者は、水戸の徳川斉昭の意を受けた水戸藩士で剣術に秀でた海保帆平である。鹿児島大学付属図書館の玉里文庫に所蔵される「亜墨利伽図説・海防名応接記」という史料が「与力聞書」の原本に近い写本である。過日、親しく調査したところ『嘉永六丑年六月三日未中刻、浦賀江北アメリカ国蒸気船並ニ軍船渡来ヨリ帰帆一件、浦賀奉行井戸石見守・戸田伊豆守両組与力応接掛リ役合原両人並ニ飯塚久米三、香山栄左衛門、近藤良治外一人ヨリ極密々聴聞ス、不免他見　水戸　皆保帆平』とあって、「与力聞書」成立の経緯が判明した。」（一四三頁）とある。「海保は斉昭のために秘密裏に情報を収集したようだ。」と言及している。右の「海防名応接記」とは③玉里本であり、同書一四四頁の図28「与力聞書」の表書き題簽「密書　浦賀与力五人／ヨリ之聞書写」と合原総蔵より聞書冒頭本文の写真版は別本である。

ロ　初稿本系「海防名応接記」（玉里本）補筆

海防名応接記は、鹿児島大学図書館玉里文庫所蔵の写本（以下、玉里本と称呼）である。表紙の題簽には二行で

　亜墨利伽図説　嘉永
海防名応接記　癸丑

とある。縦二七・二×横一九・五糎、二五丁裏までが海防名応接記、二七丁表より二八丁裏までが亜墨利伽図説である。一丁表裏各九行、一行二五字詰、各項表示「一」の一字を加え二六字詰である。この写本の外見上の特徴は、本文の行間に細字の補筆があることである。

玉里本の特徴をみるに明らかに再稿本系の本文を持つ。従って再稿本を底本に据え、表記に独自の補足・変更・削除を行ったものであった。細字の補筆は、初稿本系であった。高麗環雑記（再稿本）の表記によるとみられる九九四例、独自の表記とみられる一〇八八例、初稿本を参照して細字で補筆した五六例をみることができる。図示すると

	再稿	独自	初稿
本文	994	1088	
補筆			56

玉里本の本文は、再稿本系である。改稿本が削除したり変更した初稿本の表記を多く含む。これは玉里本本文を書写する際直接初稿本を参照したのではなく、改稿本で削除変更した初稿の表記を再用した再稿本を底本にしている謂いである。それは本文に含まれる異体字（炮・釵・斗・叓・辤・躰）や伝統的な符丁（ヿ・𪜈・〆）また仮名表記まで一致をみるからである。

玉里本の特徴は、再稿本を底本として縦横に独自表記一〇八八例を含む本文以外に、細字で補筆した註文の存在にある。一丁表裏各九行、一行二五字詰という点から子細にみると、補筆の跡が九八例にわたり指摘できる。そのうち

まず改稿本にない初稿本独自表記六〇例を掲げる。
（ア）異本の例示一例。玉里本補筆表25「トノ振」の本文に対して補筆して「即ち」異本にあるとしたが、この異文は諸本になし。いづれの系統の写本か不明。初稿・再稿「トノ振」を改稿は削除。
（イ）脱字の補足後一例。不用となり削除、同表91の四二字は見せ消ちにしているが、（キ）90の三八字が脱落している時、この四二字を補筆した（91に「本文ニ書落候ニ付記ス」とある）ものである。その後（キ）90で補筆したため不用となり削除した。
（ウ）他史料の挿入二例。同表86・87は、諸本すべてにない他史料の挿入である。二例の前者は奉行より異人へ、後者は異人より奉行への贈り物である。大日本古文書幕末外国関係文書一の一八に掲げる奉行よりの贈品（九四頁）首将よりの贈品（九四・九五頁）、同一の一九其二に掲げる贈答品（一〇八・一〇九頁）などが風説となったとみる。
（エ）再稿本になく初稿よりの補筆。この補筆には細字の形式四九例と本文の形式七例の五六例がある。この細字形式の四九例が、玉里本の特徴なのである。玉里本は再稿本を底本としながら、初稿本の表記による細字補筆が四九例にわたり本文の行間に施されているのである。その補筆の在り方を四分類して、ⓐ改稿で削除、再稿になく初稿より細字で補筆四四例（掲示写真①参照）。ⓑ改稿で削除、再稿で初稿を変更、初稿より細字で補筆一例（掲示写真②参照）。ⓒ改稿で変更、再稿になく初稿より細字で補筆三例（掲示写真③参照）。
ⓓ改稿で変更、再稿に一部あるも初稿より細字で補筆、見せ消ち一例。
右の（エ）細字形式の四九例を示すと
ⓓの一例は「下タニ間ニ」（補筆表62）とあり文意不通のため、見せ消ちにしてもとの「下タノ間ニ」に戻した。

ⓐの四四例は補筆表の例数・用例字数を左に掲げる。（　）の中は補筆を・で表し、その前後を掲げた。27は玉里本合原第一四・一五項の間に一項目として補筆。28の（　）内の一三字は脱字を補う時に初稿系より補足。29は玉里本合原第一五・一六の間に一項目として補筆。31は初稿本にはないが初稿本系の記聞本のみにある。41は玉里本飯塚第一九・二〇の間に一項目として補筆。42は玉里本飯塚第二一項の後に補筆。詳細は補筆表に譲る。

2・2字（応接掛リ・二人）、3・6字（国禁ナリ・長崎へ）、7・33字（一・蘭人一人）、8・40字割註2字（通弁イタシ候事・）、11・3字（四ツ時一発・夜四ツ時）、12・80字（甚カタカラス・番船一双）、13・4字（右者当月六日・合原ヨリ）、15・5字（付相成トテ・役船二艘）、18・2字（書籍請取ノ義・異人え）、19・24字割註32字（十五艘卸シテ・上陸終テ）、20・78字（太（ママ）人数上陸・上官奉行）、21・89字（致シ置候処・先ツ々無事）、22・83字（相スミ候・異舟ハツテイラ）、23・5字（案外・軍船ヲ引連レ）、24・9字（夫ユへ此辺・測量致シ）、27・40字（合原14・15）、28・3字（当ニ成不申・何時）、29・41字項目表示1字（合原15・16）、30・30字項目表示1字（合原18・是ヨリ飯塚久米三ヨリ聞書）、31・1字（二尺位モ高ク五・寸廻リ）、33・38字（異人云・四海ノ内）、34・11字（一・当時ハ大ニ）、35・11字（一通詞・香山栄左ヱ門）、36・2字（入津ノセツ・市中騒キ）、39・19字（一・蒸気船）、40・12字（蒸気船・車輪ハ）、41・27字項目表示1字（飯塚19・20）、42・32字項目表示1字（飯塚21・樋口多々郎ヨリ聞書）、45・25字（通達無之候・扨当ニ三月）、55・3字（入津ノ趣ヲ・達シ呉）、57・2字（イタシ候由・ソノ土地）、58・3字（下タノ間へ畳・シキナラベ）、63・8字（下タノ間ニ・応接方）、64・7字（見カ子・是へアカレ）、65・1字（書翰・受トリ）、66・2字（受トリ・奉行ニ渡ス）、67・10字（一礼シテ受取・其義シキ）、69・9字（与力参リ候処・山キハ）、70・2字（厳重ニ・相カタメ）、71・12字（義モナク・只大金ヲ）、82・1字（国王ノ書翰・ヲ中ニ）、83・28字（立派ノモ

ノ也・又彼ノ）、84・割註21字（封印有之・使節上官）、92・4字（申通シ候・ホドナク）

ⓑの一例で32・2字（糸ヲツケ・目ヲモリ）は、再稿本「ソレヘ」を削除して初稿より補足。（掲示写真②参照）

ⓒの三例は16・5字（右ニ付・え早舟ヲ）（掲示写真③参照）、61・1字（一同幕内・リ込）、93・1字（受取置返・ノ義ハ）である。

本文形式の七例を左に掲げる。

1・4字（・合原惣蔵ヨリ聞書）、46・85字項目表示1字含む（樋口1・3）は、初稿第八項を本文形式で記入、以下47より51まで同じ。47・125字項目表示1字含む（樋口2・4）、48・71字空格3字項目表示1字含む（樋口3・5）、49・68字項目表示1字含む（樋口4・6）、50・24字項目表示1字含む（樋口5・7）、51・98字項目表示1字含む（樋口6・8）

右の通り。この七例は、1と46以下の二グループに分けて説明する。この本文形式の補筆が、本文書写後に細字で補筆されず、本文と同じ大きさで書かれた理由はなにか。1「浦賀与力」（初1）は、一丁表裏各九行詰のところ一行増えているため細字ではないが補筆とみる（掲示写真①参照）。改稿本では用例を含む五字はタイトルの後に註形式で付いている。しかし底本の再稿本にはない。つまり初稿のタイトルに上接する用例をみて補足したもので、改稿本表記を倒置したものではない。改稿本を参照した徴証がないからである。

46・85字云々以下51・98字云々迄（掲示写真④⑤参照）は、玉里本樋田第二～七項にあたるが、これは初稿本同第八・一〇・一一・一六・一七・一八項の配置順番を入れ換えて冒頭の次に置いた。しかもこの初稿の各項目は、改稿で削除され再稿本にもない。配置順番を入れ換えず初稿より補足するのであったなら本文の形式にならず、細字の形式45、55、57、61～67、69～71のようになったはずである。改稿で削除した初稿の本文を六項目にわたり補筆する時、初稿の配置を変更したため細字補筆の形にならず、初稿第八項を本文の形式で補足したと言えるのである。

右の（エ）のⓐの存在は、補筆をその施行後本文として扱うとするならば、再稿本においてさらに初稿本表記を取り入れているので、改稿本を境にしてより一層初稿の表記に近づいていると言える。

次に諸本にある表記の補筆三八例をあげる。

（オ）表記変更後の補正、一例。97・2字（候節モ・ヲ進ムル）は、諸本「離盃」のところ、「ハナムケ」と変更後の補正である。

（カ）諸本の例示、四例。4・1字（可申ト云・曰江戸え）は、独自に「異人」と表記を変更したが諸本すべて「彼」であるという例示。9・1字（八挺・アリ）、14・2字（致シ・ヲ引タシ）、37・82字（色々申諭シ・ヨウヤク）は、この一本が概して諸稿本の本文形式を持ち、玉里本本文がむしろ異文である。

（キ）誤脱後の補足、八例。52・1字（上官等ノ・船数）、68・1字（御即答・相成）、73・2字（カリホルニヤ・船ヲ仕立）、74・1字（巾八九間・差渡シ）、76・4字（車水入四尺斗・船ブチ迄）、80・5字（八百里斗リ・火輪船）、90・38字（申諭シ候処・異人大ニ立腹シ）、95・1字（上陸ノ時往返・モ送リ迎ヒ）は、一字より三八字の脱字を諸本共通の表記として補足した。

（ク）省略後の補足、九例。5・7字（所存モ有之也・ト云）、17・9字（測量致シ候・也ト云）、26・5字（猿島近・尽ク測量ス）、53・2字（与力同心・詰メ居）、60・27字（野戦・）、89・20字（請取可参我・外ニ掛合）、94・24字（可参ト云・）、96・4字（是マタ・更ニ相分リ）、98・1字（進ムルト申・大ニ酒）は、一字より二七字の省略を、諸本共通の表記として補足した。

（ケ）誤写後の補正、一六例。6・1字（船ノ大小・器ノ員数）、10・1字（宛アリ・日早天ヨリ）、38・1字（是迄・ニテハ)、43・1字(樋・多々郎ヨリ聞書)は、再稿本「田」とあるが改稿に「ロ」とあり、「ロ」と解釈した後の付記。44・2字(被仰出モ・ニ付兼テ)、54・2字(江戸・ハモトヨリ)、56・7字(行届カ子・此方ニテ)、59・2字(板ニテ・ヒ四方)、72・1字(十五・ノ榊原)、75・1字(総躰・ツタニテ)、77・1字(三間斗リ・炮十間)、78・1字(鉄バリ・炮十挺)、79・1字(三十間ナリ・炮廿四挺)、81・1字(是・砲ノヨシ)、85・1字(自司ノ権・和政治)、88・1字(佐々倉・太郎)は、一字より七字にわたる誤字の補正である。43を挙げると再稿本に「(樋)田」とあるが、改稿本に「ロ」とあり「ロ」と解釈した。その後「イニ田」と付記している。改稿以外はすべて「田」で付記が正しい。

玉里本の本文底本は再稿本であると先に書いた。しかし(ケ)81「脱砲」に対して補筆「イニ祝」とあり、実は再稿本には「祝砲」とある。「脱」は誤写とは考えられず、底本のまま書写したとみる。「イニ」と異本つまり雑記本(再稿本の外、諸本すべて「祝」である)を紹介していると見ると、底本は再稿本系の一本(異本)であることになる。しかし「祝」「脱」の草書体は近似している所から、再稿本の草書体「祝」を玉里本筆者が「脱」と誤読して、文意不通を知り諸本をもって補正したとみる。

玉里本補筆の底本は、初稿本にあると書いた。しかし補筆が初稿にその表記がなく、初稿本系の記聞本と表記が合致する例が五箇所八例ある。

7・「致ス」、8・「筒(長筒)……十八貫目……筒ノ由」、28・「本国エ」、31・「五六寸」、69・「筒ヲ并ヘ」

右の例から玉里本の底本は、初稿本ではなく初稿本系の記聞本を指す可能性はある。右をさらに初稿本と初稿本系の記聞本と比べて、その詳細をみる。上が初稿、下が記聞である。(　)は二行割註である。

「致」・「致ス」、「筒長筒」・「筒(長筒)」、「拾八貫」・「十八貫目」、「筒ノヨシ」・「筒之由」、「本国へ」・「本国ェ」、「五寸」・「五六寸」、「並へ」・「并へ」

右の両表記をみるに玉里本の底本として、初稿本系であるとの証拠になるのだろうか。この点をみるに3・「用アラハ肥前」は初稿（修訂も同じ）の表記だが、記聞本はこの六字を含む一行二二字「（国禁）也用アラハ肥前長崎へ参ルへク旨申候彼レ曰国禁」を脱字している。また玉里本にある表記を記聞本が脱字している合原第一〇項を初稿の表記で紹介すると「（川越）之一手ニ而指留候処剣ヲ抜てヲトカシ馳通ル川越」一行分二二字脱字した。玉里本底本を記聞本とする仮説に対して、右六字を含む二二字の脱字はそれを否定するのである。従って右の記聞本の表記と合致する五箇所八例は、玉里本筆者による表記の補足（〇）・記述形式の変更（本文より割註へ）・表記の変更（△）と判断する。

玉里本の後に二丁にわたり亜墨利伽図説が付き、その終わりに次の奥付がある。

嘉永六丑年六月三日未中刻浦賀（ェ北アメリカ国）蒸気船并ニ軍船渡来ヨリ帰帆一件浦賀奉行井戸石見守戸田伊豆守両組与力応接掛リ役合原両人并ニ飯塚久米三香山栄左ヱ門近藤良治外一人ヨリ極密々聴聞ス不免他見

水戸　皆保帆平

右は玉里本与力聞書が海保帆平により「極密々聴聞」したと読める点について以下みる。まず問題になるのは

合原両人并ニ飯塚久米三香山栄左ヱ門近藤良治外一人ヨリ極密々聴聞ス不免他見

「合原両人」である。聞書は「合原総蔵ヨリ聞書」から始まる。総蔵の外は「伊（猪）三郎」であり、合原第二項に当番で中島三郎助と共に異船へ乗り付けている。初稿本同第一九項に

合原伊三郎曰彼申候処当テニ成ル事一ツモナシ彼此地ゟ本国へ廿日内ニ而往来いたし候由ナレハ来月ニも渡来難計候且又此後ハ数艘ニ而参リ候由申候

総蔵の他に伊三郎の言があるので「合原両人」と合致する。しかし右に対応する玉里本同第一六項には

合原云ニハ何分異人申義ハ当ニ成不申本国エ廿日内ニテ往来致候由ナレハ何時渡来難斗船数ノ義

「伊三郎」が削除され、従って合原は総蔵の言となり「合原両人」と矛盾することになる。たとえ初稿本を用いて両人なることを知っていたとしても、「伊三郎」削除の再稿本表記の意味は重い。「伊三郎」は初稿本（記聞本も含む）のみの表記で、改稿本・再稿本・修訂本とも削除している。

「飯塚久米三」について、初稿「久米」、改稿・修訂「久米三郎」、再校・玉里「久米三」と表記が変更されている。聞書には「樋田多二郎ヨリ聞キ書」のタイトルがあるが、玉里本にはない。「外一人」とあるのに該当するが、省略する。初稿「樋田多二郎」、改稿「樋口多二郎」、再稿・玉里「樋口多々郎」、修訂「樋田多太郎」と表記が変動する。

飯塚久米ヨリ聞書の初稿にはタイトル下に本文が付く。しかし改稿・再稿・玉里・修訂本にはタイトル下に二行割註が付いている。ほぼ同文のため玉里本を引用すると

合原ヨリ聞ル所ト符合ノ処ハ相ノゾキ相違ノトコロノミ記ス

樋田多二郎ヨリ聞キ書のタイトル下に右同割註があり、ほぼ同文のため初稿本を引用すると

合原飯塚等ノ申所符合セル所ハ省ク

応接掛近藤良次ヨリ聞キ書の末尾にほぼ同文のため（改稿のみ欠文）初稿を引用すると

右五名ヨリ聞ケル所深秘ニ付不免他見

とある。玉里本の問題の箇条は右に引用した通りで、「右五名」を玉里は説明し、「聞ケル所深秘ニ付」を倒置し表記を変更し「極密々聴聞ス」に至ったとみる。玉里本本文は再稿本系に属する。従って「水戸　皆保帆平」が現地で五

名から直接聞き書きしたのでないのは明らかである。ここに岩下哲典氏「江戸の海外情報ネットワーク」（吉川弘文館）一四三頁に玉里本を評して

この「与力聞書」の作成者は、水戸の徳川斉昭の意を受けた水戸藩士で剣術に秀でた海保帆平である。鹿児島大学付属図書館の玉里文庫に所蔵される「亜墨利伽図説・海防名応接記」という史料が「与力聞書」の原本に近い写本である。

何を以て原本に近い写本なのか、再稿本の原本なのか初稿本なのか不明である。奥付の「皆保帆平」は、件の内容を持つ与力聞書を写本として書写した水戸藩士の署名であり、原本の作成者ではない。この問題は別に本稿「八、与力聞書の受容史」の「チ、『ペリー来航予告情報』と与力聞書」を参照されたい。

最後に玉里本補筆の用例九八例を掲げる。所在は聞書各項、記号の初は初稿表記、独は独自表記、雑は再稿・雑記本表記である。①は雑記本に表記の有無、②は削除した初稿表記、③は誤脱・省略の補正、④は諸本の例示、⑤は他史料の挿入、⑥は解説である。

与力聞書三稿本には、稿本の原本作者名はない。一六号文書冒頭按文割註に「○此聞書、筆者ヲ詳ニセズ」とある通りである。しかし稿本を書写した写本には、奥書に書写者やその次第が存在する。玉里本奥付の皆保帆平も写本の書写者であり、三稿本原本作者ではない。

玉里本は再稿本写本であるが、その特徴は初稿より補筆五六例にある。四九例は細字補筆、七例は本文形式で再稿本文と同表記で稿本別表記を知らぬと判別できない。特に六例の玉里本樋田第二〜七項を本文形式で表記したのは、再稿で削除された初稿本同第八・一〇・一一・一六・一七・一八項の内容に注目して記載順番を変更し、樋田冒頭の次に配置となる。

例	所在	記号	用例	①	②	③	④	⑤	⑥
1	冒頭	初1	浦賀与力	無	○本文				掲示写真①参照
2	合2	初2	与力（二人）	無	○				
3	合2	初3	用アラハ肥前	無	○				
4	合2	独48	（一本）彼	有			○		
5	合2	独78	五日位ハ待居候	有		○省略			
6	合4	冒頭	兵	有		○誤			其を訂正
7	合5	初4	大蒸気船将官ノ居船ニテ総テノ掛合向ヲ致ス外三艘ヘハ人ヲチカヨラセス	無	○				
8	合5	初5	右船ニハ二十貫目位ノ真丸筒（長筒）アリ十八貫目ノボンベン筒アリ何レモ勝レタル上品ノ筒ノ由	無	○				
9	合6	独106	位	有			○		
10	合6	独106	五	有		○誤			
11	合7	初6	暮一発	無	○				
12	合8	初7	此度四艘入津ノ義ハ兼テ蘭人ヲ以テ通達アルヿニテ元ヨリ御承知ニ相成居申候義也当奉行戸田伊豆守老練ニテ候間ドコマデモ穏便ニ取斗方行届申ベクトノ江戸ノ御了簡ノ由此度ハ（番船）	無	○				初稿本は第九項
13	合9	初8	微行ニテ	無	○				初稿本は第十一項
14	合10	独197	兵端	有			○		
15	合10	初9	浦賀ヨリモ	無	○				初稿本は第十二項
16	合10	初10	上官ノ居船（掲示写真③・ⓒ参照）	無	○				初稿本は第十三項
17	合10	独226	尤晩景ニハ帰来可申	有		○省略			掲示写真③参照
18	合11	初11	前日（掲示写真③参照）	無	○				初稿本は第十四項
19	合11	初12	人数着岸ス二艘岸ノ方ヘ向テ左右ヨリ空砲十余発ウツ（是ハ人数着岸ノ節発砲致シ候義定例ノ由其発砲ノ手際誠ニウマキ者ナリ）	無	○				初稿本は第十四項 掲示写真③参照
20	合11	初13	（ス）小屋ノ内上段ノ間ヘ上官将官副将通辭奉行両人相対シテ坐ヲトリ下ノ間ヘハ組頭辻茂左ヱ門応接掛リ五人連坐其外一切人ヲ不入受取候積リノ処右上官等上	無	○				初稿本は第十六項

			段ノ間へ通ルト直様（六十人程押込）						
21	合11	初14	右六十人ノ者何レモ劔ヲ帯シ六挺仕懸ノヒストールヲモチ何レモ玉ヲコメドンドロ仕懸ニテ打バカリニ致シ扣居ル此方ニテハ込筒一挺モ無之奉行ノ近クニハ五六人着座スルノミニテ如何𪜈スルヿナシ	無	○				初稿本は第十六項
22	合11	初15	右受取渡シノ前日右相済候ハ、早々出帆可致返簡ノ義ハ追而長崎表ヨリ蘭人ヲ以申通ヘキ旨申候処彼云左様ヲツコウノヿニハ不及来年又候渡来返詞承リ可申候イヅレ出帆ハ致シ可申ト云	無	○				初稿本は第十六項
23	合11	初16	蒸気船弐艘	無	○				初稿本は第十六項
24	合11	初17	エカケ可申候ト存ル	無	○				初稿本は第十六項
25	合12	雑257	ィニ即ち	無			○		
26	合12	雑262	辺金澤マテ	有		○省略			
27	合14	初18	一諸家番船少シ異船へ近寄レハ劔付鉄炮ニテ真丸ヲ込メ番船ノ弐三間前海中へ打落シ候由	無	○				初稿本は第十八項
28	合15	初19	本国エ（廿日内ニテ往来致候由ナレハ）	無	○				初稿本は第十九項
29	合15	初20	一ハツテーラ四五十間ヨリ十間位ニテ栗浜へ上リ候節ハ大振リノハツテーラへハ七八十ノリ候	無	○				初稿本は第二十項
30	合18	初21	一細川家本牧ヲ御備ノ時陣隊ヨク整ヒ万事行届候様相見ユルトノ評判	無	○				
31	飯2	初22	六	無	○				
32	飯2	初23	糸ニ	無	○				掲示写真②参照
33	飯4	初24	此後返簡受取ニ参リ候時ハ爰へ不残乗込只一艘ハ浦賀へ留メ置懸合ヲ付可申候彼又云	無	○				
34	飯12	初25	異舶一日ニ八百里ヲ走ル	無	○				初稿本は第十三項
35	飯14	初26	異船へ乗込候時応接掛リ	無	○				初稿本は第十五項
36	飯16	初27	浦賀	無	○				初稿本は第十六項
37	飯16	独512	一本決シテ右様騒動ニ及申間敷万一ノヿアレハ此方ヨリ指揮イタシ立退セ候間静ヨウ精々相達候落付不申逃支度耳イタシ居其内ハ色々雑説流言アリテ益人気ヲ動シ致方是ナク嘆息イタシ候	有			○		初稿本は第十六項

38	飯16	独517	姿	有		○誤			初稿本は第十七項
39	飯18	初28	軍船二艘長サ廿七八間大概左右ニテ廿弐挺	無	○				初稿本は第十八項
40	飯18	初29	長サ三拾間位左右ニ十一挺	無	○				初稿本は第十八項
41	飯19	初30	一士気ノ振ヒ候ハ会津家随一ノ由井伊家人数鉄炮等ハ惰弱ノ由	無	○				初稿本は第二十項
42	飯21	初31	一書翰受取後贈物等互ニ取カハシ候故カ奉行懇意ニナツタト申テ喜候由也	無	○				初稿本は第二三項
43	樋冒		イニ田	有		○誤			
44	樋1	雑506	無之	有		○誤			
45	樋1	初32	昨年モ蘭人ヨリアメリカ来四月中渡来ノ義通達御座候由（ニテ）	無	○				初稿本は第一項
46	樋2	初33	一浦賀役船始メハ二艘ニテ見張処跡ニテハ四艘ニナル浦賀船印ハヨク覚ヘ居リ浦賀役船トハヨクハヅレ合近ツケヌ様漕廻候様相見ル同所役船懸合事アリテ参ル時ハ合図ニモ可有之歟鐘ヲ打鳴ス	無	○本文				初稿本は第八項 掲示写真④参照
47	樋3	初34	一当時日本船ニテハ決ソ船戦ハ出来不申サリトテ軍艦制作致シ候トテ二三艘ニテハ役立間敷最早危急ノ境ニナリ候間陸岸ノ御備ナントカ厳重ノ御所置有之様祈ル処御老若ヲ始メ重役ノ人々此方トモノ身ニナリ勤役致セ度モノナリ左スレハ真ノ情実モ相分リ少シハ本気ニ相成可申候歟	無	○本文				初稿本は第十項 掲示写真④参照
48	樋4	初35	一大樹公　上意此度ノ義ニ付誰カ出張スカト各老列坐ノ節被　仰候処阿部伊勢守殿始メ黙シテ被居候由ノ処牧野備前守私ヘ出張被　仰付候様申上候由承リ候ト云	無	○本文				初稿本は第十一項 掲示写真⑤参照
49	樋5	初36	一浦賀奉行戸田ハ上手者ト申スモノヽ由井戸ハ昨今ニテ不相分文学ハ頗ル本職ノ由先年ツトメ候水野筑後守豪気ニテ決断モアリ宜シキ様ニ相覚ヘ候由申ス	無	○本文				初稿本は第十六項 掲示写真⑤参照
50	樋6	初37	一浦賀役船スルツフ長サ七間位百目筒六挺左右ニカケル（掲示写真⑤参照）	無	○本文				初稿本は第十七項
51	樋7	初38	一十三日御目付堀織部御台場順見ニ出ル昨日異船引払ヒヨウ〳〵息ヲツク処ヘ今日御順見ニテ通リ筋ノ人夫被召使嘸々難渋可致候御台場ノ義ハ画図ヲ以テモ委敷分リ候ヿ也ソレ𪜈順見シタクハ今日ニモ限ルヘカラスト云ナリ	無	○本文				初稿本は第十八項 掲示写真⑤参照
52	樋8	独599	名	有		○脱			
53	樋9	雑524	一同	有		○省略			

54	樋9	独620	ニテ	有		○誤			
55	樋9	初39	江戸へ	無	○				初稿本は第三項
56	樋10	雑574	近ヨル舟アラハ	有		○誤			
57	樋10	初40	追々	無	○				初稿本は第四項
58	樋11	初41	五十程	無	○				
59	樋11	雑597	カコ	有		○誤			
60	樋11	雑605	（野戦）筒百目二挺是ハ下曽根金三郎持前也御備ト申ハコレギリナリ	有		○省略			
61	樋12	初42	ク	無	○				初稿本は第六項
62	樋12	初43	ニ	無	○				初稿本は第六項
63	樋12	初44	列座スル組頭并ニ	無	○				初稿本は第六項
64	樋12	初45	応接掛リヲ招テ	無	○				初稿本は第六項
65	樋12	初46	（書翰）ヲ	無	○				初稿本は第六項
66	樋12	初47	戸田	無	○				初稿本は第六項
67	樋12	初48	書付箱入リ先方へ渡シ	無	○				初稿本は第六項
68	樋12	独725	不ヵ	有		○脱			
69	樋16	初49	カノン筒ヲ并へ置キ	無	○				初稿本は第十四項
70	樋16	初50	陣ヲ	無	○				初稿本は第十四項
71	樋17	初51	八艘ニテ五千両ニ受合候由	無	○				初稿本は第十二項
72	樋17	独789	万ヵ	有		○誤			
73	香1	独800	ヨリ	有		○脱			
74	香4	雑742	車	有		○脱			
75	香4	雑748	ミヵ	有		○誤			
76	香4	独816	水際ヨリ	有		○脱			
77	香4	雑751	大	有		○誤			
78	香6	雑760	大	有		○誤			

79	香7	雑762	大	有		○誤			
80	香11	独847	陸上ヲ走ル	有		○脱			
81	香12	独852	イニ祝	有		○誤			
82	香12	初52	箱	無	○				初稿本は第十一項
83	香13	初53	右書翰ハアメリカ語フランス語漢文日本文四通ニ致シ来リ候由	無	○				初稿本は第十二項
84	香13	初54	（カノ執政ヨリ此方ノ執政ヘ添状ノ様ナモノナリ）	無	○				
85	香18	独921	共カ	有		○誤			
86	香21	独958	（奉行ヨリ異人エ送リモノハ鶏ニ百羽同タマコ二千斗并ニ日本美女ノ絵ノ団扇五百本也但此美女ヱ団扇大ニ異人悦候由）	無				○	
87	香21	独959	（異人ヨリ奉行エ送リ物ハ羅紗弐百枚日本相場ニ直シ金四百両也不残浦賀ニテヤキ捨ニ相成事）	無				○	
88	近2	雑904	イニ桐	有		○誤			
89	近2	独980	（我）又此方ヨリ参リ手渡シ可致カ書翰受取渡シノ	有		○省略			
90	近3	雑917	此度ノ義ハ先年蘭人ヲ以通達致置候事也然ルヲ右様ノ事申サレ候ハ如何ノ義ゾト云テ	有		○脱			
91	近4	雑933	長サキヘ可参ヨシ申聞候処異人云此度渡来ノ義ハ兼々蘭人ヲ以テ及通達有之事ト申立腹スル也（本文ニ書落候ニ付記ス）	無		○脱			
92	近6	初55	彼レ申ニ	無	○				
93	近6	初56	書	無	○				
94	近7	独1045	此度ハ我国王ノ書翰ユヘ此位ノ人数ニテ参候由申候事	有		○省略			
95	近8	独1053	ト	有		○脱			
96	近8	雑976	広大ニテ	有		○省略			
97	近9	雑983	離盃	有		○変更			
98	近9	独1075	又	有		○省略			

八　改稿本系「浦賀与力より之聞書」（内閣本）

「浦賀与力より之聞書」は、国立公文書館内閣文庫所蔵の写本（以下、内閣本と称呼）である。内閣本は改稿本を比較的忠実に筆写している写本とみる。従って改稿本の類輯本との対比を通じて内閣本の特徴を明らかにする。特に底本・改稿本の表記と異なる二一五例の表記を掲げ、諸本表記との異同を見、後続する諸本との関係を提示したい。内閣本は改稿本をかなり忠実に書写しているが、それでも二一五例もの異文を生じた。諸本を参照してその異文を分類すると、初稿表記に該当するもの六三例、初稿系・記聞本に該当するもの二四例、独自表記とみられるもの一二八例ある。図示すると左のようになる。改稿本を底本にして書写するにあたり、参考になるのは先行して成立した初稿本であり、初稿表記六三例が

初稿	記聞	独自	計
63	24	128	215

ある所以である。記聞本表記二四例は、改稿本より再稿本へ至る過程の表記とみるのが妥当な判断とみる。それは改稿本書写において初稿本表記を参考にする態度が再稿本の態度そのものだからである。記聞本とは初稿本系の写本であるが、その二四例を詳細にみるとその一七例が雑記本表記と一致（記1・4・6）・雑記本と秘談本表記と一致（記14・18）・秘談本表記と一致（記3・5・7・9・10・11・13・15・21・22・23・24）し再稿本系表記と一致する。その他七例（記2・8・12・16・17・19・20）は諸本にないことから、記聞の表記とみるよりもむしろ独自表記とみる。図示すると左になる。

初稿	再稿	独自	計
63	17	135	215

聞書の筆者が初稿・改稿・再稿と稿を三度改めたとみるが、改稿本系の内閣本がその底本類輯本を書写する過程で第三者により初稿表記を採用した、つまり再稿本成立と同じ過程を踏んでいることになるのである。それは稿を三度改めた聞書の同一筆者か、第三者の内閣本筆者の違いはあるが。

内閣本が初稿本を実見している例として、改稿本に本文のない香山第九項（掲示写真⑥参照）と近藤第一一項の末

尾の一文を左に掲げる。ルビは初稿本と異なる内閣本の表記である。

蒸気船ヲ留ルニハ別ニ穴アリテ蓋ヲトレハ蒸気是ヨリモレ、テ車マハラヌ蓋ヲスレハ蒸気車ニ当リテ碇転ス

右五名ヨリ聞、ル処深秘ニ付不許他見

右は初稿本表記を変更・削除した実例である。

初稿表記と一致する六三例を詳細にみると、本文すべてにわたり初稿本と対校しているのか疑わしいのである。「致し」を「致、」と「し」を削除した例をみると

初稿　1・3・8・18・25・26・61（七例）

記聞　21（一例）

独自　1・3・7・10・13・14・15・22・26・27・30・33・40・43・48・55・58・61・63・67・68・77・78・82・106・109・110・113・116・117・118・122・124・125（三四例）

右で「致、」（初稿七例、記聞一例、独自三四例）、「炮」（「鉄炮」初稿三例、「発炮」独自一七例）、「比」（「十一月比」初稿一例、「四ツ時比」独自四例）、「得」（「候得共」初稿一例、「申候得者」独自三例）など初稿と独自表記が相互に一致するのは、表記が首尾一貫していない証拠でもあるが、独自表記にみるように書写するにあたり一定の方針さえあれば初稿に依らずとも可能であるとみる。また漢字の仮名表記として「ヌリ」（初稿一例）、「ノミ」（初稿五例、記聞一例、独自二例）、「カナキン」（初稿一例）、「ヤウ〳〵」（独自一例）、「ヌキ」（独自一例）、「コト〳〵ク」（独自一例）、「シキリニ」（独自一例）、「シノキ」（独自一例）、「ツヽ」（初稿四例、独自一例）など表記を初稿や記聞に求めることもできるが、初稿系諸本に依らねば表記できない表現ではないのである。さらに助詞や送り仮名、読みの補足例をみる。「与力エハ」（初稿三例）、「江戸海エ」（記聞一四例）、「王エ」（独自八例）、「サワル」（記聞一例）、「イワン」（独自四例）、「押ヘ」（初稿一例）、

「彼カ」（初稿一例）、「マワリノ」（初稿一例）、「取扱ヒ」（初稿一例）、「剱ヲ」（記聞一例）、「万事ヲ」（独自一例）、「達シ呉」（独自一例）、「子シケケシ言ヲ申シ」（独自一例）、「彼レ」（独自一例）、「申シ」（独自一例）などある。

書写した筆者の用字ではないかという視点から、「押」（改稿「抑」、初稿一例）、「イカニモ」（改稿「いたすにも」初稿一例）、「返簡」（改稿「翰」、初稿一例）、「有レ」（改稿「有之」、初稿一例）、「候得とも」（改稿「共」、初稿一例）、「不申上ト云テ」割註（改稿「候」初稿一例）、「将几」（改稿「床」、初稿一例）、「タマシ」（改稿「だ」、初稿一例）、「中嶋」（諸本「島」、記聞一例）、「トヤ〳〵」（諸本「ド（ど）」、記聞一例）、「彼云」（改稿「之」、初稿「曰」を参照か、独自一例）、「呈、候」（諸本「シ（し）」、独自一例）、「河越」（諸本「川」、独自四例）、「鎗剱」（諸本「槍」、独自二例）、「仲ケ間」割註（改稿「か」、独自一例）、「毛セン」（諸本「氈」、独自一例）、「ゲヘル」（諸本「ケ」、独自一例）、「相見ユ」（改稿「ヘ」、独自一例）、「様ス」（諸本「子」、独自一例）、「明ヲ救テ」（改稿「討」、初稿「援テ」を参照か、独自一例）、「留ル」「モレ、テ」「マハラヌ」「碇（旋の誤字）転ス」（この四例を含む本文、改稿に欠文、初稿を参照、独自各一例）、「赤墨」（諸本「黒」、独自一例）、「迎イ」（諸本「ヒ（ひ）」、独自一例）、「聞、ル処」「不許」（この三例含む本文、改稿になく初稿を参照、独自三例）

内閣本の初稿表記と一致する六三例は、必ずしも初稿を参照しなければ達成できぬ特異な表記ではなく、むしろ内閣本筆者の書写方針や筆者自身の持つ用字法に由来するという推定が成り立つと考える。明らかに初稿を参照しているのは、改稿本に欠文がある香山第九項と近藤第一一項後の末尾の一文の二例とみる。しかしともあれ初稿・再稿の表記と一致することはするので図示した。

独自例の中、誤字・誤写・誤入の一一例を掲げる。「先ニ」（独21）は、改稿・修訂「々」だが、再稿の雑記本・秘談本は「ゝ」で、畳字の誤字である。「嘲弄」（独24）は、諸本すべて「弄」で二画多い誤字。「ヲヒヤカス」（独28）

は、改稿・修訂「お」、初稿「驚カシ」で「オ」の誤字。「情と」（独57）は、諸本すべて「精」の誤字。「異船相見見ユル」（独62）は、諸本になく衍字で誤入。「心用ニハ」（独84）は、諸本すべて「必」の誤字、この二四字前に「心ヲ用ヒサル〳〵」、またこの二〇字後に「心ヲ用ヒサル〳〵」があり目移りした。「マハラヌ」（独95）は、諸本すべて「ス」の誤字。「碇転ス」（独96）は、諸本すべて「旋」で、その草書体を判読できずの誤写。「琉球へ奇」（独103）は、諸本すべて「ヨリ（より）・寄」で、「寄」の誤字。「子シケケシ言ヲ申シ」（独104）は、初稿「ネチレ」・改稿「ねしけし」で、「ケ」は衍字で誤入。「六ケシタ」（独112）は、諸本「敷」、雑記「シク」で「ク」の誤字。

内閣本で考えておきたいのは、雑記・秘談の再稿本との関係である。右により恐らく独自表記として初稿本表記と一致した六三例が存在するが、改稿本に初稿本表記を結果として持ち込む態度が再稿本の姿勢在り方なのである。二一五例中、雑記・秘談と共通する表記五〇例、雑記と表記が一致する三九例、秘談と表記が合致する五二例がある。図示すると左のようになる。

雑記・秘談	雑記	秘談	計
50	39	52	141

これは改稿本書写において初稿本表記を取り入れることにより、改稿本系本文の中に再稿本表記の芽が萌していることになる。再稿本の筆者とは当然異なるが内閣本は、改稿本で大きく削除した初稿本表記を再度取捨推敲した再稿本と共通する姿勢がここにあることを指摘しておく。

内閣本表記に付けたルビは、初稿本表記と一致には「初」、初稿本系の記聞本表記と一致には「記」、再稿本表記と一致には「雑」、再稿本系の秘談本表記と一致には「秘」、記聞本と秘談本表記の一致には「記秘」、再稿本と秘談本表記の一致には「雑秘」、独自表記には「独」と記した。「丶独1」とは、内閣本で類輯本の「し」を削除した独自表記の一例目という意味。「△独2雑秘」とは、内閣本で類輯本の「之」を「云」に変更した独自表記の二例目で再稿本・秘談本表記と一致するという意味である。

	類輯本	内閣本
合2	応接掛壱人上船致し 申候処彼之 用弁致し候 出帆之儀は 日本王へ呈し候 何れ江戸へ 分り候様致し度 箇様の儀は 相成候儀故	応接掛壱人上船致[、独1] 申候処彼[△独2雑秘]云 用弁致[、独3記秘]候 出帆之義[△記1雑]ハ 日本王エ[△独4]呈[、独5秘]候 何レ江戸エ[△独6] 分リ候様致[、初1記秘]度 ケ[△初2記雑秘]様ノ儀ハ 相成候義[△記2]故
合3	用意致し候へは	用意致[、独7秘]候へハ
合5	通弁致し候	通弁致[、初3秘]候
合6	川越持場 差押候	[△独8]河越持場 差押[○初4記雑]へ候
合7	発砲致し候処 号砲あり 大砲発致し候	発[△独9秘]炮致[、独10秘]候処 号[△独11]炮アリ 大[△独12秘]炮発致[、独13]候
合8	彼気に当り 取巻なと致し候ハヽ さはる様に致し	彼[○初5雑秘]カ気ニ当リ 取巻ナト致[、独14]候ハヽ サ[△記3秘]ワル様ニ致[、独15秘]
合9	異船の儀 箇条而已 大事の箇条	異船ノ[△記4雑]義 ケ[△初6雑秘△独16雑秘]条ノミ 大事ノ[△独17雑秘]ケ条
合10	川越の手 劔付鉄砲 川越人数	[△独18]河越ノ手 劔付鉄炮[△独19雑] [△独20]河　越人数
合10	穏便との儀 先々穏便に 警固致し候 江戸海へ 測量致し度 指遣処也	穏便トノ義[△初7記雑] 先[△独21]ニ穏便ニ 警固致[、初8記秘]候 江戸海エ[△記5秘] 測量致[、独22]度 指遣[△初9秘]所也
合11 合12	書簡請取の儀異人へ 劔付鉄砲（割註） 嘲弄の体 いはん方なし 致し置候 前へかゝる 測量致し置 おひやかす 砲発いたし（一字下げ） 滞留致し居候	書簡請取ノ義[△初10記雑]異人エ[△記6雑] 劔付鉄[△独23雑]炮（割註） 嘲[△独24]弄（異体）ノ体 [△独25]イワン方ナシ 致[、独26秘]置候 前[△記7秘]エカヽル 測量致[、独27秘]置 [△独28]ヲヒヤカス [△独29]炮発イタシ（一字下げ） 滞留致[、独30秘]居[○独31]リ候
	漸 測量致し候	[△△△△独32雑]ヤウ〳〵 測量致[、独33]候
合13	四ツ時頃	四ツ時[△独34雑]比
合15	十月の頃 二三月頃 申候へ者 宜候へ共 被仰付度儀也 相放ち候へ者	十月ノ比[△独35雑] 二三月比[△独36雑] 申候[△独37]得者 宜候[△独38]得共 被仰付度[△初11記雑秘]義也 相放チ候[△独39]得者

合15	感心致し候	合15	感心致[、独40]候
合16	浦賀奉行へ 万一事起候ては 相抑候様	合16	浦賀奉行[△独41秘]エ 万一事[○独42]ヲ起候テハ 相[△初12記雑秘]押候様
合18	チャンニ而塗り 工夫致し度存候	合18	チャンニテ[△初13雑]ヌリ 工夫致[、独43秘]度存候 右合原惣蔵ヨリ聞書終[○○○○○○○○○○独44雑秘]
飯タ	合原より聞処(タイトル割註)	飯タ	合原ヨリ聞所[△記8](タイトル割註)
飯2	五寸まはり儀尺	飯2	五寸マワリ[△独45]ノ[○初14記雑秘]儀尺
飯3	川越持場	飯3	河[△独46]越持場
飯4	水の儀は	飯4	水ノ義[△初15記雑]ハ
飯5	実用の儀なし 専要に致し候	飯5	実用ノ義[△独47雑]ナシ 専要ニ致[、独48秘]候
飯6	壱人宛指軍あり 剱を抜 いたすにも	飯6	一人ツ[△△独49雑秘]ヽ指軍アリ 剱ヲヌ[△△独50雑]キ イカ[△初16記雑秘]ニモ
飯7	衣服は金巾	飯7	衣服ハカナキン[△△△△初17記雑秘]
飯9	船中へ参 無言に致し度	飯9	船中エ[△記9秘]参 無言ニ致[、初18雑]度
飯10	返翰請取は 八月頃 十一月頃(割註)	飯10	返簡[△初19記]請取ハ 八月比[△独51雑] 十一月比[△初20雑](割註)
飯11	杉田沖へ	飯11	杉田沖エ[△記10秘]
飯13	琉球へ一組	飯13	琉球エ[△記11秘]一組
飯14	鉄砲を好候 異人鉄砲か	飯14	鉄炮[△初21雑秘]ヲ好候 異人鉄炮[△初22雑秘]カ
飯14	槍剱は 槍剱術 悉く	飯14	鎗[△独52雑]剱ハ 鎗[△独53雑]剱術 コト〳〵ク[△△△独54]
飯15	指揮致し為立退 精々相達候へ共 迯支度而已致し居 致し方なし	飯15	指揮致[、独55秘▽▲独56]立為退 情[△独57]ゝ相達候得[△初23]共 迯支度ノ[△△初24記雑秘]ミ致[、独58秘]居 致[、初25雑秘]方ナシ
飯16	致し方なし 箇程のことを	飯16	致[、初26秘]方ナシ ケ程ノ[△初27記雑秘]ヿヲ
飯18	ともの方へは	飯18	トモノ方エ[△記12]ハ
飯19	説も有之とも 江戸へ送り申候	飯19	説モ有レ[△初28記]トモ 江戸エ[△記13秘]送リ申候
飯20	有之候へ共 而已始終	飯20	有之候得トモ[△独59△△初29雑] ノ[△△初30記雑秘]ミ始終
樋1	御承知の儀にて 秘密に而已 頻に 与力へは 追々 鉄砲を出し	樋1	御承知ノ義[△初31記雑秘]ニテ 秘密ニノ[△△記14雑秘]ミ シキリ[△△△独60雑]ニ 与力エ[△初32秘]ハ 追ゝ[△初33記秘] 鉄炮[△初34雑秘]ヲ出シ
樋2	而已相違せり	樋2	ノ[△△初35記雑秘]ミ相違セリ
樋3	休息致し居 異船相見ゆる 注進致し候由 来船の儀は 承知の儀也	樋3	休息致[、独61秘]居 異船相見[○独62]見ユル 注進致[、独63秘]候由 来船ノ義[△初36記雑秘]ハ 承知ノ義[△初37記雑]也

樋3	樋4	樋5	樋6
趣を達呉 不存儀 中島三郎助 不平色々（割註） 六つケ敷儀（割註） 仲か間（割註） 不申上候云て（割註）	鉄砲にて 用心致し候 処に人なき 上陸致し候由	申儀は 下の間へ 毛氈 ケヘル	内へ入と すはと云ハ丶 漸々 凌き候 鉄砲はあれとも 受取の儀 返簡の儀は 申達候処 埒明き候儀 箇様の儀は 江戸而已

樋3	樋4	樋5	樋6
趣ヲ達[○独64雑秘]シ呉 不存[△初38記雑秘]義 中[△記15秘]嶋三郎助 不平色[△初39記秘]ゝ（割註） 六ツケ敷[△初40記雑秘]義（割註） 仲[△独65]ケ間（割註） 不申上[△初41記雑]ト云テ（割註）	鉄[△独66雑秘]炮ニテ 用心致[、独67秘]候 処[△初42記雑秘]ゝ人ナキ 上陸致[、独68秘]候由	申[△初43記]義ハ 下ノ間[△初44記]エ 毛セ[△△独69雑]ン ゲ[△独70]ヘル	内[△独71]エ入ト ス[△独72秘]ワト云ハ丶 漸[△独73]ゝ シ[△△独74雑]ノキ候 鉄[△独75雑秘]炮ハアレトモ 受取ノ[△独76雑]義 返簡ノ[△初45記雑秘]義ハ 申達候[△初46]所 埒明キ候[△初47記雑]義 ケ[△初48雑秘]様ノ[△初49記雑]義ハ 江戸ノ[△△初50記雑秘]ミ

樋6	樋7	樋8	樋9	樋10	樋11	樋12	香4	香5	香6	香7		11	香12
天子へも 出帆致し候	裁判致し候	相見へ	心掛候様子	山際へは	次第に致し置 彼処此処の詮儀 必用には	明を討て	車さしはたし 大砲十門	大砲十挺	大砲二十四挺宛 野戦筒六挺宛	鉄砲へは不残	欠文	大砲十余発 祝砲の由（割註） 四十八人宛 弐人宛	此重官への

樋6	樋7	樋8	樋9	樋10	樋11	樋12	香4	香5	香6	香7	香9	香11	香12
天子[△初51記秘]エモ 出帆致[、独77秘]候	裁判致[、独78]候	相見[△独79]ユ	心掛候様[△独80]ス	山際[△独81]エハ	次第ニ致[、独82]置 彼処此[△独83秘]所ノ詮[△初52記雑]義 [△独84]心用ニハ	明ヲ[△独85雑秘]救テ 樋口氏聞書終[○○○○○○独86雑秘]	車サシ[△独87]ワタシ 大[△独88雑秘]炮十門	大[△独89雑秘]炮十挺	大[△独90雑秘]炮廾四挺ツ[△△初53記雑秘]丶 野戦筒六挺ツ[△△初54記雑]丶	鉄[△独91雑△独92]炮エハ不残	蒸気船ヲ留[△独93雑]ルニハ別ニ穴アリテ 蓋ヲトレハ蒸気是ヨリモレ[、独94雑秘] テ車マハラヌ蓋ヲスレハ蒸[△独95]気 車ニ当リテ碇[△独96]転ス 香	大[△独97雑秘]炮十余発 祝[△独98秘]炮ノ由（割註） 四十八人ツ[△△初55記雑秘]丶 弐人ツ[△△初56記雑秘]丶	此重官[△独99秘]エノ

香12	床几に 渡而已也 どや〳〵押込 うしろへ立 剱帯す 両眉へ	香12	将[△初57記雑]几ニ 渡ノ[△△初58記雑秘]ミ也 ト[△記16]ヤ〳〵押込 ウシロエ[△記17]立 剱[○記18雑秘]ヲ帯ス 両眉エ[△記19]
香13	赤黒の玉	香13	赤墨[△独100]ノ玉
香14	鉄砲掛りは鉄砲を	香14	鉄炮[△独101雑秘]掛リハ鉄炮[△独102雑秘]ヲ
香15	琉球へ寄	香15	琉球ヘ奇[△独103]
香18	ねしけし言を申 難渋致し候 だまし込 取扱候	香18	子シケ[○独104]ケシ言ヲ申[○独105]シ 難渋致[、独106]候 タ[△初59記雑]マシ込 取扱[○初60記雑]ヒ候
香20		香20	香山栄左衛門ゟ聞書終[○独107雑秘]
近1	下田沖へ	近1	下田沖[△独108秘]エ
近2	書簡持参致し候	近2	書簡持参致[、独109]候
近3	長崎へ可参 通達致し置候 難渋致し候	近3	長崎[△記20]エ可参 通達致[、独110秘]置候 難渋致[、初61秘]候
近4	有之候儀	近4	有之候[△初62記雑秘]義
近5	国王へ復命致し候	近5	国王[△独111秘]エ復命致[、記21秘]候
近5	六ケ敷 江戸へ申上る 穏便に致し 異船へ申通 被成候儀か 彼云 書簡而已受取 約束致し 振合に致し候		六ケシタ[△独112雑] 江戸[△記22秘]エ申上ル 穏便ニ致[、独113秘] 異船[△記23秘]エ申通 被成候[△初63記雑秘]義カ 彼[○独114]レ云 書簡ノ[△△独115雑秘]ミ受取 約束致[、独116秘] 振合ニ致[、独117]候
近6	出席致し候事	近6	出席致[、独118]候乁[△]
近7	大軍船に程（脱字）	近7	大軍船ニ程（脱字）
近8	大砲廿四門 大砲八挺 送り迎ひ致し 一見致し候処	近8	大炮[△独119]廿四門 大炮[△独120]八挺 送リ迎イ[△独121]致シ 一見致[、独122秘]候処
近9	本船へ返り	近9	本船エ[△記24秘]返リ
近10	申候や 心配致し候処 安心致し候	近10	申シ[○独123雑]候也[△] 心配致[、独124]候処 安心致[、独125]候
近11		近11	右五名ヨリ聞[、独126]ル処[△独127]深 秘ニ付不許[△独128]他見

右に補足すると近7「大軍船ニ程」は、改稿本以外の諸稿本は「大軍船二艘程（ホト）」とあり、「ニ」は「二艘」の脱字である。内閣本は改稿本の脱字まで書写している好例である。

ニ　改稿本系「飯塚久米三郎ヨリ聞書他」（雑件本）

「飯塚久米三郎ヨリ聞書他」は、国会図書館所蔵「町奉行書類所収外国事件書」の「外国雑件三」にある与力聞書抄録本史料[註1]である。その中に

右之書ハ海警吏情秘録と題し、当時罷り有候記伝来、皆写ニ暇なし。役所ニて咳の中ニ鼻紙え写し肝要之処を書抜候也。追ゝ存調、其外とも入御覧候様可仕候。細書御察読可被下候、以上。

九月九日　　清蔵九拝

此書極秘之由、書主ゟ申聞られ候。左様思召可被下候、以上。

と奥書がある二丁表裏の与力聞書抄録本である。本稿附録史料、ロ「与力聞書」諸写本翻字の雑件本を右の通り訂正（△）した。外国雑件三に収録された与力聞書は、宮地氏の風説留の評で、町奉行所とは全く関係のない史料だが、「きわめて粗略なものである。」には説明が必要であろう。合原と近藤より聞書は全文削除、飯塚は1 2 5 12〜14 17 18、樋田7 8 11、香山は2〜6 9 13〜15 17 19 20が残されているのみである。各項部分削除など体裁は粗略とみえるが、与力聞書は風説留ではない。雑件本は与力聞書抄録史料であり、その表記は、書写原本に対して然るべき態度を持って書写に臨んでいると考え、決して粗略なものではない。「外国雑件三」所収与力聞書抄録本（以下、雑件本と称呼）を拙稿「四稿本（初稿本・改稿本・再稿本・修訂本）対校与力聞書校本」と対比して、どの稿本系に属する本文を持ち特徴があるのか検証する。聞書の与力は飯塚・樋口・香山で、合原と近藤は削除（または散逸した）されている。飯塚は改稿全二〇項中の第三・四・六〜一一・一五・一六・一九〜・二〇が削除。樋「口」多「三」郎は改稿の表記で全一二項中の第七・八・一一のみ抄録。香山栄左「エ」門は再稿の表記で全二一項中の第一・七・八・一〇・一一

・一二・一六・一八が削除。香山13 14以下20 21（左図参照）とあるのは、改稿第一三項が再稿第一四項に同じ、以下も同じ意。雑件本が此の時点で改稿再稿どちらの稿本によるのか確定していないため併用した。初は初稿、改は改稿、再は再稿、初改・初再・改再は各稿本の表記が同じ意。独は独自表記の意味である。

	初	改	初改	再	初再	改再	独
飯1	3	8	1	0	3	1	3
2	0	6	5	4	2	5	11
5	3	2	2	1	3	4	5
12	0	2	3	1	0	2	0
13	0	1	2	0	3	1	0
14	0	10	2	13	6	11	3
17	0	2	1	0	0	3	0
18	1	3	0	0	0	2	3
樋7	0	4	3	0	2	3	2
8	0	4	0	3	3	0	4
11	1	8	3	5	1	8	10
香2	0	1	1	2	1	2	2
3	0	0	0	0	1	0	0
4	3	2	3	2	3	2	10
5	0	1	2	1	0	0	2
6	0	0	1	1	3	2	2
9	2	0	0	3	1	0	2
13 14	0	2	0	0	4	0	1
14 15	0	6	1	2	1	0	1
15 16	0	5	1	1	3	2	4
17 18	0	2	0	0	3	0	1
19 20	0	1	0	0	0	1	1
20 21	1	5	0	0	2	0	2

	初	改	初改	再	初再	改再	独
飯	7	34	16	19	17	29	25
樋	1	16	6	8	6	11	16
香	6	25	9	12	22	9	28
総計	14	75	31	39	45	49	69

右の総計により雑件本は初稿・改稿・再稿いずれの稿本によったのか、初改・初再・改再の共通表記をどう捉えるのか。いずれにしても初稿一四例・改稿七五例・再稿三九例から、改稿本系か再稿本系のどちらかであろうと考える。しかし決め手がないため改稿と再稿の独自表記の在り方について詳細に検討する。

各稿本をみるに初稿本をもとに改稿本以下は、推敲を経て表記が成り立っている。写本の一部には考えられぬ独自表記もないではないが、多くの写本はその原本書写に概して忠実である。各稿本間の表記の変更・削除・補足には、妥当な範囲で表記が推移している。雑件本を右の総計数により改稿本系の表記と仮定すると、その特徴はどこにあるのか。初稿と同一表記には、改稿の表記を①独自変更・②削除・③補足に求めできた表記が結果として初稿と一致したとみる。改稿と同一表記は、初稿の表記に④補足・⑤変更・⑥削除してできた表記が改稿となったとみる。特に改稿⑦独自表記には注意したい。初稿と改稿の同一表記三一例は、改稿が初稿の表記を踏襲したとみて特に問題としない。再稿と同一表記は、改稿の表記に⑧補足・⑨変更・⑩削除してできた表記が再稿と一致したとみる。また特に再稿⑪独自表記には同様注意する。初稿と再稿の同一表記は、改稿の表記を⑫独自削除・⑬独自変更・⑭補足してできた表記が初稿の表記と一致しそれを再稿が踏襲したため一致したとみる。改稿と再稿の同一表記は、初稿の表記を⑮変更・⑯補足・⑰削除に求めできた改稿の表記を再稿が踏襲したとみる。独自の表記は、改稿の表記を⑱省略・⑲変更・⑳削除・㉑補足し各稿本にない表記となったとみる。

改稿本系の表記の中に初稿・再稿の表記があるのは、改稿本をもとにして初稿・再稿本を見比べ校正して補足したのでなく、改稿本を変更・削除・補足した表記が初稿・再稿の表記と一致したにすぎないとみる。問題は改稿本系表記の用例数が多いため、雑件本を改稿本系と推定して調査を詳細に進めるが、改稿と再稿それぞれの表記の中にその稿本独自の表記と考えられるものがあるかに留意したい。左の聞書各項の数字は抄録本各表記に付けた各稿本表記を表す通し番号であり、それが①から㉑の史料操作によっていることを意味する。各聞書の計と総計は例数の合計である。

改稿表記七五例、初稿改稿同一表記三一例を改稿表記一〇六例とする。再稿表記三九例、初稿再稿同一表記四五例を再稿表記八四例とする。通常再稿表記の存在はその多少によらず、一応再稿本系写本とも考えられる。しかし改稿⑦独自表記七例、再稿⑪独自表記三例をみると、七例の改稿表記は初稿に、初稿・再稿にない表記を補足また変更を施し実質的に改稿独自の表記を実現している。一方三例の再稿表記は、同一内容またそれに近い異表記に留まる可能性また書写者の見解によるとも考える。

	初			改			改	再			再	初再			改再			独自			
	①変更	②削除	③補足	④補足	⑤変更	⑥削除	⑦独自	⑧補足	⑨変更	⑩削除	⑪独自	⑫削除	⑬変更	⑭補足	⑮変更	⑯補足	⑰削除	⑱省略	⑲変更	⑳削除	㉑補足
飯1	1・3	2		2・4	6	3・5・7・8	①					1・2	3		1			①	2	3	
飯2					1・2・3・4・5	6		2・4			①・③		1	2	1・2・4・5	3			1・4・5・6・7・8・11	2・3・10	⑨
飯5	1・3	2			1		②		1				2	1・3	1・2・4	3			1・4・5	2・3	
飯12				1			①	1									1・2				
飯13						1							2・3	1	1						
飯14				8・9	1・2・4・5・6・10	7	③	2・4・6・11	1・5・7・9・10・12・13	8	③		1・3・4・5	2・6	2・4・6・7・8・10	5・9・11	1・3		1・2	3	
飯17						1	②										1・2・3				
飯18	1				1	2・3									1		2		1・2		3
飯計	5	2		5	14	10	5	7	8	1	3	2	9	6	16	5	8	1	15	7	2

	初			改			改	再		
	①変更	②削除	③補足	④補足	⑤変更	⑥削除	⑦独自	⑧補足	⑨変更	⑩削除
樋7				3	4		①・②			
樋8					1	2・3・4		3	1・2	
樋11	1			7	1・2・3・4・5・6・8				1・3・4	2・5
樋計	1			2	9	3	2	1	5	2
香2					1				1	2
香3										
香4	1・2		3		1	2		1	2	
香5				1					1	
香6									1	
香9	1・2								1・2	3
香13				1		1				

	初			改			改	再			再	初再			改再			独自			
	①変更	②削除	③補足	④補足	⑤変更	⑥削除	⑦独自	⑧補足	⑨変更	⑩削除	⑪独自	⑫削除	⑬変更	⑭補足	⑮変更	⑯補足	⑰削除	⑱省略	⑲変更	⑳削除	㉑補足
香14					1・2・5・6	3・4			1・2				1						1		
香15				3・5	2・4	1			1				1・2	3	1	2			2・3	1	4
香17						1・2							2	1・3					1		
香19					1												1		1		
香20	1			5	2・4	1・3						1	2							1	2
香計	5		1	5	11	9		1	9	2		2	13	7	6	1	2		14	7	7
総計	11	2	1	12	34	22	7	9	22	5	3	4	26	15	29	8	12	2	37	18	12
			14				75				39			45			49				69

再	初再			改再			独自			
⑪独自	⑫削除	⑬変更	⑭補足	⑮変更	⑯補足	⑰削除	⑱省略	⑲変更	⑳削除	㉑補足
		2	1	1・2		3	①			2
		1・3	2					1・3・4	2	
		1		3・4・5・6・8	1・7	2		2・5・6・7・8	1・3・9	4・10
		4	2	7	2	2	1	8	4	3

		1		1		2		2	1	
			1							
	1	2・3		1・2				2・7・8・9	1・5	3・4・6・⑩
								2	1	
		1・3	2	1・2				1・2		
			①					2	1	
		1・2・3	4							1

右により判明した点を次に掲げる。○雑件本飯塚第一項の独自⑱省略の①「同（飯塚）」は、雑件本が抄録本であるが、飯塚の前にある「合原総（惣）蔵ヨリ聞書」があった徴証とみられ、それには「浦賀（附）与力」が付いており、この表記の省略とみて、伝わらない合原聞書が本来あったと推定する。飯塚同項改稿⑦独自の①「（久米）三郎」は、初稿に補足した改稿独自表記で、再稿は「三」を踏襲するが「郎」を削除し、修訂本で「三郎」を採用している。○飯塚第二項の再稿⑪独自の①「四五（間）」は、改稿「五六」を再稿「長サ四五」と補足変更し、雑件本は「長サ」を削除する。修訂本は「五六」を本文とし「四五」を横に（　）で傍註とした。同再稿⑪独自の③「（乗）組候」は、改稿「（乗）込」を再稿に変更補足した表記である。同独自㉑補足の⑨「夫へ」は、初稿「糸へ」を改稿が削除し、再稿が「ソレへ」と指示語を補足したのを変更した表記である。○飯塚第五項の改稿⑦独自の②「形様ノミニ相成候」は、改稿「形容のみに相成候」をもとに初稿・再稿にない表記を補足し、修訂本も採用している。○飯塚第一二項の改稿⑦独自の①「ニ候」は、改稿「とに候」をもとに初稿・再稿にない表記を補足し修訂本も採用している。○飯塚第一四項の改稿⑦独自の③「（通）詞」は、初稿・再稿「（通）辞」を変更しており（同項冒頭は初稿のみ「（通）辞」、改稿・再稿「（通）詞」で再稿に異同あり）、とまれ改稿独自の表記とみて、修訂本も採用している。再稿⑪独自の③「（亜）米（利加）」は、表記上改稿・再稿⑮変更の4「利加」と分けてみたが、初稿「アメリカ」、改稿「亜墨利加」に比べ「亜米利加」は特異な再稿表記とみる。○飯塚第十七項の改稿⑦独自の②「物ト云」は、初稿「者なり」を改稿で「物と云」と表記を変更し、再稿で削除、修訂本が採用した改稿本独自表記といえる。

○樋口第七項のタイトルは、本来第一項の冒頭にある。改稿⑦独自①「同（樋口）」は、飯塚第一項独自⑱省略の①「同（飯塚）」と同じ。改稿⑦独自の①「（樋）口」は、初稿・再稿「（樋）田」を変更、恐らく誤字だがこの表記で流布したので改稿独自表記とみる。改稿⑦独自の②「（多）三（郎）」は、初稿「（多）二（郎）」、再稿「（多）々（郎）」、修訂「太」とあり改稿独自表記とみる。

○香山第四項の独自㉑補足の⑩「此船ハ大蒸気船也」は、独自表記の補足である。しかし雑件本は香山第四項の冒頭「大蒸気船長さ三十五六間巾は八九間車さしはたし五間計厚さ三（ママ）計惣鉄にして木を用ひす船は銕はりに非す惣体ミツタニテ塗る水入はカラ金にて包む」（改稿）を独自に削除しての補足である。○香山第九項について、改稿本の類輯本には全文なし。初稿・再稿⑭補足の①「蒸気ヲ留ルニハ別ニ穴アリテ蓋ヲトレハ蒸気是ヨリ洩レテ車マワラス蓋ヲスレハ蒸気車ニ当リテ車旋転ス」（掲示写真⑦参照）を初稿・再稿より補足した。但し改稿本（類輯本）の原本には、相応の本文があり何かの事情で脱漏し、雑件本はより原本に近い別本を抄録したと推定するが、ここでは初稿・改稿と表記を同じくするため初稿・再稿⑭より補足とみた。

右により雑件本が改稿・再稿どちらに依ったのか、二稿本独自の表記と考えられる例があるので左に掲げる。

	飯1	飯2	飯5	飯12	飯14	飯17	樋7
改稿	「(久米)三郎」		「形様ノミニ相成候」	「ヿニ候」	参考「(通)詞」	「物ト云」	「(樋)口」 「(多)三(郎)」
再稿		「四五(間)」 「(乗)組候」 参考「夫へ」			「(亜)米(利加)」		

右をみても再稿独自の表記があることがわかる。しかし書写の過程で各表記を取捨して抄録したことを考えると、意味を追う過程で頭の中で補足（送り仮名が無表記など）した表記を文字化したのではないか（「夫へ」の指示語など）と推定する。また書写の際に筆者の用字法等が思わず出たのではないか（「(乗) 組候」「(亜) 米 (利加)」）。さらに「五六」が「四五」になるとは、またその逆も対校しているなら別だがそうでなければ私見が入っているとも考えられるのである。先に掲げた改稿表記七五例と初稿・改稿同表記三一例の計一〇六例に対し、再稿表記三九例と初稿・再稿同表記四五例の計八四例があった。改稿・再稿同表記四九例をどちらに入れるのか意見が分かれよう。雑件本は抄録本で史料に欠損はあるが右に検討した通り、改稿本系表記と考える。先の検討により雑件本は他にも「合原総蔵より聞書（浦賀附与力）」があったと推定される。雑件本は改稿本系と考えたが、香山第九項を類輯本は全文欠文となっている。雑件本には初稿・再稿折衷の表記があり、雑件本の原本には類輯本にない改稿本の本文があったと考える。修訂本の原本・文書集本にもこの香山第九項は欠文で、全文朱書にて補筆するのである。従って雑件本の香山第九項は脱漏した改稿本欠文を補う史料としての意味があるのである。

註1　宮地正人氏は〇一年「ペリーの白旗書簡は明白な偽文書である」歴史評論十月号で、「『町奉行書類所収外国事件書』は、多くは江戸町奉行所の信頼できる公文書なのだが、『外国雑件三』と表題されている冊は『江戸在住ではなく地方在勤の者の典型的な風説留で、町奉行所とは全く関係のないものである。……風説留といっても、きわめて粗略なものである。」と言及する。

ホ　再稿本系「米船浦賀渡来一件」（一件本）

神奈川県立公文書館所蔵の「米船浦賀渡来一件」（以下、一件本と称呼）は、写本の大きさ縦二六・〇×横一八・二糎、一丁表裏各一〇行・一行二七字前後、本文は一オより二〇ウまで。二一オより二二ウの奥書に

　此聞書真かたかなにてしたゝめ有之候へと手間とり候間其侭此通りに直し写しむ
　此書は薩人鮫嶋正助[註1]所持之書也宮部鼎蔵[註2]写し候夫ゟ借用写

一件本の原本が漢字片仮名交じり文であり、薩州人鮫嶋正助所持本を宮部鼎蔵が書写し、それを借用して漢字仮名交じりに改めた写本であることがわかる。

一件本の本文を諸本と照合すると以下のことが判明する。合原第八項の項目立てがなく、同第七項に吸収されているのは異例であり、同第八項に該当する「右様御憂に被成候」の八字は改稿本になく再稿本のみにある表記である。合原第一〇（事実は一一）項「いたし候様子」の六字も再稿本の表記（改稿が補足削除した初稿の表記を再稿が再用した）である。樋口第二項の項目立てがないため同第二（事実は三）項「ハ内意も申含置候間香山を遣し候様差図ニ付右一人にて応」の二六字も再稿の表記である。香山第六項の項目立てがないため同第一二（事実は一三）項の項目立ては再稿で、改稿は前項第一二項に含み項目立てしない。香山第一五（事実は一七）項「となる是は七十六年前の事のよし」の一五字も改稿になく再稿の表記である。近藤第一項「む海上三十六里」の七字の本文は再稿の表記で、改稿は末尾六字が二行割註形式である。

一件本の本文を諸本と比べ詳細にみる。

	項目	改稿	再稿	独自	秘談
合原	1	3	11	3	1
	2	25	44	28	20
	3	5	5	8	2
	4	3	4	6	6
	5	2	6	2	1
	6	13	7	5	6
	7	1	5	3	1
		15	19	15	8
	8	8	16	9	9
	9	26	38	53	25
	10	34	61	38	23
	11	9	12	7	7
	12	1	6	6	0 欠文あり
	13	1	5	1	0
	14	18	42	22	10
	15	18	11	12	17
	16	4	5	5	4
	17	6	6	6	5
飯塚	1	8	11	10	4
	2	8	12	8	7
	3	2	3	1	1

	項目	改稿	再稿	独自	秘談
飯塚	4	4	8	2	2
	5	3	8	5	3
	6	7	4	4	4
	7	4	10	2	1
	8	2	8	2	2
	9	4	8	0	3
	10	3	9	2	1
	11	2	0	1	1
	12	3	1	0	1
	13	2	3	1	3
	14	12	19	4	3
	15	7	10	13	10
	16	6	4	5	6
	17	3	0	2	1
	18	3	0	1	0
	19	4	5	8	3
	20	1	3	0	0
樋口	1	13	23	15	8
		2	3	2	2
	2	16	45	33	13
	3	11	18	17	8

	項目	改稿	再稿	独自	秘談
樋口	4	6	12	17	7
	5	29	55	47	27
	6	3	3	5	2
	7	1	7	7	1
	8	4	5	6	3
	9	2	4	4	0
	10	10	9	11	13
	11	4	9	6	5
香山	1	2	9	2	1
	2	1	2	3	1
	3	0	1	1	0
	4	9	8	12	4
	5	1	4	2	1
		3	2	2	0 欠文あり
	6	2	7	4	2
	7	0	2	3	0 欠文
	8	0 欠文	0	4	2
	9	2	6	2	2
	10	9	16	7	3
	11	12	26	19	5
	12	1	5	2	0 欠文

	項目	改稿	再稿	独自	秘談
香山	13	0	3	2	0 欠文
		4	8	3	0
	14	4	7	3	2
	15	2	9	4	1
	16	2	5	0	0
	17	9	17	18	3
	18	0	1	2	1
	19	4	5	2	0
近藤	1	5	3	3	1
	2	6	9	8	4 欠文あり
	3	3	9	7	4
	4	7	8	8	8
	5	14	20	22	13
	6	2	2	2	2
	7	4	13	6	0
	8	7	6	3	4 欠文あり
	9	7	7	3	3
	10	4	5	3	0 欠文
	11	2	6	6	0 欠文

一件本の本文を諸本と比べると左の数値は、その表記がどの稿本また写本の表記と一致し、また一致しないため独自の表記の各総数である。これによると一件本は、再稿本をもとに改稿本を参照して独自の表記を生んだことになる。

	改稿	再稿	独自	秘談
合原	192	303	229	145
飯塚	88	126	71	56
樋口	101	193	170	89
香山	67	143	97	28
近藤	61	88	71	39
計	509	853	638	357

秘談の表記と一致する三五七例には、一七七例が改稿の表記と合致する。これは改稿の表記に依った五〇九例に入れ六八六例とし、秘談と偶然一致したか秘談が改稿の表記を採用したかであろう。

　問題は独自表記中で秘談と一致する表記一八〇例である。その中で四八例は、漢字「之」（仮名ではシと読む）を助詞ノ（之[シ]を此[シ]に仮借しコレ・コノ・ノ）に当てた例で、仮名「の」（乃・能・農・廼・野）と異なる。「之」四十八例を掲げる。用例に付いた記号（△変更・▽▲倒置・ヽ削除・○補足）、例えば△4とは右一八〇例中の順番4／180を意味し、用例の下に付いた（合2・14）とは合原第二項の秘（談）一四番目を表し本文中の検索の便を図った。

「之」例（一八〇例中四八例ある）が秘談独自の表記かみるに、71の「四海之[△71]内水上之[◎]儀」の下の之[◎]は、改稿で削除した初稿の表記「水之」を再稿で再用したものである。

様之[△4]儀（合2・14）・江戸之[△5]命（合2・18）・様之[△7]無心（合3・1）・船之[△9]大小（合4・1）・何之[△10]益（合4・3）・上之[△21]御心配（合8・3）・十分之[△22]もの（合8・4）・大事之[△23]ケ条（合8・5）・如何之[△39]趣意（合9・20）・持参之[△40]書簡（合9・21）・元之[△42]処（合9・25）・出帆之[△51]儀（合10・16）・台場之[△56]一二（合14・7）・此度之[△58]異人（合15・1）・渡来之[△59]砌（合15・2）・家来之[△60]者（合15・7）・左様之[△61]節（合15・10）・尤之[△62]儀（合15・17）・此節之[△65]炎天（合17・1）・焼打之[△66]手段（合17・4）・四海之[△71]内水上之儀（飯4・2）・入津之[△76]節（飯15・2）・異船之[△80]儀（飯16・3）・ケ程之[△81]大事（飯16・5）・糸車之[△82]如く（飯17・1）・入津之[△85]異船（樋1・1）・手当之[△87]儀（樋1・3）・当時之[△89]御役人（樋1・7）・来船之[△95]儀（樋2・8）・上段之[△105]間之姿（樋4・2）・上段之[△106]間

まて（樋4・4）・二人之[△107]与力（樋4・7）・入口之[△108]前（樋5・2）・返翰之[△114]儀（樋5・12）・是処之[△127]詮議（樋10・6）・合衆国之[△136]内（香1・1）・小之[△139]方（香5・1）・金之[△146]総金物（香11・1）・使節之[(△)150]後（香11・5）・着船之[△157]節（近2・1）・此度之[△161]儀（近3・3）・右様之[(△)162]事（近3・4）・如何之[△163]儀（近3・5）・掛合之[(△)166]節（近4・6）・国王之[△174]書翰（近5・9）・出来之[△176]上（近5・11）・上官之[△177]もの（近6・2）・悦喜之[△180]様子（近9・2）

「之」例が秘談独自の表記かみるに、71の「四海之[△71]内水上之儀」の下の「之」は、改稿で削除した初稿の表記「水之」を再稿で再用した。飯塚第十六項の「御備之[△]義是迄之[△]姿」「如何之[△]義」の「之」は、いずれも改稿の表記を採用した。樋口第一項の「置場之[△]地」は独自表記、「承知之[△]義」は再稿、「申出之[△]処」は改稿の表記を採用している。香山第十一（十二）項の「上段の[△]間へ上り」は、秘談のみ「之」で諸本すべて仮名書きである。近藤第十項の「受取之[△]節」は、秘談が欠文であり改稿の表記を採用している。近藤第十一項は秘談欠文で、「右請の[△]席」は再稿（改稿に「右受取之[△]席」とあり、再稿に「右受取ノ席」とあるように再稿の表記に依る）、「上段之[△]間」（諸本「ノ・の」仮名表記）・「掛り之[○]与力」・「上段之[△]間」（諸本「ノ・の」仮名表記）・「下タ之[△]間」はいずれも独自表記。「掛り之[○]与力」は再稿が削除した改稿「の」を漢字表記に改めた。以上により「之」例は、秘談独自の表記ではなく、一件本の独自表記が偶然に秘談と一致したことになる。

「事」例（百八十例中三十例ある）は「ヒ」「ヿ」の符丁（準仮名）を漢字に改めた例で左に掲げる。

五日位之事[△6]（合2・19）・右様の事[△11]（合4・6）・あたり候様の事[△16]（合7・1）・居候事[○24]故（合8・7）・中へしとの事[△30]（合9・7）・隔る事[(△)44]拾丁（合10・3）・とゝのひ候事[△49]（合10・12）・参り候事[△52]なり（合10・20）・何事[△72]も（飯5・3）・万一の事[△77]（飯15・5）・通する事[△86]（樋1・2）・乗上り候事[△94]（樋2・7）・仲間の事[△98]（樋

2・13)・近よる事[△101]（樋3・5）・ほとの事[△111]（樋5・7）・無念の事[△113]（樋5・9）・手遠き事[△116]（樋5・15）・重き事[△118]（樋5・17）・相成候事[△122]（樋5・22）・何事[△123]も（樋6・1）・申事[△126]もなく（樋10・2）・用ひさる事[△129]（樋10・8）・用ひさる事[△132]（樋10・12）・絶す事[△141]なし（香6・2）・居候事[△153]（香17・1）・乗込候事[△160]（近3・2）・右様之(△)事[△162]（近3・4）・位の事[△165]にて（近4・5）・困り候事[△168]有之（近4・8）・復命致候事[△170]（近5・2）

「事」例が秘談独自の表記かみるに、合原第九（十）項の「切しつめ候とも事※済候」は、諸本すべて「事」の漢字表記である。合原第十（十一）項の「無事に事○済ミ」は、初稿改稿「相」を再稿で「事」と変更した。合原第十四（十五）項の「彼申事△」は、初稿「処」を改稿で「事」（再稿は「処」に戻す）と変更した。合原第十五（十六）項の「事△かわり」は、改稿「事」を再稿で「ヿ」と符丁に変更した。同項の「万一事※」は、改稿以下すべて同じである。樋口第二（三）項三字下げ（諸本割註）の「意味有事△」は、初稿「事」を改稿で「𬼀」と符丁に変更し、再稿以下「事」とさらに変更した。樋口第五（六）項の「事※埒明」は、諸本すべて同じである。香山第十（十一）項の「事△とも也」は、初稿「事」を改稿「𬼀」（符丁）・再稿「ヿ」と符丁に変更、一件本（初稿を参照した形跡はなく改稿より初稿に近い再稿をもとにした）で「事」と独自に改めたのである。近藤第五項の「事※穏便」は、諸本すべて同じ。近藤第七項の「守固し返り候事△ゆへ」は、初稿「ヿ」・改稿「𬼀」（符丁）・再稿「ヿ」と符丁だが、一件本で「事」と独自に改めた。近藤第十項の「六かしき事△」は、初稿「事」を改稿「𬼀」（符丁）・再稿「ヿ」と符丁に変更、一件本で「事」と独自に改めた。同項の「何事△」も同じく独自に改めた。以上により「事」例は符丁を漢字に改めたことが、秘談の独自表記とならず、まして一件本が独自に表記変更を行って秘談と表記が一致したとしても、秘談をもととした必然の関係は認められなかった。それは漢字を符丁に、またその逆も行われていたからである。

削除例（一八〇例中二三例ある）は、諸本にある助詞や送り仮名（活用形語尾）また動詞など単語の省略である。左に掲げる。

分り候様致[2]度（合2・12）・図を取[13]其上（合6・4）・仕方[27]致し（合9・3）・且[31]諸家（合9・10）・差出[33]候（合9・14）・を以[37]只今（合9・18）・して止[45]ル（合10・4）・無事に[50]事済ミ（合10・14）・滞留致[53]居（合11・1）・引戻[55]候（合11・3）・間[64]合不申（合16・4）・工夫致[67]度（合17・5）・バッテイラ[70]四五間（飯2・1）・相分[83]不申（飯19・1）・出居[91]候（樋2・1）・乗出[93]候（樋2・5）・入津と計[96]中立（樋2・9）・制すと[99]実ニ（樋3・2）・然[102]処（樋3・6）・埒明[115]候（樋5・14）・百里計[144]走り（香9・1）・格別扱[154]よく（香17・2）・復命致[169]候事（近5・1）

削除例が秘談独自の表記かみるに、香山第一〇（一一）項の「五百人計　一同上陸」と削除例があるが、再稿に依り秘談に依っていない。削除の結果が秘談と偶然一致したまでで、秘談独自の削除に依った必然性は認められない。

ゝ例（一八〇例中一一例ある）は、畳字「々」を「ゝ」に改めた例で左に掲げる。

処ゝ[12]漕行（合6・1）・大さ色ゝ[68]（飯1・3）・精ゝ[78]相達（飯15・6）・中ゝ[84]左様（飯19・3）・追ゝ[88]時節（樋1・6）・色ゝ[97]議論（樋2・12）・中ゝ[112]差留る（樋5・8）・中ゝ[119]火急（樋5・18）・段ゝ[124]厚く（樋7・1）・佐ゝ[158]倉桐太郎（近2・3）・中ゝ[171]六かしく（近5・3）

68は初稿「ゝ」を改稿以下「々」に改めた。初稿を参照した形跡のない一件本は、独自の表記をして秘談と偶然一致したとみる。それは近藤第五項の「右種ゝ手段」は、初稿「ゝ」を改稿「々」に改め再稿「ゝ」に戻しているのである。各稿本より派生した初稿系「記聞本」・改稿系「内閣本」・再稿本はいずれも「ゝ」であるのに、再稿本系「秘談本」は「種ゝ」のみ欠字となっているのである。「ゝ」例も一件本の表記が、秘談独自の表記に依った例ではない。

え（江）例（一八〇例中九例ある）は、諸本「へ」を「え」（江）に改めた格助詞であり左に掲げる。

異船え[△36]（合9・17）・江戸海え[△38]（合9・19）・内海え[△54]（合11・2）・琉球え[△74]（飯13・1）・天子え[△121]（樋5・21）・下田沖え[△156]（近1・1）・此地え[△159]（近3・1）・江戸え[△172]（近5・4）・異船え[△173]（近5・7）

「え」（江）例は各稿本にはみられない。しかし記聞本・内閣本・秘談本には、「へ」に混じって「え」（江）が散見する。「え」（江）は近世文書や書簡で常用された表記である。各稿本を書写するにあたり、常用された「え」（江）表記が混入したと考えられ、秘談独自の表記ではない。

漢字仮名表記例（一八〇例中一二例ある）は、仮名表記を漢字に改め、漢字表記を仮名に改めた例で左に掲げる。

若[△1]（合2・11）・こめ[△28]（合9・5）・ヲ致シ[△47]（合10・10）・いわんかたなし[△△48]（合10・11）・中分也[△100]（樋3・3）・図に乗[△103]（樋3・7）・同断也[△130]（樋10・9）・宜しく[△137]（香2・1）・玉をこめ[△140]（香6・1）・あたりて[△△143]（香8・2）・年前の事のよし[△△152]（香15・1）・下タ書有[△175]（近5・10）

「若」例は初稿「若」・改稿削除・再稿「モシ」をみるに、仮名表記を漢字に改めた結果、偶然に秘談と一致した。以下同じ。

補足例（一八〇例中七例ある）は、読みを指示する等の例で左に掲げる。

空しく[○3]（合2・13）・相見へ申候[○57]（合14・10）・右樋口氏[○134]（樋11・4）・年前の事のよし[○○152]（香15・1）・ケヘール[○155]（香18・1）・大きに[○167]（近4・7）・受取渡し[○179]（近9・1）

「右樋口氏」例は再稿「樋田氏」・秘談「右樋口多太郎」をみるに、折衷しているかにみえる。改稿は削除されているが改稿系「内閣本」には「樋口氏」とあり、秘談に依った必然性まではみえない。「事のよし」例は補足例と共に漢字表記を仮名に改めた例でもあるが、初稿「事ノ由」・改稿削除・再稿「由」・改稿系内閣本「事のよし」・再稿系秘談本「事のよし」をみるに、秘談に依ったと断定できない。三本表記が同じとは、常用される漢字仮名表記に対する筆写感覚の同一性を表すと考える。

同訓異字例（一八〇例中一五例ある）を左に掲げる。

候儀[△14]と（合6・6）・発炮[△15]（合7・1）・所なり[△41]（合9・24）・差図[△46]（合10・8）・左様之儀[(△)△63]（合16・3）・唯[△90]四月（樋1・1）・書簡請取[△104]（樋4・1）・六挺仕懸[△109]（樋5・4）・返翰受取[△117]（樋5・16）・此儀[△120]（樋5・20）・申間鋪[△131]（樋10・10）・英吉利[△△133]（樋11・2）・差図人[△145]（香10・3）・〇如是[△147]（香11・2）・七艘掛ケ置[△151]く（香14・1）

「唯」例は諸本すべて「只」とあり、秘談のみにある表記である。唯（ただ）は是ばかり・是のみする意でヒトリとも読み、只よりはシッカリする意。この例など解釈例に入れて筆写者の解釈の同一性と考える。「鋪」例は改稿以下すべて「敷」で秘談のみ「鋪」とある表記である。秘談には合原第一四項に「申間鋪」とあるが、一件本「申ましく」のもとになった再稿には「申間シク」とある。つまり秘談の表記に依っているなら合原第一四項「申ましく」は、「申間鋪」となっていなければ矛盾するのである。「鋪」例も筆写感覚の同一性による偶然の一致とみる。

解釈例（一八〇例中一三例ある）を左に掲げる。

内意[△18]（合7・4）・警固ス[△20]（合7・8）・自然と[○25]（合8・8）・為ニ差出[○△32]（合9・13）・船を取押へる[○34△△△35]（合9・15 16）・異人入津[△75]（飯15・1）・致し方なく[△79]（飯15・10）・詮議もなく[△128]（樋10・7）・右樋口氏[△135]（樋11・5）・幅八九間[△138]（香4・1）・蒸気船を留る[△142]（香8・1）・有之候節[○148]（香11・3）・上陸の節[△178]（近8・2）

「意」例は改稿「下知」・再稿「内達」をみるに、再稿から解釈発展した例で、筆写者の解釈の同一性を表す。「ス」例は独自表記とみたが、再稿「ヌ」は「ス」の誤写と考えられ、再稿系の秘談が「す」と表記したのは当然である。

再稿はその原本ではなく伝存する写本に「ヌ」とあるため一応掲げた。「幅」例は諸本すべて「巾」である。巾はキレ・フキン・オホヒが本来の訓義で、日本特有の訓義にハバがある。ハバと本来の訓義を持つのが幅である。幅巾とは冠をつけず頭をつつむこと、頭巾の意からハバの義を持つようになった。「幅」例も筆写者の解釈の同一性を表す。「候」例は諸本が「有之使節」とあり、秘談だけが「有之候使節」とある。一件本が秘談に依ったと仮定すると、「使」を削除して解釈したとみる。しかし諸本の通り「候」は「使」の誤写とみる方が事実に蓋然性があろう。

清濁例（一八〇例中五例ある）を左に掲げる。

宜しからす△17（合7・2）・なるへし△69（飯1・4）・ゲヘール△73（飯6・1）・いはゞ△110（樋5・5）・イボレッ△149ト（香11・4）

清濁は偶然の一致以外の何ものでもない。

倒置例（一八〇例中三例ある）を左に掲げる。

不致▽▲8（合3・2）・併しなから▽▽▲▲▲100（樋3・3）・去なから▽▲▲▲125（樋8・1）

「不致」例は初稿「不致」・改稿「致さす」・再稿「イタサズ」をみるに、再稿・改稿をもとに漢語表記に改めたとみる。「併しなから」例は改稿以下すべて「乍併」、「去なから」例は諸本すべて「乍去」を和語表記の漢字仮名交じりに表記を改め、偶然に秘談と一致したのである。

仮名遣い例（一八〇例中二例ある）を左に掲げる。

さわる△19（合7・5）・打おとし△29（合9・6）

「わ」例は諸本「は」、「お」例は諸本「を」、旧仮名遣いとしては誤写となる。

省画例（一八〇例中二例ある）を左に掲げる。

舟[△26]ふち（合9・2）・二十丁[△92]（樋2・3）

「舟」例は諸本「船」、「丁」例は諸本「町」を省略した。「丁」例は同項冒頭に改稿再稿「丁打」とあり、この「丁」に引かれて偶然に秘談と一致をみたのである。

符丁例（一八〇例中一例ある）を左に掲げる。

只今ゟ[△43]（合10・1）

「ゟ」例は改稿以下「より」と仮名表記である。改稿系「内閣本」に「ゟ」がある。これは「え」（江）例の近世文書や書簡で常用された符丁表記で、稿本を書写する際の筆写者常用の符丁表記が混入したもので、秘談本や内閣本と偶然の一致をみたものである。

右が一件本の独自表記中、秘談本と一致する百八十例のすべてである。一件本中の独自表記は、すべて秘談本の表記に基づいた例ではなく偶然の一致による同一表記であったことが判明した。

以上をまとめると合原7(8)の項目立てがない八字（右様御憂に被成候）は、改稿本になく再稿本にのみある表記で、再稿本をもとにしている。合原10(11)の再20（いたし候様子）も改稿本になく再稿本（実は改稿が補足削除した初稿の表記を再用）をもとにしている。樋田2(3)末尾の二六字も再稿本を参照している。香山12(13)の項目立ては再稿本で、改稿本は前項の第一二項に含まれ項目立てしない。香山15(17)の一五字は改稿本になく再稿本を参照している。近藤1の末尾七字の本文は再稿本を参照し、改稿本は末尾六字が二行割註形式である。

最後に一件本の写本には、諸本と照合して誤字等判明したので訂正一覧を掲げる。

用例	該当箇所	誤	正	理由
1	合1	千駄嵜	千代○嵜	誤字
2	2	臣子	臣下○	誤字
3		早束	早速○	省画
4	6	なり	あ○り	誤字
5		パッテイラ	バ○ッテイラ	誤字
6	7（8）	さわる	さはる	誤字
7	9（10）	打おとし	打をと○し	誤字
8	10（11）	ヒストン	ヒストウ○ル○	誤字
9	12（13）	四ツ時此蒸気船	四ツ時比○蒸気船	誤字
10		綱ノ本	綱二本	誤字
11		嵜沖	三○嵜沖	脱字
12		警かさる	驚○かさる	誤字
13	13（14）	急けれは	急け、は	誤入
14	14（15）	不来由	不来申○	誤字
15		来月にとも	来月に、も	誤入
16		来候よし	参○候よし	誤字
17	飯7	めりやすの処皮	めりやすの如○皮	誤字
18	8	二人みな〆て	二人ニ○テ○〆▲て	誤解
19	樋1	（符合せることろ）	（符合せると▽ころ）	誤写
20	2（3）	早束	早速○	省画
21	4（5）	御さしの	御さし図○	誤字
22	5（6）	さかし	あ○かり○	誤字
23		早東	早速○	省画
24	8（9）	精勲	精勤○	誤字
25	10（11）	受取方と	受取碇○と	誤字

用例	該当箇所	誤	正	理由
26	香1	カリホルニヤ（何）	カリホルニヤ○ヨ○リ○船○ヲ○仕立出○帆○ニ○テ○国○王○ヨリノ書翰○一○通○持○参○（何）	脱字
27	4	総数にて	総鉄○にて	誤字
28		ホントウカノン	ホントノ○カノン	誤字
29		ホントフボンベ	ホントノ○ボンベ	誤字
30		十二ホンドウ	十二ホンドノ○	誤字
31		野戦筒仕掛	野戦筒（二○輪○	脱字
31			車○仕掛）	
32	6（7）	施る事なし	絶○す事なし	誤字
33	8（9）	蓋を上れは	蓋をと○れは	誤字
34	9（10）	には百里	に八○百里	誤字
35	11（12）	板二重	板三○重	誤字
36		子ヂ鉄	子ヂ鋲○	誤字
37		封印有之候節	封印有之使○節	誤字
38	13（15）	車印シ付る	車印ヲ○付る	誤字
39		鉄炮掛リハ鉄炮懸	鉄炮掛リハ、	重複
		リハ		削除
40	15（17）	七十六年と昼（一画削除）	七十六年ト書	略字
41	17（19）	各別扱よく	格○別扱よく	省画
42	近3	固禁也	国○禁也	誤字
43	9	大船へ	本○船へ	誤字
44		离抔を	離○抔を	省画

註1　鮫嶋正助とは鮫島尚信のことか。尚信は弘化二（一八四五）年三月一〇日鹿児島藩士鮫島尚行（淳愿）の子として生まれ、諱名は尚信、通称誠蔵。この誠蔵が正助か不明である。宮部鼎蔵が安政元年ごろ渡来一件を書写しているらしく、正助が誠蔵とすると一〇歳の時所持していたことになり、無理があるようである。明治前記の外交官・鮫島尚信は正助ではない。鮫島正助書翰集の写本が東京大学史料編纂所にある。

註2　宮部鼎蔵、文政三（一八二〇）年四月、肥後国益城郡西上野村に生まれ、諱名は増実、号は田城・尖庵。父は医師宮部春吾素直。叔父増美につき山鹿流兵学を学び養子となる。嘉永三（一八五〇）年九州遊歴中の吉田松陰と知り合い、翌年江戸に出て山鹿素水に入門。同年末松陰の東北遊歴に同行出発した。嘉永五六年ころ林桜園に師事して国学・神道思想を学んだ。安政元（一八五四）年松陰のペリー軍艦潜入・アメリカ渡航の企てを聞き帯刀を交換してその行を励ました。このころ攻守和戦の策を論じ建白書を提出したが、藩吏に容れられず失意帰国、閉居して世人との交わりを絶ち門人の教育に意を注いだ。この安政元年ごろ帰国前の江戸で書写した可能性が高い。文久二（一八六二）年清川八郎のすすめで上京、薩摩藩尊攘派の領袖有馬新七と連絡をとり摂津地方の海岸を巡視、絵図・防御策を提出。翌年親兵設置の令あるや熊本藩五〇余名を率い討幕運動高揚の気運に乗じたが、八月十八日の政変に遭い長州へ退去。翌元治元（一八六四）年長州藩主の赦免周旋を志し上京、在京志士の重鎮として活動したが、六月五日夜池田屋で新撰組に襲われ自刃、享年四五歳。墓は京都市東山区大黒町（三条縄手）三縁寺にある。明治二四（一八九一）年四月贈正四位。

へ　再稿本系「亜墨利加軍艦渡来秘譚」（秘譚本）

神奈川県立公文書館所蔵の「亜墨利加軍艦渡来秘譚」（以下、秘譚本と称呼）は、写本の大きさ縦二四・〇×横一六・八糎、一丁表裏各七行・一行二〇字前後、本文は二オより三四ウまで。本文末尾に

癸丑七月一七日脱藁

と本文の書写年月日がある。三五ウより三六オに諸藩固めの図、三六ウより三七ウに附言として異人の狼藉を語る。これは同館所蔵の「米船浦賀渡来一件」にも表記は異なるが同内容の一文が付いている。秘譚本の附言の後に二字下げで

　右者横須之者咄候趣芳野氏より伝聞之侭爰ニ附録すしかしなから是ハ我国戦闘を好む者我国人を激せしめんか為の虚言成よし浦賀人申候

とあり虚言とみる。それほどこの聞書には、刺激的情報が満載されているのである。末尾ウの奥書に

　此書新店奥山氏より借用写置候

とあり、裏表紙に

　嘉永七甲寅年八月三浦屋権四郎主

とある。秘譚本の与力聞書本文は、三浦屋権四郎が新店奥山氏より借用して、嘉永六年七月一七日に脱稿し写本として整い装丁を終えたのが翌年八月である。

秘譚本の本文を諸本と照合すると左の事実が判明する。

合原第八項「御下知[改16]　故浦賀ニ而も[改17]　腫物ニ」と削除があるが、再稿には「御内達有之候右様御患ヒ被成候ユへ浦賀ニテモ尽ク用心腫物ニ」と表記の変更補足があり、秘譚本は改稿に依っている。

合原第十項「[改35]　異船を取押[独]　る為ニ而はなく陸上之諸家[改36]　疎忽ニ手出し[改37]不[独]　致様禁制[改38]の為[改39]（なり）[独]　」と倒置（「異船を取押る為ニ而はなく」と「陸上之」の）・削除・変更があるが、再稿には「陸上ノ見物人ヲ指押へ諸家ニテソコツニ手出シ無之ヤウ制禁スル為　指出シ候「異船取扱フ為ニアラス」と表記の変更や補足がある。これも改稿に依る。

飯塚第五項「成行形容而已ニ相、成候、」と変更があるが、再稿には「成行、候也」と初稿と同一表記で七字を削除する。これも改稿に依る。

樋口第三項「ハ内意も中含メ置候間香山、遣、候様差図ニ付右壱人ニ而応」は独自の補足・削除・変更があるが、改稿で削除した初稿の表記二七字をもとにしている。秘譚本は初稿を参照している形跡は原則ないので、多く改稿に依っている中で再稿を参照した好例である。

樋口第六項「重き事にて」「数かゝり」は独自の変更があるが、前者が改稿にない後者が再稿にない表記である。改稿をもとにして再稿の表記も採用している。同項「(処) 左様ならは (先)」は改稿以下諸本すべて「左候ハヽ」とあり、初稿のみ「左様ナルハ」とある。同項にして下接して「過、候」とあるのは改稿以下諸本「過 (キ)」と送り仮名の有無があり、初稿のみ「過キ候ハヽ」とあるのである。改稿以下の表記は初稿の表記を大きく削除した上に成り立っている。秘譚本は初稿を参照した形跡が原則ない。しかし右二例は初稿の表記を例外的に受け入れたのか偶然の一致なのか、今は後者とみる。

秘譚本の本文を諸本と比べ、どの稿本また写本と表記が一致するかみる。

秘譚本は多く改稿に依る表記を持ちながら、再稿表記を参照採用しているのである。この事実により、右の諸本調査結果をみるに、改稿表記総計940、再稿表記総計390は、言うまでもなく秘譚本が再稿表記より改稿表記を多く採用していることが判明する。秘譚本は改稿本系写本と考えるには、約400例近くの再稿本表記の存在と矛盾することになる。従って再稿本系写本の秘譚本の特徴として多くの改稿表記を取り入れた書写姿勢が、独自表記総計925と多きに至らしめたと考える。以上の次第を具体的にみる。

合原

項目	改稿	再稿	独自	秘談
1	7	5	5	4
2	53	20	47	47
3	8	3	3	2
4	7	0	5	6
5	7	2	8	4
6	16	6	9	8
7	4	2	9	6
8	26	7	16	16
9	19	7	12	11
10	47	15	48	26
11	65	30	77	41
12	18	5	11	7
13	6	3	9	5
14	5	2	4	4
15	40	14	35	34
16	25	4	12	24
17	8	1	2	5
18	7	2	8	8

飯塚

項目	改稿	再稿	独自	秘談
1	9	7	16	3
2	20	6	10	15
3	3	0	2	1
4	4	6	7	7
5	6	2	9	6
6	10	4	6	3
7	4	1	1	1
8	9	2	3	3
9	6	4	6	6
10	5	6	8	2
11	2	0	3	1
12	4	1	0	1
13	4	2	4	4
14	18	7	13	8
15	13	3	14	9
16	10	3	10	7
17	2	1	1	0
18	4	0	3	2
19	5	8	11	4
20	4	0	2	2

樋口

項目	改稿	再稿	独自	秘談
1	27	8	32	16
2	4	1	5	1
3	34	17	42	37
4	18	15	21	14
5	14	6	16	11
6	61	21	51	44
7	6	0	8	9
8	5	2	4	3
9	4	2	6	6
10	5	0	6	5
11	10	5	22	14
12	7	4	5	5

香山

項目	改稿	再稿	独自	秘談
1	8	2	12	5
2	2	1	5	0
3	0	1	3	0
4	13	8	17	15
5	4	2	1	1
6	3	3	4	1 欠文あり
7	6	2	6	2 欠文あり
8	2	0	6	0 欠文
9	0	0	4	1 改稿欠文
10	6	4	3	3
11	10	12	13	4 欠文あり
12	26	10	29	20
13	1	3	3	0 欠文
14	3	3	1	0 欠文
15	4	3	4	2 欠文あり
16	9	3	7	8
17	10	1	6	3
18	6	1	2	1
19	18	10	15	9
20	1	0	3	3
21	4	1	7	5

近藤

項目	改稿	再稿	独自	秘談
1	3	3	8	2 欠文あり
2	6	7	13	2 欠文あり
3	10	2	11	13
4	11	3	6	8
5	19	14	21	12
6	3	1	4	2
7	14	6	9	0 欠文
8	10	5	10	5 欠文あり
9	11	3	11	6
10	7	2	4	0 欠文
11	5	2	10	0 欠文

＊上の香山第一二項の秘談20と近藤第五項の秘談12にはそれぞれ欠文あり。

	合原	飯塚	樋口	香山	近藤	総計
改稿	368	142	195	136	99	940
再稿	128	63	81	70	48	390
独自	320	129	218	151	107	925
秘談	258	85	165	83	50	641

右により秘譚本は改稿本を基に再稿本を参照して、独自の表記を多く生み出していることがわかる。

秘談の表記と一致する六四一例中三三四例が改稿本の表記と一致する。秘談本は再稿本系であるが、改稿本の表記を取り入れている点に特色がある。従って三三四例は、九四〇例の改稿本表記と同様とみれば、その数は一二七四例となる。

問題は独自表記中で秘談と一致する三〇七例である。三例重複するが補足九例、削除五一例、変更二五〇例の計三一〇例である。

補足九例は

癸丑（合1・1）・速か成事（合1・3）・空しく（合2・33）・漕歩行（合8・14）・外ニ何か（飯19・1）・漕歩行（樋4・12）・どや〳〵と押込（香12・17）・剱の長サ（香18・1）・帆影相見候（近1・1）

右の通り諸本にない語句を補って理解の助けとし、殊更特異な表現ではない。

削除五一例は、各与力の始め二例を掲げ、その外は所在のみ記す。

乗越、不計（合1・4）・用弁致、候（合2・11）・合2・17 28、合3・1、合6・6、合7・3、合8・9、合9・10、合10・3 5 18、合11・13 22、合12・1、合13・4、合15・6 24、合18・8、色と申せとも（飯1・3）・バッテイラ、五六間（飯2・1）・飯2・14、飯4・7、飯5・4 5、飯14・2、飯16・3、漸、去（樋1・6）・休息致、居（樋3・1）・樋3・5 10 23、樋4・6、樋5・9、樋6・10 26 39、樋7・4 6、樋8・2、四尺計、（香4・6）・八百里計、走る（香10・1）・香12・2 5、香15・1、香16・5、香19・5、通達致、置（近3・8）・来るか位之事、（近4・5）・近8・3、近9・2

各与力の始めの一例目は「へ」、二例目は「し」、三例目は「に」、四例目は「は」または「長サ」、五例目は「々」また「〱」、六例目は「し」、七例目は「り」、八例目は「り」、九例目は「し」、十例目は「故」また「ユへ」が削除され、大半が送り仮名である。通常の読解に支障はない。

変更二五〇例は、助詞「へ」を「ニ」・仮名を漢字またその逆・仮名を符丁・同訓異字・符丁を漢字・清濁などである。一番多いのは「之」九八例である。各与力の始め二例を掲げ、その外は所在のみ記す。

臣下之身（合2・15）・半日程之（合2・27）・合2・35 44、合3・2、合4・1 2 6、合6・5、合7・1 4、合8・2、合9・2 4 5 6 9、合10・1 2 4 8 20 26、合11・1 20 23 26、合15・13 14 18 27 32、合16・2 3 14 16 17 23、合17・5、合18・1 7、四海之内（飯4・2）・誰彼之領分（飯4・4）・飯9・1、飯11・1、飯14・7、飯15・1 6、飯16・4 7、飯19・2 3、入津之異国船（樋1・1）・手当之儀（樋1・4）・樋1・12、樋3・15 20 24 36 37、樋4・5 9 14、樋5・2 3 6、樋6・1 23 24、樋7・2 3、樋9・4、樋11・1 3 10 12、樋12・1 2、合衆国之内（香1・2）・上陸之人数（香11・1）・香12・4 18 19、香19・1 8、香20・1、香21・1、着船之節（近2・1）・定例之詞（近3・1）・近3・6 10、近5・2 7 10、近6・2、近8・1 5、近9・1

「之」はすべてもとは「の」で、「之」を仮名では「し」と読み、秘譚本は漢字を訓読みしている用例なのである。秘譚中の「の」と「之」は仮名か漢字かの違いがあるのである。合原第六項に「台場之図」（合6・5）とあるが、同項に「是迄の異船」とある「の」は、秘談には「之」とあるが諸稿本は「の」を取っている。近藤第六項に「上官之者」（近6・2）とあるが同項冒頭「始終掛合之節」の「之」は、秘談の他に改稿にあり、同項「副将之者」とあるが諸稿本や秘談はすべて「ノ（の）」と仮名書きである所を秘譚本のみ「之」と独自表記している。つまり秘譚本の独自表記「之」は、秘談「之」に依る必然性はなく、両本表記の一致は偶然によるとみる。

変更例の二番目は、「ら」の二八例で同様に掲げる。

本ゟ知る（合2・8）・国命ゟ重き（合2・16）・合2・20 30、合8・12、合9・11、合11・3 9、合12・3、合13・3 5、合14・1、合15・5 29、合17・1、五六間ゟ十間位（飯2・2）・肥前守殿ゟ（樋1・5）・何れゟ之（樋3・2）・樋3・8、樋10・2、出帆ゟ（香1・4）・水際ゟ（香4・7）・香11・2、香12・10、香21・3 4、蘭人ゟ（近4・1）・外ゟ（近8・4）

「ゟ」例は各稿本で仮名「より」と表記し、稿本から傍系の写本が生まれるとき、筆者常用の符丁表記が混入したとみる。秘談特有の符丁遣いでない。

変更例の三番目は、「事」の二七例で同様に掲げる。

五日位之事（合2・46）・右様之事（合4・6）・合10・10、合11・6 18 33、何事も（飯5・6）・万一之事（飯15・6）・云事（樋1・3）・乗上り候事（樋3・14）・樋3・16、樋4・8、樋6・13 16 19 30 32 36、樋7・5、樋11・4 11、絶す事なし（香7・1）・整居る事（香19・2）・乗込候事（近3・3）・致置候事也（近3・9）・近3・10、近5・1

事例は改稿以下各稿本「ヿ」（符丁）また「ヿ」とある符丁を漢字に改めた。符丁を漢字に改めたことが秘談独自の表記とはならず、その逆も「ゟ」例でみた。「事」例も秘談との関係は認められず、秘譚本の筆者の意図が認められるのみである。

変更例の四番目は、畳字「ゝ」（〱）一三例で同様に掲げる。

夫ゝ（合2・36）・所ゝ（合6・2）・合10・23、色ゝ（飯1・3）・投込〱（飯2・13）・飯15・7、追ゝ（樋1・9）・色ゝ（樋3・33）・樋6・33、樋8・1、佐ゝ倉（近2・2）・内ゝ（近4・2）・近5・3

「ゝ」例は「々」（ただし仮名で「ソレ」とあれば「〱」だが）を改めたものである。「投込〱」例は改稿で「々々」、再稿で「ここ」とあるが、二字のため改めた。この用字法も通常のもので秘談の表記に依ったとは認められない。

変更例の五番目は、格助詞「え」（江）一〇例で同様に掲げる。

異船え（合10・19）・内海え（合11・25）・合14・2、廿人え（飯6・1）・船中え参（飯9・5）・飯13・1、飯19・4、香山え（樋3・32）・重官え（香12・11）・此地え（近3・2）

秘譚本の「え」（江）例は、合原第一〇項で「元之所え」とあり、通常表記「へ」を独自表記「え」に変更しているが、秘談は「へ」である。同様の例が右に掲げた合11・25と同表記が下接して「内海え」と秘譚では「へ」を「え」と独自表記するが、秘談は「へ」と表記され両写本とも一貫性を欠く嫌いがある。「え」例は各稿本にはない。稿本を転写した初稿本系の記聞本、改稿本系の内閣本、再稿本系の秘談本には「へ」に混じって「え」が散見した。「え」は近世文書や書簡で常用された表記であり、稿本を転写した筆者各々によって混入したものである。秘譚と秘談の表記はここでも偶然の一致とみる。

変更例の六番目は、接続助詞「共」五例で同様に掲げる。

其方たり共（合2・13）・立寄候共（合8・5）・切しつめ候共（合10・12）・何程来る共（樋1・13）・弐艘共（香6・1）

四例は接続助詞「共」例で、稿本では「とも」「𪜈」（符丁）とある。最終例のみ副詞的に使われ稿本は同様だが、初稿のみ「共」とあり一緒・同時の意である。「共」は副詞「トモニ」の訓が中心であり「トモ」の訓を派生し、接続助詞に転用された。接続助詞「とも」が「共」と表記される所以である。この転用は秘談の独創ではなく、時代の常用である。

変更例の七番目は、「有」五例で同様に掲げる。

八艘位有り（合6・1）・号炮有り（合7・5）・磁石有（飯2・8）・書簡有（香12・12）・下書有（近5・8）

「有」例は稿本すべて「あり」「アリ」と仮名書きである。香山第十二項「飾り有」は秘譚本の独自表記であり、他の稿本写本（秘談も入る）すべて仮名書きである。漢字仮名どちらを使っても常用の表記である。

変更例の八番目は、「所」四例で同様に掲げる。

差遣ス所也（合10・25）・元之所え（合10・26）・彼所是所（樋11・9 10）

「所」例は改稿以下すべて「処」、一例目のみ初稿に表記が「所」とある。「所」は場所を広く指すが、「処」は「ヲル」と訓みその場にすわるから身の居場を狭くいう。広狭の違いはあるが「トコロ」と同訓通用する。

変更例の九番目は、倒置四例で同様に掲げる。

不宜（合11・35）・不参儀（合15・15）・去なから（樋9・3）・筒不持者（香20・2）

一例目は諸本「宜しからす」、二例目は「参（ラ）ざる」、三例目は「乍去」、四例目は「持たさる」を各々漢文表記にまた和文表記に変更したもので、表記として秘談を参照しなければ到達できぬ表現ではない。

変更例の一〇番目は、「請」三例で同様に掲げる。

請取ニ（合2・22）・書翰請取（樋5・1）・請取渡（香12・14）

「請」例は一例目のみ、改稿以下他例は諸稿すべて「受」とある。「請」例は右三例では独自表記で秘談と一致している。しかし飯塚第八項冒頭には、諸稿すべて「請取」とある中、秘談と記聞のみ「受取」とある。近藤第五項冒頭は諸本すべて「受取」とある中、秘譚のみ「請取」とある。同項に下接して「受取」と諸本一様にある。秘譚の近藤第五項では諸本の表記に従ったり、それに反して独自の表記をしている。「受」は物を我が方へうけ取りうけ入れること。「請」は所望し乞い求めることから転じて、ウク・招ク意となり、受請はウク常用の表記となった。

変更例の一一番目は、「差」三例で同様に掲げる。

差支候（合2・34）・差出し（合8・15）・差遣ス（合10・24）

「差」例は諸本すべて「指」である。「指」はユビでさし示すこと、指図の義。「差」は二つの間のひらき・タガフが本義だが、サスと訓じ指示・指定・注入などの義に用い、また他の語に冠して右三例のように意味のない接頭語となった。指差はサシの常用の表記となった。

変更例の一二番目は、「抔」三例で同様に掲げる。

指差抔（合11・17）・吾国抔ハ（飯4・5）・突当り抔（樋4・10）

「抔」例は二例目は初稿に「抔」とあるが、他は初稿表記を改めた改稿以下に「なと」と仮名表記である。「抔」はスクフ・クムが本義だが、ナドと訓じ三例のように語に添えて例示し、ある物事を取り立てて示す副助詞として接尾語的に使われた表記である。

変更例の一三番目は、「嶋」三例で同様に掲げる。

野嶋へ（合11・40）・海鹿嶋（樋3・3）・中嶋三郎助（樋3・28）

「嶋」例は地名が初稿「嶋」改稿以下「島」、人名が諸稿すべて「島」である。島は山と鳥の合字で、海中に現れた陸地。山は義を示し鳥は音符である。島嶋は同じで㠀は島の古文・嶌は俗字。秘譚の筆者が嶋に統一表記した結果、秘談と一致したまでである。

変更例の一四番目は、「寄」三例で同様に掲げる。

近寄舟（樋4・2）・近寄事（樋4・7）・近寄船（樋4・8）

「寄」例は一・三例の初稿「寄」以外すべて「ヨラ・ヨリ・ヨル」と仮名表記。寄は我身をよせ宿る義で、ヨル・ヨリ・ヨスと訓む漢字表記に常用する。

変更例の一五番目は、「炮」二例で同様に掲げる。

発炮致候（合7・2）・大炮連発（合7・6）

「炮」例は諸稿すべて「砲」である。この二例の間に「号炮」とあるが諸稿「砲」であり、秘談のみ「号発」と初稿改稿「号砲」再稿「発砲」を折衷しており、砲炮どちらか不明である。砲はもと礮で石を弾き飛ばす弓だから石偏。炮は炙（あぶ）るで物をつつみ焼くから火偏。火薬を使った大砲で炮と通用させた例は、近世の古文書・書簡にみる所である。

変更例の一六番目は、「拾」二例で同様に掲げる。

隔る事拾町（合11・6）・六拾八ホンド（香4・9）

「拾」例は一例目が初稿「拾」改稿以下「十」、二例目は諸本すべて「十」。拾十は互いに通じ、法令上戸籍や金銭に関しては字画の変更を恐れ拾を用いた。

変更例の一七番目は、「弐」二例で同様に掲げる。

綱弐本（合13・2）・書翰弐箱（香12・1）

「弐」例はいづれも初稿「弐」改稿以下「二」で、弐二通用する。

変更例の一八番目は、「敷」二例で同様に掲げる。

宜敷様（合18・5）・要心厳敷（香7・2）

「敷」例は一例目が初稿「宜敷様」改稿「宜様」再稿「宜ク候ヤウ」、二例目が諸稿「シク（しく）」と仮名書きである。漢字表記で「敷」は字母として常用する。

変更例の一九番目は、「船」二例で同様に掲げる。

　来船すべし（樋6・42）・来船之様子（香19・8）

「船」例は一例目は諸本すべて「来舶」、二例目は初稿「来船」改稿「来舶」「来ル」。舶は大ブネ、舟船はフネの通名。

変更例の二〇番目は、「掛」二例で同様に掲げる。

　腰を掛（香12・13）・七艘掛置（香16・1）

「掛」例は一例目の初稿「カク」と終止形だが、その他すべて「カケ」と連用形の仮名表記。掛はカカル・ワカツ意のカク、名詞としてカケ・カカリの和義がある。掛は仕分けてのけて置く意、懸はツナギ置く意。

変更例以下はすべて一例である。一括して掲げる。

異船ニ近付（合2・1、諸本「へ」）・乗込迚（合2・2、諸本「トテ」）・若し爰ニ（合2・24、初稿「若」、改稿削除、再稿「モシ」）・返翰受取（合11・29、諸本「簡」）・軍艦も（合11・32、諸本「船」）・是又（合15・10、初稿「又」、改稿「亦」、再稿「マタ」）・何所（合15・11、諸本「ドコ」）・磁石有（飯2・7、諸本「儀尺」）・中と云計なし（飯15・4、初稿「言」、改稿「言ふ」、再稿削除）・打破候（飯18・1、初稿「破」、改稿「敗し」、再稿「敗」）・申出候処（樋1・10、初稿再稿「シノ」、改稿「之」）・迯帰へき（樋1・15、諸本「返ル」）・慨嘆ニ堪ず（樋1・16、初稿「エス」、改稿「す」、再稿「ヘス」）・右壱人（樋3・30、改稿削除、再稿「一」）・図に乗（樋4・11、改稿再稿「のり」）・漕歩行（樋4・12、諸本「アルキ」）・弐間程明ケ（樋5・5、初稿「程」、改稿削除、再稿「ホト」）・すわと云（樋6・6、改稿再稿「は」）・御沙汰厳重故（樋6・17、改稿「き」、再稿「シキ」）・今度（樋7・1、諸本「此」）・五尋迄（樋8・3、諸本「ヒロ」）・落度無様（樋9・1、諸本「ナキ」）・大工任セ（樋11・6、初稿「任」、改稿再稿「まか」）・英吉利（樋12・3、初稿「イキリス」、改稿「英咭唎」、再稿「インキレス」）・華盛頓（香1・3、諸本「ワシントン」）・幅八九間（香4・1、諸本「巾」）・鉄張ニ（香4・3、初稿「張」、改稿再稿「はり」）・塗り（香4・4、諸本「ル」）・唐銅ニ（香4・5、諸本「金」）・六拾八ホンド（香4・10、諸本「ト」）・車廻らす（香9・1、初稿「マワ」、改稿欠文、再稿「マハ」）・飾り有（香12・7、初稿「飾」、改稿「かさ」、再稿「カザ」）・使節之後（香12・19、初稿「後」、改稿再稿「うしろ」）・国と成（香17・3、初稿再稿「ナル」、改稿削除）・腰ニ挟て（香20・3、諸本「ハサミ」）・帆影（近1・1、初稿「影」、改稿「かけ」、再稿「カゲ」）・被巾るゝハ（近3・11、諸本「候ハ」）・弁ひ居（近4・7、諸本「へ」）

以上が変更例のすべてである。「磁石」例など「唐銅」例とともに、「儀尺」や「カラ金」の解釈表記として特異な例で、秘談とどのように繋がっているのか不明である。しかし三一〇例の大半は、秘譚本の独自表記が秘談本と偶然に一致した例であった。

秘譚本が再稿本系であることは、樋口3末尾二五字「奉行香山栄左衛門（ハ内意も申含メ置候間香山遣候様左図ニ付右壱人ニ而応）接致申候」は改稿のみ削除。・樋口6「重き事にて」・香山13の項目立て「（一イホレットハ金の板より房を下け飾り候物両肩へ下る也）」は、改稿のみ項目立てせず同12項とする。香山17の一一字「以来対々（之国と成是ハ七十六年前）也」は、改稿のみ一〇字分削除に徴して明らかである。改稿本系表記が多くあるから、秘譚本は改稿本系とするには無理がある。従って再稿本系写本として改稿本系表記を採用した点に特徴があるとみる。

終わりに秘譚本には、諸本と照合すると明らかに誤字脱字等が認められるので、訂正一覧を付す。

用例	該当箇所	誤	正	理由
1	合11	法螺の具笛	法螺の貝笛	誤字
2		二艘かろし	二艘をろし	誤字
3		一叟	一艘	省画
4	15	何十叟	何十艘	省画
5		大軍艘	大軍船	誤字
6		打貫不申	打貫可申	誤字
7		角本	角木	誤字
8		候ニイ（此下り有之様子ハ本のまゝ）シ候	候ニイトヤスク打貫申候誠ニ火勢ハ意外ニ強キ物ト感心致シ候	脱字
9	18	焼繋(かけ)	焼打（討）	解釈
10	飯1	飯塚久米二言	飯塚久米三言	誤字
11	5	潮りを招	嘲りを招	誤字
12	14	香山栄右衛門	香山栄左衛門	誤字
13	15	支度而已ミ致	支度而已、致	誤入
14	17	カラユニいたし	カラコニいたし	誤字
15	樋1	（合原飯塚等之符合する所ハ）	（合原飯塚等之申処と符合する所ハ省く）	脱字
16		石炭置場拝借	石炭置場土地拝借	脱字
17		被相成候	不相成候	誤字
18	3	栗浜ゟ浦賀迄	栗浜ゟ浦賀迄山越にて廿町計りの処馳皈り見れは忽然と四艘の船浦賀に	脱字
19	樋3	詫セしハ	託セしハ	誤字
20	4	船役を差出し	役船を差出し	倒置
21	6	しかし	若し	誤読
22	7	成らる由	成らさる由	誤字
23	11	浦賀舟大工	浦賀船大工	省画
24	香1	フルカット一艘	フレカット二艘	誤字
25	4	船掾迄	船縁迄	誤字
26		大炮と門	大炮十門	誤字
27		ホンカノン	ホンヘカノン	脱字
28	6	軍艦弐艘兵長サ	軍艦弐艘共長サ	誤字
29	11	陳列を正し	陣列を正し	誤字
30		六隊ニ	六隊有り一隊ニ	省略
31	15	錠を付候	碇を付候	誤字
32	17	英吉利へ制せられ	英吉利ニ制せられ	誤解
33	18	上官是を揮ス	上官是を指揮ス	脱字
34		剱を抜揮す	剱を抜指揮す	脱字
35	19	不請る以前	不請取以前	誤字
36		ドゴ迄も	ドコ迄も	誤字
37		モヲシ不遠内	モ、シ不遠内	誤入
38	近8	大炮八位	大炮八挺位	脱字

ト　再稿本系「米夷留船秘談」（秘談本）

米夷留船秘談は、尾崎咢堂旧蔵で現在横須賀市人文博物館所蔵である。米夷留船秘談（以下、秘談本と称呼）は、高橋恭一氏が「横須賀市博物館研究報告（人文科学）」六号の「浦賀奉行与力よりの聞書（黒船来航見聞実記）」において翻字し、その説明に

日本側の記録（ペリー艦隊来航の）であるが、その数は相当あるようであるが大体内容は同一のもので、（省略）その原拠となるものは直接その応接に当った浦賀奉行与力五人の聞き書であるらしい。（省略）尾崎行雄翁が秘蔵した筆写本「米夷留船秘談」六巻（省略）その第一巻に記された与力五人の聞き書を写して参考に供したい。これによれば、当時の外交政策として穏便主義一点張りで秘密主義を堅持していたこともよくわかる。さらに彼我の精意が疎通せず、ために誤解・邪推とりどりに織りなされている。アメリカ兵の行動に対する日本人の憤慨を語り、また沿岸防備の不用意不備など為政者の痛いところをついている。（省略）これら五人（合原・飯塚・樋口・香山・近藤）の聞書は日本側の記録に大抵記されているが、ここでは米夷留船秘談から記し賀港来船記を参考にした（省略）この米夷留船秘談は嘉永七年六月に柴浦漁者湍門が記した六巻もので、第一巻が聞書、第二巻は大統領らの書翰とその和解、第三、第四巻は再度の来航である金川碇泊一件を取扱い、第五、六巻は下田湊碇泊一件を絵入りで記している（省略）米夷留船秘談の第一巻は美濃紙二十二葉のもの（省略）。当時の状況を語る文献の原拠が、この聞書であるらしいと推定し、徳富蘇峰の近世日本国民史にも若干引用していると紹介する。「米夷留船秘談」は、嘉永七年六月に柴浦漁者湍門が排輯したものである点、本文成立上重要である。

秘談本の調査は、横須賀自然・人文博物館学芸員の安池尋幸氏の便宜により同館長林公義氏の館蔵資料貸与許可を得

ることができた。記して謝意を表する。

秘談本は改稿本から発展した再稿本の表記を多く踏襲する点にその特徴がある。秘談本の特徴を解明するために改稿本・再稿本・秘談本を並べ、まず再稿本は改稿本の表記とどこが異なるのか。その異なる表記の淵源は、どの写本と一致するかみた。その上で秘談本は再稿本とどう関わるのか具体的に検討した。比べた諸本は初稿本・初稿本系の記聞本・改稿本・修訂本である。例を示すと一行目が改稿本、二行目が再稿本、三行目が秘談本である。記号は補足○、変更△、削除ヽ、倒置▽▲である。初は初稿の表記と一致する意、初修は初稿の表記と一致しかつ修訂本に受け継がれた意、再は再稿の表記を受け継いだ意、改は改稿に戻した意である。独は他に例をみない独自表記の意である。秘談に付けた数字はその用例数である。三例以下省略するがその数が多い例より左下に図示する。

千代　崎を乗　越　観音崎　　乗付　乍去
千代ケ（○初）崎ヲノリコ（△△△△）へ観音崎近ク（○○初修）　乗出シ（△△初修）　去ナカラ（▽▲▲▲初）
千代ケ（再1）崎を（、独2）越（△）へ観音崎（、、改1）　乗出し（再5）　去なから（再13）

独自	再稿	改稿	初稿	記聞
560	499	103	97	58

まず記聞は初稿から派生した写本であるが、再稿本系の秘談本を書写する際に参照しているのか疑問が生じるのである。それは記聞五八例中三一例（記3 6 8 10 11 12 13 15 16 17 20 22 24 27 30 31 33 36 37 38 43 44 45 47 48 50 54 55 56 57 58）は「民家え（△）」（「へ」を「え」「江」）と表記するものであり、実は独自五六〇例中一二例（独10 11 13 15 57 60 76 88 173 363 444 540）ある。従って記聞を実見していないと仮定すると、記聞の三一例は独自例とみることが可能なのである。ただし初稿九七例中五例（初69 70 73 74 75）も同用例が存在するところから、表記が必ずしも統一されていない嫌いがあるのである。残

った記聞二七例は、補足例「其速か」（記1）、「何れも」（記18）、「与力也」（記53）の三例、倒置例「益なし」（記2）、「不申」（記23）、「去なから」（記42）の三例、変更例「不差出」（記4）、「バッテーラ」（記5 9 14 19）、「受取」（記25 26 28 29）、「無之候ハ、ハ」（記35）、「仕懸」（記39 41 46 52）「亜墨利加洲」（記51）、「相見ゆる」（記40）の一六例、削除例「二艘、を」（記32）、「方へ、」（記34）、「二艘、」（記7）、「掛、置」（記49）、「量り行、」（記21）の五例がその内訳でありこれも独自例（記聞三一例と同二七例）とみる。図示する。

独自	再稿	改稿	初稿
618	499	103	97

秘談本は再稿本系であるのに改稿表記一〇三例があるのは、再稿本が改稿本の表記を補足などして改めた箇所を、もとの改稿本表記に戻したのである。初稿表記九七例は、改稿本や再稿本で初稿本の表記を改めた箇所を、もとの初稿本表記に戻したのである。百箇所前後改稿本・初稿本の表記と一致するのであるから、実見参照したと推測する。又は次の独自表記の結果、偶然の一致ともみられる。

秘談本の大きな特徴として再稿本系でありながら独自表記六一八例が示すのは、書写する際に再稿本の表記を離れ筆者独自の判断により、諸本にない表現が自由になされている点にある。再稿本表記四九九例にこそ秘談本の原本の姿が色濃く投影しているのである。この数百例は、再稿本が成立するに改稿本表記を初稿本表記に戻し改めたり、独自表記に改めたものを秘談本が踏襲しているという意味を持つのである。つまり秘談本は、再稿本の存在なしにはありえぬ写本であることが判明するのである。合原第十項にある秘談本「再99」（三行目全文）を例示する。各行は先の通り、一行目が改稿本、二行目が再稿本、三行目が秘談本である。但し再稿本に付けた記号は初稿本と改稿本の関係も含まれる。

異船　を取押へる為にてなく陸上諸家　疎忽　に手出し致さぬ様　制禁の　為也
陸上ノ見物人ヲ指押へ　諸家ニテソコツニ手出シ無之　ヤウ　制禁スル為　指出シ候ヿ異船
陸上の見物人を差扣へ　諸家ニ而疎忽　ニ手出　無之　様　制禁する為ニ差出　候　異船を
取扱フ為ニアラス
取押る為ニあらす

右により秘談本表記は、改稿本に多く初稿本表記を取り入れ戻した再稿本に依っていることが判明する。秘談本が再稿本の表記に依拠する顕著な例を左に掲げる。秘談本樋田第三項の「再278～299」には

栗　浜にて　與力　同心一同詰合居　打切　候　騒動　海鹿島より　扣へたり共　来船　有之　と
九里浜ニテ　与力　同心一同詰メ居　打限り候　騒立　海鹿島ニテ　扣ヘタリ其　来船　イタシ候　ヿ
九里浜ニ而　与力　同心　詰　居　打限り候　騒立　海鹿嶋ニ而　扣居たり其　来船　致　置候　事

掛　合　に　達　呉　申　に付　承知のと　計り申立難成　候　者を　上ら　せ可
懸　合候　ニ　ハ　達シ　呉　申　ニ付此方答テ　御　承知ノヿ　斗り申立ナリカタク候　者　登ラ　セ申
懸　合候　ニ　は　達し　呉　申　候ニ付此方答て　御　承知　計　申立なりかたく　者　のぼらせ可

申上　可参　処処　栄左衛門　接致
ヘクト　可参　ノ処　栄左衛門ハ内意モ申含置候間香山ヲ遣シ候様差図ニ付キ右一人ニテ応接イタ
申　と　参るへき之処　栄左衛門は内意も申含置候間香山を遣し候様差図ニ而　右壱人ニ而応接致
申候
シ申候
候

秘談本香山第七項の「再398〜401」は、左の通り。改稿本は欠文のため、秘談は再稿本に依拠することになる。

改稿欠文
蒸気船ノ留ルニハ別ニ穴アリテ蓋ヲトレハ蒸気是ヨリモレテ車マハラス蓋ヲスレハ蒸気車　ニ当リ　て車旋転ス
蒸気船を止るに　穴ありて蓋を取れハ蒸気　もれて車廻らす　蓋をすれハ蒸気くるまニあたりて　旋転す

秘談本香山第一三項の「再435〜442」には

其　催促に従ひ出陣し　大　に　故　に　取合　打勝　和平取結　以来対ゝ　国
イキリスノ催促ニテ　出陣等イタシ大　ニ　ユへ　又取合　打勝テ　和平取結ヒ　以来対々ノ国トナル是ハ
イキリス之催促ニハ　出陣等致　大きニ　故　又取合　打勝て　和平取結ひ　以来対ゝの国と成　是は

七十六年前ノ　由

七十六年前の事のよし

秘談本香山第一五項の「再448〜458」には

此度の異人英吉利　温順　なり惣て　整　居ること妙なり乍去　書簡　以　前は盡く殺気立　色

此度ノ異人イキリス　温順ノ方也　総テ　整ヒ居候ヿ　妙也　去ナカラ書翰　前ハ尽ク殺気立チ色

此度之夷人イキリス　温順の方也　総而　調　居候事　妙也　去なから書　翰　前ハ悉く殺気立　色

々ねしけし言を申　難渋致し　候　後ちは　扱ひよく相成る　いかにも　手薄き　取扱　候若

ゝ子ヂ也　言ヲ申也難渋イタシ候処受取候後　ハ　扱ヒヨク相成候　イカニモ御手薄キヿ　取扱ヒ候シカシ

ゝ子ヂ　言を申　難渋致し　候　受取　後　扱　よく相成候　如何ニも御手薄　取扱　候　併

秘談本近藤第三項の「再474〜485」には

書簡　受取渡し　書簡　受取　候様　御沙汰　其趣異船へ申通　程なく　返簡　御遣し　被成候　儀　急

書翰　受取渡　書翰　受トリ候ヤウ御達　異船へ其趣申通シ候　ホトナリ返翰　御遣ニ相成候　義　急

書翰　受取　書翰　受取　候様　御達　異船え其趣申　候　、、、、返翰　、、、、、、之義　急

に　国王の書簡　に　下書を渡し申へし　返簡出来の上　書　此度は書簡　而已受取返簡　は

々ニ　ハ国王ノ書翰別ニ　コノ下書ヲ渡シ可申　返簡出来ノ上本書　此度ハ書翰　ノミ受取返翰　ハ

ニ[再480]　ハ　国王之書翰別に[再481]　下書を渡し可申[再482]　返答出来之上本書[再483]　書翰[再484]　のみ受取返翰[再485]　ハ

右により秘談本は、再稿の表記に依り成立していることが判明しよう。

次に右を前提にして独自表記六一八例にある削除例（独12 20 411 440 525 526 547~551 553等）526は省略、をみるに

爰　にて裁判いたしかたし　相成　候儀　故　手数　も掛　り　九　里浜にて書簡　受取の節　彼より

コヽニテ裁判イタシカタク　相ナリ候儀　ユヘ手カズモカヽリ候ユヘ　九日栗浜ニテ書　翰受取ノセツハ彼ヨリ

、、、、、、、、、[独12]　相成　、[独19]　故　、、、、、、、[独20]　九日栗浜[再405]　、、、、、、、、、[独411]

上陸　ゲベトル　組何れも人品宜敷　装束　立派冠りに赤黒の玉を付　る

上陸ノ　ケヘ　ール組何レモ人品宜シク装束モ立派冠　ニ赤黒ノ玉ヲ付アル

上陸之　、、、、、、、、、、、、、、、、、、、[独440]

此後返簡受取に参　候時　日本王の書簡を守護し帰る　こと故　小人数にては日本を敬するに当らす右故

此度返翰受取ニ参り候セツハ　日本王ノ書翰を守固シ返リ候　ユヘ　少人数ニテハ日本ヲ敬スルニ当ラス右故

、、、、、、、、、、、、、、、、、、、、、、、、、、、、、、、

数艘仕立　尚更大軍船に　程　引連　可参　　此度は我　国王の書簡故　これほどの人数にて参
軍船数艘仕立テ尚更大軍船二艘ホト引連レ参ルヘケレトモ此度ハ我カ国王ノ書翰ユヘコレホトノ人数ニテ参リ

候由　申候
候ヨシ申ス　独525

書簡　受取之節　何か六ツヶ敷　ことにても申　候やと大に心配致し　候　二人合て　応接掛りの与力
書翰受取ノセツ何カ六　カシキヿ　テモ申シ候歟ト大　心配イタシ居候　二人〆　応接掛リ　与力　独547　独548　独549

通詞　二人　下段の間与力
通辞　一人　下タノ間与力　独550　独551
右五名ヨリ聞ケル所深秘ニ付不免他見　独553
右近藤憭治ゟ聞　独552

右により秘談本合原第二、香山第九・一〇、近藤第四・六項の欠文は、再稿本の本文を削除した結果なのである。

削除とは反対に、独自の補足例として独432「ハ金之板金ニ房を付両肩ニさげて飾る也是」（香山第一〇項の割註）

などあるが、独255「或ハ云此箱之中は白旗弐流漢文之書一通有之由其書之大意ハ此度呈候書翰之趣意可承知ハ有ましく左すれハ一戦ニ及ふへし然るに勝算は我にあり其節降参を乞ひ度ハ此旗を動すへし左すれハ船を退そけんとの義やと云侭しかたしといへとも風説之侭をハ爰ニ記す」（飯塚第一九項）は、秘談本でも行替え一字下げにして諸本にみえない本文とは関係のない特異な表記で全文一一七字におよぶ（掲示写真⑧⑨参照）。所謂「白旗書簡」の大意であり、ペリーの砲艦外交の史料として引用されることになる。これは聞書受容史で言及した。

秘談本の具体例を挙げておく。再183「何れも間合不申候様存候」（合原第一六項）は、再稿「何モ」に「れ」を補足した。この補足は記聞本にみえるが、独自例とした。再稿「何モ」は初稿により、修訂「何にも」に受け継がれる。秘談は「イヅレモ」と読み、修訂は「ナニモ」と読み、再稿「何モ」は両様に読めるが、秘談と修訂は読みを解釈したことになる。独217「候ニ」（飯塚第八項）の削除は、初稿・記聞・改稿・再稿・修訂すべてに「トテ悦候様子」の本文があり、秘談のみ独自に削除している点に再稿本の本文を底本としている証左である。また独272 273「同心詰居」（樋田第三項）は、再稿「同心一同詰メ居」を底本として最小限に削除したとみる。さらに独223「、」（飯塚第一〇項）の割註全文削除は、合原第一四項の本文「十月十一月の頃にあたる」の表記があるため重複を嫌ったことになる。

改42「栗浜」（樋田第三項）は、同項冒頭に再278「九里浜」とあり、同一項内で「九里」「栗」と表記が異なる。この理由は秘談が再稿以外と対校した本文の印象が投影されていると推測する。または異字を矛盾とみない漢字通用の拘泥のなさが窺われる。

再376「韃」（樋田第一二項）について、再稿には「恐ラクハ清ノ誤歟栄左エ門咄シ清ト云」と本文に註がついており、初稿「清ノ誤リ」の註は記聞が韃を「清」に改めているから、再稿のごとき註を初稿は断定整理した表記に改め伝えており、記聞は合理的に本文を改め註を削除した。初稿の前に原本があるような感じがするが、香山の情報提供を再稿が諸本にない表記を加えたとみるのである。

最後に独384「書翰、を」（香山第一項）の前後独378より388までみるに

フレカット　弐艘北亜　墨利加共和政治合衆国の内ワシントン（都名）カリホルニヤより船を仕立
フレガット[独]　弐艘北亜　米利加共和政治合衆国ノ内ワシントン（都名）カリホルニヤヨリ船ヲ仕立
フレガット[再379]（軍船之名）[独378]　二艘北、[独379]　米里幹[独380]共和政治、州、之、都華盛頓の命を受[独381]　角里弗尓聶　の　仕立船[独382]
出帆にて国王より　書簡　弐　通持参（何れも筥入）カリホルニヤ出帆より十四日　にて　当地　着に相成
出帆ニテ国王ヨリ　ノ書翰[初修]　一[記聞]通持参（何レモ箱入[初修]）カリホルニヤ出帆ヨリ十四日目ニ[初]　当地　着ニ相成
ニ而国王、[独383]　の書翰、、[独384]　を　持参、、、、、[独385]　本　国[独386]　出帆后　十四日目[再382、初80]　当港え[独387]　着いたし[独388]
候由
候ヨシ
候由

秘談独自の表記が目立つ。しかし独384は、改稿「弐通」再稿「一通」と互いに矛盾するので、止揚するための削除である。秘談は再稿本を底本とするも、各稿本で表記に矛盾が生じる場合には独自に表記を展開するのである。

秘談本の原本と高橋恭一氏翻刻をみると、翻字に誤脱・誤写・誤入が三二〇例あるので、訂正一覧にして明示する。表記の意味を明確にする編輯の跡がみえる視点から「時宜ニ奇」を「時宜ニ寄」・「蹈例さ」を「蹈倒さ」と翻刻したのは、原本の誤字を訂正した。原本五ウ一〇の五〜七字（翻刻八〇頁の一行目）「浦賀迄浦賀迄引戻候様」を「浦賀迄引戻候様」と三字の脱字は、重複を削除した編集である。また原本六ウ五の九字（翻刻八〇頁八行目）「さるなり」は原本にない脱字「り」を補足して、意味を明確にする。編集意図に合致する原本変更は編集と表記、その他原本に表記がないため誤写と書いた。「釵」をすべて「劔」と翻字するが、秘談は再稿本の高麗環雑記と表記上深い関わりがあり、再稿本に「釵」とある影響下の表記なので、すべて原本「釵」（訂正一覧の41・43・56・71・127・144・145・206・264・275・284・285）とした。

用例	各項	原本箇所	翻刻箇所	誤	正	理由
1	合1	一オ四17	七七の11	船ニ	船二○艘○ニ	誤脱
2		一オ五6	七七の11	速く	速か○	誤字
3		一オ九19	七七の15	され	さす○	誤字
4	合2	一ウ一11	七七の16	乗る	参○る	誤写
5		一ウ三15	七七の17	なれは	なれハ○	編集
6		一ウ三23	七七の17	場にも	場え○も	誤写
7		一ウ四13	七七の18	国命より	国命ゟ○	編集
8		一ウ五23	七七の19	国王より	国王ゟ○	編集
9		一ウ六5	七七の19	呈す	呈候○	誤写
10		一ウ六20	七七の19	乗り候哉	参○り候哉	誤写
11		一ウ七2	七七の20	爰にて	爰ニ○て	編集
12		一ウ八4	七七の20	答て何	答て云○何	誤脱
13		一ウ九5	七七の21	纔に半日	纔○半日	補足
14	合2	一ウ十6	七七の21	出帆より	出帆ゟ○	編集
15		一ウ十13	七七の21	乗候間	参○候間	誤写
16		二オ一18	七八の1	答候か様	答に○ケ○様	誤写
17		二オ二12	七八の2	伺候	伺に○	誤写
18		二オ四22	七八の3	なれは	なれハ○	編集
19	合4	二オ八6	七八の7	兵箸之	兵器○之	誤写
20		二オ九12	七八の8	益なく	益なし○	誤写
21		二オ十6	七八の8	是は	是ハ○	編集
22	合6	二ウ三9	七八の12	小舟の	小舟之○	誤写
23		二ウ五14	七八の14	する	す○	補足
24		二ウ六14	七八の14	申し而は	申候○而ハ○	誤写
25		二ウ七10	七八の15	急而	兼○而	誤写
26	合7	二ウ九9	七八の16	四つ時	四ツ○時	編集

用例	各項	原本箇所	翻刻箇所	誤	正	理由
27	合7	二ウ九15	七八の17	夜四つ時	夜四ツ○時	編集
28		二ウ九20	七八の17	一発づつ	一発ツ○ヽ○	編集
29	合8	三オ一3	七八の18	江戸より	江戸ゟ○	編集
30		三オ一12	七八の18	彼の	彼か○	誤写
31		三オ一15	七八の18	当り	当○	補足
32		三オ三17	七八の20	候へば	候へハ○	編集
33		三オ四13	七八の20	取巻杯	取巻抔○	誤植
34		三オ四17	七八の20	候而は	候而ハ○	編集
35		三オ五2	七八の20	宜しから	宜○から	補足
36		三オ五10	七八の21	専要に	専要ニ○	編集
37		三オ六6	七八の21	候へは	候へハ○	編集
38		三オ六27	七八の21	致したる	致○たる	補足
39		三オ七14	七八の21	浦賀より	浦賀ゟ○	編集
40		三ウ五11	七九の6	北之方	小○之方	誤写
41		三ウ六26	七九の6	剱を抜	釼○を抜	編集
42		三ウ七9	七九の6	寄らば	寄らハ○	編集
43		三ウ八1	七九の7	剱付筒	釼○付筒	編集
44	合10	三ウ十10	七九の8	侮く	侮候○	誤写
45		四オ一12	七九の8	御定	御意○	誤写
46		四オ二12	七九の8	事済之儀	事済候○儀	誤写
47		四オ五17	七九の10	役船	彼○船	誤写
48		四オ六3	七九の10	総え着	跡○え着	誤写
49		四オ九12	七九の11	趣意候	趣意ニ○候	誤脱
50		四ウ一7	七九の12	羆ゝ	態○ゝ	誤写
51		四ウ一17	七九の12	晩景には	晩景ニ○は	編集
52	合11	四ウ三15	七九の13	夷人に	夷人え○	誤写
53	合11	四ウ四4	七九の13	より参り	ゟ○参○	補足
54		四ウ五22	七九の14	夫より	夫ゟ○	編集
55		四ウ五14	七九の14	二艘より	二艘ゟ○	編集
56		四ウ九19	七九の15	剱を	釼○を	編集
57		五オ一7	七九の16	杯して	抔○して	誤植
58		五オ一10	七九の16	ことごと	と○ゝ○	編集
59		五オ一21	七九の16	相見え	相見候○	誤写
60		五オ二2	七九の16	いわん	いは○ん	誤写
61		五オ二18	七九の16	寄妙	奇○妙	誤植
62		五オ六24	七九の18	先は	先ツ○	誤写
63		五オ九14	七九の19	かかる	かゝ○る	編集
64		五オ九23	七九の19	なれは	なれハ○	編集
65		五ウ二8	七九の20	浦賀は	浦賀に○	誤写
66		五ウ二12	七九の20	掛場	掛り○場	誤脱
67		五ウ三21	七九の20	あと	跡○	編集
68		五ウ四23	七九の20	には	ニ○は	編集
69		五ウ五22	七九の21	とする	とす○	誤入
70		五ウ五25	七九の21	江押	取○押	誤写
71		五ウ六10	七九の21	剱	釼○	編集
72		五ウ九2	八〇の1	奉行より	奉行ゟ○	編集
73		五ウ九8	八〇の1	候而は	ニ○而は	誤写
74		五ウ十5	八〇の1	迄引	迄浦○賀○迄○	誤脱
75		五ウ十13	八〇の2	精々	精ゝ○	編集
76	合12	六オ二19	八〇の3	二本	弐○本	編集
77		六オ三1	八〇の3	煙筒より	烟○筒ゟ○	編集
78		六オ三4	八〇の3	大焔を以	火○焔を吹○	誤写

用例	各項	原本箇所	翻刻箇所	誤	正	理由
79	合12	六オ三10	八〇の3	ことく	と○く	編集
80		六オ三17	八〇の3	沖よる	沖ゟ○	誤写
81		六オ三23	八〇の3	はなし	ハ○なし	編集
82	合13	六オ四5	八〇の4	本国より	本国ゟ○	編集
83		六オ四28	八〇の4	目着	目ニ○着	誤脱
84	合14	六オ七4	八〇の5	さすれば	さすれハ○	編集
85		六オ七25	八〇の5	候日	候付○	誤写
86		六オ八17	八〇の6	彼地より	彼地ゟ○	編集
87		六オ九6	八〇の6	なれは	なれハ○	編集
88		六オ十6	八〇の6	なれは	なれハ○	編集
89		六ウ二7	八〇の7	なれは	なれハ○	編集
90		六ウ二24	八〇の7	時宜ニ寄	時宜ニ奇○	訂正
91		六ウ三8	八〇の7	御思召の	被○思召候○	誤写
92		六ウ五1	八〇の8	のみにて	のみニ○て	編集
93		六ウ五9	八〇の8	さるなり	さるな○	補足
94		六ウ六10	八〇の9	製造	制○造	編集
95		六ウ八19	八〇の9	相貫	打○貫	誤写
96		六ウ九2	八〇の10	先か	先日○	誤写
97		六ウ九12	八〇の10	椎	樅○	誤写
98		六ウ九15	八〇の10	一尺二寸	壱○尺弐○寸	編集
99		六ウ十3	八〇の10	手前より	手前ゟ○	編集
100		七オ一18	八〇の11	は三	ハ○随○分○三	誤脱
101		七オ一22	八〇の11	三貫目	三〆○目	編集
102		七オ二21	八〇の11	一尺	壱○尺	編集
103	合15	七オ四4	八〇の12	公より	公ゟ○	編集
104		七オ四20	八〇の12	前々	前ゝ○	編集
105	合15	七オ八3	八〇の13	起し而ハ	起候○而ハ	誤写
106		七オ十10	八〇の14	誠に	誠ニ○	編集
107	合16	七ウ一7	八〇の15	戸よりの	戸ゟ○之○	編集
108		七ウ一12	八〇の15	御沙汰に	御沙汰ニ○	編集
109		七ウ一26	八〇の15	候儀	候義○	誤写
110		七ウ二15	八〇の15	にては	ニ○而○ハ○	編集
111		七ウ二23	八〇の15	間に合	間○合	補足
112	合17	七ウ五11	八〇の16	なれは	なれハ○	編集
113		七ウ五14	八〇の16	焼討宜	焼討か○宜	誤脱
114		七ウ七4	八〇の17	同人より	同人ゟ○	編集
115	飯1	七ウ九5	八〇の19	造りし物	造り候○物	誤写
116	飯2	七ウ十9	八〇の20	間拾間	間ゟ○拾間	誤脱
117		八オ一7	八〇の20	位の	位之○	編集
118		八オ二13	八〇の21	先に立	先ニ○立	編集
119		八オ二18	八〇の21	之ことく	之と○く	編集
120		八オ三1	八〇の21	先え	夫○え	誤写
121	飯3	八オ五15	八一の1	制止返	制之○止返	誤脱
122	飯4	八オ七18	八一の2	国杯は	国抔○ハ○	誤植
123		八オ七21	八一の2	他より乗	他ゟ○参○	編集
124	飯5	八ウ一4	八一の4	等えの	等え之○	編集
125		八ウ二6	八一の4	所より	所ゟ○	編集
126	飯6	八ウ三12	八一の5	つつの	ツ○、○の	編集
127		八ウ三18	八一の5	劔を	釼○を	編集
128	飯7	八ウ七14	八一の6	手に	手ニ○	編集
129	飯8	八ウ十4	八一の7	へでも	へて○も	編集
130		八ウ十9	八一の7	かけしに	かけしニ○	編集

用例	各項	原本箇所	翻刻箇所	誤	正	理由
131	飯9	九オ一8	八一の8	色々	色ゝ○	編集
132		九オ一13	八一の8	しニ付	候○ニ付	誤写
133		九オ一21	八一の8	申訳候	申談○候	誤写
134		九オ二3	八一の8	乗り	参○り	誤写
135	飯10	九オ三15	八一の9	方渡来ハ	方○ハ	誤入
136		九オ三22	八一の9	かかり	かゝ○り	編集
137		九オ三26	八一の9	候へは	候へハ○	編集
138	飯11	九オ五3	八一の10	受取済	受取相○済	誤脱
139		九オ五15	八一の10	欠合之処	欠合候○処	誤写
140	飯12	九オ六14	八一の11	箱に入	箱ニ○入	編集
141	飯14	九オ九8	八一の13	鉄炮が	鉄炮か○	編集
142		九オ九12	八一の13	なれば	なれハ○	編集
143		九オ十18	八一の14	可有之候	可有○候	補足
144		九ウ一4	八一の14	槍剱	槍釼○	編集
145		九ウ二4	八一の14	槍剱	槍釼○	編集
146	飯15	九ウ四20	八一の15	中々	中ゝ○	編集
147		九ウ五20	八一の15	申間敷	申間鋪○	編集
148		九ウ六6	八一の15	あれは	あれハ○	編集
149		九ウ六19	八一の15	精々	精ゝ○	編集
150	飯16	九ウ九22	八一の17	異船の義	異船之○義	編集
151		一〇オ一11	八一の17	義候	義歟○	誤写
152	飯17	一〇オ二19	八一の19	鉄ニ而	銕○ニ而	編集
153	飯18	一〇オ四7	八一の20	候には	候ニ○は	編集
154		一〇オ五8	八一の20	合薬杯	合薬抔○	誤写
155	飯19	一〇オ六9	八一の21	一尺五寸	壱○尺五寸	編集
156		一〇オ六18	八一の21	二つ鉄の	二ツ○銕○の	編集
157		一〇オ七3	八一の21		図○の○と○き○物○	誤脱
158		一〇ウ二7	八二の2	左すれは	左すれハ○	編集
159		一〇ウ四4	八二の3	左すれは	左すれハ○	編集
160		一〇ウ四18	八二の3	信じがた	信し○か○た	編集
161		一〇ウ五4	八二の3	いへども	いへと○も	編集
162		一〇ウ五12	八二の3	爰に記す	爰ニ○記す	編集
163	飯20	一〇ウ八7	八二の5	栄三より	栄三ゟ○	編集
164	樋1	一一オ二20	八二の8	殿より	殿ゟ○	編集
165		一一オ三6	八二の8	に而ハ	候○ハ○、○ハ	誤写
166		一一オ三16	八二の8	頻りに	頻りニ○	編集
167		一一オ五17	八二の9	与力には	与力え○は	誤写
168		一一オ八11	八二の10	鉄炮	銕○炮	編集
169		一一オ八18	八二の10	示さは	示さニ○	編集
170	樋3	一一ウ二21	八二の12	八つ時	八ツ○時	編集
171		一一ウ三4	八二の12	しニ付	候○ニ付	誤写
172		一一ウ四3	八二の12	何れより	何れゟ○	編集
173		一一ウ五6	八二の13	付しニ付	付候○ニ付	誤写
174		一一ウ五25	八二の13	栗浜より	栗浜ゟ○	編集
175		一一ウ六5	八二の13	山こし	山越○し	誤写
176		一一ウ六20	八二の13	見れは	見れハ○	編集
177		一一ウ七3	八二の13	四艘の	四艘之○	編集
178		一一ウ八11	八二の14	被申ニは	彼○申ニは	誤写
179		一一ウ八20	八二の14	上りし事	上り候○事	誤写
180		一一ウ九12	八二の14	蘭人より	蘭人ゟ○	編集
181		一一ウ十2	八二の15	元より	元ゟ○	編集

用例	各項	原本箇所	翻刻箇所	誤	正	理由
182	樋3	一一ウ十15	八二の15	しニは	候○ニは	誤写
183		一二オ一10	八二の15	しニ付	候○ニ付	誤写
184		一二オ三3	八二の16	承知の上	承知之○上	編集
185		一二オ五12	八二の17	に内意	は○内意	誤写
186		一二オ七14	八二の18	追ゝ	近○ゝ	誤写
187	樋4	一二ウ一8	八二の20	有とは	有て○ハ○	誤写
188		一二ウ一21	八二の20	能々	能ゝ○	編集
189		一二ウ二17	八二の20	あらは	あらハ○	編集
190		一二ウ六3	八二の21	浦賀より	浦賀ゟ○	編集
191		一二ウ六20	八三の1	見物杯も	見物抔○も	誤植
192		一二ウ七8	八三の1	突当り杯	突当り抔○	誤植
193		一二ウ七19	八三の1	候処	候然○処	誤脱
194		一二ウ八18	八三の1	所々	所ゝ○	編集
195		一二ウ九10	八三の2	浜にも	浜え○も	誤写
196	樋5	一三オ一7	八三の3	上叚	上段○	誤植
197		一三オ一10	八三の3	姿に	姿ニ○	編集
198		一三オ一20	八三の3	畳ニ敷	畳○敷	補足
199		一三オ三9	八三の4	上叚之間	上段○之間	誤植
200	樋6	一三オ六15	八三の6	調練調	調練能○調	誤脱
201		一三オ七6	八三の6	述がたく	述か○たく	編集
202		一三オ七13	八三の6	幕内に	幕内え○	誤写
203		一三オ八20	八三の7	直に	直ニ○	編集
204		一三オ九3	八三の7	俄に	俄ニ○	編集
205		一三オ九7	八三の7	上叚之間	上段○之間	誤植
206		一三オ九16	八三の7	釼を佩び	釼○を佩ひ○	編集
207		一三オ十18	八三の7	いはば	いはゞ○	編集
208	樋6	一三オ十20	八三の7	切々	切て○	誤写
209		一三ウ一16	八三の8	蹈倒さ	蹈例○さ	訂正
210		一三ウ二6	八三の8	是に	是え○	誤写
211		一三ウ二19	八三の8	間に	間え○	誤写
212		一三ウ三4	八三の8	凌きし程	凌き候○程	誤写
213		一三ウ三15	八三の8	抜き中々	抜れ○中ゝ○	編集
214		一三ウ五12	八三の9	厳重	厳○重	誤植
215		一三ウ五17	八三の9	鉄炮	銕○炮	編集
216		一三ウ七4	八三の10	〳〵も無	〳〵○無	補足
217		一三ウ八19	八三の10	之儀ハ	之義○ハ	誤写
218		一三ウ十12	八三の11	なれは	なれハ○	編集
219		一四オ一9	八三の11	指支之間	指支候○間	誤写
220		一四オ一20	八三の11	申し候付	申○候ニ○付	誤写
221		一四オ二15	八三の11	中々	中ゝ○	編集
222		一四オ三3	八三の12	なれは	なれハ○	編集
223		一四オ三13	八三の12	云儀は	云此○儀は	誤脱
224		一四オ四12	八三の12	御評儀	御評議○	誤写
225		一四オ五1	八三の12	懸し也	懸候○也	誤写
226		一四オ六20	八三の13	合はず候	合はす○候	編集
227	樋7	一四オ九6	八三の15	致裁判之	致裁判候○	誤写
228		一四オ九21	八三の15	ハと一度	ハ今○一度	誤写
229	樋8	一四ウ一13	八三の17	叚々	段○ゝ○	誤植
230		一四ウ二18	八三の17	位上ハ	位迄○ハ	誤写
231	樋9	一四ウ三14	八三の18	落度之	落度無○之	誤脱
232	樋10	一四ウ六13	八三の19	浦賀より	浦賀ゟ○	編集
233		一四ウ七12	八三の19	厳重ニ	厳○重ニ	誤植

用例	各項	原本箇所	翻刻箇所	誤	正	理由
234	樋11	一四ウ九15	八三の20	殊に	殊ニ○	編集
235		一五オ二10	八三の21	図ニ寄	図ニ奇○	訂正
236		一五オ三16	八三の21	詮儀も	詮議○も	誤写
237		一五オ四3	八三の21	ながら	なか○ら	編集
238		一五オ五14	八四の1	申間舗	申間鋪○	誤写
239		一五オ五19	八四の1	人材	人才○	編集
240		一五オ六14	八四の1	様五万石	拾○五万石	誤写
241		一五オ六20	八四の1	榊原様ニ	榊原抔○ニ	誤写
242		一五オ七1	八四の1	被仰付之	被仰付候○	誤写
243		一五オ七7	八四の1	と存候	被○存候	誤写
244		一五オ十10	八四の2	手に入れ	手ニ○入れ	編集
245		一五ウ一7	八四の3	より聞記	ゟ○聞記	編集
246	香1	一五ウ四20	八四の6	出帆より	出帆ゟ○	編集
247		一五ウ五4	八四の6	当港に	当港え○	誤写
248	香4	一五ウ九7	八四の9	総鉄	捴○銕○	編集
249		一五ウ十4	八四の9	あらず	あらす○	編集
250		一六オ一5	八四の10	水際より	水際ゟ○	編集
251		一六オ二11	八四の10	ボンドの	ボンドノ○	編集
252		一六オ二21	八四の10	ボンドの	ホ○ンドノ○	編集
253		一六オ四11	八四の11	ボンドの	ホ○ント○ノ○	編集
254		一六オ四23	八四の11	六挺	六挺貯○置○	誤脱
255	香6	一六オ八11	八四の13	たやする	たやす事○	誤写
256		一六オ八16	八四の13	巌敷	嚴○敷	誤植
257	香9	一六オ十16	八四の14	取れは	取れハ○	編集
258		一六ウ一8	八四の14	すれは	すれハ○	編集
259		一六ウ一14	八四の14	くるまに	くるまニ○	編集

用例	各項	原本箇所	翻刻箇所	誤	正	理由
260	香11	一六ウ四17	八四の16	上陸終る	上陸終而○	誤写
261		一六ウ四20	八四の16	本船より	本船ゟ○	編集
262		一六ウ六11	八四の16	中に	中ニ○	編集
263		一六ウ七1	八四の17	弐頁八拾	弐百○八拾	誤写
264		一六ウ八6	八四の17	剱を	釼○を	編集
265		一六ウ八18	八四の17	たること	たるヿ○	編集
266	香12	一七オ一16	八四の18	鉄力木	銕○力木	編集
267		一七オ三8	八四の19	色々の	色ゝ○の	編集
268		一七オ三13	八四の19	こと〳〵	ヿ○〳〵	編集
269		一七オ四1	八四の19	出翰之趣	書○翰之趣	誤写
270		一七オ五8	八四の19	朱印有之	封○印有之	誤写
271		一七オ八2	八四の20	イボレッ	イホ○レッ	編集
272		一七オ八6	八四の20	は金之板	ハ○金之板	編集
273		一七オ九16	八五の1	間に上り	間え○上り	誤写
274		一七オ九23	八五の1	に立塞り	え○立塞○	誤写
275		一七オ十12	八五の1	剱を	釼○を	編集
276	香15	一七ウ一3	八五の2	冠其他	冠其外○	誤写
277		一七ウ一11	八五の2	車掛りは	車掛りハ○	編集
278		一七ウ二4	八五の2	かかりは	かゝ○りハ○	編集
279	香16	一七ウ三20	八五の3	夫より	夫ゟ○	編集
280		一七ウ四2	八五の3	広東に	広東え○	誤写
281	香17	一七ウ六17	八五の4	イギリス	イキ○リス	編集
282		一七ウ七7	八五の4	大きに	大きニ○	編集
283		一七ウ八8	八五の4	対々の	対ゝ○の	編集
284	香18	一七ウ十15	八五の6	剱ニ而	釼○ニ而	編集
285		一八オ一1	八五の6	剱の長さ	釼○の長さ	編集

用例	各項	原本箇所	翻刻箇所	誤	正	理由
286	香19	一八オ二14	八五の7	比すれは	比すれハ	編集
287		一八オ三8	八五の7	去ながら	去なか○ら	編集
288		一八オ三16	八五の7	前は	前ハ○	編集
289		一八オ四17	八五の8	後は	後ハ○	編集
290		一八オ六8	八五の8	されては	されてハ○	編集
291	香20	一八オ九20	八五の10	腰に	腰ニ○	編集
292	香21	一八オ十11	八五の11	公辺より	公辺ゟ○	編集
293		一八オ十18	八五の11	奉行より	奉行ゟ○	編集
294		十八オ十24	八五の11	有るに付	有るニ○付	編集
295		一八ウ一3	八五の11	礼に遣す	礼ニ○遣す	編集
296		一八ウ二14	八五の12	より聞	ゟ○聞	編集
297	近2	一八ウ五6	八五の15	佐々倉	佐ゝ○倉	編集
298		一八ウ五18	八五の15	近藤隙治	近藤鐐○治	編集
299		一八ウ六18	八五の15	詞に而	詞ニ○而	編集
300		一八ウ九7	八五の16	懸合難	懸合甚○難	誤脱
301		一八ウ九14	八五の16	蘭人より	蘭人ゟ○	編集
302		一八ウ十5	八五の16	内々御達	内ゝ○御達	編集
303		一九オ一23	八五の17	大きに	大キ○ニ○	編集

用例	各項	原本箇所	翻刻箇所	誤	正	理由
304		一九オ二3	八五の17	し事に候	候○事ニ○候	誤写
305	近5	一九オ三12	八五の18	国主に	国主え○	誤写
306		一九オ五9	八五の18	七日より	七日ゟ○	編集
307		一九オ六22	八五の19	申間舗由	申間鋪○由	編集
308		一九オ七11	八五の19	なれは	なれハ○	編集
309		一九オ八3	八五の19	先つ	先ツ○	編集
310		一九オ十8	八五の20	近日取に	追○て○取ニ○	誤写
311	近8	一九ウ四10	八六の1	外より	外ゟ○	編集
312		一九ウ四14	八六の1	とは違	とハ○違	編集
313		一九ウ五18	八六の1	宏大に而	宏大ニ○而	編集
314	近9	一九ウ七15	八六の3	悦喜の様	悦喜之○様	編集
315		一九ウ八5	八六の3	帰り時	帰候○時	誤写
316		一九ウ九11	八六の3	離打を	離杯○を	誤写
317		二〇オ一4	八六の5	隙治より	鐐○治ゟ○	編集
318	奥書	二〇オ二13	八六の7	五人より	五人ゟ○	編集
319		二〇オ三13	八六の7	異なれる	異○れる	補足
320		二〇オ五7	八六の7	湍門	湍門排○輯○	誤脱

右の訂正一覧には字数制限があるため、ここに補足しておく。用例1の原本箇所は17・18、用例22は二行割註、用例53の原本箇所は4・5編集・補足、用例74の原本箇所は5〜7、用例77の原本箇所は1・3、用例78の原本箇所は4・7、用例91の原本箇所は8・11、用例98の原本箇所は15・17、用例100の原本箇所は18〜20、用例107の原本箇所は7・8、用例110の原本箇所は15〜17、用例122の原本箇所は18・19、用例123の原本箇所は21・22編集・誤写、用例126の

原本箇所は12・13、用例156の原本箇所は18・19、用例157の原本箇所は3～7、用例158は一字下げ、用例160の原本箇所は18・19、用例165の原本箇所は6～8、用例186は一字下げ、用例187の原本箇所は8・9、用例206の原本箇所は16・19、用例213の原本箇所は15・17、用例220の原本箇所は20・21、用例229の原本箇所は13・14、用例245は二字下げ、用例248の原本箇所は7・8、用例252の原本箇所は21・24、用例253の原本箇所は11・13・14、用例254の原本箇所は23・24、用例271・272は二行割註、用例274の原本箇所は23・25誤写・補足、用例278の原本箇所は4・6、用例296は二字下げ、用例303の原本箇所は23・24、用例304の原本箇所は3・5、用例310の原本箇所は8・9・11、用例317は二字下げである。

チ　再稿本系「賀港来船記」（船記本）

賀港来船記は、横須賀自然・人文博物館所蔵である。賀港来船記（以下、船記本と称呼）に関して当博物館学芸員安池尋幸氏は、小生の問い合わせに対し

「賀港来船記」なる写本は、元高橋恭一氏の手許にあったもの（袋綴・一冊・二三三×一六三ミリメートル・百丁近い分量）。現在は当館歴史資料90号。表紙は後補。新写本、或いは旧蔵者の筆写か。外題題箋に「賀港来船記」、内題（本来の外題）に「浦来船雑記」、また更に内題「賀港来船記」とある。なお「竹亭沢氏」の蔵書印あり。「竹亭沢氏」は、中程に「癸丑竹亭筆記二　米船来船紀事／伊十郎聞書　小網丁廻船問屋也」とあり、前半が「癸丑竹亭筆記一」に相当するのではないか。そして筆者は江戸の人ではないかと推定。なお後半に浦賀与力の聞書類も含まれる。内題「賀港来船記」の書き出しは、「嘉永癸丑年六月三日、相州江の島の向ふなる片瀬といふ所の鰹船、豆州下田の洋なかニてふと異国船四艘ニあひ、大に仰天して漕戻り、其所の県令へ告訴

しけり」とある。

右の回答によって、舶記本の「与力聞書」は、江戸小網丁廻船問屋沢伊十郎竹亭の旧蔵本で、竹亭の筆写・表紙は後補と推定しておられる。ここで舶記本が秘談本と兄弟関係にあることから、秘談本の成立年をみる。高橋恭一氏「浦賀奉行与力よりの聞書（黒船来航見聞実記）」（横須賀市博物館研究報告〈人文科学〉第六号）で

嘉永七年六月に柴浦漁者湍門が記した六巻もので、第一巻が聞書、第二巻は大統領らの書翰とその和解、第三、第四巻は再度の来航である金川碇泊一件を取扱い、第五、六巻は下田湊碇泊一件を絵入りで記している。

とあるが、巻六の奥書の引用と推測されるので翻字して左に掲げる。

米夷留船秘談附録

余此頃亜米里堅船碇泊の始末を竊に見聞して記せしに遂に全備し六巻の書と成けれハ米夷留船秘談と題して傍におきぬ此書元より　御国体に拘るの一端なれハ深く秘して他見をゆるさす然るに其六巻の中豆州下田湊碇泊の部に記せしとく同所へ上陸御ゆるし有りて百日余り日〻上陸しこゝはの暇に徘徊せしかハ諸家警衛の人数或は士民等常に立交有しまゝに恵こゝろある者将官をはしめ人物の肖像或ハ船のな其外持来りし諸具又は夷人等か遊戯の情態を見とりて紙端に真写し来りしを借得て一読せしに余か下田の部に録せしと悉く符合せしかは即摸写して附録のまきとハなしぬなかに戯れに画きし如の図あれとも皆見取りし侭をゑかきて聊画工の作意なきハ留船秘談を読み照らし見て其異なる事を分明にすへしされとも余の画図の学ひなき故に極めて此摸写の拙きにこそ

嘉永七甲寅とし後七月湍門真砂国

右により嘉永七年閏七月に、米夷留船秘談は成立している。従って舶記本はそれ以降の成立となろう。さて舶記本表

記の特徴をみるに、その「合原惣蔵ゟ聞書第十一項」を参考に初稿・改稿・再稿・舶記本の順に並べてみる。

ハツテイラ　　拾五艘卸シテ
ハツテイラを弐艘の蒸気船より十五艘卸し
バツテイラ　二艘ヲ蒸気船ヨリ十五艘卸シテ
ハツテイラを二艘の蒸気船ゟ　十五艘卸し

再稿本の表記は、バツテイラを二艘卸したのか一五艘卸したのか矛盾する。従って舶記本は一五艘卸したとする点から改稿本に多く依拠したことになる。さらに同「飯塚久米三ゟ聞書第六項」（第六より八項は項目立てしないため実は第九項に該当する）を右の順に並べる。

請取候節　ナニカ色ゝシヤヘリ候ニ付通弁之者断リ申談　候義ハ船中へ参リテ承無言ニ致　度由申断ル余程
請取の節　何　か色々しやべり候に付通詞を以　申談　候儀　船中へ参　可承無言に致し度由申断候余程　の
請取ノセツ何ニカ色ゝシヤベリ候ニ付通詞ヲ以テ　申談シ候義ハ船中へ参リ可承無言ニ致　度　中断ル余ホド
請取の節　何　か色ゝしやべり候ニ付通詞を以て　申談　候儀ハ船中へ参り可承無言に致　度由申断る余程

手間も取レ　候由
手間　取　申候
手間モトレ　候
手間もとれ　候

舶記本は再稿本を元に改稿本の表記と折衷していることが判明する。同様に「飯塚第一一項」（第一四項に該当）の一部を並べる。

通辞曰　アメリカ鉄炮ハ上手ナレ　トモ
通詞、成程、、は委くも有へけれ　とも
通辞答テナルホド鉄炮ハ委シクモアルヘク　候ヘトモ
通詞答へて成程　鉄砲ハ委くも可有　候得共

舶記本の表記を秘談本と比べると

通詞答　て成程　鉄砲は委敷も可有　候へとも

とあり舶記本は秘談本と近似するのである。

舶記本表記の特徴を解明するため、改稿本・再稿本を中心に詳細に調査した。（　）は項目表記がなく、内の数字は該当項目数。

	項目	改稿	再稿	独自	秘談
合原	1	6	9	7	2
	2	38	26	29	43
	3	5	3	5	3
	4	3	3	6	4
	5	5	4	3	4
	6	13	9	5	9
	7	3	2	5	3
	8	20	15	21	20
	9	11	13	8	10
	10	32	38	41	27
	11	47	50	42	37
	12	10	11	9	10
	13	2	7	7	1
	14	4	5	2	3
	(15)	31	29	23	29
	15	20	9	13	16
	16	4	3	3	5
	17	5	5	3	7
飯塚	1	8	6	6	5
	2	12	10	10	14
	3	3	3	1	2
	4	4	7	7	5
	5	5	5	6	4
	(6)	7	6	3	5
	(7)	4	9	5	5
	(8)	6	6	4	4
	6	5	8	0	4
	7	3	9	1	2
	8	2	0	1	2
	9	3	2	1	1
	10	3	2	2	5
	11	12	11	13	10
	12	11	6	11	14
	(16)	7	3	7	7
	13	1	0	2	0
	14	3	1	3	3
	(19)	4	8	4	6
	(20)	2	2	1	2
樋口	1	17	17	19	10
	2	4	0	2	2
	3	28	36	44	26
	4	16	18	17	13
	5	10	12	9	5
	6	46	40	38	34
	7	6	1	7	6
	8	2	5	7	4
	9	6	3	4	6
	10	5	0	5	5
	11	14	5	16	14
	12	4	7	1	3
香山	(2)	3	3	6	1
	(3)	0	1	0	0

香山								
項目	2	3	4	(7)	5	6	7	8
改稿	13	2	2	6	1	0（欠文）	2	7
再稿	8	3	5	4	2	0	5	16
独自	13	1	2	3	0	5	2	10
秘談	9	2	1	4	0（欠文）	2	2	5

香山								
項目	9	(13)	10	11	12	13	(18)	14
改稿	18	1	0	5	7	5	2	14
再稿	16	4	5	4	5	10	5	16
独自	20	2	1	3	3	3	0	12
秘談	19	0（欠文）	0（欠文）	1	4	3	0	10

	香山		近藤					
項目	15	16	1	2	(3)	3	4	5
改稿	0	3	3	5	7	11	24	3
再稿	0	4	5	8	5	4	13	0
独自	4	3	6	11	5	7	17	2
秘談	3	4	2	3	10	8	18	2

近藤						
項目	(7)	(8)	6	7	(10)	8
改稿	12	1	9	9	7	3
再稿	9	1	3	9	3	5
独自	5	0	7	5	6	11
秘談	0（欠文）	0（欠文）	4	6	0（欠文）	0（欠文）

右の合計が上の数値である。舶記本は再稿本をもとに、改稿本を参照して独自表記を生んだ。注目すべきは秘談本表記と合致する表記が五八四例もあることである。秘談本は再稿本系であるから多く再稿本の表記に基づくことというまでもない。舶記本の秘談本表記と合致する例は、いわば再稿本表記とは異なる秘談本独自の表記中に見出せる例であり、舶記本が再稿本系の秘談本の影響を受けて成立しているという意味が判明するのである。つまり舶記本は秘談本から別れた写本と考える。

項目	合原	飯塚	樋口	香山	近藤	計
改	259	105	158	91	94	707
再	241	104	144	116	65	670
独	232	88	169	93	82	664
秘	233	100	128	70	53	584

賀港来舶記は、江戸小網町廻船問屋沢伊十郎竹亭により、秘談本を元に安政元年閏七月以降に書写されたとみる。舶記本が再稿本系である証左は、樋田第三項末尾の再27「ハ内意も申含置候間香山を遣候様差図ニ付右壱人ニて応」二五字、香山第一三（実は一七）項の再9「となる是ハ七十六年前の」一一字は改稿本になく、再稿本の表記であることによる。また香山第一五（実は二〇）項の独1「懸」・独2「｜」・独3「挟」が秘談本の表記と関わっており、舶記本の性格の一端がここにある。

リ　再稿本系「浦賀新聞」（新聞本）

浦賀新聞（しんもん）は、慶応二年正月に歿した広島藩御医師格の進藤寿伯が、安政元年季秋に書写した与力聞書である。その奥書に

此の書は古賀氏（謹一郎）聞輯の由にて、桜田様より御覧に入れ奉り候様申し来たるを窃かに写し置きぬ、殆んど事実に近きか。甲寅（嘉永七年）の晩夏写畢　　巌雨屋主人

右は阿部氏より借用にて甲寅の季秋写す。　　（進藤寿伯）菊の屋主人

とある。浦賀新聞を収録する「近世風聞・耳の垢」（昭和四七年三月青蛙房発行）の校註者金指正三氏は、

（一）嘉永六年六月浦賀新聞

古賀謹一郎が、ペルリ艦隊の浦賀来航に際し、その応接に当った浦賀奉行所与力合原惣蔵等からの聞書集

と解説に書いた。金指氏は著者について雅号「梅の舎主人」を紹介するも、奥書の「菊の屋主人」に言及せず同一人物とする。奥書には、広島藩関係者の桜田なる人物より巌雨屋主人の主家に閲覧に入れようと持参した与力聞書を安政元年六月に書写し、それを阿部なる者より菊の屋主人が借用し、同年九月写畢した。

進藤寿伯は、広島の町医進藤三折の子、生年不詳。名を宗考、雅号二月庵・梅の舎主人。文政一〇年二月正月、父三折は藩に生涯拾人扶持で御医師格に召抱えられた。時に宗考は三意と号し、町医であった。天保一四年六月、後の藩主慶熾の医師に挙げられ、弘化二年一二月二四日、御医師格に挙げられた。翌三年四月、改名願を町奉行所に出し、名を寿伯と改めた。慶応二年正月二七日歿。

近世風聞・耳の垢、嘉永六年六月条に「異国船浦賀表へ渡来、アメリカ船にて国王より願書差し出す、右に付き江

戸大騒動にて、所々御受け場所へ御大名方御出張あり、この一件これより追々六つかしく相成、長文ゆへ別帖に委しく、ここに略す。」とある。附録・幕末情報資料に（一）浦賀新聞として与力聞書が収録される。

浦賀新聞（以下、新聞本と称呼）は、原本各稿本と校合した形跡のない写本である。そのため新聞本表記には、その底本の特徴が顕著なはずである。新聞本の特徴を「四本対校与力聞書校本」の各稿本表記と照合して明らかにした。表記の特徴として各稿本と合致するものを、初稿再稿と同一（初再と表記）、改稿再稿と同一（改再と表記）、再稿のみと同一（再と表記）、既成の各稿本にない書写者独自の表記を補足（○）、変更（△）、削除（、）で表わした。さらに誤字（誤入・脱字・空欄等）を明らかにした。さて初再の表記とは、改稿で変更削除した初稿の表記を再稿で再用したことを意味する。改再の表記とは、初稿の表記を変更削除した改稿の表記を再稿が踏襲したことを意味する。再の表記とは、初稿改稿にない再稿独自の表記であることを意味する。合タとは合原タイトルの意。

	初再	改再	再	○	△	、	誤字
合タ			1				
合1	6	1	5	12	12	1	
合2	30	17	26	56	48	5	1
合3	4	1	2	5	6	1	
合4							
合5	4		4	7	3	1	1
合6	7	4	2	13	18	3	1
合7	2	2	3	6	6		
合8	10	1	14	14	26		
合9	5	2	9	15	7	1	
合10	18	8	20	56	50	5	1
合11	29	32	46	60	54	9	
合12	10	2	3	11	12	1	

	初再	改再	再	○	△	、	誤字
合13	5	1	2	2	6	2	
合14		2	3	6	3	1	
合15	11	19	11	56	58	7	1
合16		7	10	23	22	1	
合17	1	1	1	4	7	3	1
合18	1	1	2	12	10	3	
合計	143	101	164	358	348	44	6

	初再	改再	再	○	△	、	誤字
飯タ	1		1	2	7		
飯1	3	2	5	3	6	2	
飯2	5	3	11	10	13	3	2
飯3	3		3	3	3		
飯4	4	4	3	9	9		

	初再	改再	再	○	△	、	誤字
飯5	4	6	2	5	9		
飯6	3		5	1	8	1	
飯7	2		2	1	2		
飯8	4	4	1	2	6	2	
飯9	4	4	1	9	7	3	
飯10	4	7	4	12	13	1	1
飯11		1	2	4	2		
飯12		1	3	2	3	1	1
飯13	2	1	1		3	1	
飯14	5	2	12	11	18	2	
飯15	5	1	3	16	17	4	
飯16	3	3	3	8	9		
飯17 18	4	2	2	4	3	1	

	飯19	飯20	飯計
初再	2	1	59
改再	4	3	48
再	3	1	68
○	3	3	108
△	7	2	147
、	1		22
誤字			4

	樋夕	樋1	樋2	樋3	樋4	樋5	樋6	樋7	樋8	樋9	樋10	樋11	樋12	樋計
初再	1	14	1	21	8	9	18	2	4	1	4		4	87
改再	2	8	1	16	11	4	23				4	9	3	81
再		5		13	9	1	16	1	1	4	2	5	3	60
○	1	35	7	50	18	8	57	2	1	7	5	24	9	224
△	1	26	4	57	30	21	81	10	6	6	1	27	6	276
、	2	6	1	5	4	1	8		3			6	2	38
誤字		1		1 脱字1			1 空欄1							3

	香夕	香1 2 3	香4	香5	香6	香7	香8	香9	香10	香11	香12	香13	香14	香15	香16	香17	香18	香19
初再		8	6	1	4	4	1	1	4	10	15	3	3	4	4	7	5	13
改再	1	2	5	1	1	1	2		1	1	5			1	1	1		4
再	1	4	8	2	1	2		5	1	4	8			2	3	5		8
○		11	12			2		1	3	8	16		1	1	3	7	2	16
△	2	4	25	2	5	6	1	7	5	15	27	7	3	3	6	5	2	21
、		3	2		1			1		2	6					3		
誤字			5								1							2

	香20	香21	香計
初再	1	6	100
改再			27
再			54
○	2	3	88
△	3	3	152
、			18
誤字			8

	近夕	近1	近2	近3	近4	近5	近6	近7	近8	近9	近10	近11	近計
初再		1	6	7	8	13	2	11	3	4	3	3	61
改再	1	3	3	2	2	10	1	1	4	3	2	1	33
再		1	4	1	5	15	1	4	5	5	5		46
○		5	11	11	11	35	2	7	2	6	3	6	99
△	1	6	10	9	8	34	3	14	10	8	5	8	116
、					1	1			1	1	1	2	7
誤字						1				1 誤入			2

	合原	飯塚	樋田	香山	近藤	総計
初再	143	59	87	100	61	450
改再	101	48	81	27	33	290
再	164	68	60	54	46	392
○	358	108	224	88	99	877
△	348	147	276	152	116	1039
、	44	22	38	18	7	129
誤字	6	4	3	8	2	23

右の調査結果の総計が上の数値である。新聞本は各稿本と校合した形跡がないため、どの稿本を底本としたのか上記の数値によると、再稿本に依っていることと明らかである。各稿本によって表記の形態が異なり、それぞれ特徴を有するからである。新聞本の表記が再稿本を底本として、再稿本の表記が初稿本改稿本と同一であったとみればよい。表記の上から改稿本は、初稿本の表記を大きく削除して成り立っており、再稿本はその削除した表記を一部再用している相互関係にある。

新聞本の特徴は、独自表記にある。補足（○）例は訓読の活用語尾を送り仮名として表記する。しかし「逆に」を「逆しまに」、「いかなる」を「いか様なる」、「江戸へ」を「江戸海へ」などは、解釈による補足と考える。表記の変更（△）例の多くは、仮名や合字を通常の漢字へ、濁点を追加し、漢文漢字を和文仮名へ変更している。しかし「諸方注進船」を「諸用注進船」、「異船へ近付」を「黒船へ近付き」、「臣下の身は国命より」を「臣下の身は王命より」、「江戸へ乗込」を「江戸海へ参り」、「半日ほとの往来ときく」を「半日の往来の由」、「相なり候儀ゆへ」を「相成り候儀にて」、「扣へ居り候やう申諭し」を「控へ居り候様申し談じ」など再稿本のニュアンスと多少の差違が生じている。表記の削除（、）例は、「千代ケ崎」の「ケ」の削除は改稿本にも例がある。「僅半日ほとの往来」の「ほと」の削除、「五日位はかゝり」の「は」の削除は独自であるが、内容に目新しいものはない。しかし「高官の者受とりに参り候や」の「に参り」の削除は、彼が我に対する謙譲語の除去となる。以上により新聞本は再稿本を底本とするも、独自の表記（補足・変更・削除）が意味するのは、概して達意の文を目指した改編であったとみる。「日数割詰にて」を「日数刻詰にて」とするが、諸稿本すべて「割」であり、「割」の草体を「刻」と誤解した誤字とみる。

新聞本表記と再稿本表記の問題点をみる。新聞本は再稿本（高麗環雑記）と再稿本の原本（またはそれにより近い）どちらを見ているのか。それにより左の用例1 再稿「大」は「失」の誤字であり、再稿本をみて訂正したか、原本（に近い）をみてそのまま写したか判断が分かれるのである。「大費」は再稿のみの表記で、初稿・改稿・修訂全て「失費」とある。新聞本は各稿本と校合していないため、書写原本に「失」とあったと考えるのが穏当であろう。または「大」を独自に変更した表記となる。

雑記本は再稿（原）本を書写する際、独自に仮名を漢字に変更している。七五例あるので左に掲げる。

用例	所在	新聞本	再稿	初稿改稿
1	合15	失△65費	大	失
2	飯5	節△3	セツ	節
3	飯8	済△2み	スミ	済
4	飯9	節△2	セツ	節
5		程△15	ホド	程
6	飯11	済△2み	スミ	済
7	飯13	残△2し	ノコシ	残し
8	飯15	節△1	セツ	節
9		致△28し	イタシ	致し
10	飯16	迄△4	マテ	迄
11	飯20	衛△5	エ	衛
12	樋1	頻△31り	シキリ	頻
13		成△39り	ナリ	成
14		置△44き	ヲキ	置
15	樋3	詰△4め	詰	詰
16		由△22	ヨシ	由
17		取△23る	トル	取
18		乗△34	ノリ	乗
19		様△58	ヤウ	様
20		程△62	ホト	程
21		由△112	ヨシ	由
22	樋4	よく――5	ヨク	能ク（初）・能（改）
23		様△25	ヤウ	様
24		其△28	ソノ	其
25		致△38し	イタ	致
26		際△47	キハ	際
27		いたし――9	イタ	致
28		致△50し	イタ	致
29	樋5	敷△8き	シキ	敷
30		毛氈△15	セン	氈
31		敷△16き	シキ	敷
32		是△23れ	コレ	是（初）・なし（改）
33		是△28れ	コレ	是
34	樋6	能△3く	ヨク	能ク（初）・能（改）
35		整△4ひ	トトノヒ	整ヒ（初）・整（改）
36		六十人程△12	ホト	程
37		候様△129	ヤウ	様
38	樋7	候程△6の	ホト	程
39	樋8	方程△4	ホト	程
40		見ユル―1	見スル	見ル（初）・見へ（改）
41	樋9	なき様△3	ヤウ	様
42		思ふ様△10	ヤウ	様
43	樋10	山際△1	キハ	際
44	樋11	受取△14り	トリ	取
45		何程△36	ホト	程
46	樋12	其△15の隙	ソノ	其
47		する由△16、17	ヨシ	由
48	香12	持ち△37	テ	チ（初）・なし（改）
49		ホスカン―5	カ	ト
50		ホスカン△47	ト	イホレツト（初）・なし（改）
51	香17	ヤワコセ―5	ワ	ソ（初）・リ（改）
52	香19	どこが―――3	トコへ	間（初）・ど（改）故
53		たらし△29	タセシ	タマシ（初）・だまし（改）
54	近1	浦賀迄△9	マテ	迄
55	近2	の節△1	セツ	節
56	近3	致△10し	イタ	致
57	近5	致△5し	イタ	致
58		六ケ△14しく	カ	ケ
59		致△22し	イタ	致
60		請取△24り	トリ	取
61		候様△25	ヤウ	様
62		程△31なく	ホト	程
63	近7	事故△6	ユヘ	故
64		二艘程△11	ホト	程
65		書翰故△17	ユヘ	故
66		候由△19	ヨシ	由
67	近8	上陸の時△5	𪜈	時
68		致△6し	イタ	致
69		致△7し	イタ	致
70		外△8より	ソト	外
71	近9	請取△2り	トリ	取
72		相済△4み	スミ	済
73		候時△6	𪜈	時
74	近10	受取りの節△2	セツ	節
75	近11	是△6れも	コレ	是

右七五例中、用例22・27・40・48・49・50〜53・58を除く例がそれで、新聞本が雑記本に依らず再稿原本に依ったとすると、22・27は原本も仮名書きであったことになる。そうではなく再稿本系の善本である雑記本を底本としたとすると、仮名を漢字表記に変更したことになる。雑記本を底本とする点では、22・27は底本通り例外として漢字に変更されずに表記されたことになる。漢字に変更された二四例をみるに

用例	新聞表記	例数
1	致	9
2	程	8
3	様	6
4	節	5
5	由	4
6	取	4
7	済	3
8	迄	2
9	其	2
10	際	2
11	數	2
12	是	2
13	故	2
14	時	2
15	残	1
16	衛	1
17	頻	1
18	成	1
19	置	1
20	乗	1
21	氈	1
22	能	1
23	整	1
24	外	1

ほぼ常用される漢字である。右七五例中15再稿「誥」は「詰」の誤字である。40再稿「見スル」は「見ユル」の誤字。再稿原本「見ユル」を雑記本が「見スル」と誤写した。新聞本は雑記本を底本として訂正したのか、雑記本より再稿原本またそれに近い別本をその通り書写しているのか判断が分かれる。47新聞本の「、17」は、再稿本系（玉里本本文「樋田氏ヨリ聞書終り」・雑集本「樋口氏ヨリ聞書終」・一件本「右樋口氏より聞書終り」）にある「樋田氏ヨリ聞書終」（行替え五字下げ）がない。秘譚本・秘談本・舶記本・始末本も同様である。再稿本系の「聞書終」表記は、同系内を二分する。改稿本系の内閣本には「樋口氏聞書終」とあるが、改稿本の類輯本と初稿本系にはない。初稿改稿になく再稿の半ばも同様で、玉里本本文・雑集本あたりの再稿本系写本から独自に補足されたか。改稿本には本来ないこの表記も、改稿本系の内閣本にあることから、その奥書に「癸丑初秋十七日夕燈火ニ写畢」とあるので稿本成

立初期から存在したことになる。

48再稿「テ」は「チ」の誤字。新聞本「持ち」は飯塚第一五項「持ち運び」（再稿「持チ運ヒ」、改稿「持運ひ」）に用例あり。送り仮名のない例は、樋田第九項「家老持ユヘ」があり、改稿再稿とも同様。香山第二〇項「持タサルモノ」とあり諸稿同じ。その他「持参」の熟語例が数例あるのみ。送り仮名「チ」を省略して「テ」を付けた用例はない。但し雑記本は全体的に再稿原本に忠実に書写しているとみる。

49は初稿から再稿に至る一ケ月間の推敲で、地名「ホストン」の「ト」を「カ」と訛誤し意味不通の例である。しかしそれ故に新聞本は雑記本を底本としている例にもなる。この二本以外の再稿本系写本（玉里本本文・雑集本・一件本・秘譚本・秘談本・舶記本・始末本）はすべて「ト」である。

50雑記本「ホストン」、新聞本「ホスカン」に対して、この二本以外の再稿本系写本（但し秘譚本は表記なし）はすべて「イホレット」である。初稿「イホレット」の表記が正しいが、訛伝して地名となった。再稿本系の雑記本と新聞本は、49同様底本としての相互関係が判明する例である。この関係はその下に雑記・新聞共に「十人」とあり、諸稿「ナシ」の誤字である。雑記本の誤字を新聞本は踏襲する形で、新聞本の底本として雑記本が存在していることがわかる。

51「ヤワコセ」は新聞本・雑記本同表記であり、初稿「ヤソコセ」が改稿で「リ」と推敲ごとにまた書写において「ソ」が「リ」「ワ」と訛誤した様子が判明する。新聞本に「ヤワコセは耶蘇降生の事に候はん」と正鵠を得た註記があるが「寿伯」とは断っていない。

52「どこが」は、初稿「間」を変更した改稿の表記「と故」（「こと」は準仮名の合字、コトユへと読む）に準拠し、「コトユヘ」の「コ」を脱字、「ユ」を「コ」と誤写し再稿「トコヘ」となり、新聞本表記に至った。

53「たらし」は、初稿「タマシ」改稿「だまし」から、再稿「タセシ」と「セ」が「マ」の誤字により訛誤変更の表記とみる。意味不通の表記変更例として、同香山第一九項「又参る」[△37]は、初稿「トノフリ」改稿「との道」から再稿「トノミケ」と「チ」が「ケ」と誤写され、再稿で意味不通のため「又」と大幅に表記変更したとみる。58「六ケしく」は、再稿「六カシク」で、諸稿「ケ」であるが、樋田第三項「六ケしき」[9]が再稿「六ケシキ」と諸稿すべて「ケ」である。従ってこの再稿「カ」は誤字で、新聞本「ケ」は樋田第三項「ケ」の表記に従ったまでで、初稿改稿を参照したわけではない。統一表記例として近藤第五項「返翰」[△49]は、諸稿すべて「簡」を表記変更している。また新聞本「儀」の表記も「義」を変更して統一している。

右によって新聞本表記は、雑記の再稿本に依っており、再稿本がその書写の際に漢字から仮名表記に独自変更したものをもとに戻したとみる。15の再稿本誤字「詁」（但し崩し書きにはある）の訂正を含め、常用漢字の範囲で行ったとみる。ただ22・27の仮名表記のまま残った例や、49・51の意味不通のため同じく再稿本表記のまま残った言わば例外のもの、香山第二十項「又参る」[△37]など、再稿表記が意味不通のため表記を独自変更した例がある。しかし新聞本は、再稿本系写本の雑記本を底本として書写する際に独自変更し、統一表記を意図したとみる。

ここで進藤寿伯書写「浦賀新聞」各聞書の特徴を一括して述べる。

合原タイトル「惣蔵」[再1]は、諸稿本中で唯一再稿本の表記である。合原第一項では各稿本と校合したことのない写本の特徴が、再稿本表記であるのと独自表記である二点に集約される。新聞本が再稿本系であると判明した上で、さらなる特徴は独自表記にある。独自表記の補足例の多くは、訓読語尾の無表記を補足して示した例である。独自表記の変更例の多くは、仮名や準仮名の合字を漢字へまた反対に漢文を和文への変更だが「諸方注進船」を「諸用注進船」[△17]と変更したのは進藤の解釈である。合原第二項で独自表記補足例の中、「逆に」を「逆しまに」[○○7]、「いかなる」を「いか様なる」、「江戸へ」を「江戸海へ」は解釈である。独自表記の変更中、「異船」を「黒船」、「臣下の身は国命より」を「臣下の身は王命より」、「江戸へ乗込」を「江戸海へ参り」、「半日ほとの往来ときく」を「半日の往来の由」、「相なり候儀ゆへ」を「相成り候儀にて」、「扣へ居り候やう申諭し」を「控へ居り候様申し談じ」など再稿本表記を解釈変更している。独自表記削除例の多くは、初稿再稿また改稿再稿共に例をみるものだが、「高官の者受とりに参り候や」を「高官の者請取り候か」と「に参り」を削除することで、我（日本）が彼（アメリカ）に対する謙譲表現を除去している。ここには攘夷思想を反映した発想があると推測する。「日数割詰」を「日数刻詰め」としたのは、諸本すべて「割」であり、その草体の誤写とみる。合原第三項独自表記変更例の中、「候へは」を「候はゞ」としたのは、順接の確定条件を同仮定条件へ訂正解釈とみる。「手厚く用意」を「手厚き用意」としたのは、連用形の下に読点を入れた例から連体修飾関係に改めた解釈とみる。合原第四項は全文削除。合原第五項の「日本語を遣ふ者」を「日本詞を遣ひ候者」としたのは、通詞に該当する解釈とみる。合原第六項独自表記変更例の中、「測量を究め」を「測量を窮め」とするのは、物事の淵底を見極め推しきわめる「究」から、塞がる手づまる「窮」に変更したのは不適切だが、この二字には「キハム」の訓を通路にして成り立っている。「持場」を「打場」と諸本「持」の草体の誤字とみる。独自表記補足例の「申には」を「申し聞かすも」とするには、言ふの謙譲語から「よく言い聞かせる」上下逆転の意図があるか。「落付居り候て」を「落ち付き候て」と諸本にある「居」を削除。独自表記変更例削除例を一括してみるに、「地にあかるく算定り居候義」を「地にあがる等定め居る儀」としたのは、初稿本を参考に古文書本が一説に「死を定め居候儀」と解釈に苦しんでおり、新聞本も同様にして「我の制止を振り切って上陸する所存」と意味不明を上陸の決意に解釈している。合原第六項「漕行き」を「漕ぎ行く」と、改稿に送り仮名はないが諸稿本「き」の連用形を終止形に改めた。合原第七項「発砲」を「発炮」と改めたが、砲炮は各稿本一定しない。但し新聞本は「炮」に統一表記していると思われる。「四ツ時頃」を「四ツ時比[△9]」としたのは、頃が仮借してコノゴロで比と通じることの変更になる。合原第八項「兼ゝ」を「兼ねて[△△2]」と、諸本「ゝ（々）」を変更した。合原第九項「異船」を「黒船[△3]」とするのは、合原第二項（△2）に同じ。この項、再稿の表記が多い中「不申ノ上ル姿」を「申上げず候姿[○8△9○10]」と独自表記を補足変更して、各稿本にない読みやすさをもとめている。合原第十項「打ちをとし」を「打ち落し[△14]」と脅かす意を落とす意に解釈した。「役船二艘」を「彼の二艘[▲△63]」と諸本「役」の草体を「彼」と誤写し、「船」を「の」と解釈した。「指出シ」を「差し出し候[○66]」と連用形の下に「候」を補足して終止形に結んだ。但しこの後に「警固いたし候」を「警固致し[、69]　」と「候」を削除しているから、何らかの相互関係があるらしい。「不相成節は」を「相成らず候[○89、90]はゞ[○91]」と独自に補足削除している。合原第一一項「栗浜」を「九里浜[△△1]」に独自に変更、この表記は初稿のみあり。「終て」を「総て[△20]」と解釈した。「ケヘール」を「ゲヴエール[△28○29△30]」と独自表記に変更補足した。「ひらめかし」を「ひしめかし[△34]」と独自に解釈し変更した。合原第一四項「日本に直ちに参り候事には之れ無く、聞き違ひに御座候はん、十四日は海程の事に候はん、一万五千里は間違ひに候はん、三千里余に相見へ申し候」の二行割註は、本文に付いたものでなく、書写者の独自な補足である。合原第一五項「此方の十月十一月と申すは、彼は磨翔宮と申して、此方の子の月冬至に当る日を正月と致し候へば十一月に相違無く候」の割註も、本文になく書写者の独自の補足である。再稿「大費」は「失費」の誤字と考えるから、「失費[△65]」は本来数えない。「又三[▲78]艘」は、「又一二艘」の「一二（イチ　ニ）」を「三」と誤読した。「樅の木[△98]」は、初稿再稿「モミ」、改稿「椴」とあり通用表記に変更している。「大凡そ[△△118]」は、初稿「大略」、改稿「大都」、再稿「大図」だが、通用表記に変更しているとみる。合原第一七項「近海を[▲2]」は、諸本「迄」でその草体の誤写。「いづれも[△△△10]」は初稿改稿「何も」とあり、「なに」「いづれ」両様に読める。修訂本「何にも」と「に」があるので「なに」と読むか。新聞本の「いづれ」はその読みの解釈とみる。合原第一八項「火の付き安き」は、初稿再稿「易」、改稿「やす」で、「やすし」に容易の意がある漢字変更。

飯塚タイトル「付合ひ」は、改稿再稿「符合」とある解釈で「付きぐあい」の意味か。符合は「よく合致すること」と意味のずれが生じる。飯塚第一項「大いさ」は、初稿再稿「大キサ」をイ穏便に変更、改稿は「大さ」とある。飯塚第二項「舶」は、諸本「トモ」で「舳」の誤字。「磁に入れあり」は、諸本「儀尺アリ」とあり「儀尺」は磁石の意味で「磁」に変更し、「に入れ」を補足し解釈した。「多」は諸本「両」であり、草体の誤字とみる。飯塚第五項「上陸の節」は、再稿だけ「セツ」、諸稿「節」で、書写する際の変更から生まれた表記と推定され、本来カウントされない表記。以下、書写する際の独自変更と表記する。飯塚第六・七項間にある、差引役とケヘール冠り物図削除。飯塚第八項「相済み」（飯塚第一一項「相済み」・近藤第九項「相済み」）は再稿だけ「スミ」、諸稿「済」で、書写する際の独自変更。「其様子」（樋田第四項「其方」・樋田第一二項「其の隙」）は再稿だけ「ソノ」、諸稿「其」で「済」と同じ。飯塚第九項「請取りの節」（飯塚第一五項「入津の節」・近藤第二項「の節」・近藤第一〇項「受取りの節」）は再稿だけ「セツ」、諸稿「節」で書写する際の独自変更。「余程」（樋田第三項「何程」・樋田第六項「六十人程」・樋田第七項「候程の」樋田第八項「方程」・樋田第一一項「何程」・近藤第五項「程なく」・近藤第七項「二艘程」）は再稿だけ「ホト」、諸稿「程」、書写する際の独自変更。飯塚第一〇項「答」は諸稿「若」、若の草体の誤写。飯塚第一二項「合言葉」は諸稿すべて「合薬」、薬の草体を葉と誤解し言を補足した。飯塚第一三項「残し」は、再稿だけ「ノコシ」、諸稿「残し」で書写する際の独自変更。飯塚第一四項「鋭きものありと申せば」は、再稿「外国ノ及ブ処ニアラズト云」、改稿「外国に及ふ処に非すと云」の表記から全く離れ独自表記に変更している。飯塚第一五項「入津の節」は、再稿「セツ」、諸稿「節」、書写する際の独自変更。「致し居り」（樋田第四項「致し候」・近藤第三項「致し」・同第五項「致し」・「致し」・同第八項「致し」「致し」）は、再稿「イタシ」、諸稿「致し」、書写する際の独自変更。飯塚第一六項「是れ迄の」（近藤第一項「浦賀迄」）は、再稿「マテ」、諸稿「迄」、書写する際の独自変更。「右様速く」は、諸稿すべて「遅」、ペリー来航三日を六日になって遅く将軍に申し上げた点、書写者の非難皮肉が「速」に反映するとみる。飯塚第一七・一八項が同一項になる。飯塚第一九項「鉄の輪をはめ、何品」は、再稿「〓如図モノ」など諸稿共記述があるが、飯塚第六・七項の間にある図（差引役とケヘール冠り物）同様に削除される。飯塚第二〇項「栄左衛門」は、再稿「エ」、諸稿「衛」、書写の際独自表記に変更。

樋田第一項「頻りに」は、再稿「シキ」、諸稿「頻」、書写する際の独自変更。「相成り」は、再稿「ナリ」、諸稿「成」、書写する際の独自変更。「置き」は、再稿「ヲキ」、初稿「置」、書写する際の独自変更。「之れ無く候」は、再稿「無之候」、改稿「無之」、初稿「無御座候」をみるに漢文を和文に変更するものの、再稿に基づいていること明らかである。「当二三日」は、諸稿「月」を再稿のみ「日」と誤写しそれを受けている。「日本の」は、再稿「本」、諸稿「本」、書写する際の独自変更。樋田第三項「詰め」は、再稿「詰」、諸稿「詰」、書写する際の独自変更。「大抵」は、再稿「低」、諸本「抵」、書写する際の独自変更。「　、鹿島」は、諸稿「海」、脱字。「候由」「事の由」（樋田第一二項「する由　」の△16・近藤第七項「候由」）は、再稿「ヨシ」、諸稿「由」、書写の際独自表記に変更。「取るもの」（樋田第十一項「受取り」・近藤第九項「請取り」）は、再稿「トル」、諸稿「取」、書写する際の独自変更。「乗り出し」は、再稿「ノリ」、諸稿「乗」、書写する際の独自変更。「彼の中には」は、再稿「彼レ中ニハ」、改稿「彼申には」、初稿「彼レ申ニ」により、「レ申」の誤写。「乗り上り候事決して」は、改稿再稿「決テ乗上リ候〔」の倒置。漢文を和文に倒置する例はあるが、この和文上の倒置は初例である。「候様」（樋田第四項「様致す」・樋田第六項「候様」・樋田第九項「なき様」「思ふ様」・近藤第五項「候様」）は、再稿「ヤウ」、諸稿「様」、書写する際の独自変更。「右二人」は、再稿「一」とある再稿独自表記を、香山一人の応接を通辞一人を入れ二人と解釈した表記。「托し」[△109]は、再稿「記」だが諸稿「託」の誤字で、タノム・マカス・ユダヌの同訓異字。樋田第四項「屹[△3]度」は、再稿「此」、諸稿「屹」、再稿は屹の草体の誤字。「よく制して」[ーー5]は再稿「ヨク」改稿「能」初稿「能ク」また「上陸いたし」[ーー9]は再稿「イタ」諸稿「致」など、新聞本が再稿本ではなくその原本また原本に近い写本を書写したとすると、「能」「致」とある原本の独自変更ともみられるので付記する。但し「上陸致し」[△50]は、再稿「イタ」、諸稿「致」、書写する際の独自変更とみるとーー9と矛盾する。従って数少ないーー5・ーー9は再稿本通りの書写とみる。「山際」[△47]（樋田第十項「山際」[△1]）は、再稿「キハ」、諸稿「際」、書写する際の独自変更。樋田第五項「敷き」[△8・△16]は、再稿「シキ」、改稿「敷」、初稿「敷キ」、書写する際の独自変更。「毛氈」[△15]は再稿「セン」、諸稿「氈」、書写する際の独自変更。「備へ」[▲18]は、諸稿すべて「ハ」、「ヘ」は「ハ」の誤字。「是れ」[△23・△28]（近藤第十一項「是れも」[△6]）は、再稿「コレ」、初稿「是」、書写する際の独自変更。樋田第六項「繰り出し」[△2]は、再稿「操」、改稿「繰」、初稿「クリ（ヤリ）」、操・繰は共に「アヤツル」訓があるが、この例は「クル」と訓むので書写する際「繰」に独自変更・訂正している。「操」は「トル」と訓む。「能く」[△3]は、再稿「ヨク」、諸稿「能（ク）」、書写する際の独自変更。「整ひ」[△4]は、再稿「トトノヒ」、諸稿「整（ヒ）」、書写する際の独自変更。「□□れ」は、再稿「アカレ」、改稿「上かれ」、初稿「上レ」、なにかの事情で判読できなかったか。「稍と」[△△38]は、再稿「ヨウ〳〵」、改稿「漸々」、漸は「ヤウヤク」、稍は「ヤヤ」で「漸ク」の意味がある。しかし訓は異なるため書写者の解釈とみる。「差閊へ」[△△92○93]は、諸稿すべて「指支」、国字「閊」は「ツカヘ・ツカフ」と訓じ、障ありてとおらぬ意に解釈している。「暇どり」[△△103]は、再稿「日間トリ」、改稿「日数掛り」、初稿「日間取レ候間」、「日間」は初稿再稿同様だが以下異なるため、再稿を元にして「日間」を「暇」に「イトマ・ヒマ」と訓じる語に変更している。「此の儀は」[△112]は、改稿に表記なく初稿再稿共「此義ハ」とあり、「義」を何か稿本を参照して「儀」と変更したのでなく、統一表記として変更していることが判明する。「天下」[▲115]は、諸稿すべて「子」、子の草体を下と判読した誤字。樋田第八項「小縁」は、初稿再稿「コヘリ」、改稿「小ヘリ」、縁は「ヘリ・フチ・チナム・ユカリ・エニシ・ヨスガ」と訓じる所より表記変更。「相見ゆる」は、再稿「見スル」、改稿「見ヘ」、初稿「見ル」、再稿の「スル」は「ユル」の誤字で書写する際の独自変更。「五尋」は、諸稿「ヒロ」、水の深さの単位で、両手先を左右に伸ばした距離から出た長さで、一ヒロは六尺、約一・八メートルを表す「尋」に表記を変更した。樋田第一一項「軍船の」は、再稿「ヲ」、諸稿「ノ」、書写する際の独自変更。この変更は下の「事　なれども」が、再稿「ヿモアリ」、改稿「ともなく」の二語を折衷し「なれ」に変更し「ども」を補足した表記（「ヲ…アリ」から「の…なれども」へ）変更の在り方と関わる。樋田第十二項「する由　」の、17は、再稿のみ行替え五字下げで「樋田氏ヨリ聞書終」とあるが独自に表記削除。

香山第一項「合同国」は、諸稿すべて「衆」、書写する際の独自変更。「和聖東」は諸稿すべて「ワシントン」で、漢字表記は書写する際の独自変更。斎藤竹堂の蕃史には人名だが「話聖東」とある。香山第三項「日本の左大臣位　」の七字は、改稿再稿「日本左大臣位」をもとにしているが、二行割註を本文に変更した。香山第四項「ミツク」は、再稿「ク」、「ク」は「タ」の誤字。「水入れ」は、初稿のみ「リ」、修訂も初稿を踏襲しているから、「れ」は水入の訓みの解釈。「ばかり金」は、諸稿すべて「ハ」、係助詞「ハ」＋名詞「カラ金」が、副助詞「ばかり」＋名詞「金」に変更解釈され、「ば」は「は」の誤字。「船縁」は諸稿すべて「フチ」、書写する際の独自変更。「仕掛の」は、諸稿すべて「也（ナリ）」で文章を結ぶ。しかし格助詞「の」によって大炮十門がカノン筒六挺になってしまい「の」は誤字。「」　ー　「」は、諸稿すべて「ノ」、傍線「ー」は「ノ」の誤写。香山第七項「怠る色」は、再稿「ヲコタル」、諸稿「惰る」、同訓異字に独自変更。「指揮す」は、再稿「押」、諸稿「揮」、「押」は「揮」の誤字。香山第一〇項「火輪船一名鉄筒、又の名鉄轢鹿路」は、割註だが諸稿になし。轢とは「車輪のキシルこと」で鉄輪が擦れ合う意。

鹿路とは轆「車が行く音のさま、車の走る音の形容」で、車の走る音がする道。鉄轢鹿路とは、車輪の擦れ合う音がする鉄路、鉄道の意。香山第一一項「陣列」は、再稿「陳」、諸稿「陣」、書写する際の独自変更。香山第一二項「有り」は、再稿「其辺色とノカザリアリ尽ク立派ノモノ也」、諸稿同様の表記あり、削除。「曲彔」は、諸稿「ロク」、寄りかかる所を円く曲げて造った椅子の一種、漢字表記に変更。「まふく」は、諸稿すべて「設」、仮名に変更したが、「ふ」は「う」の誤字。「仕掛」は、再稿「カケ」、諸稿「掛」、書写する際の独自変更。「持ち」は、再稿「テ」、初稿「チ」、「テ」は「チ」の誤字。「ホスカン」は、再稿「カ」、諸稿「ト」、で再稿のままである。しかし「ホスカン」は、再稿「ホストン」、改稿なし、初稿「イホレット」、初稿の表記が正しいが訛伝して地名となり、「ホスカン」と表記統一のため「ト」を「カ」に変更したとみる。「十人」は、再稿「十人」、諸稿「ナシ」、新聞本が再稿本系写本である証左である。香山第一三項「より」は、再稿「ク」、諸稿「リ」、「ク」は「リ」の誤写。「芳」は、改稿再稿「房」、初稿「総」、芳の名乗に「フサ」がある。香山第一七項「ヤワコセ」は、再稿「ワ」、改稿「リ」、初稿「ソ」、推敲ごとに訛伝した様子が判明する。新聞本には「ヤワコセは耶蘇降生の事に候はん云々」の註があるが、寿伯註とは書いていない。香山第十九項「どこが」は、再稿「トコへ」、改稿「と故」、「どこが」は「コトユへ」の「コ」を脱字、「ユ」を「コ」と誤写し「トコへ」となり「どこが」に訛伝したとみる。「ことゆへ」の誤字。「たらし」は、再稿「タセシ」、改稿「だまし」、初稿「タマシ」、再稿「セ」は「マ」の誤字で、訛伝して「ら」となった。「又参る」は、再稿「トノミケ」、改稿「との道」、初稿「トノフリ」、再稿「ケ」は「チ」の誤字で、再稿では意味不通のため「又」と変更したとみる。香山第二一項「遣はす」は、再稿本に行替え四字下げで「香山栄左ェ門ヨリ聞書終」とあるが削除。

近藤第一項「込む海上三十六里」の「海上三十六里」は、再稿のみ本文、諸稿は二行割註。近藤第五項「六ケしく」は、再稿「カ」、諸稿「ケ」、書写する際の独自変更。「七月[▲21]」は、諸稿すべて「日」、「月」は「日」の誤字。「程なく[△32]」は、再稿「リ」、諸稿「ク」、「リ」は「ク」の誤字で書写する際の独自変更。「返翰[△49]」は、諸稿すべて「簡」、書写する際の独自変更で「翰」は統一表記で「儀」と同様か。近藤第七項「事故[△6]」「書翰故[△17]」は、再稿「ユヘ」、諸稿「故」、書写する際の独自変更で統一表記か。「二艘程[△11]」は、再稿「ホト」、諸稿「程」、書写する際の独自変更。「申し候[△21]」は、再稿「ス」、改稿「候」、初稿「候事」、書写する際の独自変更。近藤第八項「上陸の時[△5]」（同第九項「候時[△6]」）は、再稿「𪜈[準仮名・合字]」、諸稿「時」、書写する際の独自変更。「外より[△8]」は、再稿「ソト」、諸稿「外」、書写する際の独自変更。近藤第九項「申さず候[○○5]」は、初稿再稿「申候」とあり、近藤第八項の末尾「申さず候[▽○12▲13]」に引かれた誤入。

ヌ　再稿本系「アメリカ使節応接始末」（始末本）

アメリカ使節応接始末は、村上忠順記録集成（村瀬正章編校訂、平成九年九月文献出版発行）「嘉永記」二三五～二四六頁所収である。村瀬氏の嘉永記解説に

嘉永五年おらんだの甲比丹職は、おらんだ国王の意向を伝え、あめりかは近く日本に交易を求めに来航するであろうから、交易を許容するよう勧めている。その予告どおり翌六年六月三日、蒸気船一艘・軍船二艘をもってあめりか船が浦賀に来航したが、浦賀の庶民はその真意を知る由もなく「浦の騒ぎ鼎の沸くが如し」という有様であった。浦賀与力中嶋(ママ)三之助・合原伊三郎はさっそく異国船と応対するが、当時の人たちの見た異国船は、「その速なる事飛ぶが如し」とか、「その手際神速自在の妙、目を驚かし」とあり、またその大きさ、装備からみて「此方の固め全く虚飾にて実用に無之、彼等警護にはなり不申、却て嘲を招き申候、畢竟穏便を専用に致すより

何事も手薄になり行申候」とその違いを述べている。

ところで、いよいよ栗浜においてアメリカ大統領よりの書翰を受け取ることになるが、受け取りの場所として上段の間・下段の間を設け、上官は上段の間に着席することになった。いよいよ一同が会場に入り、上官・将官・副将などが入場すると、これと同時に六〇人程の兵がにわかに上段の間に踏み込んで立ち塞がり、何れも剣を佩しピストルを構え、すわといえば撃って放つの勢いで睨んで控え、下段の間の応接方は踏み倒されるほどであった。この息詰まるような緊張した様子の記述は目新しい。

とアメリカ来航の情報が秘匿され、その騒動を生々しく語っている（二〇・二一頁）。忠順は嘉永記序に

　この十年はかりこなた、えみし舟のをり〳〵まゐくるこそうるさけれ……夷の舟ハいかによせくとも、四方の海なみしつか、番所のやハいかにはなつとも、吹風枝をならさぬ大皇国には、なてふ事かあらむ。

と神風の吹く大皇国を国学者らしく表現するが、

　いにしへにハきゝもつかぬ火もてはしる車舟をつくり、またつるきつきたる鉄のつゝなとものして、人さはにのり来れり、しはすにハさちかへの為まゐ来つといひつゝ、しりなきねき事して、いなば、たゝかはむのしたかまへなりけり、ふるからおほきなる火の筒もたし来て、海も嶋もとよむはかりはなちて驚かしおひやかさむとす。

此彼の差を歴然と記している（二二三頁）。右に付いた注（2）「かね火（鍛火）は、鍛冶の火」は、「きゝもつかぬ火」であり「聞き付けもせぬ火」で「聞いたこともない火」輪船を語る。

アメリカ使節応接始末（以下、始末本と称呼）をみるに冒頭「応接始末」（合原惣蔵ヨリ聞書にあたる）の末尾に

　〔右合原惣蔵より聞取中候〕

とあるのは再稿本[註1]の同所に「右合原惣蔵ヨリ聞書終」とあるのをもとに「書終」を「取中候」（△は表記の変更、

○は表記の補足、、は表記の削除）と表記を独自に変更・補足・削除したとみる。始末本は再稿本に依拠し、表記を変更・削除・補足して改稿本の表記を用い、また独自の表記に至っているとみる。さて初稿改稿には右の「……聞書終」はないが、改稿本系の内閣本には再稿本と同表記で存在する。内閣本は改稿本系でありながら、再稿本の表記を採用している点、内閣本成立の時期を雄弁に語っている。

始末本を調査すると、再稿本の表記と合致する箇所五九六、改稿本の表記と合致する箇所六〇八、始末本の独自表記一一七一となった。図示する。始末本が再稿本に依拠している具体例を掲げ検討する。まず再52〜56、再85〜97、再135〜143、再155〜157、再158〜161、再162〜166、再188〜192、再207、再281〜283、再284〜288、再314〜317、再318〜321、再325〜329、再330〜336、再376〜380、再400〜404、再444〜448、再463〜466、再467〜472、再481〜489、再497〜501、再505〜507、再513〜521の二三例を掲げる。一行目は改稿、二行目は再稿、三行目が始末本である。

再稿	改稿	独自
596	608	1171

再52〜56（合原第八項）で、改稿本にない再稿本の表記「御患ヒ被成候」「尽ク用心」は、改稿本が削除した初稿本の表記である。「内」「有之候」「右様」は、再稿本が独自に改稿本を変更補足した表記である。始末本は、再稿本に依拠し、表記を変更・削除して独自の表記に至り、また表記を変更して改稿の表記を用いているのである。

御下知　　　　　　　　故　浦賀にても

御内達有之候右様御患ヒ被成候ユへ浦賀ニテモ尽ク用心

御内意有之候右様　憂　被成候故　浦賀にても尽く用心

（再52△独　再53　再54、△、独、　再55△改　再56）

次は再85〜97（合原第一〇項）である。

先々穏便に有之　様　にとの挨拶に及ぶ　夫より諸家怒に堪へす　　大事を引出し候ては相成らす
先ゝ穏便ニ被成候ヤウ、トノヿ　ニ有之候　且ツ　諸家怒ニ不堪　手出シイタシ大事ヲ引出シ候テハ不相成
先々穏便に被成候様　との事　に有之候　且　諸家怒に不堪　手出を致　し大事を引出し候てハ不相成　候

とて役船弐艘を差出し異船の跡へ附　警固致し　候されは右役船は異船を取押へる為にてなく陸上諸家　疎忽
トテ役船二艘ヲ指出シ異船ノ跡へ附キ警固イタシ候　、、、　右役船ハ陸上ノ見物人ヲ指押へ　諸家ニテソコ
とて役船二艘　漕出し夷船の後に付　警固仕　候　右役船　陸上の見物人を差押へ　諸家ニ　疎忽

に　手出し致さぬ様　制禁の　為也
ツニ　手出シ無之　ヤウ制禁スル為、指出シ候ヿ異船　取扱　為ニアラス
には手出し無之　様　制禁する為に差出し候事夷船を　取押へ候為にあらす

右の「ーー再」が再稿本に依拠する箇所である。改稿再稿を並べると、改稿にない再稿の表記「手出シイタシ」「指出シ候ヿ異船取扱フ為ニアラス」は、改稿が削除した初稿の表記である。また改稿の表記「異船を取押へる為にてなく陸上」が再稿では倒置して「陸上ノ見物人ヲ指押へ」とするのは、初稿の表記に戻したのである。始末本は大きく再稿本により、その表記を変更・削除・補足して、改稿本の表記を用い、さらに独自の表記に至っている。次は再135〜143（合原第一一項）である。

同日大師河原へ一艘乗　　込十日にハ野島　「ハッテイラ」弐　艘　　漕寄　　上陸　水を汲　んとす役人
同日太子河原へ一艘ノリ　込十日ニハ野島へ、バッテイラ、二　艘ニ　テ漕ヨ　セ上陸　水ヲ汲マントス役人
同日大師河原へ一艘のり　込十日にハ野辺へ　バッテイラ　二　艘に　て漕よ　セ上陸し水を汲、んとす役人

取押へ水を汲て　あたふ　此　も剱を抜き「(ヒストウル)を　　見物　をおひやかす
取押へ水ヲ汲テ　与　フ　此時モ鈬ヲ抜キ、ヒストウル　ヲ放チ　見物　人　ヲ驚　カシ申　候
取押へ水を汲て　与　ふ　此時も剱を抜、て　ヒストウ　を放　ち見物　人、怖れ　　申　候

右の改稿にない再稿の表記「へ」「ニテ」「放チ」「候」は、改稿が削除した初稿の表記である。始末本は「島」を「辺」に変更したが、「島」の草体を誤写とみる。次は再155～157（合原第一三項）である。

　　炎殊に甚た　迅疾　又　倍せり見る者　驚　と云
火　炎殊ニ甚、シク迅速　亦　倍セリ見ルモノ驚カサルハナシ
火　炎殊ニ甚　敷　迅速も亦　一倍セリ見る者　驚かさるハなし

右の改稿にない再稿の表記「火」「速」「亦」「カサルハナシ」は、改稿が削除また変更したもとの初稿の表記である。始末本は再稿本に依拠し、仮名を漢字に変更し、独自の補足をしているにすぎない。次は再158～161（合原第一四項）である。

彼　本国より急けは八　九日にて此地へ着す　此度は十四日目に着 到する 由

彼云　本国ヨリ急ケハ八 日 九日ニテ此地へ着 、 此度ハ拾四日目ニ着 致シ 候ヨシ

彼云　本国も 急けバ八 日 九日にて此地ニ着　此度ハ十四日目ニ着 致 候趣

右の改稿にない再稿の表記「云」「日」「候」は、改稿が削除した初稿の表記（但し「云」は初稿「申ニ」）である。始末本は再稿本に依り、独自の変更（「十」は改稿の表記を取る）・削除している。次は再162～166(合原一五項)である。

彼れ　か来る明　年正月と　は此方の十月　の頃　に当る左なく　は

彼、　カ来、、　年正月、　ハ此方ノ十月十一月ノ比　ニ当ル左スレ　ハ

彼　ら来　年正月　ハ此方、十月十一日、比　ニ当り左、れ　ハ

右の改稿を削除した再稿の表記は、初稿の表記である。「日」は「月」の誤写である。次は再188～192(合原第一六項)である。

右様之　儀有之候ハヽ　召連候家来　共見留候て　迚も堪忍致　間敷　候

右様ノ　義有之、、ハ　拙　者召連候家来ノ　者共見受候テ　ハ　迚モ堪忍イタス間シクト　存候

右様の　義有之　拙　者召連候家来之　者　見留候て　ハ　迚も堪忍致　間敷　と奉存候

右の改稿にない再稿の表記「ノ者」「ハ」は初稿の表記（「之者」）、再稿独自の表記（「拙者」「ト」「存」）。「ノ義」の「ノ」は初稿改稿「之」を変更、「義」は初稿による。始末本は再稿に依り、独自の削除、補足そして「受」を「留」、「イタス」を「致」、「シク」を「敷」に変更し改稿の表記を取った。次は再207（合原第一八項末尾）である。

改稿なし
右合原惣蔵ヨリ聞書　終
右合原惣蔵より聞取申候

始末本は再稿に依り、「書終」を「取申候」と独自に表記の変更、補足、削除した。再稿の十字の表記が改稿本系の内閣本にあるのは、再稿本成立後に内閣本が独自に補足した意味を持つ。次は再281～283（飯塚第一六項）である。

箇程　の　とを　右様遅く御耳に入候は如何　之儀に候歟是又嘆息の至に候
ケ程　ノ大事　右様遅ク御耳ニ入候ハ如何　ノ義　歟是又嘆息
かやうの大事　右様遅々御耳ニ入候ハいかゝの義　か是又嘆息

右の改稿にない再稿の表記は、初稿の表記に依る。但し「の義」は初稿「之儀故」とある。また「遅々」の「々」は「ク」の誤写とみる。次は再284～288（飯塚第一九項）である。

何か壱尺五寸計りの板箱二つ鉄の輪をはめ  如此物　何品なるか更に相分り不申牛の塩漬　との説
何カ一尺五寸斗リノ板箱二ツ鉄ノ輪ヲハメ  如図モノ　何品ナルカ更ニ相分リ不申牛ノ塩ツケトノ説
何か一尺五寸斗之板箱二ツ鉄の輪をはめ  如図もの　何品なるか　相分り不申牛の塩漬　との説
も有之　とも中々左様之物共思はれす
モアリ候ヘ𪜈中ニ左様ノモノトモ思ハレス
もあり候へとも中々左様のものとも思ハれず

始末本の再稿表記は、初稿の表記と微妙にずれ、独自の表記に至っている。次は再314〜317(樋口第三項)である。

此度来舶　の儀　は蘭人より通達有之　と　故　江戸にては元　来　承知の　儀　也
此度来船　ノ義　ハ蘭人ヨリ通達イタシ置候ヿユヘ江戸ニテハ元　ヨリ承知ノ　義　也
此度来船　の　義　ハ蘭人より通達致　置候処　江戸にて　もとより承知の　義　也

右の改稿と異なる再稿の表記「船」「義」「イタシ」（初稿は「致シ」）「置候」「ヨリ」「義」は、改稿が変更する前の初稿表記。次は再318〜321（右同項）である。

掛合　　に　　不及只入津の趣を達　　呉候様　申　に付
懸合候ニハ不及只入津ノ趣ヲ達シ呉候ヤウ申ニ付此方答テ
欠合　候　にハ　不及只入津の趣を達　し　呉候様　申候ニ付此方答　云

右の改稿にない再稿の表記「候」「シ」「此方答」は、改稿が削除した初稿の表記である。「ハ」は再稿の独自の補足である。次は再325～329(右同項)である。

可参　処処奉行香山栄左衛門　　　　　　　　　　　　　接致　申候
可参ノ処、奉行香山栄左エ門ハ内意モ申含置候間香山ヲ遣シ候様差図ニ付キ右一人ニテ応接イタシ申候
可承　処　奉行香山草左衛門　内意も申含置候間香山を遣し候様指図にて　右一人　応接いたし申候

右の改稿にない再稿の表記「処」(初稿「所」)「内意……」以下二十四字は、改稿が主に削除した初稿の表記である。

次は再330～336(右同項二字下げ割註)

甚　六つ　ケ敷　儀有之　是　は仲か　間のと　故　委しく　不申上候　　云て止　り候香山　壱
甚タ六、ケシキ義有之候。処是ハ仲、間ノヿユヘ委細ハ不申上、ト云テトヾマリ候香山一
甚　六　ケ敷　有之候　処これハ仲　間の事　故　委細　ハ不申上候　と　て止　り　香山　一

人に託　候は深く　　意味有　之との由
人ニ記シ候ハ深キ　意味アル　事ノヨシ
人に託　候ハ深き　　意味有　之　由

右の改稿と比べ再稿の表記「つ」「か」の削除や「候処」・「細ハ」・「ト」・「一」は、改稿が補足・削除・変更する以前の初稿表記である。始末本は再52〜329までみたように再稿本に依拠しているが、再校の表記を削除・変更・補足して改稿の表記に戻し、削除・変更して独自表記に至った。右部分を見る限り、どの稿本に依りどの表記を採用しどの表記が独自なのか、一見わからない程、表記の折衷を行っているのである。次は再376〜380（樋口第六項）である。

箇様　の儀　は　　評定に日数掛り中々火急には出来不申左　　なれは待　居　可申と云此方云
ケ様　ノ義　ハ重キヿにて評定モ日間トリ中々火急ニハ出来不申左　様　ナレハ待チ居リ可申ト云此方云此義ハ
かやうの　義　ハ重き事にて評定　日数懸り中々火急ニハ出来不申左　様　なれハ待　居　可申と云此方云此所ハ
江戸而　已にて
江戸ノ　ミニテハ
江戸の　みの

右の改稿にない再稿の表記「重キヿニテ」「様」「此義ハ」「ノミ」は、改稿が削除した初稿の表記である。次は再400

～404（樋口第一二項）

唐土にて明の　末の者　兵を　起　し清と取合最中の由
唐土ニテ明、　末ノ、　兵、　起　リ韃ト取合最中ノヨシ
唐土にて明　末の　兵　起　り清と取合最中のよし

右の再稿にない改稿の表記「の」「者」「を」は、初稿になく改稿が補足した表記である。次は再444～448（香山第一一項）である。

ゲ　ベトル組二百八十四人一隊四十八人宛　六隊有　り一隊に弐　人宛　指図　あり
ケ　ヘール組二百八十四人一隊四十八人ツヽ六隊　ア　リ一隊ニ　二　人ツ　ヽ指図　人　アリ
ケ　ヘール組二百八十四人一隊四十八人宛　六隊　あ　り一隊に　二　人つ　ヽ指図　人　あり

右の改稿にない再稿の表記「ケヘー」「ア」「二」「ツヽ」は、改稿が変更した初稿の表記である。次は再463～466(香山第一三項)である。

イホ　ツト　金の板金より房を下けかさり候物　両眉　へ下ける　なり
イホ　レ　ツトハ金ノ板金ヨク房ヲ下ケカサリ候モ　ノ両　肩　へ下ケル　也
イボ　レ　ツトハ金の板金より房を下げ飾　り候も　の両　肩　へ付　る　也

右の改稿にない再稿の表記「レ」「ハ」「モノ」「肩」は、改稿が変更した初稿の表記である。再稿「ク」は「リ」の誤字。次は再467～472（香山第一四項）である。

ゲ　ベ　ト　ル組何れも人品宜敷　装束　立派冠り　に赤黒の玉を付　る
ケヘール組何レモ人品宜シク装束モ立派冠、ニ赤黒ノ玉ヲ付アル
ケベール組何レも人品宜しく装束も立派冠　に赤黒の玉を付あり

右の改稿にない再稿の表記「ケ」「へー」「シク」「モ」「冠、」「ア」は、改稿が変更した初稿の表記である。次は再481～489（香山第一七項）である。

先年　英吉利　に制せられ其　催促に従ひ　出陣　し大に役せられたる故　に　取合にな
先年ハイキリスニ制セラレイキリスノ催促ニテ　出陣　等イタシ大ニ役セラレタルユへ、　又　取合ニナ
先年ハイキリスに制せられいきりすの催促にて　出陣　等致　し大に役せらる、故　又　取合とな

り打勝　和平取結　以来対ゝ　国
リ打勝テ和平取結ヒ以来対々ノ国トナル　是ハ七十六年前ノ　由
り打勝、和平取結、已来別　の国となる是ハ七十六年暮の事の由

右の改稿にない再稿の表記「ハイキリス」「イキリスノ」「テ」「トナル是ハ七十六年前ノ由」は、改稿が変更・削除した初稿の表記である。「等」の補足、「に」の削除、「又」の補足は再稿独自の表記である。次は再497〜501（香山第一九項）である。

ねし　けし言を申　応接甚　難渋致　し候　　後ち　は大に落付候様子にて格別扱ひよく相成　る
子ヂ　レ　言ヲ申レ応接甚タ難渋イタシ候　処　受取候後、　ハ大ニ落付候様子ニテ格別扱ヒヨク相成　候
恥ぢ　けし言を申、応接甚、難渋致　し候　処　受取候後　ハ大ニ落付候様子ニて格別、、能　相成　候

右の改稿にない再稿の表記「ヂ」（初稿「チ」）「処受取候」、「ち」を削除したのは、改稿が変更・削除・補足した初稿の表記である。「候」は再稿独自の変更にかかる。始末本は「恥ぢけし」など、再稿・改稿の表記を折衷した上に独自の表記をも持っているのである。次は再505〜507(香山第二一項)である。

此度彼れ　への贈　物　は公辺よりには非　す奉行より也
此度彼、　ヘノ贈　リ　モノハ公辺ヨリニ、ア　ラス奉行ヨリ也
此度彼　へ、贈　り　物　ハ公辺よりにはあ　らず奉行より也

右の改稿にない再稿の表記「リ」「モノ」「アラ」は、改稿が削除・変更した初稿の表記である。改稿の「れ」は初稿に補足した表記で、再稿は初稿により削除した。次は再513〜521(近藤第二一項)である。

近藤良治　（皆　　　応接　　）乗付候処決し　て上船を不許　国王の書簡持参致し候其方より上　官の
近藤良次（三人トモ　応接　方）乗付候処決、　テ上船ヲ免サス国王ノ書翰持参致シ候其方ヨリ重　官ノ
近藤良次〔再513〕（三人ともに応接〔再514〕方〔再515〕）乗附候、決〔再516〕而上船を不許　国王の書簡持参致、候其方より重〔再517〕役の
者受取に参　　候や　又　此方より参　手渡し可致　　や書簡受取渡の　　外　　掛合致へき筋なしと云
者受取ニ参リ　候哉　又　此方ヨリ参リ手渡シイタスヘキ哉書翰受取渡ノ　　外別　ニ掛合可致　筋ナシト云
者受取に参り〔再518〕候哉〔再519〕又　此方より、、手渡し可致　　や書簡受取いたし候外別〔再520〕に取合可〔再521〕致筋無之と云

右の改稿にない再稿の表記「三人トモ」「免サス」「翰」「重」「別ニ」「可致」は、改稿が変更・削除した初稿の表記である。「次」の変更「方」の補足「し」の削除、「り」の補足「哉」の変更は再稿独自の表記である。

右により始末本は、再稿本を底本とし、再稿の表記をそのまま踏襲した五九六箇所、再稿の表記を変更・補足・削除した六〇八箇所で改稿の表記を採用し、同様の手法で一一七一箇所にわたり独自表記となっていると結論づけられる。但し右用例中「――再」と番号を振らなかったのは、今回新たに見つけた例で多少の数値が増えるが大勢には影響はない。以上、始末本の筆録者・村上忠順は、底本の再稿本を忠実に書写するというよりも、筆録者の底本に対する解釈により自在に表記を変更する姿勢が著しいと言えよう。

始末本二三七五箇所の調査により明らかになった誤写・誤脱・誤解・誤読である八三箇所、さらに底本となった再稿本や校合したであろう改稿本の誤写・誤解二六箇所を指摘しておく。

用例	該当箇所	誤	正	理由
1	合1	一艘 △独2	二○艘	誤写
2		浦、の 、独9	浦賀○中○ノ	誤脱
3	合2	三之助 △独11	三郎○助	誤解
4		遂に △独19	逆○ニ	草体の誤写
5		挫戻し △独20	操○戻シ	誤写
6	合4	答なし △独81	益○ナシ	草体の誤写
7		無答也 △独83	無益○ナリ	草体の誤写
8	合8	六日夜 △独105	六日朝○	草体の誤写
再1		使船 △改69	彼○船	草体の誤写
再2		警固又 △独130	警固ス○	誤写
再3	合9	品と △改80	只○と	誤写
9	合10	北ノ方 △独143	小○ノ方	草体の誤写
10		只々 △独182	只今○	草体の誤写
11		業ニ △△独198	ワ○ザ○〳〵○	誤解
12		晩気 △△独200	晩景○	草体の誤写
13		留置 △△独201	冨○岡○	草体の誤写
14	合11	廿九尋 △独214	九尋	誤入
15		寄妙 △独235	奇○妙	誤写
16		野辺 △独266	野島○	草体の誤写
17	合12	粘々 △独282	精○ゝ	草体の誤写
18		金澤田迄 ○独286	金澤迄	誤入
19	合15	十一日 △独307	十一月○	誤写
再4		大費 △改176	失○費	誤写
20		桃ノ木 △独339	モ○ミ○ノ木	誤読
21	飯タ	条蔵 △△独385	久○米○三○	誤写変更
22	飯1	鉄ミ △独387	鉄色○	草体の誤写
23	飯2	碇石（原文儀） △独397	磁○石（原文儀）	誤写
再5	飯2	ケタ鉄 △△△シン改220	文○鎮○	訛字草体誤写
24		重き △△独401	金○へ○	草体の誤写
25		糸は △独404	筆○者	草体の誤写
26	飯4	海、面 △独409	四○海ノ○内○	誤写
27		すこしもも ○独417	すこしも	補足誤入
28	飯10	十一日 △独467	十一月○	誤写
29	飯14	香山草左衛門 △独479	香山栄○左エ門	草体の誤写
30		夷ハ、 △独487	銕○炮○ハ（委シクモ）	誤読
31	飯15	粘々 △独505	精○々	草体の誤写
32	飯16	遅々 △独519	遅ク○	誤写
33	飯17	からに 、独523	カラコ○ニ	不明削除
34	飯19	[illegible] △独532	[illegible]○	誤写
35	飯20	香山草左衛門 △独536	香山栄○左エ門	草体の誤写
36	樋タ	樋口多次郎 △改285 △独537	樋田○多々○郎	草体の誤写
37	樋1	筒井紀伊守 △△再296	筒井肥○前○守	誤解
38		又々 △独551	又候○	草体の誤写
再6		二三日 △改292	二三月○	誤写
39		紀伊守 △△再302	肥○前○守	誤解
40		御手当伺 △独553	御手当向○	草体の誤写
再7		日木 △改（追加）	日本○	誤写
41	樋2	曽て △独563	兼○テ	草体の誤写
再8	樋3	詰メ △改298	詰○メ	誤写
改9		共神速 △再311	其○神速	誤写
42		驚るに △独588	譬○フルニ	草体の誤写
43		中嶋三之助 △独612	中嶋三郎○助	草体の誤写
44		香山草左衛門 △独614	香山栄○左エ門	草体の誤写
再10		記シ △改321	託○シ	誤写

用例	該当箇所	誤	正	理由
再11	樋4	此△改325ト	屹○ト	草体の誤写
45	樋5	四面△独658三四△独659	四間○三間○	草体の誤写
46		平△独664屏風	金○屏風	草体の誤写
47	樋6	だ△独708まし△独709	タ○マ○〱○	誤写の解釈
48		香山△独718草左衛門	香山栄○左ヱ門	草体の誤写
49		蘭人△独722見事	蘭人ニ○テ○事	誤写
50		右様子△△独724に遠き	右様手○遠キ	誤写
51	樋8	下のふ△△独756さ	下の方○	誤写
再12		相見△独757スル	相見ユ○ル	誤写
52	樋9	劫△△独768し	幼○ナ○リ○	誤写
53	樋10	横△独776まハし	結○廻○シ	草体の誤写
54	樋11	其△、独782武事	甚○タ○武事	誤写
再13		ア△△独791リ	ナ○ク○	誤解
55	樋12	扱△△独811にて	救○テ	草体の誤写
56		実△△独813際に	其○隙○ニ	草体の誤写
57	香1	ワシント△独820シ	ワシントン○	誤写
再14		一△独823通	二○通	誤写
58	香3	ブ△独834ヤンナン	ブカ○ンナン	誤写
59	香4	五間△独837半	五間斗○	誤写
再15		ミツ△独844ク	ミツタ○	誤写
60		平△独847水入	車○水入	草体の誤写
61	香5	此△、独864方	小○ノ○方	誤写
62		六△独866挺	十○挺	誤解
再16		二△改439百人	三○百人	誤写
再17	香7	指押△改442ス	指揮○ス	草体の誤写
63	香11	短△△独895筒	祝○砲○	誤解
再18		陳△改（追加）列	陳○列	誤写
64		法列△独899	法則○	草体の誤写

用例	該当箇所	誤	正	理由
65	香12	鉄△独908にて	鋲○ニテ	草体の誤写
66		高さ六△独910寸	高サ五○寸	誤解
67		長サ三△独911尺	長サ一○尺	誤解
68		○△独915如此	◠○如此	誤解
69		只台△独928取	只受○取	草体の誤写
再19		十人△△改470	ナ○シ○	誤写
70	香15	冠り△独951の外	冠ソ○ノ外	誤写
71	香16	直々△独959	直ニ○	誤写
72	香17	別△独971の国	対○々○の国	草体の誤写
73		ヤフ△△独974ロセ	ヤソ○コ○セ	誤写
74	香19	法列△独983	法則○	草体の誤写
再20		ト、△改497コへ	コ○トユ○へ	脱字誤写
再21		タセ△改498シ	タマ○シ	誤写
再22		トノミ△独998ケ	トノミチ○	誤写
75	香20	脇△独1006に挟み	腰○ニハサミ	草体の誤写
改23	近タ	近藤良△再509治	近藤良次○	草体の誤写
76	近2	佐々倉△独1023相太郎	佐々倉桐○太郎	草体の誤写
77		中嶋三△独1025之助	中島三郎○助	草体の誤写
78	近4	来△独1059る	来夏○	草体の誤写
79	近5	則△、独1077	即○日○	草体の誤写
再24		ホトナ△独1080リ	ホトナク○	誤写
80	近6	出度△独1101致候	出席○致シ候	草体の誤写
再25	近7	此度△改549	此後○	草体の誤写
81		専△独1105固ニ書△△独1106ク	守○固シ○返○リ○	草体の誤写
82		日本を象△独1107する	日本ヲ敬○スル	草体の誤写
改26	近8	一日△独1127	一目○	誤写
83	近9	壱△独1132人	異○人	草体の誤写

現在伝わる写本をみるに比較的字画をくずさず端正に書写しているものが多い。しかし右の誤写など一一〇箇所をみるに、理由が草体の判読ミスによる誤写に由来すると考えざる得ない例が、その半数近く（四四・五％）に達している。つまり多くの写本が手早く書ける草書体をもって書写され伝承されたと考えられる。現在諸本をみるに初稿本・改稿本・再稿本・修訂本の系列をみることができるが、修訂本以外にそれぞれの原本をみることができない現状である。原本を書写した写本が伝わるのみなのである。

改稿本は続通信全覧類輯に掲載された本文を指すが、私見では与力聞書の筆者が比較的短時日に稿を改め、その結果初稿本・改稿本・再稿本と三系統の諸本が存在するとみるが、いづれもその原本は存在せずその写本がかろうじて残ったのみである。この視点で始末本の独397「碇石」は、始末本の底本となった再稿本には「儀尺」（初稿・改稿・修訂すべて同じ）とあり、両者は結びつかない。再稿本から派生した秘談本に「磁石」とあり、この誤写とみる。また始末本の独401「重き」は、再稿本には「カ子へ」とある。初稿・改稿・修訂すべて「金へ」とあり、これから「重き」への通路があるとみる。「重」は「金」の草体の誤写とみる。従って始末本の底本となった再稿本は、その原本ではなく、それを書写した写本とみる。

ここで少し誤写の例を説明しておく。「ケタ」（改220）は、「文」（攵）を二字に分割した訛字。「面」（独409）は、「ノ内」の「ノ」が「一」となり「内」の草体と合字となった誤写。「香山草左衛門」（独479 536 614 718）の「草」は、諸本すべて「栄」、草体の誤写。「夷ハ」（独487）は、鉄の異体字「銕」の旁に由来する誤読。「からに」（独523）は、改稿「からこ」、再稿「カラマ」をみるに「マ」は「コ」の誤写だが、「コ」か「マ」か不明のため削除とみる。「樋田多次郎」（独537）の「次」は、再稿「々」をみるに「欠」の草体とみて「冫」を補足した。「紀伊守」（再302）は、筒井政憲をさし、徳川実記によると長崎奉行時代文政四年一月二九日まで「和泉守」、江戸南町奉行時代文政七年より天保八年ごろ「伊賀守」、天保一一年より同一二年四月二八日「紀伊守」、西城（丸）留守居時代天保一二年四月二八日より嘉永元年ごろ「紀伊守」、嘉永五年より「肥前守」とみえる。天保一二年以降七年以上の長きにわたり「紀伊守」を名乗っており、嘉永六年現在「肥前守」と改称して一年足らずのため「紀伊守」と誤解したのである。「驚るに」（独588）は、再稿「タトフルニ」とあり、再稿から派生した秘談本「譬」の草体の誤写。「四面三四」（独658 659）の「面」と「四」は、改稿再稿「間」とありその草体の誤写。同じ「間」の草体が、「面」にも「四」にもみえるのである。「中嶋三之助」（独612 1025）の「之」は、諸本すべて「郎」であり、その草体の誤写。「直々」（独959）は、再稿「直二」の「二」を畳字「〻」と誤解した誤写。「ヤフロセ」（独974）は、初稿「ヤソコセ」（耶蘇降世）、改稿「ヤリコセ」、再稿「ヤワコセ」と次第に訛伝して意味不明になる様子がわかる。「フ」は「ワ」、「ワ」は「リ」、「リ」は「ソ」の誤写、「ロ」は「コ」の誤写。「近藤良治」（再509）の「治」は、諸本「次」だがその草体の誤写。「佐々倉相太郎」（独1023）の「相」は、初稿本にもあるがそれは翻字の誤読であり、その他諸本すべて「桐」でこの草体の誤写。

次は削除の例だが、数多くある中で比較的字数の多い例、六字より六五字に至る一三例一四箇所を挙げる。

用例	該当箇所	削除	字数
1	合2（独66）	候ユへ何ホド急キ候テモ五日位ハカ、リ（可申）候	19字
2	合6（独101）	尽ク地ニアカルク算定リ居候義ト相見ユル	19字
3	合11（独246）	浦賀へ向テ馳ス軍船ノ申合一同出帆ノ義ト心得居リ	23字
4	合15（独353）	ノ厚サ大図一尺六七寸ニ相見申候	15字
5	飯タ（独386）	（合原ヨリ聞ケル処ト符合ノ処ハノゾク相違ノ処ノミ記ス）	25字

6	飯2（独405）	川越持亀ケ崎へ上陸無相違ヨウ〳〵制之止メ返シ申候（飯塚第三項の全文）	24字
7	飯6（独437）	見ル人感セサルハナシ	10字
8	飯7（独438）	メリヤスノ如ク	7字
9	樋3（独575）	ノ注進ト相尋候処海鹿島ニテアワビヲ取ニ出居リ候海士遠洋ニ見付候ニ付	33字
10	香4（独849）	際ヨリ船フチ迄高サ	9字
11	香7（独880）	蒸気本船ノ外三艘ノ大将ハ本船ノ副将位ノ立場ノ者也（香山第八項の全文）	24字
12	香10（独888）	陸上ヲハシル	6字
13	香21（改505）	香山栄左エ門ヨリ聞書終	11字
14	近10（独1148）	右受取ノ席ハ上段ノ間使節上官副将二人〆四人此方ニテハ奉行二人応接掛リ与力四人通辞一人皆コレモ上段ノ間ニ上ル組頭ハ下タノ間与力七人同断（近藤第一一項の全文）	65字
		右五名ヨリ聞ケル所深秘ニ付不免他見	17字

独101の一九字削除は、改稿「地あかるの算」、再稿「地ニアカルク」とあるが意味不明による削除と考えられる。初稿「死ニアカルケ算」の「ケ」は「ク」の誤写で、修訂の一文「死を定め」の意である。「地」は「死」の草体の誤写とみる。合原第六項の後半一九字を削除して、中途半端なまま第七項へ接続してしまった。独246の二三字削除は、栗浜国書提出終わり本船は浦賀へ向けて出帆した意味が、栗浜港外に軍船を引かせた意味に変質する。「案外」を「港外」に変更したのも二三字削除した結果可能となった表記である。独353の一五字は、合原第一五項の末尾だが、唐突に次項第一六項に接続した。独386の割註二五字は、改稿・再稿ともあるが文意に関係ないので削除。独405の二四字は飯塚第三項の全文、独880の二四字は香山第八項の全文、独1148の六五字は近藤第一一項の全文である。六五字の削除

は、同内容が樋田第六項・香山第一二項にあるためである。二四字の削除は、他項と独立した短文であるためと考えられる。独438の七字は、皮にかかる修飾語の削除である。独575の三三字は、注進の出所を削除した。独849の九字は「上」を補足して同等の意味に替えた。独888の六字は火輪車にかかる修飾語の削除である。改505の一一字は再稿本のみ行替え四字下げであり、諸本にないため削除した。独1148の一七字は内容の表記と直接かかわりないため削除した。

始末本末尾に、二字下げで佐久間象山の跋文が付いている。書き下すと

此の録を読みて梗概痛哭せざる者は、其の人必ず志士に非ず。此の録を読みて眥裂髪堅せざる者は、其の人必ず壮士に非ず。此の録を読みて身を以て家国天下に殉ぜざる者は、其の人必ず烈士に非ず。吾安んぞ志士・壮士・烈士を得て共に、胸中の不平を泄らさんや。　平大星跋

とある。平大星とは、佐久間象山である。大星とは諱名で国忠・啓ともいう。通称は啓之助のち修理、字は子迪・子明、号は象山・滄浪ともいう。生地は信濃松代、師は佐藤一齋・林述齋、江戸の儒者（五柳精舎）・松代藩儒である。この跋文がある価値は、象山が元治元年七月一一日に数え五四歳で暗殺された事実である。始末本の書写と象山跋文の書記年月とは一致しないだろうが、始末本書写年代が元治元年以前であることを証明するのである。それは嘉永六年より一一年後である。この一一年間に象山には、吉田松陰の下田踏海に係わる投獄と国元松代での蟄居がある。それは安政改元前の嘉永七年三月二七日夜、ペリーの旗艦ポーハタン号にたどりついた松陰らの海外渡航は拒絶され、翌日縛に就く。開国論者で横浜開港説を唱える象山は、海外渡航を勧めた罪を咎められ、九月一八日に松陰は萩で、象山は松代で蟄居を申し渡された。処分は即日執行され、象山は松代藩中屋敷に引き渡された。九月二五日に江戸発、一〇月三日松代着で、象山はこの後一〇年の生を保つのみである。安政二年九月一四日、藩から取り締まり方厳重にと謹慎を申し渡され、外部の情報から遮断され幽閉された。従って安政二年以降この「与力聞書」を象山が落手した

可能性が低い事情を勘案すると、始末本の成立は遅くとも安政二年九月以前であり、恐らくは江戸に居た安政元年九月をその下限と推定するのである。

註1　当初高麗環雑記は、改稿本を底本として改稿本が削除した初稿本の表記を多く取り入れている改稿本系写本と考えていた。しかし始末本や秘談本が雑記本を底本としている事実、また始末本に付いた佐久間象山跋文が安政元年九月以前に書かれたと推定されるから、その底本雑記本成立の時期的早さが窺え一歩進んで再稿本と考えるに至った。

ル　再稿本系「合原伊三郎ヨリ聞書略他」（雑集本）

鈴木大雑集の与力聞書は、鈴木大雑集二九、第四（大正七年九月二五日、日本史籍協会発行）の六九四頁より七一四頁に収録（以下、雑集本と称呼）されている。冒頭の合原総（惣）蔵ゟ（ヨリ）聞書は、タイトルが「合原伊三郎ヨリ聞書略他」とあり、「総（惣）蔵」が「伊三郎」に変更され、その第一項より第五項まで本文が削除されている。飯塚久米三郎ヨリ聞書第四項の後に、近藤良治ヨリ聞書の第六項より第一〇項までが挿入され、本来の位置から倒置している。そして近藤の最終項が削除されているという構成を持つ。

雑集本の項目形式は、初稿本の項目を削除した改稿本再稿本の項目立てである。その表記をみるに、改稿本と相違し再稿本（高麗環雑記、以下雑記本と称呼）の表記と一致する七一三例、諸本と一致せず独自の表記五三五例を挙げることが出来る。雑集本は明らかに再稿本系であることを示す。

雑記本の表記と一致	713例
独自の表記	535例

まず雑記本の表記と一致した七一三例から説明する。雑1とは雑記本の表記と一致した七一三例中の第一例という意味である。雑1「漕行キ」（合原第六項）は、初稿「漕歩行キ」・改稿「漕、行、」、雑記のみ「漕行キ」とあるによる。雑4「ヨウ〳〵」（同項）は、初稿「稍ゝ」・改稿「やう〳〵」、雑記のみ「ヨウ〳〵」とあるによる。以上改稿は初稿をすべて削除せず、徐々に一部を変更削除しその表記の上に再稿の表記が成り立っている。次は改稿ですべて初稿の表記を変更や削除してしまった表記の上に再稿の表記がある例である。雑32「〆、有之候且、」（合原第一〇項）は、初稿「ドコ迄も御堪忍と申候由」・改稿「先々穏便に有之様にとの挨拶に及ふ夫より」と初稿の表記を全面的に変更し、雑記はさらに表記を変更して「先々穏便ニ被成候ヤウトノ〆ニ有之候且ツ」とした。雑33「手出シ致シ」（同項）は、初稿「手出し致」を改稿で削除、雑記「手出シイタシ」でもとに戻し「イタ」を独自に漢字に改めた。雑集は初稿に近い表記だが、改稿で削除した初稿の表記を取り入れた再稿・雑記本に依拠しているのである。雑39「陸上ノ見物人ヲ持押へ諸家ニテ疎忽ニ手出シコレナキ様制禁スル為ニ指出シ候〆異船ヲ取押ル為ニ非ス」（同項）は、初稿「陸上之見物人ヲ指押へ諸家ニ而疎忽ニ手出シ無之様制禁スル為ニ指出候事異船ヲ取押ユル為ニアラス」を大きく倒置した改稿「異船を取押へる為にてなく陸上　諸家　疎忽に手出し致さぬ様制禁の為也」があるが、雑記「陸上ノ見物人ヲ指押へ諸家ニテソコツニ手出シ無之ヤウ制禁スル為指出候〆異船取扱フ為ニアラス」をもとに、「指」を「持」、「ソコツ」を漢字に、「無之」を仮名に倒置、「ヤウ」を漢字に、「為」に「ニ」を「指出」に「シ」を補足、「異船」に「ヲ」を補足、「取扱フ」を「取押ル」、「アラス」を「非ス」に変更している。雑40「ニ候やト相」（同項）をみるに、初稿「ニ候哉相」・改稿は「と、」と変更削除し、雑記「ニ候ヤ相」をもとに「ト」を独自に補足した。雑44「遣ス所ナリ」（同項）は、初稿「遣候所也」・改稿「遣処也」とあり、雑記「遣ス処也」をもとに「処」を「所」、

「也」を「ナリ」に変更。雑83「約定ヲタガへ」（合原第一一項）は、改稿が初稿にない表記を補足「約定に違」、雑記が表記を変更し「約定ヲタカヘ」をもとに「カ」を「ガ」に変更。雑94「為メ此度ハ」（同項）は、改稿が初稿にない表記を補足「為」、雑記は表記を補足し「為メ此後ハ」をもとに「後」を「度」に変更。雑108「入」（合原第一二項）は、初稿「へ」・改稿削除、雑記「へ」とあり受け継いだ秘談「へ」をみるに「入」は「へ」の誤字。雑176「義上統」（合原第一六項、統の旁は一画多い七画）は、初稿にない表記を改稿が補足「儀と一統」とあり、雑記は表記変更「義ト一統」をもとに「ト一」が「上」、意味が通らず「統」が一画多い字に誤写、この字は「旒」（ハタアシ、旗の垂れ）の旁三画目からだが意味をなさない。本文右に「ト一統カ」とある通りである。雑180「何ニモ」（合原第一七項）は、初稿「何も」、改稿削除であり、雑記「何モ」により「ニ」を補足した。雑188「（右合原伊三郎ヨリ聞書）」（合原第一八項）は、初稿・改稿にない。雑記「右合原惣蔵ヨリ聞書終」をもとに「惣蔵」を「伊三郎」に変更し、「終」を削除。独1「合原伊三郎」（冒頭タイトル）と対応する。第二項と第一五項の合原は、初稿第一九項では「伊三郎」であり、本文には「総蔵」は登場しないところからの誤解か。雑189「飯塚久米三郎ヨリ聞書」（飯塚タイトル）は、改稿で「ヨリ」削除し、雑記でもとに戻したが雑記には「郎」がない。単なる誤脱か。秘談は「栄三」と雑記を誤写し、雑記「久米三」の姿が判明する。雑198「ナルベシ」（飯塚第一項）は、初稿「ナルヘシ」・改稿「可成」、雑記「ナルベシ」と一致する。雑204「乗組ミ水手二十人」（飯塚第二項）は、初稿「水主弐拾人」・改稿「乗込主廿人」と補足・削除・変更、雑記「乗組候水主二十人」をもとに「候」を「ミ」に変更、「主」を「手」に変更。雑208独164「ソレ〳〵」（飯塚第二項）は、初稿「糸へ」・改稿削除、雑記「ソレへ」をもとに「へ」を「〳〵」に変更。雑229独181「連レ参ルベク」（近藤第七項）は、初稿「連レ参ルヘク」・改稿「連可参」、雑記「連レ参ルヘケレ𪜈」をもとに「ヘケレトモ」を「ベク」に変更。雑239「様子ニ相見申候」（近藤第九項）は、初稿「様子ニ相見へ申候」・改稿「体にて」、雑記「様子ニ相見ヘ申候」をもとに「ヘ」を削除。雑263「モヽ色前」（飯塚第六項）は、初稿改稿「前」・雑記「モヽ色前」（記聞も同じ）による。雑265「上官等冠リ物恰好是ニ類ス」（飯塚第六項）は、初稿「上官等ノ冠リモ恰好是ニ類ス」・改稿で（図が左右入れ替わり「差引役の冠り物」、雑記「差引役冠リモノ」で初稿をもとに「ノ」を削除、「モ」を「物」に変更。雑300「成ルホト鉄炮ハ」（飯塚第一四項）は、初稿「アメリカ鉄炮ハ」・改稿「成程は」、雑記「ナルホド鉄炮ハ」をもとに「ナ」を「成」、「ド」を「ト」に変更。雑310「ト云リ」（同項）は、初稿「ト云」・改稿「と申候」、雑記「ト云」をもとに「リ」を補足。雑375「通達イタシ置候ユヘ」（樋口第三項）は、初稿「通達致シ置候事ニテ」・改稿「通達有之と故」、雑記「通達イタシ置候ユヘ」をもとに「候」を削除。雑393「栄左衛門ハ内意モ申含置候間香山ヲ遣シ候様ノ差図ニ付キ右一人ニテ応接」（同項）は、初稿「栄左衛門ハ内意モ申シ含メ置候間栄左衛門ヲ遣ハシ候様申ニ付栄左衛門罷越応接」・改稿「栄左衛門接」、雑記「栄左エ門ハ内意モ申含置候間香山ヲ遣シ候様差図ニ付キ右一人ニテ応接」をもとに「エ」を「衛」に変更、「ノ」を補足。雑404「有ヿ」（同項）は、初稿「アル事」・改稿「有之と」、雑記「アル事」をもとに「アル」を「有」、「事」を「ヿ」に変更。雑407「近ツケル」（樋口第四項）は、初稿「近寄」・改稿「進より」、雑記「近ヨル」をもとに「ヨ」を「ツケ」に変更。雑411 412 413「ヨセヌ様致スヘシ」（同項）は、初稿「寄セヌ様致スヘシ」・改稿「寄せす様にすへし」、雑記「ヨラヌヤウ可致」をもとに「ラ」を「セ」、「ヤウ」を「様」、「可致」を「致スヘシ」に変更。雑435独343「合原樋口二人ノ与力付ソヘ」（樋口第五項）は、諸本二行割註。秘談のみ「（合原樋口）」と割註だが、「弐人之与力附添」は本文。初稿「合原樋田与力付添」、改稿「合原樋口弐人の与力附添」、雑記「合原樋田二人与力付添」をもとに「田」を「口」に変更、「ノ」を補足、「添」を「ソヘ」に変更。雑459「ヿナド」（樋口第六項）は、初稿別文で改稿「と抔」、雑記「ヿナト」をもとに「ト」を「ド」に変更。雑486「過キ冬ミ」（同項）は、初稿「過キ候ハ、又」・改稿「過又々」、雑記「過キ又ゝ」

をもとに「又こ」を「冬」と誤写。雑493 494「ナラサルヨシ」（樋口第七項）は、初稿「ナラサル由申シ候由」・改稿「成らさる由」、雑記「ナラレサルヨシ」をもとに「レ」を削除。雑503「総テノ事」（樋口第九項）は、初稿「総テノ事」・改稿「惣て」、雑記「総テノヿ」をもとに「ヿ」を「事」に変更。雑508「山ギハナドヘハ」（樋口第一〇項）は、初稿「山際へ」・改稿「山際へは」、雑記「山キハナドヘハ」をもとに「キ」を「ギ」に変更。雑533「樋口氏ヨリ聞書終」（樋口第一二項）は、初稿改稿なく雑記「樋田氏ヨリ聞書終」（行替え五字下げ）をもとに「田」を「口」に変更、秘談「右樋口多太郎ゟ聞記」に受け継がれた。「口」は内閣本「樋口氏聞書終」も同じ。内閣本は改稿本を比較的忠実に書写した写本であるが、改稿本から発展した姿がここに窺える。雑557「三百人」（香山第五項）は、初稿「三百人」・改稿「三百人なり」、雑記「二百人」をもとに「二」を「三」に変更。ここに改稿本系の別本との校合が存在するか。雑571「云リ」（香山第一〇項）は、初稿「云ヿ」・改稿「申候」、雑記「云」をもとに「リ」を補足。雑585「ヿ共ナリ」（香山第一一項）は、初稿「事共ナリ」・改稿「とども也」、雑記「ヿ𪜈ナリ」をもとに「𪜈」（準仮名合字）を「共」に変更。雑590 591「タガヤサン」（香山第一二項）は、初稿「タカヤサン」・改稿「たかやさし」、雑記「タガヤサン」による。雑記本を多く受け継いだ秘談本は「鉄力木」に「たがやさん」とルビあり。雑598「渡シノミナリ」（同項）は、初稿「渡シノミナリ」・改稿「渡而已也」、雑記「渡シノミ也」をもとに「也」を「ナリ」に変更。雑607 608「外イホレツト付候者ナシ」（同項、割註）は、初稿「外イホレツトヲ付ケ候者ナシ」・改稿「外に付るものなし」、雑記「外ホストン付候者十人」をみるに大幅に訛誤しており、「ホストン」が「イホレツト」のまた「十人」が「ナシ」の誤写とみて考慮すれば、雑集の表記は雑記に一番近いとみる。雑609「イボレツト」（同項、一三項に該当）は、初稿「イホレツト」・改稿「イホツト」、雑記「イホレツト」をもとに「ホ」を「ボ」に変更。雑612「両肩へ」（同項）は、初稿「両肩へ」・改稿「両眉へ」、雑記「両肩へ」による。「眉」は改稿本のみ。その他すべて「肩」であるが、その草書体は似ている所からの誤写とみる。雑615「付ケアル」（香山第一四項）は、初稿「付ケアル」・改稿「付る」、雑記「付アル」をもとに「ケ」を補足。雑626「軍見舞」（香山第一五項）は、初稿「見舞」・改稿「軍舞」、雑記「軍見舞」による。修訂本の古文書本は「軍見舞」とある。この例など初稿・改稿・再稿と表記が流動しているが、再稿の表記が修訂本に留まっている。雑632「出陣等致シ」（香山第一六項）は、初稿「出陣致シ」・改稿「出陣し」、雑記「出陣等イタシ」をもとに「イタ」を「致」に変更。雑635「国トナリ是ハ七十六年前ノ乁ノ由」（同項）は、初稿「国トナル是ハ七十六年前ノ事ノ由」・改稿「国」以下全文削除、雑記「国トナル是ハ七十六年前ノ由」をもとに「ル」を「リ」に変更し「乁ノ」を補足。雑649「子チケシ」（香山第一八項）は、初稿「ネチレ」・改稿「ねしけし」、雑記「子ヂレ」（「レ」は「也」とあり誤字とみる）をもとに「ヂ」を「チ」、「レ」を「ケシ」に変更。雑658「モノカドノ道」（同項）は、初稿「モノ歟トノフリ」・改稿「物歟との道」、雑記「モノカトノミチ」（「ミチ」は「ミケ」とあり誤字とみる）「ト」を「ド」、「ミチ」を「道」に変更。雑659「参ル ニ」（同項）は、初稿「参ルニハ」・改稿「参るは」、雑記「参ルニハ」をもとに「ハ」を削除。雑666「香山栄右衛門　聞書終」（香山第二〇項）は、初稿改稿なく、雑記「香山栄左エ門ヨリ聞書終」（行替え四字下げ）をもとに「左エ」を「右衛」に変更し「右」は「左」の誤写、「ヨリ」を削除。この再稿の表記は、秘談「右此度之応接掛香山栄左衛門ゟ聞」と受け継がれた。雑669「乗込ム海上三十六里」（近藤第一項）の「海上三十六里」は、初稿改稿は割註だが、雑記で本文となり「ム」共々受け継いだ。雑670「三人共」（近藤第二項、割註）は、初稿「三人共」（割註）・改稿「皆」（割註）、雑記「三人トモ」（割註）をもとに「トモ」を「共」に変更。雑679「参ルベキ旨」（近藤第三項）は、初稿「参ルヘキ旨」・改稿「可参の旨」、雑記「参ルヘキ旨」をもとに「ヘ」を「ベ」に変更。雑685「義ゾ」（同項）は、初稿「義ソ」・改稿「事ソ」、雑記「義ソ」をもとに「ソ」を「ゾ」に変更。雑692「不申候掛合」（近藤第四項）は、初稿「不申候故懸合」・改稿「不申 故掛合」、雑記「不申候ユヘ掛合」をもとに「ユヘ」を削除。雑693「ノ節」(同項)は、初稿「ノ節」・改稿削除、雑記「ノセツ」をもとに「セツ」を「節」に変更。

右に見るように雑集の表記は、初稿の表記に近いものがある。しかし雑集の本文が改稿本の表記をふまえた再稿本に依拠していると考える時、直接初稿本を校訂に参照したとは考えられない。むしろ先行する初稿と改稿を折衷した再稿本を想定するのがより合理的と判断する。雑集の表記には雑記本の存在が欠かせないこと右に見た通りである。このようにして雑記本(再稿本)を底本に七一三例が数えられ、底本をそのまま引用したり、独自に変更・補足・削除を施して雑集の本文が成立しているのである。

次に諸本に見られない雑集本の独自表記五三五例をみる。独1「伊三郎」(合原タイトル)は、諸本「総(惣)蔵」であるが、本文中に「総蔵」の表記はなく、合原第二項・同一九項(改稿以下諸本は第一五項に当たり「伊三郎」は削除)に「伊三郎」(第二項で改稿以下諸本は「猪三郎」)とある初稿本に依拠したか。合原第一八項末尾の雑188「伊三郎」は、雑記に「惣蔵」とあるが、雑集は冒頭第一項より第五項まで欠文のため誤解したとみる。独6「取」(合原第六項)は、初稿「取」・改稿「取り」、雑記「トリ」をもとに「取」に変更したが送り仮名は独自に削除(初稿・再稿本系「秘談」も同様)。独12「指置」(合原第一〇項)は、右に「マヽ」とルビ、頭註に「置可疑」とあり、諸本「留」。独32「穏便成サレ候様」(同項)は、初稿「ドコ迄も御堪忍と申候由」を改稿は全面改訂し「穏便に有之様」、雑記「穏便ニ被成候ヤウ」をもとに「ニ」を削除、「被成」を「成サレ」・「ヤウ」を「様」に変更。独45「答曰」(同項)は、初稿「答て」・改稿「答」、雑記「答テ云」をもとに「テ」を削除、「云」を「曰」に変更。独66「異人モ」(合原第一一項)は、諸本「異人共」、雑記「異人𪜈」(準仮名・合字)をもとに「ト」を削除して「モ」となった。独71「彼是 製」(同項)は、諸本すべて「彼是制(改稿以下「し」あり)」、雑集には「製」の右に「制カ」とルビあり。独73 74雑75「致置処」（同項）は、初稿「致候」・改稿「致し置候」、雑記「致シ置候処」をもとに「シ」と「候」を削除。独90「十二日ニハ」（同項）は、諸本すべて「十日」で、「二」は「ニ」に目が移った誤入。独91「コキヨセ」（同項）は、初稿「寄」・改稿「漕寄」、雑記「漕ヨセ」をもとに「漕」を「コキ」に変更。独94「ヒストウ」（同項）は、諸本すべて「ル」があり誤脱。独95「恤シ」（同項）は、初稿「驚カシ」（雑記も同じ）・改稿「おひやかす」。この字は「恧」とすると「はづ」、古訓に「うれふ」と訓むが不明。独96雑106「未ダ行ト丶カズ」（合原第一二項）は、初稿「未行届」・改稿「未た不行届」、雑記「未夕行トゞカズ」をもとに「夕」を「ダ」、「ゞ」を「丶」に変更。独101「大津マテ」（同項）は、初稿「大津迄引返シ」・改稿「大津迄引取」、雑記「大津迄引返シ」をもとに「迄」を「マテ」に変更、「引返シ」を削除。独102「金沢迄」（同項）は、初稿「金沢迄」・改稿「金沢辺」、雑記「金沢マテ」をもとに「マテ」を「迄」に変更。独103「蒸気艘」（合原第一三項）は、諸本「蒸気船弐（二）艘」とあるので「船二」の二字脱字。本文右に「此間脱字アラン」とある。独104「綱本」（同項）は、諸本「綱弐（二）本」とあるので、「二」の一字脱字。独107「出帆也〻〻〻」（同項）は、初稿「出船三崎」・改稿「出帆三崎」（雑記も同じ）をもとに「也〻〻〻」を補足し、「三崎」を脱字。独111 112雑124「十四日　ニ致候ヨシ」（合原第一四項）は、初稿「拾四日目ニ当方へ着ニ相成候由」・改稿「十四日目に着到する由」、雑記「拾四日目ニ着致シ候ヨシ」をもとに「拾」を「十」に変更、「目」「着」「シ」を削除。独118 119 120「トコ丶マテ」（合原第一五項）は、諸本「ドコ迄も」の「ド」を「ト」に変更、「丶」を補足。「候ヤ、ドコマデモ」を「候ヤト、ココマテ」の意に解釈。独133「前ニ」（合原第一六項）は、初稿「種〻」・改稿「前」、雑記「前〻」（秘談本・修訂本も同じ）をもとに畳字「〻」を「ニ」と誤写した。独143「昨十一日」（合原第一七項）は、諸本すべて「二」で「一」は誤字。独145「不申ト存候」（同項）は、初稿改稿「不申候」、雑記「不申候ヤウ存候」をもとに「候ヤウ」を「ト」に変更。独176「致サス」（近藤第六項）は、初稿改稿「不致」、雑記「イタサス」をもとに「イタ」を「致」に変更。独186「九里浜」（近藤第八項）は、初稿「久里浜」・改稿「栗浜」（雑記・秘談も同じ）をみるに「九」（但し初稿系の記聞本にあり）は独自表記。独188「大体」（同項）は、初稿「大體」・改稿「大抵」、雑記「大躰」（秘談も同じ）をもとに「体」と表記。「體」を略した俗字「躰」から「体」と変化、「体」はもと「笨」と同字で「あらく密ならざる義」である。独191「申サス」（同項）は、諸稿「不申候」の「不申」を「申サス」に変更し「候」を削除。独195「帰リ候セツモ」（近藤第九項）は、この間に改稿「候時送り参候処直に酒を出し申候船中一見して暫く手間、取」の二六字と削除された初稿の五字の三一字が省略されており、下接し項を改め雑記「候𪜈送リ参リ候処直ニ酒ヲ出シ申シ候船中一見シテ暫ク手間トリ返リ」をもとに雑集本は「送トキ送リマイリ候処直ク酒ヲ出シ申候船中一見暫ク手間トリ返リ候」と「参」を「マイ」、「ニ」を「ク」に変更、「シ」「シテ」を削除、「候」を補足して記されている。独207「招キ由ニ候」（飯塚第五項）は、初稿「招クノミ」・改稿「招き申候」（雑記も同じ）、「由」の右に「マ、」とルビあり。「申」が雑集に「由」とあり意味不通のため「ニ」を補足したとみる。独212「差引服」（飯塚第六項）は、初稿「上官等ノ」・改稿「差引役の」、雑記「差引役」をもとに帽子など衣服の条のため「役」の草体の誤写。独216「見エル」（飯塚第八項）は、初稿「見ユル」・改稿「見へ」、雑記「見ユル」をもとに「ユ」を「エ」に誤写。独218 219「ワナベデモヤケ候」（同項）は、初稿「ワナヘテモカケル」・改稿「わなゑでも掛け候」、雑記「ワナヘテモカケ候」をもとに「ヘテ」を「ベデ」に変更して意味不通のため「カ」を「ヤ」に変更また誤写したか。独220「副官将」（同項）は、諸本「副将」だが上接して「上官将官」と官が二つ付いていることによる誤入。独222「申談ヒ候」（飯塚第九項）は、初稿改稿「申談候」、雑記「申談シ候」をもとに「シ」を「ヒ」と誤写。独223「候ハ」（同項）は、初稿「候義ハ」・改稿「候 儀」、雑記「候義ハ」をもとに「義」を削除。独235「致サスト」（飯塚第一四項）は、初稿になし・改稿「致さぬと」、雑記「イタサズト」をもとに「イタ」を「致」、「ズ」を「ス」

に変更。独249「系車」（飯塚第一七項）は、諸本すべて「糸」で誤字。独251「ヲ、破、ニハ」（飯塚第一八項）は、初稿「を打破るには」・改稿「を打敗し候には」、雑記「ヲ打敗ルニハ」をもとに「打」を削除、「敗ル」を「破」に変更。諸本「打」があるにかかわらず削除、「破」は秘談に受け継がれた初稿の表記。独253「鉄ノ輪クハメ」（飯塚第一九項）は、諸本すべて「を（ヲ）」、「ク」は「ヲ」の誤写。但し「輪ク」で「枠」の意を持たせたとみることもできる。独254「〓」（同項）は、初稿「〓」・改稿「〓」、雑記「〓」をもとに一本太線の中を白抜き二本線にした誤写である。独266「坪借」（樋口第一項）は、初稿「拝用」・改稿「拝借」、雑記「拝用」・秘談「借用」をみるに、「坪」は「拝」の誤写。雑記と秘談は、改稿「拝借」を二分して初稿の「用」に接続した。従って「坪借」は改稿の誤写とみる。独287「見エル」（樋口第三項）は、初稿「見ル」・改稿「見ゆる」（雑記も同じ）、「エ」は「ユ」の誤写。記聞・内閣も改稿・雑記と同じ。独291「注進致シ」（同項）は、初稿「註進ソト相尋候所海鹿嶋ニテアワヒヲ取リニ出居リ候海士遠洋ニ見付候ニ付註進致シ」・改稿「注進と相尋候処海鹿島より蚫を取に出候海士遠洋に見付候に付注進致し」、雑記「注進〈ト相尋候処海鹿島ニテアワビヲ取ニ出居リ候海士遠洋ニ見付候ニ付注進〉致シ」をみるに「注進」間三二字を削除して上下を接続している。独292「候ヨ」（同項）は、初稿改稿「候由」、雑記「候ヨシ」をもとに「シ」が脱字。独293「トリアヘス」（同項）は、初稿「取リ敢ス」・改稿「不取敢」、雑記「取リアヘズ」をもとに「取」を「ト」、「ズ」を「ス」に変更、上接する雑365「トルモノモ」の仮名表記につづけた。独303「コノ方答曰」（同項）は、初稿「此方答テ」・改稿削除、雑記「此方答テ」をもとに「此」を「コノ」に変更、「テ」を削除、「曰」を補足。独305「申達イタススヘシ」（同項）は、初稿「申立可致」・改稿「申立致へし」、雑記「申立イタスヘシ」をもとに「立」を「達」に変更、「ス」を誤入した。独313「行届子ハ」（樋口第四項）は、初稿「不行届」・改稿「行届兼ねは」、雑記「行キ届カ子」をもとに「キ」を削除、「兼ね」を表す「カ子」の「カ」が脱字、「ハ」を補足。独328「山ギハ」（同項）は、初稿改稿「山際」、雑記「山キハ」をもとに「キ」を「ギ」に変更。独337「ア、」（樋口第五項）は、初稿「明ケ」・改稿「あけ」、雑記「明ケ」をみるに「明」を「ア」に変更した結果「ケ」を「、」と誤写。本文右に「リカ」とルビを振り、書写時の原本に誤字を指摘している。独342「ケベール」（同項）は、初稿「ケヘール」・改稿「ケヘル」、雑記「ケヘール」をもとに「ヘ」を「ベ」に変更。独357「下タンノ間ニ」（樋口第六項）は、初稿「下タニ」・改稿「下の間に」、雑記「下タノ間ニ」をみるに「ン」は「ニ」に由来し、初稿改稿をつなぎ「下タニの間に」という表記が意味不通のため「ニ」が「ン」に変わり「下段」の意とした。独360「穏便テ」（同項）は、初稿になく改稿「穏便のみを」、雑記「穏便々々ノ」をみるに「テ」は改稿「のみ」を削除して残った「を」の「ヲ」が訛誤したとみる。「テ」の右に「ニノカ」とルビがある。独364「受取ソノ義」（同項）は、初稿「受取」・改稿「受取の儀」、雑記「受取其義」をもとに「其」を「ソノ」に変更。独372「ヨホト」（同項）は、初稿改稿「余程」、雑記「余ホト」をもとに「余」を「ヨ」に変更。独386「相見ユ」（樋口第八項）は、初稿「相見ル」・改稿「相見へ」、雑記「相見スル」をみるに秘談「相見ゆる」から雑記「スル」は「ユル」の誤写と推定される。「ユ」は「ユル」の「ル」の削除で下二段の終止形へ変更。独405「反テ」（樋口第一一項）は、初稿になく改稿「却て」、雑記「返テ」をもとに「返」の辶を省略、共に「カヘリ」と訓む。独408 409「明ノ救ニテ」（樋口第一二項）は、初稿「明兵ヲ援テ」・改稿「明を討て」、雑記「明ヲ救テ」をもとに「ヲ」を「ノ」と解釈変更した結果「ニ」を補足した。独411「書簡二通」（香山第一項）は、初稿「書翰二通」・改稿「書簡弐通」、雑記「書翰一通」をみるに「翰」を「簡」、「一」を「二」に変更。この雑記の不明な点をうけ秘談は「書翰を」と「一」か「二」か曖昧な表記を削除している。独439雑568独440「蒸気ヲ留ムルハ」（香山第九項）は、初稿「蒸気船ヲ止メル中ハ」・改稿この第九項なし、雑記「蒸気船ノ留ルニハ」をもとに「船」を削除、「ノ」を「ヲ」に変更、「ム」を補足、「ニ」を削除。独447 448「是八百八里」（香山第一〇項）は、初稿「是ハ一日ニ八百里」

・改稿「是は一日八百里」、雑記「是ハ一日二八百里」をみるに「一日二」を削除、「是ハ八百里」の「ハ八百」の倒置。独450「畢リラ」（香山第一一項）は、諸本すべて「畢テ」、「リ」を補足、「ラ」は「テ」の誤写。独452「十余発ア」（同項）は、諸本すべて「十余発アリ」、「リ」が脱字。独460「◯」（香山第一二項）は、諸本すべて「□」の誤写。独465「書帖」（同項）は、初稿「書状」・改稿「書簡」、雑記「書状」をもとに「状」を「帖」に変更。独468「候節」（同項）は、初稿になし・改稿「其節」、雑記「其セツ」をみるに「其」を「候」としたのは草体の誤写か、「セツ」を「節」に変更したが文意未熟である。独470「トロ〱」（同項）は、諸本「ドヤ〱」、「ド」を「ト」、「ヤ」を「ロ」に誤写。記聞と内閣は「トヤ〱」とあり「トロ〱」と変化してニュアンスの懸隔を生じた。独481「冠リノ外」（香山第一四項）は、初稿「冠其外」・改稿「冠の外」、雑記「冠ソノ外」をもとに「ソ」を「リ」と誤写。秘談には「冠其外」とある。独482「付タリ」（同項）は、初稿「付ケル」・改稿「付り」、雑記「付ケル」をみるに「ケル」を「タリ」に変更。独489「ヤツロセ」（香山一六項）は、初稿「ヤソコセ」・改稿「ヤリコセ」、雑記「ヤワコセ」をもとに「ワコ」が「ツロ」に訛誤した。独490「千八百五十二年（同項）」は、諸本すべて「三」であり誤写。独498「候ヿ故」（香山第一八項）は、初稿「候間」・改稿「候と故」、雑記「候トコヘ」は混乱しており、「トコヘ」の「トコ」は「コト」の倒置、「ヘ」は「ユヘ」の「ユ」が脱字、雑記は「候コトユヘ」がもとの表記と推定され、「コト」を「ヿ」、「ユヘ」を「故」に変更。秘談は煩雑さをさけ単に「付」とあるのみ。独502「マタ」（同項）は、初稿「又ゝ」・改稿「又」、雑記「マタマタ」をもとに「マタ」を削除。独516「致スベキ」（近藤第二項）は、初稿改稿「可致」、雑記「イタスヘキ」をもとに「イタ」を「致」、「ヘ」を「ベ」に変更。独518「外ニ」（同項）は、初稿「外別ニ」・改稿「外」、雑記「外別ニ」をもとに「別」を削除。

右に雑集本の独自表記五三五例の一端をみたが、独自表記といっても雑記本の表記と一致した七一三例と関係して成り立っていたのである。

雑集本の表記を検討して、明らかに表記が誤解・誤入・誤脱・誤写と認められるもの三四例を左に掲げる。左の第三二例は、底本「ワ」の誤字「ツ」、「ワ」は「ソ」の誤字である。

用例	該当箇所	誤	正	理由
1	合タ（独1）	伊△三△郎△	総○蔵○	誤解
2	合11（独90）	十二△日	十日	誤入
3	（独94）	ヒストウ、	ヒストウル○	誤脱
4	合12（雑108）	内海入△	内海へ○	誤写
5	合13（独103）	蒸気、艘	蒸気船○二○艘	誤脱
6	（独104）	綱、本	綱二○本	誤脱
7	（独107）	出帆也ゝ△ゝ△ゝ△	出帆也三○崎○	誤脱
8	合16（独133）	前ニ△	前ゝ○	誤写
9	（雑176）	義上統	義ト○一○統○	誤写
10	合17（独143）	昨十一△日	昨十二○日	誤写
11	飯6（独212）	差引服△	差引役○	誤写
12	飯8（独216）	見エ△ル	見ユ○ル	誤写
13	（独218 219）	ワナベ△デモヤ△ケ	ワナヘ○デモカ○ケ	誤写
14	（独220）	副官△将	副将	誤入
15	飯9（独222）	申談ヒ△候	申談シ○候	誤写
16	飯17（独249）	系△車	糸○車	誤写
17	飯19（独254）			誤写
18	樋1（独266）	坪△借	拝○借	誤写
19	樋3（独287）	見エ△ル	見ユ○ル	誤写
20	（独292）	候ヨ、	候ヨシ○	誤脱
21	（独305）	申達イタスス△ヘシ	申達イタス、ヘシ	誤入
22	樋4（独313）	行届、子ハ	行届カ○子ハ	誤脱
23	樋5（独337）	ア、△	アケ○	誤写
24	樋6（独360）	穏便テ△	穏便ヲ○	誤写
25	（雑486）	過キ冬△	過キ又○ゝ○	誤写
26	香10（独447 448）	是八△百▽八▲里	是ハ○八百里	誤写
27	香11（独450）	畢リラ△	畢リテ○	誤写
28	（独452）	十余発ア、	十余発アリ○	誤脱
29	香12（独460）	△	○	誤写
30	（独470）	トロ△〱	トヤ○〱	誤写
31	香14（独481）	冠リ△ノ外	冠ソ○ノ外	誤写
32	香16（独489）	ヤツ△ロ△セ	ヤワ○（ソ）コ○セ	誤写
33	（独490）	千八百五十二△年	千八百五十三○年	誤写
34	香20（雑666）	香山栄右△衛門	香山栄左○衛門	誤写

ヲ　再稿本系「灰原某ヨリ聞書他」（片葉本）

色川三中「灰原某ヨリ聞書他」の与力聞書は、静嘉堂文庫所蔵「草能片葉」第一四冊に収録されている（以下、片葉本と称呼）。片葉本表記の特徴をみるため、拙稿「四稿本（初稿本・改稿本・再稿本・修訂本）対校与力聞書校本」に照らし、五人の与力聞書各項を調査し二五四九例を掲げ、その詳細をまとめたのが次の表である。表の「初」とは片葉本表記が（以下同じ）初稿の表記と一致する意、「改」とは改稿の表記と一致する意、「再」とは再稿の表記と一致する意、「初改」とは初稿改稿同一表記でありかつ一致する意、「初再」とは初稿再稿同一表記でありかつ一致する意、「改再」とは改稿再稿同一表記でありかつ一致する意、「独自」とは各稿本表記にみられぬ表記の意である。表の「（8）」とは片葉本で合原第八項を表示せず、前項の同第七項に含まれる意である。従って「合8（9）」は片葉本では合原第八項だが、各稿本では同第九項に該当する意。

	初	改	初改	再	初再	改再	独自
合1	1	1	1	3	9	1	5
合2	4	19	9	33	13	23	25
合3	0	4	0	2	3	2	4
合4	1	1	2	1	3	6	2
合5	1	3	0	2	5	1	2
合6	1	6	2	5	3	5	6
合7	0	2	1	1	2	5	3
（8）	1	8	3	10	7	10	19
合8（9）	1	9	2	6	5	6	7
合9（10）	6	16	3	22	15	25	42
合10（11）	4	24	7	35	23	42	27
合11（12）	0	5	3	7	7	4	4
合12（13）	0	0	0	4	5	2	5
（14）	0	1	0	3	1	3	1
合13（15）	0	12	4	21	15	30	18
合14（16）	0	11	0	16	0	7	9
合15（17）	0	2	0	3	3	1	3
合16（18）	0	3	1	1	6	7	2
合 合計	20	127	38	175	125	180	184
飯1	1	5	0	3	2	1	8
飯2	1	7	3	8	2	3	6
飯3	0	2	0	1	2	0	0
飯4	1	2	1	3	4	4	2
飯5	3	1	2	1	4	5	3
飯6	0	6	1	6	4	4	4
飯7	0	3	1	1	2	0	0

樋8(9)	樋7(8)	樋6(7)	樋5(6)	樋4(5)	(4)	樋3	樋2	樋1	飯合計	飯19(20)	飯18(19)	飯17(18)	飯16(17)	飯15(16)	(15)	飯14	飯13	飯12	飯11	飯10	飯9	飯8	
0	1	0	5	2	1	7	0	1	11	0	0	1	0	1	1	0	0	0	0	1	1	0	初
2	1	2	17	5	10	10	1	8	49	0	3	3	0	1	5	4	0	1	1	2	2	1	改
1	0	1	9	2	8	9	0	4	29	1	1	0	1	1	4	2	1	3	0	3	2	2	初改
4	3	3	36	4	10	24	0	10	67	2	6	0	0	3	4	17	2	2	1	3	3	1	再
3	6	2	22	11	10	29	4	14	58	1	2	0	1	4	6	5	3	0	0	5	5	6	初再
4	0	3	31	6	19	26	1	16	82	3	10	2	3	3	8	13	1	2	2	7	5	6	改再
7	7	6	50	9	12	20	2	11	64	0	2	2	1	3	11	10	2	1	1	3	1	4	独自

香18(20)	香17(19)	香16(18)	香15(17)	香14(16)	(15)	香13(14)	香12(13)	香11(12)	香10(11)	香9(10)	香8(9)	香8	香7	香6	香5	香4	香3	香2	香1	樋合計	樋11(12)	樋10(11)	樋9(10)	
1	3	0	3	0	0	0	1	6	0	0	1		2	0	0	2	0	1	1	18	0	0	1	初
1	8	0	2	3	3	0	0	7	5	2	0	欠	0	0	0	3	0	0	3	67	3	6	2	改
0	5	2	2	0	2	0	2	6	3	0	0		2	1	1	2	0	0	1	36	1	1	0	初改
0	11	0	2	2	3	0	0	10	6	3	3		3	1	2	8	0	1	1	113	4	13	2	再
0	14	5	7	4	3	5	4	15	12	4	0		6	4	1	9	1	0	4	108	3	2	2	初再
0	7	0	3	4	0	1	1	19	4	1	0	文	2	0	1	6	1	4	1	138	7	18	7	改再
2	12	2	6	4	2	0	3	17	6	1	5		6	2	1	16	0	2	7	150	2	19	5	独自

近合計	近11	近10	近9	近8	近7	近6	近5	近4	近3	近2	近1	香合計	香19(21)	
12	0	0	1	1	1	0	2	2	1	3	1	22	1	初
38	2	3	3	4	5	0	13	2	0	5	1	39	2	改
32	1	2	2	4	6	0	10	3	0	3	1	29	0	初改
43	1	4	5	4	3	1	10	5	4	4	2	56	0	再
61	3	4	5	3	8	2	11	9	9	6	1	103	5	初再
49	2	5	4	5	1	1	14	5	3	3	6	55	0	改再
75	3	1	10	1	7	5	19	6	8	9	6	96	2	独自

総合計	近合計	香合計	樋合計	飯合計	合計
83	12	22	18	11	20
320	38	39	67	49	127
164	32	29	36	29	38
454	43	56	113	67	175
455	61	103	108	58	125
504	49	55	138	82	180
569	75	96	150	64	184
2549					

片葉本がどの稿本に依っているのか、本章第三節諸本聞書各項の構成対比により合原第三項の項目立てから、初稿本系ではなく改稿本系か再稿本系であろうとの見通しが立つ。片葉本が改稿本系か再稿本系とすると、右表の合計で片葉本表記が改稿と同じ三二〇例と初稿改稿同一表記でかつ片葉本と同じ一六四例は、改稿表記四八四例と括ることができる。一方で再稿と同じ四五四例と初稿再稿同一表記でかつ同じ四五五例は、再稿表記九〇九例と括ることができる。再稿表記は改稿表記のおよそ二倍を占める事実が判明した。与力聞書が初稿・改稿・再稿と表記展開する中で片葉本が再稿本系と仮定して右表の意味を一考する。初再とは再稿が改稿を取らず初稿の表記を取った意となり、改再とは再稿が改稿を踏襲した意、さらに初・改・初改とは再稿の独自表記が結果として初稿・改稿・両稿同一表記と一致したまでとみるのである。

右により片葉本は再稿本系である可能性は強いが、それでも改稿本系でないと断定することは憚られる。各稿本の間の表記は同訓異字を例に取ると、左表のようになる。数字は例数ではなく該当番号である。

	初	改	初改	再	初再	改再	独自
合1	1	1	1				
合2	1 3	13 15 17 19	2 3 4 6~9				23
合3		1 4					
合4	1	1	1 2	1	2	5	
合5		1					
合6	1	2	2				
合7		2	1				
(8)	1			2 3 4 6 8	9		5 8
合8(9)			1				
合9(10)		14 16	1 3	12 21			
合10(11)	1		3	1 2 3 9 18 19 25 29 32 33	14	5	
合11(12)			1 3	5			4
合12(14)		1					

独自	改再	初再	再	初改	改	初	／
	1						香5
1		1	2 3				香7
1			1 2				香9(10)
	4	5 8	5 6	2	5		香10(11)
6 14	6	7 11	1 4 5 6 8 9	2	7	3 4	香11(12)
1 2 3		3 4		2		1	香12(13)
2			3				香13(15)
			1				香14(16)
2 3			2				香15(17)
1 2							香16(18)
4 5 7 8 10		13	1 2 5 10	1 2		2	香17(19)
					1		香18(20)
2		4			1	1	香19(21)

独自	改再	初再	再	初改	改	初	／
	24	8 13 22	2 3 5 21	2 4 5 6 9	3 10	4 7	樋3
21 32			25 34	11 12	11 17 20		(4)
2 3		2 7	1 2	1 2			樋4(5)
32			6 21 23	1 2 4 5 9			樋5(6)
		2	1 2 3		2		樋6(7)
3 6		1	1 2			1	樋7(8)
5	4		1 4	1	1 2		樋8(9)
2〜5		1			2	1	樋9(10)
6 8 9 12 15	10	2	9	1			樋10(11)
			3 4				樋11(12)
2							香1
			1				香2
2〜5 9 16	4 5	2 7 9	1 2 3		1 2	1	香4

独自	改再	初再	再	初改	改	初	／
13	11	7 10	1 3 11 12 14 15	3 4	7		合13(15)
		3 4			3		合16(18)
			2 3				飯1
			4		3		飯2
				1		1	飯4
				1	1	3	飯5
			3		1		飯6
		4 5	1	1	1		飯8
				1			飯9
		2	1	3			飯10
1				2			飯12
			2	1			飯13
			1 2	1			飯14
15〜18	19 20 21	7 9 10 11		3	7		(15)
	2	3	1 2 3	1			飯15(16)
		1	2 4	1			飯18(19)
			1				飯19(20)
		3 4	1 2 9		3	1	樋1

	初	改	初改	再	初再	改再	独自
近1			1				6
近2	3						2 6 8 9
近3	1			1			1〜4 6 8
近4			3	1	3		2 4 5
近5			3 4	1 2 3			1〜4 7 8 10 11 16
近6							4
近7				1 2			1
近8			2 3	2 4			
近9				1 2			1 2
近10				3			1
近11				1			

右の同訓異字の具体的用例は、漢字・仮名・符丁・畳字等同訓の相互変換である。各与力冒頭の一例を掲げる。合原第一項の初1は乗「越」、再稿のみノリ「コヘ」他稿全て「越」。飯塚第一項の再2は「モノ」、初稿「者」、改修「物」。樋田第一項の初1は追「ゝ」、他稿全て「々」。香山第一項の独自2は「佐」山氏、他稿全て「香」。近藤第一項の初改1は過「ナリ」、再「也」。片葉本の各与力名は、本文中語句の同訓異字の範疇を越え、その姓の訓みを意図的に別の語句に変換している。与力聞書は同一内容を微妙な表記の差（同訓異字）により書写されていることがわかり、表面的な数値により片葉本表記の特徴を速断する危険性を語るともいえる。従って以下片葉本表記の稿本系統を明らかにするため、改稿本と再稿本独自表記がどのように存在するのか検討する。左表は改稿・再稿の互いに相入れない特徴的な用例で、数値は右表と同じ用例数でなく各与力各項の具体的表記に付いた該当表記番号である。②と2に○を付けたのはその特徴著しい例、後で解説する。

	改	再	初再	改再
合2	②14⑯	②③11 12⑬14 17 18㉔	②9 10	⑤⑥14
合3	③			
合5		①		
合6	③④	③		
合7	①	①		
合8	③④⑤⑩	⑤⑥⑦⑨	⑤	⑩⑪
合8(9)		③④⑥		③
合9(10)	⑧	⑮		
合10(11)	⑧⑨	④〜⑧12⑬⑭⑯⑰㉒㉓㉗㉘㉚㉛㉟	⑨⑩	㉓㉔㉖㉗㊳
合11(12)	④	③		
合12(13)		③④	⑤	
(14)		⑥⑦		

	改	再	初再	改再
合13(15)	②③⑤	①②⑥⑦⑯〜⑲20㉑		
合14(16)	1②3④5⑨	①〜④5⑥⑦⑧9⑩		①②
合15(17)	①②	①2③	③	
合16(18)		①		
飯2	②	①③④⑧		②
飯3	②	①		
飯4		③		
飯10		③		
飯12	①	②		
飯14		⑥〜⑩		7
(15)	⑥	⑳		
飯18(19)		③		
樋1		⑦		
樋3		⑬⑭〜⑲	㉑	

	改	再	初再	改再
樋5(6)	①③⑤⑬	②〜⑥⑦〜⑱		⑯
樋10(11)		⑤		
近5	③			

右表の七八例を左にみるに、片葉本は再稿本表記をもとにして改稿本の表記も採用している事実が判明する。一行目に各与力の項目、二行目に片葉本の用例、三行目に初稿、四行目に改稿、五行目に再稿の表記を並べ、片葉本の表記に近い例に傍線を引いた。

項目	用例	初稿	改稿	再稿
合2	・改2 ノ妙目	之妙目	の妙目	ナルヿ目
	・再2 ヨウ〳〵掛合通詞一人	稍ク通辞一人	様に掛合通詞壱人	ヨウ〳〵掛合通詞一人
	・再3 応接掛リ一人	応接掛リ与力一人	応接掛壱人	応接掛リ一人
	・改16 手数モカヽリ可申	手数モカヽリ候事也何程急キテモ五日位はカヽリ可申	手数も掛り可申	手カズモカヽリ候ユヘ何ホド急キ候テモ五日位ハカヽリ可申
	・再13 王命ナレハ	国命ナレハ	王命と有れは	王命ナレハ
	・再24 此方答云ケ様	此方返答ニテケ様	此方云箇様	此方答云ケ様
合3	・改3 用意致シ候ヘハ何モ	用意何レモ	用意致し候へは何も	用意イヅレモ
合5	・再1 一人乗込オリ候	一人	壱人乗組居候	一人乗込居候
合6	・再3 ヨウ〳〵ニ差押ヘ候	稍とサシ押ヘ	やう〳〵差押候	ヨウ〳〵ニ差押ヘ候
	・改34 此方ヨリ彼是申候ニハ一向取合申サズ	此方彼是申候事ニハ更ニ取合不申	此方より彼是申候には一向取合申さす	此方役人申ニハ更ニ取合不申
合7	・再1 左様ノ義	掛合	左様	左様ノ義
	・改1 一発宛号砲	一発ツヽ号砲	一発宛号砲	一発ツヽ発砲
合（8）	・改345 道理ユヘニ兎モ角モ	道理兎角	道理故　兎も角も	道理兎角
合(8)	・改10 恐ルヽ故歟	制ス為メナル歟	恐るゝ故歟	恐ルヽユヘ也
	・改再10初再5 番船サシ出シ	香山指出シ	番船	番船差出シ
	・再56改再11 取マキナト致シ候テハ却テ気ヲ起シ宜シカラズ	取巻ハ却テ気ヲ起シ宜カラズ	取巻なと致し候ハヽ却て気を起し不宜	取巻ナドイタシ候テハ却テ気ヲ起シ宜シカラズ
	・再7 守リ候ヤフ御内意有之候右ヤフ憂ヒラレ候	守リ可申事	守り候様にとの御下知	守リ候ヤフ御内達有之候右様御患ヒ被成候
	・再9 致シ候テ番船ハ	致シ候此度四艘入津之儀ハ云々	致し番船	イタシ候テ番船ハ
合8(9)	・改再3再34 六七分御心配ニ相ナラサル	御心配ニ相成不申ケ条而已	六七分御心配に不成箇条而	六七分御心配ニ相成ラザル

ケ条ノミ
六七歩
已
条ノミ

・再6 了簡喰違ヒ居リ
了簡喰違居候事此条
了簡喰違
了簡喰違ヒ居リ

合9(10)

・改8 軽侮ノ致シ方
軽侮致候振舞
軽侮の致方
軽侮イタシ候振舞

・再15 先ゝ穏便ニナサレ候ヤフトノヿニ有之候且
ドコ迄も御堪忍と申候由
先々穏便に有之様にとの挨拶に及ふ夫より
先ゝ穏便ニ被成候ヤウトノヿニ有之候且ツ

合10(11)

・改8再4〜8改9 囲ム何モケヘール（剱付鉄炮）ニテキビシク固メ
固メル異人上陸畢而大皷ホラ貝笛を吹鳴シ
囲む異人何れもゲヘル（剱付銕砲）にて備を固む
固ム何モケヘールニテ備ヲ固メ（鈒付鉄炮ノ事）

合10(11)

・再13 上陸ノ筈ニ候処
上陸之筈之処
上陸の筈の処
上陸ノ筈ニ候処

・再14 上官奉行ノ脇ニ立塞
上官ト奉行之脇へ立塞
官奉行の脇立塞
上官奉行ノ脇ニ立塞

・再16 イタシオキ候処
致候由
致し置候
致シ置候処

・再17 先無事ニテ事スミ
右相済
先無事にて相済
先ツ無事ニテ事済ミ

・再23 不致返テ
不致却而
不致却て
不致返テ

・再23 異人云
彼曰
答に
異人云

・再27 宜シカラス依テ
宜シカラス
宜しからす因て
宜シカラス依テ

・再28 測量イタシ置タク
測量致度
測量致し置為
測量イタシ置タク

合10(11)

・再30 31改再38 尤一艘ハ掛合ノ為此後ハ残シオキアト不残此辺ニカヽルト云リ
欠文
尤此後は一艘は掛合の為残置あと不残此辺にかゝると云り
尤一艘ハ掛合等ノ為メ此後ハノコシ置キ跡不残此辺ニカヽルト云

・再35 怖シ申候
驚カシ候由
おひやかす
驚カシ申候

合11(12)

・再3 答フ依テ
答
答ふ因
答依テ

・改4 御達ニ付
御達ニ付トノ振
御達に付、
御達ニ付トノ振

合12(13)

・再3 烟筒
煙筒
煙筒
烟筒

・初再5再5 驚カサルハナシ
驚カザルハナシ
驚と云
驚カサルハナシ

合(14)

・再6 此辺へ着
此地へ着ス
此地へ着す
此地へ着、

・再7 着致シ候ヨシ
着ニ相成候由
着到する由
着致シ候ヨシ

合13(15)

・改2 来明年
来年
来る明年
来年

・再1	十月十一月ノ比	十月十一月之頃	十月の頃	十月十一月ノ比
・再2	二三月ノ比	二三月之頃	二三月頃	二三月ノ比
・改3	彼申事	彼申候処	彼か申事	カレ申処
・改5	宜ク候へ𪜈	仕宜ニ寄	宜候へ共	宜シク候へ𪜈旨義ニヨリ
・再6	義ニテ	義ニ候	儀也	義ニテ
・再7	御増位	御増ニ相成候位	御増益位	御増位

・改再28再16～19	ト感心イタシ候是ヲ以テミレハ随分三〆目以上ノ筒ナレハ	と云	と感心致し候是を以て見れは随分三貫目以上の銃なれは	ト感心イタシ候コレヲ以テミレハ随分三〆目以上ノ筒ナレハ
・再21	大図一尺	大略壱尺	大都壱尺	大図一尺
合14(16) ・改再1再1	会津侯ヨリ浦賀奉行へ使	会津家ニ而申スニハトコ	会津侯より浦賀奉行へ使	会津侯ヨリ浦賀奉行へ使

	者ヲ以テ此度ノ	迄も穏便之御趣意ニ付	者を以此度の	者ヲ以テ此度ノ
・改再2再23改24再4	前〻渡来ノ砌トハヿ変リ尽ク諸方ニテ乱妨日本ヲ蔑ニシ候段心外無此上存候拙者御預リ場へ参リ	種〻軽侮乱妨ヲ働キ候由此方持場へ乗込	前渡来の砌とは事替り尽く諸方にて乱妨日本を蔑にし候段心外無此上候拙者御預り場へ参り	前〻渡来ノ砌トハヿカハリコト〴〵ク諸家ニテ乱妨日本をナイカシロニイタシ候段心外無此上存候拙者御預リ場へ参リ
・再678	拙者召連レ候家来ノ者𪜈見留候テハ迚モ	士分之者ハ必ス	召連候家来共見留候て迚も	拙者召連候家来ノ者共見受候テハ迚モ
合14(16) ・再10	堪忍致ス間敷クト存候	堪忍いたし兼可申候	堪忍致間敷候	堪忍イタス間シクト存候

・改9	御趣意ニモソムキ	御趣意ニ背キ	御趣意にも背き	御趣意ヲ背キ
合15(17) ・再1	江戸ヨリノ	江戸之	江戸より	江戸ヨリノ
・改12	不宜トノヿ今更左ヤフ	宜シカラストノ事ニ候今更右様	不宜とのヿ今更左様	不宜トノ御事今更右様
・初再3再3	何モ間ニ合不申ト存候	何も間ニ合不申候	間に合不申候	何モ間ニ合不申候ヤウ存候

合16(18)
・再1 焼討宜ク候ヤフ存候
焼キ討ハ宜敷様被思候
焼打宜様存候
焼キ討カ宜ク候ヤウ存候

飯2
・再1改2 ハツテイラ四五間ヨリ十間位マテ
バツテイラ大概此方ノ押送リ船ヨリ少シ
ハツテイラは五六間より十間位迄
バツテイラ長サ四五間ヨリ横一間位マテ

・改再2再34 大ブリノ方へハ七八十人ノリ組候水ノ手二十人位
大振也水主弐拾人位
大ぶりの方へ七八十人乗込（水）主廿人位
大振ノ方へハ七八十人乗組候水主二十人位

・再8 糸ヲ付其へ目ヲモリ
糸を付糸へ目ヲモリ
糸を付目をもり
糸ヲツケソレへ目ヲモリ

飯3
・再1改2 ヨウ〳〵制シ止メ候由
漸〻制シ止メ返シ候由
漸々制留候由
ヨウ〳〵制之止メ返シ申候

飯4
・再3 案内コソ致サ子少モ構ヒ不申
案内コソ致サス御構へハ不致
案内いたせねとも構不申
案内コソ致サ子少モ構ヒ不申

飯10
・再3 来モ不知ト存候
来ルへシト云
来るも知れ不申
来ルモ知レ不申と存候

飯12
・再2改1 云ヿ
申事
云とに候
云事

飯14
・再6〜10 成ルホド鉄炮ハ委シクモアルベク候へ𪜈
アメリカ鉄炮ハ上手ナレトモ
成程は委くも有へけれとも
ナルホド鉄炮ハ委シクモアルへク候へ𪜈

飯(15)
・改6 其混雑中〻言斗リナシ
混雑言ハカリナシ
其混雑中〻言ふ計なし
其混雑中々ニ而ハカリナシ

・再20 万一ノヿアレハ
万一ノ事アレハ
万一のと
万一ノヿアレハ

飯18(19)
・再3 有候へ𪜈
あれとも
有之とも
アリ候へ𪜈

樋1
・再7 御達有之候然ル処又候
御達御座候所
御達有之候処又候
御達有之候然ル処又候

樋3
・再13初再21再14〜19 栄左エ門ハ内意モ申含置候間香山ヲ遣シ候様トノ差ツニ付右一人ニテ応接
栄左衛門ハ内意モ申シ含メ置候間栄左衛門ヲ遣ハシ候様申ニ付栄左衛門罷越応接
栄左衛門接
栄左エ門ハ内意モ申含置候間香山ヲ遣シ候様差図ニ付キ右一人ニテ応接

樋5(6)
・改1 上陸ノ人数ハ
上陸ノ夷人ノ
上陸人数は
上陸ノ異人人数ノ

・改3 ウツクシキヿ
美事ナル事
美しきと
美事ナルヿ

・改5 前ニ列ヲ一行ニ立テ
前へ一行ニ列ヲナス
前に列を一行に立
前ニ列ヲ一行ニナス

樋5(6)
・再2~6　奉行見カ子コレヘアガレト申ニ付ヨウ〳〵上段ノ間ヘアカリ
奉行応接掛ヲ招テ是エ上レト申ニ付応接役奉行ノ脇エ上リ
奉行見兼上かれと申付漸〻上段之間へ上り
奉行見カ子是ヘアカレト申ニ付ヨウ〳〵上段ノ間ヘアカリ

樋5(6)
・改13　評定モ日数掛リ
評定モ日間取レ候間
評定に日数掛り
評定モ日間トリ

樋10(11)
・再5　図ニヨリ拵ルト申ヿモナク
図ニヨリテ拵ルト申ス分ケ
法により拵るとかともなく
図ニヨリ拵ルト申ヿモアリ

モナク

近5
・改3　其趣異船へ
異船へ其趣ヲ
其趣異船へ
異船へ其趣

樋5(6)
・改再16再7~18　其場ヲシノキ候ホドノヿニテ大ニ胆ヲ抜レ中〻差留ルヿナド出来申サズ一同無念ノ歯カミ
右ノ勢ニテ如何トモスル事能ハス其儘ニ致シ置キ
其場を凌き候程のヿにて大に胆を抜れ中々指留るヿ抔出来不申一同無念の歯かみ
其場ヲシノキ候ホトノヿニテ大ニ胆ヲ抜シ中々差留ルヿナト出来不申一同無念ノ歯カミ

ヲナシタルノミ是ト申モ全ク公辺穏便〻〻トノ御沙汰キビシキユヘタマ〳〵鉄炮ハ有レ𪜈玉ハコメズ火縄ニ火ヲ付ズ大ニ異人𪜈ニ威ヲ

をなしたるのみ是と申も全く公辺穏便のみを御沙汰厳き故たま〳〵鉄砲はあれとも玉を込す火縄に火を付す大に異人共に威を
ヲナシタルノミ是ト申モ全ク公辺穏便々々ノ御沙汰厳シキユヘタマ〳〵鉄炮ハアレ𪜈玉ヲコメス火縄ニ火ヲ付ス大ニ異人𪜈ニ威ヲ

示サレ返ス〳〵モ無念ノヿニ候サテ
示され返す〳〵も無念のヿに候扨
示サレカヘス〳〵無念ノヿニ候サテ

右の合14(16)の再6～8で再稿「受」は改稿「留」の草体が近似することの変更である。飯2の改再2再34で改稿「主」と片葉「ノ手」は草体の誤写か又は解釈である。樋10(11)の再稿「アリ」は「ナク」の誤字である。七八例の内訳は右により再稿による五二例、改稿による二〇例、再稿改稿折衷六例である。片葉本は再稿本をもとにして改稿本の表記も採用しているのである。片葉本は再稿本系であることが判明した。片葉本の独自表記は、五六九例ある。

与力五名の姓名に関して、一字は原形を保つようにして改変している。

再稿本	合原惣蔵ヨリ聞書	飯塚久米三ヨリ聞書	樋田多々郎ヨリ聞書	香山栄左エ門ヨリ聞書	近藤良次ヨリ聞書
片葉本	灰原某ヨリ聞書	伊井蔦某ヨリ聞書	井口氏ヨリ聞書	佐山氏ヨリ聞書	本藤氏ヨリ聞書

与力聞書には幕府の忌諱に触れる恐れがあるとの判断からの表記変更か。また土浦藩庁と五人の与力の何らかの関わりを表すか不明である。ともあれ木原行蔵の書簡（色川三中来翰集一六）に「所約の応接掛聞書入御覧候」とある[註1]木原より史料を提供されたのである。

片葉本にみえる誤写・脱字・削除の例を掲げる。

該当箇所		誤	正	理由
合10(11)	独5	有△	位○	草体の誤写・解釈
合12(13)	独1	綱、本	綱二○本	一字脱字
	独4	出帆シ△寄沖	出帆三○寄沖	誤写

合13(15)	独2	難斗、廣堂	難斗且○此○後○ハ○数○艘○ニ○テ○参○リ○候○ヨ○シ○申○候○ヘ○圧○是○マ○タ○何○十○艘○ニ○テ○参○候○モ○難○斗○廣堂	三〇字脱字
	独12	筒矢△比	筒矢○比	誤写
飯2	独3	水ノ△手△	水主○	誤写
	独6	投込ミ△	投込こ○と○	誤写
飯6	独2	人惑△セ	人惑○セ	誤写
樋3	再1	詰△メ	詰○メ	崩し書きにあるが誤字
	独4	注進、致シ	注進ト○相○尋○候○処○海○鹿○島○ニ○テ○ア○ワ○ビ○ヲ○取○ニ○出○居○リ○候○海○士○遠○洋○ニ○見○付○候○ニ○付○注○進○致シ	三二字脱字
樋5(6)	独1	練△出	繰○出	草体の誤写
樋8(9)	独2	ヤフス、去	ヤフス感○心○去	削除
香1	独6	国ノ国△	国ノ内○	誤写
香5	独1	総、ハリ	総鉄○ハリ	一字脱字
香6	独1	軍船、モ	軍船二○艘○ト○モ	三字脱字
香8			蒸気本船ノ外三艘ノ大将ハ本船ノ副将位ノ立場ノ者也	全文二四字脱字
香11(12)	独2	子ヂ鉄△	子ヂ鋲○	誤写
	独12	一切之△対	一切応○対	誤写
近2	独3	書簡、致シ	書簡持○参○致シ	二字脱字
近6	独2	イク△サズ	イタ○サズ	誤写

註1　片葉本は常陸土浦の商人で国学者の色川三中が、土浦藩士の木村行蔵より提供された史料である。中井信彦氏校注「片葉雑記　色川三中黒船風聞日記」八六年七月慶文社発行、解説二五八頁参照。同氏には「色川三中の研究　伝記篇」昭和六三年九月塙書房発行、第一三章「異国船渡来一件記録三部作の作成」がある。また「色川三中の研究　学問と思想篇」平成五年二月塙書房発行、第二篇第五章「黒船一件記録について」二六二頁に、片葉本について来翰集一六を引用して

拝読、返啓書落掌、所約の応接掛聞書入御覧候、草略頓首

十八日　　　　　　　　　木　原

色川様

この手紙は嘉永六年一一月のもので、提供された「応接掛聞書」は、恐らく『草の片葉』巻七か巻一四かのいずれかであろう。とある。来翰集一六は一七の誤り、日付は一八ではなく一四であろう。片葉本の書写年が、嘉永六年一一月であることがわかる。

ワ　再稿本系「合原惣蔵ヨリ聞書他」（片葉七本）

色川三中「合原惣蔵ヨリ聞書他」の与力聞書は、静嘉堂文庫所蔵「草片葉」第七冊に収録される（以下、「草能片葉」第一四冊所収の片葉本と区別して片葉七本と称呼）。「片葉七本」は合原第三項のあり方をみると、改稿本系か再稿本系であることがわかる。そこで「片葉七本」各聞書の表記を各稿本と比べる。合原第八項は項目立てをせず、同前項に収録されている。従って諸稿本の項目立てとずれが生じるため括弧に明示した。以下同じ。香山第八項に用例数がないのは、全文欠文のためである。

	脱字	独	改再	初再	初改	再	改	初
合1	0	6	2	8	2	4	1	1
合2	1	22	36	21	13	28	20	2
合3	0	4	1	4	1	1	4	0
合4	0	2	5	3	2	2	0	0
合5	0	3	5	6	0	3	2	1
合6	0	8	8	5	4	5	8	2
合7（8）	0	6	5	3	0	2	1	0
	0	22	10	8	3	13	6	2
合8（9）	0	5	9	6	1	6	5	1
合9（10）	0	43	17	16	1	20	14	2
合10（11）	0	49	46	24	5	31	18	3
合11（12）	0	7	6	6	2	7	4	0
合12（13）（14）	1	7	2	4	0	4	0	0
	0	1	2	1	0	3	2	0
合13（15）	0	21	26	15	5	14	14	3
合14（16）	0	10	9	1	1	14	7	0
合15（17）	0	4	3	4	0	2	2	0

	脱字	独	改再	初再	初改	再	改	初
合16（18）	0	6	9	7	2	0	3	0
合計	2	226	201	142	42	159	111	17

飯1	0	5	1	3	0	6	5	2
飯2	0	8	5	2	4	5	6	1
飯3	0	0	1	1	0	1	2	1
飯4	0	5	7	4	0	5	2	1
飯5	0	4	7	4	2	1	1	3
飯6	0	1	4	3	0	5	1	0
飯7	0	1	4	2	1	6	4	0
飯8	0	8	5	4	2	1	1	1
飯9	0	4	3	3	1	4	1	1
飯10	0	4	4	6	1	3	1	1
飯11	0	3	3	0	0	1	1	0
飯12	0	1	2	0	3	1	0	0
飯13	0	1	1	3	0	2	1	0
飯14（15）	0	6	7	3	2	8	3	1
	0	7	10	2	3	3	6	0
飯15（16）	0	3	2	3	1	3	2	0
飯16（17）	0	1	3	1	0	1	0	0
飯17（18）	0	2	2	0	0	0	3	1

	脱字	独	改再	初再	初改	再	改	初
飯18（19）	0	2	8	0	0	5	4	0
飯19（20）	0	0	3	1	0	2	0	0
合計	0	66	82	45	20	63	44	13

樋1	0	9	19	15	1	8	7	5
樋2	0	3	1	4	0	0	1	0
樋3（4）	1	11	22	16	4	26	13	4
	0	13	20	8	3	11	4	0
樋4（5）	0	12	7	8	2	5	3	2
樋5（6）	0	43	32	11	6	29	14	4
樋6（7）	0	5	2	2	1	1	2	0
樋7（8）	0	3	0	5	0	2	2	0
樋8（9）	0	5	5	2	2	2	0	0
樋9（10）	0	2	5	2	1	2	2	1
樋10（11）	0	8	11	1	1	6	2	0
樋11（12）	0	2	5	2	1	3	3	0

	初	改	再	初改	初再	改再	独	脱字
合計	16	53	95	22	76	129	116	1

	初	改	再	初改	初再	改再	独	脱字
香1	1	1	2	1	4	2	4	0
香2	0	0	1	0	1	0	4	0
香3	0	0	0	0	1	0	0	0
香4	2	3	4	1	8	5	12	0
香5	0	0	2	1	2	1	1	1
香6	0	0	1	1	3	0	1	1
香7	2	0	3	1	2	1	4	0
香8								
香8(9)	1	0	2	0	0	0	4	0
香9(10)	0	2	2	0	2	1	1	0
香10(11)	1	3	7	0	10	1	4	0
香11(12)	5	5	12	3	9	13	13	0
香12(13)	0	0	1	0	1	1	5	0
香13(14)	0	0	1	0	4	0	0	0
(15)	0	2	4	2	0	0	1	0
香14(16)	0	3	3	1	3	1	3	0

	初	改	再	初改	初再	改再	独	脱字
香15(17)	1	1	1	1	5	2	2	0
香16(18)	0	0	0	0	4	0	2	0
香17(19)	1	7	8	3	10	4	7	0
香18(20)	1	1	0	0	0	0	0	0
香19(21)	1	4	0	0	5	0	1	0
合計	16	32	54	15	74	32	69	2

	初	改	再	初改	初再	改再	独	脱字
近1	1	3	2	1	1	4	2	0
近2	0	2	2	2	5	6	4	0
近3	1	1	1	1	8	3	0	0
近4	0	2	2	2	6	2	4	0
近5	2	12	10	7	3	13	7	0
近6	0	0	0	0	2	2	2	0
近7	2	3	2	4	4	0	3	0
近8	2	4	3	4	2	5	1	0
近9	0	3	3	4	3	2	3	0
近10	0	2	1	1	2	3	0	0
近11	0	1	1	1	3	1	3	0
合計	8	33	27	27	39	41	29	0

ここに片葉本片葉七本について調査するいきさつを述べておく。当初、静嘉堂文庫の与力聞書写本は、片葉本のみと考えていた。しかし調査が進むともう一本の写本があることが判明した。片葉七本と名付ける所以である。片葉本調査まで聞書各項の構成対比において、一つとして同じ構成対比の写本はなかった。しかしこの片葉両本の各項構成は、差異がなく全く同一であるという特徴がある。以下検討する。

初稿七〇例の第一例、合原第一項の初1「(乗)越、」（改「越へ」」再「コヘ」」は送り仮名削除例で、初稿本の表記と一致する意味である。送り仮名の有無にかかわらず訓みは同じである。飯塚第三項初1「制シ(止メ)」（改「制（留）」再「制之（止メ)」」は再稿本の表記変更が初稿本と一致したとみる。飯塚第五項初1「(警固ニハ)ナリ(不申)」（改「成」再「アタリ」」は改稿本の表記変更とみる。従って初稿七〇例は、初稿本を直接に参照引用した表記ではなく、結果として初稿と一致した例とみる。

初稿改稿同表記の初改は改稿へ、初稿再稿同表記の初再は再稿へ繰り入れると左の通り。

	合原	飯塚	樋口	香山	近藤	合計
初	17	13	16	16	8	70
改	111	44	53	32	33	273
再	159	63	95	54	27	398
初改	42	20	22	15	27	126
初再	142	45	76	74	39	376
改再	201	82	129	32	41	485
独	226	66	116	69	29	506
脱字	2	0	1	2	0	5

改	399
再	774
改再	485
独	506
脱字	5

「片葉七本」は、再稿本表記七七四例、改稿本表記三九九例から、再稿本系と考えられる。以下、改稿再稿同表記四八五例を含め、具体例を検討する。

「片葉七本」の再稿本表記七七四例の内、確実な再稿本表記五七例から掲げる。「1、合2再1」の1とは、用例数。合2再1とは、合原第二項の再稿本表記の第一例の意味。1、合2再1「ヨウ〱」(改「様に」)。2、合2初再13「直ニ」(改なし)。3、合3再1「候へ(ハ)」」(改なし)。4、合6初再2「台場」(改なし)。5、合6初再5「義」(改なし)。6、合7再7「候ヤウ御内意有之候右ヤウ憂ヒラレ候」(改「候様にとの御下知」、再「候ヤウ御内達有之候右様御患ヒ被成候」)。7、合7初再5「尽ク用心」(改なし)。8、合7再10「候テ」(改なし)。9、合9(10)再15「先ヽ穏便ニナサレ候ヤウトノヿニ有之候且」(改「先々穏便に有之様にとの挨拶に及ふ夫より」再「先ヽ穏便ニ被成候ヤウトノヿニ有之候且ツ」）。10、合9（10）初再11「陸上ノ見物人ヲ指押ヘ諸家」（改「異船を取押へる為にてなく陸上」）。11、合9（10）初再13「指イタシ候ヿ異船ヲトリ押ル為ニ非ス」（改なし）。12、合10(11)初再10「耳コスリヲイタシ」（改なし）。13、合10(11)初再11「嘲弄イタシ候ヤウス」（改「嘲弄の体」）。14、合10(11)改再45「尤一隻ハ掛合ノ為此ノチハ残シ置キアト不残此辺ニカヽルト云」（改「尤此後は一艘」、再「尤一艘ハ掛合等ノ為メ此後ハ」による）。15、合10(11)再31「申候」（初「候由」改なし）。16、合11(12)再5「ヨウ〳〵」（改「漸」）。17、合12(14)再3「（着）イタシ候由」（改「着到する由」）。18、合14(16)再4「拙者」（初なし）。19、飯3再1「ヨウ〳〵」（初改「漸ヽ」）。20、飯7再2「モヽ色」（改なし）。21、飯7再5「上官等冠リ物恰好是ニ類ス」（改なし）。22、飯10再3「ト存候」（初改なし）。23、飯13初再3「二艘」（改なし）。24、飯14再3「答テナルホド鉄炮」（改「成程」）。25、飯14再5「ノ術」（改なし）。26、飯14再6「更ニ」（改なし）。27、樋1再6「然ル」（初改なし）。28、樋3初再7「九里浜」（改「栗浜」、初再「久里浜」を変更）。29、樋3再5「イタシ置候ヿ故」（改「有之ヽ故」）。30、樋3初再13「此方答テ」（改なし）。31、樋3再14「ハ内意モ申含置候間香山ヲ遣シ候ヤウノ差図ニ付右一人ニテ応」（改なし。初稿を多少変更した再「ハ内意モ申含置候間香山ヲ遣シ候様差図ニ付キ右一人ニテ応」の様をヤウに変更しノを補足）。32、改再22「香山へ内意云ヽニ付同役不平色ヽ議論相起リ甚タ六ケシキ義有之候処是ハ仲間ノヿ故委細ハ不申上ト云テ止候香山一人ニ託シ候ハ深キ意味アルヿノ由」（行替え二字下げ、二行割註に該当。中に再16~26を含む）。33、樋3初4「云ヽ」（改なし、再「云」により補足）。34、樋4（5）再3「ホト」（初「程」改なし）。35、樋4（5）再5「コレ」（初「是」改なし）。36、樋5(6)再8「ヨウ〳〵」（改「漸々」）。37、樋5(6)初再9「此義ハ」（改なし）。38、樋8(9)再2「ノヿ」（改なし）。39、樋10(11)改再3「数隻制作有之候処」（「隻」は改再「艘」を変更、「候」は改になし）。40、香6初再2「ツヽ」（改なし、同項の初再1・3「ツヽ」は改「宛」）。

41、香10(11)初再1「九日」(改なし)。42、香10(11)初再2「書翰」(改「書簡」)。4344、香10(11)初再6・9「ツヽ」(改「宛」)。45、香13(15)再1「冠リノ外」(初「冠其外」改「冠の外」、「リノ」は再「ソノ」による誤字。同前項(14)初再4「冠ニ」とあり「冠リニ」とないことにもよる)。46、香16(18)初再3・4「位」(改なし)。47、香17(19)初再7「処受トリ候」(改なし、再「処受取候」を変更)。48、近2初再5「別ニ」(改なし)。49、近3初再8「(掛合)向」(改なし)。50、近4初再4「カモ知レヌ」(改「か」)。51、近4初再6「ノ節」(改なし、再「ノセッ」を変更)。52、近5再5「イヨ〱」(初「弥御」改「弥」)。53、近7初再4「軍艦」(改なし、初再「軍船」を変更)。54、近8再3「車輪等ノ仕掛」(改「車輪の仕掛等」を再が倒置)。55、近9初再2「相見ヘ申候」(改なし)。56、近10再1「書翰」(初改「書簡」)。57、近10初再2「居」(改なし)。以上五七例。

以下は再稿本表記が改稿本と異なる二三八例を掲げる。右の例と別にしたのは、表記は異なりながらも或いは書写者の変更とも考えられるからである。それでは再稿本表記七七四例の内から掲げる。1、合1再1「惣蔵」(改「総蔵」)。2、合1初再7「不図」(改「不計」)。3、合1初再8再3「浦賀中ノ」(改「浦賀之」)。4、合2初再1「乗出シ」(改「乗付」)。5、合2初再2「ノリ付候」(改「乗込」)。6、合2再3「彼云」(改「彼之」)。7、合2初再11「王命ナレ」(改「王命と有れ」)。8、合2再21改再32「此方答云」(改「此方云」)。9、合3初再2「候ト申」(改「旨申」)。10、合3初再4独4「云リ」(改「答ふ」)。11、合4初再1「承リ」(改「相尋」)。12、合4初再3「云リ」(改「申候」)。14、合5再1「乗込」(改「乗組」)。15、合7初再3「大炮連発」(改「大砲発」)。16、合7初再7「警固ス」(改「警固の体也」)。17、合8(9)再3「相ナラサルケ条ノミ」(改「不成箇条而已」、再6「相成ラサルケ条ノミ」)。18、合8(9)再5「候ヿ故」(改「候故」、再「候ヿユヘ」)。19、合8(9)初再2「自然」(改「自ら」)。20、合8(9)再6「クヒチガヒ居リ」(改「喰違」)。21、合9(10)再2独3「シユキ候ニ付」(改「しなから行く」

再「シユク」）。22、合9（10）再7「早舟ヲ以テ」（改「早船にて」再「早船ヲ以テ」）。23、合9（10）再13「候ト申」（初「ト云」改なし）。24、合10(11)初再5「ヤウ申」（改「様又々申」）。25、合10(11)初再8「止ル」（改なし、初再「止マル」）。26、合10(11)再3「何モケヘール」（改「異人何れもゲヘル」）。27、合10(11)再9「筈ニ候処」（初改「筈之（の）処」）。28、合10(11)再10「脇ニ立」（初「脇へ立」改「脇」）。29、合10(11)再11「虜ニナル」（初「虜ニサレル」改「虜にもすへき」）。30、合10(11)再12「イタシオキ候処」（改「致し置候」）。31、合10(11)改再38再16「約定ヲタカヘ」（改「約定に違」）。32、合10(11)再17「返テ」（初改「却て」）。33、合10(11)再18「異人云」（初「彼曰」改「答に」）。34、合10(11)初再18「舟カヽリ場」（改「舟かゝり」）。35、合10(11)再30「ヒストウル」（改が二行割註、初「ビストウル」）。36、合11(12)再1「行届ス」（改「不行届」）。37、合11(12)再2「依テ」（改「因」）。38、合11(12)再6「猿嶌近辺」（改「猿島辺」）。39、合11(12)再7初再5「金沢マテ尽ク」（改「金沢辺」）。40、合12(14)再1「彼云」（初「彼申ニ」改「彼」）。41、合13(15)再1「比」（初改「頃」、草体が近似）。42、合13(15)再2「ノ比」（改「頃」）。43、合13(15)再4「義ニテ」（改「儀也」）。44、合13(15)再5「御増位」（改「御増益位」）。45、合13(15)再6「相成リ不申」（改「成申さす」）。46、合13(15)再10「モミノ木」（改「椴」の字は「樅」の草体の旁が「段」の草体と近似しているための合字）。47、合13(15)再14「大図一尺」（改「大都壱尺」）。48、合14(16)再2「無此上存候」（改「無此上候」）。49、合14(16)再5「家来ノ者トモ」（改「家来共」）。50、合14(16)再8「間敷クト存候」（改「間敷候」）。51、合15(17)再1「江戸ヨリノ御沙汰」（改「江戸より御沙汰」）。52、合15(17)独2初再1「測量致サセ」（改「測量為致」）。53、合15(17)独4再2「不申ト存候」（初改「不申候」再「不申候ヤウ存候」）。54、合16(18)初再7「イタシ度候」（改「致し度存候」）。55、飯1再1「飯冢久米三」（初「飯塚久米」改「飯塚粂三郎」）。56、飯1再2・3「符合ノ処（ハ）ノゾク」（改「符合の条は除き」）。57、飯2再1「四五間」（改「五六間」）。58、飯2再2独5「ノリ組候水手」（改

「乗込主」)。59、飯2再5「ソレヘ」(初「糸へ」改なし)。60、飯2初再2「書記」(改「書」)。61、飯3初再1「持亀」(改「持場亀」)。62、飯3初1「制シ」(再「制之」の独自変更)。63、飯4再1「四海ノ内」(初「之」改なし)。64、飯4再2「水上ノ義」(改「水の儀」、再「之」を「ノ」に変更)。65、飯4再4「イタサ子」(初「サス」改「せね」)。66、飯4再5「少モ」(改「とも」)。67、飯5初再4「候ナリ」(改「形容のみに相成候」、初再「候也」による)。68、飯6再3「ツヽノ」(改「宛」)。69、飯6初再3「セサル」(改「せぬ」)。70、飯7再4「ケヘール」(改「ケヘル士官等の」)。71、飯7初再2改3改4初改1「作候物ヲ」(改「造候物を」、再「作リ候モノ」による)。72、飯8初再1独2「見ユ」(改「見へ」、初再「見ユル」による)。73、飯9初再3「申断ル」(改「申断候」)。74、飯9再4「モトレ候」(初「も取レ候由」改「取申候」)。75、飯10再1「八月比」(初改「八月頃」)。76、飯10再2「相ナリ候」(改「相成申候」、再「相成候」)。77、飯10初再5「十一月比」(改「十一月頃」)。78、飯12、改再2独1「云フ」(改「云ヿに候」、再「云事」による補足削除か)。79、飯14再2「人ナリ」(初「人也」改「人」)。80、飯14再4「べク候へ𪜈」(改「へけれとも」)。81、飯14再7「足ラズ」(改「不足」、再「足ラス」により補足)。82、飯14(15)再1「ヿアレハ」(改「ヿ」)。83、飯15(16)初再2「大事右」(改「ヿを」)。84、飯15(16)再3「ノ義カ」(改「之儀に候歟」再「ノ義歟」)。85、飯15(16)初再3「嘆息」(改「嘆息の至に候」)。86、飯16(17)再1「候モノ」(改「候物と云」)。87、飯18(19)再2「如図モノ」(初「候もの」改「如此物」)。88、飯18(19)再4「候へ𪜈」(初改「とも」)。89、樋1再1「異船」(初「異船ノ義ハ」改「異国」)。90、樋1初再6「紀伊守」(改「肥後守」)。91、樋1再3「御取受」(改「御取上」)。92、樋1初再8「同節」(改「同時」)。93、樋1再7「無之候」(初「無御座候」改「無之」)。94、樋1初再9「紀伊守」(改「筒井」)。95、樋3再1「誥」(初改「詰」の誤字)。96、樋3初再4「休足イタシ」(改「休息致し」)。97、樋3再2「騒立」(初「騒キ立」改「騒動」)。98、樋3初再6「トリ敢ス」(改「不取敢」、再「取リアへズ」の変更)。99、樋3初再11「元ヨリ」(改「元来」)。100、樋3再6「候ニハ」(初「候ニ」改「に」)。101、樋3再8「我ゝ」(初改「我ニ」で、ゝはニの誤字)。102、樋3再11「申ヘクト」(初「可申ト」改「可申上」)。103、樋3(4)改再7「実ニ不当ノ申分也併シナカラ」は、「不当」(再4)、「併シナカラ」が改再「乍併」の変更(独5)で再による。104、樋3(4)再6「近ヨルヿヲ禁スヘシ」(初「ヨラヌ様ニ可致」改「進よるとを禁すへし」)。105、樋3(4)初再3改再9「イタシ」(改「し」)。106、樋3(4)初再7「処ゝ」(改「処に」)。107、樋3(4)再9「処ニテハ山キハ」(改「場所は山際」)。108、樋4(5)初再2「板ニテカコヒ」(改「板囲ひ」)。109、樋5(6)再3独9「ヒストヲル」(改「ヒスウル」、再「ヒストウル」により「ヲ」は誤字か)。110、樋5(6)初再4改再12「下タノ間」(初「下タ」改「下の間」)。111、樋5(6)再11「穏便ゝゝトノ」(改「のみを」、再「々々ノ」により補足)。112、樋5(6)再12「キヒシキユヘ」(改「厳き故」、再「厳シキユヘ」による)。113、樋5(6)再13「鉄炮」(改「鉄砲」)。114、樋5(6)再15「コメズ」(改「込す」、再「コメス」により変更)。115、樋5(6)再19「其義相スミ」(改「の儀相済」、再「其義相スム」により変更)。116、樋5(6)再24「御評義」(初改「評議」)。117、樋5(6)再26「一先ツ」(初「先ツ」、改「一と先」)。118、樋5(6)初再11「二ケ月」(改「三ケ月」)。119、樋5(6)再27「云由」(初「申候由」改「云」)。120、樋5(6)再28「中途ヘノコシ」(改「中途に残」)。121、樋5(6)再29「由」(初「由申候」改「由なり」、再「ヨシ」により変更)。122、樋7(8)初再2「二尺」(改「三尺」)。123、樋7(8)初再3「小実子」(改「小実」)。124、樋7(8)初再4「水入ハ」(改「水入」)。125、樋7(8)初再5「ノ由」(改「すと云」)。126、樋8(9)再1「貧乏ナリ」(初改「貧ノ方ナリ(也)」)。127、樋8(9)初再1「幼也」(改「幼年也」初再「幼ナリ」を変更)。128、樋8(9)初再2「不申候」(改「不申」)。129、樋9(10)再1「抔へハ」(改「へは」再「ナドヘハ」を変更)。130、樋9(10)再2「見へ申候」(初「見ル」改「見申候」)。131、樋10(11)再1「人数内」(初「人数」改「人数の内」)。132、樋10(11)初再1「図」(改「法」)。133、樋10(11)再3「申

「」（改「かと」）。134、樋10(11)再5「榊原ナトニ」（改「榊原家抔に」）。135、樋10(11)再6「返テヨロシ」（改「却て宜し」）。136、樋11(12)再1「兵起リ」（改「兵を起し」）。137、樋11(12)改再3独2再2「明ノ救テ」（改「明を討て」、再「明ヲ救テ」により変更）。138、樋11(12)初再1「アメリカ」（改「亜墨利加」）。139、樋11(12)初再2「ニ」（改「を伺ひ」）。140、香1初再3「北亜米利加」（改「北亜墨利加」）。141、香1初1「二通」（改「弐通」、再「一通」の一は二の誤字で再によるとみる）。142、香1再2「メニ」（初「目」改「にて」、再「目ニ」を変更）。143、香2初再1「。マッテヒリ」（改「マッチヨセ」、○印は固有名詞であることを指す）。144、香3初再1「。ブカンナン」（改「ブカナン」、○印は固有名詞を指す）。145、香4初再1「幅」（改「巾は」）。146、香4初再3「三間」（改「三（本ノマヽ）」は欠字）。147、香4初再4「総鉄」（改「惣鉄」）。148、香4初再5「総体」（改「惣体」）。149、香4再1「斗リ大炮」（初「位大砲」改「計大砲」）。150、香4初再6初1「仕掛ナリ」（改「仕掛け也」、再「仕掛也」を変更）。151、香4再2独6「ポンド」（初改「ホント」再「ポント」を変更）。152、香4再3「シメテ」（初「〆」改「合て」、再「〆」により変更）。153、香5再1「小ノ方」（初改「小」）。154、香5初再1「総」（改「惣」）。155、香5初改1初再2「三百人」（改「三百人なり」再「二百人」、二を三の誤字とみれば再による）。156・157、香6初再1・3「ツヽ」（改「宛」）。158、香7再1「色とアリ」（初「色とノ提灯アリ」改「色と」）。159、香8(9)初1「蒸気船ヲ」（改は全文欠文、再「蒸気船ノ」を変更）。160、香8(9)再1「留ルニハ」（初「止メル中ハ」）。161、香8(9)再2「モレテ」（初「モレ出テ」）。162、香9(10)初再2「モノアルヨシ」（改「物なる由」）。163、香9(10)再2「ハシルト云」（初「走ルト云「」改「走ると申候」）。164、香10(11)再2「大炮」（初改「大砲」）。165、香10(11)再3「守固ス」（初改「守護ス」）。166、香10(11)初再5「ケヘール」（改「ゲベトル」）。167、香10(11)再4「指図人」（初改「指図」）。168、香10(11)初再10「居候「」（改「居ると」）。169、香11(12)再1「タガヤサン」（初「タカヤサン」改「たかやさし」）。170、香11(12)初再2「総」（改「惣」）。

171、香11(12)初再3「又彼ノ」(改「彼」)。172、香11(12)再6「此方」(初「此方ノ」改「此」)。173 、香11(12)初再4「将几」(改「床几」、再「将机」を省画変更)。174、香11(12)初再5「渡シノミ」(改「渡而已」)。175、香11(12)初再8「二人ヨリ」(改「弐人の」)。176、香11(12)再12「付候」(初「付ケ候」改「付る」)。177、香11(12)初5「者ナシ」(改「ものなし」、再「者十人」の十人はナシの誤字なので再の変更とみる)。178、香12(13)初再1「イボレットハ」(改「イホット」)。179、香13(14)初再1「ケヘール」(改「ゲベトル」)。180、香13(14)再1「付アル」(初「付ケアル」改「付る」)。181・182、香13(15)再2・3「鉄炮」(初改「鉄砲」)。183、香13(15)改2「付」(初再「付ケ」、同項の独1『付ル」は改「付り」で初再「付ケル」を削除』により再を削除とみる)。184、香13(15)初改2「舟」(再「船」を変更)。185、香13(15)再4「カヽリハイカリヲ付ル」(初「掛リハイカリヲ付ル」改「掛りは碇を付候」)。186、香14(16)再1「ヨリソレ」(初「ヨリ其」改「寄夫」)。187、香14(16)初再1「漢東」(改「広東」)。188・189、香14(16)初再2・3「イキリス」(改「英吉利」)。190、香14(16)再2「軍ミマヒ」(初「見舞」改「軍舞」、再「軍見舞」を変更)。191、香14(16)再3「致ス」(初改「ス」)。192、香15(17)初再1「アメリカ」(改「亜米利加」)。193、香15(17)初再2「ハイキリス」(改「英吉利」)。194、香15(17)初再3「イキリスノ」(改「其」)。195、香15(17)初再4「ニテ」(改「に従ひ」)。196、香15(17)再1「等致シ」(初「致シ」改「し」、再「等イタシ」を変更)。197、香15(17)初再5「対ゝノ国トナルコレハ七十六年前ノヿノ由」(再「対々ノ国トナル是ハ七十六年前ノ由」を変更補足)。198、香16(18)初再2「三四寸」(改「四寸」)。199、香17(19)再1「イキリス」(改「英吉利」)。200、香17(19)初再1「ノ方ナリ」(改「なり」再「ノ方也」を変更)。201、香17(19)初再2「総テ」(改「惣て」)。202、香17(19)再2「居候ヿ妙ナリ」(改「居ると妙なり」、再「居候ヿ妙也」を変更)。203、香17(19)初再5「前ハ」(改「以前は」)。204、香17(19)再5「相成候」(初「ナル」改「相成る」、本文が稿本の進展と共に如何に展開したか伺える)。205、香17(19)再6「シカシ」(初「去ナカラ」改「若」)。206、香17(19)

再7「マタ」（初「又ゝ」改「又」、再「マタマタ」を一部削除）。207、香17(19)初再10「ニ」（改「は」、再「ニハ」のハを削除）。208、香17(19)再8「相違ナク候」（改「相違なしと存候」）。209、香19(21)初再3改2「ニ非ス」（改「には非す」、初再「ニアラス」を変更）。210、香19(21)初再5「ツカワス」（改「遣す也」）。211、近1初再1「八ツ少シ」（改「八ツ半時少」）。212、近1再2「海上三十六里」（初改は二行割註）。213、近2初再1「三人共」二行割註（改「皆」同上、再「三人トモ」を変更）。214、近2再1「応接方」（初「応接役」改「応接」）。215、近2初再3「重官」（改「上官」）。216、近3初再6「如何ノ義」（改「何の事」）。217、近4初再2「昨暮」（改「昨年暮」）。218、近4初再3「只来夏」（改「来夏」）。219、近4初再5「不申候」（改「不申」）。220、近4再2「候ヿ有之候」（初「候事有之由」改「候由」）。221、近5再2「申通シ候」（改「申通」）。222、近5再4「ニ相成候義」（初「相成候義」改「被成候儀」）。223、近5初再2「別ニ」（改「に」）。224、近5再6「本書」（改「上書」）。225、近5再9「約言致シ」（初「約束相整ヒ」改「約束致し」、再「約言イタシ」を変更）。226、近7初再2「守固」（改「守護」）。227、近7初再3「返リ候」（改「帰る」）。228、近7再2「参候由申ス」（初「参リ候由申候事」改「参候由申候」、再「参リ候ヨシ申ス」を削除変更）。229、近8初再2「大体」（改「大抵」）。230、近9再1「渡相スミ候」（初「渡相済」改「相済候」）。231、近9初再1「様子」（改「体」）。232、近9再2「手間ドリ返リ」（初「手間ヲトリ返リカケニ」改「手間取」、再「手間トリ返リ」を変更）。233、近9初再3「離杯」（改「離れ盃」）。234、近9再3「差出候」（初「出サレ申候」改「出し候」）。235、近10初再1「六ケ敷ヿテモ」（改「六ツケ敷とにても」初「六ケ敷事テモ」、再「六カシキヿテモ」を変更）。236、近11初再1「請取ノ」（改「受取之」）。237、近11初再2「シメテ」（改「合て」、初再「〆」を変更）。238、近11初再3「下タノ」（改「下段の」）。

再稿本表記七七四例の残り四七九例の概要を掲げる。合1再2「ヿ」（改「こと」）。飯1再4「ハリ」（初改「張」）。樋1初再3「義」（改「儀」）。香1初再4「箱」（改「筥」）。近3初再5「以テ」（改「以」）。右のように同訓異表記で書写者の裁量によると判断する。

次に改稿本表記三九九例の内、特徴ある表記二八例から掲げる。1、合2改16「カヽリ可申候」（再「カヽリ候ユへ何ホド急キ候テモ五日位ハカヽリ可申候」の内一八字削除）。2、合3改3「イタシ候へハ何」（初「何レ」再「イヅレ」）。3、合9（10）改7再8改8「軽侮ノイタシ方」（改「軽侮の致方」再「軽侮イタシ候振舞」）。4、飯7改2「ニテ」（初「ヲ服シ」再なし）。5、飯14初改2「日本」（再なし）。6、飯14（15）初改2「益」（再なし）。7、樋4（5）改1「書簡」（初再「書翰」）。8、樋5（6）改7「書簡」（初再「書翰）。9、樋5（6）初改1「返簡」（再「返翰」）。10、樋5（6）改11「書簡」（初再「書翰」）。11、樋10(11)改2「カルへク」（再なし）。12、香1改1「ヨリ書簡」（初再「ヨリノ書翰」）。13、香10(11)改1「九里浜」（初「八里浜」再「栗浜」）。14、香10(11)改2「書簡」（初「書翰箱」再「書翰」）。15、香11(12)改3「書簡」（初再「書翰」）。16、香17(19)改1「書簡」（初再「書翰」）。17、近1改1「良治」（初再「良次」）。18、近2初改2「良治」（再「良次」）。19・20、近2改1・2「書簡」（初再「書翰」）。21・23・24、近5改2・5・8「書簡」（初再「書翰」）。22、近5改3「其趣異船へ」（初再「異船へ其趣ヲ」を倒置削除）。25、近5改9「返簡」（初「返書」再「返翰」）。26、近7初改1「返簡」（再「返翰」）。27、近7改2「書簡」（初再「書翰」）。28、近9初改1「書簡」（再「書翰」）。以上二八例中一七例は、「簡」（翰）で改稿本によらず書写者の用字法と見ることができる。

以下は改稿本表記が再稿本と異なる七五例を掲げる。これも表記は異なりながらも書写者の変更と考えられる可能性があるからである。1、合2改2初改2「自在ノ妙目」（再「自在ナル〻目」）。2、合2独9初改6「持来候也」（再「持来レリ」、改「持来る也」を変更）。3、合2改18「有ヘシ」（再「有〻也」）。4、合3改2独2「候ヘバ」（再「候処」）。5、合6改3「此方ヨリ」（再「此方」）。6、合6初改3「彼是」（再「役人」）。7、合6初改4改4「申候」

（再「申」）。8、合6改5「一向」（初再「更ニ」）。9、合6改8「候」（初再「ル」）。10、合7初改2「号砲」（再「発砲」）。11、合7改5「岸上」（初再「岸」、改「岸の上」を削除）。12、合7改6「故歟」（再「ユヘ也」）。13、合8(9)改1「相ナリ」（初再「成（リ）」）。14、合9(10)改10「且又」（初再「尚又（マタ）」）。15、合10(11)改5「囲ム」（初再「固メル（ム）」）。16、合10(11)改7「マヘヲアルキ」（初「前ヲカケテ人数ヲ子リアルキ」、再「前ヲ子リ歩行キ」）。17、合10(11)改17「大師河原」（初再「大（太）子河原」）。18、合13(15)改1「通詞」（初「通事」再「通辞」）。19、合13(15)改2「来明年」（初再「来年」）。20、合13(15)改3「申事」（再「申処」）。21、合13(15)改5「トモ御国威」（再「[尸+乇]旨義ニヨリ御国威」）。22、飯1改1「ニテハ」（初再「ニハ」）。23、飯2改2「十間」（再「横一間」）。24、飯2改5「候」（初再「ル」）。25、飯3改1「相違ナク候」（初再「無相違」）。26、飯3改2「止メ候由」（再「止メ返シ申候」）。27、飯5初1「ナリ」（再「アタリ」、改「成」を変更）。28、飯12初改3「水中」（再「船中」）。29、飯14改2独3「ナラ」（初再「ナレハ」）。30、飯14改3「通詞」（初再「通辞」）。31、飯14(15)改5「指揮」（初再「指図」）。32、飯15(16)改1「将軍様」（再「将軍」）。33、飯18(19)改1「書簡」（初再「書翰箱」）。34、飯18(19)改2「有之」（初「あれ」再「アリ候へ」）。35、飯18(19)改3「書簡」（初「書翰箱」再「書翰」）。36、飯18(19)改4「送リ申」（再「送リ」）。37、樋1改2「拝借」（初再「拝用」）。38、樋1改6「秘シテ」（再「秘シヲキ」）。39、樋1初改1「示サハ」（再「放サハ」）。40、樋3改1「切」（初再「限」）。41、樋3改7「通詞」（初「通弁」再「通辞」）。42、樋3改8「通詞」（初再「通辞」）。43、樋5(6)改1「人数ハ」（初「夷人ノ」再「異人人数ノ」）。44、樋5(6)改2「ウツクシキヿ」（初再「美事ナル事（ヿ）」、改「美しきと」を変更）。45、樋5(6)改3独3「入イリ口」（再「ノリ込入口」、改「入り込入口」を削除変更）。46、樋5(6)改4独4「立テ」（初再「ナス」、改「立」を補足）。47、樋5(6)改6「返ス〳〵モ」（再「カヘス〳〵」）。48、樋5(6)改8「日数カ、リ」（再「日間トリ」、改「日数掛り」を変更）。

49、樋5(6)改12「ナルウヘハ」(初再「成候ハヽ」、改「成る上は」を変更)。50、樋6(7)初改1「ナラサル」(再「ナラレサル」)。51、樋7(8)改2「ミヘ」(再「見ユル」、改「見へ」を変更)。52、樋11(12)改2「清」(初再「韃」、初に「清ノ誤リ」再に「恐ラクハ清ノ誤歟栄左エ門咄シ清ト云」とルビあるも、初再と改の本文は異なる。再のルビで清と表記したか)。53、樋11(12)改3「英吉」(初「イキリス」再「インキレス」、改「英咭唎」を変更削除)。54、香4改2「非ス」(初再「アラス」)。55、香4初改1独4「カラカ子」(初改「カラ金」を変更)。56、香9(10)改1「火輪車」(初再「火輪船」)。57、香11(12)改2「シテ」(初再「シテアリ」)。58、香13(15)初改1「者ハ」(再「者ノ」)。59、香14(16)改2「助ケ」(初「助」再「助テ」)。60、香14(16)改3「云リ」(初再「云」)。61、香15(17)改1「故ニ取合」(再「ユヘ又取合」)。62・63、香17(19)改3・4「手薄キ故」(初再「御手薄キヿ故（ユヘ）」)。64、香17(19)初1改7「来船ノヤウス」(初「乗船ノ筈ニ候間」再「来ル様子」、改「来舶の様子」を変更)。65、香17(19)初改3「此後」(再「此度」)。66、近4改2「位ノヿ故」(初「位ノ御達ノ由」改「位のと故」再「ヿユヘ」)。67、近5初改6「返簡」(再「返翰」)。68、近5初改7「出来」(再「参リ」)。69、近5改11「振合」(初「振」再「掛合」)。70、近5改12「候」(初「候事」再「候ヿ」)。71、近8改1「上陸」(初「夷人上陸」再「異人上陸」)。72、近8改4「蒸気船」(初再「蒸気」)。73、近9改2「候節モ」(初「相成リ」再「候セツハ」)。74、近9改3「勧メルトテ」(初再「ス、メルト云テ」)。75、近11初改1「通詞」(再「通辞」)。

改稿本表記三九九例の残り二九六例の概要を掲げる。合1初改1「乗越」(再「ノリコヘ」)。飯1改2「何カ」(再「何ニカ」)。樋1改1「樋口」(初再「樋田」)。香1初改1「フレカツト」(再「フレガツト」)。近1初改1「ナリ」(再「也」)。右のように同訓異表記で書写者の裁量によるのである。以上再稿本表記四七九例と改稿本表記二九六例の計七七五例は、書写者の裁量による表記で再稿改稿各独自表記ではないことが判明した。

独自表記五〇六例に再稿・改稿による表記がないか検討する。まず再稿の表記により独自表記が成り立っている三六例から掲げる（30例は独自例でなく初稿例であるが、初稿表記と一致したままで初稿を参照しているわけではないので引用した）。1、合2独5「行申スヘシ」（改「行かべし」、再「行可申」を変更）。2、合7独1再2独2「左ヤフノ義コレナク」（改「左様無之」、再「左様ノ義無之」を変更）。3、合7独11初再3「サシ出シ」（改なし、再「差出シ」を変更）。4、合7独19「サシ出タサス」（改「出さす」、初再「不指出」を書き下し）。5、合9(10)独30再18「コレナキヤウ」（改「致さぬ様」、初再「無之様（ヤウ）」を変更）。6、飯1独1「聞タル(割註)」（再「聞ケル」を変更）。7、飯8独3「ヤフスハ」（改「様」、初再「様子ハ」を変更）。8、飯8独8「シメテ」（改「都合」、初再「〆」を変更補足）。9、飯14独6「云リ」（再「云」を変更）。10、飯14(15)独7「イタシ候」（改「也」、初再「ス」を補足変更）。11、飯18(19)独1「[illegible]」（改「[illegible]」、再「[illegible]」を変更）。12、樋3(4)独2「近ヨリ候」（改「進より」再「近ヨル」を変更補足）。13、樋3(4)独3「イタス」（改「す」初再「致ス」を変更）。14、樋3(4)独7「致シ」（改「スヘシ」、再「可致」を変更）。15、樋3(4)独12「処」（改「に」、再「トコロ」を変更）。16、樋4(5)独11「申スハ」（改「申には」、初再「申ハ」を補足）。17、樋4(5)独12「ギリ」（改「なき」、初再「キリ」を変更）。18、樋5(6)独6「立チフサカリ」（改「立上り」、初再「立塞ル」を変更）。19、樋5(6)独15「コレヘアガレ」（初「是エ上レ」改「上かれ」、再「是ヘアカレ」を変更）。20、樋5(6)独20「ナド」（改「抔」、再「ナト」を変更）。21、樋5(6)独34「左ヨウ」（改「左」、初再「左様」を変更）。22、樋10(11)独4「申スヘク」（改「可申」、再「申ヘク」を補足）。23、香4独10「アリ」（改「也」、再「ナリ」を変更）。24、香4独11「ポンド」（初改「ホント」、再「ポント」を変更）。25、香8(9)独3「マワラズフタ」（初「マワラス蓋」、再「マハラス蓋」を変更）。26、香11(12)独8「書帖」（改「書簡」、初再「書状」を変更、書状は初出）。27、香13(15)独1「付ル」（改「付り」、初再「付ケル」を削除）。28、近2独3「申スヘキヤ」(初「可致カ」改「可致や」、再「イタスヘキ哉」を変更)。29、近5独3「答曰」(初「答テ」改「答に」、再「答テ云」を削除変更)。30、近5初1「急ニハ」(改「急に」、再「急々ニハ」を削除)。31、近5独6「此」(初「此ノ」改なし、再「コノ」を変更)。32、近5初2「弥」(改「漸々」、再「イヨ〳〵」を変更、弥イヨ〳〵、漸ヤウヤク・マス〳〵と訓む)。33、近7独3「二隻」(改「に(ママ)」は二艘脱字とみる、初再「二艘」を変更)。34、近7初2「引連レ参ルへク」(初「引連レ参ルへク候」改「引連可参」、再「引連レ参ルヘケレ𪜈」を変更)。35、近8独1「是亦」(初改「是又」、再「是マタ」を変更)。36、近11独3「不許」(改は欠文、初再「不免」を変更)。

次は改稿の表記により独自表記が成り立っている六例を掲げる。1、合10(11)独38「置タメ」(再「置タク」、改「置為」の仮名表記)。2、飯4独4「ド」(改「とも」によるか)。3、樋3(4)独1「抔」(初再「等」、改「など」を変更、等の代わりに用いられた)。4、香17(19)独1「申シ」(初「申サレ」再「申レ(原本也、誤字)」、改「申」を補足)。5、近4独2「与力モ」(初再「与力共(𪜈)」、改「与力共も」を削除)。6、近7初1「時ハ」(再「セツハ」、改「時」を補足)。

右により再稿本表記五七・二三八・三六例の計は三三一例となる。一方改稿本表記二八・七五・六の計は一〇九例となる。「片葉七本」は、「片葉本」同様に再稿本系と考える。「片葉七本」は再稿本系でありながら、改稿本表記を含むのか不明である。改稿本表記二八例中「書簡」一三例「返簡」三例は、樋口第五(六)項独30・31間にある「返簡」と近藤第五項の再5と改再9の間にある「返簡」が諸稿すべて同じであるため「簡・翰」の差を稿本の差に求められず、書写者の問題(通用)となる。香17(19)再3改2「子ヂケシ言」(初「ネヂレ言」改「ねしけし言」再「子ヂレ(原本也、誤字)言」で再改折衷とみたが、改稿の変更か)。

「片葉七本」の独自表記の内、削除・補足・変更例を掲げる。合13(15)独5「渡来難斗候廟堂」(改再「渡来難斗且此後ハ数艘ニテ参リ候ヨシ申候へ𪜈是マタ何十艘ニテ参候モ難斗唐堂」中の三十字を削除し候を補足）。飯1独5「五六間」（改「可成」初再「ナルベシ」を削除）。飯4独1「ノ義」（諸稿なし）。飯5独2「候ヨリ」（諸稿「候処（所）ヨリ」で処を削除）。飯8独6「相ミへ申候」（初「見ル」改再「見ユル」で独自に補足）。飯8独7「副官将」（諸稿「副将」、上に「上官将官」とあり「官」を独自に補足）。飯10独1「請トリ」（諸稿「請取」、「請」は飯第八・九項で「受」と表記変更したが、ここは原本通り）。近9独1「請取」（初改「受取」再「受トリ」を変更）。近11独1「請取」（諸稿「受取」を変更）。請・受も通用する。飯10独2「彼方来年ハ此方ノ十月十一月比ニ当ル拙者考ニハ多分直ニ引返シ来モ不知ト存候」の本文三十六字は、諸稿二行割註を変更。飯10独4「不知」（改再「知レ不申」を変更）。飯14独4「剱槍」（諸稿「槍剱」を倒置）。飯14(15)独3「左ヤウニ」（諸稿「右様」を変更補足）。飯14(15)独4「テ居」（諸稿なし）。樋1独1「聞書」（諸稿「合原飯塚等ノ申処ト符合セル処ハ省ク」（二行割註）の一七字削除）。樋1独3「イタシ」（初改「而已」再「ノミ」を変更）。樋1独9「絶ス」（改「堪す」再「堪へス」を変更）。樋3独2「何」（初改「何レ」再「イツレ」、レを削除）。樋3脱1「何ヨリ注進」（改再「ノ注進ト相尋候処海鹿島ニテアワビヲ取ニ出居リ候海士遠洋ニ見付候ニ付（注進）」の三三字脱字）。樋3独5「丁」（諸稿「町」の省画）。樋3独6「控」（諸稿「扣」略字を変更）。樋3独7「答テ」（諸稿「何程（ホト）」を削除）。樋4(5)独10「合原樋口二人ノ与力付ソフ」（諸稿二行割註を本文へ変更）。樋5(6)改再14「方已ニ」（初「掛役等」、改再「方既ニ」により既を已に変更）。香1独1「聞書」（改「此度の応接掛り」再「此度応接掛」の二行割註を削除）。香1独2・3「隻」（諸稿「艘」を変更）。香4独3「ニマツヤニ」（諸稿「ミツタ」を補足変更）。香5脱1「総ハリ」（諸稿「鉄」の脱字）。香6脱1「軍船モ」（初再「二艘共（𪜈）」改「弐艘とも」、改再「弐（二）艘ト」の三字脱字）。香6独1「ナリ」（改再「計リ」を変更）。（香8）改再「蒸気本船ノ外弐（三）艘ノ大将ハ本船ノ副将位ノ立場ノ者ナリ（也）」の二五字全文欠文。香8(9)独1「上レハ」(初「取レハ」再「トレハ」を変更)。香17(19)改5「〳〵故」(再「トコヘ」改「と故」、但し再は「コトユヘ」でコを脱字、コはユの誤字とみる。従って再「コトユヘ」の変更とみるも可)。香17(19)再3改2「子ヂケシ言」(初「ネチレ言」改「ねしけし言」再「子ヂレ言」で再改折衷か)。近4独1「異国船」(諸稿「異船」を補足)。

最後に「片葉七本」の誤字一四例を一括して掲げる。1、合9(10)独7「直丸」(改再「真丸」、眞・真の誤字)。2、合9(10)独23「兵端」(諸稿「兵端」の誤字)。3、合12(13)独6「シ　嵜」(諸稿「三嵜」の誤字)。4、飯2独7「投込ミ」(諸稿「投込ゝゝ」、ミはゝゝの誤字)。5、樋1独7「伺」(諸稿「向」の誤字。)6、樋2独1「内通」(諸稿「申通」の誤字)。7、樋5(6)独1「練」(初「クリ」改再「繰」、下にある「調練」の目移りか、繰の草体の誤字)。8、樋5(6)独36「奏問」(諸稿「奏聞」、問は誤字)。9、香1独4「国」(諸稿「内」の誤字)。10、香2独4「高宦」(諸稿「高官」を変更、漢語にないので誤字)。11、香4独7「カノシ」(諸稿「カノン」の誤字)。12、香11(12)独2「鉄」(諸稿「鋲」の誤字)。13、香11(12)独4「〇」(諸稿「∩」の誤写)。14、香15(17)初1「ヤソコセ」(改「ヤリコセ」再「ヤワコセ」、改再を変更したのではなく、片葉七本の原本(再稿本)に「ヤソコセ」とあり初稿と一致したままで。従って「ソ」が「リ」になり「ワ」と変化したのではなく、改再は書写者が「ソ」を「リ」、「ソ」を「ワ」と誤写したとみる。

先に本稿「七、各稿本系写本」の「ヲ、再稿本系・片葉本」で与力五名の姓名に関して一字は原形を保つようにし

再稿本　合原惣蔵ヨリ聞書　飯塚久米三ヨリ聞書　樋田多々郎ヨリ聞書　香山栄左エ門ヨリ聞書　近藤良次ヨリ聞書

片葉本　灰原某ヨリ聞書　伊井蔦某ヨリ聞書　井口氏ヨリ聞書　佐山氏ヨリ聞書　本藤氏ヨリ聞書

左のように改変している。註して『片葉本は常陸土浦の商人で国学者の色川三中が、土浦藩士の木村行蔵より提供さ

れた史料である。中井信彦氏校注「片葉雑記　色川三中黒船風聞日記」八六年七月慶文社発行、解説二五八頁参照。同氏には「色川三中の研究　伝記篇」昭和六三年九月塙書房発行、第一三章「異国船渡来一件記録三部作の作成」がある。また「色川三中の研究　学問と思想篇」平成五年二月塙書房発行、第二篇第五章「黒船一件記録について」二六二頁に、片葉本について来翰集一六を引用して

拝読、返啓書落掌、所約の応接掛聞書入御覧候、草略頓首

十八日　　木原

色川様

この手紙は嘉永六年一一月のもので、提供された「応接掛聞書」は、恐らく『草の片葉』巻七か巻十四かのいずれかであろう。

とある。来翰集一六は一七の誤り、日付は一八ではなく一四であろう。片葉本の書写年が、嘉永六年一一月であることがわかる。』と書いた。

静嘉堂文庫所蔵「草片葉」第七冊に収録の「片葉七本」と「草能片葉」第一四冊に所収の「片葉本」の関係をみる。本稿「三、諸本聞書各項の構成対比」にみた「片葉本」は、「片葉七本」聞書各項の構成と同一である。この聞書各項の構成対比において他に各項の構成が同じ写本は存在しない。従って木原行蔵が来翰集一七の嘉永六年一一月一四日に色川三中に提供した与力聞書は、「片葉七本」であり「片葉本」ではないと考える。「片葉本」は「片葉七本」から派生した写本であると考える。

第八節　「与力聞書」受容史

ここに管見に入った近現代の与力聞書受容史を記す。

イ　岡千仞「訂正尊攘紀事補遺」　衛兵進入と鼎沸

岡千仞[註1]の「尊攘紀事」は、嘉永六年六月米艦渡来より慶応三年一〇月大政奉還まで、政治・外交を紀事本末体の漢文で叙述して、明治一五年八月鳳文館より八巻四冊を出版した。同一七年五月その補遺として表題の「訂正尊攘紀事補遺」四巻二冊を出版した。「尊攘紀事」巻一の冒頭は、

「米国軍艦入浦賀」のタイトルで始まり、ペリーの九里浜上陸を叙述し、

　彼理従兵護衛。入館就位。進国書方物

　彼理（ペリー）は兵の護衛を従へ、館に入り位（くらゐ）に就き、国書方物を進む。

と書く。この項末尾に一字下げにして

是秋余遊浦賀。聞香山中島諸人説汽艦迅駛火器精鋭。而眇視我国如不為意。愈知宇内大勢一変而我邦孤立東海。竟不免此患。

是の秋余は浦賀に遊び、香山・中島の諸人、汽艦の迅駛（ジンシ）・火器の精鋭、而して我国を眇視（ベウシ）し意と為さざるごと

きを説くを聞き、愈宇内の大勢一変して、我が邦東海に孤立し、竟に此の患を免れざるを知る。

と浦賀与力の香山・中島は、ペリーの蒸気船が速いこと、兵士が火器に熟練して鋭いこと、日本を軽んじ見下げたことなど語り、聞いた岡は世界の形勢が一変して国家治乱の境に立ったと認識した。世情は

是時太平年久。外内忘兵。而一旦有此警。朝野騒然。

是の時太平年久しく、外内兵を忘る。而して一旦此の警有れば、朝野騒然たり。

夜も寝られぬ騒ぎであった。

右を「訂正尊攘紀事補遺」巻一の「米国使艦入浦賀」ではどう表現されるか。

彼理進四艦。距岸数町。分軍隊為二。一備艦上。一自随。曰彼若設詐誘我。則列砲斉発。殲之一撃之下。駕哨船上岸。艦上発祝砲。校将揮白刃令軍。各隊整列。簇擁入館。館隘遏衛兵進入。不聴。戸田井戸二官出迎礼揖。彼理不敢答礼。直就賓位。二童子捧国書。二壮夫介之。授受儀了。

彼理四艦を進め、岸を距つこと数町なり。軍隊を分かち二と為す。一は艦上に備へ、一は自ら随ふ。曰く彼若し詐りを設け我を誘はば、則ち列砲斉しく発ち、之を一撃の下に殲さんと。哨船に駕り岸に上り、艦上祝砲を発つ。校将白刃を揮ひ軍をして、各隊整列せしむ。簇擁して館に入る。館隘く衛兵の進入を遏むるも、聴かず。戸田・井戸二官出迎へ礼揖するも、彼理敢へて答礼せず。直ちに賓位に就き、二童子国書を捧ぐ。二壮夫之を介け、授受の儀了る。

国書の授受で「簇擁して館に入り、館隘く衛兵の進入を遏むるも、聴かず。」と制止もきかず群がり押し入り、「出迎へ礼揖するも、敢へて答礼せず」と幕府の徳義を蹂躙する。ここに「尊攘紀事」とその訂正補遺の差があるのである。尊攘論を説いた岡鹿門は、「衛兵の進入を遏むるも聴かず。」と表記した表現を「有所不為齋雑録・第三癸丑浦賀雑録」

に収録された与力聞書中「浦賀与力合原総蔵ヨリ聞書」（片仮名表記を平仮名に変更した点も指摘する）などに求めているのではないか。その第一四項、（　）は二行割註

九日九里浜ニ而書翰請取之義前日異人へ申通シ置キ当日只今参リ候様申通候処早速蒸気船弐艘波ヲ分迅速ニ馳来リ岸ヲ隔ル事拾丁斗ニシテ止マル（此所海之深サ九尋位之由）弐艘ゟハツテイラ拾五艘卸シテ人数着岸ス弐艘岸之方へ向て（ママ）左右ゟ空砲拾余発放ツ（是ハ人数着岸之節発砲いたし（ママ）候義定例之由其発砲ノ手際誠ウマキモノ也）請取渡シ場所仮リニ小屋出来ル小屋之脇ヲ浦賀人数ニ而固メル小屋之左右ヲ彦根川越之人数ニ而固メル異人上陸畢而大鼓ホラ貝を（ママ）吹鳴シ彦根川越之備之前ヲカケテ人数ヲ子リアルキ組頭様之モノ剣ヲ抜テヒラ／＼ト振舞シ指揮致候由ケヘール（劔付鉄砲）ニ而備ヲ固メ浦賀人数小屋脇ヲ固メ候処異人共耳コスリヲイタシ指サシ致シ尽ク嘲弄致候様子ニ相見へ候イマ／＼シキ事限リナシ調錬之能整候事奇妙驚入候事

同第一五項

幕之内へ繰リ込ム前日懸合ニハ異人上官共弐拾人程ニ而上陸之筈之処案ニ相違し（ママ）大人数上陸ス

同第一六項

小屋之内上段之間へ上官将官副将通リ奉行両人相対して（ママ）座ヲトル下之間へハ組頭辻茂左衛門応接掛五人連座其外一切人ヲ不入請取候積リ之所右上官等上段之間へ通ルト直様六拾人程押込上官ト奉行之脇へ立塞リ上官ト奉行之方を（ママ）見張リ居ル此方何レモ仰天シ彼是制候ハハ直ニ奉行虜ニサレルモ難斗其儘ニ致候由右六十人之者何レモ剣ヲ佩シ六挺仕掛之ビストールヲ持何レモ玉ヲ込メドンドロ仕掛ニ而打ツバカリニ致シ扣居ル此方ニ而ハ込筒ハ壱挺も（ママ）無之奉行近クに（ママ）ハ五六人着座スルノミニ而如何とも（ママ）スル事ナシ畢竟穏便穏便カ主トナル故右様之振舞ナサレ大ニ胆ヲ奪ハレル事残念言ハン方ナシ異人上陸之節ハ勿論船中ニても（ママ）玉ヲ込置候由右請取渡之前日右相済候ハ、出

帆可致返簡之義ハ追而長崎表ゟ蘭人ヲ以申通スヘキ旨申候処彼曰左様オツコノ事ニハ不及来年又〻渡来返詞承リ可申候何レ出帆ハ致シ可申と(ママ)云右相済人数本船へ引取又浦賀へ向ケ入ル軍船ト申合一同出帆之義と(ママ)心得居候処蒸気船弐艘軍船ヲ引真シクラニ内海へ乗込本牧之前へカ、ル如何ナレハ出船も(ママ)不致却而内海へ乗込候哉ト掛合候処彼曰此後返簡請取ニ参リ候節ハ数艘引連レ大軍船も(ママ)弐艘参リ候事也浦賀ハ舟懸リ場宜シカラス此辺へカケ可申候と(ママ)存ル也右故此辺測量致度乗込候也同日大子河原へ壱艘乗込十日ニハ野嶋へバツテイラ弐艘ニ而寄上陸水ヲ求メントス役人取押へ水ヲ汲テ与フ此時も(ママ)剣ヲ抜キビストウルヲ放チ見物人ヲ驚カシ候由

右によって六〇人程が押し込み、為す術もなく当方は仰天し胆を奪われ、残念言わん方なしとある。また「樋田多二郎ヨリ聞キ書」の第六項

九里浜上陸ノ夷人ノクリヤリ調練ノ能ク整ヒ候事其美事ナル事言語ニ述難シ一同幕中エクリ込ミ入口ノ前へ一行ニ列ヲナス上官将官副将小屋ノ内ニ入ルト直様六十人程トヤ〳〵ト蹈込ミ上段ノ間ニ立塞ル何レモ剱ヲ佩シ六挺仕掛筒打ツハカリニ致シ詰込ム此方下タニ列座スル組頭幷応接掛役等蹈ミツフサレ候位ノ勢ノ由奉行応接掛ヲ招テ是エ上レト申ニ付応接役奉行ノ脇エ上リ候由右ノ勢ニテ如何トモスル事能ハス其儘ニ致シ置キ香山栄左衛門書翰ヲ受取リ戸田奉行エ渡ス奉行一礼シテ受取書付箱入リ先方エ渡シ事済ム（八日ノ日懸合ナリ）　以下省略

右をふまえて岡は「簇擁(むらがりまもる)して館に入る」ことを、国体の侮辱と感じているとみる。ペリー来航の余波冷めやらぬ同年秋に江戸に出た二〇歳の岡は、香山栄左衛門・中島三郎助から説話を聞いている。現在国立公文書館内閣文庫に所蔵する有所不為齋雑録抄録写本は、明治七年五月五日付添川鉉之助（廉齋の嗣子）宛岡千仭手簡によって、雑録三二冊が太政官歴史課の依頼により貸し出され抄録書写されて、岡は右引用した与力聞書を読んでいる事実が判明する。[註2] 岡はその手簡に

恩借被成下候一函燈火拝謁申上候処、天保年間ゟ之時事悉皆網羅。此節海内ゟ史事ニ関係之書物、此段ニ進納致度候。拙処此至程精密ナルハ無之、実ニ御先君之時卒（ママ）ニ候。頃（ママ）意感服申上候。早速課長始ニ一見相仕、屹度御回意候能成可申上奉。御先ハ謝辞迄ニ如此啓進仕候。外ニ証書一通御落手被成下度候也。

と三二冊の雑録が、時事悉皆網羅し史事に関係の書物として精密な点を実見して、敬意感服しているのである。岡の言動が儀礼上の謝辞でないことは、拙著で雑録の価値を詳細に説いたのでここでは言及しない。岡の「訂正尊攘紀事補遺」の右記事は雑録に依拠していると判断する。「岡は国書授受を含む騒乱を次のように表記する。

是日海陸衛兵数万。旗幟翻風。兵仗耀日。彼不以為意。直駛四艦至本牧。下哨船測量。氏栄大驚。遣吏詰問。傲然曰。明春再航。不得所請。則有戦而已。故測量列艦隊之地。吏盛気責其忽国禁。笑曰。督将業既上国書表懇親。貴国豈可沮我測量行艦之地乎。更進数里。止艦望見大森品川。知為大城外郭。曰渠已受国書。妄加暴横。使国人憤激。非謀也。乃反艦。過浦賀見香山中島諸人。謝厚意。直出海口而去。彼理在浦賀僅十日。閣老諸曹深恐激変。甘為彼所恐喝。破大禁受国書。饜彼所望而去。

是の日海陸の衛兵数万、旗幟風に翻り、兵仗日に耀く。彼以て意と為さず。直ちに四艦を駛せ本牧に至り、哨船を下し測量す。氏栄大いに驚き、吏を遣し詰問す。傲然として曰く、明春再航せん。請ふ所を得ずんば、則ち戦有るのみ。故に艦隊を列ぬるの地を測量すと。吏気を盛んに其の国禁を忽せにするを責む。笑ひて曰く、督将業既に国書を上り懇親を表す。貴国豈に我艦が行くの地を測量するを沮むべけんやと。更に進むこと数里、艦を止め大森・品川を望見し、大城の外郭たるを知る。曰く、渠ぞ已に国書を受け、妄りに暴横を加へん。国人をして憤激せしむ。謀に非ざるなりと。乃ち艦を反し、浦賀を過ぎ香山・中島諸人に見え、厚意を謝し、直ちに海口に出でて去る。彼理浦賀に在ること僅かに十日なり。閣老の諸曹深く変に激するを恐れ、甘んじて彼の恐喝する所と為る。大禁を破り国書を受け、彼望む所に饜りて去る。ペリーは艦隊を進め大森・品川を望見する。江戸は大混乱に陥るのである。右の頭註に小野湖山[註3]の評がある。岡と添川の関係に小野が加わるのである。

小野湖山曰、当時江戸驚騒、実如鼎沸、余輩亦在其間、慨然欲一戦以折彼驕傲、至内海測量之日、実不堪痛憤

小野湖山曰く、当時江戸驚騒す。実に鼎の沸くがごとし。余輩も亦其の間に在りて、慨然と一戦以て彼の驕傲を折かんと欲す。内海測量の日に至り、実に痛憤に堪へずと。

江戸の驚騒を、「鼎の沸くがごとし」と表記した。鼎沸とは、かなえの湯が沸騰することから、群衆が騒ぎ立つ喩えで天下の乱れる意である。漢書霍光伝に「羣下鼎沸」とあり、漢学の世界では特異な表現ではない。しかし[訂正]尊攘紀事補遺の撰者岡が国体の恥辱と受け止めたこの湖山の表記は、一五年後幕府崩壊に至る佐幕攘夷から一転して勤王倒幕に傾斜する衝撃が表現される。添川（雑録）を通して岡、一方では小野の関係が彷彿とする。小野と添川は、嘉永四年五月二九日に浅野梅堂の別墅で詩会に臨んでいることが、乙骨耐軒日記・耐軒詩文稿によってわかる[註4]。湖山には明治一九年刊の湖山楼詩屏風第三集に添川の偶作を紹介して、その前書きに二行割註

廉齋西遊、受業於茶山山陽二先生、東帰後遊事于安中侯、住于江戸、与余寓居相距咫尺、朝夕来往交情甚昵、廉齋題藩主甘雨亭一聯云、衣冠巣許唯君在、丘壑夔龍今是誰、隠然以夔龍自居、人皆笑其狂、廉齋傲然不省、亦一奇士、藩侯曽病中書訓戒語、賜侍臣次及廉齋、忽大書一行字云、添川寛平余益友也、侯之所以待廉齋者可以見矣、嗟夫侯亦快人哉、廉齋可謂知所依矣

廉齋西遊して、業を茶山・山陽二先生に受く。東帰の後安中侯に遊事す。江戸に住み、余の寓居と相距つこと咫尺なり。朝夕来往して交情甚だ昵しむ。廉齋藩主甘雨亭と題する一聯に云く、衣冠に巣ふを許す、唯君在る

のみ。丘壑の夔龍、今是誰ぞ。隠然として夔龍を以て自ら居ると。人皆其の狂を笑ふ。廉齋傲然と省みず。亦一奇士なり。藩侯曽て病中に訓戒語を書き、侍臣に賜ひ次いで廉齋に及ぶ。忽ち一行の字を大書して云ふ。添川寛平は余の益友なりと。侯の廉齋を待つ所以は以て見るべし。嗟夫れ侯も亦快人かな。廉齋依む所を知ると謂ふべし。

奇士快人を書き留めた湖山は、江戸飯田街今川小路の東條氏に借地する添川廉齋ときわめて近くに寓居し、「朝夕来往して交情甚だ昵しむ」仲であった事実がわかる。湖山が雑録収録の与力聞書を一閲しなかったとは言えまい。与力聞書の冒頭「浦賀与力合原総蔵ヨリ聞書」に「鼎沸」が存在する。その第一項

嘉永六年丑六月三日未中刻蒸気船二艘軍船二艘迅速ニ乗込千代ケ崎ヲ乗越観音崎近ク迄馳せ付蒸気船二艘ニ而軍船ヲ引来ル其速ナル事飛カ如シ諸方注進船ヲ遙ニ乗越不図入津ニ付浦賀中之騒キ大方ナラス

右の初稿を改稿以下、一部の表記を削除・同訓異字に変更するものあるも、大略同文である。その中に末尾の「大方ナラス」を改稿は「鼎之沸か如し」、再稿「カナヘノワクカ如シ」と、「鼎沸」による漢語表記に改めている。改稿するにあたり、漢学の素養により表記を変更したのである。湖山は添川と昵懇の仲であり、雑録所収の与力聞書が一ヶ月の間に初稿より改稿そして再稿と表記を改め情報発信するのを熟知して、浦賀の騒ぎから転じて江戸驚騒を聞書より引用して倒幕に至る鼎沸と表記したと推測するのである。

註1　岡千仞、幕末・明治時代の漢学者。天保四年（一八三三）生まる。名は千仞、字は振衣、通称啓輔、鹿門はその号。家は世々仙台藩の大番士で、はじめ藩校養賢堂に学び、二〇歳で江戸に出て昌平坂学問所に入り、経史を修め、挙げられて書生寮舎長となった。同学の重野安繹・中村正直・松本奎堂・松林飯山と親交があった。文久元年（一八六一）大坂

に寓し、奎堂・飯山と双松岡塾を開き、公卿や薩長の志士に尊攘論を説き、清川八郎・本間精一郎らも出入りして、幕吏の指目するところとなった。奎堂は去って同志を糾合し、飯山は肥前大村に帰り、鹿門もまた藩命により帰国、養賢堂指南役となった。明治元年（一八六八）戊辰戦争に際し、尊王論を唱えて奥州列藩同盟の結成に反対し、一時獄に下されたが、やがて許されて公子の侍講に挙げられた。同三年大学助教となって居を東京芝に移し、かたわら綏猷堂を開いて子弟に教授した。ついで東京府学教授・修史館協修・東京図書館長を歴任、のち疾をもって辞して以来、後進の指導と著述に専心した。一七年中国に遊んで李鴻章と会談、両国善隣を論じた。大正三年（一九一四）二月二八日歿。年八二。墓は目黒区中目黒の祐天寺にある。著書に「尊攘紀事」「訂正尊攘紀事補遺」のほかに中国旅行記の「観光紀游」などがある。国史大事典第二巻、昭和五五年七月吉川弘文館発行、七六五頁参照。

註2　拙著「添川廉齋―有所不為齋雑録の研究―」平成一七年八月無窮会発行、第一章「有所不為齋雑録の成立」二四頁参照。

註3　小野湖山、名は巻・長愿、通称僊助、字は懐之・侗翁・舒公・士達、号は湖山・玉池仙史、生地近江、明治四三年歿、享年九七、師梁川星巌、豊橋藩儒、優遊吟社。

註4　拙著「添川廉齋」平成一〇年六月私家版発行、各論第二一節「嘉永四年」二〇〇頁参照。この日記と詩文稿は坂口筑母氏の資料提供を得た。記して謝意を表する。

ロ　中村勝麻呂「井伊大老と開港」不測の事態と開港の断行

中村勝麻呂の「井伊大老と開港」は、明治四二年七月啓成社より出版した。与力聞書を写本から一史料として公的に編輯した中村の幕末歴史認識と一六号文書（古文書本）に対する考えを整理したい。

その緒言を略述抄録すると

井伊大老の事蹟が我邦維新の大変革・千古未曾有の鴻業をもたらした所以を、井伊家当主の便宜を得て史料引用して語るが、「幕末史の材料中尚ほ未だ世に出でざるもの多かるべく、此書の記事又誤謬なきを保せず、読者若し其珍蔵の史料を示して、著者が研究の資に供せらるゝあらば、豈唯著者が幸のみならんや」と史料提供を願い史料編輯に従事した気概を語り、開国を成し遂げた井伊直弼の大業を説くのである。

耶蘇教禁止の宗教問題に端を発する鎖国政策は、文化年間レザノフ要請却下後の露人の北地侵略と英艦フェートン号事件の軟弱外交を経て、幕府の避戦政策との矛盾が生じ、儒教の対外思想から近世攘夷論が展開する。長崎貿易が金銀銅の濫出によって国家疲弊という経済論から、開国鎖国論が政治論へと変化する。露国のアジアにおける領土拡大と米国のメキシコ戦争によりカリフォルニア獲得で、対中国貿易拡大で日本開国の要求が高まった。ペリー提督は従来の開港を勧めた者とは、全く態度を異にし訪れた奉行の属吏をすら容易に入らしめず、殊更に傲然たる態度を示し、奉行は事態の容易ならざるを痛感し江戸に報じ指示を仰いでいる。国書受取は双方無言で殺気充満し、不測の事態も触発する恐れがあった。中村は「何等の事変も無くて、両国親交の端を発きしこそ、いとも目出たき事なりけれ、是時応接の事にたづさはりし奉行所属吏の筆記に曰く」として、与力聞書「樋田第六項」を引用する。一行目文書集本、二行目古文書本、三行目「井伊大老と開港」引用文である。変体仮名は平仮名に表記を改めた。△は表記の変更、○は表記の補足、、は表記の削除である。

九里浜上陸の異人人数之繰出し調練能　整ひ其美なる事言語に述　かたし一同幕内へ乗り込　入口の所に列を一
九里浜上陸の異人人数之繰出し調練能　整ひ其美なる事言語に述　かたし一同幕内へ乗り込　入口の所に列を一
九里浜上陸の異人人数の繰出し調練能く整ひ其美なる事言語に述べがたし一同幕内へ乗　込み入口の所に列を一
行に立　上官将官副将小屋の内へ乗込　と直に六七　人程俄に蹈込　上段之間へ立塞る何れも剱を佩ひ六挺仕掛

行に立　上官将官副将小屋の内へ乗込　と直に六七十人程俄に踏込　上段之間へ立塞る何れも剱を佩ひ六挺仕掛
行に立て上官将官副将小屋の内へ乗込むと直に六七、人程俄に蹈込み上段の間へ立塞る何れも剱を佩び六挺仕掛
のヒストヲルに玉を込めすはと云ハ、切て放つ勢ひにて睨ミ扣ゆる下の間に居る応接方既に蹈倒さるゝ程の様子
のヒストヲルに玉を込めすはと云ハ、切て放つ勢ひにて睨ミ扣ゆる下の間に居る応接方既に踏倒さるゝ程の様子
のヒストヲルに玉を込めすはと云ハヾ切て放つ勢、にて睨み控ゆる下の間に居る応接方既に蹈倒さるゝ程の様子
奉行見兼是へ上かれと申付漸ゝ上段之間へ上り其場を凌き候程のと　にて大に膽を抜　れ中々差留る事抔出来不
奉行見兼是へ上かれと申付漸ゝ上段之間へ上り其場を凌き候程のと　にて大に膽を抜　れ中々差留る事抔出来不
奉行見兼是へ上がれと申付漸ゝ上段の間へ上り其場を凌ぎ候程のことにて大に膽を抜かれ中々差留る事抔出来申
申　一同無念の歯かみをなしたるのみ
申　一同無念の歯かみをなしたるのみ
さず一同無念の歯がみをなしたるのみ

「無念の歯がみ」をする程の恥辱の情景を伝え、中村は「かくて国内にては開鎖の論紛々たり」と書く。国書受け渡しの小屋へペリー配下の士官等六〇人（初稿・改稿・再稿「六十人」、文書集本「六七人」、古文書本「六七十人」と異同がある）が踏み込み、応接方は踏み倒される様子に国体の恥辱を受けたと観想した。ここに夷狄排斥の攘夷論が沸騰し、開鎖の論を通じて倒幕へと転換する幕府の権威失墜を語る。

中村の樋田第六項の引用は、当然ながら古文書本の底本となった文書集本に基づいているが、変体仮名平仮名混用を平仮名に統一し、訓読する際の濁点や送り仮名を表記し、漢文表記（不申）を和文表記（申さず）に改め、写本の記号とを平仮名に改め読者の便を図っている。「控」は改稿で本文を変更した文中の用字で、再稿も再用している。

より平易達意の処置をとったとみる。「六七人」は文書集本に「十」を「七」に表記変更しているのを受けているが、諸稿本「六十人」とあり「十」を「七」に変更しても、最終的に古文書本には「六七十人」とあり「六七人」を採用しなかった。しかし中村は屈辱を意味するこの数字「六七人」にこだわって一説としているとみる。中村は日米両国親善の端緒をひらいた井伊の事蹟を顕彰するため好意的に扱っているが、与力聞書のペリー一行の言動に国内では攘夷論が惹起した。「六七人」の表記には開港を断行した井伊への意趣があるとみる。この趣意には幕藩体制の崩壊が内的要因からでなく、外的要因つまり世界資本主義との接触による体制崩壊とみる視点がある[註1]と推測する。廃藩置県により新政権は実質的に動き出すが、資本主義を導入した明治政府はペリーの開国圧力を肯定的に受け止めている証左とみる。

註1　石井孝「学説批判明治維新論」昭和三六年二月吉川弘文館発行、四頁参照。

ハ　渡辺修二郎「阿部正弘事蹟」異人の嘲弄と穏便なる開国政策

渡辺修二郎[註1]の「阿部正弘事蹟」は、明治四三年一〇月四日発行である。渡辺は同書においてペリー来航をどう見ているのか。同書第一一章「米国艦隊渡来前ノ対外政策」より抄録する。

阿部首相ハ時勢ノ変遷ニ見ル所アリテ琉球貿易ヲ黙許シタルニ（省略）『祖法』ナル幕府ノ憲法ニ束縛セラレ（省略）、歴代将軍閣老ト雖モ之ヲ破ルコト能ハズ、祖宗ノ法ト時勢ノ変遷ノ如キ調和シ得ザルモノヲ強テ両立セシメントシタ、（省略）世界ノ大勢ニハ何人モ敵スルヲ得ズ、東西交通ノ機会熟シ、米国ガ開交ヲ日本ニ迫ルノ事

ハ世界ノ大勢ニ制セラレタルモノニシテ、止メント欲シテ止ムル能ハザルニ至リタルナリ、

世界の大勢とは、同第一二章「日本ノ開国ト正弘」よりみると、米国が日本開国の理由を捕鯨船遭難の保護と東洋航路の給炭所確保さらに貿易の利を得んとするにある。しかし各国の長年にわたる交渉失敗の前例があり、北崎進著「日米交渉五十年史」を引用して「各国皆娼嫉ト冷笑トヲ以テ之ヲ評シ、倫敦ノ一新聞ノ如キハ半開ニシテ頑固ナル日本人ニ対シ、僅ニ二千ノ兵ヲ発スルモ、其目的ヲ達スルコト難シ」と酷評した。ここにペリーが日本開国に臨む姿勢を渡辺は

前回米人等失敗ノ例ニ鑑ミ、最初ヨリ強硬ヲ以テ吏人（浦賀奉行属吏）ニ接シ、強テ上陸シテ使命ヲ果サントノ気勢ヲ示セリ

開戦後の急要に白旗二旒の交付を語り、六月九日の久里浜会見を述べる。

会見ノ際、米兵数十人会見所ニ闖入ス。（省略）米人滞留中、其船艦運転ノ迅速ニシテ自在ナル、隊兵ノ整備シテ進退ノ巧妙ナルハ共ニ邦人ヲシテ驚嘆セシメタリ。之ニ反シテ米人本邦衛兵ノ状態ト武器トヲ見テ転々嘲笑セルモノ、如シ。警衛ノ任ニ当リタル会津藩士及ビ川越藩士ハ米人ノ傲然タルガ如キ状ヲ見聞シテ大ニ憤慨セリ

と彼此の差違を剔出する。右文の史料に頭註を示し、その一史料として大日本古文書・幕末外国関係文書収録の「浦賀与力ヨリノ聞書」（五四頁・六六ー七頁・七一ー二頁・五八頁・六一頁）を指示している。但し与力聞書の本文を提示していないため同年三月三一日発行の古文書本を引用する。五四頁とは「合原総蔵より聞書第二項」で、頭註見出しは「米船ノ進退自在ナルニ驚ク」とありその本文は

異船乗込過候とて、船をハ逆に操戻し候手際、其神速自在の妙目を驚し候由

とある。米船の江戸湾進入とその神速・進退自在を驚嘆する。次の六六ー七頁は「樋田多太郎より聞書第三項」で見

出しは「米船ノ迅速ニ驚ク」とあり

海鹿島より蚫を取に出居候海士、遠洋に（異船を）見付候に付、注進致し候由、右に付、取物も不取敢、栗浜より浦賀迄山越にて、廿町計りの処馳帰り見れは、忽然と四艘の船浦賀に乗込扣へたり、其神速たとふるに物なし（一本にはあきれきり申候）、

六七頁は同「第六項」で「米人ノ隊伍能ク整フ」とあり、冒頭の一は項目表示である。

一九里浜上陸の異人人数之繰出し、調練能整ひ、其美なる事言語に述かたし、

七一頁は「香山栄左衛門より聞書第一一項」で「米人ノ隊伍能ク整フ」とあり

ゲベール組二百八十四人、一隊四十八人宛、六隊有り、一隊に弐人宛指図人あり、何れも剱を抜て指揮す、法則能整ひ居る事口舌に述かたし、前代未聞の事とも也、

七二頁は同「第一二項」で「米人応接場ニ闖入ス」とあり

奉行は床几に腰をかけ対面、一切応対なし、只受取渡而已也、其節イホレットを付候者弐拾五人どや／＼と押込、上段の間へ上り、使節のうしろへ立塞かる、何れも六挺仕掛の筒を持、剱を帯す、（イホレットを付候者は、余程宜き者の由、先年ホストン渡来の節は、大将分弐人の外に付るものなし、）

右の括弧（ ）は、二行割註である。五八頁は「合原第一一項」で「抜剱シテ指揮ス」「米人我警衛ノ兵ヲ嘲ル」「米人ノ調練能ク整フ」「米人応接場ニ闖入ス」とあり

異人何れもゲヘル（剱付鉄砲）にて備を固む、彦根川越の備前を歩行き、組頭様の者剱をひらめかし抔して指図す、浦賀人数の固を見て、異人共耳こすりし、或は指さしなとして、尽く嘲弄の体に相見、無念いはん方なし、又異人調練の能整候こと奇妙驚入候、前日掛合には、上官共廿人程にて上陸の筈の処、案に相違し、大人数上陸、其上不意に六十人計押込、上官奉行の脇立塞り、此方何れも仰天し、彼是制し候ハヽ、直に奉行を虜にもすへき

様子故、其儘に致し置候、

六一頁は同「第一六項」で「会津藩士ノ憤慨」とあり

一会津侯より、浦賀奉行へ使者を以、此度の異人前々渡来の砌とは事変り、ことく諸方にて乱妨、日本を蔑にいたし候段心外無此上存候、拙者御預り場へ参り、右様之儀有之候ハヽ、拙者召連候家来共見留候て、迚も堪忍致間敷と存候、万一事起り候ては、公辺の御趣意にも背き恐入候、左様の節は、当所の百姓共差出し、相押候様可致候間、兼て此段御承知置被下候様にとの御事、誠に尤の儀と一統風評罷在候、

六四頁は「飯塚久米三郎より聞書第一四項」で「米人我槍剱ノ術ヲ嘲ル」とあり

日本槍剱の術は、又外国の及ふ所に非すと云、異人笑て、日本槍剱の術更に恐るゝに不足、悉く打すくめ用立迄には致さすと申候

右の与力聞書八史料は、①米船の進退自在と迅速に、目を驚かし、あきれきり、その神速に驚嘆している。②米人の隊伍調練に、奇妙驚き入り、美なる事言語に述べがたしとも前代未聞とも言わしめた。③米人応接場の闖入に対しては仰天し、無念の歯ぎしりをしている。この恥辱の要因を厳重な公儀による穏便の御沙汰に求めている。④米人の耳こすり指さしなど嘲弄に対し心外で諸方乱妨の報まで飛んでいる。

渡辺はホークス「ペリー遠征記」を引用し「『ペリ』ハ往時日本ニ至リシ使節トハ別策ヲ用ヰ、苟モ米国ノ威力ニ服セズ、我意ニ応ゼズンバ皆之ヲ排斥シテ顧ミザルニ決意シ、則チ兵卒ヲ繰練シ、船艦ヲ警備セルヿ戦場ニ在ルガ如ク、常ニ日本人ニ応接スルニ軍法ノ規律ヲ準用セリ。」とペリーの臨戦態勢を指摘する。さらに

此時彼我武器ノ精粗、兵士訓練ノ熟生共ニ懸隔甚シク、到底彼ニ対シテ開戦ノ不可能タリシコトハ当時及ビ後世ノ智者ヲ待タズシテ知ルベキナリ。

彼我国力の差異を知れば開国やむなしと悟るのだが、嘉永安政の頃は攘夷論の熾烈なる時代であった。攘夷の視野からペリーの臨戦態勢は如何に見えるのか。蒸気船や武器さらに隊伍調練の技術的進歩に驚嘆し、異人の嘲弄に夷狄排斥の攘夷論から恥辱を受け国辱と観想される道筋がある。その象徴が③米人応接場に闖入する椿事なのである。

註1　渡辺修二郎、安政二年（一八五五）福山藩生まれ。東京英語学校や立教学校に学び、明治一一年（一八七八）仙台中学校、華族学校（学習院）の英語教師となり、のち大蔵省御用掛、山口県内務部長を歴任、同三四年（一九〇一）ドイツに出張した。昭和七年（一九三二）八月から同一七年五月官制廃止までの約一〇年間、維新史料編纂会委員を務めた。著書に「訂補再版世界ニ於ケル日本人」「外交通商史談」「内政外教衝突史」「清韓問題東邦関係」などがある。

二　徳富蘇峰「近世日本国民史　開国日本（二）」危機的現実から討幕への転換

徳富蘇峰の「近世日本国民史　開国日本」は、昭和二年七月起稿、同年一二月脱稿した。蘇峰の表題著作は講談社学術文庫によって、まずペリー来航をどうみているのか「『ペルリ来航およびその当時』刊行について」より抄録する。

ペルリ提督は、善謀善為の人で、従来の外人が日本、および日本人に対して、その道を誤りたるを看破し、周到綿密に、その為すべき方法を研究し、実行した。彼は日本人が到底相談ずくにては物にならぬことを、熟知した。日本人は単に頑冥なるばかりでなく、高慢であり、狡獪であり、油断のできない国民たることを予知し、彼らに対する方便は、威力であることを覰定（ショテイ）（ねらいさだめる）した。（省略）用兵の根拠地として、琉球もしくは小笠原島を占領すべく、準備を整えた。ペルリ提督は坦易の人ではなかった。日本人に対しては、自ら威厳を持した。（省略）実は日本人を威嚇するの手段である。米国より日本に来れる使者は、この七十年（嘉永より昭和に至る）に、ペルリ提督ほどの者はあるまい。彼の手柄は、米国のために、日本をやりつけたるにあり。その効果は、日本にとりても、不幸ではなかった。否仕合せであった。日本は開国の気運に包まれていた。日本人がペルリ提督を崇敬するは、何ゆえであろう。ペルリ提督が、日本に与えたるものありといわば、その余恵であろう。米国のみをもって、日本開国の恩人であるかのごとく唱説するは何ゆえであろう。ペルリ提督が、日本に与えたるものありといわば、その余恵であろう。余毒たらしめず、余恵としたのは、わが国人の思慮と努力の結果といわねばならぬ。

右の米恵を記憶して蘭恵を叙して「仏国大革命後、ナポレオン大戦乱を経て、世局一変し、到底オランダのみにて、日本貿易の利を逞しうするべからざるを見るや、オランダ国王の名によりて、実に日本に向かって、開国のやむべからざるを勧告し、爾後オランダ政府、およびその代表者の、日本のために謀りたることは、あげて算うべからず。この難局（開国）を切り抜くるだけの予備知識と、不十分ながらもその準備とを与えたるは、全くオランダ当局、およびその代表者の友誼的周旋の労といわねばならぬ。オランダの旧恩を閑却するは、慚づべきではあるまいか。文政・天保以来、オランダのわが国のために尽くしたる友誼は、欲得の沙汰のみではなかった。」と言及し、「米人として日本国民が、好意的に記憶すべきはペルリ提督よりも総領事ハリスその人であろう。」と結ぶ。

ペルリ提督による日本開国の、日本にとり明治維新という余恵をもたらした決定的要因は、国際的条件に帰せられるとの見地に立つとみる。中国は欧米列強により半植民地と化したが、日本は攘夷運動から討幕運動へ転換した点に植民地化をまぬがれたこと[註1]を「余毒を余恵たらしめた」と表現しているとみる。蘇峰が本稿を脱稿してから五年ほどたった昭和八年になると、余恵の要因を幕末の経済的発展に求める学説が登場する[註2]。

では与力聞書をみる。第四章米艦応接の八、香山栄左衛門の上申書（六）で「香山はもとより浦賀組与力の一人のみ。しかるに浦賀奉行戸田は、何故に香山のみを応接者としたるか。」の疑問を、樋田多太郎より聞書第三項の一節を引用する。一行目古文書本、二行目近世国民史本

当番にて中島三郎助可参　の処、奉行より香山栄左衛門は内意も申　含　置　候間、香山を遣　し候様差図ニ
当番にて中島三郎助参る可キの処、奉行より香山栄左衛門は内意も申し含め置き候間、香山を遣はし候様差図に
付、　右一人ニ而応接致　申　候、
つき、右一人にて応接致し申し候。

香山内意の含　に付　、同役不平、色々議論相起り、甚　六　ケ敷　儀に有之　　、是ハ仲間中の事故委細は
香山内意の含みにつき、同役不平、色々議論相起り、甚だむずかしき儀にこれ有り、、、、、、、、、、、、
不申上と云て止り候、又異船応接香山壱人に託し候は、深き意味有之　　事の由、
、、、、、、、、、、又異船応接香山壱人に託し候は、深き意味これ有る事の由。

近世国民史本は古文書本をもとに、変体仮名表記を平仮名に表記統一し、送り仮名を施し、漢文を和文表記に改め、一部の漢字を仮名に改めた。史料訓読の徹底を図っているとみる。近世国民史本の史料引用は、古文書本の欄外の標出に「奉行特ニ香山ヲシテ応接セシム」とあり一字下げの本文に対しては「与力ノ間ニ物議起ル」とあるに注目して、「与力でありながら、浦賀奉行の役目を働」いた跡をみた。

第五章久里浜会見は、米国側からと日本側の観察からなる。その六日本側の観察（一）で「米艦の来航について、日本官憲側において、いかにこれを観察したるか。」の吟味に、浦賀附与力合原総蔵の所言として、合原総蔵より聞書第二・八・一〇・一一項の順に引用する。第二項

浦賀与力中島三郎助　合原猪三郎当番ニ付　、乗出　異船へ近付　候処、異船乗込　過　候とて、船をハ逆に操
浦賀与力中島三郎助・合原猪三郎当番につき、乗出し黒船へ近付き候処、異船乗込み過ぎ候とて、船を　、逆に操

　戻し候手際、其　神速自在の妙　目を驚　し候由、
り戻し候手際、其の神速自在の妙、目を驚かし候由。

「黒」は諸稿本すべて「異」で、近世国民史本の独自表記。古文書本「ハ」は再稿本の補足表記であり、初稿・改稿にはない。第八項

江戸兼々　御内意には、彼　気に当り候様のこと有ては、大事を招く道理故、兎も角も穏便専要に致　へし、
江戸かねがね御内意には、彼の気に当り候様のこと有ては、大事を招く道理故、兎も角も穏便専要に致すべし。
仮令　異人上陸致し、民家へ立寄　候とも、格別乱妨不致　候ハヽ、其　儘　に見捨　置　へし、番船差出し、
たとひ異人上陸致し、民家へ立寄り候とも、格別乱妨致さず候はば、其のままに見捨て置くべし、番船差出し、
彼　船を取巻　なと致し候ハヽ、却　て気を起し不宜　陸を専要に守り候様にとの御下知故、浦賀にて
彼の船を取巻きなど致し候はば、かへって気を起し宜しからず、陸を専要に守り候様にとの御下知故、浦賀にて
も、腫物にさはる様に致し、番船一艘も出さす、故に浦賀より品川迄　自在に漕　ありき、御固　四家の人数ハ、
も、腫物にさはる様に致し、番船一艘も出さず。故に浦賀より品川まで自在に漕ぎありき、御固め四家の人数は、
岸の上にて見物するのみ、夜中はバツテイラを　船の前後に指　出し警固の体也、　火攻　なとを恐るヽ故歟、
岸の上にて見物するのみ。夜中はバツテイラを、船の前後に指し出し警固の体なり。火攻めなどを恐るる故か。

蘇峰は当時の執政・阿部正弘唯一の要諦・穏便政策を外交手段として指摘する。次は第一〇項、（　）内は二行割註

一六日九ツ半時、蒸気船一艘（小の方）江戸の方へ向ひ馳　出す、先へはバツテイラ四艘にて、海の浅深を測量

一六日九つ半時　、蒸気船一艘（小の方）江戸の方へ向ひ馳せ出す。先へはバッテイラ四艘にて、海の浅深を測量しながら行く、川越の手にて差留　候処、剱を抜　船ぶちに顕れ、寄らハ斬　んとする仕方を致し馳　通り、或ハ剱付鉄炮に真丸を込　、此方　船の二三間先を頬　に打　をとかし馳　通　候、川越人数怒　に不堪　、早船にて浦賀へ問合せ、只今乗込　候異船軽侮の致　方忍　難き儀也　、切しつめ申　へきとの事、浦賀に而、御尤には候へ共　、御内意は　何　れにも穏便との儀ニ有之　　、且　又彼一艘切　しつめ候とも、事済　候と申にも無之　　、諸家中　合　行届かす、疎忽に手出し致し、却　　而兵端を開　候てハ　恐　入　候間、先々

　穏便に有之　　様にとの挨拶に及ふ、夫より諸家怒　に堪へす、大事を引出し候ては相成らすとて、役船弐艘を差出し、異船の跡へ附　警固致し候、されは右役船は、異船を取押へる為にてなく、陸上諸家疎忽に手出し致さぬ様制禁の為也　、右ニ付　、異船へ早船を以て、只今一艘江戸海へ乗込　候は、如何の趣意と尋　候処、答　、

しながら行く。川越の手にて差留め候処、剣を抜き船ぶちに顕れ、寄らば斬らんとする仕方を致し馳せ通り、或ひは剣付鉄炮に真丸を込め、此方の船の二三間先を頻りに打ちをどかし馳せ通り候。川越人数怒りに堪へず、早船にて浦賀へ問合せ、只今乗込み候異船軽侮の致し方忍び難き儀なり、切しづめ申すべきとの事。浦賀にて　、御尤もには候へども、御内意は、いづれにも穏便との儀にこれ有り、且つ又彼一艘切りしづめ候とも、事済み候と申すにもこれ無く、諸家申し合せ行届かず、疎忽に手出し致し、かへって兵端を開き候ては、恐れ入り候間、先づ先づ穏便にこれ有る様にとの挨拶に及ぶ。夫より諸家怒りに堪へず、大事を引出し候ては相成らずとて、役船弐艘を差出し、異船の跡へ附き警固致し候。されば右役船は、異船を取押へる為にてなく、陸上諸家疎忽に手出し致さぬ様制禁の為なり。右につき、異船へ早船を以て、只今一艘江戸海へ乗込み候は、如何の趣意と尋ね候処、答へ、

此　度持参の書翰御受取　に不相成　節ハ、存意通　取計　候と　故　内海測量致し度、わざ〳〵指　遣

此の度持参の書翰御受取り　、相成らざる節は、存意通り取計らひ候こと故、内海測量致し度、わざわざ指し遣はす
処也、　尤　晩景には帰　申　へしと、右船　富岡迄　測量し、七ツ半過　元の処へ漕　戻し候、
処なり。尤も晩景には帰り申すべしと、右船、富岡まで測量し、七ツ半過ぎ元の処へ漕ぎ戻し候。

次は久里浜会見の模様を第一一項

蒸気船弐艘　波を分け迅速ニはせ来る。岸を隔　ると　十町計　にして、(此　所深さ九ひろ位) 夫よりバツ
蒸気船弐艘、波を分け迅速にはせ来る。岸を隔たること十町ばかりにして、(この所深さ九ひろ位) 夫よりバツ
テイラを弐艘の蒸気船より拾五艘卸し、上陸終　て、太鼓　ホラ貝笛を鳴　し繰込　、小屋の脇を浦賀人数にて
テイラを弐艘の蒸気船より拾五艘卸し、上陸終つて、太鼓・ホラ貝笛を鳴らし繰込み、小屋の脇を浦賀人数にて
固める、小屋の左右を彦根　川越の人数にて囲む、異人何　れもゲヘル(剱付鉄砲)にて備　を固む、彦根　川
固める。小屋の左右を彦根・川越の人数にて囲む。異人いつれもゲヘル(剣付鉄砲)にて備へを固む。彦根・川
越の備　前を歩行き、組頭様の者　剱をひらめかし抔　して　指図す、浦賀人数の固　を見て、異人共耳こすり
越の備へ前を歩行き、組頭様の者、剣をひらめかしなどして、指図す。浦賀人数の固めを見て、異人共耳こすり
し、或　は指さしなとして、尽く嘲弄の体に相見、　無念いはん方なし、又異人調練の能　整　候こと　奇妙驚
し、或ひは指さしなどして、尽く嘲弄の体に相見え、無念いはん方なし。又異人調練のよく整ひ候こと、奇妙驚き
入　候、前日掛合　には、上官共廿　人程にて上陸の筈の処、案に相違し、大人数上陸、其　上不意に六十人計
入り候。前日掛合ひには、上官共二十人程にて上陸の筈の処、案に相違し、大人数上陸、其の上不意に六十人ばかり
押込、　上官奉行の脇立塞　り、此方何　れも仰天し、彼是制し候ハヽ、直に奉行を虜にもすへき様子故、其　儘
押込み、上官奉行の脇立塞がり、此方いづれも仰天し、彼是制し候はば、直に奉行を虜にもすべき様子故、其のまま

に致し置 候、先 無事にて相済 、異船バッテイラ本船に引取 、浦賀に向 て馳す、軍船と申 合 一同
に致し置き候。先づ無事にて相済み、異船バッテイラ本船に引取り、浦賀に向って馳す。軍船と申し合せ、一同
出帆の儀と心得居 候処、案外に軍船を引連れ、波をけたてゝ内海へ乗込、 本牧の前へかゝる、右ニ付 、いか
出帆の儀と心得居り候処、案外に軍船を引連れ、波を蹴たてて内海へ乗込み、本牧の前へかかる。右につき、如何
なれは約定に違 出帆も不致 、却 て内海へ乗込 候やと掛合 候処、答 に、此 後返簡受取 に参
なれば約定に違(たが)ひ、出帆も致さず、かへつて内海へ乗込み候やと掛合ひ候処、答へに、此の後返簡受取りに参り
候節は、数艘引連、大軍船も弐艘参 候と 也 、浦賀は舟かゝり宜しからす、因 て此 辺測量致し置 為乗
候節は、数艘引連れ大軍船も弐艘参り候こととなり。浦賀は船がかり宜しからず、よりて此の辺測量致し置き乗込
込 也 、尤 此 後は一艘ハ掛合 の為残 置 、あと不残 此 辺にかゝると云 り、同日、大師河原へ一
む為なり。尤も此の後は一艘は掛合ひの為残し置き、あと残らず此の辺にかかると云へり。同日 大師河原(だいしがはら)へ一
艘乗込 、十日には、野島へバッテイラ弐艘漕 寄 、上陸水を汲 んとす、役人取押へ、水を汲 てあたふ、
艘乗込み、十日には、野島へバッテイラ弐艘漕ぎ寄せ、上陸水を汲まんとす。役人取押へ、水を汲みてあたふ。
此 時も剱を抜き、ヒストウルを放ち、見物 をおひやかす、
此の時も剣を抜き、ピストウルを放ち、見物人をおびやかす。

右を米国側から見たる久里浜会見の記事と対照するに「日本人がいかなる悪謀を企つるかも知れぬから、測量船を出して、艦隊はその着弾距離まで進み得ることを確かめた。」「ペルリ提督は用心堅固で、万一にも日本人の悪謀に罹らぬよう、それぞれ十分なる準備を整えた。」六月九日早朝の久里浜「一体の光景は、駭き畏るべしというのではなく、むしろ珍奇に、面白くかつ愉快そうに見えた。」「香山栄左衛門は二人の通詞を伴い、その後から中島三郎助と一

人の役人とが上がって来た。彼らはいずれも立派な装束を著けていた。副奉行三郎助はすこぶる粧飾を凝らしていたが、その状むしろ滑稽に見え、何となくトランプの兵隊そのままであった。」「日本の軍勢は五千以上で屯(たむろ)していた。されど秩序も、紀律も整わぬところを見れば、よく訓練せられたるものと思われない。」「提督は万一の準備をしていた。その上陸に先立ち、サスケハンナ、ミシシツピーの二艘を久里浜を見渡す場所に置き、甲板を片付け、いつでも軍事行動ができる用意を做(な)さしめていた。」以上により「彼我の事情が、瞭然とするであろう。互いに情意の疎通を欠くため、双方から誤解もあり、見よせ、聞きよせ、種々の邪推もあり、中には一方では好意的のことが、他方では悪意的に受け取らるることもあった。」とあり、彼我の状況判断の差が著しい。さらに合原総蔵より聞書第一六項

一　会津侯より、浦賀奉行へ使者を以　、此　度の異人前々渡来の砌とは事変り、こと〱く諸方にて乱妨、日本を蔑にいたし候段　心外無此上　存　候、拙者御預り場へ参り、右様之儀有之　候ハヽ、拙者召連　候家来共　見留　候て、迚　も堪忍致　間敷　と存　候、万一事起り候ては、公辺の御趣意にも背き恐　入　候、左様の節は、当所の百姓共差出し、相押　候様可致　候間、兼　て此　段御承知置　被下　候様にとの御事、誠に尤　の儀と一統風評罷　在　候、

一、会津侯より、浦賀奉行へ使者を以て、此の度の異人前々渡来の砌とは事変り、ことごとく諸方にて乱妨、日本を蔑にいたし候段、心外此の上なく存じ候。拙者御預り場へ参り、右様の儀これ有り候はば、拙者召連れ候家来共、見留め候て、とても堪忍致すまじくと存じ候。万一事起り候ては、公辺の御趣意にも背き恐れ入り候。左様の節は、当所の百姓共差出し、相押し候様致す可く候間、かねて此の段御承知置き下され候様にとの御事、誠に尤もの儀と一統風評罷り在り候。

右について「ことごとく諸方にて乱妨とは、いささか事実相違であるが、米人が無遠慮にどこにでも勝手次第に乗り

廻したるは事実だ。警衛の一部に任ずる会津人が憤慨したのも、不思議はない。」とある。飯塚久米三郎より聞書第十五・十六項

一　異船入津の節、市中騒き立　、荷物等持運ひ、其　混雑中々言ふ計　なし、奉行中　諭し、決して右様騒動に及　申　間敷　、万一の事あれは、此方より差図致し　為立退　候間、静　り候様精々相達　候へ共　、落付　不申　、迯　支度のみ致し居　、其　内には色々雑説流言ありて、益　人気を動　し、致し方なし、

一、異船入津の節、市中騒ぎ立ち、荷物等持運び、其の混雑中々言ふばかりなし。奉行申し諭し、決して右様騒動に及び申すまじく、万一の事あれば、此方（こなた）より差図致し、立ち退かせ候間、静まり候様精々相達し候へども、落付き申さず、逃げ支度のみ致し居り、其の内には色々雑説（ぞうせつ）流言ありて、ますます人気を動かし、致し方なし。

甚　嘆息也　、

甚だ嘆息なり。

事前情報を秘匿したため、浦賀市中は混乱に陥ったのである。次は第十六項

一　御備　之儀、是　迄　之姿にては、迚　も致し方なし、此　度異船の儀も、□□□□□□将軍様の御耳へは六日に中　上　候由、箇程のと　を　右様遅く□御耳に入　候は、如何之儀ニ候歟、是　又嘆息の至　に候、

一、御備への儀、是れまでの姿にては、とても致し方なし。此の度異船の儀も、　将軍様の御耳へは六日に申し上げ候由。箇程のことを、右様遅く　御耳に入れ候は、如何の儀に候か、是れ又嘆息の至りに候。

江戸湾整備と情報伝達の遅延を語る。次に樋田多太郎より聞書第一・二・六項

一　此　度入津の異船、一昨年と覚　候、蘭人を以　申　込　有之　候儀にて、石炭置場土地借用并　交易

一、此の度入津の異船、一昨年と覚え候、蘭人を以て申し込みこれ有り候儀にて、石炭置場土地借用并びに交易

を通すると　を願ふといふ事、兼　て御承知の儀にて候処、こと〳〵く秘密に而已被成置　、一向御手当　の
を通ずることを願ふといふ事、かねて御承知の儀にて候処、ことごとく秘密にのみ成し置かれ、一向御手当ての
儀被仰出　も無之　候　付　、筒井肥前守殿（政憲、西丸留守居）より、厳重の御手当　無之　ては不相成　旨、頻　に御申
儀仰せ出されもこれ無く候につき、筒井肥前守殿（政憲、西丸御留守居）より、厳重の御手当てこれ無くては相成らざる旨、頻りに御申し
上　に相成　候処、更に御取上　無之　、よふ〳〵昨暮に至り、四家へ御達　に相成　、浦賀奉行へも同時御
上げに相成り候処、更に御取上げこれ無く、よふよふ昨暮に至り、四家へ御達しに相成り、浦賀奉行へも同時御
達　有之　候処、又候奉行秘し置　、与力へは一切通達無之　、扨　当二三月に至り、追々時節にも相成
達しこれ有り候処、又候奉行秘し置き、与力へは一切通達これ無く、さて当二三月に至り、追々時節にも相成り
候ニ付　、紀伊守殿より　御手当　向　御申　出　之処、一切御取用　無之　由、乍恐　当時の御役人は、
候につき、紀伊守殿より、御手当て向き御申し出での処、一切御取用ひこれ無き由。恐れながら当時の御役人は、
異船何程来るとも、日本之鉄炮にて打　放さは、直　に逃　帰るへし位の御腹合なるか、慨嘆に堪　す候
異船何程来るとも、日本の鉄砲にて打ち放さば、直ちに逃げ帰るべし位の御腹合なるか、慨嘆に堪へず候

つづいて第二項

一　蘭人兼　て申　通候通り、上官の名船数すへて符合す、只　四月と申　処六月に相成　候儀而已相違せり、
一、蘭人かねて申し　候通り、上官の名船数すべて符合す、ただ四月と申す処六月に相成り候儀のみ相違せり。

右の第一・二項は「幕府の秘密政策の馬脚を現した」「幕府をして、その末期に、彼がごとき醜態を演ぜしめたる所以であった」と近世日本国民史は語る。しかし嘉永五年暮れに浦賀奉行へ通達した第一・二項は、幕府極秘情報であり当然与力には伝達されなかった。それを与力樋田が語っているのは、聞書した筆者が幕閣関係者であり、幕府極秘

情報を知悉しており、樋田をして語らしめたと判断する。ここに与力聞書の特徴があるとみる。次の第六項

一　九里浜上陸の異人　人数之繰出し、調練能　整ひ、其　美なる事言語に述　かたし、一同幕内へ乗り込　、入口の所に列を一行に立　、上官　将官　副将　小屋の内へ乗込　と、直　に六七十人程俄　に踏込　、上段之間へ立塞　る、何　れも剱を佩ひ、六挺仕掛　のヒストヲルに玉を込め、すはと云ハ、切　て放つ勢ひにて睨み扣ゆる、下の間に居る応接方　既に踏　倒さるゝ程の様子、奉行見兼　、是　へ上かれと申　付　、漸ゝ上段之間へ上　り、其　場を凌き候程のと　にて、大　に膽を抜　れ、中々差留　る事抔　出来不申　、一同無念の歯かみをなしたるのみ、是　と申　も全く□□公辺穏便の御沙汰厳敷　故、たま〱鉄炮はあれとも、玉を込　す、火縄に火を付　す、大　に異人共に威を示され、返す〱も無念のと　に候、

一、久里浜上陸の異人、人数の繰出(いだ)し、調練よく整ひ、其の美なる事言語に述べがたし。一同幕内へ乗り込み、入口の所に列を一行に立て、上官・将官・副将、小屋の内へ乗込むと、直ちに六七十人程俄かに踏込み、上段の間へ立塞がる。いづれも剣を佩び、六挺仕掛けのヒストヲルに玉を込め、すはといはば切って放つ勢ひにて睨み控ゆる。下の間に居る応接方、既に踏み倒さるる程の様子。奉行見かね、是れへ上がれと申し付け、漸々(やうやう)上段の間へ上がり、其の場を凌ぎ候程のことにて、大いに胆を抜かれ、中々差留むる事など出来申さず、一同無念の歯がみをなしたるのみ。是れと申すも全く　公辺穏便の御(ご)沙汰厳しき故、たまたま鉄炮はあれども、玉を込めず、火縄に火を付けず、大いに異人共に威を示され、返す返すも無念のことに候。

会見場に六挺仕掛けのピストルを持った士官の闖入を語る。次は近藤良次より聞書第四項

一　此　度の異船　蘭人より通達有之　候儀、昨年暮　奉行へ内々御達　に相成　候由、併　夫も只　来夏

一、此の度の異船、蘭人より通達これ有り候儀、昨年暮れ奉行へ内々御達しに相成り候由、しかし夫もただ来夏

は来るかも知れぬ位の事故、与力共も一向辨へ居　不申　故、掛合　の節大　に困り候事有之　候由、
は来るかも知れぬ位の事故、与力共も一向弁（わきま）へ居り申さざる故、掛合ひの節大いに困り候事これ有り候由、

オランダより米船渡来予告情報が、嘉永五年暮れに浦賀奉行に伝達された。しかし与力には秘匿された。最後に応接主任の香山栄左衛門より聞書第十九項

一　此　度の異人　英吉利に比すれは　温順の方なり、惣て法則の整ひ居る事妙なり、乍去　　書翰不受取以前は、尽く殺気立　、色々ねじけし言を申　、応接甚　難渋致し候処、請取　相済　候後は、大　に落付　候様子にて、格別扱ひよく相成　候、此方御備　いかにも手薄き事故、万一事を起されては大変に候事故、とこかとこ迄　もだまし込　、穏便専要に取扱　候、併　　不遠　　内又々来船の様子、此後は如何相成　候もの歟、との道参るには相違なしと存　候、

一、此の度の異人、英吉利に比すれば、温順の方なり。惣（すべ）て法則の整ひ居る事妙なり。さりながら書翰受取らざる以前は、尽く殺気立ち、色々ねじけし言（我侭なる事云ひ）を申し、応接甚だ難渋致し候処、請取り相済み候後は、大いに落付き候様子にて、格別扱ひよく相成り候。此方（こなた）御備へいかにも手薄き事故、万一事を起されては大変に候事故、どこがどこまでもだまし込み、穏便専要に取扱ひ候、しかし遠からざる内又々来船の様子、此後は如何相成り候ものか、どの道参るには相違なしと存じ候。

近世日本国民史は「要するにいずれもわが不準備・不用意・全く彼に致されたることを、告白している。」と結ぶ。

以上右に引用した与力聞書は、何が問題になっているのか。古文書本頭註の見出し（欄外標出）を一覧にして見る。

聞書各項	頭註見出し
樋三	○奉行特ニ香山ヲシテ応接セシム ○与力ノ間ニ物議起ル
合二	○与力等応接ス ○米船ノ進退自在ナルニ驚ク
合八	○江戸ヨリノ内命穏便ヲ主トセシム ○宛カモ腫物ニ触ルガ如シ ○米船ノ警戒厳ナリ
合一〇	○一艘内海ニ入ル ○警固ノ兵ヲ威嚇ス ○奉行命ジテ穏便ヲ主トセシム ○警固ノ船ハ異船ヲ制スルニアラズシテ陸上ヲ制スルナリ ○内海突入ヲ詰ラシム
合一一	○久里浜ノ応接 ○抜剣シテ指揮ス
合一一	○米人我警衛ノ兵ヲ嘲ル ○米人ノ調練能ク整フ ○米人応接場ニ闖入ス ○内海ニ入ル ○上陸シテ見物人ヲ脅カス
合一六	○会津藩士ノ憤慨
飯一五	○浦賀ノ市内騒擾ヲ極ム
飯一六	○六日将軍ニ上申セシトノ説
樋一	○幕府蘭船ノ忠告ヲ秘ス
樋二	特になし（蘭船の忠告が現実となる）
樋六	○米人ノ隊伍能ク整フ ○米人応接場ニ闖入ス
近四	○与力等米船ノ来ルベキヲ知ラズ
香一九	○久里浜応接後米人ノ態度変ズ

右には米船が来る事前情報を知らない浦賀与力が、応接した事実を問題にしているのである。応接主任は香山で、抜擢され物議を醸している。右より日本側からアメリカの行動をどう見たのか、日本側の対応はどうか見る。まず前者は、①米船の進退自在で警戒厳重　②江戸内海へ入る③警固の兵を威嚇嘲弄　④米人の調練能く整う　⑤米人応接場に闖入　⑥上陸して見物人を脅かす。後者は、①江戸よりの内命穏便を主とせしむ　②奉行命じて穏便を主とせしむ

③宛も腫れ物に触れるごとし　④警固の船は異船を制するにあらずして陸上の見物人を制するなり　⑤会津藩士の憤慨　⑥浦賀の市中騒擾を極む。①から⑥の背景には、幕府蘭船の忠告を秘し、与力等米船の来るべきを知らなかったことが原因となっている。そして恥辱を体感し、国辱と受け止めた発想から幕末の動乱が展開する。これら与力聞書表記の伝播により、倒幕の扉が開かれた。

右はアメリカと日本の差違を著しく露呈している。国際社会と鎖国日本の激突であり、文化経済的発展の差違が日本側からどう見えどう対応したのか、顕著に与力聞書が表現している。アメリカの行動に威嚇嘲弄を見、日本の対応に腫れ物に触るごとく穏便を主とする幕命に憤慨を生じ、浦賀市内は騒擾を来した。この原因は、幕府の海外情報秘匿に起因する。応接に当たっての混乱は、浦賀奉行が与力に情報を開示しなかった事実を指摘することになる。しかし厳重に秘匿された幕府機密情報が、与力聞書には与力をして語られている。ここに与力聞書が与力談話筆記以外の特殊な性格を内蔵しているとみる。与力が知らぬ幕府機密情報を与力をして語らしめていると推定する。幕府機密情報を語っているのは、聞書筆者に他ならず、幕閣関係者であったことになり、再三上申した筒井肥前守を擁護同調する立場の人物とみる。従って与力聞書はペリー浦賀来航の与力談話筆記であるとともに、現地実状を幕閣に対する報告書の性格を持っているとみる。

蘇峰の与力聞書引用は、修訂本の古文書本に依拠していることがわかる。その対応は古文書本本文に基づいてその大要を網羅指摘し、表記を補足○・変更△して近代の表記に近づけ理解の一助としているという特徴を持つ。

註1　服部之総「明治維新史」昭和四年上野書店発行年、遠山茂樹「明治維新」参照。
註2　註1の服部「厳密な意味におけるマニュファクチュア時代」(「維新史方法上の諸問題」歴史科学昭和八年)参照。

ホ　井野辺茂雄「新訂維新前史の研究」実力を伴わない外交と白旗書簡

井野辺茂雄の「新訂維新前史の研究」は、昭和一七年九月一〇日中文館書店発行である。その昭和一〇年三月の小引に「明治維新の研究は、近頃非常に盛んになった。（省略）其殆んど総ては、経済的方面からの考察である。」と従来欧米の資本主義的世界市場形成の一環として明治維新決定の要因を国際的条件や幕末の経済的発展だけに求める動きから、「明治維新（の全貌）に対する正しい認識を得るには、精神的方面からの考察」の必要性を訴え「活ける維新の精神を闡明したい」とある。第一編「本書の目的」には、その冒頭頭註「明治維新の指導精神の闡明」と明記する。研究対象を鎖国時代対外政策の変遷に置き、「鎖国時代の対外策が、より多く内に向って働き、遂に社会改造の機運を導いた経過幷に発展を叙して、明治維新の指導精神を語る」のを目的使命とする。

井野辺は第九編第二章で弘化嘉永時代における世論は概ね「非戦または開国に傾き（省略）欧米諸国の勢力が加はるに従って、国民の不安が伴ひ、出来るだけ衝突を避けるやうに導かれて行く有様が、明白に暴露せられてゐる。」と結ぶ。対米処置として幕府は、「六月四日老中達　浦賀奉行へ四家警固人数用意幷米船取計方の件[註1]」で

此度浦賀表え異国船渡来ニ付ては、用意向之儀平常よりは一際手厚ニいたし、取締方入念、率爾之取計無之様可被致候事

右之通、井伊掃部頭始四家之面々え相達候間、被得其意、取計方之儀は、御委任被成置候間、御国体不失様相心得、可成丈ケ穏便ニ出帆候様可致候事

「手厚」く「穏便」に戦端が開かれぬよう通達したのである。

さて井野辺は第九編第三章開国で「ペリーの威嚇」と「実力を伴はざる外交の無意義」を語る。実力を伴わない外交が、国威の宣揚に値しないこと慨嘆に堪えない例として浦賀奉行附与力合原総蔵談話聞書「浦賀にては腫物にさはる様にいたし、……御固四家（○会津、彦根、忍、川越の四藩。）の人数は、岸の上にて見物するのみ」（括弧は二行割註）と、当時の実状を引用した。この引用は続通信全覧類輯の「浦賀与力談話筆記」と共通するようだが、本文は「御固」の二字があるところから改稿本ではなく古文書本（修訂本）を引用したと考える。左に与力聞書・古文書本合原第八項の全文を掲げる。

一江戸兼々御内意には彼気に当り候様のこと有ては大事を招く道理故兎も角も穏便専要に致へし仮令異人上陸致し民家へ立寄候とも格別乱妨不致候ハヽ、其儘に見捨置へし番船差出し彼船を取巻なと致し候ハヽ、却て気を起し不宜陸を専要に守り候様にとの御下知故（浦賀にても腫物にさはる様に致し）番船一艘も出さす故に浦賀より品川迄自在に漕ありき（御固四家の人数ハ岸の上にて見物するのみ）夜中はバツテイラを船の前後に指出し警箇の体也火攻なとを恐るゝ故歟

右の括弧が引用部分だが、類輯本（改稿本）には、○印の「差出し」「御固」の表記がない以外は古文書本（修訂本）と同文である。井野辺の引用は、合原第八項の大部分を削除した抄録であるが、△印の「は」「いた」は些細だが表記変更している。「は」は片仮名を平仮名に統一変更しているのである。古文書本が成立して類輯本や雑録本また諸写本の存在は知られていたが、それらが初稿本・改稿本・再稿本の各稿本に属していることは忘れられ、また知られずに修訂本だけが当然ながら引用されたのである。

順序が逆になったが「ペリーの威嚇」として、「六月浦賀奉行支配組与力香山栄左衛門上申書　老中へ　米船と応接の手続に就て」[註2]より井野辺は、「ペリーは浦賀滞在中、常に兵威を挟んで我を脅迫し、態度頗る傲る。其奉行の制

止を用ゐないで、屢々船を内海に進め、はては羽田の沖にまで来た」と書く。その六月四日には

当所（浦賀）ニて御受取ニ不相成候ハヽ、江戸表え罷越相渡可申、江戸表え相伺候ても、当所ニて御受取ニ不相成候ハヽ、使命をあやまり（過）候恥辱雪くへきなし、然れハ於浦賀無余義場合ニ至可申、其節ニ至候とも、用向有之候は、白旗を建参り呉候得は、鉄砲は打掛申間敷段存切申聞候相貌将官は勿論一座居合之（せし）異人一同殺気面ニ相顕れ、心中是非本願之趣意相貫き度心底得と相察候（二四頁）

「国書を受領しなければ、非常手段に訴へる」と書く。七日

本願之主意不相叶事ニ可有之、速ニ一戦ニ及ひ勝敗相決可申（二七頁）

「満足の答を得なければ、戦争の外はない」と恫喝したと書く。九日船を内海に進めた時、開戦の諷示として「続通信全覧類輯」を掲げ、これは「香山栄左衛門応接手続書差出之件」[註3]であろうと考えられ、その六月六日と同七日条

万一書簡御受取に不相成節者内海之方へ乗込及騒動可申事に付海底之浅深測量之為遣候趣申聞候（四七四頁）

昨年中及通達置候事故今更隙取候儀者無之之所右様手重に申候者本願之主意不相叶事に可有之速に一戦に及ひ勝敗相決可申或は浦賀奉行には兼て申越候儀不存事と相見候間江戸表へ罷越御老中方へ御直談可申抔と種々難題申聞候（同頁）

「国書を受領しなければ、自由行動を取る」と書いた。井野辺は「ペリーの威嚇」として国書提出の際には「白旗二旒」を奉行に贈る件を「町奉行所書類所収外国事件書」「高麗環雑記」から

御不承知ニ候ハヾ干戈を以、天理ニ背くの罪を糺し候ニ付、其方も国法を立て防戦致すべし。左候ハヾ防戦の時ニ臨み、必勝ハ我等ニ有之、其方敵対成兼可申、若其節ニ至り和睦を乞度ハ、此度贈り置候所之白旗を押立べし。然バ此方の炮を止メ、艦を退テ和睦いたすべし

との「一書をも添附した」と書いた。

与力聞書と白旗二旒交付の関わりは、直接的なものはない。飯塚第一九項にペリーの書翰を江戸に送ったことを語る。再稿本系の秘談本同項末尾に行替え一字下げで

或ハ云此箱之中は白旗弐流漢（ママ）文之書一通有之由其書之大意ハ此度呈候書翰之趣意可承知ハ有ましく左すれハ一戦ニ及ふへし然るに勝算は我にあり其節降参を乞ひ度ハ此旗を動すへし左すれハ船を退そけんとの義やと云伝しかたしといへとも風説の侭をハ爰ニ記す

とある（掲示写真⑧⑨参照）。飯塚が語る国書の補足説明として風説を引用したのである。与力聞書本文とは関係ないが、白旗二旒の交付は平成一〇年代になって、白旗伝説として件の白旗書翰の真贋問題が登場する。この時に与力聞書が間接的ながら引用されるのである。

註1　東京帝国大学文科大学史料編纂掛編纂「大日本古文書　幕末外国関係文書之一」の二三、一四四頁参照。
註2　註1の一五、一八～五三頁参照。
註3　「幕末維新外交史料集成」第二巻、修好門四七一～四八三頁参照。

へ　高橋恭一「浦賀奉行」与力聞書写本の史料引用

高橋恭一氏の「浦賀奉行」は、昭和五一年五月学芸書林発行である。「まえがき」に浦賀と浦賀奉行について「開国は幕藩体制を解体することにつながる。ペリー来航よりわずか一五年にして江戸幕府は崩壊している。この一五年

間、政治の中心は、京に移り、外交の中心は、浦賀に移った。浦賀は、文字通り江戸幕府の玄関となり、幕末日本の政治を大きく左右した。浦賀奉行だけは、地理的条件と、世界情勢の推移に伴い、外交的役割を果たすようになった。江戸湾防備という鎖国体制の尖兵は、やがて開国の請け負い者となったのである。」と幕末日本外交の原点を書く。この日本近代化の先端にあった浦賀奉行について調査研究した「浦賀奉行史」は昭和四九年刊行である。高橋氏は表題の本書に与力聞書を引用し、再稿本系の写本「米夷留舶秘談」を翻字している。ペリー来航の嘉永六年六月三日は、「奉行の戸田伊豆守が属僚の与力同心足軽どもまでも引連れて、久里浜海岸で砲術師範下曽根金三郎の指導の砲術演習を行っていた。その演習のさなか午後三時ころ、そこへ沖合で蚫を取っていた船の船頭が、息せきかけ込んで来て、遙か遠くではあるが、蒸気船らしい船がこちらへ進んで来るのを認めたと注進してきた。またしばらくすると三崎役宅詰の使者が飛んで来て、今城が島沖合に異国船らしい四隻の姿を見届けたとの報告をもたらした。」とある。この前半は秘談本樋田第三項

　一六月三日九里浜ニて丁打有之与力同心詰居八ツ時大抵打限り候ニ付休息致居候処俄ニ異船相見るよしニて騒立何れゟ注進と相尋候処海鹿嶋ニて蚫取ニ出居候海手（ママ）之遠洋ニ見付候ニ付注進致候由右ニ付取物も不取敢栗浜ゟ浦賀迄山越しニて二拾丁斗り之処馳帰見れハ忽然と四艘之船浦賀ニ乗込扣居たり其神速譬るに物なし

をふまえて書いている。古文書本文と比べると、表記の削除・変更等が認められる。高橋氏は「浦賀奉行はじまって以来の大騒ぎ大いそがしさを、故尾崎行雄氏が所持していた『米夷留舶秘談』の中には、『浦賀中の騒ぎ鼎のわくがごとし』と形容している。」と書く。秘談本の合原第一項末尾に

　浦賀中の騒き鼎のわくかことし

とあり引用には原文に濁点を補足し読みやすく変更（△）している。日米交渉の模様について高橋氏は「与力の合原

惣蔵からの聞書では、浦賀は異国船が入津することを禁じている港だということを知りながら来航していることがわかる。しかも彼らが浦賀に来たことは国王の命だといい、国王の命ならば、国で禁じた場所であろうが無かろうが行くのが臣下の身であると、高びしゃな態度であったことがわかる。また薪水の不足があるならば贈ろうといえば、不足は無い、出帆前すべて本国で用意して来たのだという。また乗組員数を問えば、そんなことを答えて何の益にもならないし、また答えることも益がないのだと、全く相手にしない態度であったようだ。」とある。右には高びしゃな態度迄は秘談本合原第二項、薪水不足無し迄は同三・四項をふまえて書いているのである。引用する。

浦賀は異船入津国禁也長崎え参るへき旨申候処彼云国禁之儀は元ゟ知る処也去なから浦賀え罷越用弁致候様国王の命也其方たり共王命なれハ如何成国禁の場えも行可申候臣下之身ハ国命ゟ重きものなし（第二項）

一滞船中薪水乏敷候ハヽ送り可申と申候処彼云万端本国ニて手厚く用意致何も無不足右様之無心ハ不致と云（第三項）

一船之大小兵器之員数乗組人数等承り候処彼云其方ニて聞候ても何之益なし又此方ニて申も益なし且又商船と違是ハ軍船也右様之事可申筈なしと云（第四項）

高橋氏は「この聞書には、時の幕府の指示で、大事を招くこともある故、何事も穏便専一として、たとえ異人が上陸して民家に立寄っても格別に乱妨しない限りに於ては、その儘見捨て置け。さらに艦隊近くに番船を出して取巻くようなことがあると、却って彼らの神経をいらだたせることになるので、決して番船を出してはいけないというので、浦賀では何事も用心して、はれものにさわるようにしていた。それ故彼らは品川辺まで自由に漕廻して、それを御固め四藩の藩士らも海岸に出て、ただ見物しているという有様であったということである。」とある。秘談本合原第八項をふまえている。

一江戸ゟ兼ゝ御内意ニは彼か気ニ当候様之事有之ては大事を招候道理兎角穏便専要ニ可致事仮令異人致上陸民家え立寄共格別之乱妨不致候へハ其侭ニ見捨置へし番船差出し彼船を取巻抔致候てハ却て気を起し宜からす陸を専要ニ守り候様御内意有之候右様御患被成候へハ浦賀ニても悉く用心はれものニさわる様ニ致たる番船は壱艘も不差出故に浦賀ゟ品川迄自在ニ漕行四家の人数は岸ニて見物するのみ夜中ハバツテーラを船の前後ニ差出し警固す

火攻等をおそるゝ故歟

「仮装奉行の活躍」では、浦賀副奉行という触れ込みで、アメリカ軍艦へ一番乗りした与力の中島三郎助は、アメリカ側副官から「我が国王から日本皇帝へ呈す書翰を持って来ているので、これを受取って貰うために最高位の役人に来て欲しいのだ。もしこれを聞入れない場合は、われわれは直ちに江戸に乗込んで直接皇帝へ渡すことにする、とすっかりおどかされてしまった。」とある。秘談本合原第二項をふまえている。

此方云何用有て渡来するや答て云此度出帆之儀は我国王ゟ日本え呈候書翰を持来る也高官の者請取ニ参り候哉若

爰ニて取上不申候ハヽ直ニ江戸え乗込直呈可致と云

四日から会談がはじまるが、「アメリカ側は、申出の通り（長崎へ廻漕依頼）かも知れないが、国王の書翰を江戸表へ持参せよとの命を受けて来た故、どうしても長崎へは行き難い」と強硬に主張している。アメリカ側は軍艦からボートを卸して江戸近く迄測量し、傍若無人の振舞いに、歯ぎしりして泣き寝入りする以外に手はなかった。七日に浦賀で書翰を受理する幕府の方針を聞いた香山は仮装の浦賀奉行として起用され、同僚与力との軋轢が生じた。その様子を高橋氏は「樋田多太郎の聞書というのに拠れば次のように記されている。香山に内意を含めて対米折衝に当たらせたことに付いて同役どもは不平に思い、これが追々議論されはじめ、甚だ難しいことになってきた。しかしこれは、仲間のこと故、しだいにとかく言う者もなくなり、香山一人に活躍させたのは、奉行に何か深い魂胆があってのことであろうとして、同人を咎めないようになったとある。」と書いた。これは秘談本樋田第三項末尾の一文とつづく一字下げの二行割註をふまえている。

中嶋三郎助参るへき之処奉行香山栄左衛門は内意も申含置候間香山を遣し候様差図ニて右壱人ニて応接致候

香山え内意有之ニ付同役不平近と議論相起り甚六ケ敷義有之候処是ハ仲間之事故委細不申候香山一人ニ遣し候

義深き意味有る事之よし果て後ニ同人御咎筋有之候事

「警備藩兵たちの激怒」では川越藩士について、「その憤怒は全く強く、あの通り御備場を無視してこれを乗り越えて陣屋の下までボートを漕ぎ寄せてくるし、時には平気で上陸までして測量をしている。このような言語道断な彼らの態度には、もはや我慢できない、そこでこの我儘極まるアメリカの軍艦を打払うべきであると、藩兵一同決議して、早速早船を出して急ぎ奉行所へ漕付けて奉行にこれを訴えた。」が奉行は、「君たちの気持は決してわからないわけではないが、この際は幕府の方針に従って、隠忍自重してひたすら穏便にするようにと諭した。そして、若しも変事でも起りそうになった場合には、必ず当方から何方の指図をするから、この場は引下がるようにと申渡された。」と書く。この説明にたいして高橋氏は「合原惣蔵からの聞書」を引用し

六日の九ツ時蒸気船の一艘が北の方江戸を指して走り出した。その先にバッテーラ四艘で測量して行く。これを川越藩士たちが差し留めようとすると、劍を抜いて舟縁にあらわれて寄らば切らんとする仕方をして走り通り、或は劍付筒に真丸をこめて、川越藩士らの二、三間先きを頻りに打ってはおどして通って行く。川越の人たちは怒りに堪えずして、早船で浦賀へ問合せ、只今乗込んで来た異人船が我らを侮る振舞は、決して忍ぶことができないので、我々はこれを切り沈めようと思うがと申出たが、浦賀では、尤もな事ながら国の御定めは何事も穏便との事故、なおまた彼の一艘を沈めて事済みということでなく、却って兵端を開くことになったら、上様に対し

て恐れ入ることになるから、というのである。

そこで奉行は役船を二艘出し、異船近くにこれを配して、陸上の見物人を取締り、諸藩が疎忽に手出ししないように制禁することにした。この役船は、決して異船を取押える為のものではない。

と口語訳した。これを秘談本合原第十項では

一六日九ツ時蒸気船壱艘小之方江戸之方え向て走り出す先えバツテーラ四艘ニて測量し行川越之一手ニて差留候処釵を抜舟淵え顕れ寄らハ切らんとする仕方致し馳り通る或は釵付筒ニ真丸をこめ此方之二三間先を頻に打おどし通る川越人数怒りに不絶早船を以て浦賀え問合セ只今乗込候異船我を侮候振舞忍かたく切静め可申との事浦賀ニて御尤ニ候へ共御意ハいつれにも穏便との儀ニ有之猶又彼一艘切静め候共事済候儀ニも無之諸家中申合も不行届疎忽ニ手出し致却て兵端を開候てハ恐入候間先ゝ穏便ニ被成候様との事ニ有之候且諸家怒りニ不絶手出し致大事を引出候てハ不相成迚（役の誤字）彼船二艘差出異船之跡え着警固致候右役船は陸上の見物人を差扣へ諸家ニて疎忽ニ手出無之様制禁する為ニ差出候異船を取押る為ニあらす

と表記するが、古文書本同項では

一六日九ツ半時蒸気船一艘（小の方）江戸の方へ向ひ馳出す先へはバツテイラ四艘にて海の浅深を測量しながら行く川越の手にて差留候処剱を抜船ぶちに顕れ寄らハ斬んとする仕方を致し馳通り或ハ剱付鉄炮に真丸を込此方船の二三間先を頻に打をとかし馳通候川越人数怒に不堪早船にて浦賀へ問合せ只今乗込候異船軽侮の致方忍難き儀也切しつめ申へきとの事浦賀に而御尤には候へ共御内意は何れにも穏便との儀ニ有之且又彼一艘切しつめ候とも事済候と申にも無之諸家申合行届かす疎忽に手出し致し却而兵端を開候てハ恐入候間先々穏便に有之様にとの挨拶に及ふ夫より諸家怒に堪へす大事を引出し候ては相成らすとて役船弐艘を差出し異船の跡へ附警固致し候さ

れは右役船ハ異船を取押へる為にてなく陸上諸家疎忽に手出し致さぬ様制禁の為也

とある。高橋氏の聞書口語訳は、秘談本に依っているが、秘談本の誤字「彼船」を古文書本に依って訂正しており、秘談本翻字では「役船」となっている。このように秘談本と古文書本の本文には、異同があるため口語訳の表記になったと考える。

「黒船来航余談」では、高橋氏は「与力香山栄左ヱ門からの聞書き」によって、「蒸気船二艘とフレガット（軍船之名）二艘で、北アメリカ共和政治の都ワシントンの命でカリフォルニア仕立の船で、国王（大統領）の書翰を持って参り、本国出帆後十四日目で浦賀に着いた」「使節（ペリーのこと）は年が五十余で人躰はよろしく名を彼理（ペリー）といい、日本左大臣位の高官だという。」「上官は軍大将で年は五十位、名をブカナンという」「大蒸気船は長さ三十五、六間で幅は九間、車の差渡しは五間ばかりで厚さは三間ばかりである。船は鉄張りではなくて、全体をミツダニで塗（ママ）り、ただ水に入っている部分だけが、銅で包んであった。大炮は小車四輪仕掛で六十八ポンドのカノン筒が六挺、八十四ポンドのカノンが四挺で都合十挺である。そして乗組員は二百九十人であった。」「小形の蒸気船は鉄張りで、大炮が十挺、野戦筒が六挺あり、乗組員は三百人であった。」「フレガット軍船の二艘とも、長さが三十間ばかりで大炮は二十四挺ずつ積んでいた。」「どの船も船中では万事鳴物で指揮している。」「この蒸気船は一昼夜に八百里ばかりを走るし、陸上を走るには火輪車というのがあって、是も八百里走るということである」と書く。秘談本香山第一・二・三・四・五・六・九・一〇項にある。その第一項、括弧内は二行割註

一六月三日渡来蒸気船二艘フレガット（軍船之名）二艘北米里幹共和政治州之都華盛頓（ワシントン）の命を受角里弗尓聶（カリホルニア）の仕立船ニて国王の書翰を持参　本国出帆ゟ十四日目当港え着いたし候由

秘談本は再稿本系であるが、高橋氏の第一項の口語訳は秘談本の独自表記（再稿本に表記の補足○、変更△、削除、

した）に依っている。なお米里幹にアメリカとルビがある。第二項

一使節年五拾余人躰宜敷名は彼理（ペルリ）（日本左大臣位之高官のよし）

第三項

一上官是ハ軍大将年五拾位名ブカナン

第四項

一大蒸気船長サ三拾五六間幅九間車差渡し五間計厚さ三間計「捴銕にして木を用ひず」船は鉄張ニあらす全体ミツダニて塗り水入ハ銅ニて包「車水入四尺計水際ゟ船淵迄高サ三間計」大炮「十門」小車四輪仕掛也六拾八ボンドノカノン筒六挺八拾四ホンドノボンベカノン四挺都て十挺也乗組弐百九拾人「使節上官副将皆此に居り別ニ十二ホントノ野戦筒（二輪車仕掛）六挺貯置」

高橋氏の口語訳では右の括弧「」は削除してある。第五項

一小之方蒸気船鉄張大炮拾挺野戦筒六挺乗組三百人

第六項

一フレガット軍船二艘共長さ三拾間計大炮弐拾四挺ッヽ

秘談本は諸稿第七項が第六項に吸収され諸稿第八項が削除されている。高橋氏は古文書本を参照して諸稿本第六項を秘談本から引用口語訳している。同項つづきでは、左の括弧「」は口語訳で削除した。

「玉をこめ蒸気をたやす事なし用心厳敷少しもおこたる色なし」船中万事鳴物ニて指揮す

秘談本は諸稿本第七項の前半「一船中昼夜となく提灯を付（ヒイトロ象牙など色々なり）鉄炮へハ」を削除した。第一〇項

一蒸気船一昼夜ニ八百里計走る陸上を走る火輪車と云者有よし是も八百里走ると云

「未曾有の正式日米会見」では、ついに六月九日我が国未曾有の日米両国代表が正式に会見して、フィルモア大統領の文書を受け取ることになった。応接につとめた「香山栄左ヱ門からの聞書」には、「九日栗浜に上陸した人数は五百人ばかり。上陸し終ると本船から大炮十余発響き渡った。これは祝砲とのこと。一同は陣列を正し音楽を奏しながら、国王の書翰を中にはさんで守り固めていた。ゲベール組は二百八十四人で一隊四十八人ずつで六隊となり、一隊に二人ずつの差図人があり、いずれも劔を抜いて指揮していた。これらの規則正しいことは前代未聞のことで言葉には述べがたい。」と書く。秘談本香山第一一項

一九日栗浜上陸之人数五百人斗上陸終て本船ゟ大炮拾余発響祝炮のよし一同陣列を正し音楽を奏し国王之書翰を中ニはさみ守固すゲベール組弐百八拾四人一隊四拾八人ツ、六隊也一隊ニ二人ツヽ差図人あり何れも釵を抜指揮す法則の整たると前代未聞言語ニ述がたし

とある。「書翰箱二つは何れも板が三重となって捻鋲で留めてある立派な物であった。（会見所には）使節上官副将四人分は上段の間に曲禄を設け、奉行は床几に腰を掛け、対面一切応対なし、只書翰の請取渡しだけであった。」と。久里浜の仮設会見所へペリーたちが入ろうとするや、その兵士たちが「俄かに会見所の中に踏込んできて、剣を抜き或はピストルに弾を込めて、着座しているペリーらの後に位置して、イザと言えばいつでも切って出る打って出るという態度で、日本側を眖め(ママ)つけて控えていた」と書く。秘談本香山第一二項、括弧（）は割註

一書翰箱弐何れも板三重ニて捻鋲ニて留る「下之箱高五寸横五寸長壱尺二三寸計り板は鉄力木(たがやさん)金之惣金物封印之付所の上へ金の四寸位の○如是蓋をなしてあり其辺色〻の飾ありと〳〵く立派の物也書翰之趣一向分らす又彼重官ゟ此方重官え之書翰も有紙包ニて封印有之候」使節上官副将四人分上段え曲録を設け奉行は床几ニ腰を掛対面

一切応対なし只請取渡しのみ也「其節イボレット(イホレットハ金之板金ニ房を付両肩ニさげて飾る也是を付候者は余程宜敷官之由先年ボストン渡来之時大将弐人之外イボレットを付候者なし)を付候者」廿五人どや／＼と押込上段之間え上り使節之後え立塞何れも六挺仕懸の筒を持釼を帯し候

右の括弧「　」は削除されている。但し高橋氏の会見所に踏み込まれた記述は右一二項だけでは表記の不足があり、秘談本樋田第六項

上官将官副将小屋之内え入ると直ニ六拾人程俄ニ蹈込上段之間え立塞何れも釼を佩ひ六挺仕懸之ヒストールニ玉をこめすわといはゞ切て放す勢ひニてにらみ扣る

右を補足していると考える。このことは「与力合原惣蔵からの聞書」の中にも「その時上官が奉行の脇に立塞った。日本側の連中はいずれも仰天して、これを制そうとしたが、奉行が虜になっては困ると考えて、其儘にして置いた」と書いてある。秘談本合原第一一項

不意ニ六拾人計押込上官奉行の脇ニ立塞る此方いつれも仰天し彼是制し候ハヽ直ニ奉行虜ニなり候様子故其侭ニ致置候処先ツ無事ニ事済

右をふまえていると考える。このアメリカ側の態度に日本側は「すっかり度肝を抜かされてしまった。」異人どもから威圧された日本の侍たちは「ただ残念、かえすがえすも無念よと、歯を食いしばっているばかり」で、これは「一にも二にもすべて何事も穏便穏便にという厳しい幕府からの御達し」で、やむを得ぬことであったからであろうと書く。合原第一一項と香山第一二項は冷静な言動による表記であるが、樋田第六項では右に引用した後に

下之間ニ居る応接方既ニ蹈例（倒の誤字）さるゝ程之様子奉行見かね是えあかれと申ニ付漸上段之間えあかり其場を凌き候程の事ニて大ニ膽を抜れ中ゝ差留る事抔出来不申一同無念歯噛をなしたる而已是と申も全ク公辺穏便／＼との御沙

汰厳重成故偶銕炮ハあれ共玉をこめす火縄ニ火も付す大ニ異人共ニ威を示されかえす／＼無念之事ニ候

とある。右に引用した与力聞書の表記なしには、高橋氏の口語訳表現は成り立たないと考える。

この間の状況を「浦賀奉行支配組与力香山栄左衛門上申書」[註1]の六月九日久里浜応接条には「朝五ツ時頃、異人為案内、応接掛（以下二十三字朱書）『私始与力中島三郎助、近藤良次、佐々倉桐太郎共（『都合四人』）本船え罷越候処、異船四艘共追々脚船相卸し、都合拾参艘、人数凡三百人程、（其内船中え相残候者も有之）、四ツ時頃、上陸、（ナシ）御陣中ニて応答無之、以心伝心之受取渡相済、即刻使節を始士卒水夫ニ至る迄、一同本船え引取相済申候」とあり、一字下げの朱書に「此節書翰守護之銃（ナシ）陣之行装を以相察候処、偽て深地え引入、可被生捕も難計と、用心仕候躰ニて、実ニ敵地ニ入候心地ニ相見へ、前後銃隊之運動目を驚し申候、巨細之儀は、煩敷奉（御坐）存候間、相省申候」とあるのみである。いかに与力聞書が特異な表記によって、日米交渉の実態を表現しているか分かるのである。

古文書本（修訂本）成立後、与力聞書本文の引用は、修訂本に限定されてきたといっても過言でない。しかし高橋氏は修訂本を参照しながらも秘談本を引用し与力聞書受容史の中で、初めて口語訳ではあるが再稿本系写本・秘談本を世に知らしめたのである。高橋氏は与力聞書写本に、その数だけ異文が存在することを知っていた。尾崎行雄旧蔵本としての伝来に由緒を感じ翻字を試みたことは事実で、ここに修訂本とは異文の秘談本に価値を見出していたと思われる。しかしそれは再稿本系に属する写本の価値であり、修訂本以外にも初稿本・改稿本・再稿本と三稿本が存在するのである。各稿本により表記・記述の有無さえ異なる。この意味で修訂本引用のみであった与力聞書の世界に、口語訳ながら異文引用という従来なかった史料引用を可能にした点に、聞書受容史上大きな一石を投じた意味があると考える。高橋氏の「米夷留船秘談」の翻字は、「浦賀奉行与力よりの聞書（黒船来航見聞実記）」[註2]にある。

註1 東京帝国大学文科大学史料編纂掛編纂『大日本古文書 幕末外国関係文書之一』の一五、一八～五三頁参照。
註2 横須賀市博物館研究報告（人文科学）第六号参照。本稿第七節のト、再稿本系「米夷留船秘談」参照。

ト 「秘談本」風説・白旗書簡の挿入とその展開

再稿本系の「米夷留船秘談」（以下、秘談本と称呼）飯塚第一九項にペリーの書翰を江戸へ送ったことを語る末尾に、行替え一字下げで

或ハ云此箱之中は白旗弐流漢文之書一通有之由其書之大意ハ此度呈候書翰之趣意可承知ハ有ましく左すれハ一戦ニ及ふへし然るに勝算は我にあり其節降参を乞ひ度ハ此旗を動すへし左すれハ船を退そけんとの義やと云侭しかたしといへとも風説の侭をハ爰ニ記す

とある（掲示写真⑧⑨参照）。飯塚が語る国書授受のペリーの姿勢を秘談本筆者は、砲艦外交と捉えその補足説明として風説を引用したとみる。ここに風説の伝播状況の一端をみることができるのである。

飯塚第一九項には、国書の入った書翰箱の他に一尺五寸程の鉄の輪をはめた板箱二つあり、書翰箱同様江戸へ送った由が書かれている。この板箱の中に所謂「白旗書簡」が入っていてと右は語る。この白旗書簡の基本史料が「六月九日（?）米国使節ペリー書翰　我政府へ　白旗差出の件[註1]」と疑問符の付いた史料で

先年以来各国ゟ通商之願有之候所、国法を以違背ニ及ふ、元ゟ天理にそむくの至罪莫大なり、然は蘭船ゟ申達候通り、諸方の通商是非ニ希に非す、不承知ニ候ハヽ、干戈を以天理に背くの罪を糺し候ニ付、其方も国法を立て防戦いたすべし、左候ハヽ、防戦の時ニ臨み、必勝は我等に有之、其方敵対成兼可申、若其節に至り和睦を乞度ハヽ、

此度贈り置候所之白旗を押立へし、然は此方の炮を止メ艦を退テ和睦いたすべし、ト云々

とある。この一一九号文書冒頭の按文割註に「〇町奉行書類ニハ、初メニ『亜美利加極内密書写』ト題ス、高麗環雑記ニハ、初メニ『北亜墨利加ゟ差越候書翰九通之内、此壱通は、諸大名御籏本ニ至る迄、披見　御免無之書面和解』ト題シ、末ニ『右は御小性久留氏日記ニ有之候を極密写取候事』ト附記ス、」とありその原文は存在しない。末尾に引用書が明記され（町奉行書類所収外国事件書　高麗環雑記）とある。この高麗環雑記[註2]は「八月廿日遠藤但馬守殿御渡」の史料の後に入っており、ペリー出帆後の記載で風説の流布の月日を語る。

右の史料の左に六字下げて「〇嘉永癸丑浦賀一件数条ニ、左ノ一文ヲ載ス、参考ノ為メ、玆ニ収ム、」として

一亜墨利加国より贈来ル箱の中に、書翰一通、白旗二流、外ニ左之通短文一通、

皇朝古体文辞　一通　前田夏蔭読之

漢文　　　　　一通　前田肥前守読之

暎咭唎文字　　一通　不分明

右が併載されている。

一一九号文書の「白旗二流」の付文の後にさらに一字下げで「右各章句の子細は、先年以来、彼国より通商願有之候処、国法之趣にて違背に及、殊ニ漂流等之族は、自国之民といへ共、撫卹せざる事天理に背き、至罪莫大に候、依ては通商是非々々希ふにあらす、不承知に候へし、此度ハ時宜に寄、干戈を以て、天理に背きし罪を糺也、其時は、又国法を以て、防戦致されよ、必勝ハ我にあり、敵対兼可申歟、其節に至て、和降願度候ハヽ、予か贈る所の白旗を押立示すへし、即時に炮を止め艦を退く、此方の趣意如何、」と本文の補足要約がある。

明治四四年文部省下に設置された維新史料編纂会は、「大日本維新史料」において右の白旗書簡を削除し、昭和一

四年刊文部省維新史料編纂事務局編の維新史概説書「維新史」第一巻には白旗書簡の記述はない。つまり偽文書とみていることになる。この風説は、「六月四日浦賀表米船対話書浦賀奉行支配組与力香山栄左衛門と中佐ビュッカナン同アダムス大尉コンチー等と国書受取方に就て[註3]」に

四日目昼過迄相待、御返答無之候へハ、今ハ致方も無之、江戸表へ罷越候共又如何様共、存念通り取計可申候、尤其節に至り、事平之用向に有之候はゝ、白旗を掲け参可申候

日本側が国書を受け取らないならば、直に江戸表へ行かんと声言し武力衝突が起こり、衝突を収める用向きに和睦・降服の白旗云々の言葉が風説となったとみる。

さて白旗書簡を偽文書とみて、ペリーの白旗二旒はどう扱われているか。有所不為齋雑録第三「癸丑浦賀雑録」に六月八日付の「極秘[註4]」と題する史料に

異船入津之節申聞候ハ此度之義万一事柄相破れ及戦争候とも其内了簡相変り此方之意ニ随ひ候振ニ議定相成候ハヽ其節ハ此旗ヲ挙ケ乗直し来ルヘシ其時ハ発砲ヲ止メ熟談可致と云テ旗二本ヲ渡し候由云ゝ右ハ風説ニテ承り候所大体無相違歟ニ承り候ニ付相記ス

昨七日阿勢侯駒公へ参上之由夜九ツ過迄御対談之上右御退出後奥津能州罷出候処駒公殊之外御勇気御機嫌之由云ゝ

右今日承り候ニ付相記ス

右に「戦端が開かれ降服する時の印として、アメリカ側が旗二本を日本に渡した風説があった。この件は二〇号文書と同文の「役々ノ者異船将官士外士官立会応接之件[註5]」にもある通り、六月四日の事実（大体無相違歟ニ承り候）として同月八日に認識されていたことがわかる。またこの白旗二旒は、有所不為齋雑録第二八「私策及戯文類」に「丑寅

者ハつけ」があり、嘉永六・七年の風説について
返したいものハ　浦賀の白旗
とあり、人口に膾炙していたのである。[註6]事実、嘉永六年七月一〇日付徳川斉昭十条五事建議書「七月十日水戸前中納言上書　幕府へ　海防に就て」[註7]所謂海防愚存に
然に此度渡来之アメリカ夷、重き御制禁を心得なから、浦賀へ乗入、和睦合図之白旗差出し、推て願書を奉り、剰内海え乗込、空砲打鳴し、我儘に測量迄致し、其驕傲無礼之始末言語道断ニて、実ニ開闢以来之国恥とも可申候
渡辺修二郎「阿部正弘事蹟」（明治四三年一〇月発行）では、附録第二、丁七号に「白旗交付ニ付米使『ペリ』ノ書」として一一九号文書を掲げ、第一二章「日本ノ開国ト正弘、其一」で
米使決然トシテ肯ンゼズ「直ニ江戸ニ進ミテ宰相ニ面シ、大統領ヨリ日本国君ヘノ書翰ヲ呈セント欲ス、時宜ニ依リ一戦ヲ賭シテ迫ルコトアルベシ、開戦ノ後若シ急要ノ事アラバ、白旗ヲ建テヽ来レ、然ルトキハ直ニ発砲ヲ中止セン」トテ白旗二旒ヲ交付ス。
とあり、白旗二旒の交付を事実とする。
白旗書簡に言及したのは、原剛氏「幕末海防史の研究―全国的にみた日本の海防態勢―」（昭和六三年七月、名著出版発行）の第一章第二節「ペリー来航と開国」で、ペリーの戦力を四艦各トン数・艦長・備砲、備砲数は三二ポンド・八インチ・一〇インチの表、一貫目以上三六貫目迄一二種を浦賀奉行他四藩（川越・彦根・会津・忍）持場の江戸湾台場備砲数を掲げ、一一九号文書を引用して、
ペリーの態度が、従来の諸外国使節と異って、著しく強硬であったということは、次のような書簡と白旗を日本

側に贈ったことにも十分表明されている。

として、まさに「砲艦外交」を語るのである。原氏は「ペリーの白旗書簡と砲艦外交」(二〇〇二年「日本歴史」九月号、吉川弘文館発行)でも、白旗を書簡と共に贈った点に砲艦外交を位置づけているのである。

白旗二旒と白旗書簡は、平成にその真贋問題となり展開する。その糸口となったのは、松本健一氏「白旗伝説」(九五年五月新潮社発行。九三年「白旗伝説」群像四月号、同年「白旗伝説余波」日本経済新聞五月三〇日、九四年「白旗伝説異聞」新潮45 二月号、同年「通商か戦争か」日本及日本人盛夏号)であり、また同氏「白旗伝説」(九八年五月、講談社学術文庫発行、先の新潮社刊の他に九六年「日本人が忘却した白旗」朝日新聞三月四日、九七年「白旗伝説を再考する」産経新聞五月一七日、同年「ペリー来航と阿部正弘の外交」『阿部正弘のすべて』新人物往来社九月刊、九八年「白旗伝説の内部深くに」群像二月号)である。

白旗書簡の真贋問題に火を付けたのは、二〇〇一年夏、扶桑社版「中学社会　新しい歴史教科書」一七六頁に掲げられたコラム「ペリーが渡した白旗」で

幕府が国書の受け取りを拒否できなかったのはなぜか。ペリーは、大統領の国書とは別に、白旗2本、幕府に渡していた。それには手紙が添えられ、「開国要求を認めないならば武力に訴えるから防戦するがよい。戦争になれば必勝するのはアメリカだ。いよいよ降参というときにはこの白旗を押し立てよ。そうすれば和睦しよう」と書かれてあった。武力で脅して要求をのませるこういうやり方は、『砲艦外交』とよばれ、欧米列強がアジア諸国に対して用いてきた手法だった。

と書き、「大日本維新史料」「維新史」が偽文書とみている一一九号文書を事実としたのである。ここに歴史学会との間に論争が起きたのである。「新しい歴史教科書をつくる会」の藤岡信勝氏は、〇一年六月二二日付産経新聞で、教

科書の出典として松本氏「白旗伝説」と三輪公忠氏「隠されたペリーの『白旗』」に依拠したとあった。松本氏は〇一年八月一六日産経新聞に「『ペリーの白旗』伝説を三考する」を展開した。松本説をまとめると

①白旗二旒と白旗書簡は事実　②ペリーの本質は砲艦外交　③白旗は和睦・降服の意味

一方、九四年に大江志乃夫氏「ペリー艦隊大航海記」（四月立風書房刊、二〇〇〇年朝日文庫収録）には

①白旗二旒は事実だが交渉の手段　②書簡は偽文書

の立場で、開国和親を求め通商か戦争か二者択一は疑問、開国の妨害となる蘭船を引き合いに出すのも疑問で、測量に敵意のない白旗を掲げ降伏の白旗を手渡す矛盾を挙げた。さらに二〇〇〇年の朝日文庫の補註で

①香山栄左衛門は白旗の用法を知る機会があった。（土屋喬雄・玉城肇訳「ペルリ提督日本遠征記」（二）岩波文庫「…各艦から一艘づゝのボートを派遣して、浦賀湾と浦賀港とを測量させた。これを見た奉行（香山、筆者註）は何をしようとしてゐるのかと訊ねた。…その舳には普通の艇旗を掲げた上に、平和的意図のものであることを示すための白旗を艫にたててゐた。」第十二章江戸に向かって出発―江戸湾入港、一九九～二〇一頁）②降伏・軍使・談判を意味する白旗は景行十二年紀以来の日本の知識　③一九〇七年「ハーグ陸戦法規」（「陸戦の法規慣例に関する条約」の付属書「陸戦の法規慣例に関する規則」）が、白旗を軍使権の不可侵を保障する旗（軍使旗）であり直ちに降伏を意味するものではない。

と松本説に反論した。

扶桑社版コラムが出ると、〇一年六月二〇日歴史学研究会等二一学会連名の記者会見が学士会館で行われ、誤りを指摘した。宮地正人氏「ペリーの白旗書簡は偽文書である」（月刊誌「UP」八月号、東大出版会）同氏「ペリーの白旗書簡は明白な偽文書である」（十月「歴史評論」一八号）宮地正人氏等三名連名「Problematic Account in a

Japanese History Textbook based on an Alleged Letter by Perry」（「歴史学研究」一〇月号）などで、宮地説は

①欧米に対する猜疑心・強迫観念があり幕府の曖昧さに対する国内の息遣いを伝える偽文書で、六月四日対話記録を元に作られた。②前田肥前守は存在しない（岸俊光「ペリーの白旗150年目の真実」〇二年一一月毎日新聞社刊の岩下哲典の説明に「江戸後期加賀前田家は、当主が若狭守・加賀守を、先代が肥前守を名乗る。文政五年一三代斉泰（なりやす）が若狭守として当主となり、隠居した一二代斉広（なりなが）が肥前守を名乗った。斉広が文政七年歿し、慶応二年斉泰が隠居して肥前守を名乗るまで、肥前守は存在しない。嘉永六年に肥前守は居なかった。）③白旗は交渉の印

右の通りである。書簡が正史から消えた理由を三輪公忠氏は〇一年「ペリーの『白旗』ーアメリカ側に記録が無いわけ」（月刊誌「UP」一二月号東大出版会）で

①大統領の指令に従わない威嚇行為「白旗書簡」をペリーが抹消した。②画家ハイネの「ルビコン川を渡る」に描かれた白旗が五三年七月一二日（旧六月七日）に軍使不可侵権を表すと幕府側に渡された。③昭和五・六年維新史料編纂官藤井甚太郎の米国国立公文書館調査にも見つからず、「大日本維新史料」「維新史」、昭和十五年「概観維新史」に白旗書簡の記載はないが、見つからないから存在しないと推定しただけで、記載されなかったにすぎない。

とみる。〇二年秦郁彦氏「正体見たり！『白旗書簡』ニセモノ説を掲げ『新しい歴史教科書』潰しに狂奔した宮地正人とその一派」（「諸君！」二月号、文藝春秋）で、一一九号文書には疑問符（?）が付くが、「幕末外国関係文書之一」に収録された三四六件の史料の内三四件の年月・差出人・受取人など標題各所に（?）が付くのは、史料全体で

はなくその一部分に適用されるべしとしている。この点は〇二年藤岡信勝氏「白旗書簡＝偽文書説」の五つの虚偽―宮地正人氏における「歴史家失格」(田中英道氏「まとめて反論『新しい歴史教科書』の思想」四月扶桑社刊)にも、(?)マークは六月九日の日付についての疑問とする。

遡って六五年丸山真男氏「幕末における視座の変革―佐久間象山の場合」(「展望」五月号、筑摩書房)には、「使節から白旗を贈って来るなど無礼の事があった」と謹慎中の象山が川路聖謨らに送った折衝案にあるが、白旗が降伏を意味するか不明である。小西四郎氏「日本の歴史19　開国と攘夷」(七四年中公文庫初版)には、「ここで国書を受け取らねば、ただちに江戸表にまで乗りこむといい、もしそのさい、江戸でも浦賀でも受け取らぬとならば使命を果たせぬところからその恥をそそぐことになろう。そのさい浦賀から使者がきても降参の白旗を立ててこない以上相手にはしないとまで言い切り、将兵たちの顔には、はっきりと殺気がみなぎっている」と書く。八六年岸田秀氏「黒船幻想―精神分析から見た日米関係」(八六年青土社刊、九四年河出文庫所収)には「日本人の精神は外的自己(佐幕開国派)と内的自己(尊皇攘夷派)に分裂し、内的にはペリーに侮辱され、外的には平和な使節でペリーに脅迫の意図はなかった。」岸田氏は脅迫された立場をとるが、確乎たる断定する根拠はない。事実に両面が存在するのである。

ペリー側から白旗を差し出したことは事実で、白旗書簡は六月四日の「浦賀表米船対話書」しか残っていないが、この時の対話により、外国人通訳の話を書簡にしたとみる。白旗を友好的(軍使権の不可侵を保障する旗)か強圧的(降伏の旗)か両様どちらかには決定的根拠がないのである。

参考までに一一九号文書の出典の一つ「町奉行書類所収外国事件書」を左に掲げる。この史料は「外国雑件　三」(国会図書館蔵)の一オには「丑六月九日書翰受取候趣浦賀奉行ゟ御届」があり、一ウの「六月九日使節ペルリえ申諭書」の中にある。二オは「寅二月八日阿部伊勢守殿御渡御書付写」となる。

国王之書翰及ひ政府之使節共請取たるもの也此処は外国と応接之地ニあらす長崎表え行へきのよし幾度諭すといへ共使命を辱しめ一歩立へき旨存切申立度趣使節ニおゐてハ止るを得さる事なれ共我国法も亦破摧し此度ハ使節之苦労を案し救て書翰を請取といへ共応接之地ニあらされハ応答之事ニ及ハす趣会得いたし使節全ふし可有出帆もの也

六月九日

亜美利加極内密書写

先年以来各国ゟ通商之願有之候所国法を以違背ニ及ふ元ゟ天理に背むくの至罪莫太なり然は蘭船ゟ申達ス通リ諸方の通商是非ニ希に非す不承知ニ候ハヽ干戈を以天理に背むくの罪を正し候ニ付其方も国法を立て防戦いたすべし左候ハヽ防戦の時ニ臨み必勝は我等に有之其方敵対兼可申若其節に至り和睦を乞度ハ此度贈り置白旗を押立へし然は此方の炮を止メ艦を退ケ和睦いたすべしト云〻

一漢文章　筒井肥前守読之
一和文章　前田夏蔭読之
一皇朝古躰文章　同人読之
一暎咭利文章　読人無之

右各同意之由

〇一年宮地正人氏は「ペリーの白旗書簡は明白な偽文書である」（「歴史評論」一〇月号、校倉書房）で、「町奉行書類所収外国事件書」は、多くは江戸町奉行所の信頼できる公文書なのだが、右の「外国雑件　三」と表題されている冊は江戸在住ではなく地方在勤の者の典型的な風説留で、町奉行所とは全く関係のないものである。白旗書簡の前書に「亜美利加極内密書写」とあり、（省略）この書簡写の次は直に安政元年二月に飛び、その次が安政三年八月の「江戸大風雨之次第申越」だから、風説留といっても、きわめて疎略なものである。

と言及する。さらに白旗情報と白旗書簡は八月以降に現れ始め、九月には各地方に伝播されていった。始めは文書ではなく噂で広まったと松代藩士高野武貞の風説留「莠草年録」（国会図書館蔵）第一一巻嘉永六年八月の「一説」、「高麗環雑記」（史料編纂所蔵）第四九冊（癸丑林鍾録下）、八月二〇日付の次の尾張藩士関係者の風説留「異国船一件」（国会図書館蔵）八月末頃「異国より参候書簡之写、但し不慥」の註記つき、松代藩重臣山寺常山の風説留「如坐漏船居紀聞」（史料編纂所蔵）第二巻九月一五日付、古河藩士秋田重致の風説留「幕末古文書」（国会図書館蔵）第四巻「九月二一日川島ヨリ借写」の註記つき、「書留草子」（東北大狩野文庫蔵）第六巻白旗書簡写、豊後臼杵藩が明治初頭に編纂しなおした風説留「編年雑録（写）」（史料編纂所蔵）第四巻を掲げ、この白旗書簡のもとは、六月四日の日米対話があり香山栄左衛門・堀達之助・立石得十郎が参加し、対話書は幕閣を回覧している間に、幕臣にもれたとみる。「高麗環雑記」に「右は御小性久留氏日記ニ有之候を極密写取候事」や、「如坐漏船居紀聞」に「一本ニ事実窪田助太郎殿へ相伺候処、濁り候御挨拶、はきと不被仰、黒野九平次殿え承り候処、極密ニは無相違と之事之よし被申候由」とあり、注目すべきは久留と黒野の当時の役職であるとして

久留は久留金之助、嘉永五年二月に西丸の徳川家定御小姓となり、嘉永六年九月に一三代将軍となる家定に従って本丸御小姓となっている。黒野は黒野九平次、嘉永五年八月、西丸御膳所御台所頭となり、嘉永六年一〇月、家定に従って本丸に移っている。いずれも、政治を担当する身分・役職の者ではないにしろ、来春ペリー艦隊再来とならば、その全責任と総指揮をとらねばならない将軍家定に従う幕臣達であった。（省略）少なくともこの

階層が、ペリー白旗書簡本物説の中心にいたことは疑いの余地がない。とし、偽文書に開国の未曾有に直面した日本国民の恐怖と不安、見通しのたたないものへの激しい苛立ちをみて、「浦賀奉行与力聞書」にはこの米国側の発言が未だ紹介されていないことを確認しているのである。

吉田松陰の抄録集「二十一回叢書」の「対灯私記」(『吉田松陰全集』第九巻、一九三五年岩波書店刊)に「去年丑六月亜墨利加より差出箱之中書翰四通幷白旗二通」として

一皇朝古体文　前田夏蔭読之
一漢文　　筒井肥前守読之
一和蘭文　　杉田成卿読之
一嘆吉利文　　読人無之

右各同意也、子細は先年以来右国ゟ通商願有之候処国法を以違背に及ふ、固より天理に背き至罪莫大ニ候然は蘭船より申送候通諸方之通商是非々々希ニあらす、不承知に候ハヽ干戈を以て天理に背く罪を正さん、其時国法を以て防戦すへし、必勝我に在、敵対成兼可申若其節ニ至リ和降を願度候ハヽ此度送リ置処之白旗を押立へし、然は此方ニて砲を止、艦を退、和議すへしとの趣意ニ御座候以上

此壱通は去年夷船退帆之後、密々にて世に流布せし事ありしか、合衆国より贈りたる書翰に照し見て、実とも思はす、打過こせしか、関東の御縁厚きある諸侯の家士、従来の知音なれは、相見し序、此事ふと語りけれは、こは実に其事あり、其主家にては、家老中へは内覧を許されしよしなれハ、白旗送りし事は実説なり、水戸老侯より浦賀へ遣はされたる物聞海野半平か記に応接方与力飯塚久米三郎か話を記して、書翰□箱ノ下、何ニカ一尺五寸計ノ板箱弐ツ、鉄の輪を〆如図物何品なるや、更に相分り不申牛之塩漬との説も有之候へ共、中

々左様之物とも思はれす、書翰一同江戸へ送リ候とあれは、是そ白旗入の箱なるへし、如此恐嚇を受て辱とせすんは、世に羞愧は無き事なり、

頭註に「此書翰寅遂不能信」とあり、松陰は偽文書とみる。「海野恐クハ海保ノ誤リナラン半平坂（ママ）（板ー筆者註）倉ノ剣客ニテ水戸ヘ召レタリ浦賀ヘ物聞ニ出タルヿモ承レリ（松陰）」とあり、安中板倉侯より水戸へ仕えた海保帆平である。帆平には、「海防名応接記」（鹿児島大学図書館玉里文庫所蔵）の浦賀与力聞書があり「亜墨利伽図説」が付きその末尾の奥書に

嘉永六丑年六月三日未中刻浦賀え北アメリカ国蒸気船并ニ軍船渡来ヨリ帰帆一件浦賀奉行井戸石見守戸田伊豆守両組与力応接掛り役合原両人并ニ飯塚久米三香山栄左ヱ門近藤良治外一人ヨリ極密々聴聞ス不免他見

水戸　皆保帆平

とある写本がある。その飯塚久米三ヨリ聞書第二〇項（初稿第二一項、改稿・再稿・修訂第一九項）に

一書翰箱ノ外ニ何カ一尺五寸斗リノ板箱二ツ鉄ノ輪ヲハメ如図モノ何品ナルカ相分リ不申牛ノ塩ツケトノ説モアリ候ヘ𪜈全左様ノモノ𪜈　不思書翰一同江戸表エ相送リ置候事

とある。詳細は本稿第七節、各稿本系諸写本　ロ、初稿本系「海防名応接記」（玉里本）補筆にゆずる。

「藤岡屋日記」第五巻（近世庶民生活史料、三一書房刊）第四十四海防全書に

○嘉永六癸丑七月

魯西亜船長崎入港願書写、異国より贈候箱之中、書翰四通

一白旗　　二流

一皇朝古体文言　　前田夏陰、読之

一漢文　　　　　　　　　　筒井肥前、読之
一和蘭文　　　　　　　　　松田(杉)成卿、読之
一唹咭唎文　　　　　　　　右読人無之
右は各同意也、子細は先年以来、右国より通商願有之処、国法を以、違背ニ及び、固より天理ニ背く罪莫大候、然ば蘭船より申送候通、新法之通商ハ是非〳〵希ニアラズ、不承知候ベシ、干戈を以、天理ニ背くを正サニ(ママ)其時国法を以防戦スベシ、必勝ハ我等ニ在、其方敵対成兼可申、若其節ニ到、和降を乞願バ、今度送り置之白籏を押立ベシ、然ば此方ニ而砲を止、艦を退、和議スベシトノ趣意ニ御座候。

ペリー来航が、七月のロシア船長崎入港に変化する。

八六年中井信彦校注「片葉雑記　色川三中黒船風聞日記」（慶友社七月発行）弐の嘉永六年十月二三日条、欄外の見出し「白旗」に

或言、亜墨利加人浦賀着船の後白旗数流を出し、若此幡を立たる陣々へは鉄炮打かけず、和するの印なりとて取らせたるを、辞してとらざりしこと跡にて御称美ありといふは最世間に聞なり。按に此事先達皆多くいへり。諸家の書にいまだ見当らねど有しことにやとはおもはるゝ也

和睦の白旗数流を受け取らぬことを称賛したと国学者が書き留めている。

嘉永六年八月二〇日以降に初出する白旗差出の件と白旗書簡の風説は、その流布にあたり表記を様々に変え訛伝していく実態にこそ風説の在り方が見られるのである。殊に白旗書簡の風説に浦賀与力聞書が垣間見えるのは、六月四日対話記録の原本がないためペリー来航により江戸湾の実態を語るために参照されているとみる。

註1　東京帝国大学文科大学史料編纂掛編纂「大日本古文書　幕末外国関係文書之一」の一一九、二六九頁参照。
註2　「高麗環雑記四十九　癸丑林鍾録下」三オ～ウ参照。
註3　註1、一の二〇、一三九頁参照。
註4　添川栗編「有所不為齋雑録」藤田清校字、昭和一七年三月中野同子発行、活字本第一集二八オ上～下参照。
註5　幕末維新外交史料集成第二巻、三五二頁参照。
註6　拙著「添川廉齋－有所不為齋雑録の研究－」第二章第七節で言及したが、その事実を認めた主語を添川廉齋とした。削除し無名氏と訂正する。
註7　註1、一の二七一、五一〇頁参照。

チ　「ペリー来航予告情報」と与力聞書

「ペリー来航予告情報」については、岩下哲典氏が九一年「開国前夜の政局とペリー来航予告情報」(「日蘭学会会誌」第一五巻第二号、のち二〇〇〇年「幕末日本の情報活動－『開国』の情報史－」雄山閣出版一月発行所収『ペリー来航予告情報』と中央政局の動向」と改題)で、「ペリー来航予告情報」の伝達に与力聞書が引用された。与力聞書受容史では初めての引用の仕方である。「ペリー来航予告情報」である阿蘭陀別段風説書の伝達が阿部伊勢守の手で実行されたとして、右論文の註(39)で嘉永五年条に御三家廻達を記した「世続一世記」(徳川林政史研究所蔵)を掲げ、また一六号文書樋田第一項(「大日本古文書　幕末外国関係文書一」の一六、六五頁)

昨暮に至り(嘉永五年末、岩下註)、四家へ御達に相成、浦賀奉行へも同時御達有之候

を引用し、阿部は一一月二六日に島津斉彬に廻達した写本の写しを、尾張徳川慶勝は一二月四日に斉彬より秘かに借

り受け筆写し、同月七日に徳川斉昭に廻達している。阿部が御三家に廻達した日時として、十二月七日以降年内と考え、一方江戸湾防備の彦根・忍・川越・会津の各藩と浦賀奉行へも同年末に伝達されたとみる。

嘉永六年六月三日ペリー来航を目の当たりにした浦賀奉行支配組与力等は、阿蘭陀別段風説書に記された「ペリー来航予告情報」と見比べ艦隊乗組員との接触から、樋田第二項（同六五頁）

一蘭人兼て申通候通り、上官の名船数すへて符合す、只四月と申処六月に相成候儀而已相違せり

と報告せざるを得なかったとする。この聞書の同論文註(63)には、オランダ人の予告情報を「『ことごとく秘密に』して何の対応策も講じなかったこと、筒井政憲がさかんに建議したが幕閣は取り合わなかったこと、昨年暮に四家へ情報を廻達したとき浦賀奉行へも同時に廻達されたが、奉行はそれを秘して与力にも見せなかったこと、二・三月に『紀伊守殿より御手当向御申出之処、一切御取用無之』であったこと、海防掛が『異船何程来るとも日本之鉄炮にて打放さは直に逃帰るへし位の御腹合』であった」と樋田第一項も念頭に入れ述べる。岩下氏は右の樋田第二項に関して

浦賀奉行所の与力飯塚久米三郎は、悔し紛れに「オランダ人が一年前に予告したとおり、ペリーの名前、艦船数はすべて一致した。ただ四月というところが六月になっただけだった」と幕府に報告したのだった。

と書き（「幕末日本の情報活動」第一部第二章第三節「幕末日本における『ペリー来航予告情報』」一〇三〜一〇四頁参照。ここにある註(41)には、「『大日本古文書』幕末外国関係文書之一、六五頁。」とあり、樋田第二項を指す。）、樋田を飯塚に変更している点に、以下述べる「白旗書簡の出典と与力聞書」の問題があるのである。つまり樋田の誤植ではなく、樋田を飯塚に置き換えている点に意味があると考える。与力等は「ペリー来航予告情報」を知っていたのか、矛盾する表現も気になるのである。

ペリー来航と「砲艦外交」については、本稿ト「『秘談本』風説・白旗書簡の挿入とその展開」でみた。岩下氏○三年「江戸時代における白旗認識と『ペリーの白旗』」（「青山史学」第二一号）で、新出史料「異国船之一件」（尾張家か紀州家御城付の書留写し）により、ペリー側からの白旗提示（降伏の合図として認識した）は事実あり得たが、白旗書簡の記載はないので、白旗と白旗書簡は切り離して考えるべきだとする。松本健一氏の日本が白旗を降伏の意味として認識したのはペリー来航の時だったとする点に反論して、以下三点を掲げる。①景行一二年紀の素旆、常陸国風土記行方郡の白幡は降伏の印であった。②文化二年より四年の魯寇事件でオランダ通詞に対し商館長ドゥフは、白旗を舳先に掲げることが軍使権の行使を意味することを語った。③アヘン戦争で英将の白旗を掲げた脚船に清人が発砲した事実を吉田松陰は「問条」で疑問を綴り、松陰は白旗の意味・国際慣例を理解していた。右のようにペリー来航時日本人は浦賀においてどう認識されていたか確証はないが、白旗に様々な意味があることを知っていたのである。その上で岩下氏「江戸時代における白旗認識と『ペリーの白旗』」には、山本詔一氏「嘉永六年六月浦賀奉行支配組与力等より聞書」（横浜市立大学よこはまアーバンカレッジテキスト。原本は神奈川県立図書館蔵「異国船見聞記」）の「飯塚久米三郎より聞書」の末尾

一、書翰の外に何か一尺五寸計りの板箱二ツ、鉄之輪をはめ、図の如し、此物何品なるか更に相分り不申、牛の塩漬と申説も有之候へとも、中々左様の物とも思われす、書翰同様に江戸に送り申候

或ハ云、此箱之中ニ白旗弐流・漢文之書一通有之由、其書大意ハ此度呈候書翰の趣意一々承知ハ有ましく、左すれは一戦ニ及ふへし、然れハ勝算は我にあり、其節降参を乞ひ度ハ此旗を動すへし、左すれは船を退けんとの義やと云、信じがたし（と）いへども風説の儘を爰に記す、

を掲げ、「ここで注目すべきは、飯塚らは木箱のなかみを確かめていないにもかかわらず、『白旗弐流・漢文之書一通』

の『風説』を記していることである。ここまでくるとどうやら、この後、巷に流布する一連のペリーの白旗と書簡の風説はこの『飯塚久米三郎より聞書』[註1]が源流のようにも思われる。」と書く。そして吉田松陰の「二十一回叢書」（本稿トに引用）に出る水戸藩士海保帆平が飯塚久米三郎の聞書を記して、松陰は「白旗送りし事は実説なり、水戸老侯より浦賀へ遣はされたる物聞海野半平か記に応接方与力飯塚久米三郎か話を記して、書翰□ノ箱ノ下、何ニカ一尺五寸計ノ板箱弐ツ、鉄の輪を〆□如図物何品なるや、（省略）書翰一同江戸へ送り候とあれは、是そ白旗入の箱なるへし、如此恐嚇を受て辱とせすんは、世に差愧は無き事なり」と、白旗の提示はあったが白旗書簡は否定する。岩下氏は原本「異国船見聞記」の作成者を、現段階では不明とするも註では海保帆平と思われるとする仮説を立てている。その背景を「彼らは誇り高き武士である。降伏の仕方を夷狄が教えるなど不埒もはなはだしいと思ったのではないか。この意識が、白旗を記録（たとえば『飯塚久米三郎より聞書』など）に残すきっかけになったことは想像に難くない。」点に海保帆平が登場する。さらに「『飯塚久米三郎より聞書』をもとにして、いわゆる『白旗書翰』が偽作され、藤岡屋日記には、そのロシアバァージョンが収録され、『大日本古文書』にある（『六月四日浦賀表米船対話』か、筆者註）ようなアメリカバァージョンも作られて次々と流布するのである。さらに十月ごろになって、白旗を浦賀奉行所が受け取らなかったので褒美が出た（『片葉雑記』、筆者註）と尾鰭までついたのである。」として、白旗書簡偽作の震源に「異国船見聞記」飯塚より聞書末尾の「或ハ云」を位置づける。ここに先の樋田第二項に関して、飯塚に人名変更している理由があるのである。この考えは岩下氏〇六年「江戸の海外ネットワーク」（「歴史文化ライブラリー207、吉川弘文館二月発行）にもつづくとみる。事実同氏〇六年「予告されていたペリー来航と幕末情報戦争」（洋泉社新書153、五月発行）の第五章「老中・阿部正弘は『来航予告情報』に信憑性を置いていた」で、長崎奉行牧義制は商館長クルチウスの「ペリー来航予告情報」に信憑性がないと一蹴した。翌年六月三日ペリーは確かに江戸湾に来航した。

浦賀奉行所の与力飯塚久米三郎は、悔し紛れに「オランダ人が一年前に予告した通り、ペリーの名前、艦船数はすべて一致した。ただ四月というところが六月になっただけだった」と幕府に報告した（いわゆる「与力聞書」『大日本古文書』幕末外国関係文書の一に所収）

と先に掲げた「幕末日本の情報活動―『開国』の情報史―」第一部第三節四、一〇三・一〇四頁（註41）の一節を直接添付しているからである。

右の岩下説には、一六号文書の与力聞書に文献として史料批判がなされていない点に問題があると思われる。まず「異国船見聞記」飯塚より聞書末尾の「或ハ云」は、聞書の本文か否かから始めねばなるまい。「或ハ云」の表記は、幸い別写本の再稿本系「米夷留船秘談」の飯塚第一九項末尾にある。その翻字は高橋恭一氏「浦賀奉行与力よりの聞書（黒船来航見聞実記）」（『横須賀市博物館研究報告（人文科学）』第六号）の同項を掲げる。翻字と原本の相違はルビで示す。

一書翰箱の外ニ何か一(壱)尺五寸計り之箱二つ鉄(ツ)(銕)の輪をはめ図のとき物何品成かさらに相分不申牛の塩漬と申説有之候へ共中々左様之物にも思はれす書翰同様ニ江戸え送り候

或ハ云此箱之中ニ白旗弐流漢文之書一通有之由其書之大意ハ此度呈候書翰之趣意一〻承知ハ有ましく左すれは(ハ)一戦ニ及ふへし然るに勝算は我にあり其節降参を乞ひ度ハ此旗を動すへし左すれは(ハ)船を退そけんとの義やと云信じ(しか)がたしといへども(と)風説之侭を爰に(ニ)記す

右には行替え一字下げになり、その本文とは別に挿入された異文の扱いである（掲示写真⑧⑨参照）ことが判明する。現在実見していない「異国船見聞記」と関係が不明であるが、山本詔一氏より史料提供を受けた「嘉永六年六月浦賀

奉行支配与力等より聞書ー米船浦賀渡来一件ー」（横須賀史学研究会編「浦賀奉行所関係史料第四集」所収、神奈川県立図書館蔵、現在同県立公文書館蔵）の該当表記も行替え一字下げとなっている。また本研究のもとになった先の「三本（有所不為齋雑録本・続通信全覧類輯本・一六号古文書本）対校『六月浦賀奉行支配組与力等よりの聞書』」（拙著「添川廉齋ー有所不為齋雑録の研究ー」所収）から諸写本調査に至り、「四稿本（初稿本・改稿本・再稿本・修訂本）対校与力聞書校本」を提示するに至った。書写本を帰納した四稿本の本文に、「或ハ云」の表記はない。つまり岩下氏の引用した「異国船見聞記」の行替え「或ハ云」（行替え初字は一字下げだが、次行から一字上がり本文同様となる。）の表記は、本文とは別に挿入された異文であることが判明する。

岩下氏は吉田松陰「二十一回叢書」の「飯塚久米三郎か話」を記した海保帆平が、「異国船見聞記」（「飯塚久米三郎より聞書」に「或ハ云」があるゆえ）の作成者とする仮説を立てた。さらに岩下氏は「江戸の海外ネットワーク」で、「この『与力聞書』の作成者は、水戸の徳川斉昭の意を受けた水戸藩士で剣術に秀でた海保帆平であると書く。鹿児島大学付属図書館の玉里文庫に所蔵される『亜墨利伽図説・海防名応接記』という史料が『与力聞書』の原本に近い写本である。過日親しく調査したところ『嘉永六丑年六月三日未中刻、浦賀エ北アメリカ国蒸気船並ニ軍船渡来ヨリ帰帆一件、浦賀奉行井戸石見守・戸田伊豆守両組与力応接掛リ役合原両人並ニ飯塚久米三、香山栄左衛門、近藤良治外一人ヨリ極密々聴聞ス、不免他見　水戸　皆保帆平』とあって、『与力聞書』成立の経緯が判明した。」（一四三頁）と書く。しかし「水戸皆保帆平」の奥書が「亜墨利伽図説」末尾にある「海防名応接記」の飯塚第二〇項には、この異文は当然存在しないのである。玉里本が与力聞書の原本に近い写本である点に関しては、「本研究第七節、各稿本系諸写本のロ、初稿本系『海防名応接記』補筆」を参照されたい。「或ハ云」表記は、飯塚による聞書ではなく、「米夷留船秘談」筆者が、飯塚第十九項を砲艦外交と捉えその補足説明として風説を引用したものなのである。

与力聞書成立の経緯に、岩下氏は香山が軍艦の中で圧倒的軍事力を誇示され、白旗を降伏の屈辱だと認識した体験の先に、白旗書簡が作られた可能性をみているのは同感である。砲艦外交に対する日本人の抵抗が白旗書簡の意味するもので、幕末の政局を左右する知識人の海外情報ネットワークに、世論形成のための偽情報が流されたとみるのである。しかし同書一四四頁の図28「与力聞書」写本は、改稿本の続通信全覧類輯の本文と同文らしいが、玉里本ではない。掲載意図は何か理解できない。

岩下氏には「予告されていたペリー来航と幕末情報戦争」（洋泉社新書153、〇六年五月発行）の第二章「正確な情報を知らなかった浦賀奉行所の与力たち」で「与力聞書」の来航予告情報に言及し

「与力聞書」とは、浦賀奉行所の与力たちが、黒船来航の情報を収集するために浦賀にやってくるさまざまな人々の求めに応じて見せていた資料である。今日で言えば、さしずめ記者会見用のプレスリリースといったところであろう。情報を求める人々は、五月雨式にバラバラと浦賀にやってきた。それらにいちいち対応していたのではとても仕事にならない。そこで話す内容をあらかじめ文字にしておいて、それを写させたのではないだろうか。

と「与力聞書」の性格を書く。秘匿されたペリー来航予告情報を、樋田多太郎の聞書として「このたび入港した異国船は、一昨年と記憶しているが、オランダ人が通報して来たことで、石炭置き場の土地借用ならびに交易を願うためということを承知している。（上層部によって）ことごとく秘密にされ、警備のことも命令がなかったので、西丸留守居の筒井政憲殿が、厳重な警備態勢を敷かないとまずいとしきりに上申されたが、さらにお取り上げがなかった。ようやく、暮れになって江戸湾防備の四家（会津・忍・川越・彦根の四藩）に情報が伝達され、浦賀奉行にも伝達されたが、奉行は奉行で与力にほとんど通達しなかった。当年二月、三月になり、来航の時節が近づいたので、筒井殿が警備の件で上書を提出したが、これまた一切ご採用がなかった。恐れながら、当時のお役人は『異国船がどれだけ

来ようとも、日本の鉄砲を打ち放てば、直ぐにも逃げ帰るだろう』ぐらいの腹積もりしかなかったようで、嘆息に堪えない。」と奉行と与力との越えがたい溝を皮肉を込め批判すると書く。これは一六号文書の樋田第一項

　一此度入津の異船、一昨年と覚候、蘭人を以申込有之候儀にて、石炭置場土地借用并交易を通するとを願ふといふ事、兼て御承知の儀にて候処、こと〳〵く秘密に而已被成置、一向御手当の儀被仰出も無之候付、筒井肥前守殿より、厳重の御手当無之ては不相成旨頻に御申上に相成候処、更に御取上無之、よふ〳〵昨暮に至り、四家へ御達に相成、浦賀奉行へも同時御達有之候処、又候奉行秘し置、与力へは一切通達無之、扨当二三月に至り、追々時節にも相成候ニ付、紀伊守殿より御手当向御申出之処、一切御取用無之由、乍恐当時の御役人は、異船何程来るとも、日本之鉄炮にて打放さは、直に迯帰るへし位の御腹合なるか、慨嘆に堪す候、

の欄外の標出には「幕府蘭船ノ忠告ヲ秘ス」とある。異国船に通詞を乗艦させる件で、「本来ならば通詞一人と当番の中島三郎助二人きりのところを、奉行からの内意で香山栄左衛門が遣わされ（省略）樋田は、香山一人による応接が与力の間で物議を醸したことを述べている。」と史料引用しないが樋田第三項後半、一字下げは諸稿本では二行割註

　通詞壱人当番にて中島三郎助可参の処、奉行より香山栄左衛門は内意も申含置候間、香山を遣し候様差図ニ付、右一人ニて応接致申候、

　　香山内意の含に付、同役不平、色々議論相起り、甚六ケ敷儀に有之、是ハ仲間中の事故、委細は不申上と云て止り候、又異船応接香山壱人に託し候は、深き意味有之事の由

の欄外の本文に標出「奉行特ニ香山ヲシテ応接セシム」、二行割註該当に「与力ノ間ニ物議起ル」とあるによる。「近藤良次より聞書」として、「（浦賀に）着船した時、応接掛の佐々倉桐（トウ）太郎、中島三郎助、近藤良次の三人が乗り付け

たが、まったく乗船を許さなかった。（相手は）『国王の書簡を持参した。そちらから政府高官を派遣して受け取るか、我がほうから赴いて手渡すか、どちらかだ。書簡受取のほかは問答はしない』と言う。」そこで「われわれは、定例の『この地に乗り込むことは国禁である。長崎に廻るべし』と言った所、先方は『本件は、先年オランダ人を以って通達した事である。それなのに、かように言うのはどういうことだ』と大いに腹を立て、交渉が難航した。」とあり、つまり「今回の異国船の件は、オランダ人より通達があったことは、昨年暮れ奉行に内々伝達されていたということであった。しかしながら、それも夏頃来るかも知れぬ程度のことで与力にも諮ることなく、交渉の際に大いに困惑したものである。」と予告情報を「きちんと知らされていなかった批判」「浦賀奉行所の与力の間では、嘉永五年暮れには黒船の来航が相当なうわさになっており、交渉の最前線に立たざるをえないものとして『どう対応するか』が問題となっていたことがわかる。」と解釈する。史料引用がない近藤第二・三・四項をつづけて掲げる。

一着船の節、佐々倉桐太郎中島三郎助近藤良次（三人共応接方也）乗付候処、決して乗船を不許、国王の書翰持参致し候、其方より重官の者受取に参り候哉、又此方より参り手渡可致哉、書翰受取渡の外掛合可致筋なしと云、

一定例の詞にて、此地へ乗込候事国禁也、長崎へ可参の旨申諭候処、此度之儀は、先年蘭人を以通達致し置候事也、然るを右様の事申され候は、如何の儀ニ候哉とて、大に腹を立て、掛合向甚難渋致し候、

一此度の異船蘭人より通達有之候儀、昨年暮奉行へ内々御達に相成候由、併夫も只来夏は来るかも知れぬ位の事故、与力共も一向弁へ居不申故、掛合の節大に困り候事有之候由、

近藤第四項欄外の標出には「与力等米船ノ来ルベキヲ知ラズ」とある。与力は来航予告情報を完全に秘匿され聞かされていなかったのか、きちんと知らされなかったのか、相当なうわさになり「どう対応するか」問題となっていたの

かは別にして、「ペリー来航予告情報」の重要な史料として「与力聞書」が初めて引用されたのである。しかし江戸と長崎ではこの情報に対する温度差・認識の相違が、警備の直接担当者に情報が達していても、その重大性が認識されることは少なく、海防掛によって情報の重大性・緊急性が薄められたために、有効な政策ないし対策にまで高められなかったと指摘する。ペリー来航に際会した香山栄左衛門やペリー来航を信じた阿部正弘の苦悩と焦燥、黒船騒動がもたらした「自由」の雰囲気とそれへの失望をたどり、情報に目覚め近代への道筋を自覚した近代人としての日本人の姿をみているのである。

註1　この「或ハ云」は、「異国船見聞記」に行替えで本文様式だが、秘談本には行替え一字下げ（掲示写真⑧⑨参照）でその内容からも聞書本文でないことがわかる。詳細は以下、本文に記した。

リ　「与力聞書」受容史まとめ

明治一五年発行「尊攘紀事」の「彼理兵の護衛を従へ、館に入り位に就き、国書方物を進む。」から、明治一七年五月発行「訂正尊攘紀事補遺」の「簇擁（ソクヨウ）して館に入り、館隘（せま）く衛兵の進入を遏（とど）むるも、聴かず。」「出迎へ礼揖するも、敢へて答礼せず」に至る表記には、ペリー衛兵の応接所闖入から幕府の徳義を蹂躪した次第が表現されている。国体の侮辱と受け止め憤慨した尊攘論者岡千仞は、与力聞書初稿本を掲載した有所不為齋雑録三二冊を編輯者の嗣子添川鉱之助から明治七年五月五日に借り受け太政官歴史課で一覧している。類輯本（改稿本）は外務省で明治一八年末に出来、同二一年が編纂の下限である。従って岡の一覧した与力聞書は、雑録本（初稿本）であったと推定する。

明治四二年七月発行「井伊大老と開港」は、日米両国親善の端緒を開いた井伊直弼の大業を称揚する。中村勝麻呂は彦根藩士であったことにもよるが、「米人応接場ニ闖入ス」を引用し不測の事態に直面するも、開港を断行した井伊の決断にあるべき維新の扉を見出している。幕藩体制の崩壊は、内的要因からではなく外的要因の世界資本主義との接触によるとみる。資本主義を導入した明治政府は、ペリーの開国圧力を肯定的に受け止めているとみる。与力聞書樋田第六項の引用には、幕府権威の失墜に倒幕に至る扉が開かれた意味も皮肉にも存在する。中村は明治三七年一〇月より翌三八年一〇月まで外務省編纂事務嘱託主任として、与力聞書古文書本の底本である幕末外交文書集の編纂にあたり、明治四〇年一一月東京帝国大学文科大学史料編纂掛になり幕末外国関係文書の刊行に関与した。与力聞書の引用は、以後当然に古文書本によることになる。

明治四三年一〇月発行「阿部正弘事蹟」で、世界的規模で推進された産業化により、米国による捕鯨船遭難の保護と東洋航路の給炭所確保さらに貿易の利を得んとする資本主義の動向は、世界の大勢に制せられたものとみる。福山藩生まれの渡辺修二郎は与力聞書を引用して、彼我国力の差異、世界の大勢に開国やむなしとする阿部正弘の戦端を開かない穏便なる開国政策が、維新明治の扉を開いたとみる。註1

昭和二年一二月脱稿「近世日本国民史　開国日本」で、ペリーによる日本開国は日本の攘夷運動から討幕へ方向転換した点に、徳富蘇峰は欧米列強による植民地化をまぬがれ、余毒を余恵たらしめた動向があるとみる。オランダよりのペリー来航予告情報を幕府は隠し、浦賀与力が応接した事実から恥辱を感じ国辱と受け止めた危機的現実から、開国という方向へ事態が展開し攘夷から討幕へ梶を切るに至る。浦賀の騒擾は、幕府の海外情報秘匿に起因するが、厳重に秘匿された幕府機密情報が与力をして語らしめている点に与力聞書の問題点もある。

昭和一七年九月発行「新訂維新前史の研究」で、井野辺茂雄は欧米の資本主義的世界市場形成の一環として明治維新決定の要因を国際的条件や幕末の経済的発展だけに求めるのは、その全貌に対する正しい認識が得られない。鎖国時代の対外政策がより多く内に向かって働き、遂に社会改造の機運を導いた経過並びに発展を叙して、明治維新の指導精神を語ろうとする。弘化嘉永の世論は概ね非戦または開国に傾き、欧米諸国の勢力が加わるに従い、国民の不安が伴い衝突を避けるよう穏便に戦端を回避している。ペリーの威嚇と実力を伴わない外交の無意義を語る。井野辺はペリーの威嚇として、国書提出の際に「白旗二旒」を奉行に贈るに「白旗書簡」をも添付したと、与力聞書飯塚第一九項が語る国書授受の補足説明に風説を引用した。与力聞書本文とは直接関係はないが「白旗二旒」の交付は、平成一〇年代に白旗伝説として白旗書簡の真贋問題が展開するのである。

昭和五一年五月発行「浦賀奉行」で、高橋恭一氏は鎖国日本の滑らかな肌にできた腫物を切開手術したことが、日本開国の事実であった。この腫物は世界近代化の風が、鎖国日本の肌に当たって出来たもので、ペリーは威嚇という手術用具を用意して、日本の開国に成功しアメリカの目的が達したのは勿論ながら、我が国も世界の近代化の波に乗るスタートを切ったと譬えた。ペリー来航により浦賀は幕府の玄関となり、浦賀奉行だけが外交的役割を果たすようになった。日本外交の原点となった浦賀奉行について「浦賀奉行史」を著し、再稿本系写本「米夷留船秘談」を翻字し、「浦賀奉行」で口語訳し、本文の誤字を修訂本で訂正紹介した。修訂本成立後、与力聞書の引用は修訂本からに限定されてきた。しかし高橋氏は口語訳ながら秘談本を引用し、与力聞書受容史上で写本の存在を世に知らしめたのである。修訂本に比べ異文も存在する秘談本に価値を見出していた。それは結果的に修訂本が多く依拠した再稿本としての価値を見出していたことになる。与力聞書という史料引用の世界に一石を投じたのである。

高橋恭一氏の翻字した「米夷留船秘談」飯塚第一九項が語る国書授受ペリーの姿勢を、秘談本筆者は砲艦外交と捉え、その末尾に行替え一字下げにして「白旗弐流」と「白旗書簡」の風説を挿入し補足説明した。「白旗書簡」は幕末外国関係文書之一の一一九号文書に表記はあるが、維新史料編纂会は偽文書とみる。「白旗弐流」については、同文書之一の二〇号文書その他にある、その交付は事実とみる。原剛氏は昭和六三年に「砲艦外交」の視点で書簡と白旗を事実とした。平成七年以降、松本健一氏の「白旗伝説」の諸論考により、その真贋問題が展開した。「白旗書簡」の真贋問題に火を付けたのは、平成一三年「中学社会　新しい歴史教科書」扶桑社版のコラム「ペリーが渡した白旗」が、一一九号文書を事実とし、中学歴史教科書の記述をめぐり歴史学会との間に論争が起きた。与力聞書本文には、白旗差出と白旗書簡の表記は存在しない。行替え一字下げの風説が挿入されたのは、未曾有の開国圧力に直面した当時の恐慌、社会の閉塞感を語るものとみる。六月四日対話記録の原本がないため不明であるが、ペリー来航による江戸湾混乱の実態を表現しているのである。

「ペリー来航予告情報」とは嘉永五年六月五日長崎に赴任した新商館長ドンケル・クルチウスによってもたらされた咬𠺕吧都督職之者筆記や別段風説書の史料群により明らかになった事実である。この史料群は有所不為齋雑録に収録され、勝安房著「開国起原」（明治二六年一月宮内省版）巻上の冒頭にも掲載される。[註2] 岩下哲典氏は阿部正弘によ る別段風説書の廻達をみつつ、四藩へ御達の史料を与力聞書に求めた。与力聞書受容史において、「ペリー来航予告情報」をテーマに初めての史料引用となる。しかし同氏の与力聞書史料引用には、際だった偏向がある。それは①樋田第二項の発言者・樋田多太郎を、飯塚久米三郎が悔し紛れに幕府に報告したとする事。ここに「白旗書簡の出典と与力聞書」の問題がある。それは「異国船見聞記」の「飯塚久米三郎より聞書」末尾の一文は、該当する初稿同聞書第二一項・改稿再稿同第一九項に存在しない。再稿本系の秘談本には、問題の「或ハ云」の風説が行替え一字下げで表記される。後の風聞挿入を与力聞書本文と誤り、ペリーの白旗書簡の風説を「飯塚久米三郎より聞書」が源流と誤解する。②吉田松陰「二十一回叢書」に記載される海保帆平の「飯塚久米三郎か話」に白旗の提示があるため、「異国船見聞記」の筆者を海保とみる。③与力聞書・玉里本の奥書に「水戸皆保帆平」とあり、再稿本系本文の行間に初稿本系細字を補筆した玉里本成立の経緯が判明したとして、「与力聞書」原本の筆者を海保帆平と強弁するのである。[註3]

註1　旧福山藩関係では、福田禄太郎編輯の「阿部正弘公」は大正一三年七月広島県福山市で発行された。大正一一年一一月一六日福山城内に「贈従三位侍従伊勢守阿部正弘像」除幕式が挙行され、福山傑人の顕彰を目的とした出版であった。その中の「公とペルリの来浦」に久里浜応接所を叙して与力同心のもの、陣羽織小袴に身を固め、刀を挟みて坐し、イザといはゞ、応接所に闖入して、一刀両断せんとの気勢を示せり、米人闖入を、与力同心が米人を一刀両断せんと潤色している。授受した国書を彼れ書翰の箱を奉行の前に置けり、箱は縦一尺五寸横一尺三寸許り、（省略）今一つの箱は、幅一尺、厚八寸に、横文字、真文字にて書けり、（省略）書簡三通は、亜米利加文、漢文、蘭文是なり、外に漢字蘭字にて書し、閣老に呈するの、書あり、儒官筒井肥前守正憲をして漢字を読ましめ、閣老始め之を聴聞するに、難船救助、通信、交易の三件なり、若し御許容なきときは、戦争に及ぶべし、云々の意なり、此時たゞ米翰を受取りしのみにて、未だ願意の許否を応接したるにあらず、かくて十日の薄暮、米艦頻りに発砲せしかば、其声殷々として江戸に達し、市民は今にも開戦せんかと、驚き惑ひ、老中若年寄は登城し、将軍の夫人は、まさに避難せんとせしに、已にして砲声止み、十一日浦賀に退き、十二日朝抜錨せり、飯塚久米三郎より聞書第一九（初稿のみ第二一）項を引用しつつ、与力聞書とは別に風説の白旗書簡を挿入し言及する初出と考える。いずれにせよこの難局を踏み謬らざらしめた阿部正弘公の威徳を称揚する。

註2　本稿第二章ペリー来航予告情報とオランダ国王開国勧告史料の研究―嘉永五年壬子六月和蘭告密書御請取始末にみる幕府政権中枢との情報ネットワーク参照。

註3　与力聞書からみた岩下氏の史料引用の問題点
山本詔一氏「嘉永六年六月浦賀奉行支配組与力等より聞書」（横浜市立大学よこはまアーバンカレッジテキスト、原本・

神奈川県立図書館蔵「異国船見聞記」の飯塚久米三郎より聞書の末尾）

> 一、書翰の外に何か一尺五寸計りの板箱二ツ、鉄之輪をはめ図の如し、此物何品なるか更に相分り不申、牛の塩漬と申説も有之候へとも、中々左様の物とも思われす、書翰同様に江戸に送り申候
>
> 或ハ云、此箱之中ニ白旗弐流・漢文之書一通有之由、其大意ハ此度呈候書翰の趣意一々承知ハ有ましく、左すれは一戦ニ及ふへし、然れハ勝算は我にあり、其節降参を乞ひ度ハ此旗を動すへし、左すれは船を退け人との義やと云、信じがたし（と）いへども風説の儘を爰に記す

岩下氏は右を引用して、「ペリーの白旗と書簡の風説はこの『飯塚久米三郎より聞書』が源流のように思われる。」と言及し、吉田松陰「二十一回叢書」の『対灯私記』（吉田松陰全集第九巻、一九三五年岩波書店刊）

> 白旗送りし事は実説なり、水戸老侯より浦賀へ遣はされたる物聞海野半平か記に応接方与力飯塚久米三郎か話を記して、書翰□箱ノ下、何ニカ一尺五寸計ノ板箱弐ツ、鉄の輪を〆如図物何品なるや、更に相分り不申牛之塩漬との説も有之候へ共、中々左様之物とも思はれす、書翰一同江戸へ送り候とあれは、是そ白旗入の箱なるへし、如此恐嚇を受て辱とせすんは、世に羞愧は無き事なり

右を引用して、松陰の「飯塚久米三郎か話」によって「或ハ云」を飯塚より聞書本文とする。しかし「或ハ云」は秘談本飯塚第一九項末尾には行替え一字下げとなり、その他諸稿本すべて存在しない。つまり「或ハ云」は与力聞書本文ではなく、後に挿入された異文の扱いなのである。

飯塚聞書末尾を記した「海野半平か記」により「異国船見聞記」の作者を婉曲ながら海保帆平とする仮設をたてる。樋田第二項「一蘭人兼て申通候通り、上官の名船数すへて符合す、只四月と申処六月に相成候儀而已相違せり」とあるが、岩下氏は

> 浦賀奉行所の与力飯塚久米三郎は、悔し紛れに「オランダ人が一年前に予告したとおり、ペリーの名前、艦船数はすべて一致した。ただ四月というところが六月になっただけだった」と幕府に報告したのだった。

と樋田を飯塚に変更している。ここには松陰の「対灯私記」にある「飯塚久米三郎か話」を記した「海保帆平」の存在

がある。

「異国船見聞記」の作成者を岩下氏は「海保帆平」とし、「海防名応接記」について同氏は「江戸の海外ネットワーク」一四三頁に

この「与力聞書」の作成者は、水戸の徳川斉昭の意を受けた水戸藩士で剣術に秀でた海保帆平である。鹿児島大学付属図書館の玉里文庫に所蔵される「亜墨利伽図説・海防名応接記」という史料が「与力聞書」の原本に近い写本である。過日親しく調査したところ「嘉永六丑年六月三日未中刻、浦賀エ北アメリカ国蒸気船並ニ軍船渡来ヨリ帰帆一件、浦賀奉行井戸石見守・戸田伊豆守両組与力応接掛リ役合原両人並ニ飯塚久米三、香山栄左衛門、近藤良治外一人ヨリ極密々聴聞ス、不免他見　水戸　皆帆帆平」とあって、「与力聞書」成立の経緯が判明した。

玉里本が与力聞書の原本に近い写本とする。玉里本飯塚第二〇項に、「或ハ云」の異文は存在しない。玉里本の本文は再稿本系であり、加筆の細字は初稿本系の特徴を示すのである。従って玉里本は与力聞書の原本ではない。

第二章　ペリー来航予告情報とオランダ国王開国勧告史料の研究

――嘉永五年壬子六月和蘭告密書御請取始末にみる幕府政権中枢との情報ネットワーク――

はじめに

有所不為齋雑録（以下、雑録と称呼）に収録された日本開国に関する史料を検討する。雑録第一四のタイトルは、「乙巳壬子甲寅丙辰和蘭告密　甲寅下田応接」という。本稿の表題に絞れば「甲辰乙巳壬子和蘭告密」を考察の対象とする。ペリー来航予告情報の壬子和蘭告密を初めに検討し、後にオランダ国王開国勧告史料の甲辰乙巳（弘化元年二年）和蘭告密をみる。それは雑録に収録した「嘉永五年壬子六月和蘭告密書御請取始末」[註1]（以下、御請取始末と称呼）の史料検討と史料に付けられた朱書及び朱書頭註に、当時として進歩的で斬新な開明思想をもつ加朱者と幕閣関係者との関係を推定する。さらに雑録に収録された多くの幕府機密史料は、その編輯者添川廉齋と時の閣老阿部伊勢守正弘の福山藩主側用人石川和介との間に情報ネットワークーが存在した次第をみる。

御請取始末の初見は、雑録を調査した平成一〇年一二月であった。この時はアヘン戦争を報じたオランダ国王開国勧告とアメリカが日本と通商を遂げたい由を報じた咬嚁吧都督筆記に、加朱された朱書や朱書頭註の開明的な性格が、雑録の編者添川廉齋の思想を知る上で画期的史料であると考え、「廉齋の朱書及び朱書頭註」としてまとめた。しかし岩下哲典氏の「幕末日本の情報活動ー『開国』の情報史ー」[註2]に収録された「嘉永五年子六月和蘭風説申上一件諸書付」[註3]（以下、一件諸書付と称呼）の史料を知り、雑録に収録した御請取始末の史料を再認識した。ここに御請取始末と共通史料を含む一件諸書付を比べ問題提起したいと考える。さらに雑録では御請取始末と恐らくセットになる「弘化開国勧告史料」を考慮に入れることにより、御請取始末の史料としての特徴をより鮮明にすることができると考える。さらに史料につく幕閣関係者の留書が、御請取始末の構成に重要な役割を果たしている事実や、加朱された朱書や朱書頭註を精査すると幕閣関係者への上申という性格が判明する。ここに留書した幕閣関係者と朱書や朱書頭註を通して上申した無名者は、何らかの関係があると推定し、御請取始末の授受をみる。幕府政権中枢との情報ネットワークという視点では、幕府老中首座側用人石川和介から安中藩主漢学賓師添川廉齋へ幕府機密情報が、時に秘密物として史料提供された結果、有所不為齋雑録として輯成された次第をみる。添川は時に石川と共に史料に加朱し、朱書や朱書頭註として上申し、石川を通じて阿部正弘の国政判断の諮問に答えたのではないかと考えてもみた。

第一節　御請取始末の概要

御請取始末は、有所不為齋雑録に収録される。この史料群・御請取始末の性格を、同史料を収録する一件諸書付・鈴木大雑集[註4]（以下、雑集と称呼）・開国起原[註5]と比べみる。また御請取始末の史料には、本文に圏点を振り朱書・朱書頭註が施されているので併せて考える。

和蘭告密書とは、和蘭風説書である。鎖国の完成により平戸商館を長崎に移し、寛永一八年海外情報入手のため和蘭に提出を課したもので、天保一一年アヘン戦争により情報は増大し和蘭別段風説書と呼ばれた。[註6]

御請取始末は、嘉永五年六月五日長崎に特命を帯びて赴任した新商館長 トンクル・キュルシュス（Jan Hendrik Donker Curtius 1813~1879)が提出した史料を中心に、五段落にしてテーマ別に編輯した史料群である。史料により①テーマ名また留書を

史料全体のテーマ ------------------ Ⅰ

史料伝達の留書 ＜ 江戸幕閣関係者 ---------- Ⅱ・Ⅵ・Ⅶ
　　　　　　　　　長崎奉行当事者 ---------- Ⅴ・Ⅷ・Ⅸ

史料の小テーマ ------------------ Ⅲ・Ⅳ

ⅠからⅨで表示した。②個別の史料名をAよりPで表示した。③包紙表書また表紙上書をイよりヘで表示した。五段落にしたテーマ別の各個別史料に付いた圏点とそれに対する朱書また朱書頭註は、五段落にしたテーマ別の各所で検討する。では御請取始末を①から③に分けた三一項を掲げる。

①Ⅰ　嘉永五年壬子六月和蘭告密書御請取始末（御請取始末）

③イ　伊勢殿え
　　紅毛かびたん横文字指出候ニ付御内慮奉伺候書付
　　　　　　　　　　牧　志摩守

②A　紅毛かびたん横文字指出候ニ付御内慮奉伺候書付

③ロ
　壱　子六月六日
　　紅毛新古かひたんゟ指出候封書横文字真之物一
　　　　　通詞　西　吉兵衛
　　　　　　　　森山　栄之助
　　　　　　　　　　　受取候事

②B　和蘭かひたん別段差出候封書和解

③ハ

上封

裏

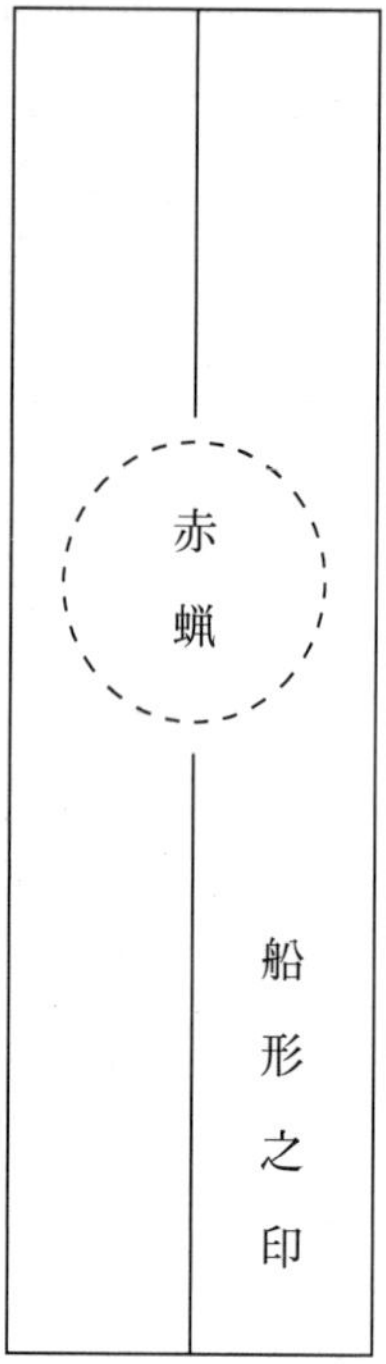

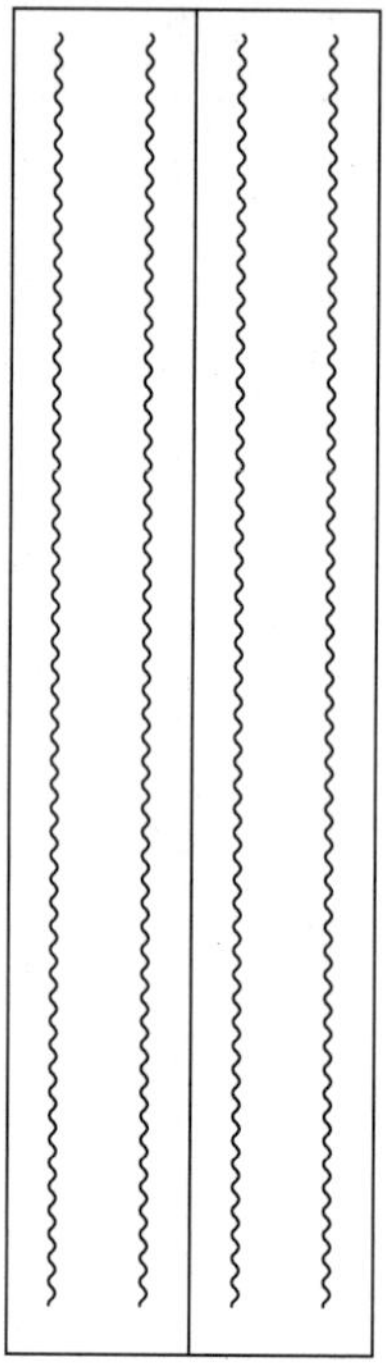

③ニ

（頭註、酉恐子誤）

酉六月十日夕通詞を以かひたんえ相達候

口上覚幷翌十一日かひたん再願横文字共

三通

②C　右書子六月十日夕通詞を以かひたんえ答申聞候口達之覚
②D　別段風説書之内
②E　かひたん再願横文字和解（見出欠補足）[註7]
①Ⅱ　子七月廿日於新部屋備前守殿え御直ニ上中鉄但伊勢守殿御引
②F　海防掛評議答申（見出欠補足）[註8]
②G　子七月廿八日伊勢守長崎奉行え覚（見出欠補足）[註9]
①Ⅲ　かひたんえ再廉（度誤植―筆者註）尋之口上振　紅毛通詞え
②H　長崎奉行より通詞え相達候書付（見出欠補足）[註10]
①Ⅳ　通詞え申含口上案
②I　通詞え口達之覚
①Ⅴ　答横文字和解　今十七日大通詞西吉兵衛小通詞森山栄之助を以御口達之趣奉承知乍恐口上書を以左ニ御請
申上候
②J　答横文字口上書和解
③ホ　咬𠺕吧都督職之者筆記和解御内密
②K　咬𠺕吧都督職之者筆記和解
①Ⅵ　子九月三日伊勢守殿海防掛一同え御直渡翌四日同所ニ而御直ニ返上同五日御勘定奉行え御下ケ篤と評議い
たし可申旨尤御勘定方御目付方筒井肥前守ゟ銘と申上候
②L　咬𠺕吧頭役筆記相廻候ニ付申上候書付

②Ｍ　海防掛評議答申（見出欠補足[註11]）
②Ｎ　長崎奉行え被仰渡案
①Ⅶ　子十一月十三日於新部ヤ伊セ守殿海防懸一同御渡壱冊壱通翌十四日清太郎ゟ請取十五日筒井肥前守へ相廻ス
①Ⅷ　子九月十三日両通詞話合候ニ付新かひたん差出候書面和解本書通詞え下ケかひたんへ戻ス
①Ⅸ　大通詞西吉兵衛小通事(ママ)森山栄之助ゟ口上問合有之候義ニ付左ニ申上候
②Ｏ　新商館長上申書（見出欠補足[註12]）
③へ　甲比丹差出候封書和解
恭敬大尊君長崎御奉行
牧　志摩守様
大澤豊後守様え阿蘭陀かひたん謹而左ニ申上候
②Ｐ　甲比丹差出候封書和解

右の三一項にわたる御請取始末の史料群は、一件諸書付・開国起原・鈴木大雑集の史料とどう関わるのか四史料を一覧する。6／11は日付、△は表記の変更、同は始末と同じ表記、○は表記の補足、同の下の数字は記載順番、斜線は史料がない、＊は同項脱文を表す。

始末	書付	起原	雑集
①Ⅰ	㇑風△説△申△上△一△件△諸△書△付△	／	／
③イ6／11	㇑御内意△	同7	／
②A6／11	同	同8	／
③ロ6／6	／	／	／
②B6／6	同	同5	／
／	②ⓒ6／10口達之覚	同1	／
③ハ6／11	／	／	／
／	②ⓔ6／10口上書	同2	／
③ニ6／夕10・6／11	㇑再願横文字和○解○共	／	／
②C6／夕10	同	同3	／
②D	同	同6	／
②E6／11	同	同4	／
①Ⅱ7／20	同	／	／
②F7／20	同	同9	／
②G7／28	同	同10	／
①Ⅲ	同	同11	／
②H8／17	同	同12 8／7	／
①Ⅳ	同	同13	／
②I8／17	同	同14	／
①Ⅴ8／17	同	同15	／
②J8／17	同	同16	／
③ホ	同	同17	同6
②K	同　共に同一項脱文	同18脱文なし	同7＊
①Ⅵ9／3〜5	同㇑子△五月三日	／	同1
②L8／9	同　9／20迄挨拶口上案申請	同19	同2
②M	同	同20	同3
②N	同	同21	同4
①Ⅶ11／13〜15	同	／	同5
①Ⅷ9／13	同	同22	／
①Ⅸ9／13	同	同23	／
②O9／13	同	同24	／
③へ9／20	同	同25	／
②P9／20	同	同26	／

御請取始末は、一件諸書付を参照すると、五段落構成になっていることがわかる。その構成には、史料全体のテーマ見出しや段落の小テーマ見出し、江戸幕閣関係者による史料伝達経緯を記した留書が大きな役割を果たしていることが判明する。

第一段落「都督筆記受理の可否」では、この史料群全体のテーマ①Ｉ「嘉永五年壬子六月和蘭告密書御請取始末」を掲げ、史料②ＡＢＣＤＥにより、第三段落で受け取る史料②Ｋ「咬𠺕吧都督職之者筆記」を受理するか否か問題にしているのである。史料②Ａは、長崎奉行が幕府に受理の内慮を伺う書付なので、編年的には議論を尽くした史料②Ｅの後に位置するもので、開国起原は事実そうなっている。しかしこの段落のテーマである筆記を受理するか否かを初めに総括し、提示する編輯意図により構成されているのである。

第二段落「海防掛評議答申」では、史料②ＦＧを以て海防掛の評議答申により、通信の嫌疑がかかる返翰を望まなければ、史料②Ｋを受理する幕府決定で編成される。

第三段落「商館長の誓約と都督筆記開示」では、史料②ＨＩＪにより返翰を望まない念を入れた確認と商館長の誓約を文書で取り付け、史料②Ｋの受理で構成される。

第四段落「前商館長へ挨拶口上案申請」では、史料②ＬＭＮをあげ史料②Ｋを江戸へ送るが、前商館長帰帆に際し、幕府挨拶口上案御下げ申請が目的である。海防掛評議答申で却下となった経緯を編成する。

第五段落「日蘭通商条約草案」では、史料②ＯＰにより史料②Ｋに書かれた「日本安全の一ツ之方便」を、新商館長が江戸幕閣高官の担当者に上申したく、史料②Ｐ日蘭通商条約草案提出で全構成を終える。

新商館長は、ペリー来航予告情報を自国の活路に生かしたく、アメリカとの確執を避ける名目で、いち早く日蘭通商条約草案を江戸幕閣高官の担当者と協議し、通商条約締結を意図したのである。この前段階として天保一五年オランダ国王の開国勧告があり、御請取始末を収録した有所不為齋雑録第一四には、甲辰乙巳和蘭告密が紅毛告密として一括収録されている。

御請取始末と一件諸書付は、同一史料から派生した同一内容をもつ史料であると考える。一件諸書付にある史料②ⓒⓔが御請取始末にないのは、②ⓒⓔが六月一〇日昼間、②Cが一〇日の夕方で、②Eが一一日と時間が接近し、内容も重複し伸展をみないため②CEの前提にすぎず史料価値に乏しいと判断しての削除とみる。一件諸書付に表書上書③ロハがないのは、史料②BCに史料名が明記されていることによる削除とみる。御請取始末表書上書③ロハニの包紙表書によって、表書上書③イと表紙上書された史料②Aに「別紙三包」と表記のある内容がわかる。[註13] つまり表書上書③ロに史料②Bを付けた一包、表書上書③ニに包まれた史料②CEと再願横文字表書上書③ハの一包、史料②Dの一包がそれである。

第二節　御請取始末の史料検討

御請取始末は、五段落の構成となっている。各段落にそって史料と史料に付いた圏点及び朱書また朱書頭註を検討する。

イ　都督筆記受理の可否

第一段落「都督筆記受理の可否」の史料②A「紅毛かびたん横文字指出候ニ付御内慮奉伺候書付」は、長崎奉行牧志摩守義制（よしさだ）が史料②BよりEの授受顛末を阿部伊勢守正弘へ報告し、史料②K「咬𠺕吧都督職之者筆記」を受理するか、幕府の内慮を伺った書付である。嘉永五年六月五日長崎に着任[注14]した新商館長ドンクル・キュルシユスは、同五日に横文字書面を差出した[注15]ので、通詞が開封翻訳したところ「御国法難受取義故其旨相答申候」と国法に触れるため受理できないが、「何卒江戸表え伺呉候様猶又横文字差出候」と再提出した和解が史料②Eである。ここで受理できないのは例年の風説書提出に紛れ込ませた[注16]史料Kであると認知していることであり、恐らく和解して内容も長崎奉行は理解していると思われる。

史料の配列で史料②CEは、開国起原で連続しているが、御請取始末と一件諸書付では史料②Dが間に挿入されている。史料②D「別段風説書之内」は、ペリー来航予告等の抜書一〇項目である。冒頭二項が商館長交替を語る。特に新商館長は阿蘭陀領印度の大裁判所評議役の貴官を役下げにしてまで、日本の危機に対応する情報を提供できることを表現したとみる。従って史料②Dは新商館長が日蘭通商条約締結にむけ、意図的に別段風説書から抜き書きした横文字の和解と考える。

第一段落の史料②CDEには、本文に圏点が振られ朱書や朱書頭註の書き入れがある。まず史料②C「子六月十日夕通詞を以かひたんえ答申聞候口達之覚」の本文に朱の圏点「尤定而深切之懇意とハ存候得共国法侵かたく不得止事次第ニ候事但遠方持越候かひたん定而本意なく候へハ当惑可致かとも被察候間江府迄伺度存意ニ候ハヽ勘弁之上可伺遣候間右之趣も承り書面ニ而可申聞事」を振り、次の朱書頭註1

鎮台之苦情可奈（いかん）外国人取扱之儀ハかくこそあり度者也

に必要な海外情報入手に対し冷静な対応を評価する。史料②D「別段風説書之内」一〇項に八箇所該当の書き入れがある。第二項の本文「一新かひたん義ハ以前阿蘭陀所領印度ニ有之候大裁判所之評議役ニ有之候」に次の朱書頭註2

阿蘭陀国王之深意ニ而如此貴官之者を役下けニ致かひたんに申付候事後之文ニ而可知

に阿蘭陀国王の情報提供に周到な配慮をした点に注目する。第五項の本文「右使節ハ共化（ママ）政治之フレシデント共化政治之司」に朱書1・2

書翰中伯理璽天徳ニ作ル

漢訳大統領ニ作ル

が左右にあり、当時の西文訳音と漢訳を紹介する。同項の本文「日本漂民送り越候由に有之候」に朱書3

漂民送り之義何故やみ候哉万次郎え尋度者（なり）

にジョン万次郎に尋問したいと発想の先進性が窺える。[註17] 漂民帰還中止とは翌年ペリー来航後の記事記載である。第六項の本文「右使等ハ日本湊之内二三ケ処北アメリカ人交易之為開キ度且日本湊之内都合宜所え石炭を貯へ置カリフヲルニー（地名）と唐国と蒸気船ノ通路ニ用度願立候由ニ有之候」に朱書頭註3

使節之本意如此時ハ一ケ所も御許なき時ハ如何様難題可申哉但シ此義計ハ如何様申候而も御許無之義と奉存候

に国法とは別に外圧にどう対処するかの発想が、薩州御届にみえる海外情報に対する共通する基本姿勢が窺える。[註18] 第七項の本文「北アメリカ蒸気仕掛軍船シユスリカンナ（船号）」に朱書4

書翰ニはシユスケハンナとアリ

の書翰とは嘉永五年壬子和蘭別段風説書か。[註19] 第八項の本文「一説に右船之使節を江戸ニ差越候命を受候由ニ有之候」に朱書頭註4

来春如此なるへし可畏とこ

があり、来航予告情報に恐懼し混乱を来すであろう江戸の現実を直視する。第九項の本文「当時之説ニてハ船将アウ

リツキ（人名）使節之任を船将ペルレイ（人名）ニ譲リ且唐国ニ有之候」に朱書頭註5

　アウリツキ事何故ペルレイニ譲リ候哉事情不相分候

に情報不足に事実を分析できぬ現実を見据えている。同項二字下げ「一ミスシスシツピ（船号）船司キリンネー（人名）但此船将ペルレイ（人名）罷在候」に朱書頭註6

　此度渡来之節ヘルレイはシユスケハンナ（船号）ニ罷在候由

ペリーの旗艦ミシシッピではなくサスクェハナと訂正している。第一〇項の本文「一風聞書ニハ上陸囲軍之用意も致し諸道具積入有之由候并右船ハ第四月下旬（当三月初旬ニ当る）前にハ出帆難成若ハ今少し延引可致由ニ有之候」に、まず朱書5

　果して延引して六月三日ニ入津せしなり

と本文右にあり、来航予告情報に対し翌年遅延して浦賀入港の事実を書き添えた。次に朱書頭註7

　此度使節船之内ニ十二ドイム之陸戦ホウキツスルニ挺載有之由夫等之事ニ候哉

と本文左（刊本のため頭註が本文中にある）にあり、戦争準備の情報にどのような大砲を備えているのか分析している。史料②E「かひたん再願横文字和解」の本文「昨十日御口達（②C「口達之覚」）ニ而（中略）当五日奉願候通（③ロ封書を和解した②B）右書面之義ハ御当国之御為至極御大切之事柄故彼是御手数御座候而江府表御伺ニも相成候ハヽ成丈急速御手当之程奉願候義ニ御座候」に朱書頭註8

　事柄大急之義ニ候得者尤之事と被存候

とあり、ペリー来航予告極秘情報に対し早急な処置を設けねばならぬ対応に尤之事と是認する情報判断がある。

ロ　海防掛評議答申

第二段落「海防掛評議答申」の史料②F「海防掛評議答申」は、長崎奉行の咬嚕吧都督筆記受理伺書②Aを受け取った阿部伊勢守が、その可否を海防掛大目付深谷遠江守盛秀・目付戸川中務少輔安鎮・同井戸鉄太郎弘道に諮り評議させた。御請取始末と一件諸書付には、幕閣の史料伝達に関する留書①Ⅱで、七月二〇日に戸川井戸が上申した事実がわかる。三名は返書を要しない風説書同様に受け取るなら通信の嫌疑には当たらないと答申するが、「都督筆記之書記迚もさして御採用相成候程之事も有之間敷哉」と外圧を窺う思索が欠如し、祖法遵守に終始している。この実体は朱書頭註で判明しよう。答申を受けた阿部伊勢守は、七月二八日に史料②G「長崎奉行え覚」を通達し、「答書等望候筋ニも無之哉之旨篤と相尋ね」念を入れ受け取らせた。

第二段落の史料②FGには、本文に多くの朱書頭註や朱書の書き入れがある。まず史料②F「海防掛評議答申」を前後省略して掲げる。本文「亜墨利加之義は既ニ三百余年ゟ一国ニ壱人頭立候者も無之諸蛮之内ゟ其役之者差渡置」に朱書頭註9

　此事何之西史ニ出候哉。一向覚へ不申事共ニ候。亜墨利加全洲ニハ、フラシール、メキシコー夫ゝ三国も有之。既ニ共和政治ニ而も一国ヲ為し居候義ニ而頭立候者も無之と申義一向相心得不申

とあり、幕閣海防掛でさえ西洋史や地誌[註20]に暗い現実に逢着する。つづく本文「中ニも暎咭唎国之勢力弥強大ニ相成」に朱書6

　此事若ヤアウスタラリー洲之覚へ違ニハ無御座候哉

とあり、オーストラリアの知見[註21]も散見する。つづく本文「海外諸洲多半ハ服従致候哉ニ相聞」に朱書頭註10

　海外諸洲英夷ニ服従致候ハ何之国ニ候哉

とあり、イギリス勢力の強大と諸洲多半の服従は別の問題である。つづく本文「右風説書ニ相見候使者船等も専ら暎咭夷属国等之仕業ニも可有之哉」に朱書7

　北アメリカハ独立国ニ而蕃夷之属国ニあらず

とあり、アメリカが独立戦争を経てワシントンが盟主（初代大統領）に就任したことも熟知した言[註22]であるとみる。つづく本文「左候ハヽ最不容易事柄ニ候間此度持渡候咬𠺕吧都督筆記仕候書面御覧も被為在候ハヽ自然御見合セに相成候筋も可有御座哉去ル巳年中御諭之御趣意は御座候へ共今般ハ奉行宛ニ而差越候義ニ候へハ聊異同も有之風説書同様之所と見抜候而御請取相成候ハヽ敢而先年之御諭振ニ齟齬仕候筋ニも相成間敷彼方忠告之情義も届き可申義と被存候」に朱書頭註11

　此評的当不可易

とあり、確かに違わず当たっているが簡単にはいかないと判断するのは、弘化二巳年の諭書で和蘭国王より日本国帝（日本国殿下＝征夷大将軍）へ開国勧告の書翰を送ったが、幕府は開国勧告と通信に当たる返翰とを丁重に拒絶した。今回は咬𠺕吧都督より長崎奉行宛なので、例年の風説書同様に受け取れば前回と矛盾しない。しかし商館長の返翰を望まない確約が必要であり、むしろ筆記の授受よりペリー江戸来航こそが重大事と見ているのである。つづく本文「猶折返し篤と評議仕候へハ彼国へは御朱印をも御渡ニ相成年久敷通商仕加比丹義ハ江戸拝礼等迄被仰付厚御取扱も有之候間御国恩之程ハ忘却仕間敷乍去当今之時勢何分徹底之旨趣ハ難測既ニ先年御忠節之趣申立本国船差越候砌も其書中之大要ハ交易之御制禁御弛メ被為在候様との趣ニ可有之哉」に朱書頭註12

　折返し篤と評議と申ゟ以下ハ思過とも可申歟

とあり、何が思い過ごしなのか。先年オランダ国王忠節の申立ても、実は鎖国祖法を弛める勧告であった。今回国恩は忘れていまいが、外国船が日本近海に多く出没する時勢にどのような難題が出るか予測不能であるとの猜疑に対する言及とみる。つづく本文「此義ハ御国地之御為ニ不相成段ハ勿論万一外国とえ交易御免ニ相成候へハ自ら通商向之為にも宜かるましく」に朱書頭註13

　己之通商ニ妨ケあればとて日本の御為を不奉存して被置可申哉此等之義ハ皆已欺人之心を以外国人を疑ふにて実に嘆敷心にあらずや

とあり、開国は双方の利益にならぬと思う根底に、外国人は欺罔の心を持っていると不信の念の存在を指摘する。この不毛な誤解から相互理解や発展が生まれないため嘆息する、当時にあって先進的思想が窺われる。つづく本文「都而右等之事中立候ハ何共仔細相分り兼其外信偽ハ弁へ兼候共」に朱書8

　阿蘭陀人なればとて一己之利計謀候者ニハ無御座能と分りたる事に候

とあり、彼我の差はなく人の善意を認知している。つづく本文「寛政年中ゟ其国と政令多くハ暎夷之下知を受罷在候抔世上伝流之説も有之」に朱書9

　此事全伝流之説なるべし西史ニハ一向見当り不申候

とあり、一七世紀後半の英蘭戦争によりオランダは衰退する。ニューアムステルダムをイギリスに割譲、一八世紀末東インド会社解散など、オランダは自国の情報をば隠蔽したのである。つづく本文「旁以此度持渡候都督筆記之書記迚もさして御採用相成候程之事も有之間敷哉」に朱書10

　阿蘭陀王之深切を無にするなるへし

とあり、濃やかな善意を偏見により拒絶する無意味さの指摘とみる。つづく本文「都督職之者ゟ差越候共元ゟ其国旧

来之当職にて風説書同様之義ニ御座候間御請取相成候而も差支之筋有之間敷候」に朱書頭註14

　其国旧来之当職ニ候ハヽ何故忠告之書翰御断ニ相成候事ニ候哉此ニ至リ候而ハ御国法迄も愚存ニ分リ兼

とあり、オランダに提出を課した風説書同様に受理出来る都督筆記を、「御採用も有之間敷」と見通し、受取りを拒絶する鎖国の国法さえも、国家存立の岐路に形骸化して見えたのである。つづく本文「若又書翰に候ハヽ、奉行宛と申立候共彼国王之命令を以差越候義を此方奉行請取開封致候得は則通信之嫌疑ニも当り且一度も開封致候上は返書不被遣と申訳合ニも相成かたく左候へハ此末迄も同様之義ニ御座候節ハ自然度ゝ請答ニも相成御国法に触候而已ならす果ハ如何様御取扱にくき事柄出来可仕も難計」に朱書頭註15

　二百年来通商之蘭人と国家之大事御請答被成候而何故御取扱にくき事柄出来可申哉

とあり、弘化二年乙巳六月朔日かぴたんえ喩書写[註23]「多年通商の好ミを忘れず至誠の致す所祝着これに過ず其懇志の程いさゝか会釈に及バされバ礼節を失ひ且誠意に戻る」から「是よりも会釈として国産の品ゝ送り遣す也」と通信の嫌疑に当らず、必要な海外情報を受理することが出来る。重大な不都合が生じると形式に泥む机上の空論を批判するのである。つづく本文「一体大切之義候得共別段風説書差上来候故右書面中え認加へ差出候而も可然哉之処先年御諭有之候間合も無之又候事体重大之訳柄故不得止事別封ニて差越候抔申立候ハ不都合之次第ニ相聞」に朱書頭註16

　彼国ゟ実意を以御一大事を御忠告仕候義を何故如此御咎相成候哉更ニ合点不参候

とあり、大切之義を風説書に認めなかった形式を咎め、一大事を忠告した実意を褒めない不合理を指弾する。つづく本文「既ニ奉行ゟも御国に於て難受候旨甲比丹え申諭置候義ニ候得共弥書翰之趣ニ候ハヽ御差戻相成候方事理人情之上ニ於て相当之筋ニ被存候」に朱書11

　此義御国法ニ媚候意ニ而一向事情に不通候

とあり、風説書同様に受理できることは論外にして、通信を認めぬ前提から返翰を求める通信を仮定条件にして、国法を盾に取り国威を宣揚している。実意を取らずに無意味な空論を費やしている全体を指摘する。つづく本文「併御為筋之趣申立態と差越候深切之段ハ何れニも御答謝有之祖宗歴世之厳禁犯かたく故無拠請取兼候旨懇と被仰渡候ハヽ彼方之情意も相届後来之差障ニも相成間敷哉と存候」に朱書頭註17

深切之段而已御答謝被成候而御書翰御請取不相成と申事如何之者ニ候哉

とあり、オランダの篤実に答礼はするが、日本にとり重大な海外情報であっても書翰なら受理しないと国法を遵守するだけである。「如何之者ニ候哉」とは、イギリスの覇権は説くが、国法に媚びるだけでペリー来航予告情報に関して評議答申が何もなく生きていないことの指摘とみる。

「開国起原」の「咬𠺕吧都督の筆記并評議」の末に掲げる勝安芳の論評

案に和蘭政府の忠告再三此時特に新加比丹を派し時宜に由ては我か顧問に供し外国の請求を処弁せしめんとす、我に尽すの情殷摯と謂へし、然るに有司徒に疑心を挟み或は英国の為に陰に周旋するとなし、却てこれを度外に置漫然意に留めす、翌癸丑の年米艦の入るに及て猝（にはか）に狼狽出る処を知らす、遂に彼に恐嚇せられ止む能はすして其請を許すに至る、是海外の事情を弁せすして中心定見なきに坐すと謂はん歟、嚮きに荷蘭の忠告を容れ其立案を採用せは我に一定の所拠有て彼か愚弄を免るゝのみならす、案外事穏に調停し邦内の紛擾亦かく迄の甚しきに至らすして止まん歟

とある。[註24] 幕閣有司の識見のなさ、オランダの提案日蘭通商条約草案の不採用、ペリー来航予告情報に対して結果としての放置を痛惜している。明治二〇年代の海舟右論評と合致するのが、嘉永五六年に補筆された[註25]朱書また朱書頭註寸評群の卓見である。

次に史料②G「子七月廿八日伊勢守長崎奉行え覚」の本文「右書付御役所え通詞とも呼寄隠密ニ和解為致当地え差越候様可致候尤右ニ付答書等差遣候筋にハ無之候得共御為筋之義厚心入を以遠路差越候段深切之趣は時宜次第其方共心得を以古かびたん帰帆之節なり共懇ゝ申含置候様可被取計候」に朱書頭註18

流石閣老之御文面丈御実意も行届候様に拝見仕候

またつづく本文「尤右之通相達候間一旦申諭候　御国法故難請取との趣意更ニ不相立候様成行候而は不都合之事ニ候間最初申諭候趣意ニも不相障様厚勘弁致失体之義無之様精ゝ入念可被取計候事」に朱書頭註19

情意周密

に阿部伊勢守の対外政策に情意実意が残す所なくゆき渡るよう配慮されている点、弘化二年乙巳六月朔日の「かびたんえ喩書写」も同様で、反対に史料②F「海防掛評議答申」で暴露した海防掛三人の杜撰かつ幼稚な思考と対照的である。それはペリー来航情報に対応できなかった開国を拒む壁の実体であった。

ハ　商館長の誓約と都督筆記開示

第三段落「商館長の誓約と都督筆記開示」の史料②H「長崎奉行より通詞え相達候書付」は、八月一七日通詞へ「別段風説書差出候手続ニ取計可申候」と通達した。通詞は差図通り、史料②I「通詞え口達之覚」で「返翰も不望（中略）今一応能ゝ承糺可申聞候事」と尋問した。商館長は史料②J「答横文字口上書和解」で「右ハ筆記ニ而聊御返翰奉願候訳ニ無御座候」と明記誓約した。日付は子八月とあるばかりだが、この顛末を長崎奉行当事者は①Vの留書で、②Hの日付と同じ「今十七日（中略）口上書を以左ニ御請申上候」と明示する。六月五日に新商館長は長崎に着任し、風説書と共に都督筆記を同封し差し出し、六月一〇日には和解されていたと推測されるが、八月一七日に至り史料②K「咬𠺕吧都督職之者筆記和解」がやっと受理された。史料②K「咬𠺕吧都督職之者筆記和解」は、前文が、第一項となりすべて一〇項となっている。その第二項で「北アメリカ洲共和政治事ハ欧羅巴洲強勇之国と其威勢変り候義無御座候（中略）殺伐之始末ニおよはす柔順願振仕候哉何とも難申上候」と軍船による殺伐之始末への危惧を語る。第四項で「日本之官府篤ト御用心御危患御防之御趣向専要之御事奉存候」と危患を防ぐ手段の必要性を説く。それを第六項で「一ツ之方便」と表現して、それは日本国家の「御法度ニ聊不響御安全御策之義ニ御座候」と言及する。第七項で「御策之方便」を申上げるのは、阿蘭陀国王の命令を受け「是迄阿蘭陀領印度大裁判所評定役相勤罷在至極実貞政事（ママ）向之事馴罷在候トンクルキユルシユス」が貴官を商館長に役下げてと提示する。第九項で「諸方之国とゟ湊り来強而望を達せんとする時に至而御国而已世界之列を御離れ他ニ御関係なく首尾能御防ハ出来可申候得共甚以御煩敷事哉と被存候」と世界情勢を語り、第一〇項で「右様之始末ニ至り候時ハ極而兵器之沙汰に及ひ永ク血戦之患ヲ不免してハ相鎮り申間敷と被存候」と当然の帰結を嘆息して終わる。

雑録と襍録の筆記和解には、第七八項の間に一項目削除がある。開国起原より引用すると[註26]

一日本御官府向にて阿蘭陀国王の志意御聴被下候事相協候義に候ハヾ御身柄御忠勤の御方御掛出来其御方に右

一件阿蘭陀国王より申付候新かひたん御応対申上此御大切の一件取扱相勤させ申度奉希候

幕府高官の担当者に新商館長が対応取り扱うとするもので、幕府は受け入れることが出来なかった思惑による削除か。さらに筆記和解には、諸般公用方と和解した書記官長「あふ（ふ）りんす」（Ary Prins）の副署だけあり、肝心な阿蘭陀領印度都督「どいまあるふあんとういすと」（Duymaer van Twist）という署名の和解記載が欠如するのである。

第三段落の史料②K「咬𠺕吧都督職之者筆記和解」の本文第七項「一右一件ニ付是迄阿蘭陀領印度大裁判所評定役相勤罷在至極実貞政事向之事馴罷在候トンクルキユルシユス義かひたん職ニ申付候此新かひたん義阿蘭陀国王之命令を受自然日本御官府向御用向之義御座候ハヽ前条申上候御策之方便奉申上候阿蘭陀国王ゟ申含候趣意申上候何卒御弁別ニ罷成候様奉希度義ニ御座候」に朱書頭註20

　阿蘭陀王ゟ如此其人迄撰越候上ハ通商ハ御許し無之とも来春之事惣而此者に為御取扱可然と被存候

には、新商館長の人材を抜擢して幕府のためにペリー来航に対処させるとの注目する意見である。「懐旧紀事」嘉永五年一二月条の板倉勝明宛阿部正弘復書[註27]に「今足下人才ヲ抜擢スルノ説ナク漫ニ奇禍ヲ避ルノ言ヲ示ス。僕ノ解セサル所ナリ。請フ、僕ヲ愛スルノ情ヲ大ニシ、其人ヲ捜索シ、公然推轂アラハ、政府其人ヲ得テ、衰世挽回ノ基礎立チ、国家ノ幸福此ヨリ大ナル者ナシ。」とする日本開国にむけた人材雇用の方向性と合致する。つづく本文第八項「一阿蘭陀国王右一件ニ付中立候義聊自己之利を貪候様之義ニ無之全実意を尽し申上度義ニ有之自然此度も此以前之通此実意難通様之事ニ成行候時ハ阿蘭陀王誠ニ以深く嘆息仕候義ニ奉存候右様厚奉申上候ハ至極大切之義難黙止処より如此御座候」に朱書頭註21

　彼国ゟ観之ハ通商ハ実ニ国家之長策にも有へけれ共又此方には無余義訳合も有之両情相通しかたく嘆敷事に御座候

には、外国と日本の国情が両立しない所に深い憂慮の念が存在する。つづく本文第九項「（前略）諸方之国ゟ湊（あつま）り来強而望を達せんとする時に至而御国而已世界之列を御離れ他ニ御関係なく首尾能御防ハ出来可申候得共甚以御煩敷事哉と被存候」に朱書11

　眼前此節之御煩ひ実ニ蘭人申通り御座候一国にてさへ如此況や数国来り候をヤ

とあり、開国圧力に日本は岐路に立っていると煩悶するのである。つづく本文第一〇項「一右様之始末ニ至り候時ハ極而兵器之沙汰に及ひ永ク血戦之患ヲ不免して八相鎮り申間敷と被存候」に朱書頭註22

蘭人より如此申上候程ニ候而ハ実ニ末ミ之事被案事（ママ）たる事ニ御座候

とあり、望みを達せんとする諸国に開国を拒絶すればする程、血戦を避けて通れない世界情勢を突き付けられたのである。ここに至り開国を求める諸外国の圧力に対し、政治の世代として生きざるを得ない憂国の講究討論はその頂点を極めたと思われる。[註28] 正式に受理された史料②K「咬𠺕吧都督職之者筆記和解」は、史料②ＩＪと共に幕府へ進達されたのである。

二　前商館長への挨拶口上案申請

第四段落「前商館長への挨拶口上案申請」の史料②L「咬𠺕吧頭役筆記相廻候ニ付申上候書付」は、日付が「子八月」とあるだけだが、頭役筆記を江戸に送る様子を「咬𠺕吧頭役封書之義御差図之通通詞（史料②Ｉ「通詞え口達之覚」）を以尚又相尋候処筆記ニ而返事等相望不申候段横文字（史料②Ｊ「答横文字口上書和解」）差出候間外に指支も無御座候ニ付差出方別段風説書同様之手続ニて請取御役所ニ而穏密ニ和解為仕横文字とも九日町便ニ而差出尤相改候節之御達書写（史料②Ｈ「長崎奉行より通詞え相達候書付」）之答横文字并和解（答横文字と史料②Ｊ）とも取揃奉入御覧候」と表現する。八月九日に町飛脚で差出したのは、史料②Ｋとその原本横文字である。しかし幕府で到着した史料を取り調べる時、史料②Ｈ（またはＩ）Ｊを取り揃えなければならない。しかし八月一七日にならないと史料②ＨＩＪは揃わなかった。従って一七日以降今ここに揃わなかった史料を取り揃え御覧に入れますという文意になる。史料②ＨＩＪによって正式受理完了となるが、「御役所ニ而穏密ニ和解為仕」のは別で、六月一〇日には和解し通信に抵触する恐れがあることを知っていたため、幕府の内慮を伺わねば長崎奉行の判断で処理ができない意味を持つ表記と考える。[註29] さて取り揃えて御覧に入れることができず、八月九日町便で史料②Ｋを送付する形式を取った意図は、前商館長離日に先例ある幕府挨拶口上案御下げを、九月二〇日迄に長崎到着を願ったことにある。史料②Ｌの「紅毛帰帆御内慮も奉伺度義ゆへ」「かひたん帰帆（前々商館長レフィソン帰帆）之節心入厚意之挨拶口上申含候義奉畏候此義尤大切之事ニ而一言一意（ママ、開国起原に「の過不及」） 心配仕候義ニ相成候ハゝ一昨戌年も先役安房守（内藤忠明）へ被渡御案被成下候義ゆへ此度中含之口上振御案も御下ケ被成下候様仕度奉存候」に明白であり、「右ニ付当町便（八月九日町便）差出候間著両三日位相立候而急町便ニ而御下ケ相成候へハ九月廿日前到着仕候」と江戸に町便が到着して二三日は評議の時間があるとまで言及するのである。

さて第三段落史料②ＨＩＪと留書①Ｖの日付が八月一七日、第四段落史料②Ｌに八月九日の日付が御請取始末、一件諸書付、開国起原、鈴木大雑集にあること先に書いた。しかし史料②Ｈには開国起原だけ八月七日とあり、九日の町便に合わせ一〇を削除したとみる。この史料②Ｋの受理に関して商館側は当初より急いでおり、第一段落史料②Ｂにも「何卒乍恐速ニ夫ゝ御手数ニ相成急速御沙汰之程伏而奉願候」と封書にある。仮に八月七日に通詞が長崎奉行から「風説書差出候手続ニ取計可申候」と通達を受け、一〇日も経過した一七日に商館長が、第三段落史料②Ｊで「右ハ筆記ニ而聊御返翰奉願候訳ニ無御座候」と誓約するに至るには時間の空白が長すぎ、悠長に回答しなかった理由が問われよう。やはり史料②Ｈの開国起原八月七日説により、海舟がどの史料に依ったのか判明しない上に御請取始末や一件諸書付八月一七日説を改竄と見なすことはできない。商館長は即日即時に誓約の口上書を回答したのである。

八月九日付町便で史料②Ｋと②Ｌが、八月一七日以降付史料②ＨまたはＩとＪが恐らく急町便で江戸に届くと評議が始まる。その間の経緯を留書①Ⅵに「子九月三日伊勢守殿海防掛一同え御直渡翌四日同所ニ而御直ニ返上同五日御勘定奉行え御下ケ篤と評議いたし可申旨尤御勘定方御目付方筒井肥前守ゟ銘ゝ申上候」とある。九月一〇日前後に史料②M「海防掛評議答申」を出し、懸案の前商館長帰帆に際し幕府挨拶の案文御下を「此度ハ不及其義候旨長崎奉行え被仰渡可然奉存候依之御達相添此段申上候」つまり不要と答申した。但し御請取始末には評議した八人の中、戸川中務少輔と都築金三郎の間に目付の井戸鉄太郎が抜けている。この「御達相添」とあるのが、史料②N「長崎奉行え被仰渡案」であり、「古かひたん帰帆之節申含候口上振御下ケ等之義被申聞候へとも此度ハ先不及其義候事」と長崎奉行へ通達したのである。

第四段落の史料②L「咬𠺕吧頭役筆記相廻候ニ付申上候書付」の本文「（前略）新かひたん様子柄之義兼而心掛居候得共紅毛風俗ニ而古かひたん在留中万事応接閑話（ママ、示談）等新かひたん一向ニ扣居候而はきと様子柄難見取旨内々申含置候通詞とも申聞候近々篤ト相試ミ同役ゟ申上候様能々申継候心得ニ御座候」に朱書頭註23

　此事如何にも解し兼候新かひたんハ位も高きゆへ見識ヲ取候者ニも候哉

とあり、新商館長は活動前なので人柄を判断できなかった。同役の長崎奉行大澤豊後守定宅が着任したら、報告させるつもりだという。つづく本文「此後右様之筆記ニ而も度々ニ及候上は自然通信之情態ニ相成候義此後ハ無用ニ仕候様相断候方と奉存候」に朱書頭註24

　今後尚〻忠告致呉候様とこそいふへけれ何故無用と断可被成哉愈左様ニ御断ニも相成候上ハ海外之事ハ全暗夜之如くニ成何を以防禦之計可被成哉

に、日本防禦之計にとり海外情報は無用であると、通信の嫌疑を回避するだけの幕閣の姑息な言動に対峙する。当時の知識人の何人が「今後尚〻忠告致呉候とこそいふべけれ」と豪語できたであろうか。幕末の動乱前夜に国家治乱の岐路に立った自覚で、日本の現実把握と将来展望を明確にしようと務めた真骨頂の表記とみるのである。次に史料②N「長崎奉行え被仰渡案」の本文「此度持渡候筆記請取候ニ付先達而差図ニおよひ候趣も有之古かひたん帰帆之節申

含候口上振御下ケ等之義被申聞候へとも此度ハ先不及其義候事」に朱書12

交易之義を中立候而御気にさはり候か不審

とあり、前回嘉永三年戌の商館長レフィソン帰帆の折、先の長崎奉行内藤安房守忠明へ幕府は案文を下した。今回下付しない理由を「御気にさはり候か」と推測している。

ホ　日蘭通商条約案

第五段落「日蘭通商条約案」は日蘭通商条約草案提出に至る。草案提出の経緯を語る留書①Ⅶ「子十一月十三日於新部ヤ伊セ守殿海防懸一同御渡壱冊壱通翌十四日清太郎(竹内)ゟ請取十五日筒井肥前守へ相廻ス」とある。この条約草案の受け取りをめぐり長崎奉行当事者の留書①Ⅷ「子九月十三日両通詞話合候ニ付新かひたん差出候書面和解本書通詞え下ケかひたんへ戻ス」とあり、新商館長が差出した書面を和解すると、史料②Kの表記「一ツ之方便」「御安全御策」について、「新かひたん御応対申上」げると書かれていたと推測する。その具体策を問い合わせ、九月一三日に書面を差し戻したのである。つづく長崎の留書①Ⅸに「大通詞西吉兵衛小通事森山栄之助(ママ)ゟ口上問合有之候義ニ付左ニ申上候」とあり、恐らく同一三日に史料②O「新商館長上申書」差し出しの経緯を語る。史料②Oには「右方便と申候ハ阿蘭陀国王存付之趣新かひたん職之者を以申立させ度趣意に御座候」とあり、国王の提案を新商館長に説明させると語る。提案は日本の国法に違背せず、外国人と確執を生まない趣意として「此方便之義ニ付てハ咬𠺕吧都督職之者ゟ新かひたん職之私義へ書面相托置有之候随而ハ江戸表御差図之御方へ右方便之趣意申度義ニ御座候」と回答した。条約草案を指す「書面」は、長崎奉行でなく幕府高官の担当者「江戸表御差図之御方」へ直接上申したいと願ったのである。史料②Kから削除された一項目はまさにこの件なのであり、条約の交渉権はないが外交の最前線に座る長崎奉行は面目地に堕ちたと理解した結末で、幕府からの反応は当然なかった。長崎奉行より江戸の幕閣を相手にした、方法論を間違えた当然の帰結であるとみる。[註30]

最後は日蘭通商条約草案の史料②P「甲比丹差出候封書和解」の提出である。まず草案提出の遅延を「右一件(御安全之十策)ニ付御官府ゟ被蒙仰御方へ可申上心得ニ有之候（中略）可相叶丈急速ニ申上度義ニ御座候然ル処右筆記之書面持渡候而ハ最早三カ月ニも相成尚此末右一件之御掛り出来候迄ハ余程時日経候哉も難計左候得は阿蘭陀国王本意を失ひ候様ニ成行申候」と無為に三ケ月も経過し、国王の本意を失うを恐れたのである。提出の決断を「近日牧志摩守様御発駕ニ相成可申候間阿蘭陀国王趣意申立候右一件之方便江府表へ被仰立候義相叶可申哉と奉存候」と大澤豊後守と交替し、出府する牧志摩守に依頼する他なかったのである。[註31]御安全之十策提出の原因は「北アメリカ洲共和政治日本国と交易之志願是非遂度様子ニ有之此存意相止不申様相見へ申候」と、アメリカ政府決意の程を語り、交易許容の時勢を説くのである。

史料②Pの「第一」は、アメリカ使節と確執出来せぬ様に「聊計之事ニても御免許御座候方可然と奉存候」と開国を勧告した。「第二」は、「日本国え往古ゟ敵対不仕国ゝ之者若通商相願候ハヽ」と婉曲に、「長崎湊ニ渡海御免被為成」と地域限定で、オランダと「左之ケ条御立被成可然奉存候」と十条の草案を本に通商条約締結を求めたのである。来春、勧告した開国の布石にもなるとの判断である。

一〇条の条約草案は、和解にあたり幕閣の抵抗を弱めるため原文を変更している。[註32]原文は六条からなり、原文第一・五・六条は和解で脱文、原文二・三条は和解で第一・二条、原文第四条は和解で第二条に附載と第三条より一〇条となっている。[註33]原文第四条はaよりl項に至るが変更のみ掲げる。d項の「長崎奉行監督の下に」またe項の「日本国諸侯の代理者に外国商品を購買し其代価は自国生産品を以て支払はしむべき機会を与ふべし」が、和解第四条に脱文。f項の「貿易取締は長崎町司をして行はしむべし」が、和解第五条に脱文。g項の「持参人に支払せらるべき兌換券」が、和解第六条に「手形」と変更され、h項にある日本在留外国人商人が日用品購買のため日本銅貨を支払い又受取る事を得る件が脱文。l項に貯炭所設置で二港を指定し一は蝦夷島好望湾（フーデホープ）、一はリンスホーテン諸島を挙げるが、和解第一〇条に脱文のみならず幕府が差図する表記に変更。和解第一〇条の附則は、指定の二港を脱文したため意味不明である。

和解で脱文した原文第五条は「上記（原文第四条）の条に列挙せられたる各項は、日本帝国と条約を締結せん事を提議する外国列強に、先例たる基礎条約案として提示せらるべし」とあり、同原文第六条は「上述の基礎により、外国列強と条約を締結する場合には、蘭国民は均しく最恵国待遇に均霑し得べし」とある。原文第五条の後には、和解で脱文の条約批准交換に関する規定がある。これこそ新商館長が、江戸の幕閣担当者と協議したい本音である。それは一〇条草案の後に「阿蘭陀国王之志意ハ北アメリカ洲共和政治より之願前条之振合ニ御答被成候ハヽ御安全之御策と奉存候」と結んでいることからもわかるのである。

第五段落の史料②P「甲比丹差出候封書和解」の本文「（前略）当時専ラ外国人共御本国へ罷出候義漸ゝ増長仕候」に朱書頭註25

増長之二字誠ニ可畏候

とあり、東海の通船鯨漁が次第に増して、風難のため船修復や食料提供の程度が著しくなり、それだけ開国圧力に触発され確執出来を畏怖したのである。つづく本文「右筆記之書面持渡候而ハ最早三ケ月ニも相成尚此末右一件之御掛り出来候迄ハ余程時日経候哉も難計左候得は阿蘭陀国王本意を失ひ候様ニ成行申候」に朱書頭註26

ケ様ナ事ニてハ火急之間合申間敷扨ゝ御油断之事と被存候

とあり、海外情報の重要性を認識するより国法に媚事し体制維持に固執するあまり、無為に月日を空費した指摘である。つづく本文「右一件之原因ハ北アメリカ洲共和政治日本国と交易之志願是非遂度様子ニ有之此存意相止不中様相見へ申候随而ハ交易之義御許容ニ相成（中略）双方意味違無之様御趣向至極御良策と奉存候」に朱書頭註27 28

去年之内ニ此程迄ニ申上候ヲ当年迄一向其御用意なきハ如何之訳ニ候哉矢張蘭人申上候義を信ト不被思召方ゟ之事と被存候

此心入ニ而ハ来春御断之節容易ニ納得仕間敷扨ゝ心配之事ニ御座候

とあり、この頭註は一つづきのものだが、27を嘉永五年内恐らく十二月中に申上げたが、嘉永六年迄御手当しなかったのは幕閣の蘭人不信による偏見と断定し、寸評に時間差がある。朱書3・5朱書頭註28は、いづれもペリー来航後の註記とみられる。長崎奉行牧志摩守義制は、出府後老中の諮問に、オランダ商館長が貪欲でアメリカとの貿易を仲介して儲けるつもりであろうという見当違いの答申をした。幕府はオランダの上申を放置することに決定したのである。つづく本文「第二」に「日本国え往古ゟ敵対不仕国ゝ之者若通商相願候ハヽ長崎湊ニ渡海御免被為成左之ケ条（条約草案十条）御立被成可然奉存候」に朱書頭註29

此十策阿蘭陀王深切之心ニ出候ハ勿論なるへし我ニ在ては実ニ不可行策也但シ蘭王も交易品物之事を一向不申其上魯西亜之事ニ不及甚不審キ（マヽ）事ニ候

とあり、濃やかな国王の情には率直に感謝しつつも、和親条約より進んだ通商条約のため、到底受理不可能な一〇条であると断定する。但し不審な事として通商の件でありながら交易品物に一切言及しない点をあげている。併せて「魯西亜之事ニ不及」とあり、初め嘉永六年七月一八日長崎に来航したプチャーチン露国使節かともみたが、嘉永五年六月二四日下田に漂民送還のため来航した露国船メンチコフの諜報活動とみる。[註34] つづく本文「阿蘭陀国王之志意ハ北アメリカ洲共和政治より之願前条之振合ニ御答被成候ハヽ御安全之御策と奉存候」に朱書13

此通ニ御答之義ハ千万六ケ敷事ニ候

とあり、開国通商の勧告には鎖国中において不可能であり、返翰を求める事でさえも通信の嫌疑が掛かる実状であった。

以上朱書頭註29例と朱書13例が、御請取始末に付けられた全用例である。朱書等の加朱には西洋史や西洋地誌に精通し、進歩的な思想を持ち、蘭人の言動にも信義を認知している点が注目される。

第三節　御請取始末にみる朱書及び朱書頭註の意味

御請取始末には、嘉永五年一一月以降の評議答申を窺わせる史料が存在する。それは幕閣関係者の留書と無名氏が御請取始末に加朱した朱書・朱書頭註である。まず御請取始末の第五段落は留書から始まる。

子十一月十三日於新部ヤ伊セ守殿海防懸一同御渡壱冊壱通翌十四日清太郎ら請取十五日筒井肥前守へ相廻ス

右の留書によると阿部伊勢守は、嘉永五年一一月一三日に、史料②O「新商館長上申書」一通と史料②P「甲比丹差出候封書和解」一冊を、海防掛一同に下付した。翌一四日に勘定吟味役竹内清太郎保徳より受け取った。さらに一五日に筒井肥前守へ回覧し、評議答申させたのである。従来一〇月二四日の評議答申により、牧志摩守のオランダを罪に陥れる讒訴で終わるが、そのつづきがあったのである。[註35]

御請取始末の朱書頭註28は、御請取始末に加朱された朱書また朱書頭註の意味を雄弁に語る。

去年（嘉永五年—筆者註）之内ニ此程迄ニ申上候ヲ当年（嘉永六年—筆者註）迄一向其御用意なきハ如何之訳ニ候哉

朱書また朱書頭註の詳細は先にみた。そこから加朱の意図を帰納すると、注目すべきは幕閣の言動の過ちを西洋史や西洋地誌に対する認識の浅薄さまた誤解を明らかにしつつ指摘している。さらに西洋人に対する偏見、そこから生まれる誤った判断が、日本の岐路を左右するとの識見がある。日本の海防に関する事前の用意を、去年の嘉永五年中に答申したのである。御請取始末の留書に一一月一五日を最後に月日の記載があるのは、御請取始末に朱書や朱書頭註を加朱した時期と加朱を上申した時期を特定できよう。それは同年一一月下旬より一二月中を指示するのである。留書が幕閣関係者によるものであったが、加朱の上申を受けた海防の用意を検討できる者は、同様に幕閣関係者であることになる。無名氏は幕府極秘情報を偶然入手して、思い付きに加朱したのではない。極秘で幕府機密情報史料の性格意味また評議答申の真意を諮問上申するために下付された意図があるとみる。御請取始末の名称からも本末編年体の表現であり、幕府や維新政府が通航一覧や通信全覧などの編纂を通じて、対外交渉で生じた諸問題を整理し、将来の外交関係を円滑適切に構築しようとするのと同様の発想が存在するとみる。幕閣関係者でしか知りえない留書が史料編綴に用いられている御請取始末に、加朱され上申されている事実から無名氏と幕府政権中枢との情報ネットワークの存在が推定されるのである。

第四節　御請取始末と鈴木大雑集の史料

御請取始末と同じ史料の抜粋と考えられるのが、鈴木大雑集に収録された史料[註36]である。それを先に掲げた四史料一覧から、該当史料の前後をみるに

段落	始末	雑集収録順番	形式	内容
3段	③ホ	6	左のタイトル	返翰を望まない確認とその承認誓約により筆記受理
	②K	7	咬𠺕吧都督職之者筆記和解	
4段	①Ⅵ	1	幕閣関係者の留書	前商館長帰帆につき幕府挨拶口上案御下げ申請が本意で、形式上筆記和解のみを同封した。
	②L	2	咬𠺕吧頭役筆記相廻候ニ付申上候書付	
	②M	3	海防掛評議答申	
	②N	4	長崎奉行え被仰渡案	
5段	①Ⅶ	5	幕閣関係者の留書	日蘭通商条約草案提出とそのいきさつ

雑集の特徴は、幕閣関係者の留書をめずらしく思ったのか、第四段落冒頭の留書から第五段落冒頭の留書まで注意して抜粋し、以下肝心の本論を削除している。御請取始末のテーマ序論は、咬𠺕吧都督筆記受理であるから、第三段落の咬𠺕吧都督筆記のタイトルと本文を抜粋しているが、その受理の前提として返翰を望まない確認とその誓約が付帯条件であったのである。しかしその確認と誓約は削除された。雑集は御請取始末の史料を本にして、抜粋し順番を入れ替えて収録しているのである。雑集がかくした証拠は、咬𠺕吧都督筆記第七八項の間に幕府高官担当者にオランダ国王の志意（一ツ之方便・御安全御策＝日蘭通商条約草案）を新商館長が対応取り扱う一項が共に削除されていること[註37]にもよる。

御請取始末を収録する雑録と鈴木大雑集は、共通する史料を数多く共有している。右に掲げた御請取始末の抜粋史料につづき雑集第一の甲集三には左の三史料が掲載される。抄録とは雑録の抄録本で、内閣文庫蔵本である。

雑集	雑集録	抄録
「風説書」＊1 （一九五頁四行～一九九頁七行）	「風説書」 （第一集六一オ上～ウ上）	第二冊、第五 ナシ
「入津之魯西亜え乗付御糺之節申口左之通」 （二〇六頁九行～二〇八頁一二行）＊2	「七月十八日魯西亜船へ検使乗船相糺候節申候左之通り」 （第一集六一ウ上～六二オ上）	第二冊、第五 二三オ～二四ウ
「日本国老中漢訳俄羅斯国宛答書」（仮称） （二〇九頁一行～二一〇頁一一行）＊3	「大日本国老中大俄羅斯国宰相宛答書」（仮称） （第二集七一オ下～ウ上）	第五冊、第一五 ナシ

＊1，史料末尾に「一前条之通風説書入御覧候尤又ゝ御座候得は跡ゟ可申上御評判可被下候御覧相済候ハヽ（空白）へ御遣可被下候」が削除。情報提供者の言だから省略したのか。

＊2，史料末尾に「志筑龍太・名村定五郎・楢村定七郎」三名三行が削除。

＊3，差出人六名だが末尾の内藤紀伊守信親の前に久世大和守広周が削除。

雑集の咬𠺕吧都督筆記史料が御請取始末の史料抜粋であることをみた。雑集の史料収録が、御請取始末を収録した有所不為齋雑録から史料の孫引きと仮定すると、右に引用した三史料の存在は注目に値する。雑集甲集三に

嘉永甲寅春正月写於礫邸寓舎之楼上

とあり、[註38]鈴木大は安政元年甲寅正月に小石川の水戸藩邸寓居で書写していることがわかる。鈴木大は雑集第一の緒言に

（前略）蘭学ヲ修ム（中略）弘道館助教（中略）徳川斉昭同慶篤ノ二代ニ歴任ス嘉永安政以来安島帯刀・茅根伊予之介等ノ同志ト共ニ国事ニ奔走シ（中略）維新ノ後召サレテ教部省権大録トナリ尋デ太政官修史局ニ転ズ

（中略）明治三十年六月ヲ以テ逝ク著ハス所本書ノ外賜勅始末・明治前期・鈴木大日記等アリ皆有用ノ書ナリ

とあり、水戸藩校助教を務めている。現在確認出来る雑録の写本は、茨城大学附属図書館菅文庫に雑録第九「丙辰長崎下田箱舘雑録下」だけが存在する。[註39] 雑録は莫逆の友広瀬旭荘が日間瑣事備忘録を貸与したことに倣って貸し出した証である。水戸藩に貸し出している事実は、鈴木大が雑録を雑集に収録しないと否定する証左にはならない。維新となり明治七年五月に雑録全三二冊が太政官歴史課に貸し出され、翌八年七月以降修史局と改称され抄録書写された。[註40]

雑録の写本は内閣文庫に九冊の抄録本として伝わるが、抄録第二冊の雑録第五「風説書」と同第五冊の同第一五「答書」は削除され、抄録本に史料が伝わらない。従って雑集が雑録から孫引きしたと仮定すると、抄録本からでなく直接雑録原本から引用したとみる。

雑集は、御請取始末の不完全な史料孫引きである。それは幕閣関係者の留書を中心に抜粋したため、咬𠺕吧都督筆記和解を御請取始末の収録順番を変えて採用したものの、筆記受理の前提である返翰を望まない幕府の確認通達と商館長の承認誓約書が欠落した。その上幕府挨拶口上案御下げ申請は、御請取始末のテーマからみると、関わりのない長崎奉行の恣意によって、両国のあるべき方向性が妨げられている観すらある。鈴木大がこの点を闡明するため抄録したとは判断できず、御請取始末の引用で切り貼り倒置したとみる。

第五節　御請取始末とオランダ国王開国勧告史料

御請取始末を収録した雑録第一四のタイトルを「乙巳壬子甲寅丙辰和蘭告密」という。御請取始末は、弘化元年のオランダ国王開国勧告と密接な関わりを持っている事、先に述べた。雑録第一四は弘化元年甲辰の史料から始まるが、タイトルに甲辰の文字はない。それは雑録の史料収録開始が、嘉永五年壬子であったため省略されたか。それにしても弘化二年乙巳よりタイトルは始まっているのである。雑録第一四は、①アヘン戦争を報じた天保十四年の和蘭国王書翰類。②報じた甲比丹へ弘化二年の幕府諭書類。③アメリカが日本と通商を遂げたい由を報じた嘉永五年の咬嵧吧都督筆記及び日蘭通商条約草案類。④日本政府の蒸気船など大造入用について答え、長崎表に学校取立てを論じた安政元年の船将グフヒユス申出書類。⑤諸外国と緩優交易を勧め天主教の自由を主張し、英将ホウリングの渡来を報じた安政三年の日本和蘭領事官長トンクルキユルシユス申上書類の五ブロックからなる。右は天保十四年より安政三年までその都度史料を入手次第書き継いだものでなく、紅毛告密(和蘭告密)のテーマのもとに時局が緊迫してきた嘉永五年頃からまとめて史料を捜索し一応編年体に並べ記述したものと推定される。

さて③は御請取始末のもと一括考察した。しかし雑録は③を収録する前提に、①②を収録し「甲辰乙巳壬子和蘭告密」として、過去の国法に触れる通信の経緯を詳細に語るのである。壬子和蘭告密は③御請取始末でみた。ここでは①②を収録したオランダ国王開国勧告と幕府対応史料「甲辰乙巳和蘭告密」[註41]を検討する。

第六節 オランダ国王開国勧告と幕府対応史料「弘化元年二年和蘭告密」の概要

弘化元年史料のテーマは、オランダ国王のアヘン戦争情報による日本開国勧告である。このテーマで三訳を提示して、重大な世界情勢の判断分析をした。弘化二年史料のテーマは、祖法遵守して開国勧告を拒絶し、再び通信の嫌疑なきよう将来に書翰を差し越すことを禁じた。嘉永五年のペリー来航予告情報を受理することは、返翰を求められれば先の嫌疑の再来となる。ここに御請取始末と弘化開国勧告史料の密接な関連があり、雑録第一四で連続して収録される所以である。

雑録に収録された「甲辰乙巳和蘭告密」の開国勧告史料を左に掲げる。

①Ⅰ　和蘭国王書簡幷献上物目録和解　渋川六蔵（訳）（頭註）渋川此時天文方ニテ御書物奉行ナリ

②Ａ　鍵箱之上書和解　暦数千八百四十四年二月十五日記（天保十四年癸卯十一〔ママ〕月廿七日）和蘭国王密議庁主事

②Ｂ　鍵箱之封印和解（記述ナシ）

②Ｃ　書簡外箱上書和解　日本国帝殿下　和蘭国王

②Ｄ　書簡和解　即位より四年暦数千八百四十四年二月十五日（天保十四年癸卯十二月廿七日）

①Ⅱ　和蘭国王使節呈文之和解（頭註）此訳者姓名ナシ蓋西記志ナド云モノニテ長崎ノ訳官ナラン

②Ｅ　鍵箱之上書和解　暦数千八百四十四年二月十五日（天保十四年卯十二月廿七日）和蘭国王の密談所頭取

②Ｆ　鍵箱之封印和解　王之密談所

②Ｇ　書翰外箱上書ノ和解　日本国王帝殿下え　和蘭国王

②Ｈ　和蘭国王書簡和解　即位よりして四ヶ年暦数千八百四十四年二月十五日（天保十四年卯十二月廿七日）

①Ⅲ　横文字和解　森山源左衛門・森山栄之助（訳）

②Ｉ　鍵箱之上書横文字和解　和蘭歴数一千八百四十四年二月十五日（天保十四年卯十二月廿七日）国王用方役

②Ｊ　書翰箱上ニ彫付有之候横文字和解　日本国殿下え和蘭国王より

②Ｋ　（和蘭国王書翰和解）タイトルナシ　和蘭歴数一千八百四十四年第二月十五日（天保十四年卯十二月廿七日）

②Ｌ　日本国殿下え和蘭国王より奉献候貢物目録　森山源左衛門 森山栄之助　弘化二年巳四月

①Ⅳ　和蘭国摂政え之御書翰幷御別幅甲必丹え御諭書
②M　和蘭国摂政え之御書翰（本文は別紙）
②N　かびたんえ喩書写
②O　阿蘭陀国重役へ書翰（頭註）一齋翁作文ト云（弘化二年乙巳六月朔日）
②P　別幅

右の史料は前後二段に別れる。前段は史料②AよりLまで全体のテーマ①Ⅰ「和蘭国王書簡幷献上物目録和解」として、幕府天文方渋川六蔵訳史料②ABCD、長崎訳官無名氏訳史料②EFGH、長崎オランダ大通詞森山源左衛門・同小通詞並森山栄之助訳史料②IJKLを掲げる。但しテーマ①Ⅰの「献上物目録和解」は、史料②EIの前にもあるはずだが省略し、史料②L[註42]に代表させている。三訳の冒頭テーマは、①Ⅰ「和蘭国王書簡和解」、①Ⅱ「和蘭国王使節呈文之和解」、①Ⅲ「横文字和解」と表記は異なるが内容は同一物の三訳である。この国王書翰史料②DHKは、一八四四年二月一五日（天保一四年一二月二七日）にアヘン戦争を報じ開国勧告を認めたものである。天保一五（弘化元）年七月二日に、オランダ国王ウィルレム二世派遣の軍艦パレンバン号が、長崎に来航した。同月二〇日に国王使節コープスは、世界情勢を告げ国書を長崎奉行伊澤美作守政義に呈した。同月二一日に国書を江戸に送り九月二二日頃に江戸到着した。

後段は弘化二年六月一日に幕府が蘭国に返翰を送り、祖法遵守をもって開国勧告を拒絶し、以後再び通信をしないよう求めたテーマ①Ⅳ「和蘭国摂政え之御書翰幷御別幅甲必丹え御諭書」として、史料②MNOPを掲げる。

この史料の前段で同一史料を三訳も掲げたのは、アヘン戦争で唐国敗亡し五港を開き賠償金を贖うに至った、重大事件の正確な情報分析にあるとみる。蒸気船の発明により世界が通商和親に向かう時、独り国を鎖して万国と親しまないのは、人の悪む所となり反りて乱を醸す恐れがある。寛優の沙汰を勧告し、征夷大将軍親筆の返翰を求めたのである。表記の事実を模索して、三訳を比較検討している慎重さが窺われる程のインパクトを受けたのである。

第七節　弘化元年二年和蘭告密の史料検討

イ　和蘭襍録・海軍歴史との対比

右の二十項にわたる史料群は、先にみた咬嚠吧都督筆記及び日蘭通商条約草案を記した一件諸書付の和蘭襍録・海軍歴史[註43]の史料とどう関わるのか一覧する。雑録は冒頭に「紅毛告密」とある。和蘭襍録は算用数字で海軍歴史は漢数字で記載順番を示した。①はテーマ（Ⅰ～Ⅳ）、②は個別の史料名（A～P）である。

紅毛告密	和蘭襍録・海軍歴史	
①Ⅰ	6	喎蘭告密　和蘭国王書簡并献上物目録和解（渋川六蔵）
②A	7	鍵箱之上書和解（千八百四十四年二月十五日 天保十四年癸卯十二月廿七日和蘭国王密議庁主事）
②B	8	鍵箱之封印和解（王之密談所）※記述ナシに長崎訳官無名氏より補足
②C	9	書簡外箱上書和解（日本国帝殿下　和蘭国王）
②D	10	書簡和解
①Ⅱ	一	和蘭国王書翰（長崎訳官無名氏）
②E	二	鍵箱之上書和解（千八百四十四年二月十五日 天保十四卯年十二月廿七日 密談所頭取）

②F	三	鍵箱の封印和解（王の密談所）
②G	四	書翰外箱上書の和解（日本国帝殿下）＊「日本国王帝殿下え」を削除し渋川訳に変更
②H	五	和蘭国王書翰和解（渋川六蔵訳）＊「ー書簡ー」を「ー翰ー」に変更
①Ⅲ	11	横文字和解（森山源左衛門・森山栄之助）
②I	12	鍵箱之上ハ書横文字和解（一千八百四十四年第二月十五日）
②J	13	書翰箱上ニ彫付有之候横文字和解（日本国殿下へ　和蘭国王ヨリ）
②K	14	タイトルなし（一千八百四十四年第二月十五日）
②L	5 六	日本国王殿下エ和蘭国王ゟ奉献候送物目録 日本国王殿下え和蘭国王より奉献する貢物目録
①Ⅳ	1 七	和蘭摂政エ之御書翰幷御別幅甲必丹エ之御口諭 和蘭国執政へ御書翰並別幅甲比丹え御諭書（小出織部削除）
②M	八4	タイトルなし
②N	3 九	かひたんエ諭書写 甲比丹え諭書写
②O	2 十	タイトルなし（弘化二年乙巳六月朔日） 同年老中返簡　返復和蘭攝政大臣書翰（弘化二年乙巳六月朔日）
②P	十一	別幅

雑録の紅毛告密をもとに海軍歴史の史料をみる。前段の一和蘭国王書翰として、史料二三四五と六がある。史料二三四五は紅毛告密では「此訳者姓名ナシ蓋西記志ナド云モノニテ長崎ノ訳官ナラン」と長崎訳官無名氏の頭註があり、渋川訳や森山訳と区別される。しかし四の外箱上書は無名氏訳に「日本国王帝殿下え」とあるはずが「日本国帝殿下」と渋川訳に削除変更され、五の「和蘭国王書簡和解」が「翰」に変更され、和解の末尾に訳官名

天文方見習
兼御書物奉行
　　渋川六蔵訳

を補足誤入した。[註44] 右は紅毛告密の全体テーマ①Ⅰの渋川六蔵に頭註

渋川此時天文方ニテ御書物奉行ナリ

があり参照し[註45]ていよう。史料六は森山訳と語句の異同があるが、他の二訳が削除されているため不明である。

後段の七和蘭国執政へ御書翰他として、史料八九十十一がある。内容はほぼ同一で、前後二段同順番に並んでいる。特に史料十には紅毛告密にタイトルがないが、「同年老中返簡　返復和蘭攝政大臣書翰」とあり、紅毛告密の頭註「一齋翁作文ト云」とその出自を語る。

次に紅毛告密と和蘭襍録の史料をみる。和蘭襍録の特徴は、その目録に明らかである。記載順を頭に数字を振ると

①弘化二年乙巳六月和蘭国ヱ之御書翰并甲比丹ヱ御口諭書
②和蘭国王ゟ之献上物目録（弘化二年巳四月）
③天保十五年甲辰長崎入津和蘭使節船　喝蘭告密　渋川　六蔵和解
④天保十五年甲辰長崎入津和蘭使節船　喝蘭告密　森山源左衛門
　　　　　　　　　　　　　　　　　　　　　　　森山　栄之助和解

右のように①は弘化二年六月一日付、②は弘化二年四月付、③④は弘化元年七月二〇日提出と年月を遡るのである。そして海軍歴史が引用した長崎訳官無名氏訳（一二三四五）と六貢物目録に対する日本側の返礼である十一別幅が実は削除されている。しかしその他史料内容は、雑録の紅毛告密と同じだが、その配列は異なっている。

和蘭襍録はまず紅毛告密後段のタイトル1「和蘭摂政ヱ之御書翰并御別幅甲必丹ヱ之御口諭」が始めにきて、その

和蘭摂政エ之御書翰にあたる本文が2として史料名なしに掲げられる。次に甲必丹エ之御口諭にあたる3「かひたんエ諭書写」、つづいて4「和蘭国摂政エ之御書翰」が史料名なしに本文が掲げられる。以上が弘化二年六月一日付史料である。

和蘭襍録は時間を遡り弘化二年四月付5「日本国王殿下エ和蘭国王ゟ奉献候送物目録」を掲げる。ここまで雑録の紅毛告密と大きく配列が異なる原因は、和蘭襍録の目録七番に

⑦嘉永五年壬子和蘭船甲比丹申上ニ付被仰渡候書付九通

とあり、先に検討した「和蘭風説申上一件諸書付」で、咬𠺕吧都督筆記受理が祖法通信の嫌疑に触れる件を問題にしているのである。弘化二年六月一日の幕府回答を優先して引用し、時間を遡り弘化二年四月のオランダ献上目録を掲げる理由がここにあるのである。

和蘭襍録は弘化元年七月二〇日に前段タイトル6「喎蘭告密　和蘭国王書簡幷献上物目録和解」を掲げ、渋川六蔵和解から引用した。それは7「鍵箱之上書和解」と8「鍵箱之封印和解」と9「書簡外箱上書和解」と10「書簡和解」からなる。右の幕府天文方渋川六蔵訳につづいて長崎年番通詞森山源左衛門・森山栄之助訳の前段タイトル11「横文字和解」を掲げ、12「鍵箱之上ハ書横文字和解」と13「書翰箱上ニ彫付有之候横文字和解」と史料名を欠く14「和蘭国王書翰和解」の本文を提示した。この和蘭襍録の構成は雑録と同一である。

先に海軍歴史の史料改竄をみた。即ち史料前段は長崎訳官無名氏訳史料を掲げており、四「書翰外箱上書の和解」の宛名は「日本国王帝殿下え」とあるはずが「日本国帝殿下」となり渋川六蔵訳語に変更され、五「和蘭国王書翰和解」にないはずの渋川六蔵訳に変更されている。

右の視点で和蘭襍録をみると雑録の史料と相違が判明する。襍録の掲げる渋川訳の7鍵箱之上書和解は「和蘭国王

密議庁主事」によって書かれたと訳した。しかし8鍵箱之封印和解は雑録の紅毛告密にはタイトルのみだが、襍録は「王之密談所」と史料をすべて削除した長崎訳官無名氏の当該訳語を補足した。7で和蘭国王密議庁と書き、8で（和蘭国）[註46]王之密談所と書いて渋川六蔵訳を掲げ矛盾を露呈している。この事実は和蘭襍録が、有所不為齋雑録第一四の紅毛告密より史料を収録削除し編輯したのではないかとの仮説を生む。紅毛告密を喎蘭告密に変更し、オランダの開国勧告に対する幕府の拒絶回答より漸次時間を逆に遡り、問題の和蘭国王書簡和解に至るという編輯手法を取ったのである。

和蘭襍録は、雑録第一四や海軍歴史が編年体で史料配列されているのにくらべ、弘化二年史料のテーマである開国勧告拒絶から始まり、拒絶の原因である弘化元年史料の国王勧告二訳を掲げる。しかしその渋川六蔵訳には、雑録第一四の渋川六蔵訳の無記入空所に、長崎訳官無名氏訳語を補足しているのである。換言すると和蘭襍録は雑録第一四の全史料をみて、長崎訳官無名氏訳を全文削除するも、雑録にある渋川訳にあるはずの密議庁という表記がなく空欄となっているので、長崎訳官無名氏訳語「王之密談所」を誤入して矛盾が生じたことになる。つまり和蘭襍録は雑録第一四をもとに編輯されているとみる。従って和蘭襍録収録の「嘉永五年子六月和蘭風説申上一件諸書付」も、雑録第一四所収の「嘉永五年壬子六月和蘭告密書御請取始末」と同一史料を共有しているというより、後者のまたはその原本を引用編輯して成立していると推定する。

第八節　御請取始末の加朱にみる幕府政権中枢との情報ネットワークの雛形

留書が書ける程に幕閣の動静を知り、外交に何らかの関わりまたは藩命を被った者が、御請取始末の史料成立に関わった。御請取始末加朱には進歩的な発想と共に、先を読み事前に手段を尽くす大切さを随所に説いている。ここに留書と加朱の間に幕閣関係者と無名氏の「幕府政権中枢との情報ネットワーク」の存在が窺える。御請取始末加朱と同内容を指摘しつつ、幕府による事前の手当の必要性を説いた人物がいる。浦賀奉行支配組与力樋田多太郎より聞書[註47]に登場する。

此度入津の異船一昨年（昨年の誤—筆者註）と覚候①蘭人を以申込有之候儀にて石炭置場土地借用并交易を通するとを願ふといふ事兼て御承知の儀にて候処こと〱く秘密に而已被成置②一向御手当の儀被仰出も無之候付③筒井肥前守殿（※初稿・再稿は紀伊、改稿・修訂は肥前とある。）より厳重の御手当無之ては不相成旨頻に御申上に相成候処更に御取上無之④よふ〱昨暮に至り四家へ御達に相成浦賀奉行へも同時御達有之候処又候奉行秘し置⑤与力へは一切通達無之扨当二三月に至り追々時節にも相成候ニ付紀伊守殿（※初・再・修訂は同じ、改稿のみ筒井とある。肥前守—筆者）より御手当向御申出之処一切御取用無之由⑥乍恐当時の御役人は異船何程来るとも日本之鉄炮にて打放さは直に迯帰るへし位の御腹合なるか慨嘆に堪す候

「此度入津の異船」は、嘉永六年六月三日に浦賀に来航したペリーの軍艦を指す。オランダ商館長は、アメリカの意図を知り自国の活路を見出すべく①にあるように日蘭通商条約草案を幕府に提出した。その第一〇条に「石炭囲場外国人ニ御差図之事」とあるが、原文第四条L項には設置二港を幕府に指定しているが幕府の極秘情報であった。②は嘉永五年一〇月二四日の評議答申により牧志摩守のオランダ讒訴で、条約草案は放置された。しかしこの情報を筒井

肥前守は、嘉永五年一一月一五日に回達を受け、海防掛一同で評議答申をして、筒井個人としては③のごとき意見であったとみる。しかしその答申は、御請取始末の朱書頭註28「一向其御用意なき」と残念ながら放置された。阿部伊勢守は、国家の大患を避けるべく④のごとく嘉永五年一二月暮れに、江戸湾防備の四家と浦賀奉行へ情報を回達した。さらに嘉永六年二三月に、阿部伊勢守の意を帯びた筒井肥前守は、[註48]ペリー来航予告情報により海防厳重の処置を再度答申した。しかし採用されなかった。この聞書の話し手与力樋田多太郎へも一切語られない事実であったと⑤にある。⑥では幕閣が国法に媚びるだけで、対外政策の立案まで至らなかったと批判する。

浦賀奉行は、ペリー来航予告情報を、組与力へ秘して語らなかった。[註49]しかし樋田多太郎が語った一六号文書には、オランダ商館長によるペリー来航予告情報が正確に反映されている。対外的危機が迫ると、阿部伊勢守の信任を受けて外交策の諮問を受けた筒井肥前守政憲[註50]の動静が描かれる。ここには与力の話を聞いた聞き手による幕閣の動静を熟知した識見が窺われるとみる。海防策の立案に参画した筒井肥前守は、ペリー来航も近づいた嘉永六年二三月に、海防厳重の措置を執るよう上申しているのである。

老中首座を務めた阿部伊勢守は、天保一四年より安政四年まで一三年九ケ月の間、アヘン戦争情報収集とその後の欧米列強日本進出を憂え、イギリスやフランスの琉球来航に際会し、頻繁な外国船渡来とペリー来航予告情報を受け、日本が対外危機に直面していると実感した。この老中の存在なくして筒井肥前守の答申はない。御請取始末の留書と付記された朱書に、留書を付し史料編輯した幕府政権中枢の者と無名氏の間に情報ネットワークの存在を想定した。そしてかかる史料を有所不為齋雑録に編綴した添川廉齋と幕府政権中枢に居て幕府機密史料を提供した閣老福山藩主阿部伊勢守の側用人石川和介との情報交換を含む交流の跡を探る。それは留書と朱書の不明の人間関係を推定する手掛かりになると考えるからである。ここに添川石川が情報ネットワークで結ばれ、幕府機密情報の史料分析が実施されたのではないか。情報の分析は藩主であり老中が担ったであろう国策海防に資したとみる。阿部は石川を経路にして、側近の情報ネットワークを駆使して、評議答申書等情報史料の真偽是非を判断したのではないかと推定する。

添川が幕府機密情報を大量かつ系統的にテーマ別に収録して雑録を編輯できた所以は、幕府政権中枢にいた石川との情報ネットワークの存在にあるとの仮説を以下検証したい。

イ　藤陰関藤先生碑

老中阿部伊勢守の福山藩内で、藩主の信任篤い股肱の臣石川和介は、藩校弘道館を改革し、安政元年に誠之館と命名されるに関わった。国史寮・兵学所・洋学所・医学所を設置した時の儒官である[註51]。福山藩主阿部正弘は、天保一四年九月に老中となった。石川和介は同年一一月に藩儒官国詰めに登庸され、弘化元年六月出府、翌二年七月に藩主に初御目見得し側近となった。言わば石川は阿部の側近で顧問、正弘逝去後は藩の度支（財務担当）、明治維新に執政、明治五年に執事（家政担当）として藩の重責を担った人物である。

〈藤陰関藤先生碑[註52]〉全文を掲げ、訓読して紹介する。圏点〇は筆者がつけた。

藤陰関藤先生碑
先生名成章、字君達、藤陰其号、備中吉浜人関藤政信第四子。初冒石川氏、称淵蔵、中称和介、後称文兵衛、晩復本姓、以号行。明治九年十二月廿九日、病歿于東京丸山阿部氏邸。明日、葬于谷中天王寺墓地。同国友人阪谷素、以遺嘱撰其碑文。曰、嗚呼余知先生。先生事業多可伝者。而一以忠厚貫之。弘化嘉永之際、外患紛起、内綱弛維、人心洶洶、漸為潰裂之勢。旧福山藩主阿部正弘君、適為徳川氏政府老中首席、専任其憂。先是、水戸景山公、以徳川氏親藩、夙負重望、為群憸所中、厳譴幽閉。先生首以解主憂為任、以為、公不出、事不可為。密交水藩名士、商量処置、而外為不知、拒躁暴之徒。公感其悃誠、数託人賜愛玩。先生一切不受。曰、寡君待罪於老中、而公負重望。解公冤、則所以減寡君之罪。和介唯知有寡君、不敢弐於公。既公出焉。朝野面目一変。然積弊之余、外患荐乗之、群議沸騰、忮懻排擠、事概跋疐。先生鞠躬周旋其間、万変推帰一誠、纔獲無事。未幾、正弘君卒、景山公亦薨、先生不関事務、而時勢亦不可支焉。先生帰住福山、以為、明名義、保主家、是藩士之任也。因与同志講明其説。会嗣主正教君卒、正方君継立、齢十有余。老臣議、推先生為傅。時海内騒然、忌疑莫測。先生奉幼主于京、于江戸、于征長二役、朝覲守衛、聘問軍陣、連歳奔命、概無寧日。而主君又病羸、先生苦心備至。慶応三年十月、徳川氏奉還太政、而政体形勢未定。明治元年正月、伏水之変発也、王師討徳川氏。長藩兵勤王、以阿部氏為徳川氏旧属、路次卒囲福山城。時正方君卒未葬、而変起忽卒。先生馳入城先護柩。巨弾洞其室者二銃声如雷霆。先生与諸老臣、制壮士不動。分出諸門、衣袴不甲、直衝飛丸入敵軍、往復弁論、遂明名義、確立誓約。更与老臣議、迎今主正桓君於芸藩、立之。於是、世益知福山藩石川文兵衛之重矣。然先生平生事終、輒退避自蔽、漠然如不関焉者。故雖故人子弟、往往不及知其実。是不可以不表也。先生、天保十四年齢三十六、初以儒釈褐。而後累遷、常侍君側、奉顧問。時兼度支、終任執政、進秩二百石。凡新進登庸、輒譏議紛興、宿習概然。先生則毎一進、闔藩以為已晩矣。言如出一口。其忠孝孚于人可知矣。為執政未幾、辞官養病、将老於旧里。会廃藩命下、正桓君例以華族移住東京。而家制不定。衆以為、非招先生不可。強以賓師委重。先生不得辞曰、骸骨竟有宿縁於東地歟。便復移家、経理画一。更選人授之、絶交閑居、賦詩自楽。歿時寿七十。先生幼依於石川氏。初冒其氏、然無継嗣之義。特思其恩、厚撫遺族、養石塚氏之子敬儀、承其祀。去年四月、以陸軍大尉戦死于肥後者、是也。配蜷川氏、先歿。有二男。長曰政太郎。成立受譲、不幸早世。次子亦先夭。似天有嗇於先生。然一女適内藤氏之子成緒。夫婦携来承後。今以学術仕于東京府。是可以慰也。先生初従学頼山陽。中年肆力経業。作文長叙述、下筆洋洋千言、皆条達明暢。為藩主筆述者、亡慮数千紙、皆不伝稿。所著、有詩書筆記、杜詩偶評説、文章軌（ママ）範筆記。嘗奉正弘君命、跋渉東西蝦夷、探樺太択捉諸島、著観国録、蝦夷紀行。其他詩文若干巻、皆為多務未脱稿。且以数転徙、為海運漂没者亦多。其在山陽塾、已以清苦愿懿、重於師友間毎有事皆曰、託淵蔵。山陽之著日本政記也、論成而叙事未完。臨歿、託先生。先生潜心補潤、編為全書、然後伝世。今盛行伝誦者是也。先生躯幹短小、容温気和、或犯之不争。胸襟脱灑、好以諧謔滅痕迹。虚弱善病、又善罹難、期必死者数。而不少撓折。毎当大事、毅然必尽其道。然亦処之、毫無矯激之態。謹慎周密、一点不遺漏。其事万端、大小難易不同、而所謂以忠厚貫之者、終始如一。銘曰

吉備之国　第一流人
文有愧人　人無愧文

明治十一年三月　　阪谷素撰文

先生名は成章、字は君達、藤陰は其の号、備中吉浜の人関藤（せきトウ）政信の第四子なり。初め石川氏を冒し、淵蔵と称し、中ば和介と称し、後（のち）文兵衛と称し、晩に本姓に復（する）し、号を以て行はる。明治九年十二月廿九日、東京丸山阿部氏邸に病歿す。明日（あくる）、谷中天王寺墓地（甲9列－11側）に葬る。同国の友人阪谷素、遺嘱を以て其の碑文を撰す。曰く、嗚呼余先生を知る。先生の事業伝ふべき者多し。而して一に忠厚を以て之を貫くと。弘化嘉永の際、外患紛起し、内綱弛維（すたれた法度）し、人心洶洶と、漸く（やうや）潰裂の勢と為る。旧福山藩主阿部正弘君、適に（まさ）徳川氏政府の老中首席と為り、専ら其の憂を任ふ（にな）。是より先、水戸景山公、徳川氏の親藩を以て、夙に（つと）重望を負ひ、群憸（グンケン）（多くの心のねじけた者）の中る（あた）所と為り、厳譴幽閉せらる。先生首め（はじ）主憂を解くを以て任と為し、以為く（おもへら）、公

出でざれば、事為むべからずと。密かに水藩名士と交はり、商量（相談すること）処置して、外知らざる為し、躁暴（いらだって荒々しいこと）の徒を拒ぐ。公其の悃誠（まこと）に感じ、数人に託し愛玩を賜ふ。先生一切受けず。曰く、寡君罪を老中に待ちて、公重望を負ふ。公の寃を解くは、則ち寡君の罪を減ずる所以なり。和介は唯だ寡君有るを知るのみにして、敢へて公に弐せずと。既に公出づ。朝野面目一変す。然れども積弊の余り、外患荐りに之に乗じ、群議沸騰、忮懻（つよくしてもとること）排擠（おしのけること）、事概ね跋疐（つまずきたおれること）す。先生鞠躬（心身を労して）其の間に周旋し、万変して一誠に推帰し、纔に事無きを獲。未だ幾ばくもなく、正弘君卒し、景山公も亦薨じ、先生事務に関せずして、時勢も亦支ふべからず。先生福山に帰住し、以為く、名義を明らかにし、主家を保つは、是藩士の任なりと。因りて同志と其の説を講明す。会嗣主正教君卒し、正方君継立し、齢十有余なり。老臣議し、先生を推し傅と為す。時に海内騒然と、忌疑測る莫し。先生幼主を京に、江戸に、征長二役に奉じ、朝覲（諸侯の天子に謁見すること）守衛、軍陣を聘問（人に贈与する物を持っておとずれとうこと）し、連歳奔命（忙しく立ちまわる）し、概ね寧日無し。而して主君又病羸（やみつかれる）、先生の苦心備に至る。慶応三年十月、徳川氏太政を奉還して、政体形勢未だ定まらず。明治元年正月、伏水の変発るや、王師徳川氏を討つ。長藩の兵王に勤め、阿部氏を以て徳川氏の旧属と為し、路次卒に福山城を囲む。時に正方君卒して未だ葬らずして、変忽卒（にわかに）と起こる。先生馳せて城に入り先づ柩を護る。巨弾其の室を洞く者二なり、銃声雷霆のごとし。先生諸老臣と、壮士を制し動かさず。分かちて諸門を出で、衣袴し甲（かぶとよろい）せず、直ちに飛丸を衝き敵軍に入り、往復弁論、遂に名義を明らかにし誓約を確立す。更に老臣と議し、今主正桓君を芸藩より迎へ、之を立つ。是において、世益福山藩石川文兵衛の重きを知る。然れども先生平生事終われば、輒ち退避自蔽し、漠然として関せざる者のごとし。故に故人子弟と雖も、往々其の実を知るに及ばず。是以て表さざるべからざるなり。

先生、天保十四年齢三十六、初めて儒を以て褐を釈く（初めて仕途に就く）。而して後累遷し、常に君側に侍し、顧問に奉ず。時に度支（財務担当）を兼ね、終に執政に任じ、秩二百石に進む。凡そ新進登庸せらるれば、輒ち譏議（そしりはかること）紛興し、宿習（久しいならわし）概ね然り。先生則ち一進毎に、闔藩以て已に晩しと為す。言一口に出づるがごとく、其の忠孝孚に人において知るべし。執政と為り未だ幾ばくならず、官を辞し病を養ひ、将に旧里に老いんとす。会廃藩の命下り、正桓君例ね華族を以て東京に移住す。而して家制定まらず。衆以為く、先生を招くに非ずんば不可なりと。強ひて賓師を以て委重す。先生辞するを得ずして曰く、骸骨竟に宿縁東地に有るかと。便ち復家を移し、経理画一（物事の明らかにして曲りないこと）たり。更に人を選び之に授け、絶交閑居し、詩を賦し自ら楽しむ。歿時寿七十なり。

先生幼くして石川氏に依る。初め其の氏を冒し、然るに継嗣の義無し。特に其の恩を思ひ、厚く遺族を撫し、石塚氏の子敬儀を養ひ、其の祀を承く。去年四月、陸軍大尉を以て肥後に戦死する者、是なり。蜷川氏を配するも、先に歿す。二男有り。長は政太郎と曰ふ。成立（せいじん）受譲（家をつぐ）するも、不幸に早世す。次子も亦先天す。天は先生に嗇む有るに似たり。然るに一女内藤氏の子成緒に適ぐ。夫婦携へ来たりて後を承く。今学術を以て東京府に仕ふ。是以て慰むべきなり。

先生初め頼山陽に従学す。中年力を経業に肆にす。作文叙述に長じ、筆を下せば洋々千言、皆条達（のびやかに通ずること）明暢（論旨がはっきりしよく筋が通っている）たり。藩主の為に筆述すること、亡慮（おおよそ）数千紙、皆稿伝はらず。著する所、詩書筆記、杜詩偶評説、文章軌範筆記有り。嘗て正弘君の命を奉じ、東西蝦夷を跋渉し、樺太択捉諸島を採り、観国録、蝦夷紀行を著す。其の他詩文若干巻、皆多務の為に未だ稿を脱せず。且つ数転徙（他所にうつること）するを以て、海運の為に漂没する者亦多し。其れ山陽塾に在り、已に清苦愿懿（つつしみ深くうるわしい）を以て、師友の間に重んぜられ、事有る毎に皆曰く、淵蔵に託せよと。山陽の日本政記を著するや、論成りて叙事未だ完からず。歿するに臨み、先生に託す。先生潜心（心をひそめて物事を考えること）補潤し、編みて全書を為り、然る後世に伝ふ。今盛行伝誦する者は是なり。先生躯幹（からだつき）短小、容温に気和し、或いは之を犯せども争はず。胸襟脱灑（俗世間のけがれからはなれて心清らかにさっぱりしていること）、好みて諧謔を以て痕迹を滅す。虚弱善く病み、又善く難に罹り、必死を期すること数なり。而も少しも撓折（くじく）せず。大事に当たる毎に、毅然として必ず其の道を尽くす。然して亦之に処するに、毫も矯激の態無し。謹慎周密（すみずみまで細かに行き届いていること）、一点も遺漏せず。其の事万端、大小難易同じからずして、所謂忠厚を以て之を貫くこと、終始一のごとし。銘に曰く、

吉備の国　第一流の人　文は人に愧づる有るも　人は文に愧づる無しと

明治十一年三月　　阪谷素撰文

阪谷朗盧による石川の第一印象は、「忠厚を以て之を貫く」とある。まめやかで手厚く物事に忠実で丁寧なところに、慎み深く麗しい「愿懿」の性格が醸成され、師友の間に重用される因子となった。政権中枢に居ながら生来俗世間から離れ、心清らかにさっぱりした「胸襟脱灑」の性格で、足跡を顕彰せず自ら痕跡を滅却する。大事に臨むに、自己の信念を貫き毅然たる態度で、隅々まで細かに行き届く「謹慎周密」の実践を重んじた。「平生事終われば、輒ち退避自蔽し、漠然と関せざる者のごとし」という無欲さは特筆すべきである。老中首座阿部正弘は、このような石川を側用人として国内政治に対応し、度重なる開国勧告に評議答申を命じ平和的処置を選択したのである。石川は添川へ幕府機密情報を秘密物として授受した。政治の世代として安政三四年に二度にわたり、蝦夷探検の命を被り国の

光華を諦視した。以下史料により検証する。

ロ　関藤藤陰年譜にみる石川の政局中枢に至る次第　閣老君側御用の心得

ここに「関藤藤陰年譜」[註53]に掲載された由緒書や勤書さらに藩主阿部正弘公親書等により、石川（関藤）三七歳の天保一四年より四八歳の安政元年まで、福山藩内また幕閣等さらに諸人との関わりを、一括して石川が政局中枢に至る次第をみる。傍線・圏点は筆者がつけた。

石川三七歳の天保一四年一一月五日、福山表において「拾人扶持被成下御儒者之場へ被召出大御目付触流被仰付候」（由緒書三七頁）に儒者として初登用を語る。

三八歳弘化元年四月一七日、福山表において「在番（江戸）被仰付候」（由緒書三八頁）と江戸詰を命ぜられ、五月八日出立し六月五日江戸に着き翌六日に「在番中月並御講釈被仰付丸山御屋敷学問所へ罷出講釈内外諸生取立御儒者中合候様被仰付候」（由緒書三八頁）と江戸へ出張して藩校弘道館の儒官となった。

三九歳弘化二年八月五日に「式日上下御免御奥勤被仰付候」（由緒書四二頁）同日さらに「江戸表引越被仰付」（同）と江戸出張から江戸詰となった。

四〇歳弘化三年四月一八日「蜷川郡平女引取婚姻相整申候」（勤書四五頁）と結婚を機に、同年九月七日「私名是迄淵蔵ト申候処和介ト相改申度旨奉願上候処願之通被仰付候」（勤書四七頁）と淵蔵を和介と改名した。同年一一月一三日「御側向御用兼相勤候様御内々被仰付候」（勤書四七頁）と君側御用となった。

四二歳嘉永元年九月一八日には、石川添川共々藩主に説き徳川斉昭雪冤運動に従事した。これを詳述した「遠近橋」

巻一〇の嘉永元年六月四日付高梁君（高橋多一郎）梧下宛巨凹（大久保要）享拝書簡に石和（石川和介）に関する頭註があり

石和は石川和介と云、勢州どの小姓頭儒者にて、公用人一同内実政事に携り居、別而福侯御取用有之仁也、当春僕も両四五度も面話致し申候処、至而質朴温和にて、気力も有之仁也

と評価される。

四四歳嘉永三年一二月七日「上下格被仰付候」（勤書七〇頁）、また同月二五日に「来四月日光山へノ御供被仰付御用先中御取次加番相勤候様被仰付」（勤書七〇頁）とあり翌年日光社参に供奉することになった。この嘉永三年から石川が側用人として正弘との関係を彷彿させる阿部正弘公親書が掲載されている。月日のみで記年がないため国助氏が推定配置している。嘉永三年九月一七日

過日被申聞候常陸帯早速人撰いたし内々写申付置候、精々致手廻写候趣には候へ共、未出来不致候間都合も可有之と存候間、心得に申入置候事

常陸帯（ひたちおび）は水戸藩士藤田東湖著二巻二冊の伝記で、天保一五年序が付く。同年一一月二二日に藩主兼老中首座から

其後ハ久々逢不申候、此程腫物のよし致承知候、如何哉厭可申候、此和蘭宝函採要和解其筋へ申達差出候間心得の為持帰り候、尤両三日留置候間、為致一覧候て此処ハ写取置候へハ心得にも相成可申と被存候所も有之候は丶可被申越候、側向へ申談写取置候様可致候、此段申入度早々以上

右には政事に携わる側用人の心得として、藩主兼老中首座から右二本の書写が語られる。和蘭宝函は雑録第二集第一六に収録される。

四五歳嘉永四年四月八日に「日光山へ御発駕御往来共御供仕候」（勤書七一頁）と一三日の日光東照宮正遷宮のた

め、日光社参に出発した。翌九日古河に投宿し、洋学を専攻する古河室老鷹見泉石が来過する（日光山紀行、藤陰舎遺稿所収）。同日石川和介宛鷹見泉石書簡

短楮拝啓仕候、暖和之節益御万祥御供御旅行奉祝候、先以箕作へ御伝話被成下、茅屋へ御立寄可被成下旨奉大謝候処、昨年よりの長病両人共此程壱人ハ別而不出来心配仕看病取紛差支候間恐入候へ共御入之儀無拠御断申上、御途中迄御旅宿へ罷出拝顔仕度段、去三日便之節阮甫へ申遣候間御承知被下候御儀とハ奉存候へ共万一行違等之程難斗此段一応申上候、何れ晩方御旅宿絹屋理左ヱ門と申者罷出拝顔仕度御繰合御逢可被成候、右匆々申上候頓首

右には幕府天文方蕃書和解御用手伝役[註54]の箕作阮甫を通じて石川が鷹見へ訪問を打診していたことがわかる。箕作の「紐宛韻府」も先の雑録同所に収録していることとみた通りである。同月二五日石川和介宛斎藤竹堂書簡

此間ハ日光御供被為済御帰府被成候由奉抃賀候、海防彙議大ニ延引相成疾に返璧可仕候処、御留守中と存油断仕候内御人に預り恐入奉存候、然処如何仕候哉、九ノ巻一冊相見得不申尋出次第指上可申、余り疎漏之義に御坐候へ共致方無御坐候、宜敷御含奉願候、其内参上万々相伺可申候

また日付なし同書簡

此間ハ毎度難有奉存候、彙議不足之処漸尋出候間指上申候、実ハ不足之処謄写仕度由に付、拝借仕入用之処斗三冊貸遣出来候而受取候事と覚居、当人義も左様申遣候に付、宅斗相尋候処、右本人ハ留守中にて家内ノ者斗の返事にて追て本人帰宅後右之訳（以下なし）

右で竹堂は塩田順庵の海防彙議を石川から借用し、「海防彙議翼」を著するに至る。嘉永二年序を持つ海防彙議は、幕府医官で海防論者の塩田が幕府へ献本したものと考える。竹堂著作「阿片始末」は雑録第二集第一九に、同「蕃史」

は同集第二二に収録される。正弘公親書五月一八日

過日被申聞候別紙の個条へ分り候丈ケ朱書為致置候間為持遣候、尤旅行歩行之処此場所より此場所迄と何分聢と相分り兼、夫々相糺候処未聢と致候書留夫々役筋にも無之に付、其内分り次第猶可申遣候間左様承知可被致候以上

右は恐らく四月八日より二一日迄の日光社参道中書留に関するものと考えられる。この内「別紙の個条へ分り候丈ケ朱書為致置候間為持遣候」とは、別紙に朱書留書して石川へ渡した謂いだが、本稿九「御請取始末の留書と朱書頭註」でみた史料に幕閣関係者の留書があり、史料に朱書補筆し答申した史料の在り方に似たものがあるのである。五日付正弘公親書

此間申聞候天文台にて和解出来翻訳之書拝借候義、段々其筋取調見候処、是迄翻訳出来之分拝借被仰付候義無之候間、諸家共相願候ても六ケ敷可有之模様之事

右には天文台和解の翻訳書は、幕府機密情報のため諸家へ借用不可を説く。しかし雑録第二集第一四に収録された「甲辰乙巳和蘭告密」には、天文方御書物奉行の渋川六蔵訳「和蘭国王書簡并献上物目録和解」を収める。詳細は本稿七「弘化元年二年和蘭告密の概要」参照。八月二三日正弘公親書

尤自分義此程中より風邪頭痛にて無拠両三日引居申候、先少々宛快方に候得共、兎角此度の風邪ハ邪気取れ兼捗々(はかばか)敷無之残念存候、今夕の様子にて明日は押ても登城可致哉と存候へ共如何可有之哉、試に今日月代剃候積に候、入湯ハ明夕可致存候、右に付此書類両三日ハ留置候て宜と存候間廿六日此返却可給候也

右には正弘公の私事に通じた側用人として、政事に携わる関係が仄聞される。

四六歳嘉永五年二月一五日付鷹見泉石手簡

誠に昨夏ハ当所御通行之節御旅宿にて拝顔仕御懇話奉多謝候（中略）如諭昨夜蘭船入津先ハ格別之儀無御坐候由、尤欧羅巴ハ兎角不穏に成候旨、亜細亜東方の為にハ返而安堵の方と奉存候、右御厚礼乍略年甫御祝儀奉復之義可申上呈拙書候、恐惶謹言

右の蘭船入津は、この年六月五日なので不明。五月二七日正弘公親書

申入候其後は暫逢不申候、別紙二通一袋相下け候間何そ心得にも可相成処は写取置為見可申候、廿九日夕方迄に写取朔日登城前に差越候様致度存候、今般は　西御丸御焼失（二二日江戸城西丸火アリ）何共恐入候次第に候、右に付御普請惣奉行被仰付全臨時の大御用出来別而御用繁相成誠に心痛いたし候、炎暑之節退出後も品々持帰り一覧且認物取調等有之、大取込乱筆之侭にて一寸書下し申候、慥に受取可被申候事

右にも側用人の心得が語られる。八月一八日同親書

過日下け置候蘭書和解其節一冊外へ廻しに出居、此節戻り候間則差遣申候、過日之品と一纏めに致置写取出来候上一同に返却可致候以上

次は日付無し同親書

海国図誌　先ツ一帙拝借いたし持帰り候、和介一覧いたし自分心得居候て写候所斗見分け、此度罷出候節申聞可申候以上

右の海国図誌は林則徐の著述である。石川にその採要報告を指示している。閏秋念五日付藤陰石川先生青及宛浅野中務少輔書簡

然者尊藩御用役の内安藤織馬殿吉田助三郎殿御事、祖父蔵秘の兵要録口義御借用被成度被仰聞候旨委細承知仕候、被仰越候通弊紙には御坐候へ共、祖父親写の書にて拙家に取候てハ秘書に御坐候へ共、外ならぬ御家より且老兄

> よりの御頼音何かは惜み申へき、則御用立候様委細留守宅へ申遣候まゝ御面倒なから御請取書印紙にて御遣置候はゝいつ迄も御留観不苦候（中略）偖夷船事項も先此節ハ静安、乍去又々崎嶼へ英船見へ候なと不取留伝唱如何の事に御坐候や、何にいたせ多年の段深惧入候、浦轄も変革戸豆州（戸田伊豆守氏栄）終に閑却夫なとも粟生于肌地と櫓ハ愈同し事、今般土木の事に役々たるも何等の幸と顧念仕候、殊に這般御作事奉行代りにも相心得可勤旨にて別て覗模の事冥加至極、乍去一向不案内の義ゆへ深く心配仕候、御心忝の義も御坐候ハヽ何分御教督奉希候（後略）

右にある兵要録口義などを参考にして、福山藩は長沼澹齋撰「兵要録」を嘉永七年誠之館蔵版として、吉沢忠恕・江木戩等校訂し二二巻五冊として出版した。宛名にある青及とは、御覧を乞う書簡文用語。浅野梅堂は、この年閏二月一〇日浦賀奉行より京都町奉行へ転任した。

四七歳嘉永六年六月五日「御内用被仰付相州浦賀へ出立同十日帰府仕候」（勤書七六頁）とペリー来航のため内命により浦賀へ赴任した。九月二三日「大目付格三人扶持御加扶持被仰付候」と准大目付格となる。水戸烈士伝中「桜真金伝」に

> 六年癸丑六月米国の兵艦浦賀に入港す、時に舛平日久しく幕府劻勷失措、人心恟々たり、真金之を憂へ石川及中西邦基（忠蔵・幕府切手同心）を招き根津社内幽僻無人の地に会し当世の急務を論して曰く、水老公（烈公）をして再出賛議せしむるに非すんは国家の大事復救ふへからすと、石川も亦之を然りとし大に力を竭す、石川は阿部閣老に信任せらるゝを以て議能く行はると云ふ、是の年七月大将軍烈公を起し辺警の廟議に参画せしむ云々

七月三日徳川斉昭幕閣海防の議に参画するに至った経過を語る。菊地氏「藤田東湖伝」に「八月七日桜任三ヲ訪フ、石川和介ニ邂逅談論時ヲ移シ大ニ裨益アリ」また藤田東湖「続回天詩史料」に「午後松琴楼にて石和（石川和介）へ

逢、談論半日咬𠺕吧へ人ヲ遣候事を議す」とある咬𠺕吧の件は、オランダに託して国書回答しがたい所以をアメリカに通告する論議である。八月五日付石川和介様急事宛江川坦菴手簡

以手紙拝呈仕候、秋暑強御坐候処弥御清福奉賀候、然者差急御目に懸度義御坐候間、乍御苦労御出被下度、深更に相成候共聊差支無御座候、早々以上

急事とは翌六日、幕府は韮山代官江川太郎左衛門の内願により、岡部藩に御預中の高島四郎太夫を赦免し、その配下に属せしめた事と関係しよう。

四八歳安政元年三月一五日「御内用被仰付豆州下田表へ罷越、四月十五日帰府仕候」（由緒書七八頁）と内命により下田へ赴き日米和親条約締結のため開港を策した。四月二三日「辰之口御上屋敷へ引越、御側向御用重に相勤、教授当番之義ハ間遠に相勤候様被仰付候」（同）、正月一二日朝の正弘公親書

別紙類相下け申候、昨日申聞候外之分も何そ見合にも可相成哉と不残下け申候、受取可被申候、扨て異国船来ル九日より追々相見候旨太郎左衛門方其方浦賀等より昨日昼頃より今暁へかけ追々注進申越候、尤海防月番之方へ申出候都合七艘之趣、尤浦賀へ未入津も不致、乗留も不致候へ共、相見候段廻船方等より追々申出候、定て亜米利加再渡に可有之、兼而覚悟之義にハ候へ共、万々都合宜相済様にと心痛いたし候、乍序此段も早々申入候以上

右の史料は関藤藤陰年譜の嘉永六年条に入っている。ペリー来航の情報は嘉永五年六月五日長崎に着任した新商館長が日蘭通商条約締結に向け、別段風説書から意図的に抜き書きした横文字和解「別段風説書之内」第一〇項本文に「一風聞書ニハ上陸囲軍之用意も致し、諸道具積入有之由候、并右船ハ第四月下旬（当三月初旬ニ当る）前にハ出帆難成、若ハ今少し延引可致由ニ有之候」とある来航予告情報である。正弘公親書正月一二日朝史料は、安政元年一月一一日浦賀奉行戸田伊豆守氏栄が、外国船七艘伊豆沖通航を幕府に報じた情報である。当然ながら側用人石川へ情報がリア

ルタイムに伝達されていた証左である。島津斉彬は一月一九日に昨年一二月以来、アメリカ艦七艘が琉球に来航している様子を幕府に報告している。しかしこの中の軍艦三艘を率いて一〇日に那覇を去り江戸へ向かった情報が、松平薩摩守内の仙波市十郎から幕府に届いたのは三月六日のことであった（雑録第三集第二五の二三ウ上、薩州御届参照）。

正月二〇日誠之進宛烈公親書

兎角日本一体ハ昨年の不法にて人々激し戦争いたしたがり候へ共、上へ立候人々にて様々なだめ置候趣可然と存候（中略）なましひ彼より戦争を開き候はヽ此方ハ必勝ハ六ケ敷候半か、和介居候はヽ尚又相談可致候、一、此品あまり少々にて如何に候へ共、若し和介浦賀へ行候と承り候へハ兵糧の節の一助にも可相成、誠之進より内々可遣候、（中略）夕刻石和来り云々申候との事故、八丈よりハ無人の方（小笠原島―筆者註）まさり可申候へ共、是以如何と存申遣候処、只今床に入又々考候へハ、無人にても八丈にても何れにても墨夷の申事一つも御叶被成候へハ、墨夷ハ無事に引取候共直に魯夷来り候て魯夷ハ長崎へ来り、正法に申立をは御済せ無之、墨夷浦賀へ来り不法に申出候をは御済せに相成り候よし申、魯夷も浦賀へ来り又墨夷も来り、其外イキリフラン皆々浦賀へ来り申合候ハヽ如何様の事致候も難測、左候へハ一つも墨夷の申出御取用無之方たとひ墨夷ハ不法の振舞致候とても、先つ墨夷計の事強訴におそれ一つも御済せに相成候はヽ、果して後の憂は鏡にかけ候様に存候へハ、明朝和介発足にも相成候はヽ此だん申聞候方と存候（中略）如何にも不容易事故、尚又石和へ申遣候様にと存候、くれ々々も墨夷へ一事御済せに相成候はヽ、必魯夷にて右をとらへ申候て、仕方有之間敷愚考いたし候早々

右には政局の中枢に石川がいることがわかる。三月三日付石川和介様宛江川坦蓙書簡「然者昨夜の一条、以御取扱誠望外に出候様相成千万難有〇〇（ママ）、何共恐入候次第奉存候、御答迄早々如此御坐候以上」は年号がないため国助の推定による配置であるが、この日横浜応接所にて日米和親条約一二箇条を締結調印している事と関係しているとみる。以

上が「関藤藤陰年譜」史料の語る老中首座阿部正弘側用人石川和介の政局中枢に居た事実の証明である。

ハ　石川添川にみる幕府機密情報の授受

石川は添川とどのような関わりを持ったのであろうか。まず添川は雑録に収録した、幕府機密情報一冊と三枚の訳読筆録を、石川より秘密物として提供されている。添川廉齋宛石川成章書簡「七月八日付添川先生宛章書簡」[註55]から石川添川の史料授受をみる。

添川先生　　章拝復

拝見仕候。先刻御返書も拝見、御返却被下候。亦□□被仕候。

オクタントハ此間兼遊談ニ御坐候。何レよりカ館邸へ見セ来居、館邸ニハ先ツイラヌ積リ、併売リ方ヨリ何卒他尓思召付アレハト申居、世話致遣度、事性アル也ト申居候。其形ヲ段々承候得ハ、弊藩ニ有之より少々大振也（何レ□□□方也。弊藩ノハ小振ナリ。新形ナリ。）別帋事申上候間、御内覧ノ上御遣被成共、如何様共可被成下候。

オース并アメリ地誌被仰下候。別ニ此二洲ノ志と申もの我方ニハ無之（昨年渡来蘭船アメリカ志持来、通詞へも例ノ内売申致シ、委曲ノものアルトカ、垂涎三尺如之何。）訳書ニハ定而、兼行ノものハ有之間敷、色々諸洲地志中、散在スル尓就而見ルヘキノ外ナキカト被存居申候。豪斯多辣利訳説と申ものハ、先年尊邸御買取（弊藩より御伝行ノ時）と奉存候。新物ヲ見度々々と存可希罷在候也。

漂流記一冊可申上候。何卒例ノ通リ密物ニ而、決而小生ノ手より御覧被下候と申事ヲ堅御称黙奉願上候。

ニウウエンホイス尓就て、先達而或蘭学生ニ読マセ、小生文字ヲ下シ申候。此三枚之もの御慰候事ニ申上候。併

是ハ八百三十七八年ノ原書ニ而、最早只今ノ真景ノ侭ニハ無之と奉存候只一斑ヲ想像スルノミ

右匆々拝復

七月八日

沙汰止みとなった。ニウウエンホイス三枚とは、雑録第一六に収録された紐宛韻府[註58]で

紐宛韻府（四字朱書）

池田訳読

共和政治　　藤陰筆録

とあり、オクタント・オーストラリ幷アメリカ地誌と豪斯多辣利訳説・漂流記・ニウウエンホイスについては別稿[註56]にゆずる。石川の手を経た秘密物の漂流記一冊とは、雑録第一七漂客叢話に収録された漂流譚一一篇中、中浜万次郎等一三年間のアメリカ漂流の取調書「嘉永六癸丑年八月晦日御勘定奉行河路左衛門尉御仮宅エ指出ニ相成候漂流人取調書」[註57]である。右万次郎御尋之節口上書写の後にある一条に「又同人事アメリカ通詞にも可被仰付哉之由風聞有之候事」と、アメリカで学問をした万次郎の英語力は時勢の要求するところで、川路添川石川共々通詞に望みをかけたが

蘭学生の姓と石川の号が記される。四字朱書をみると添川は、ニュウエンホイスが箕作阮甫の訳語「紐宛斐氏韻府」であることを知っていた。さらに訳読筆録にあたり一八三七・八年版の原書を使い、箕作の愛蔵した一八二九年から三六年版より新しい版であることも知り、さらにこの書簡の書かれたと推定される安政二年より一九年前の過去が描写されていることも共通理解していると判断する。また添川を漢学の賓師に迎え特別待遇した安中藩主板倉勝明が買い取った箕作著訳「豪斯多辣利訳説」は流布した形跡がなく、西洋書講究の密命を受けていた石川は閲覧を熱望しているのである。添川宛石川書簡と雑録収録史料の対応により、雑録収録の幕府機密史料の出所は、石川を中心とした

閣老阿部正弘の福山藩関係者からの提供と考えられるのである。

二　頼山陽・菅茶山・篠崎小竹に学ぶ石川添川の詩文

享和三年一二月一五日生まれの添川と文化四年二月二四日生まれの石川との関わりのポイントは、漢学の師頼山陽を介した門弟であること。頼山陽は文化七年に菅茶山の廉塾（福山藩郷校）塾頭となるが、添川も文政六年頃二三年の間か山陽に従学し文政九年より一一年まで廉塾に出入滞在し、茶山の養子門田朴齋とも親昵し、養子離縁と茶山歿後の廉塾で塾頭としてその存続に尽力した。ために福山藩士に多くの知己を得た。大坂の儒者篠崎小竹の推挙により添川を漢学賓師に迎えた文化六年一一月一一日生まれの安中藩主板倉勝明は、側室の子であるが生母夭逝し皇考勝尚の正室瑶台夫人に育てられた。文政二年一〇月一六日生まれの福山藩主で老中首座阿部正弘とは

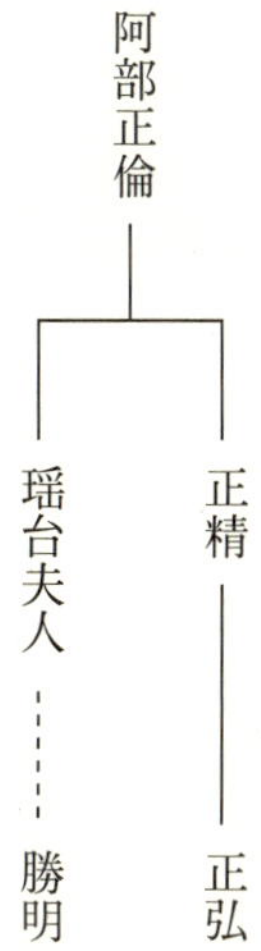
阿部正倫
正精
正弘
瑶台夫人
勝明

従兄弟となる。[註59] 天保一二年九月に山陽遺稿を刊行した山陽の畏友篠崎小竹は、同年春江戸へ出て「山陽先生行状」を石川へ執筆依頼した。石川は行状草稿を同門同藩士の江木戩（繁太郎）へ渡し推薦して、同門森田節齋などとの軋轢を回避している。[註60]

石川は文政三年秋一四歳で笠原の兄関立介に身を寄せ、文政七年末に一八歳となり父が備中笠岡郷校敬業館教諭を

していたため同教授小寺廉之（清先の三男）の弟子となり学んだ。これが石川の立志であり、兄関立介の弟関五郎として頼山陽に会った初めである。翌八年一〇月一九日に石川は、同年九月一二日竹原の叔父頼春風弔問帰途の山陽と会い、山陽は一〇月一九日笠岡に一泊して再度石川と面晤している。これを機縁に文政一一年初秋二二歳で山陽の塾に入門した。[註61] 一方添川は文政一二年一月一五日に東帰のため山陽の水西荘で別宴にあずかる。山陽遺稿巻之四[註62]に

上元送添川仲穎東帰　　上元に添川仲穎の東帰するを送る。

客程新暦日　　客程　新暦の日
文会旧窓櫳　　文会す　旧窓櫳
寒在梅華碧　　寒在りて　梅華碧く
宵深蠟燭紅　　宵深く　蠟燭紅し
離觴上元酒　　離觴　上元の酒
帰轎半春風　　帰轎　半春の風
還遇昌平友　　還りて昌平の友に遇ひ
能談及此翁　　能く談ず　此の翁に及ばん

京都三本木の水西荘で、学問文章に関する文会に集った。一首おいて

再与仲穎話別　　再び仲穎と話し別る。

青灯緑酒自情親　　青灯緑酒　自ら情親しむ
明日行装趁路塵　　明日の行装　路塵を趁む
游歴当追少年日　　游歴当に追ふべし　少年の日を

文章方遇太平春　　文章方に遇ふ　太平の春に
意中桑梓程猶遠　　意中の桑梓　程猶ほ遠く
望裏芙蓉雪正新　　望裏の芙蓉　雪正に新し
老病尋常重離別　　老病尋常　離別を重ね
未道天涯如比鄰　　未だ道はず　天涯も比鄰のごとしと

添川東帰出発に山陽が詠んだ詩である。王勃の杜少府之任蜀州詩を末尾にふまえ、東帰する遠隔の地も隣家のように思われると述べる。また山陽遺稿巻之一〇に「蠟燭説」と題する文がある。添川が山陽に華蠟燭を贈り、山陽は会津の著名な蠟燭に添川をたとえ「其帰るに於いて、此を言ひて以て之を勉(はげま)す。」とあるので東帰の作とみる。山陽が質厚好学、善文而不衒於人と添川を評している点に本質をみぬく眼力があり、華蠟燭をとおして真に国を照らす蠟燭になれと門出を激励しているのである。この別宴で添川は関五郎なる石川と初面識を得た。篠崎小竹は、天保元年六月八日に、山陽帰省の帰途同行した石川と初対面している。天保二年は山陽最後の帰省（一一回目）である。一二月五日山陽は帰京するが、尾道から江木繁太郎（名戩、字晋戈は山陽の命名といわれている）が入門すべく同道した。山陽は天保三年九月二三日に享年五三歳で歿するが、六月一二日喀血した。「廉齋遺艸」に写真版で載る尾藤水竹（諱積高、字希大、通称高蔵、号水竹、二洲長男）の詩がある。

送添川君寛夫遊京師　　添川君寛夫京師に遊ぶを送る。

梅天日々雨霏々　　梅天の日々　雨霏々たり
何事急忙着旅衣　　何事か急忙し　旅衣を着る
自説関門七往来　　自ら説く関門　七往(シチたび)来し

此行亦復莫忘帰　此の行亦復（またまた）帰るを忘るる莫かれ

承句の急忙は時期は早いが山陽の喀血に求められまいか。七往来の上京西遊で、結句には鉄砲玉のような添川の姿が彷彿とする。山陽日本外史を撰するや、添川与って力ありと称せり。この年山陽は日本政記を撰しており、一部を牧百峯が書き、後は関五郎（石川）に任せた。この山陽最期に添川・石川は居合わせたのである。山陽歿後、宮原節庵は昌平黌に入るため江戸に向かい、石川は淵蔵と名を改め昌平黌の依田利用（通称源太左衛門、号匠里）に入門した。一方江木は山陽の臨終には居合わせなかったが、翌天保四年上京し大坂の篠崎小竹門に入り、天保六年には昌平黌の古賀侗庵に入門した。

ここに石川の福山藩登用をみるに、天保一四年一一月五日「十人扶持、大目付触流」をもって儒者本役に採用された。翌一五年江戸詰御用掛、弘化三年一一月君側御用掛兼文学引立役となり、閣老側用人として中央地方政界の機微に通じ参画しうる政治家となったのである。藩校「誠之館」創設に際し、嘉永元年秋に意見書提出を命じられ同年一一月一七日に「文武御引立之儀ニ付申上奉リ候書付」を上申し、旧弘道館教育を脱皮する文武兼修教育を詳論した。さらに儒者六名全員に意見書提出下命があった。石川は提出された上申書に論評を命じられ、嘉永二年正月一七日「福山藩同役共より文武御引立之儀に付申上奉り候書付論評」を上申し、誠之館設立の基礎をなした。しかし石川は門田朴齋と共に新学制を批判し藩士を代弁し、「仕進法」は目的達成が困難で減知行と受け取られ不平をまねき、家中の和を破ることを恐れたのである。

石川と添川が莫逆の友となったのは、弘化嘉永の間にある。まず寛政八年生まれで文化七年八月一日一五歳で菅茶山の廉塾に入門して後に讃岐高松藩儒となった牧野黙庵に「我為我軒遺稿」[註63]がありその巻之八の弘化二年正月八日に

穀日与尾希大添川寛夫石川君達尋古梅荘　穀日、尾希大・添川寛夫・石川君達と古梅荘を尋ぬ。

　　行春試杖訪梅園　　行春の試杖　梅園を訪ぬ
　　果値花開正十分　　果して花開くに値ふ　正に十分
　　素艶炫眸千樹雪　　素艶眸（ひとみ）を炫（くらま）す　千樹の雪
　　清香撲鼻一園雲　　清香鼻を撲（う）つ　一園の雲

黙庵の「家乗」と題する日記の当日条に

　　与添川尾藤石川三子遊于古梅荘、風寒殊甚、去冬来所未有也、帰次訪伏見戯博、至二更乃散

とある。この探梅は一昨日の六日条に

　　陰既晴、午後訪門田尭佐晩帰、石川子来約明後尋梅

と石川が牧野を訪ねて八日の尋梅を約した結果の遊行であった。「家乗」一月二〇日条に

　　尾門石三子来、同赴添川招

同二月一二日条に

　　沐浴入邸拝恩于両殿而帰、諸弟子陸続来、別各有贐、添川三牧門田山井石川伏見木村嶋村広瀬冨﨑赤井来、出酒
　食

同六月一八日条に

　　晩詣尾藤諸家満堂杯盤狼藉、乃与添川石川辞帰小酌于弁天祠畔之亭熱甚

同七月二六日条に

　　添川石川来聞長崎之事云、本月三日英夷船入津

右は同年七月三日[註64]長崎に来航したイギリス船サマラン号、測量や薪水食糧を求め八日に退去した幕府情報を、石川が

聞き添川と共に牧野に通報したのである。長崎情報が急飛脚により幕閣へ進達される日数を考えれば、二三日後の家乗に記された幕府機密情報は、幕閣関係者の動揺と正にリアルタイムのものであった。次は重陽九月九日の遊である。

「我為我軒遺稿」巻之八に

重陽同尾水竹門朴齋諸友及添廉齋牧楓崖游于滝川尋去年之游也分無人送酒来得無字

重陽、尾水竹・門朴齋の諸友及び添廉齋・牧楓崖と同に滝川に遊び、去年の游を尋ぬるなり。人酒を送り来たる無し、を分かち無字を得たり。

復接重陽節　復接す　重陽の節
登高興豈無　高きに登り　興豈に無からんや
聯笻尋旧侶　笻を聯ね　旧侶と尋ね
渉僻取生途　僻きに渉り　生途を取る
劇飲松丘上　劇飲す　松丘の上
行歌竹澗隅　行歌す　竹澗の隅
共憐人各健　共に憐れむ　人各の健を
継得去年娯　継ぎ得たり　去年の娯しみを

竹澗は竹の生い茂っている谷の流れ。石川の藤陰舎遺稿九月九日条

九日廉齋至会朴齋使人来促偕往其家　九日廉齋至る。朴齋と会し、人をして来たるを促さしめ、偕に其の家に往く。

重陽誰忍背黄花　重陽誰に忍びて　黄花に背くかと

迎客風流類孟嘉　　客を迎へて風流　孟嘉に類す
半酔抛杯移席去　　半酔杯を抛ち　席を移して去り
隔林更有老陶家　　隔林更に有り　老陶家

孟嘉は蒙求の標題「蒙嘉落帽」、晋の蒙嘉が宴席で風に帽子を吹き落とされたが、狼狽せず却って風流を発揮した故事。老陶家は陶潜。門田と添川の初会は、文政九年秋に茶山の廉塾であった。その後添川は篠崎小竹の推挙で安中藩漢学賓師に迎えられ、天保一二年九月二九日に出府し安中藩邸に出入りした。添川は門田と天保一四年正月五日、一〇日、二月四日、一三日、嘉永元年二月一五日、五月一三日に会っている。門田の師は、菅茶山・頼山陽で、添川とは兄弟弟子となる。石川は文政一二年正月一五日添川東帰の山陽別宴、天保三年六月一二日の山陽喀血以後九月二二日山陽歿をはさんで面識があった。天保一四年一一月五日石川は、福山藩儒臣となり翌弘化元年六月五日出府後、老中首座阿部伊勢守の側近に仕えた。石川と添川は、弘化元年以降儒学を通じ親密になり海鷗社の文会でも相識となった。両藩主が従兄弟（瓜葛の誼）であったのもその一因である。

右二首から尾藤・門田・添川・御牧（楓崖）・牧野は滝野川で劇飲している。詞書きに「人酒を送り来たる無し」とは、飛鳥山の酒宴に腰を上げなかった石川を、牧野の家乗「添川来云石川招」とあるように添川は石川を招けと牧野に告げたが、下戸の石川は酒樽だけおくり出かけなかった。石川の七絶には添川が来て門田と会い、恐らく牧野も来て重陽の酒宴に招いたので、仕方なく牧野家に行き半酔して席を立ち、その後の飛鳥山の劇飲には背を向け酒のみ送ったと読める。

牧野の家乗同年一〇月二三日条に

晩行餞（おくる）石川子

とあるのは、石川が同月一七日に五〇日の御暇を拝領し翌二四日江戸出立、一一月晦日福山表へ着、翌年三月一八日蜷川郡平三女と婚姻し五月二二日出府する福山行の餞別である。同家乗弘化三年五月二七日条に

　聞石川至自備後、晩問之不在、訪于門田而帰

とある。

さて同じ家乗の弘化三年六月九日条に

　石川淵三来、聞夷舶開帆之確説

右は同年閏五月二七日アメリカ東インド艦隊司令長官ビッドルがコロンブス・ビンセンス号を率い浦賀に来航し、通信互市を求め浦賀奉行大久保忠豊に書簡を送った。六月七日に浦賀を出帆し、翌日には幕閣に浦賀情報が達しているが、翌々日の九日には幕閣関係者とりわけ老中首座阿部伊勢守側近の石川によって幕府機密情報が牧野へ通報されている。同家乗九月九日条に

　門田来訪、乃遊于王子、石川諸等亦同行飛鳥山、逢尾希大、遂歩于滝川観于清音閣酒食于海光亭、乗月而詠帰、是日美風日、近来之清楽也

とあり、石川にとり平穏無事に終わった。藤陰舎遺稿当日条に

　重陽同黙庵朴齋諸人過金輪寺　　重陽、黙庵・朴齋諸人と同(とも)にし金輪寺を過ぎる。

既賞重陽菊　　既に賞す　重陽の菊
韻流余興豪　　韻流(おこな)へば　余興豪なり
出城期済勝　　城を出で　済勝を期し
攀閣擬登高　　閣を攀(よ)ぢ　登高に擬す

渓水聞如雨　　渓水　聞けば雨のごとく
松風喚作濤　　松風　喚きて濤を作す
夕陽猶未没　　夕陽　猶ほ未だ没せず
何処買村醪　　何処にか　村醪を買はん

済勝は勝景を渡り歩くこと。同家乗九月一三日条に
迂路于谷中、与諸友会于水竹居、分韻得平字、得藜杖而帰、微雨
とあり、藤陰舎遺稿当日条に
　九月一三日夜水竹荘集得水字　　九月一三日夜水竹荘に集ひ水字を得たり。
寛平御宴為嚆矢　　寛平の御宴　嚆矢と為す
例与中秋同一軌　　例は中秋と　一軌を同じうす
微雨唯愁月帯雲　　微雨に唯だ愁ふ　月雲を帯ぶるを
暫晴猶禱天如水　　暫晴猶ほ禱る　天水のごときを
今宵把酒杜樊川　　今宵酒を把る　杜樊川
昨日遊山羊叔子　　昨日山に遊ぶ　羊叔子
誰道留連強自高　　誰か道ふ留連して　強ひて自ら高うすと
此筵非復浮塵裏　　此の筵復するに非ず　浮塵の裏
杜樊川は杜牧、字は牧之、号は樊川。羊叔子は羊祜、字は叔子。留連はぐずぐずして去るに忍びないさま。我為我軒
遺稿巻之八の当日条に

一三夜水竹居招同朴齋廉齋藤陰蠖軒分韻得平

一三夜、水竹の居に招かれて朴齋・廉齋・藤陰・蠖軒と同(とも)にし、韻を分ちて平を得たり。

幽荘灑洒会詩盟
擬為良宵賞月明
豈意鎔金斜日斂
翻為潑墨暮雲平
朧朧樹影如山影
寂寂虫声和雨声
最是主人能愛客
促高銀燭不停觥

幽荘灑洒　詩盟に会ふ
擬すらくは良宵と為りて　月明を賞するを
豈(あに)意はんや金を鎔(とか)し　斜日斂(をさま)るを
翻りて為に墨を潑(ちら)し　暮雲平かなり
朧朧たる樹影　山影のごとく
寂寂たる虫声　雨声に和す
最も是主人　能く客を愛し
銀燭を高(たかくせん)ことを促し　觥(さかづき)を停(とどめ)ず

文化一〇年ごろ石川は淵蔵と改名（元五郎より）したが、弘化三年和介と改めた。後の万延元年に文兵衛、明治元年に本姓の関藤に復した。

弘化三年という年は閏五月六月よりイギリス・フランス船琉球来航及び両国人の琉球滞留により、キリスト教布教や通商交易要求に直面する。イギリス人が那覇を去ったのは、安政元年六月二三日であり、不測の事態により国難を引き起こす恐れを回避するため、幕府と薩摩藩は琉球処置・外国貿易の内許を決断する。雑録にはこの薩摩藩の幕府に対する琉球関係御届書を一括して「薩州御届」[註65]として後に編輯収録しているのである。この年一一月内命により、石川は君側御用係となる。[註66]

嘉永元年は、漂客次郎吉話詩[註67]の冒頭の註記からみる。漂客次郎吉とはこの話詩に前接する加州領越中東岩村次郎吉話[註68]

の次郎吉で、天保九年より同一四年まで漂流した。この話詩の冒頭に

　聞漂客次郎吉話詩以記之（戊申二月旬四石川子拉客来見千住山田後藤五郎川池田諸子亦会焉酌酒聞談快甚入夜而散）个益著

漂客次郎吉話を聞き詩を以て之を記したのは、个益（カエキ）なる人物である。二行割註にある戊申二月旬四は、嘉永元年二月一四日である。次郎吉が天保一四年五月二三日にエトロフから帰着して五年後になる。問題の割註を訓読すると

　石川子客を拉して来たり見ゆ。千住・山田・後藤・五郎川・池田の諸子も亦会す。酒を酌み談を聞き快甚だし。

　夜に入りて散ず。


石川子が石川和介であり、五人の諸子を連れ漂客次郎吉の漂流談を聞いた。[註69]个益なる人物もこの客であろう。この縁で个益は右を著し、添川はこの二史料を石川から内密に受け取り雑録の漂客叢話に収めたと読める。都立中央図書館所蔵の「鶴梁林先生日記」の翌二月一五日条にある中西拙脩の詩会に

　訪黙庵（送茶一筐）同伴赴中西詩会送酒一樽、客如左、門田尭佐石川和介添川寛平尾藤高蔵諸木雄介牧野唯助林伊太郎主人以上八人

とあり、同日記五月一三日条に

　竹酔日会筵来賓十一人　秋暉画墨竹墨蘭　大久保要不来　門田尭佐（送茶一嚢）　添川寛平（送半紙）　牧野唯助　尾藤高蔵（送海膽一器）石川和介（送菓子一折）　諸木雄助（送墨一挺）　（此夜一宿）藤森恭助　渋谷脩軒　保岡元吉（送花一枝）　保岡　岡本祐之助

とある。添川は石川を初めとする福山藩関係者、菅茶山や昌平校関係者と交流を深めた次第がわかる。

　石川と添川が盟友に値するのが、嘉永元年九月一八日の徳川斉昭雪冤運動である。水戸藩士高橋多一郎編著「遠近橋」の嘉永元年九月二〇日高橋多一郎宛日下部伊三次書簡の控に[註70]

微臣則傾頭聴、不覚感涙相催し、碩(石川)・廉(添川)・巨(大久保要―筆者註)氏の厚義忠実に感服仕候

嘉永元年九月一一日に添川を訪ねた石川は、折しも徳川斉昭雪冤運動で奇しくも一致し、腹蔵なく打ち合わせた。九月一八日に添川は安中藩主板倉勝明に、石川は福山藩主にして閣老阿部正弘に説くに、土浦藩校郁文館館頭後に藩公用人となった大久保要[註71]に就いて、徳川斉昭への忠良の士は薄氷を履むごとく幽死し、忠孝節義消滅して危急切迫の勢いであると。嘉永二年三月一三日に徳川斉昭の藩政参与が許されたのは、安中侯が低声で添川に語った内秘は

○閣(福山侯―筆者註)より兼々我等へ頼聞には、大政不行届儀、心付も有之時は、無腹蔵申聞呉候様、厚く被申候事有之に付而は、か丶る天下の大事は、黙して不可止

従兄弟の安中侯が福山侯に天下大事を上申する決意である。ここに水戸の国事に尽力してきた石川と大久保に手を差し延べて、添川は

さらは我主侯(安中侯―筆者註)に説て、足下(福山侯―筆者註)の君に諫を納んと存候は、如何可有之哉、曰(石川―筆者註)幸也、偏に所願に候、幾重にも激切に御頼申候

石川と心に包み隠すことなき関係を醸成し、所期の目的を達した。日下部伊三次は三人の厚義忠実に感心敬服したのである。

嘉永三年三月二二日に浅野中務少輔長祚、号梅堂は、浦賀奉行として任地へ赴き、同戸田伊豆守氏栄と交代する。[註72]この別宴に添川と石川が臨んでいる。添川は

奉送梅堂浅野公赴任浦賀　　梅堂浅野公浦賀に赴任するを送り奉る。

瀛海波濤昕夕驚　　瀛海の波濤　昕夕驚く

飃看蕃舶大於城　　飃(ヘウ)に看る蕃舶　城よりも大なるを

暁風魚気千家市　　暁風の魚気　千家の市
落日烽煙幾処営　　落日の烽煙　幾処の営
正爾諸公籌国事　　正に爾諸公　国事を籌る
豈宜吾輩徇人情　　豈宜しく吾輩　人情に徇ふべけんや
詰戎固圉先王略　　戎を詰り圉を固む　先王の略
休信婁生説息兵　　信ずるを休めよ婁生　兵を息むるを説くを

と詠み「添川栗頓首百拝」と書いた[註73]。婁生とは蒙求の標題「婁敬和親」、漢の婁敬が高祖に勧め、公主を嫁して匈奴と和親させた故事。異船の度重なる来航の危機に、江戸湾警備が国事の根本とみる。石川は

送浅野君之任浦賀　　浅野君任に浦賀に之くを送る。

四疆多海警　　四疆　海警多く
浦港最要衝　　浦港　最も要衝なり
自非才幹士　　才幹の士に非ざるよりは
争能制西戎　　争でか能く　西戎を制せん
豆州既当任　　豆州　既に任に当たり
明君又擢公　　明君　又公を擢ず
一時風雲会　　一時　風雲会ひ
両尹似双竜　　両尹　双竜に似たり
廉藺昔在趙　　廉藺　昔趙に在り

暗沮強秦攻　　暗（ひそか）に強秦の攻むるを沮（はば）む
許張守睢陽　　許張　睢陽（スキヤウ）を守り
堡障淮与江　　堡障す　淮と江と
今世如良尹　　今世　良尹のごとく
実有古人風　　実（まこと）に有り　古人の風
嘗惜征韓役　　嘗て惜しむ　征韓の役
水火両先鋒　　水火　両（ふた）つながら先鋒
使其能一心　　其をして能く心を一にならしめば
更樹一世功　　更に樹てん　一世の功
両尹今膠漆　　両尹　今膠漆なり
杞憂一掃空　　杞憂　一掃空し

と廉藺・許張の故事を引き、浅野・戸田を双竜として心を一に浦賀警備の厳重なるを称揚し、その壮行を賀した。[註74]嘉永三年一二月に石川は諸大名と会う機会もふえ、侍講小姓頭では不都合なので上下格に昇進している。

嘉永五年六月五日にオランダ商館長は、長崎奉行牧志摩守に「和蘭告密」を提出した。雑録は因果関係がある弘化元年のオランダ国王開国関係史料も一括して収録していること先にみた。

同年一二月二五日閣老阿部伊勢守正弘西城造営の功労により、禄一万石を加封された。[註75]将軍家の眷寵を得て異数の恩賜加封を得た福山侯に対し、安中侯は通家の誼を以て勇退勧告をした。翌年はじめ福山侯復書に

今足下人才ヲ抜擢スルノ説ナク漫ニ奇禍ヲ避ルノ言ヲ示ス、僕ノ解セサル所ナリ、請フ僕ヲ愛スルノ情ヲ大ニシ

其人ヲ捜索シ公然推轂アラハ政府其人ヲ得テ衰世挽回ノ基礎立チ国家ノ幸福此ヨリ大ナル者ナシ、而シテ僕一身ヲ全フスルヲ得ルモ此中ニ存ス、僕ノ足下ニ望ム所此ニ在リ

とあり[註76]、雑録編輯の開始時期とも重なり、先の徳川斉昭雪冤運動で両者の対応同様に、今回も人材を推挙し国難に立ち向かったと推定される[註77]。ここでも添川は安中侯や石川を通じて福山侯との距離を縮めたと考える。

嘉永六年六月三日ペリーは浦賀に来航する。石川は同月五日より十日まで内命[註78]

家臣石川和介ヲシテ微行浦賀ニ至リ其事情ヲ探知セシム

により浦賀に赴き、浦賀奉行戸田伊豆守をして交渉に当たらせた。

同年九月二五日付坂谷朗廬宛江木鰐水書簡[註79]がある。一〇月一日に興譲館竣工し、坂谷は初代館長に就任する。抄録をすると

既移新黌舎乎否。前後紛擾可想、小生雖頑健依旧多事蝟集紛々候而心常在阿墨也。来春三月迄ハ何レ気ハ落付不申候。時寡君之評、ドコニテモ悪敷との御紙上、ケ様の事承度。藩中之所称ハ評判宜敷事而已也。如悪評人不苦、藩士就徘徊発句、時ニ聴冷語而已、不知所謂悪評者如何。寡君此迄予防之策なきハ実ニ失策、乍去此亦実不得已也。僕と石川君達蒙西洋書講究之密命、是豈無意於海防而然哉、而不能予備者其事為可深察不可知也。

書簡の日付から遠からぬ日に天保一四年徴用儒者石川と天保一二年徴用儒者江木は、西洋書講究[註80]の密命を受けた。寡君阿部正弘の意は海防にあるが、ペリー来航まで已むをえず予防の策を取れなかった。ここに悪評する世間と藩内の評価は二分する。風評に対する藩内の実体とその自負がここにある。ここに予め防備ができなかった事情を推量する[註81]ことはできるが、事実の究明は史料が不足する。

老中首座としてアメリカに対する予防処置につき引責の辞表を安政元年四月一〇日に呈し、先年加増一万石返納を申し出た。その二月二六日付阿部正弘内願書にみえる時代認識は

近来異国船の儀につき、（中略）昨今俄に相知れ候事柄にもこれ無く、弘化元年阿蘭陀使節船長崎へ渡来、その頃より追々異船相見へ、殊に一昨年秋、ジャガタラ都督より新加必丹差向け候始末等勘考仕り候へば、此の度異船渡来一条も予め相知れ候事に御座候

とある[註82]ように日本が直面する危機的現実を段階的に把握しており、添川・石川・江木などの認識と一致しよう。添川の雑録における史料収集は、対外危機と国内変革という視点を編輯の座標軸にすえ成立しているのである。阿部は幕府機密情報により国家治乱の境に立たされ対外危機に直面しているとの認識から、幕閣へ評議答申させ再三予防処置を計って国内変革を推進しようとした。しかし幕閣の意識を変革できなかった[註83]のである。阿部の辞表は、三月三日和親条約締結調印という平和的処置により、国法を損じ国辱を来した引責なのである。しかし受理されなかった。

安政元年三月一五日より四月一五日まで石川は、内命により下田に赴き和親条約後の開港を策している。

三月十五日御内用仰せつけられ豆州下田表へ罷り越す

とある[註84]。江戸へ戻り同月二三日に石川は、藩丸山中屋敷から辰之口上屋敷へ引っ越し、藩校教授から勤めの重点を福山侯の御側用人を務めるよう内命が下ったのである。

安政二年は藤田東湖の安政乙卯日暦正月二五日条の藤田の詩会がある。

是日石川和介鈴木秉之丞添川完平中西忠蔵桜任蔵来る分韻詩ヲ賦ス杏花春色雨声中の字を分ッ

石川の同僚鈴木秉之丞は字を師揚、号彝斎と言い福山藩士。添川の辛丑以来拙詩稿[註85]の末尾に

九日鈴木子官舎集得韻灰　　九日鈴木子の官舎に集ひ韻灰を得たり。

節序驚心華髪催　　節序に心を驚かし　華髪を催す
清霜落日鴈初来　　清霜落日　鴈初めて来たる
茫々塵海同為客　　茫々たる塵海　同じく客と為り
寂々書窓共抱杯　　寂々たる書窓　共に杯を抱る
詩句偏将秋景淡　　詩句は偏将　秋景淡く
菊花故傍酔顔開　　菊花は故傍に　酔顔開く
憑君莫話人間事　　君に憑りて話す莫れ　人間の事を
恐被江鷗沙鷺猜　　恐らくは江鷗　沙鷺に猜まるるを

節序は時季の移り変わる次第。華髪は白髪。偏将は副将、全軍に対して一軍の将。故傍はもとのかたわら。詩題の下に字師楊と斎藤拙堂の書き込みあり。楊は揚の異体字。同安政乙卯日暦二月九日条に

晴　添川廉齋を訪羽倉石和ニ邂逅

羽倉は幕臣の簡堂、諱用九、通称外記、字士乾、号簡堂、生地大坂、文久二年歿、享年七三、師古賀精里。石和は石川和介である。東京大学史料編纂所所蔵の関藤文書に、添川が石川に宛てた八月二〇日書簡[註86]がある。

石川和介様 奉後　　添川完平

被為入御念夫妻賤恙、御下勺被下辱仕合奉存候。荊妻ハ存外早速全快仕候。小生も一昨日一刀入レもらひ介り。膿汁夥敷出、久々古々ろよく罷来申候。併尓今膿汁少し出而全快迄ニハ余程手間乞可申候へも先以半分ハ仕上候。節々貴意御安心可被下仕候。尚御見舞鮑二枚被下難有仕合奉存候。早速調味可仕候。愚妻も宜御礼申上候段[ママ]令室様へよろしく候べく候給候。御返扇三本愼ミ編仕候外、拝借被得ニ付是又奉謝候。昨日中物有、御厚志之段

之物何仕感銘候事有心候。御案被下見分候。尚乃中日辺於天人々惟々こころし有奉渡申候。早々如此候。恐々謹言

廿日

右は二〇日とあるだけだが、鮑とあるので七八月、中日とあるので秋分と関係するとみて、八月とみた。膿汁は「全快迄ニハ余程手間乞可申候へも先以半分ハ仕上候。」とあるので、添川病歿原因となった背中の癰とは別の病とみる。

池田訳読・藤陰筆録の紐宛韻府は、石川が筆録したのは安政三年五月以前と漠然と考えていた。しかし拙稿「三、ニウウエンホイスと書簡の年立」[註87]から安政二年七月八日より程遠くない日に書簡差出人の石川により筆録されたことが判明した。安政二年七月八日とは、先に引用した「七月八日付添川先生宛章書簡」の日付で、雑録第一六に収録された紐宛韻府や第一七に収録された中浜万次郎取調書が、西洋書講究の密命を受けた石川によりニュウエンホイスを筆録しまた秘密物の幕府機密情報を添川に提供した次第は先にみた。

安政元年三月日米和親、八月日英和親、一二月日露和親条約を調印した。隣国ロシアとは国境確定が問題となり、択捉・得撫両島間を国境と定め、樺太を両国雑居地とした。この年樺太をロシアに付与するを許さなかった。箱館を収公し奉行を置き、翌二年二月松前氏の居城をのぞき全蝦夷地を収公した。

安政三年四月三〇日、安政地震後中屋敷より辰之口上屋敷中書院に移り政務を執った福山侯より東蝦夷探検の命が石川へ下った。幕閣下総佐倉藩も窪田子蔵・佐治岱次郎・佐波銀次郎を別途派遣した。同年五月七日

五月七日公家臣石川和介・寺地強平・山本橘次郎ヲシテ蝦夷ニ赴カシム蝦夷地開拓ハ箱舘奉行ニ委任セリト雖モ公同列ト謀リ各家臣三四輩ヲ遣シ地理風土民情ヲ視察セシム

と赴かしめ、[註88]松前より択捉の東蝦夷を探検し同年一一月一〇日

石川等東蝦夷概略ノ踏査ヲ終リ、此年十一月帰府ス

江戸に帰った。[註89] 石川の報告書が「観国録四」で最終巻のみ残った。窪田は「協和私役」を残した。

安政四年第二回探検は三月

三月朔日西北蝦夷地巡視ヲ命セラレタル家臣吉澤五郎右衛門・石川和介・山本橘次郎発程ス先キニ蝦夷地ヲ巡視セシメタル家臣等東蝦夷概略ノ取調ヲ了リ客冬帰府セシニヨリ更ニ此命アリ

出発し、[註90] 箱舘より長万部・小樽・増毛と西蝦夷から宗谷、樺太の東タライカ湾を北上し、西海岸に出て北緯五〇度以北のホロコタンを巡視し、帰途宗谷から西蝦夷を石狩まで南下し、石狩から東蝦夷の勇払・白老と進んだ七月二一日

是夜戌刻江都書至凶聞

と六月一七日福山侯逝去の凶報が届いた。[註91] 同行の山本も八月九日死去し遺体を箱舘まで運び称名寺に埋葬した。一〇月二日帰府した。第二回探検では、閣老五名が探検を実施した。その報告書として石川の「観国録一・二上・二下・三」、越後長岡藩森一馬の「罕有日記」、下総関宿藩成石修の「東徼私筆」、越後村上藩窪田潜龍の「北溟紀行」、下総佐倉藩の「北蝦夷画帖」が残された。

安政五年六月二六日夜九（ここのつ）時過ぎ添川歿する。この前後の事情は、江木鰐水日記同月二五日二六日また七月朔日条に

喫午飯、与中西中蔵・石川和介、訪添川寛平之病于和泉橋板倉公中邸、寛平患癰発背、医言可治、余視其腫物、甚無力、両三日不能食、況既五十九（五十六の誤、筆者註）、恐難治也、頗苦悩之体、怱々帰去、廿六日、果死、可憐、同社又喪一名家、幸昨日過旧為幸、医無眼目、可憐哉、遺孤十歳余、有三女子

七月朔日、与石川・鈴木倶出、登蓮池側一店喫、談話、弔添川氏、暮帰

とある。[註92]ここに奇しくも江木鰐水が盟友石川と共に添川の最期に会したのである。同志の仲間でその道に勝れたる人（同社又一名家）と江木をして言わしめた添川の五六年を一期とする人生であった。

石川添川の公私にわたる交友関係により、幕末日本の岐路に際して、図らずも情報を共有することにより混迷する時代を生きた次第をみた。

第九節　添川廉齋の史料収集と時局認識

「和蘭告密書御請取始末」を雑録に収録した添川廉齋は、時局に対し何を考えていたか。またそれを周囲はどのように受け止めていたか。その足跡をたどり結びとする。添川の人生は三期[註93]に分けることが出来る。一期は文政三年一八歳で古賀穀堂に従学、直ちに昌平黌に入学し三年間の学問修業時代。二期は文政六年二一歳から西国中心に一八年間にわたる自由放浪の時代。三期は天保一二年三九歳で篠崎小竹の推挙により安中藩主板倉勝明の漢学賓師として一七年間にわたる江戸僑居の時代である。その遺稿も三期に分けられる。前期は文政九年成立の「西遊稿抄」と文政一〇年成立の「文稿」で、漢学という経史の学問を修め青春の気概を奔放に発散した天保七年成立の「大峯記」がその代表である。後期は天保八年成立の「百死余生稿」、天保一二年成立の「与謝吟稿」それを改稿した「辛丑以来拙詩稿」、その代表が天保一五年八月成立の「読嘆夷犯清国事状数種作長句以記之」で、飢饉という厳しい現実にまたアヘン戦争に直面して慷慨の詩人に変貌した。晩期は嘉永五年より安政四年末成立の「有所不為齋雑録」で、国家治乱の境に立って開国という社会変革に対峙して政治世代と化し幕末維新に向かって人の在り方、国の行く末を視点とし

て、人の足跡国の歩みを史料収集により凝視した。安政四年六月成立の「先君甘雨公行状」にアヘン戦争の覆轍を回避しようと講究する甘雨公に、同志の添川の姿が彷彿とする。

前期「大峯記」末尾にある斎藤拙堂の天保一〇年六月二一日識語に

　金峰之勝、蓋甲天下、惜性兄者、唯香究ゝ候、多閭里細民、目無一丁者、是以其奇偉幽麗之状、世無得知焉、今仲穎挟雕龍之才、窮幽捜奇、千古之秘、剔抉無遺、使文墨之士、刮目視焉、蓋有所遇、而発不唯仲穎之幸、抑亦山之幸也已

　金峰の勝、天下を蓋甲す。性兄(すぐ)るを惜しむ者は、唯だ香究々と候す。閭里に細民多く、目に一丁無き者は、是其の奇偉幽麗の状を以て、世に知り得る無し。今仲穎雕龍の才を挟(も)ち、幽を窮め奇を捜す。千古の秘を、剔抉して遺(あま)すところ無し。文墨の士をして、刮目し祝(よろこ)ばしむ。蓋し遇する所有り。而して発(あらは)すは唯に仲穎の幸にあらず、抑も亦山の幸なるのみ。

千古の秘を抉り表現した添川の才能を称揚する。次に篠崎小竹の同年九月九日識語に

　予幼時聞金峰之奇、謂地不甚遠、当及少壮一遊焉、以乏勝具、怯其嶮不能果、而今老矣、毎見香侶自峰還者、問其勝、輒曰、導師禁言山中事、言則天狗罰之、故平日徒耳、（省略）今観此游記、諸勝之嶮与奇、一ゝ如画展開之間、使人有羽化翺翔之想、（省略）噫寛平奥人、而少壮能探勝数千里外、発諸文辞、予在近地、乃荏苒終生、予之可愧、不独金峰之游也、寛平之於学、後来宜亦如此、游記為跋数語、所以勧寛平也

　予幼時に金峰之奇を聞く。地甚だ遠からざるを謂ひ、当に少壮の一遊に及ぶべし。勝具に乏しきを以て、其の嶮しきを怯れ果す能はず。而して今老えり。香侶の峰より還る者を見る毎に、其の勝を問ふ。輒ち曰はく、導師山中の事を言ふを禁ず。言はば則ち天狗之を罰すと。故に平日徒(むな)しきのみ。（省略）今此の游記を観るに、

諸勝の嶮と奇と、一々展開之間に画くがごとく、人をして羽化翺翔の想ひ有らしむ。（省略）噫、寛平は奥人にして、少壮能く数千里の外を探勝し、諸文辞を発す。予近き地に在りて、乃ち荏苒と生を終ふ。予の愧づべきは、独り金峰の游のみならざるなり。寛平の学に於ける、後来も宜しく亦此のごとし。游記に跋数語を為し、寛平を勧むる所以なり。

数千里の外を探勝し学問により諸文辞をなし、読む者をして羽化翺翔の想いに至らしめる添川の才を推奨する。

後期「与謝吟稿」には天保四年より同八年まで毎年飢饉にみまわれ物価は騰貴した。「穀価」に

穀価騰ゝ逼杪冬、可憐菜色到児童、雨毛誰道兆兵禍、有隧争禁値大風、世態看兼鬢絲変、客行漸趁歳華窮、故園兄弟作何状、北望眼穿南渡鴻

穀価騰々　杪冬に逼る。憐れむべし菜色　児童に到るを。雨毛誰か道はん　兵禍に兆すと。隧有り争ひ禁じ大風に値る。世態看兼ねて鬢絲の変ずるを。客行漸く趁ふ　歳華窮る。故園の兄弟　何の状を作す。北望眼は穿つ　南渡の鴻

血色の悪い児童に、飢饉の惨状を直視する。「大亀谷」は生野銀山に生きる悲惨な礦夫を描出する。

蜂窠見礦屋、鑿徹九泉底、生堕泥犂獄、渓上逢礦夫、形容如槁木、云是在礦中、太陽不曽燭、薫鑠銀鉛気、五内染其毒、中寿纔二十、上寿加五六、借問是誰子、生理然ゝ惨酷

蜂窠　礦屋に見る。鑿ちて徹る　九泉の底。生きて堕つ　泥犂の獄。渓上に　礦夫に逢ひ。形容するに　槁木のごとし。是を云ふ　礦中に在りと。太陽は　曽て燭さず。薫鑠す　銀鉛の気。五内に　其の毒染む。中寿は纔に二十。上寿は　五六を加ふのみ。借問す　是誰が子ぞ。生理は　然々として惨酷なり。

「礦婦怨」は礦夫の妻の怨みを表現する。

十五帰礦夫、室家両相宜、十七良人死、空房背人啼、再醮不踰年、旧歓忽如遺、三十ゝ易夫、生死一何奇、妾如路傍花、攀折不敢辞、即如葉上露、旦ゝ見日晞、露晞何足惜、唯恨歳月移、今雨非昨雨、新知異旧知、把鏡照顔色、此心属阿誰

十五にして　礦夫に帰(とつ)ぎ。室家　両(かさ)ねて相宜ろし。十七にして　良人死に。空房　人に背き啼く。再醮　年を踰えず。旧歓　忽ち遺(うせ)るがごとし。三十にして　十たび夫を易へ。生死　一に何ぞ奇なる。妾は路傍の花のごとく。攀折して　敢へて辞せず。即ち葉上の露のごとく。旦々　日晞を見る。露晞(かわ)き　何ぞ惜しむに足らん。唯だ恨むらくは　歳月の移るを。今雨は　昨雨に非ず。新知は　旧知に異る。鏡を把り　顔色を照らせば。此の心　阿誰(たれ)にか属さん。

惨酷な現実に対し、後藤松陰の評語

借礦婦以罵尽世間、多少市道交之人矣、無此等詩、則有所不為齋、不足以為有所不為齋也、

礦婦を借り、以て世間を罵り尽す。市道之を交ふる人多少ぞ。此等の詩無くんば、則ち有所不為齋、以て有所不為齋と為すに足らざるなり。

利あれば合い利なければ離れる市道を罵倒する所に添川たらしめている所以を洞察する。アヘン戦争は天保一一年に始まり同一三年に終わる。天保一五年三月にはフランス船が琉球に来て通商を求めた。同年七月オランダ使節が国書を幕府に呈して開国を勧めた。この中で添川は「読嘆夷犯清国事状数種作長句以記之」を詠んだ。この長句にはペリー来航と近似した情況があり、どうして「有所不為齋雑録」を編輯したのか解明する手掛かりがある。

吾聞、嘆夷之国古不通、（省略）其性貪兕如鬼魅、趨来経商遍万国、巨船梱載鴉片煙、其意不必在貨殖、（省略）蠶食南夷窺粤閩、包蔵禍心非一日、維時、清国道光十八年、天子特詔禁食煙、（省略）巨礮大艦蔽天来、狂猘猖

〻狗嚙虎、（省略）此時、乍浦城陥賊如鬼、深閨弱女其姓劉、従容矢志赴井死、（省略）又有粤中義士民、捐餉団練護郷隣、（省略）吾読其檄張心目、言〻忠憤字〻慟哭、満廷文武如犬豕、誰有一人敵王愾、而雪国辱、（省略）近伝和蘭差使節、又向琉球騰口舌、草莽未得聞其詳、或是暎夷之狡譎、（省略）男子国中真男子、一毫敢受外人侵、或曰、彼意不過求市易、豈遽覬覦犯大逆、此知其一未知二、須観漢土已然迹、若許互市必乞地、将向室内築城郭、有少不如意、一時裂眦起、倉卒之変尤可虞、疆場多事自此始、利害甚分明、苟安真可鄙

吾聞く　暎夷の国　古(いにしへ)通ぜず。（省略）其の性貪兇　鬼魅のごとく。趨来の経商　万国に遍し。巨船梱載す鴉片煙。其の意必ずしも　貨殖に在らず。（省略）南夷を蠶食し　粤閩を窺ひ。禍心を包蔵するは　一日に非ず。維(こ)の時　清国道光　十八年。天子特に詔して　食煙を禁ず。（省略）巨礮大艦　天を蔽ひて来たり。狂猘狺々として　狗虎を嚙む。（省略）此の時　乍浦城陥ち　賊鬼のごとし。深閨の弱女　其の姓は劉。従容として志(こころ)に矢(ちか)ひ　井に赴きて死す。（省略）又粤中に義士民有り。餉(シヤウ)を捐て団練して　郷隣を護る。（省略）吾其の檄を読み　心目を張る。言々忠憤し　字々慟哭す。満廷の文武　犬豕のごとく。誰か一人有りて　敵を王(さか)りに愾(いか)り。国辱を雪がん。（省略）近く和蘭に伝へ　使節を差(つかは)す。又琉球に向ひ　口舌を騰(あ)ぐ。草莽未だ其の詳を聞くを得ず。或は是暎夷の狡譎。（省略）男子国中　真男子。一毫も敢へて外人の侵(をか)すを受けん。或いは曰はく　彼の意は市易を求むるに過ぎず。豈に遽(にはか)に覬覦し　大逆を犯さんやと。此其の一を知り　未だ二を知らざるなり。須らく漢土已に然る迹を観るべし。若し互市を許さば　必ず地を乞ひ。将に室内に向け城郭を築かんとす。少しの不如意有れば　一時に裂眦して起く。倉卒の変　尤も虞るべく。疆場の多事　此より始まる。利害　甚だ分明なり。苟安　真に鄙(いや)しむべし。

アヘン戦争の覆轍に、国辱を雪がんと敵を王りに愾るのである。

晩期「先君甘雨公行状」には安中藩主板倉勝明の経世に心を留めた次第を活写する。甘雨公を叙して気節を通じた同志添川の姿が彷彿とする。

公幼襲封（省略）撰子弟俊秀賜俸、各就其師学焉、於是人〻砥励、人材輩出、文武之業、斬然一新、麾下士下曽根某、以西洋砲歩操名于家、公首遣臣某等学之、人咸嗤之、已而洋夷屢来、廟議厳海防、西洋歩操遍府下、識者服公之先見、（省略）公留心於経世、雖不在其位、常以天下之安危為己任、深憤洋虜之強梁、慨然思敵王愾、毎語及之、未嘗不切歯扼腕大息流涕也、乃命鑄大礮十数門小銃数百門、勉励士卒、必欲得一当而止、已而察時勢有所不可、与二三同志講究討論、洞見和戦之利害、議論鑿〻悉中機宜、（省略）公与今閣老福山侯、有瓜葛之誼、尤交善、以故屢有所建言、雖不可知所言、何事其有関天下之大計者、可推而知矣、晩年声名籍甚、朝野顒然想望其風采、諸侯伯音聞贈答、率無虚日、尤承知ー於水府前黄門景山公及今越前侯中将公、歳時存問不絶、其在病褥也、景山公特遣医某診視、且賜薬餌魚菓之類、蓋異数也

公幼にして襲封し（省略）子弟の俊秀なるを撰び俸を賜ひ、各其の師に就き学ばしむ。是に於いて人々砥励し、人材輩出、文武の業、斬然一新す。麾下の士下曽根某、西洋砲歩操を以て家に名あり。公首め臣某等をして之を学ばしむ。人咸な之を嗤ふ。已にして洋夷屢ば来たり。廟議し海防を厳しむ。西洋の歩操府下に遍く、識者公の先見に服す。（省略）公心を経世に留む。其の位に在らずと雖も、常に天下の安危を以て己が任と為す。深く洋虜の強梁を憤り、慨然と敵を思ひ王りに愾り、語之に及ぶ毎に、未だ嘗て切歯扼腕し大息流涕せざるなきなり。乃ち命じて大礮十数門小銃数百門を鑄、士卒を勉励し、必ず一を得んと欲して当りて止む。已にして時勢の可ならざる所有るを察し、二三の同志と講究討論し、和戦の利害を洞見し、議論鑿々悉く機宜に中る。（省略）公と今閣老福山侯とは、瓜葛の誼有り。尤も交り善く、故を以て屢ば建言する所有り。言ふ所知るべ

からずと雖も、何事か其れ天下の大計に関はる有る者は、推して知るべし。晩年の声名籍甚たり。朝野顒然として其の風采を想望す。諸侯伯音問贈答し、率ね虚日無し。尤も水府前黄門景山公及び今越前侯中将公ーむを承知す。歳時存問絶えず。其れ病褥に在るや、景山公特に医某を遣し眕視す。且つ薬餌魚菓の類を賜ふは、蓋し異数なり。

ペリー来航の強梁に慨然と王んに愾り、切歯扼腕するのである。[註94]この和戦の利害、議論鑿々と講究討論する中から「有所不為斎雑録」のテーマ別史料収集と編輯に至ったのである。この心境を添川は「偶作」[註95]に

紛々議論似雲嵐、防海誰能到底諳、至竟廟堂無遠識、徒使蓬筆縦游談、壮心猶在将投筆、白髪其如漸上參、酔撃唾壷歌伏櫪、満胸磊磈自難堪

紛々たる議論　雲嵐に似たり。防海誰か能く　到底諳さん。至竟廟堂に　遠識無く、徒らに蓬筆をして游談を縦にせしむ。壮心猶ほ在り　将に筆を投ぜんとす。白髪其の漸く參に上るがごとし。酔ひて唾壷を撃ち　伏櫪を歌ひ、満胸の磊磈　自ら堪へ難し。

幕府に海防外交の遠識なく、心中平らかならざる様子を描く。ここに国史地理の学に精通した廉斎は、幕府機密史料を編綴し、テーマ別に安政という時代を穿ち政治世代の責を果した。最後に五弓久文の「添川廉斎罵安中侯」[註96]を紹介して終わる。

添川廉斎会津人、名栗字寛夫一字仲穎、別号有所不為齋、寛平其通称也、少壮学昌平黌博士依田先生門、既而西游、足跡殆遍海内、所至或数月或半歳、講読為活、其間探討名山勝水、無定居其在吾備、為菅茶山廉塾長、尤受知於頼山陽篠崎小竹、小竹薦廉齋、客仕安中板倉侯、侯好学尤留意国史、廉齋平生精史譜之学、以故侯嘗輯甘雨亭叢書、自撰作者伝、附載各著後、廉齋校訂事蹟、潤飾文字、与大有力、廉齋善詩、然甚不留稿、文有大峯記行、

小竹拙堂之評、今皆不存、為人飄逸脱灑、性嗜酒、酒酣、雖権貴要人、罵詈之、不直半文銭、嘗侍侯宴、侯言及経済、廉齋頗不平、罵侯曰、僅ヽ小侯伯奚足論国事哉、在坐汗掌、侯笑黙而止、廉齋翌旦、就侍臣、謝失言、侯曰、寛平賓友也、奚呵責酔言哉、為其所優容如此

添川廉齋は会津人なり。名栗、字寛夫、一字仲潁、別号有所不為齋。寛平は其の通称なり。少壮にして昌平黌博士依田先生の門に学ぶ。既にして西游し、足跡殆ど海内に遍し。至る所或いは数月或いは半歳なり。講読を活と為し、其の間に名山勝水を探討す。定居無く其の吾備に在りて、菅茶山廉塾の長と為る。尤も知を頼山陽篠崎小竹に受く。小竹廉齋を薦め、安中板倉侯に客仕す。侯学を好み尤も意を国史に留む。廉齋平生史譜の学に精し。故を以て侯嘗て甘雨亭叢書を輯め、自ら作者の伝を撰し、各著後に附載す。廉齋事蹟を校訂し、文字を潤飾し、与りて大いに力有り。廉齋詩を善くす。然るに甚だ稿に留めず。文に大峯記行有り。小竹拙堂の評、今皆存せず。人と為り飄逸脱灑、性酒を嗜む。酒酣、権貴要人と雖も、之を罵詈す。半文銭にも直せず。嘗て侯宴に侍し、侯の言経済に及ぶ。廉齋頗る不平なり。侯を罵りて曰く、僅ヽたる小侯伯、奚んぞ国事を論ずるに足らんやと。坐に在るは掌に汗す。侯笑黙して止む。廉齋翌旦、侍臣に就き、失言を謝す。侯曰く、寛平は賓友なり、奚んぞ酔言を呵責せんやと。其の優容する所此のごとしと為す。

師弟一心同体の甘雨公死去は、一時代の終わりであり、添川自身の挽歌でもあった。それは新時代の始まりであったのである。

註1　藤田清校字、昭和一七年三月中野同子刊行「有所不為齋雑録」活字本第二集「第一四乙巳壬子甲寅丙辰和蘭告密　下田応接」、四六ウ下より五一オ上参照。

註2　岩下哲典氏「幕末日本の情報活動」平成一二年一月雄山閣出版。
註3　青山学院大学図書館所蔵「和蘭襍録」所収、四二オ一より六三オ五参照。
註4　「鈴木大雑集第一」大正七年二月日本史籍協会発行、一八七頁より一九四頁参照。
註5　「開国起原」明治二六年一月宮内省蔵版、咬嚁吧都督の筆記幷評議、四一頁より六六頁参照。
註6　片桐一男「和蘭風説書解題」（「和蘭風説書集成」一九七七年吉川弘文館）参照。
註7　③ニの包紙表書により補足。
註8　②Fの本文「御下ケ之書物類御勘定奉行え相廻し私共評議仕候趣申上候」により補足。
註9・10、註5により補足。
註11　②Mの本文「惣評議仕候所（中略）此度ハ不及其義候旨（中略）此段申上候」により補足。
註12　②Oの本文「江戸表御差図之御方へ右方便之趣意申度義ニ御座候」により補足。
註13　註2の第二章第一節、五八頁九行より一三行参照。別紙三包とは、どれとどれが組になっていたのかは、現時点では不明であるとある。
註14　維新史料綱要巻一、六月五日条、三六三頁参照。
註15　史料②Eに「当五日奉願候通右書面（咬嚁吧都督筆記－筆者註）」とある。この横文字を入れた包紙表書が③ロであり、翌六日に②Bの和解と共に奉行へ差出したのである。
註16　註2の六六頁の註12・六八頁の註25参照。
註17　矢田七太郎「幕末之偉人江川坦庵」明治三五年一二月国光社発行、中浜万次郎事件、一二八頁参照。坦庵宛安政元年正月阿部伊勢守書翰、同宛同年二月徳川斉昭書翰に万次郎に対して躊躇、猜疑の情が窺える国情であった。
註18　註1の活字本第三集「第二五薩州御届」一五オ上より二四ウ下、拙著「添川廉齋－有所不為齋雑録の研究－」第二章第八・九・一〇節参照。
註19　註4「鈴木大雑集四」三四七頁に、わずか一九行残るのみで、幕府が秘したため写せなかったとある。その中に「スコス

チハンナ」とある。翌年の風説書には「シユスクハンナ」（同三六三頁）とある。「ク」が「ケ」や「リ」や「チ」に訛伝している。

註20　註1の活字本第二集「第二二蕃史」は斉藤竹堂の西洋通史の認識や歴史観を語り、同「第二三輶軒書目」は斉藤拙堂の西洋輿地研究の沿革を語る。註18の拙著、第二章第二・三節、第四節（6）参照。

註21　「（安政二年）七月八日付添川廉齋宛石川成章書簡」（故小林壮吉氏所蔵）に「オース（トラリア）并アメリカ地誌」とあり、二洲兼行の地誌はなく、時局の要請する文献の不備を嘆いている。また先年安中藩邸で買い取った箕作阮甫の訳稿「豪斯多辣利訳説」は、オーストラリア関係記事を収載しているため、石川の垂涎の的となっている。「鎖国時代日本人の海外知識」昭和二八年三月乾元社発行、一一六頁参照。「箕作阮甫の研究」昭和五三年四月思文閣出版発行、一九七、四五九頁参照。

註22　註20「蕃史下」一七七五年、一八〇〇年是歳条、註1の活字本第二集一八三ウ下、一八四オ上参照。

註23　註1の活字本第二集、四六オ下参照。

註24　註5の開国起原巻上、六六・六七頁参照。

註25　註18の拙著、第一章第三節「雑録編輯の端緒と意図」、同第五節「雑録の時代性」、第四章第二節「廉齋の朱書及び朱書頭註」参照。当初、廉齋の補筆と考えたが無名氏と訂正する。

註26　註5の開国起原巻上、五七頁参照。

註27　浜野章吉編「懐旧紀事」明治三二年一月発行、三二〇・三二一頁参照。

註28　註18の拙著、第一章第五節「雑録の時代性」、三八・三九頁参照。

註29　この穏密和解の表記は、史料②G「子七月廿八日伊勢守長崎奉行え覚」に「右書付御役所え通詞とも呼寄穏密ニ和解為致当地え差越候様可致候」と通達を受け、極秘情報の扱いを遵守して処理している証左であること言うまでもない。

註30　フォス美弥子氏編訳「幕末出島未公開文書ードンケル＝クルチウス覚書ー」一九九二年五月、新人物往来社発行、三三～三八頁参照。御請取始末でオランダ側の本意は、咬𠺕吧都督筆記によりペリー来航を予告し、日本安全のため日蘭通商

条約締結批准にあった。この間のオランダ側の状況を語った新任オランダ商館長ドンケル・クルチウスの書簡第一・二信が存在する。第一信は、嘉永五年六月五日の長崎入港より咬𠺕吧都督筆記受理申請に始まり、九月一三日の日蘭通商条約草案を江戸幕閣高官の担当者と協議上申したい新商館長の回答で終わる。引用書簡には、原註（の抄録）と筆者註を付けた。その一八五二年一〇月三〇日（嘉永五年九月一八日）付A・J・ダイマール＝ファン＝トウィスト総督宛に

　一八五二年六月二十五日の機密決議案第二条は「先任オランダ商館長は長崎奉行に日本の慣習に従い、極秘のうちに、もっとも相応しい方法で、新任オランダ商館長が長崎奉行宛の重要文書を携えてきたことを通告し、信書（史料②K「咬𠺕吧都督職之者筆記和解」―筆者註）の提出方法について、また奉行が江戸幕府に信書受理の許可を仰がなければならない場合には、その後の対処の仕方について伺いを立てること」と規定しています。しかし二人の商館長が在勤している場合は、両者が業務のすべてを共同で取り締まり、日本施政当局に提出する文書には連名で署名するのが当地の慣習です。この事情により私たちは閣下のご命令を字義通りに実行することができませんでした。

　七月二十一日（旧暦六月五日―筆者註）にオランダ船（ヘンリエッテ・アン・コルネリア号―原註）が長崎湾に入航するやいなや、私たちは即刻、別段風説書提出準備に取りかかり、素早くその作業をなし終えました。その後で大通詞吉兵衛（西成量―原註）を商館に呼び出しました。彼は今年度の私たちと奉行（大澤豊後守秉哲―原註）との交渉の仲介役をつとめる者です。しかも彼はいつも偶然に機密問題に関与させられているという人物です。私たちは直ちにその場で彼に封印した風説書の包みを渡し、風説書の中の重要記事が直ぐに目につくように、鉛筆で丸印を付けておいたと注意しておきました。そして私たちが奉行にいっそう重要な情報を提供したいと願っていると奉行に伝え、その受理者の指名を要請するよう命じました。

　しばらくして奉行の命を受けた大通詞吉兵衛が小通詞栄之助（森山憲直―原註）をともなって戻ってきました。懇切な配慮の跡がうかがえる別段風説書がきわめて迅速に提出されたことへの奉行の謝辞を伝えた後で、彼らは自分たちがオランダ側から重要機密情報を受理し、その内容について報告する使命を受けてきたと述べました。そこで私たちは奉行（牧志摩守義制―筆者註）宛の書簡（史料②B「和蘭かひたん別段差出候封書和解」―筆者註）を彼らに渡しました。この書簡は閣下の信書の要旨と風説書の中で私たちが奉行の注意を引こうとした重要記事とに関連があることを通知し、新任商館長が持参した総督の奉行宛信書がきわめて重大な問題について

言及しているので、江戸幕府の許可がなくても、一刻も速く手交できるような寛大な措置を講じてほしいと要請したものです。

書簡は七月二十二日（旧暦六月六日―筆者註）の午前中に奉行所に提出されました。奉行が前もって信書の要旨と別段風説書の中のアメリカ人の企図に関する記事とに関係があることを知っていれば、彼の信書への好奇心も高まり、効果的だと考えました。複写作業が終わるまでは、奉行は風説書の内容を知ることができません。そのうえこの作業にはかなりの日数を要します（普通七日から十日、長い時一か月もかかる―原註）。その前に奉行に予備知識を与えることはできません。

四日後（旧暦六月十日―筆者註）に吉兵衛がオランダ語文を届けにきました。それは「一八四四年（天保十五年ウイルレム二世の開国勧告―原註）にオランダ国王の親書が届けられた経緯があるにもかかわらず、今度また総督閣下の信書が送られてきた理由を知りたい。このような文書を受け取れば、日本の法規に背くことになる。このようなことは今後絶対に繰り返さないでほしい」という奉行の言葉の蘭訳でした（史料②C「子六月十日夕通詞を以かひたんえ答申聞候口達之覚」―筆者註）。しかしこのオランダ語の文脈が乱れていたので、私たちは通詞に問い質してはじめて以上の文意を理解しました。

これに対して私たちは信書がきわめて重大な情報を提供していることを強調し、日本が非常事態への対決を迫られている現在、オランダは衷心から日本の力になりたいと願っていることを明らかにしました。するとその日うちに次のような趣旨の奉行の書簡（史料②C―筆者註）が届きました。

「信書を受け取ることは昔から遵守してきた国法に違反することになるが、奉行はオランダの誠意を汲んで、江戸幕府に信書受理許可を申請することにした。そのためにオランダ側もまた請願書を提出しなければならない」

私たちは極秘請願書（史料②E「かひたん再願横文字和解」―筆者註）を一八五二年七月二十七日（旧暦六月一一日―筆者註）に提出しました。その後九月三十日（旧暦八月一七日―筆者註）になって次のような奉行の通告（史料②I「通詞え口達之覚」―筆者註）を口頭で伝えられました。

「もしオランダ側が返書を要求しないならば、江戸幕府は信書を受理する用意がある。もしそうでない場合は辞退する意向である」

私たちは熟議の結果、日本当局が信書の要旨を知るだけで十分だと考え、幕府に返書を要求しないと確約することに決めました。ここでいたずらに躊躇すれば、信書を手交するという本来の目的を達することすらできなくなるのを恐れたからです。私たちは書簡(史料②J「答横文字口上書和解」―筆者註)でこのことを奉行に伝え、信書手交に関する指示を求めました。まもなく奉行からオランダ語の指示書が送られてきました。別段風説書を扱うように信書が人目に触れないように用心して、表には「書状」とだけ書き、封印することを指示していました。

かくして閣下の長崎奉行宛信書(史料②K「咬𠺕吧都督職之者筆記和解」―筆者註)は九月三十日に奉行から指名された者に手交されました。それからまもなく奉行の意向が口頭で伝えられました。「信書の趣意に接し、総督閣下のご厚情に感謝している。この信書はオランダ国王陛下が日本王国の福利と繁栄に深いご関心を寄せられている新たな証しと拝察した。ご高配のかたじけなさに感激している」

今度の交渉が全部外部に漏れずに落着したことについて奉行は殊のほか満足しているようです。オランダ側も日本側も始終一貫して極秘裡に事を運びました。奉行は閣下のご本志を知るやいなや、信書を江戸へ急送する手配をしました。

その後奉行は、前述の二人の通詞を通して、閣下の信書が述べている「対策」についての解明を求め、新任商館長が与えられた使命の性質を尋ねてきました。それで（先任商館長は関知していないという建て前のもとに）新任商館長だけの名義で奉行に書簡(史料②O「新商館長上申書」―筆者註)を送りました。

「日本政府がオランダ国王の好意的な申し出を受け入れる意志がある場合に」と閣下が前提されていられるので、新任商館長はこの書簡でこれから開始する会談の交渉役に信望ある高官を任命してほしいと要請するだけにとどめました。「対策」の解明に関しても、総督閣下がすでに信書に明記されているように、江戸幕府が信書の内容の解明を希望する意思表示をした時にはじめてそれを解明するように命じられていると伝えました。

するとこの書簡(留書①Ⅷ「子九月十三日両通詞話合候ニ付新かひたん差出候書面和解本書通詞え下ケかひたんへ戻ス」―筆者註)はその日のうちに戻ってきました。奉行は閣下の信書が伝える情報以外のニュースを伝えていないような書簡を受け取るわけにはいかないと述べ、この種の書簡を受け取ってはならないのが日本の慣習であると弁明し、深く陳謝していました。

その後も彼らは繰り返して「対策」の解明を得ようと試みています。しかし新任商館長は幕府自ら解明を求めると宣言しない限り、交渉の緒を与えることをきっぱりと拒み続けようと決意しています。彼は通詞の一人がふと漏らした言葉から推察して、まずどうしても奉行の声明書を入手すべきだと確信するにいたりました。

以上が現状です。今後この事情がどちらの方向に発展するかを予測することは差し控えます。日本の法律や社会機構についての知識が浅い段階で、将来の成り行きを推断することは危険だと考えています。

F・C・ローゼ
先任オランダ商館長
J・H・ドンケル＝クルチウス
新任オランダ商館長

とある。右の出島書簡第一信は、別段風説書の重要記事が目につくように、新任商館長が持参した咬嚠吧総督の奉行宛信書が、さらに重要な情報を提供する。幕府の許可がなくても、一刻も早く手交できる寛大な措置を要請している。ペリー来航予告情報は、日本が非常事態への対決を迫られていることになる。商館長たちは幕府に返書を要求しない確約までして、幕府当局が信書の要旨を知ることを最優先にした。幕府自ら難局解明を求め、オランダ国王の好意的な申し出を受け入れる意志がある場合に、幕府が任命した信望ある高官と会談し、「対策」の解明交渉に入ろうと決意したのである。

註31　この件に関しては、一八五二年一一月三日（嘉永五年九月二一日）付A・J・ダイマール＝ファン＝トゥィスト総督宛出島書簡第二信に先任商館長と私が連署した総督閣下宛の十月三十日（旧暦八月一七日―筆者註）付極秘文書を封緘した後も、奉行の私から情報を引き出そうとする試みは止みませんでした。私と彼の腹心の二人の通詞との対話は今もなお続行しています。私はそのたびに長崎奉行が役職上、あるいは江戸幕府の指令を受けて、情報を受理する本人であると声明する文書を手に入れようと努力しました。幕府が今後引き続き正式に交渉を申し込まず、条約締結のチャンスが完全に消え去り、先行きがまったく絶望的だと認めざるをえなくなるまでは、私はこの態度を固守するつもりでいました。

ところが昨日(旧暦九月二〇日—筆者註)事情が決定的になったことを知りました。奉行の命を受けて、二人の通詞が口頭で、江戸(史料②K「咬𠺕吧都督職之者筆記和解」—筆者註)は閣下の信書を受理した後この件はこれで落着したとみなすと宣言したと伝えました。このことは交渉のための権官の任命をもう期待できないことを意味しています。日本の制度は長崎奉行はもちろんのこと、将軍すらこの問題について公式に私と交渉することを許しません。数日以内に江戸へ帰還する奉行(牧志摩守、旧暦九月二三日長崎転出—原註)が出立してしまえば、日本人は、たとえ内輪にでさえ、私に情報を求めたり、私から情報を得ることができなくなります。退任した奉行がいったん関係した業務に、新任奉行が関与することはできません。未済業務が残っている場合でも、前任奉行ひとりが江戸で処理することができるのだと通詞たちは断言していました。それだけでなく、通詞たちは総督個人の好意で書かれた信書であるという見地から、私が日本に解明する使命を果たすことを極力避けるようにと懇願しました。

私は今「指令」に仮定されなかった立場に置かれています。すなわち、閣下の信書は受理されたが、その趣意に対する反応は得られませんでした。しかし一方では、彼らはそれとなく内輪に、国王陛下の勧告の趣意についての情報をつかもうと躍起になっています。

私は数時間の猶予を求めて、先任商館長と協議した結果、奉行に書簡(史料②P「甲比丹差出候封書和解」—筆者註)を送ることに決めました。ご覧になるように、私が自発的に書いたような印象を与える文体を選びました。私が奉行から内々に情報を求められたとでも書いたとしたら、書簡は即座に返却されたと思います。そうでなくてさえ、私は今もって書簡を突き返されるのではないかと懸念しています。しかし幸いにも現在までのところその気配は感じられません。

この件について私は奉行の腹心である二人の通詞と何度となく話し合いました。彼らは幕府はこれまでに一度も条約を締結したことがなかったと断言しています。退任する奉行が江戸に戻り、幕府から改めて私から情報を獲得するように命令されない限り、この事態は決して好転しないと考えています。

駐日オランダ商館長
J・H・ドンケル＝クルチウス

追伸。オランダ船の出航直前に、前述の通詞が出仕して、離任する奉行(牧志摩守義制—筆者註)が江戸に出立する前(旧暦九月二三日—原註)に私に次のように説明せよと命じられたと言いました。彼は日本からオランダ本国に帰ったオランダ人がオランダ国王陛下に日本の制度について正確な報告をしていないと考えている。日本の国法はオランダ人と中国人以外の外国人が日本に入国するのを禁じている。それでオランダが与える勧告は日本人に国法の原則に背けと勧めていることになるのだ。

とある。右の出島書簡第二信は、日蘭通商条約締結のチャンスをねらい、幕府自ら事態の解明を求める宣言をしない限り交渉の緒を与えることを拒む決意で、長崎奉行が情報を受理する本人であると声明する文書の入手に努力している。九月二〇日二人の通詞が江戸で咬䂮吧都督職之者筆記和解を受理したので一件落着の宣言をしたと伝えた。しかし筆記は受理されたが、その趣意に対する反応は得られていない。この九月二〇日は、フォス美弥子氏編訳の「まえがき」に「旧暦九月二〇日の湊下ろし」に註して「オランダ船が一隻しか来航しなかった年は、その出帆は旧暦九月二〇日、すなわち陽暦の一〇月下旬から一一月上旬と定められていた。」とある。九月二十三日には長崎奉行牧志摩守義制(よしさだ)が帰府のため長崎を出立する。このため奉行に自発的に書いたような印象を与える文体にした日蘭通商条約草案の甲比丹差出候封書を九月二一日に差出したのである。この件につき退任する奉行が江戸に戻り、幕府から改めて新商館長から情報を獲得するよう命令されない限り、この事態は好転しないと冷静に非常事態へ対応を迫られた日本の現状を分析するのである。都督筆記は通信の嫌疑がないよう商館長に誓約させ受理した。商館長は条約草案を江戸表幕府高官担当者へ上申したく願ったが届かなかった。無為に過ごすことができず、交渉の全権を有しない長崎奉行牧志摩守へ封書を託さざるをえなかった。帰府発駕前の長崎奉行は受理し、其の抄訳本を幕閣に進達したのみであったという。条約草案を受け取った阿部伊勢守は海防掛に下げて評議させ、十月二四日の答申では「事の内情知れ難ければ、よく甲比丹を詰問すべく、尚長崎奉行牧志摩守の帰府を待ち、其見込をも尋ぬべし」と言うに過ぎず、海防掛の責任を回避した。帰府した牧志摩守は閣老の諮問に「和蘭甲比丹貪欲の者にて、自然アメリカより交易筋申上ぐるとも、もと通商御免なき国柄故許容あるまじく、却って和蘭へ産物多く渡さるゝやうにし、右の品々を和蘭にて引き受け、日本の国産をアメリカに渡し、以後渡来せざるやう取計ふ存意なり」と蘭国政府に対する非常の誣告で、同時に日本国唯一の外交当局が、如何に海外の事情に暗いかを示す好適例で、幕閣これを受け御請取始末は放置され終わろうとしたのである。

註32　田保橋潔氏「増訂近代日本外国関係史」昭和一八年刀江書院に「訳文に脱漏の多いのは（中略）長崎奉行より幕閣に進達せられた時既に修正せられ、原文と非常の相違のあるものとなって居た（中略）翻訳の任に当れる和蘭大通詞西吉兵衛・同小通詞森山栄之助が、条約案中妥当と認めざる条項を、商館長の同意を得た上、修正若くは省略したものではないかと考へられる。」四六八頁参照。

註33　註32の四六六より四六八頁参照。

註34　註14の同巻一、六月二四日条、三六六頁参照。

註35　註32の同書四七〇頁に「十一月末に至り、松平薩摩守・筑前藩主松平（黒田）美濃守（斉溥）等の如き辺疆警備の任にある大諸侯に、嘉永五年別段風説書のみを伝示して其意見を求めた。」とあり、この伝わらない答申を明らかにしたのが、岩下哲典氏「幕末日本の情報活動」第二部幕末の海外情報と個別領主の「情報活動」である。一六三頁以降参照。

註36　註4参照。

註37　註32の同書四六九頁「単に其抄訳本を幕閣に進達したのみであった」とあり、この一項の削除が抄訳本に該当するのか否か不明である。訳文に脱漏が多いのは「長崎奉行より幕閣に進達せられた時既に修正せられ、原文と非常の相違のあるものとなって居た」（四六八頁）とある。

註38　註4の二一〇頁一二行目参照。

註39　註18の拙著第一章第一節（2）「茨城大学附属図書館菅文庫所蔵写本」、二五頁参照。

註40　註18の拙著第一章第一節（1）「内閣文庫所蔵抄録写本」二四頁参照。

註41　註1の第二集四二オ左より四六ウ下参照。

註42　この献上物目録には、年番通詞の大通詞森山源左衛門（六八歳）と同小通詞森山栄之助（二五歳）父子の署名捺印がある。この通詞に関しては、江越弘人氏「幕末の外交官森山栄之助」二〇〇八年六月弦書房発行、三六頁および年譜参照。

註43　勝安芳編輯「海軍歴史」明治二二年一一月海軍省蔵版。巻之一、八ウ～一八ウ参照。

註44　註43の海軍歴史巻之一、一三ウ参照。

註45　註1の第二集、雑録第一四、四二オ上左参照。

註46　註1の雑録第一四、長崎訳官無名氏訳の鍵箱之上書和解には「和蘭国王の密談所頭取」とあるので、当該箇所の「王之密談所」の正式名称とみる。

註47　「大日本古文書」幕末外国関係文書之一の一六号文書、「樋田多太郎より聞書」の第一項、六五頁参照。この与力聞書なる一六号文書の一括史料は、その多くの写本の多様性より、むしろ稿本として各写本を初稿・改稿・再稿として書写したその多様性が問題であると考えている。その総括が修訂本としての一六号文書にあるとみる。この諸写本より各稿本に至る考察は拙稿「一六号文書成立の研究序説―幕末外国関係文書と『与力聞書』写本の関係について―」参照。

註48　嘉永六年九月一〇日付叔父玉木文之進宛吉田松陰書簡には「(山鹿)素水が不学無術之佞人たる事は勿論衆目之みる所、殊に此度和戦の論起りしより筒井紀州に佞し、和議の説を唱へ人心を惑し、自らの立身出世を謀る悪むべき心術」を持つ者と書く。和議を唱えた筒井紀伊守(のち肥前守)に追従した山鹿を指弾する当時の風潮から、筒井の置かれた状況を側聞することができる。

註49　註47の一五号文書「六月浦賀奉行支配組与力香山栄左衛門上申書」の朱書にペリー来航予告情報が語られる。但し香山のこの献本は本来すべて墨書であり、予告情報を一切語らない。朱書は「朱書之分ハ、初発より之事実有之侭ニ増補仕候ニ御座候」とあり後日の増補である。冒頭三二行朱書について頭註の見出しをみるに「米船渡来スベキ風説」「浦賀奉行風説ノ根拠ヲ老中ニ問フ」「和蘭風説書ノコト」「長崎奉行ノ意見」「米船渡来ノ時ノ処置ニツキ香山ノ意見採用セラル」とある。この朱書で香山は嘉永五年一二月以降、水野筑後守により情報に接し阿部伊勢守の内命も理解していたことになる。以下一〇行朱書の見出し「米国ノ予報アリシトノ説」にみえる香山の主張は

①昨年中風説書之写御渡ニ相成候頃は、渡来は不致事と迄、御内々被仰渡候義は、天地懸隔之相違、如何之訳ニ有之候哉、

②弥彼れ申立之通り通達有之候事哉、如何御座候哉と申立候処、③実は昨年中其段申越候事之由、石見守申聞候ニ

付、

④左候得は、兼て其段伊豆守え仰渡有之候得は、初発より如斯行違は出来不仕処、御秘密ニ被成置候段、今更何共可申上様無御座、嘆息之限リニ御座候旨申立、実ニ浅間敷事共と、於私落涙数刻ニ及ひ候

①で長崎奉行牧志摩守は「全渡来可致義ニは無之候」と申立て、幕府が「其段可相心得旨被仰渡」と判断していることを批判している。しかしペリー来航予告情報の和蘭風説書を香山は認知していると読める。②で香山は井戸石見守へ「米国の予報」があったのか質しているが、①の香山による認知と矛盾する。③で井戸石見守は嘉永五年一二月に知った風説書情報の存在を認めた。この時点まで幕府極秘情報は完全に秘匿されていたことを語る。④で嘉永六年三月より浦賀在勤奉行となった戸田伊豆守が情報を伝えていれば、嘆息する事態は出来せずと幕府の隠密政策を指摘する。以上によって真実は②③④であり、①は「三二行朱書」と大同小異である。朱書で後に知った予告情報を補足したのは、安政元年二月六日に「香山ノ一身ニ関シテ浮説起ル」と大罪たる国賊の様に悪説が流布した結果、幕閣の信任を得た行動であったとの恣意表現とみる。香山を含めた浦賀与力は、ペリー来航予告情報を知らないまま当日を迎えたのである。註47の与力聞書一六号文書との整合性がここにある。

註50　「国史大辞典」吉川弘文館、筒井政憲条、七八二頁参照。

註51　註50の藩校一覧、備後福山藩、関藤藤陰条、同書一一巻、七五九頁参照。石川は文化四年二月二四日備中国小田郡吉浜村の社家関藤政信の第四子通称元五郎、六歳の時医師石川順介に養われ、石川氏を冒したと鷗外「伊沢蘭軒」その二〇八にある。

註52　阪谷素撰文「藤陰関藤先生碑」（関藤成章「藤陰舎遺稿」明治四四年九月関藤氏蔵版所収）参照。

註53　関藤国助撰「関藤藤陰年譜」昭和三年一二月一六日謄写参照。

註54　「箕作家勤書」（津山郷土館報第8集　一九七六年三月市立津山郷土館発行）嘉永四年一二月五日条参照。

註55　群馬県安中市、故小林壮吉氏所蔵。

註56　拙稿『添川廉齋宛石川成章書簡』にみる有所不為齋雑録の史料収集」、「東洋文化」復刊第百号、平成二〇年四月発行所収。

註57　註1の雑録第二集一〇八オ上より一一〇ウ上に収録参照。
註58　註1の雑録第二集八五オ上より八六オ上に収録参照。
註59　安政四年四月一〇日板倉勝明歿し、同年六月添川は「先君甘雨公行状」を執筆し、「公（甘雨公）与今閣老福山侯有瓜葛之誼」と書いた。拙著「添川廉齋」二一二頁（藤村女子中学・高等学校「研究紀要」第一四号、平成一〇年一二月発行）参照。
註60　栗谷川虹氏「茅原の瓜、小説関藤藤陰伝・青年時代」二〇〇四年作品社発行、一七〇頁参照。
註61　和田英松著「関藤藤陰先生の伝」（昭和四年七月「福山学生会雑誌」第六八号）、森田雅一氏「関藤藤陰小伝」（平成二年一二月「高梁川」第四八号）、「誠之館百三十年史」（福山誠之館同窓会編、昭和六三年一二月刊）第一・二章参照。
註62　河内屋徳兵衛板「山陽遺稿」詩二（天保一二年五玉堂刊の後印）、一丁ウより二オ参照。
註63　無窮会図書館長濱久雄氏より我為我軒詩・我為我堂集・我為我軒咏物詩・家乗・晴雨私暦の史料提供またご教示を得た。同氏には平成一〇年九月刊「牧野默庵松村遺稿」の編集解説をされ、平成一七年五月に「牧野默庵の詩と生涯」を出版された。默庵の史料は默庵五世孫の牧野暢男氏所蔵。
註64　「対外関係史総合年表」平成一一年吉川弘文館発行には、七月四日長崎に来航とある。
註65　註18参照。
註66　岡田逸一氏「関藤藤陰十大功績」昭和四九年一二月遺徳顕彰会発行、先生略年譜参照。
註67　註1の雑録第二集一〇〇オ下より一〇一オ上参照。
註68　註67の九八ウ下より一〇〇オ下参照。
註69　註18の拙著二八二頁参照。
註70　「遠近橋」続日本史籍協会叢書、巻一三、五八五頁上二行より三行参照。拙稿「添川廉齋『有所不為齋雑録』の成立とその背景」（「東洋文化」復刊九五号、平成一七年一〇月発行）、註18の拙著の結語参照。
註71　土浦藩主土屋寅直の藩政改革は、落莫たる藩校教育の活性化にあり、大久保は藤森弘庵を推挙して驥足を展した。望月茂

「藤森天山」昭和一一年発行、「天山に対する待遇」参照。青木光行氏「大久保要」一九七九年一月崙書房発行参照。

註72　維新史料綱要巻一、同日条参照。

註73　無窮会理事・伝記作家、坂口筑母氏所蔵。同氏著「浅野梅堂」上下巻、昭和五七年明石書房発行参照。梅堂浅野長祚君行状（宮内省書陵部蔵）には弘化三年ビッドル来航後、建白して千駄崎砲台・千代崎台場を築き、内田弥太郎・下曽根金三郎に西洋技術を説き、大船建造の禁令解除を上申している。

註74　註52「藤陰舎遺稿」巻之二、六六頁参照。

註75　「慎徳院殿御実紀巻一六」（新訂増補国史大系第四九巻）続徳川実紀第二篇、七〇〇頁参照。

註76　註27の「懐旧紀事」三二〇頁参照。註18の拙著第一章第四節（1）「添川廉齋の人間関係」三一一頁参照。

註77　阿部正弘の人材登用中、著名なのは筒井政憲・松平近直・川路聖謨・岩瀬忠震・江川英龍・高島四郎太夫・勝麟太郎など開明的な人物が多い。渡辺修二郎「阿部正弘事蹟」明治四三年一〇月発行、第三二章、四七〇頁参照。

註78　註27の「懐旧紀事」三三二頁参照。註66の「関藤藤陰十大功績」第三、和親条約の締結輔佐、二二頁参照。

註79　山下立樹氏編「朗廬先生宛諸氏書簡集」井原市立図書館蔵書一九九三年、五頁参照。

註80　福山藩は阿部正弘の父正精、号棕軒の蘭書講究により、藩政改革を計り洋学行われた。註77の「阿部正弘事蹟」第一章蘭書講究、一三頁、第三三章洋学開始、四九二頁参照。

註81　オランダの開国勧告やペリー来航予告情報に、阿部正弘は幕閣に再三評議答申させ、嘉永六年春の筒井上申までみた。しかし世界情勢を受け入れぬ鎖国の祖法・排外的保守思想・財政逼迫から海防による巨額出費を嫌う幕府勘定方など硬直した体制の壁に直面していたのである。

註82　註77の「阿部正弘事蹟」第二二章、正弘ノ辞表、三三三頁参照。徳富蘇峰「近世日本国民史　開国日本（三）」第一三章、阿部正弘の辞表提出問題、三二六頁参照。

註83　鈴木大「明治前記」明治一八年一月博聞社蔵版、安政元年四月一〇日条の福山侯の言に「侯人ニ語テ曰ク。米人ノ事。蘭人ノ忠告上申具ニ至レリ。之ニ備ル歳月ナキニ非ス。然ルニ之ヲ言ヘハ。人皆目シテ事ヲ好ムモノトナシ。其議ニ同ス

ルモノナク。遂ニ国辱ヲ招キシハ。恐懼ニ堪ヘスト」七十頁参照。

註84　註53の、七八頁参照。註60栗谷川氏の「四方の波、小説関藤藤陰伝・壮年時代」二〇〇八年作品社発行、第六章下田開港参照。

註85　拙著「添川廉齋」（藤村女子中学高等学校「研究紀要」第一三・一四号、平成一〇年一二月発行）一九一・一九二頁参照。

註86　註85の各論第二五節、二〇八・二〇九頁参照。

註87　註56参照。

註88　註27の「懐旧紀事」、家臣ヲシテ蝦夷地ヲ視察セシム、七六八頁参照。

註89　註77の「阿部正弘事蹟」第三五章、蝦夷地視察、五四一頁参照。註66の「関藤藤陰十大功績」第五蝦夷地探検、二九頁参照。

註90　註88の同書、家臣ヲ南北蝦夷地ニ差遣ス、八三七頁参照。

註91　観国録三、四二ウ七参照。観国録は安政三・四年で計五分冊として、北海道立図書館北方資料室所蔵。広島県福山市中央図書館には複写があり、写本として伝存しても活字になっていない。

註92　大日本古記録「江木鰐水日記上」昭和二九年三月岩波書店発行、二二二頁参照。

註93　この項、註85参照。

註94　添川はアヘン戦争におけるイギリスの禍心に「敵を王りに愾」り、ペリー来航の強梁に「敵を思ひ王りに愾」った。この思いが雑録編輯の原点である。この思惟は安政元年三月日米和親条約締結後もつづき、安政三年六月二日愛弟子安中藩士小林本次郎正愨が学問修業満期帰国に際し、「英夷詩」（読嘆夷犯清国事状数種作長句以記之）を執筆し八月に贐として送っている。註59、二〇九頁参照。「英夷詩」が喜多方市立図書館郷土民俗館、「嘆夷詩摘句」が会津若松に伝存している。

註95　小野湖山「湖山楼詩屏風」明治一九年二月万青堂蔵板、第三集一五オ一よりウ三参照。

註96　五弓久文「村居独語」明治一二年一月起稿九月以前著、東京大学史料編纂所所蔵。

附録史料

イ　四稿本（初稿本・改稿本・再稿本・修訂本）対校「与力聞書」校本

表題の史料は、拙著「添川廉齋―有所不為斎雑録の研究―」附録史料「一、三本対校『六月浦賀奉行支配組与力等よりの聞書』」をもとに、対校した三本の意味を考え各稿本とし、さらに一本を追加して各稿本の表記が生々展開し、修訂本に集約される過程をみた。修訂本を除く各稿本の原本は存在しない。一行目は初稿本。二行目は改稿本。三行目は再稿本。四行目は修訂本である。その出典は、左の史料冒頭に記した。各与力聞書は各項目に分かれ、本文冒頭の算用題字が項目数である。与力聞書各項目冒頭には、項目数の上に各与力名字の一字を付した。各稿本同表記は、四行左右横に並べた。異同がある場合は、、削除・△表記変更・○補足・▽▲倒置・――なし――全文削除等の記号を付けた。同表記を並べたため、字間の空きには意味がなく上下接続している。稿本にある空格は、□の記号を付け区別した。再稿本は旧字体、他は旧活字体が使われているが、原則常用漢字に改めた。修訂本の古文書本は変体仮名と平仮名が混用されているが、平仮名表記に統一した。今回三本対校に付した記号は、右のもとに改訂した。二行割註は、その本文対比のため一行にし右へ寄せた。修訂本の原本「幕末外交文書集」は、改稿本に加朱訂正している。その次第を修訂本左側に1から598まで示した。その多くは、改稿本をもとに、再稿本の本文を引用していることが判明する。

浦賀与力合原総蔵ヨリ聞書　有所不為斎雑録　第三癸丑浦賀雑録一八七

合原総蔵より聞書浦賀附与力　続通信全覧類輯　幕末維新外交史料集成第二巻　米使ペルリ初テ渡来浦賀栗浜

合原惣蔵ヨリ聞書、、、、、　高麗環雑記四七

合原総蔵より聞書浦賀附与力　幕末外国関係文書一之一六　六月浦賀奉行支配組与力等よりの聞書　米船浦賀

ニ於テ国書進呈一件十一

渡来一件

合1　一嘉永六年丑六月三日未中刻蒸気船二艘軍船二艘迅速ニ乗込千代ケ崎ヲ乗越　観音崎近ク迄馳せ付蒸気船二艘

合1　一嘉永六年丑六月三日未中刻蒸気船弐艘軍船弐艘迅速、乗入千代、崎を乗越　観音崎、、迄乗　付蒸気船弐艘

合1　一嘉永六年丑六月三日未中刻蒸気船二艘軍船二艘迅速ニ乗込千代ケ崎ヲノリコヘ観音崎近ク迄乗　付蒸気船二艘

合1　一嘉永六年丑六月三日未中刻蒸気船弐艘軍船[1]弐艘迅速[2]に乗込千代、[3]崎を乗越　観音崎[4]近く迄乗　付蒸気船弐艘

ニ而軍船ヲ引来ル其速ナル事　飛カ如シ諸方　注進船ヲ遥ニ乗越　不図入津ニ付浦賀中之騒キ大方ナラス

に而軍船を引来る甚速なること飛か如し諸方之注進船を遥に乗越へ不計入津に付浦賀、之騒き鼎　之沸　か如し

ニテ軍船を引来ル其速ナル乛　飛カ如シ諸方　、注進船ヲ遥ニ乗コヘ不図入津ニ付浦賀中ノ騒キカナヘノワクカ如シ

[5]ニ而軍船を引来る[6]其速なること飛か如く[7]諸方之注進船を遥に乗越へ不計入津ニ[8]付浦賀[9]中之[10]騒き鼎　之沸　か如し

＊修、合1「船」1は改「船」だが修原本「艦」の訂正。「崎」3は修原本「﨑」俗字の訂正。「騒」10は改「騒」だが修原本では「強」誤字の訂正。修、合1「鼎之沸か如し」に[11]（大方ならす）とルビ。

合2一浦賀与力中島三郎助合原伊三郎当番ニ付乗出し異船へ近附候処異船乗込過候トテ船ヲ　操戻シ候手際其神
合2一浦賀与力中島三郎助合原猪三郎当番に付乗付　異船へ近付候処異船乗込、、とて船を　逆に繰戻し候手際其神
合2一浦賀与力中島三郎助合原猪三郎当番ニ付乗出シ異船へ近付候処異船乗込　候トテ船ヲハ逆ニ操戻シ候手際其神
合2一浦賀与力中島三郎助合原猪三郎当番 12 ニ付 13 乗出、異船へ近付候処異船乗込過 14 候とて船をハ 15 逆に 16 操戻し候手際其神
速自在之妙　目ヲ驚カシ候由決而　上船スル事ヲ免サス稍ク　通辞一人応接掛リ与力一人上船致　シ浦賀ハ異
速自在の妙　目を驚、し候、、、扨上船、、、を許さす様に　掛合通詞壱人応接掛、、、壱人上船致　し浦賀は異
速自在ナル了目ヲ驚カシ候　扨上船　ヲ免サスヨウ／＼掛合通詞一人応接掛リ　一人上船イタシ浦賀ハ異
速自在の妙　目を驚、し候由 17 扨上船　を許さすよふ 18 ／＼掛合通詞壱人応接掛、19 与力壱人上船致　し浦賀は異
船ノ入津国禁也　用アラハ肥前長崎へ参ルヘク旨申候　彼レ　曰国禁ノ儀ハ元ヨリ知ル処也　去ナガラ浦賀へ罷越
船、入津国禁也　、、、、、長崎へ参、へき旨申候処彼、之、国禁之儀者本より知る処也　乍去　浦賀へ罷越
船　入津国禁ナリ　長崎へ参ルヘク旨申候処彼　、云国禁ノ義ハ元ヨリ知ル処ナリ去ナカラ浦賀へ罷コシ
船の入津国禁也 20 21 用あらは肥前長崎へ 22 参るへき旨申候処彼 23 曰国禁之儀は 24 25 元より知る所 26 也　乍去　浦賀へ罷越
用弁致　し候様　国王ノ命也　ヲマイ方　も国命　ナレハ　禁制ノ場へモ行キ申候臣下之身ハ国命ヨリ重
用弁致　し候様　国王之命也　其　方たりとも王命と有れは如何なる国禁の場へも行かべし臣下の身は国命より重
用弁イタシ候ヤウ国王ノ命ナリ其　方タリ𪜈　王命、ナレバイカナル国禁の場へモ行可申　臣下ノ身ハ国命ヨリ重
用弁致　し候様　国王之命也　其　方たりとも王命と有れハ如何なる国禁の場へも行 27 申べし臣下の身は 29 王命より重

キ者　ナシ此方曰何用アリテ来舶スルヤ彼　曰此度出帆之儀ハ我　国王ヨリ日本国王へ呈シ候書翰ヲ持来ル也　此

きは　なし此方云何用有りて渡来するや　答て云此度出帆之儀は我　国王より日本　王へ呈し候書簡を持来る也　高

キモノナシ此方云何用アリテ渡来スルヤ　答テ云此度出帆ノ義ハ我カ国王ヨリ日本　王へ呈シ候書翰ヲ持来レリ　高

きは　なし此方云何用有りて渡来するや　答て云此度出帆之儀は我　国王より日本30国王31へ呈し候書32翰を持来る也　高

趣江戸へ通達致シ呉候様　若　亦爰　ニテ扱ヒ呉不申　候ハヽ直ニ江戸　へ乗込直呈可致　候　此方答ニ　爰　ニテ裁

官の者受取　に参　候や　荅　、爰　にて取上　申さす候ハヽ　、、江戸　へ乗込直呈致へしと云　此方答て云爰　にて裁

官ノ者受トリニ参リ候ヤ　モシ　コヽニテ取上　不申　候ハヽ直ニ江戸　へ乗込直呈可致　ト云　此方答テ云コヽニテ裁

官之者受取　に参　候や　33若　爰　にて取上　34申さす候ハヽ36直ニ江戸37海へ乗込38直呈致へしと云　此方答て云爰　にて裁

決致　シ候事不相成

判いたしかたし

判イタシカタク

39判致　、かたし

＊修、合2「其方たりとも王命と有れハ如何なる国禁の場へも行申べし」に28（をまい方も国命なれは禁制の場へも行可申候）とルビ。

修、合2「高官之者受取に参候や若爰にて取上申さす候ハヽ」に35（此趣江戸へ通達し呉候様若爰にて扱ひ呉不申候ハヽ）とルビ。

改、合2「荅」は「若」の誤字。修、合2「さ」34は改「さ」だが、修原本では脱字の補足。修、合2「呈」38は改「呈」だが、修原本では誤字を訂正。

何レ江戸　伺ヒ出テ江戸命令次第ニテ取扱　可申　候　彼　曰江戸へハ僅半日程　ノ　往来ト聞　右　返答速ニ分
何れ江戸へ伺　、、、、、命令次第　、、取扱　申へしと云彼　云江戸へは僅半日程　の　往来と聞く右の返答速に分り
何レ江戸へ伺ヒ　　　　命令次第　　取扱ヒ可申　ト云カレ云江戸へハ僅半日ホトノ　往来トキク右　、返答速ニ分リ
何れ江戸へ伺ひ　40　命令次第　　取扱　、申へしと云彼　云江戸へは僅半日程　の　往来と聞く右の返答速ニ分り
候様　致　　度本国出帆ヨリ日数割詰　ニテ罷越候間爰　ニテ空ク日ヲ費シ候テハ指支ヒ申候早速返答承リ度　此方
候様　致　し度本国出帆より日数割つめ　、、参　候間爰　にて空敷日を費　、候ては指支　、候早速返答承　、たし此方
候ヤウイタシ度本国出帆ヨリ日数割詰　ニテ参リ候間コヽニテ空ク日ヲ費シ候テハ指支　候早速返答承リ度　此方
候様　致　し度本国出帆より日数割詰　41　にて参　、候間爰　にて空敷日を費　、候ては指支　候早速返答承　、たし此方
返答ニテケ様ノ儀ハ夫　々　彼方ノ手ヲ経テ伺ヒニ相成　候儀故　手数　モカヽリ　　候事也何程　急キ　テモ五日
、、云　箇様の儀は夫　々　役方之手をへて伺　、に相成　候儀故　手数　も掛　り　　、、、、、、、、、、、
答云　ケ様ノ儀ハソレ／＼役方ノ手ヲ経テ伺　ニ相ナリ候儀ユへ手カズモカヽリ　候ユへ何ホド急キ候テモ五日
、云　箇様の儀は夫　々　役方之42手を43経て伺　に相成　候儀故　手数　も掛　り可申候44事　何ほと急き候而も五日
位ハカヽリ可申　候其内爰　ニ扣へ居　候様　申諭　候処彼　曰江戸ノ命令　ニテ深　存意有事也　五日位
、、、、、可申　候其内爰　に控　、居　候様　申諭　候処彼れ云江戸の命令次第にて深き不存有へし併　五日位の
位ハカヽリ可申　候其内ココニ扣へ居リ候ヤウ申諭シ候処彼　、云江戸の命令次第ニテ深キ所存有ヿ也シカシ五日位ノ
位ハかゝり申へし、其内爰　に控　、居　、候様　申諭　、候処彼れ云江戸の命令次第にて深き45所存有46事也併　五日位の

　ハ待居り可申　候ト云
とならは待居、申へし、と云り
˥ナレハ待ヲリ可申　ト云、
47|事な48|れは待居、申へし　と云49|

*修、合2「手」42は改「手」だが修原本では脱字の補足。再、合2「誥」は「詰」の行書体。改、合2「不」は「所」の誤字。

　滞船中薪水乏敷　候ハヽ送り遣し可申　ト申　処　彼曰万端本国ニテ手厚ク用意　何　レモ不足ナシ右
合3 一滞船中薪水乏　く、、は送、、、申へき旨申　候へは彼云万端本国にて手厚、用意致し候へは何　、も不足なし右
合3 一滞船中薪水乏シク候へハ送リ　可申　ト申シ候処　彼云万端本国ニテ手厚ク用意　、、、、イヅレモ不足ナシ右
50|合3 一滞船中薪水乏敷　候ハヽ送、　申へき旨申、51|候処　彼云万端本国にて手厚、用意致し候へは何　も不足なし右

様ノ無心ハ不致　ト云
様の無心は致　さすと答ふ
様ノ無心ハイタサズト云
様の無心は致　さすと答ふ

合3一船ノ大小兵器ノ員数乗組人数等承リ候処彼曰其方ニテ右様ノ事御承知ニ相成候迚モ何ノ益ナシ此方ニテ申モ又

合4一船の大小兵器の員数乗組人数等相尋候処彼云其方にて　、、、、聞、、候ても何の益なし又此方にて申も

合4一船ノ大小兵器ノ員数乗組人數等承リ候処彼云其方ニテ　聞キ　候テモ何ノ益ナシ又此方ニテ申モ

合4一船の大小兵器の員数乗組人數等相尋候処彼云其方にて　聞、　候ても何の益なし又此方にて申も

無益也　且又　商船ト違ヒ是　軍船也　右様　ノ事　申ヘキ筈ナシト云テ　一切言ハス

無益なり且又　商船と違、是は軍船也　右様　のヿ　申へき筈なしと申、候、、、、

無益ナリ且マタ商船ト違ヒ是ハ軍船ナリ右ヤウノヿ　申ヘキ筈ナシト云　、

無益なり且又　商船と52違ひ是ハ軍船也　右様　53の事を申へき筈なしと云て　54一切言はす

合4一大蒸気船将官ノ居船ニテ総テノ掛合向ヲ致外三艘ヘハ人ヲ近ケ寄ラセス蘭人一人乗組　日本語ヲ遣ヒ候者一

合5一、、、、、、、、、、、、、、、、、、、、、、、、、、、、、、、、蘭人壱人乗組又　日本語を遣ふ、者壱

合5一　蘭人一人乗組マタ日本語ヲ遣フ　者一

合5一55大蒸気船将官の居船にて総ての掛合向を致外三艘へは人を近け寄らせす蘭人壱人乗組又　日本語を遣ふ　者壱

人　是ハアメリカ人ニ無相違　相見ヘル

人乗組居候是は亜墨利加人、相違なしと、見ゆ

人乗込居候是ハアメリカ人ニ相違ナク、相見ユル也

56人乗組居、是は亜墨利加人に相違なしと、見ゆ、、

此二人ニテ万事　通辨致　　候右船ニハ二十貫目位ノ真丸筒長筒アリ拾八貫ノボンヘン筒アリ何レモ勝レタル上品ノ
此弐人にて無差支通弁致　し候
此二人ニテ無差支通弁イタシ候
57 此弐人にて無差支通辯致　し候 58 右船にて二十貫目位の真丸筒長筒あり拾八貫のぼんへん筒あり何れも勝れたる上品の

筒ノヨシ

筒のよし

合5　一四艘共　ハツテーラ　八艘位アリ五日ニハ　ハツテーラ　ニテ処ゝ漕歩行キ江戸近ク迄　測量ヲ究メ川越持場
合6　一四艘共「ハツテイラ」八艘位あり五日には「ハツテイラ」にて所々漕　行　江戸近　迄　測量を究め川越持場
合6　一四艘厇　バツテイラ　八艘位アリ五日ニハ　バツテイラ　ニテ所々漕　行キ江戸近クマデ測量ヲ究メ川越持場
合6　一四艘共 59 60 バツテイラ　八艘位あり五日には 61 62 バツテイラ 63 にて所々漕 64 歩 65 行き江戸近く 66 迄　測量を究め川越持場

観音崎台場ノ図ヲ取　其上　上陸ナサント欲ス役人立出稍ゝ　サシ押へ　是迄入津ノ異船ト異ナ　リ此方　彼是
観音崎　　の図を取り其上に上陸なさんと　す役人立出やう〱　差　押　候是迄　　の異船と事変　り此方より彼是
観音崎台場ノ図ヲトリ其上　上陸ナサント　ス役人立出ヨウ〱ニ差　押へ候是迄　ノ異船ト事カハリ此方　役人
67 観音崎台場の図を取り其上に上陸なさんと　す役人立出やう〱　差　押　候是迄 68 入津の異船と事変　り此方より彼是

申候事ニハ更ニ取合不申　落付ハラツテ居　候由尽ク死ニアカルケ　算定リ　居候儀ト相見ヘル

申候、には一向取合申さす落付、、、、居　候て尽く地、あかるの　算定りて居候、と相見へ候

申、　ニハ更ニ取合不申　落付　居リ候テ尽ク地ニアカルク　算定リ、居候義ト相見ユル

69申候事には一向取合申さす落付　居、候て尽く70地にあかるく71 72本算定りて居候、と相見へ候

＊修、合6「地にあかるく本算定りて居候と相見へ候」に73（死を定め居候儀）とルビ。

合6一彼申ニ我船近辺へ人ヲ近付候事堅無用ナリ此事能ニ制シ呉候様若制禁不行届近附候者アラハ此方ニテ直ニ成敗

なし

なし

なし

致シ候ト云

なし

なし

なし

合7一是迄ノ異船ハ此方　掛合之上発砲致　シ候処此度ノハ掛合　ナシ　ニ暁一発四ツ時一発暮一発夜四ツ時頃一
合7一是迄の異船は此方へ掛合の上発砲致　し候処此度、は左様　無之、暁一発四ツ時一発、、夜四ツ時、一
合7一是迄ノ異船ハ此方へ掛合ノ上発砲イタシ候処此度　ハ左様ノ義無　之　暁一発四ツ時一発　夜四ツ時頃一
合7一是迄の異船は此方へ掛合の上発砲致　し候処此度　は左様、、無　之　暁一発四ツ時一発　夜四ツ時、一
発ツ、号砲アリ六日朝ニハ大砲連発ア　リ
発宛　号砲あり六日朝には大砲　、発致　し候
発ツ、発砲アリ六日朝ニハ大砲連発イタシ候
発宛　号砲あり六日朝には大砲74|連発致　し候
合8一江戸ノ兼と御内意　ハ彼カ気ニ中　リ候様　ノ事　有　テハ益事ヲ招ク道理　兎　角　穏便専要ニ可致　事仮
合8一江戸、兼々御内意には彼、気に当　り候様　のと　有　ては大事を招く道理故兎も角も穏便専要に致へし、仮
合8一江戸　兼と御内意ニハ彼カ気ニアタリ候ヤウノヿ　アリテハ大事ヲ招ク道理、兎、角、穏便専要ニ可致　ヿ仮
合8一江戸　兼々御内意には彼、気に当　り候様　のこと有　ては大事を招く道理故兎も角も穏便専要に致へし、仮
令異人上　致　シ民家ニ立寄　候トモ格外ノ乱妨セサレ　ハ其儘　見捨テ置ヘシ香山沢山指出シ彼ヲ船ヲ取巻
令異人上陸致　し民家へ立寄　候とも格別、乱妨不致　候ハ、其儘に見捨、置へし番船、、、、、彼、船を取巻な
令異人上陸イタシ民家へ立ヨリ候𪜈　格別ノ乱妨イタサズ候へハ其儘ニ見捨　置へシ番船　差出シ使　船ヲ取巻ナ
令異人上陸致　し民家へ立寄　候とも格別、乱妨不致75|　候ハ、其儘に見捨　置へし番船76|差出し彼　船を取巻な

　　ハ却テ気ヲ起シ宜　カラズ陸ヲ専要ニ守り可申事
と致　し候ハヽ却て気を起し不宜　陸を専要に守り候様　にとの御下知
ドイタシ候テハ却テ気ヲ起シ宜シカラズ陸ヲ専要ニ守リ候ヤウ　御内達有之候
と致　し候ハヽ却て気を起し不宜　陸を専要に守り候様　にとの御下知

*修、合8「致」75は改「致」だが、修原本では「苦」とある訂正。再、合8「使」は「彼」草体の誤字。

合9一江戸ノ御内存ハ浦賀ニテ万一手強キ事アリテハ大事ヲ引出シ甚不容易儀也ト御患ヒ被成候事也
右様御患ヒ被成
故　ニ浦賀ニテモ尽ク用心腫レ物ニサハル様　ニ致　シ候　此度四艘入津之儀ハ兼テ蘭人ヲ以通達アル事ニテ元ヨ
故　浦賀にても　腫　物にさはる様　に致　し
候ユヘ　浦賀ニテモ尽ク用心腫　物ニサハルヤウ　イタシ候テ
故　浦賀にても　腫　物にさはる様　に致　し
リ御承知相成居申候儀ナリ当奉行戸田伊豆守老練ニテ候間トコ迄モ穏便ニ取計方行届可申候江戸ノ御了簡之由

合10一此度ハ番船　一艘モ不指出　浦賀ヨリ品川　迄　ノ海上自在ニ漕アルキ　四家ノ人数ハ岸　ニテ見物ス

番船　一艘も出さす故に浦賀より品川　迄　自在に漕ありき　四家の人数は岸の上にて見物す

番船ハ一艘モ不指出故ニ浦賀ヨリ品川辺マテ　自在ニ漕アルキ　四家ノ人数ハ岸　ニテ見物ス

番船　一艘も出さす故に浦賀より品川　迄　自在に漕ありき 77 御固四家の人数ハ岸の上にて見物す

ル而已夜中ハ　ハツテイラ　ヲ船ノ前後へ指出シ警固ス　火攻等　ヲ制ス　爲メナル歟

るのみ夜中は「バツテイラ」を船の前後に指出し警固の体也火攻なとを恐るゝ故　歟

ルノミ夜中ハ　バツテイラ　ヲ船ノ前後ニ指タシ警固又　火攻等　ヲ恐ルヽユへ也

るのみ夜中は 78 バツテイラ 79 を船の前後に指出し警固の体也火攻なとを恐るゝ故　歟

合11一是迄　異船ノ儀ニ付テハ　上へ御心配ヲ掛ケ候テハ恐　入候迚十分ノ者　ナレハ御心配ニ相成不申ヶ条而已

合9一是迄　異船の儀に付ては只々上の御心配を　恐れ　て十分の物　なれは六七分　御心配に　不

合9一是マテ異船ノ義ニ付テハ品ゝ上ノ御心配ヲ　恐レ　十分ノモノナレハ六七分　御心配ニ相成

合9一是迄　異船の儀に付ては只々上の御心配を　恐れ　て十分の物　なれは六七分を 80 申上御心配に　不

六七歩　申上跡大事ノ事　ハ不申上　姿ニ　成リ居　候　間　自然上ト下トノ了簡喰違　居　候事此条大ニ

成　箇条而已申上　大事の箇条は申上さ　る姿に相成　居　候　故　自ら上　下　の了簡喰違　甚

ラサルケ条ノミ申上　大事ノケ条ハ不申ノ上ル姿ニ　成　居リ候ヿユへ自然上ト下トノ了簡喰違ヒ居リ　甚

81 成様之箇条而已申上　大事の箇条は申上さ　る姿に相成　居　候　故　自ら上　下　の了簡喰違　甚

嘆息
嘆息の至りに候
以嘆息ノ至リニ候
嘆息の至りに候

□丑　当月六日微行ニテ合原氏ゟ　聞ケル処尚　此度同氏へ聞合　校正ス
□右は当月六日　合原氏より聞　処尚又此度同人へ問合せ校合す
□右、当月六日　合原氏ヨリ聞ケル処尚　此度同氏へ聞合　校正ス
□右は当月六日　合原氏より聞　処尚又此度同人へ問合せ校合す

合12一六日九ツ半時蒸気船壱艘小ノ方江戸之方へ　馳　ス先へ　ハツテイラ　四艘ニ而海ノ浅深ヲ測量シ
合10一六日九ツ半時蒸気船一艘小の方江戸の方へ向ひ　馳出す先へは「バツテイラ」四艘にて　測量しな
合10一六日九ツ半時蒸気船一艘小ノ方江戸ノ方へ向　テ馳出ス先へ　バツテイラ、四艘ニテ　測量シ、
合10一六日九ツ半時蒸気船一艘小の方江戸の方へ向ひ、馳出す先へは 82| バツテイラ 83| 四艘にて 84| 海の浅深を測量しな

＊再、合8「警固又」は「ス」の誤字。再、合9「品」は「只」の誤写。再、合9「不申ノ上」の「ノ」は誤入。

行ク川越之一手ニ而指留候処剣ヲ抜　て
から行く川越の、手にて差留候処剱を抜　、船ふちに顕　れ寄らは斬　んとする仕方を致　しはせ通　或は剱付鉄
、、ユク川越ノ一手ニテ指留候処鈫ヲ抜キ　船ブチニアラハレ寄ラハ切ラントスル仕方ヲイタシ馳　通ル或ハ鈫付鉄
がら行く川越の、手にて差留候処剱を抜、　船ぶちに顕　れ寄らハ斬、んとする仕方を致　85|し馳　86|通り或ハ剱付鉄
ヲトカシ馳通ル川越人数怒ニ堪ヘス番船ヲ馳て浦賀へ問合　候ハ只
砲に真丸を込　此方船の二三間先を頻　に打　をと、し、通候川越人数怒に不堪　早船に、て浦賀へ問合せ、、只
炮ニ真丸ヲ込メ此方船ノ二三間先ヲシキリニ打チヲト　シ　通ル川越人数怒ニ堪ヘス早船ヲ以テ浦賀へ問合セ　只
87|炮に真丸を込、此方船の二三間先を頻　に打　、を88|とかし89|馳通候川越人数怒に不堪　早船に、て浦賀へ問合せ　只
今乗込候異船軽侮　致　候振舞難忍　義也斬捨　可申　ト申候浦賀答テ御尤ニ　候ヘ共御内意ハドコ迄モ穏
今乗込候異船軽侮の致　、方　忍　難き儀也切しつめ申へきとのと浦賀にて御尤には候へ共御内意は何れにも穏
今乗込候異船軽侮、イタシ候振舞忍ヒカタキ義也切シツメ可申　トノヿ浦賀ニテ御尤ニ、候ヘ𪜈御内意ハ何レニモ穏
今乗込候異船軽侮の致　、方　忍、難き儀也切しつめ申へきとの90|事浦賀に而御尤には候へ共御内意は何れにも穏
便トノ義ニも有之　尚又　彼壱艘斬　沈　候とも事済　候ト云ニも無之諸家申合も不行届　疎忽ニ手出し致し却而
便との儀に、これ有且又　彼一艘切　しつめ候とも事済　候、、にも無之諸家申合、行届かす疎忽に手出し致し却て
便トノ義ニ　有之　尚マタ彼一艘切リシツメ候𪜈　事スミ候ト申ニモ無之諸家申合モ不行届　疎忽ニ手出シ致シ却テ
便との儀ニ　91|有之　且又　彼一艘切、しつめ候とも事済　92|93|候と申にも無之諸家申合、行届かす疎忽に手出し致し却而

兵端ヲ開　候てハ恐入候間ドコ迄も御堪忍と申候由　　四家怒ニ不堪
兵端を開　候ては恐入候間、、、、、、、、、、、、先々穏便に有之　様　にとの挨拶に及ふ　夫より諸家怒に堪へす
兵端ヲ開キ候テハ恐入候間　　先ゝ穏便ニ被成候ヤウ　トノヿ　ニ有之候且ツ　諸家怒ニ不堪
兵端を開、候てハ恐入候間　　先々穏便に有之、様　にとの挨拶に及ふ、夫より諸家怒に堪へす

手出し致　大事を引出　候而ハ不相済　候間浦賀ゟも役船弐艘ヲ指出シ異船之跡へ附　警固致　候　右役船
、、、、　大事を引出し候ては相成らす、、、、、とて役船弐艘を差出し異船の跡へ附　警固致　し候されは右役船
手出シイタシ大事ヲ引出シ候テハ不相成　トテ役船二艘ヲ指出シ異船ノ跡へ附キ警固イタシ候、、、　右役船
、、、、、、　大事を引出94|し候ては相成らす　とて役船弐艘を差出し異船の跡へ附、警固致　し候されは右役船

*修、合10「し」94は改「し」だが、修原本では脱字を補足。

ハ陸上之見物人ヲ指押へ諸家ニ而疎忽ニ　手出シ無之　様　制禁スル為ニ指出　候事異船ヲ取押ユル為ニアラス
は異船を取押へる為にてなく陸上諸家疎忽に手出し致さぬ様　制禁の　為也、、、、、、、、、、、
ハ陸上ノ見物人ヲ指押へ諸家ニテソコツニ　手出シ無之　ヤウ制禁スル為　、指出シ候ヿ異船、取扱フ　為ニアラス
ハ異船を取押へる為にてなく陸上諸家疎忽に手出し致さぬ様　制禁の　為也、、、、、、、、、、

合13一浦賀ゟ　役船ヲ指出シ上官之居船へ参リ蒸気船　壱艘江戸海へ乗込候ハ如何之趣意ニ候哉相尋候処異人
右に付　異船へ早船を以て　只今一艘江戸海へ乗込候は如何の趣意と　尋候処
右ニ付　異船へ早船ヲ以テ　只今一艘江戸海へ乗込候ハ如何ノ趣意ニ候ヤ相尋候処異人
右に付　異船へ早船を以て　只今一艘江戸海へ乗込候は如何の趣意と　尋候処
答て　此度持参之書翰御受取ニ不相成候時ハ存意通　取計　候也　其節之用意ニ江戸内海測量致し度態　ゝ　指遣
答　此度持参の書翰御受取に不相成　節は存意通　取計　候と故　内海測量致し度わざ／＼指遣
答テ云此度持参ノ書翰御受取ニ不相成　節ハ存意通リ取斗ヒ候ヿユへ　内海測量致シ度ワザ／＼指遣
答　此度持参の書翰御受取に不相成　節ハ存意通　取計　候と故　内海測量致し度わざ／＼指遣
候所也尤晩景ニハ返リ来リ可申　也ト云右船富岡前へ暫ク懸居七ツ半過元之カケ場へ漕戻　ス
処也尤晩景には帰　申へし　と　右船富岡迄測量し　七ツ半過元の処　へ漕戻し候
ス処也尤晩景ニハ返リ　可申　ト云右船富岡迄測量　七ツ半過元ノ処　へ漕戻シ候
処也尤晩景には帰　申へし　と　右船富岡迄測量し　七ツ半過元の処　へ漕戻し候
合14一九日九里浜ニ而書翰請取之義前日異人へ申通シ置キ当日　只今　参リ候様　申通候処早速蒸気船弐
合11一九日栗　浜にて書簡請取の儀　異人へ申遣　置　当日に相成只今より参　候様　又々申通候処早速蒸気船弐
合11一九日栗　浜ニテ書翰受取ノ義　異人へ申通シ置キ当日ニ相成只今ヨリ参リ候ヤウ　申通候処早速蒸気船二
合11一九日栗　浜にて書簡請取の儀　異人へ申遣　置　当日　相成只今より参　候様　又々申通候処早速蒸気船弐

艘波ヲ分　迅速ニ馳　来リ岸ヲ隔ル事拾丁斗ニシテ止マル此所海之深サ九尋位之由弐艘ゟ　ハツテイラ
艘波を分け迅速にはせ来る岸を隔ると十町計にして　此所深さ九ひろ位　夫より「ハツテイラ」を弐艘
艘波ヲ分ケ迅速ニ馳　来リ岸ヲ隔ルㄟ十丁斗ニシテ止マル　此所深サ九尋位　ソレヨリ　バツテイラ　二艘
95 艘波を分け迅速にはせ来る岸を隔ると十町計にして　此所深さ九ひろ位　夫より 96 97 バツテイラ 98 を弐艘

拾五艘卸シテ人数着岸ス弐艘岸之方へ向て左右ゟ空砲拾余発放ツ是ハ人数着岸之節発砲いたし候義
の蒸気船より十五艘卸し
ヲ蒸気船ヨリ十五艘卸シテ
の蒸気船より拾五艘卸し

定例之由其発砲ノ手際誠ウマキモノ也請取渡シ場所仮リニ小屋出来ル　小屋之脇ヲ
上陸終て太鼓ホラ貝笛を鳴し繰入　小屋の脇を
上陸終テ大鼓螺　貝笛ヲ鳴シ操込ム小屋ノ脇ヲ
上陸終て太鼓ホラ貝笛を鳴し繰込　小屋の脇を

浦賀人数ニ而固メル小屋之左右ヲ彦根川越之人数ニ而固メル異人上陸畢而大鼓ホラ貝笛を吹鳴シ
浦賀人数にて固める小屋の左右を彦根川越の人数にて囲む　異人　何れも「ゲヘ　ル」
浦賀人数ニテ固メル小屋ノ左右ヲ彦根川越ノ人数ニテ固ム　何モ　ケヘール
浦賀人数にて固める小屋の左右を彦根川越の人数にて囲む 99 異人　何れも 100 ゲヘ　ル 101

彦根川越之備之前ヲカケテ人数ヲ子リアルキ組頭様之モノ剣ヲ抜テヒラ〳〵ト振舞シ

劔付鋉砲にて備を固む　彦根川越の備、前を、、、、、、、、、歩行き組頭様の者　劔を、、ひらめか、、、し

ニテ備ヲ固メ　鈬付鉄炮ノ事　彦根川越、備ノ前ヲ　子リ歩行キ組頭様ノモノ鈬ヲ　ヒラメカ　シ

劔付鉄砲にて備を固む　彦根川越の備、前を　、、歩行き組頭様の者　劔を　ひらめか　し抔 102

指揮致候由ケヘール劔付鉄砲ニ而備ヲ固メ浦賀人数　小屋脇ヲ固メ候処異人共耳コスリヲイタシ　指サシ

指図す、、、、、、、、、、、、浦賀人数の、、、、固を見て異人共耳こすり、、、、し或は指さしなと

指図ス　浦賀人数、　固ヲ見テ異人㕝耳コスリヲイタシ或ハ指サシナト

して指図す 103　浦賀人数の　固を見て異人共耳こすり、、、、し或は指さしなと

致シ　尽ク嘲弄　致　候様子ニ相見ヘ候イマ〳〵シキ事限リナシ　調錬之能　整　候事　奇妙驚入候事

して尽く嘲弄の、　、体　に相見、、無念いはん　方、、なし又異人調練の能　整　候と　奇妙驚入候、

シテ尽ク嘲弄、イタシ候様子ニ相見ヘ　無念イハン　方　ナシ又異人調練ノヨク整ヒ候〆　奇妙驚入候

し　て尽く嘲弄の、、、、体　に相見、　無念いはん　方　なし又異人調練の能　整、候こと奇妙驚入候 104

＊修、合11「隔」95は改「隔」だが、修原本では俗字を訂正。修、合11「囲」99は改「囲」だが、修原本「固」を変更。修、合11「す」103は改「す」だが修原本「ス」を変更。修、合11「弄」104は改「弄」だが、修原本では俗字の訂正。

合15一幕之内へ繰リ込ム前日懸合ニハ異人上官共弐拾人程ニ而上陸之筈之　処案ニ相違し大人数上陸ス

前日掛合には　上官共廿　人程にて上陸の筈の　処案に相違し大人数上陸

前日掛合ニハ　上官尸二十人程ニテ上陸ノ筈ニ候処案ニ相違シ大人数上陸

前日掛合には　上官共廿　人程にて上陸の筈の　処案に相違し大人数上陸

合16一小屋之内上段之間へ上官将官副将通リ奉行両人相対して座ヲトル下之間へハ組頭辻茂左衛門応接掛五人連座其

なし

なし

なし

外一切人ヲ不入請取候積リ之所右上官等上段之間へ通ルト直様　六拾人程押込上官ト奉行之脇へ立塞リ上官

其上不意に六十人計押込　官　奉行の脇　塞り

其上不意ニ六十人斗押込上官　奉行ノ脇ニ立塞ル

105|其上不意に六十人計押込上官　106|奉行の脇　107|立塞り

ト奉行之方を見張リ居ル此方何レモ仰天シ彼是制　候ハハ直ニ奉行　虜ニ　サレルモ難斗　其儘ニ致　候由右六十

此方何れも仰天し彼是制し候ハヽ直に奉行を虜にもすへき　様子故其儘に致し置候

此方何レモ仰天シ彼是制シ候ハヽ直ニ奉行　虜ニ　ナル　様子故其侭ニ致シ置候処

此方何れも仰天し彼是制し候ハヽ直に奉行を虜にもすへき　様子故其儘に致し置候

＊改、合11「、、官」の欠字は「上」の脱字。修、合11「脇」は改「脇」だが、修原本では俗字を訂正。

人之者何レモ剣ヲ佩シ六挺仕掛之ビストールヲ持何レモ玉ヲ込メドンドロ仕掛ニ而打ツバカリニ致シ扣居ル此方ニ而

なし
なし
なし

ハ込筒ハ壱挺も無之奉行近クにハ五六人着座スルノミニ而如何ともスル事ナシ畢竟穏便穏便カ主トナル故右様之振舞

なし
なし
なし

ナサレ大ニ胆ヲ奪ハレル事残念言ハン方ナシ異人上陸之節ハ勿論船中ニても玉ヲ込置候由右請取渡之前日右相済候ハ

なし
なし
なし

ヽ出帆可致返簡之義ハ追而長崎表ゟ蘭人ヲ以申通スヘキ旨申候処彼曰左様オツコノ事ニハ不及来年又ゝ渡来返詞承リ
なし
なし
なし

可申候何レ出帆ハ致シ可申と云右　相済　人数　本船へ引取　又浦賀へ向ケ　入ル軍
先　無事にて相済　異船「バ　テイラ」　本船に引取　浦賀に向　て馳す軍
先ツ無事ニテ事済ミ　異船、バッテイラ　ノ方本船へ引トリ　浦賀へ向　テ馳ス軍
先　無事にて相済　異船　バッテイラ　本船に引取　浦賀に向　て馳す軍

108|　109|　110|

船ト申合一同出帆之義と心得居　候処蒸気船弐艘　軍船ヲ引　真シクラニ　内海へ乗込本牧之前へカヽル
船と申合一同出帆の儀と心得居　候処　案外に軍船を引連れ波をけたてゝ内海へ乗込本牧の前へかゝる右に
船ノ申合一同出帆ノ義ト心得居リ候処　案外　軍船ヲ引連レ波ヲ蹴立テ　内海へ乗込本牧ノ前へカヽル右ニ
船と申合一同出帆の儀と心得居　候処　案外に軍船を引連れ波をけたてゝ内海へ乗込本牧の前へかゝる右ニ

＊修、合11「バ」109は改「バ」だが、修原本の誤脱を補足。

如何ナレハ　出船も不致却而内海へ乗込候哉ト掛合候処彼　曰　此後返簡請取ニ参リ候節　ハ数艘引連
付いかなれは約定に違　出帆も不致却て内海へ乗込候やと掛合候処　、答に此後返簡受取に参　候節　は数艘引連
付如何ナレハ約定ヲタカヘ出帆モ不致返テ内海へ乗込候ヤト掛合候処異人云　此後返簡受取ニ参リ候セツハ数艘引連
付いかなれは約定に違　出帆も不致却て内海へ乗込候やと掛合候処　、、答に此後返簡受取に参　、候節　は数艘引連
レ大軍船も弐艘参リ候事也　浦賀ハ舟懸　リ場宜シカラス　此　辺へカケ可申候と存ル也右故此辺測量致　度
、大軍船も弐艘参　候と也　浦賀は舟かゝり、宜しからす因て此　辺、、、、、、、、、、測量致　し置為
大軍船モ二艘参リ候ヿナリ浦賀ハ船掛　リ場宜シカラス依テ此ノ辺　測量イタシ置タ
大軍船も弐艘参　、候と也　浦賀は舟かゝり　宜しからす因て此　、辺　測量致　し置為
乗込候也　同日大子河原へ壱艘乗　込
乗込　、也　尤此後は一艘は掛合　の為　残　置　あと不残此辺にかゝると云り同日大師河原へ一艘乗　込
ク乗込候ナリ尤　、、、一艘ハ掛合等ノ為メ此後ハノコシ置キ跡　不残此辺ニカヽルト云　、同日太子河原へ一艘ノリ込
乗込　、也　尤此後は一艘ハ掛合　、の為　、、、、残　置　、あと不残此辺にかゝると云り同日大子河原へ一艘乗　込
十日ニハ野嶋へ　バツテイラ　弐艘ニ而　寄　上陸水ヲ求メントス役人取押へ水ヲ汲テ与　フ此時も剣ヲ抜キ　ビス
十日には野島　、、「ハツテイラ」弐艘　、、漕寄　上陸水を汲　、んとす役人取押へ水を汲てあたふ此　、も剱を抜き「ヒス
十日ニハ野島へ　、バツテイラ　、二艘ニテ漕ヨセ上陸水ヲ汲マントス役人取押へ水ヲ汲テ与　フ此時モ釼ヲ抜キ　、ヒス
十日には野島へ 111 112 113 バツテイラ 114 弐艘　、漕寄　上陸水を汲　、んとす役人取押へ水を汲てあたふ 115 此時も剱を抜き 116 117 ヒス

トウル　ヲ放チ見物人ヲ驚　カシ候由
トウル」を、、見物、をおひやかす、、
トウル、ヲ放チ見物人ヲ驚　カシ申候、、
トウル　を放ち見物、をおひやかす
118

なし
但し十日には本船乙艫の沖にかゝり居帆柱に登り望遠鏡にて伺金沢辺へ入海あるとを知り夫より「ハッテイ
なし
但、十日には本船乙艫の沖にかゝり居帆柱に登り望遠鏡にて伺金沢辺へ入海あるとを知り夫より、バッテイ
119
120

なし
ラ」弐艘をろし野島の出張曲り角に大船見通の処へ一艘のこし置今一艘は金竜院山下辺乗廻して後に野島に
なし
ラ、弐艘をろし野島の出張曲り角に大船見通の処へ一艘のこし置今一艘は金竜院山下辺乗廻して後に野島に
121

なし
こきよせ其内始終曲角にのこし候一艘と見通しに相成居る異人も余程用心すると見へたり金沢の土人語れり
なし
こきよせ其内始終曲角にのこし候一艘と見通しに相成居る異人も余程用心すると見へたり金沢の土人語れり

なし
野島にて水をもらい菓子なとなけ引取かけ砲発いたし候となり
なし
野島にて水をもらい菓子なとなけ引取かけ砲発いたし候となり

右滞船中出帆可致旨　懸合候処測量未　行届　故　滞留　シ居候由　答　　御勘定奉行ゟ　内海へ滞
合12一右滞船　、出帆可致旨　掛合候処測量未た不行届　故に滞留致　し居候由　答ふ因　　勘定奉行より内海、滞
合12一右滞船中出帆可致ム子掛合候処測量未タ行トヾカズ故、滞留イタシ居候ヨシ答、依テ御勘定奉行ヨリ内海へ滞
合12一右滞船中出帆可致旨　122|　掛合候処測量未た不行届　故に滞留致　し居候由　答ふ因て　123|124|　御勘定奉行より内海　滞
留候　甚不穏トモ角モ引戻シ候様　御達ニ付トノ振浦賀迄返リ呉候様　精々懸合候ニ付　十日朝大津迄引
留にては、不穏兎も角も引戻し候様　に御達に付　、、浦賀迄引戻、候様　、、掛合候処　漸　十日朝大津迄引
留ニテハ甚不穏兎モ角モ引戻シ候ヤウ、御達ニ付トノ振浦賀迄引戻シ候ヤウ精々掛合候処　ヨウ／＼十日朝大津迄引
留にては　不穏兎も角も引戻　、候様　に御達ニ付　、、、浦賀迄引戻　、候様　、、掛合候処　、、、、十日朝大津迄引
返シ猿島近辺金沢迄　尽ク測量ス
取　猿島　、辺金沢辺　、、測量致し候
返シ猿嶌近辺金沢マテ尽ク測量ス　、
取　猿島　、辺金沢辺　、、測量致し候

十二日朝四ツ時頃蒸気船弐艘ニ而軍船ゟ綱弐本ニ而繫キ煙筒ヨリ火焰ヲ吹キ飛カ如クニ出船三崎沖ゟ　ハ火炎

合13―十二日朝四ツ時頃蒸気船弐艘にて軍船を綱二本に、繫き煙筒より火燄を吹き飛か如く、出帆三崎沖よりは、炎

合13―十二日朝四ツ時比蒸気船二艘ニテ軍船ヲ綱二本ニテ繫キ烟筒ヨリ火焔ヲ吹キ飛カ如ク　出帆三崎沖ヨリハ火炎

合13―十二日朝四ツ時頃蒸気船弐艘にて軍船を綱二本に、繫き煙筒より125|火焔を吹き飛か如く　出帆三崎沖よりハ126|火炎

殊ニ甚　シク迅速亦倍セリト云見ル者　驚カザルハナシ

殊に甚た、、　迅疾又倍せり、、　見る者　驚、と云

殊ニ甚、シク迅速亦倍セリ　見ルモノ驚カサルハナシ

殊に甚127|しく迅疾又倍せり　見る者128|驚かさるはなし

＊修、合13「焔」125は改「燄」俗字を訂正。

合17―彼　申ニ急ケハ本国ゟ　八日九日ニ而此地へ着ス此度ハ拾四日目ニ当方へ着ニ相成候由

合14―彼　、、本国より急けは八、九日にて此地へ着す此度は十四日目に、、、着到する、由　海上壱万五千里

合14―彼　云　本国ヨリ急ケハ八日九日ニテ此地へ着、此度ハ拾四日目ニ　着致シ候ヨシ海上一万五千里

合14―彼129|れか130|云　本国より急けは八、九日にて此地へ着す此度は十四日目に　着、131|し　候由132|海上ハ壱万五千里

合18一諸家番船少シ異船へ近寄ハ剣付鉄炮ニて真丸ヲ込メ番船弐三間前海中へ打オトシ候由

なし

なし

なし

合19一通事申　ニ　彼　カ来　年正月　ハ此方之当年十月十一日之頃ニ当ル左スレハ寒中ハ来リ不申来年二三月之

合15一通詞申候には彼れか来る明年正月とは此方の　十月　の頃に当る左なくは冬中は来り不申来年二三月

合15一通辞申候ニハ彼　カ来　年正月　ハ此方ノ　十月十一月ノ比ニ当ル左スレハ冬中ハ来リ不申来年二三月ノ

合15一通詞申候には彼　か来る明年正月とは此方の　十月十一月の頃に当る左なくは冬中ハ来り不申来年二三月

133

頃ニモ可有之歟合原伊三郎曰彼　申候処当テニ成ル事一ツモナシ彼此地ゟ　本国へ廿日内ニ而往来いたし候由　ナ

頃にも可有之歟合原　云彼　か申　事あてに成候と一つもなし彼　地より　廿日内にて往来致　し候由　な

比ニモ可有之歟合原　云カレ　申　処アテニ成候ヿ一　モナシ彼　地ヨリ　廿日内ニテ往来イタシ候ヨシナ

頃にも可有之歟合原　云彼　か申　事あてに成候と一つもなし彼　地より　廿日内にて往来致　し候由　な

レハ来月ニも渡来難計候且又此後ハ数艘ニ而参リ候由　申候処　是又　何レ数拾艘　参リ候モ難計廟堂之御了簡如

れは来月にも渡来難計　且　此後は数艘にて参　候由　申候へ者是亦　何　十艘にて参　候も難計廟堂の御了簡如

レハ来月ニモ渡来難斗　且　此後ハ数艘ニテ参リ候ヨシ申候ヘ𪜈是マタ何　十艘ニテ参　候モ難斗廟堂ノ御了簡如

れは来月にも渡来難計　且　此後は数艘にて参　候由　申候へ者是亦　何　十艘にて参　候も難計廟堂の御了簡如

何ニ候哉ドコ迄も彼　申処ニ御随ヒ被成　候義ナレハ是迄　之御手当ニ而沢山ニ候得共仕宜ニ寄　御国威ヲ　大
何、候やどこ迄も彼か申処に御随ひ成され候儀ならは是迄　の御手当にて宜、、候へ共、、、、　御国威を　大
何ニ候ヤドコ迄モ彼カ申処ニ御随ヒ被成　候義ナレハ是マテノ御手当ニテ宜シク候ヘ𪜈旨義ニヨリ　御国威ヲ　大
何、候やどこ迄も彼が申処に御随ひ成され候儀ならは是迄　の御手当にて宜、、候へ共 134 旨儀ニより 135 候て御国威を 136 御大

切ニ被成　候御了簡ニも候ハヽ是迄之姿ニ而ハトテモ参ラサル義ニ候此上御台場之一弐ケ所御増　ニ相成候位ニてハ
切に被思召候御了簡に、候ハヽ是迄の姿にては迚も参、ざる儀也、此上御台場の一二ケ所御増益、、、、位にては
切ニ被思召候御了簡ニモ候ヘハ是迄ノ姿ニテハ迚モ参ラザル義ニテ此上御台場ノ一二ケ所御増、位ニテハ
切に被思召候御了簡に、候ハヽ是迄之姿にては迚　も参、ざる儀也、此上御台場の一二ケ所御増益　位にては

失費ノミニテ何ニモ成リ不申江戸内海ハ勿論ナニトカ厳重之御備　被仰付度　義也大軍艦製造も中ゝ間ニ合不申
失費のみにて何にも成、不申江戸内海は勿論何　とか厳重の御備方被仰付度　儀也大軍船製造も中々間に合申間敷
大費ノミニテ何ニモ成リ不申江戸内海ハ勿論ナントカ厳重ノ御備、被仰付タキ義也大軍艦製造モ中ゝ間ニ合申間シク
失費のみにて何にも成、不申江戸内海は勿論何　とか厳重の御備方 137 被仰付度　儀也大軍船製造も中々間に合申間敷

又出来候迚一艘ヤ弐艘ニてハ　頼にも相成　不申　又曰蒸気船何程　手厚ニても三貫目　之筒矢頃ニ引
又、、、、一、、、二艘、、、出来に相成候共頼にも、成　申さす又、蒸気船何程　手厚にても三貫目位の筒矢比に引
又　一　二艘　出来ニ相成候𪜈頼ニモ相成リ不申　又　蒸気船何ホト手厚ニテモ三〆目位ノ筒矢比ニ引
又　一　二艘　出来に相成候共頼にも、成、申さす又　蒸気船何程　手厚にても 138 三貫目位の筒矢 139 比に引

受相放チ候ハハ必　打貫ケ可申　候
受相放ち候へ者必　打貫、可申と存候
受相放チ候へハ必ス打貫ケ可申ト存候
受相放ち候へは必140|、打貫、可申と存候

又異船　チヤン　ヌリ　此節之炎天ニ而ハトロケ居　候右ハ火モ付易　キモノナレバ焼キ討ハ　宜敷
合18一、異船不残チヤンニテ塗り有之候此節の炎天にてはとろけ居り候右者火の付やすき物　なれは焼、打、宜、
合18一　異船不残チヤンニテヌリ有之候此節ノ炎、ニテハトロケ居、候右ハ火ノ付易　キモノナレハ焼キ討カ　宜ク
合18一　異船不残チヤンニ164|て塗り有之候此節の炎165|暑にてはとろけ居　166|候右は火の付やすき物　なれハ焼、167|打之方宜、

様　被思候　焼打之手順工風いたし度　候
様　存　候何卒焼打の手段工夫致　し度存候
候ヤウ　存　候何卒焼打ノ手段工夫イタシ度、候
168|候様169|ニ存　候何卒焼打の手段工夫致　し度存候

右合原惣蔵ヨリ聞書終
、、、、、、、、、

*再、合15「大」は「失」の誤字。修、合15「被仰」137は改「被仰」だが、修原本「被□仰」空格削除。修、合15「貫」138は改「貫」だが、修原本「箇」とあり墨書訂正。修、合15「比」139は改「比」だが、修原本「頃」を訂正。

*修原本、合原聞書第一八項末尾の次行四字下げ「右合原惣蔵より聞書終」と再同様に朱書があり見せ消ちにする。

先日町打之節　三百目ニテモミノ木壱　弐寸　角　ヲ並へ五丁　ニ而打　候ニ　手もなく　貫キ申候　砲

先日丁打の節　三百目にて椴　の木壱尺弐寸の角木を立て五丁手前より打試み候　、いとやすく　打貫、申候誠に火

先日丁打ノセツ三百目ニテモミノ木一尺二寸ノ角木ヲ立テ五丁手前ヨリ打試、候シガイトヤスク　打貫　申候誠ニ火

先日丁打の節　三百目にて椴　の木壱尺弐寸の角木を立て五丁手前より打試　141|候処　いとやすく　打貫　申候誠に火

勢ハ意外ニ強きもの也と云

勢は意外に強き物　、と、感心致　し候是　を以て見れは随分三貫目以上の銃なれは異船は打砕き可申と存候

勢ハ意外ニ強キモノ　ト　感心イタシ候コレヲ以テミレハ随分三〆目以上ノ筒ナレハ異船ハ打砕　、可申ト存候

勢ハ意外に強き物　と　感心致　し候是　を以て見れは随分三貫目以上の142|筒なれハ異船は打砕き可申と存候

合20一異船とブチノ厚サ大略壱尺六七寸ニ　見ユル　　バツテイラ四五間ゟ拾間位迄栗浜へ上リ候節ハ大振之バツテ

船ふちの厚さ大都壱尺六、寸に相見、、申候、、、、、、、、、、、、、、、、、、、、、、、

船ブチノ厚サ大図一尺六七寸ニ相見　申候

船ふちの厚さ大都壱尺六、寸に相見　申候

イラへハ七八拾人乗リ候

、、、、、、、、、、

合21一会津家ニ而　申スニハトコ迄も穏便之御趣意ニ付異人　種
合16一会津侯より浦賀奉行へ使者を以　此度の、、、、、、、、、、、、、異人前　渡来の砌とは事替　り尽
合16一会津侯ヨリ浦賀奉行へ使者ヲ以テ此度ノ　異人前ゝ渡来ノ砌トハ一カハリコ
合16一会津143侯より浦賀奉行へ使者を以、此度の　異人144前々渡来の砌とは事145変　146りこ
ゝ　軽侮乱妨ヲ働キ候由　此方　持　場へ乗込右様之義有
く諸方にて、、乱妨、、、、、日本を蔑　に　し候段心外無此上　候拙者御預り場へ参り右様之儀有
ト〳〵ク諸方ニテ　乱妨　日本ヲナイカシロニイタシ候段心外無此上存候拙者御預リ場へ参リ右様ノ義有
と〳〵く諸方にて　乱妨　日本を蔑147にいたし候段心外無此上148存候拙者御預り場へ参り右様之儀有

＊修、合16「侯」143は改「侯」だが、修原本「矦」本字を変更。

之候ハヽ　士分之者　ハ必ス堪忍いたし兼　可申　候左スレハ　穏便之御趣
之候ハヽ　召連候家来、、共見留候て、迚も堪忍致　、間敷　、、候、、、万一事起　候ては□公辺の御趣
之、、ハ拙者召連候家来ノ者共見受候テハ迚モ堪忍イタス間シク　ト存候　万一事起リ候テハ　公辺ノ御趣
之候ハヽ149拙者召連候家来　、、共見留候て、迚も堪忍致　、間敷　150と存候　万一151事起152り候て153154は　公辺の御趣

意ニ　背キ恐入候間　　　　百性ヲ指出シ取押　候様　可致ト云
意にも背き恐入候、左様の節　は当所の百姓共差出し相抑　候様　可致候間兼て此段御承知　被下候様　にとの御事
意ヲ、背キ恐入候　左様ノセツハ当処ノ百姓𪜈差出シ相押へ候ヤウ可致候間兼テ此段御承知置被下候ヤウ　、トノ御ヿ
意にも背き恐入候　左様の節　は当所の百姓共差出し相押　、候様　可致候間兼て此段御承知155置被下候様　にとの御事
なし
誠に尤の儀と一統風評罷在候
誠ニ尤ノ義ト一統風評罷在候
誠に尤の儀と一統風評罷在候
合22一昨十二日江戸　之御沙汰ニ　江戸近海迄乗込セ測量いたさセ候義　宜シカラストノ　事ニ候今更右様之義
合17一昨十二日江戸より、御沙汰に　江戸近海迄乗込せ測量為致　候儀　不宜　との　と、、今更左様の、
合17一昨十二日江戸ヨリノ御沙汰ニ　江戸近海迄乗込セ測量イタサセ候義　不宜　トノ御事　今更右様ノ義
合17一昨十二日江戸より、御沙汰156にてハ江戸近海迄乗込せ測量為致　候儀157は不宜　との158御事　今更左様の159儀
御沙汰ニ而ハ当惑何　も間ニ合不申候
御沙汰にては当惑、　、間に合不申候
御沙汰ニテハ当惑何　モ間ニ合不申候ヤウ　存候
御沙汰にては当惑160何161にも間に合不申候162様163に存候

合23一細川家本牧ヲ御備之時陣隊好ク整ひ万事行届候様相見ルトノ評判

なし

なし

なし

＊修、合16「事起」151は改「事起」だが、修原本「事を起」補足を削除。修、合16「は」153は改「は」だが、修原本「者」漢字を変更。

飯塚久米　ヨリ聞書　異船一条大概合原ヨリ承リ候所と符合ニ付　相違之義ノミ相記ス

飯塚粂三郎　聞書　合原より聞　処と符合の　条は除　き相違之処のみ　記す

飯塚久米三　ヨリ聞書　合原ヨリ聞ケル処ト符合ノ　処ハノゾク相違ノ処ノミ　記ス

170 171 飯塚久米三郎より聞書　172 合原より聞ける所と符合の　173 ケ所は除　き相違之処のみ　記す

飯1一蒸気船軍船　何レモ鉄張　ニ　ハ無之ナニカ鉄色　ニ　塗リ其上ヘチヤンヲ加ヘル者　也車輪ハ鉄ニ而造

飯1一蒸気船軍船共何れ共銕張　にては無之何か鉄色の物　にて塗其上へチヤンを加へ候物　也車輪は銕にて造

飯1一蒸気船軍船　何レモ鉄ハリニ　ハ無之何ニカ鉄色ノモノニテ塗リ其上ヘチヤンヲ加ヘ候モノ也車輪ハ鉄ニテ造

174 飯1一蒸気船軍船共何れも鉄張　にては無之　か鉄色の物　にて塗　其上ヘチヤンを加へ候物　也車輪は鉄にて造

り候者　也大キサ色ゝ　申セトモ恐ラクハ五六間ナルヘシ
り候物　也大、さ色々に申せ共　恐、くは五六間可成
リ候モノ也大キサ色々ニ申セ𪜈　恐ラクハ五六間ナルベシ
り候物　也大、さ色々に申せ共　恐、くハ五六間なるへし175

飯2一　バツテイラ　　　　　　　　　大概此方ノ押送リ船ヨリ少シ大振　也　　水主
飯2一「ハツテイラ」は　五六間より　十間位迄　、、、、、、、、、、、　大ぶりの方へ七八十人乗込　、主
飯2一　、バツテイラ　、、長サ四五間ヨリ横一間位マテ　大振　ノ方へ七八十人乗組候水主
176飯2一　バツテイラ177　178は長サ五六間より　十間位迄　大ぶりの方へ七八十人乗込　182水主

弐拾人位ニ見ユルトモニ弐尺位ニ高ク五寸廻　リ位之儀尺アリ測量之時　ハ是ヲ両人ニ而見居ル測量スル者　ハ先ニ
廿　人位、、、　ともに弐尺位に高さ五寸まはり、、　儀尺あり測量の時　は是を両人にて見居候測量する者　は先に
二十人位　トモニ二尺位ニ高ク五寸廻　リ　ノ儀尺アリ測量ノトキハ是ヲ両人ニテ見居ル測量スルモノハ先ニ
廿　人位　ともに弐尺位に高さ五寸廻183　り　之儀尺あり測量の時　は是を両人にて見居候測量する者　は先に

＊修、飯2「五六」に179（四五）とルビ。修、飯2「十」に180 181（横十一）とルビ。再、飯2「ケタ鉄」は「文鎮」の誤字。

立テ文　鎮ノ如クナル金　へ細キ糸ヲ付　糸　へ目ヲモリ置投込ゝゝ測リ行ク脇ニ筆者アリテ深浅ヲ書記ス
立、文　鎮の如くなる金　へ細き糸を付　、、目をもり置投込々々測り行き脇に筆者有　て浅深を書、す
立　ケタ鉄ノ如クナルカ子へ細キ糸ヲツケソレへ目ヲモリ置投込ゝゝ測リユク脇ニ筆者アリテ浅深ヲ書記ス
立　文　鎮の如くなる金　へ細き糸を付　、、、目をもり置投込々々測り行き脇に筆者有　て浅深を書付る様子 184

飯3一川越持　亀ケ崎へ上陸　無相違　漸ゝ制シ止メ返シ　候由
飯3一川越持場亀ケ崎へ上陸は相違なく候漸　々　制、留、、、候由
飯3一川越持　、亀ケ崎へ上陸、無相違　、ヨウ〳〵制之止メ返シ申候、
飯3一川越持場 185 亀ケ崎へ上陸は相違なく候 186 やう〳〵 187 制し止、188 帰り申候

飯4一本牧へ四艘共滞船中掛合ニ参リ候所異人申ニハ此度返簡請取ニ参リ候時ハ爰へ不残乗込只壱艘浦賀へ留置掛合
飯4一本牧、、、、滞船中掛合に参、候処異人云、、、、、、、、、、、、、、、、、、、、、
飯4一本牧　滞船中掛合ニ参リ候処異人云
飯4一本牧　滞船中掛合に参　、候処異人云

ヲ付可申候彼又曰四海之内水之上之義ハ一体　ニ而誰　領分ト申ス分ケモナシ我国抔　ハ他ゟ　参リ海ヲ測量致
、、、、、、、、四海、内水、、の儀は一体　にて誰彼の領分と申、義、なし我国なとは他より参、海を測量致
四海ノ内水　上之義ハ一躰　ニテ誰彼ノ領分ト申　義　ナシ我国ナトハ他ヨリ参リ海ヲ測量イ
四海之内水 189 190 上の儀は一体 191 之事にて誰彼の領分と申　儀　なし我国なとは他より 192 参り海を測量致

ストモ陸之間ヲ打トモ案内コソ致　サス御　構ヘハ不致ト云
すとも陸の間を致とも案内、、いたせねとも構、、不申と云り
タス𪜈　陸ノ間ヲ打トモ案内コソ致　サ子少モ構ヒ　不申ト云、
すとも陸の間を193|打とも案内194|こそ195|致　さねとも構196|ひ　不申と云り

＊修、飯3「持」185は改「持」だが、修原本欠字で「将ヵ」補足を訂正。

飯5一九里浜上陸之節　日本之固メ全ク虚飾ニて実用之儀ナシ　彼等ヘノ警固ニハナ　リ申サス却　嘲　ヲ招クノミ
飯5一栗　浜上陸の節　此方の固、全く虚固にて実用の儀なし　彼等への警固には成　、不申　却て嘲りを招き申候
飯5一栗　浜上陸ノセツ此方ノ固メ全ク虚飾ニテ実用ノ義ナシ　彼等ヘノ警固ニハアタリ申サス却テ嘲リヲ招キ申候
飯5一栗　浜上陸の節　此方の固メ全く虚197|飾にて実用の儀198|無　之彼等への警固には199|当　り不申　却て嘲りを招き申候

畢竟穏便ヲ専要ニいたし候所ら　何事モ手薄ク成行　　　候也
畢竟穏、を専要に致　し候処より何とも手薄に成行形容のみに相成候、
畢竟穏便ヲ専要ニイタシ候処ヨリ何ヿモ手薄ニ成行、、、、、、候也
畢竟穏、を専要に致　し候処より何200|事も手薄に成行形容のみに201|相成候、

飯6一ケヘール組弐拾人　壱人位　ニ而　剱ヲ抜　下知ス隊伍行列イカ　ニモ能　整ヒ実ニ手足ヲ仕　フ如

飯6一ケヘ、ル組廿　人へ壱人宛　、、指軍あり剱を抜　下知す隊伍行列いたすにも能　整ひ実に手足を遣ふか如

飯6一ケヘール組二十人へ一人ツヽノ　指揮アリ釼ヲ抜キ下知ス隊伍行列イカ　ニモ能ク整ヒ実々手足ヲツカフガ如

飯6一ケヘール組廿　人へ壱人ツヽの 202 指揮あり剱を抜 203、下知す隊伍行列いか 204 にも能、整ひ実に手足を遣ふか如

ク見ル人感心セサルハナシ

し見る人感、せぬ　はなし

シ見ル人感　セサルハナシ

し見る人感　せさるはなし 205

初

重役冠リモノ

ケヘール組

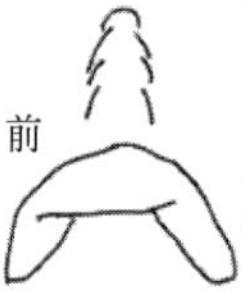

上官等ノ冠リモ恰好是ニ類ス

改

差引役の冠り物

ケヘル士官等の冠り物、

再

モヽ色

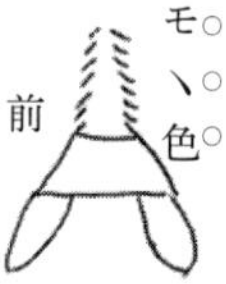

差引役、冠リモノ

ケヘール冠リモノ

修

206 モヽ色

差引役冠リ物 207

208 ケヘール冠リ物

209 上官等の冠りもの恰好是に類す

＊改、飯5「虚固」は「飾」の誤字。＊修、飯5「相」は改「相」201だが修原本「候」を墨書「相」と訂正。改、飯6「軍」は「揮」の誤字。再、飯6「々」は「二」の誤字。

飯7一衣服ハカナキン木綿之様ナル者　ヲ服シ手ニメリヤスノ如ク皮ニテ作リ候　モノヲハメル
飯7一衣服は金　巾　木綿の様なる物　にて　手にめりやすの如く皮にて造、候　物　をはめる
飯7一衣服ハカナキン木綿、様ナルモノ、、　手ニメリヤスノ如ク皮ニテ作リ候　モノ、ハメル
飯7一衣服は金　巾　木綿の様なる物　にて　手にめりやすの如く皮にて造りたる物　をはめる　210 211

なし
なし
なし

飯8一指図役等少シ頭立候者ハ肩ノ所ヘイホレツト云金物ヲ附ケ片片ヘ附ル者有両方ヘ付ケル者モアリ数多ク附ル者宜シキモノヽヨシ

なし
なし
なし

飯9一弥と請取相済　異人等一同悦喜　ニ見ユル其　様子ハナニカ　人ヲワナヘテモカケルトテ悦候様子ニ見　ル
飯8一　、、請取相済　異人等一同悦喜の体に見へ　其　様　、、何　か　人をわなゑでも掛け候迚　悦候様子に見ゆる
飯8一　請取相スミ異人等一同悦喜ノ躰ニ見ユルソノ様子ハ何　カナ人ヲワナヘテモカケ候トテ悦候様子ニ見ユル
飯8一　請取相済　212|夷人等一同悦喜の体に見213|ゆる其　様214|子は何　か215|な人をわ216|なへでも掛け候迚　悦候様子に見ゆる

上官将官副将二人　〆　四人ト云
上官将官副将弐人にて都合四人、、
上官将官副将二人ニテ〆　四人
上官将官副将弐人にて都合四人

飯10一請取候節　ナニカ色とシヤヘリ候ニ付通弁之者断リ申談　候義ハ船中へ参リテ承無言ニ致　度由申断ル余程
飯9一請取の節　何　か色々しやべり候に付通詞を以、、申談　候儀　船中へ参　、可承無言に致し度由申断候余程
飯9一請取ノセツ何ニカ色とシヤベリ候ニ付通詞ヲ以テ申談シ候義ハ船中へ参リ可承無言ニ致、度由申断ル余ホド
飯9一請取の節　何、か色々しやべり候に付通詞を以、　申談、候儀217|ハ船中へ参、可承無言に致し度由申断候余程

手間も取レ　候由
の手間、取、申候、
、手間モトレ、候
の手間、取　申候

飯11一返簡請取ニハ八月頃又来ルヘシ此方往来ハ十五日　カヽレハ出来　ル若シ八月間ニ合　不申候得ハ来年来ルヘ
飯10一返翰請取　、は八月頃、来るへし此方往来は十五日も掛　れは相成申候若、八月間に合　不申候ハヽ来年来るべ
飯10一返翰請取ニハ八月比　来ルヘシ此方往来ハ十五日モカヽレハ相成、候若シ八月間ニ合ヒ不申候ハヽ来年来ルヘ
飯10一返翰請取ニは八月頃　来るべし此方往来は十五日も掛　れは相成申候若、八月間に合、不申候ハヽ来年来るへ
218|
シ　彼方ノ来年ハ此方ノ十月十一月比ニ当　ル同人ノ考ヘニハ多分直ニ引返シ来ルヘシ　ト云
しと云彼方、来年は此方の十月十一月頃に当　る拙者、考、には多分、、引返し来るも　知れ不申、、
シト云彼方ノ来年ハ此方ノ十月十一月比、アタル拙者　考　ニハ多分直ニ引返シ来ルモ　知レ不申ト存候
しと云彼方の来年は此方の十月十一月頃に当　る拙者　考　には多分、、引返し来るも　知れす、と存候
219|　220|　221|
飯12一請取相済　候ニ付明朝出帆之筈　ニ候処直ニ杉田沖へ乗込　滞船ス蒸気船壱艘ハ直ニ太子川原沖へ乗込測量シ
飯11一請取相済　候へは翌朝出帆の掛合に候処直に杉田沖へ乗込候、、、、、、、、、、、、、、、、、
飯11一請取相スミ候へハ翌朝出帆ノ掛合ニ候処直ニ杉田沖へ乗込　、
飯11一請取相済　候へは翌朝出帆の掛合に候処直に杉田沖え乗込候
222|
テ直ニ杉田沖へ引返ス
、、、、、、、、

飯13一異船一日ニハ八百里余ヲ走ル当時　大　ニ開　ケテ合薬ハ箱ニ入　て水中へヒタシ置ト申事
飯12一、、、、、、、、、、、当時は　大　に開　け、合薬は箱に入、水中へひたし置と云とに候
飯12一　当時ハ　大イニヒラケ　合薬ハ箱ニ入レ　船中へヒタシ置ト云事、、
飯12一　当時は亜墨利加 223　大　に開　け　合薬は箱に入、水中へひたし置と云とに候
飯14一琉球へ一ト組残　し置　候由　申ス蒸気船二艘軍船二艘是　ヲ一組ト云
飯13一琉球へ一　組残　し置　、、と云　蒸気船弐艘軍船　、、是　を一組と云
飯13一琉球へ一ト組ノコシ置ク　ト云　蒸気船二艘軍船二艘コレヲ一組ト云
飯13一琉球へ一　、組残　し置　、と云　蒸気船弐艘軍船弐艘是 224　を一組と云
飯15一通辞異船へ乗込候時応接掛香山栄左衛門ヲ指て此人ハ鉄炮ヲ好ミ候人也　ト申候得は異人　曰　鉄炮カスキナ
飯14一通詞、、、、、、、、、香山栄左衛門を指て此人は鉄砲を好　候人、と申候へは異人　、鉄砲か好きな
飯14一通詞　香山栄左エ門ヲ指テ此人ハ鉄炮ヲ好ミ候人ナリト申候へハ異人　鉄炮カスキナ
飯14一通詞　香山栄左衛門を指て此人は鉄炮を好 225 226、候人也 227　と申候へは異人の云 228 229　鉄炮か好きな 230
レハアメリカへ来ルヘシ　上手ニナルソ　通辞曰　アメリカ鉄炮ハ上手　ナレ　トモ日本ニハ槍劔ノ
らは亜墨利加へ来るへし定て上手に成　へし通詞、、成　程　、、は委　くも有　へけれ　とも日本の　槍劔、、
レハ亜米利加へ来ルベシ定テ上手ニナルベシ通辞答テナルホド鉄炮ハ委シクモアルヘク　候へﾄﾓ、、、鎗釼ノ
らは亜墨利加へ来るべし定て上手に成　へし通詞答て成 231　程 232　鉄炮は委、くも有　へけれ　とも日本 233　槍劔の 234

妙術　利兵　アリ　　　ト云　　日本ノ槍剱　更ニ恐レ　ス　忽　鉄砲ニ而打スクメル
、、は又外国に及ふ処に非　すと云異人笑て日本、槍剱　術、、恐るゝに不足　悉く、、、、打すくめ、用立迄
術ハ又外国ノ及ブ処ニアラズト云異人笑テ日本　鎗釼ノ術更ニ恐ルヽニ足ラス悉ク　打スクメ　用立マテ
術は又外国の 235 及ふ 236 所に非　すと云異人笑て日本　槍剱 237 の 238 術更に恐るゝに不足　悉く　打すくめ　用立迄
ト云
には致　さぬと申候
ニハイタサズト云、
には致　さ 239 すと申候

飯16一異船入津之節　浦賀市中騒き立荷物等ヲ送リ出し　混雑　言　ハカリナシ奉行申諭　決　而右様騒働ニ
飯15一異船入津の節　、、市中騒き立荷物等、持　運ひ其混雑中ゝ　言ふ計　なし奉行申諭し決して右様騒動に
飯15一異船入津ノセツ　市中騒キ立荷物等　持チ運ヒ其混雑中々ニ而　、、ハカリナシ奉行申諭シ決　テ右様騒動ニ
飯15一異船入津の節　市中騒き立荷物等　持　、運ひ其混雑中々　、、言ふ計　なし奉行申諭し決 240 して右様騒動に
不及　万一ノ事アレハ此方ゟ　指図いたし立退せ候間要心（安カ）　罷在候様精ゝ相達候得共落付不申逃ケ支度のみ
及　申間敷　万一のと　、、、此方より指揮致　し為立退候間静　り、、候様精々相達候へ共落付不申逃　、支度而已
及ヒ申間シク万一ノ〡アレハ此方ヨリ指図イタシ立退セ候間シツマリ　候様精々相達候へ共落付不申逃ケ支度ノミ
及、申間敷　万一の 241 事あれは此方より 242 差図致　し為立退候間静　り　候様精々相達候へ共落付不申逃、支度のみ

＊修、飯14「を」226は改「を」だが、修原本では欠字を補足。＊修、飯15「て」240は改「て」だが、修原本の変体仮名を平仮名に変更。

致　し候其内ニは色ゝ雑説流言ありて益人気を動　し致　かたなしと　嘆息す
致　し居其内には色々雑説流言ありて益人気を動　し致し方　なし　甚嘆息也
イタシ居其内ニハ色ゝ雑説流言アリテ　、人気ヲ動カシ致　方　ナシ　甚嘆息ス
致　し居其内には色々雑説流言ありて益人気を動　、し致し方　なし　甚嘆息也

飯17一御備之儀是迄　の姿ニ而ハ迚も致　かたなし此度異船之儀も□将軍家　御耳へハ六日ニ申上候よしケ程之大事
飯16一御備之儀是迄　之姿にては迚も致し方　なし此度異船の儀も□将軍様の御耳へは六日に申上候由　箇程の　、と
飯16一御備ノ義是マテノ姿ニテハ迚モ致シ方　ナシ此度異船ノ義モ□将軍　、、　御耳へハ六日ニ申上候ヨシケ程ノ大事
飯16一御備之儀是迄　之姿にては迚も致し方　なし此度異船の儀も□将軍様の御耳へは六日に申上候由　箇程の　、と

右様遅く　御耳ニ入候ハ如何之儀故　歟是又嘆息
を右様遅く□御耳に入候は如何之儀に候歟是又嘆息の至に候
、　右様遅ク□御耳ニ入候ハ如何ノ義　、、　歟是又嘆息　、、、、
を右様遅く□御耳に入候は如何之儀ニ候歟是又嘆息の至に候 243|

飯18一軍船弐艘長サ廿七八間大砲左右ニて大砲廿弐挺蒸気船長さ三拾間位左右ニ拾一挺車輪ハ糸車の如ク中ハカラカコ

飯17一　なし　　蒸気船　　車輪は糸車の如く中はから　こ

飯17一　なし　　蒸気船　　車輪ハ糸車ノ如ク中ハカラ　マ

飯17一　なし　　蒸気船　　車輪は糸車の如く中はカラ 244　ン 245

＊修、飯16「至」243は改「至」だが、修原本「余」誤字訂正。再、飯17「マ」は「コ」の誤字。

ニ致　鉄ニ而造リ候者なり

に致し鋳にて造　候物と云

ニ致シ鉄ニテ造リ候

に致し鋳にて造　候物と云

飯19一異船を打破る　には艫　ノ方一番手薄く破り易し以前ハトモノ方へハ合薬なとを入置候也

飯18一異船を打敗し候にはともの方　手薄く破れ易し以前はともの方へは合薬なと　入置候

飯18一異船ヲ打敗ル　ニハトモノ方　手薄ク破リ易シ以前ハトモノ方へハ合薬ナトヲ入置候ナリ

飯18一異船を打敗り 246 候にはトモの方 247 手薄く破り 248 易し以前 249 はトモの方へは合薬なと　入置候なり 250

飯20一士気之振ひしハ会津家随一のよし伊井家人数鉄砲等ハ多けれとも惰弱のよし

なし

なし

なし

飯21一書翰箱の外ニ何やらん壱尺五寸計　之板箱弐ツ（此条着説信し難し）鉄　輪をハメ　鉄輪○候　もの弐ツ被抜
飯19一書簡、の外、何か、、、壱尺五寸計りの板箱二つ、、、、、、、鉄の輪をはめ、、、、如此物、、、
飯19一書翰箱ノ外　何カ　一尺五寸斗リノ板箱二ツ　鉄ノ輪ヲハメ　如図モノ
251 飯19一書翰箱の外　何か　壱尺五寸計りの板箱二つ　鉄の輪をはめて 252 253 254 如図物

候よし何品なるか更に相別り不申候牛の塩漬　トノ説もあれ　とも中こ右様之物　とは思はれす書翰箱　一同江
、、、何品なるか更に相分り不申、牛の塩漬　との説も有　之　とも中々左様之物　共　思はれす書簡、、一同江
何品ナルカ更ニ相分リ不申　牛ノ塩ツケトノ説モアリ、候へ𪜈　中ニ左様ノモノトモ思ハレス書翰　一同江
255 何品なるか更に相分り不申　牛の塩漬　との説も有　之候へとも中々左様之物　共　思はれす書翰とも 256 257 一同江

戸へ持参　候由
戸へ送り申候、
戸へ送リ、候
戸へ送り申候

飯22一応接役五人あれ　とも此度ハ香山栄左衛門のみ始終応接致　し候事
飯20一応接方五人有　之候へ共　此度は香山栄左衛門而已始終応接致　し候、
飯20一応接方五人有　之候へ𪜈　此度ハ香山栄左エ門ノミ始終応接イタシ候
飯20一応接方五人有　之候へ共　此度は香山栄左衛門而已始終応接致　し候

＊再、飯19「中二」の「二」は「と」（々）の誤字。

飯23一書翰請取後贈リ物等互ニ取カハシ候故カ奉行ニ懇意ニナツタト申テ喜ひ候由なり

なし

なし

なし

樋田多二郎ヨリ聞キ書合原飯塚等ノ申所　符号セル所ハ省ク

樋口多三郎より聞、書合原飯塚等の申処と符合する処は省く

樋田多々郎ヨリ聞　書合原飯塚等ノ申処ト符合セル処ハ省ク

258｜259｜樋田多太郎より聞　書合原飯塚等の申処と符合する処ハ省く

樋1一此度入津　異船ノ義ハ一昨年比ト覚エ候蘭人ヲ以テ申込有之候義ニテ石炭置場土地拝用幷交易ヲ通スル事ヲ願

樋1一此度入津の異国、、、一昨年、と覚、候蘭人を以、申込有之候儀にて石炭置場土地拝借幷交易を通するとを願

樋1一此度入津ノ異船　一昨年　ト覚　候蘭人ヲ以テ申込有之候儀ニテ石炭置場土地拝用幷交易ヲ通スルヿヲ願

樋1一此度入津の異船260｜　一昨年　と覚　候蘭人を以、申込有之候儀にて261｜石炭置場土地262｜263｜借用幷交易を通するとを願

フト云　コト兼テ御承知之義ニ　候所尽　秘密ニ而已遣成置一向御手当之義被仰出モ無之ニ付筒井紀伊守殿ヨ
と云　と　兼て御承知の儀にて候処尽　く秘密に而已被成置一向御手当の儀被仰出も無之　筒井肥前守殿よ
フト云　〻　兼テ御承知之義ニ　候処コト〳〵ク秘密ニノミ被成置一向御手当ノ義被仰出モ無之ニ付筒井紀伊守殿ヨ
264 265 ふといふ事　兼て御承知の儀にて候処 266 こと〳〵く秘密に而已被成置一向御手当の儀被仰出も無之 267 268 候付筒井肥前守殿よ

リ厳重　御手当無之テハ不相成旨頻　リニ御申立ニ相　候所更ニ御取用無之稍　〻　昨暮ニ　四家エ御達ニ相成リ
り厳重の御手当無之ては不相成旨頻　に御申立に相成候処更に御取上無之漸　々　昨暮に至り　御達に相成
リ厳重ニ御手当無之テハ不相成旨シキリニ御申立ニ相成候処更ニ御取受無之ヨウ〳〵昨暮ニ至リ四家へ御達ニ相ナリ
り厳重の御手当無之ては不相成旨頻 269 に御申上に相成候処更に御取上無之 270 よふ〳〵昨暮に至り 271 四家へ御達に相成

＊修、樋1「候」261は改「候」だが、修原本「併」誤字訂正。

浦賀奉行エモ同節御達御座候　所　奉行秘シ置　与力エハ一切通達モ無御座候昨年モ蘭人ヨリアメリカ来四月中
浦賀奉行へも同時御達有之候　処又候奉行秘して　与力へは一切通達　無之
浦賀奉行へモ同節御達有之候然ル処又候奉行秘シヲキ与力へハ一切通達　無之　候
浦賀奉行へも同時御達有之候　処又候奉行秘し置 272 与力へは一切通達　無之

＊再、樋1「日」は「月」の誤字。

渡来ノ義通達御座候由扨当二三月ニ至リ追ゝ時節ニモ相成候ニ付紀伊守殿ヨリ御手当テ向御申出シノ所一切御取用無
、、、、、、、、、扨当二三月に至り追々時節にも相成候に付筒井、殿より御手当、向御申出、之処一切御取用無
扨当二三日ニ至リ追々時節ニモ相成候ニ付紀伊守殿ヨリ御手当　向御申出シノ処一切御取用無
扨当二三月に至り追々時節にも相成候ニ付273紀伊守殿より御手当　向御申出、之処一切御取用無

之由恐ナカラ当路ノ御役人ハ異船何程来　トモ日本ノ銕炮ヲ　出シ示サハ直ニ迯ケ返ルヘシ位ノ　腹合ナリ　慨嘆ニ
之由乍恐　当時の御役人は異船何程来るとも日本、鉄砲を　出し示さは直に迯、返るへき位の　腹合なるか慨嘆に
之由恐ナカラ当時ノ御役人ハ異船何程来ルトモ日木ノ鉄炮ヲ　出シ放サハ直ニ迯ケ返ルヘシ位ノ　腹合也、　慨嘆ニ
之由乍恐　当時の御役人は異船何程来るとも日274本之275 276鉄炮にて打　277放さは278直に迯、279帰るへ280し位の281御腹合なるか282慨嘆に

堪エス
堪、す候
堪へス、
堪　、す候

樋2一蘭人兼テ申通シ候通リ上官ノ名船数総　テ符合　只四月ト申候所六月ニ相成候義ノミ相違アルノミナリ
樋2一蘭人兼而申通、候通り上官の名船数すへて符合す只四月と申、処六月に相成候儀而已相違、、、、せり
樋2一蘭人兼テ申通シ候通リ上官ノ名船数総　テ符合、只四月ト申　処六月ニ相成候義ノミ相違　ナリ
樋2一蘭人283兼て申通、候通り上官の名船数すへて符合す只四月と申　処六月に相成候284儀而已相違　せり

樋3一六月三日九里浜ニテ町打有之与力同心一同詰メ居八ツ時大抵打限リ候ニ付休足イタシ居候トコロ俄ニ異船相見
樋3一六月三日栗浜にて丁打有之与力同心一同詰合居八ツ時大抵打切、候に付休息致し居候処俄に異船相見
樋3一六月三日九里浜ニテ丁打有之与力同心一同誥メ居八ツ時大低打限リ候ニ付休足イタシ居候処俄ニ異船相見
樋3一六月三日栗浜にて 285 町打有之与力同心一同詰合居八ツ時大抵打切、候に付休息致し居候処俄に異船相見
ルヨシニテ騒キ立チ候ニ付何レヨリノ註進ソト相尋候所海鹿嶋ニテアワヒヲ取リニ出居リ候海士遠洋ニ見付候ニ
ゆる由にて騒、動、、、、何れよりの注進、と相尋候処海鹿島より蚫を取、に出、、候海士遠洋に見付候に
ユルヨシニテ騒　立　イツレヨリノ注進　ト相尋候処海鹿島ニテアワビヲ取ニ出居リ候海士遠洋ニ見付候ニ
ゆる由　にて騒き立 286 候に付何　れよりの注進 287 そと相尋候処海鹿島より蚫　を取　に出 288 居、候海士遠洋に見付候に

＊再、樋1「木」は「本」の誤字。修、樋1「は」278は改「は」だが、修原本「ん」を変更。修、樋1「慨」282は改「慨」だが、修原本「概」誤字訂正。修、樋2「儀」284は改「儀」だが、修原本脱字を補足。再、樋3「誥」は「詰」の行書体。再、樋3「低」は「抵」の誤字。

付註進致シ候由　早速　取　モノモ取リ敢　ス久里浜ヨリ浦賀迄山越シニテ二十町計リノ所馳帰リ候所最早
付注進致し候由　右に付取　物　も不取敢　栗　浜より浦賀迄山越、にて廿　町計りの処馳皈り、、、、見れは忽
付注進致シ候ヨシ右ニ付トルモノモ取リアヘズ久里浜ヨリ浦賀迄山越　ニテ二十町斗リノ処馳帰リ　見レハ忽
付注進致し候由　右に付取　物　も不取敢　栗　浜より浦賀迄山越　にて廿　町計りの処馳帰り 289 見れは忽

浦賀エ乗　込扣　居候其神速ニハアキレキリ申候早速役船乗　出シ候所彼レ申ニ　決シテ乗リ上リ候義

然○と○四○艘○の○船○浦賀に△乗　込扣へ○た△り△共△神速た△と△ふ△る△に△物△　な△し△早速役船乗　出し候処△彼、申には○決、て乗、上り候と△

然ト四艘ノ船浦賀ニノ△リ△込扣ヘタリ其△神速タトフルニモ△ノ△ナシ早速役船ノ△リ△出シ候処彼レ○申ニハ決　テ乗　上リ候乛

然と四艘の船浦賀に乗△　込扣へたり290 291其神速たとふるに物△　なし早速役船乗△　出し候処彼293方△申には乗▽　上▽り▽候▽294事△295決▲て▲

無用ナリ此度来船ノ義ハ蘭人ヨリ通達致　シ置候事ニテ江戸ニテハ元ヨリ承知ノ義ナリ此　ニテ彼是懸合候ニ　不及

無用なり此度来船△の儀△は蘭人より通達有△之△　、、と△故△　江戸にては元来△　承知の儀△也△　爰△　にて彼是掛△合、に　不及

無用也△　此度来船△ノ義△ハ蘭人ヨリ通達イ△タ△シ△置○候○乛ユ△ヘ△江戸ニテハ元ヨ△リ△承知ノ義△也　コ△コ△ニテ彼是懸△合候○ニハ○不及

無用な△り△此度来船△の儀△は蘭人より通達有△之△　、、296事△故△　江戸にては元来△　承知の儀△也　爰△　にて彼是掛△合、に、不及

只入津ノ趣ヲ江戸エ通シ呉候様　申　ニ付此方答テ何程　江戸ニテ御承知ノ事ニテ　モ我ニハ不存ノ義只入津トハカ

只入津の趣を、、、達△、呉候様　申　に付、、、、何程　江戸にて、承知の乛△な△り△と△も我には不存、儀△只入津と計△

只入津ノ趣ヲ　　達シ○呉候ヤ△ウ△申　ニ付此○方○答○テ○何ホ△ト△江戸ニテ御○承知ノ乛ナリ𪜈△　我△々ハ不存　義△只入津ト斗

只入津の趣を297江○戸○へ○通△し呉候様△　申298候○ニ付299此方答て何程△　江戸にて300御承知の301事△なりと△も△302我△等は不存　儀△只入津と計

リハ申立難相成　候意味承知ノ上早速申立可致　ト云　左様ナレハ通弁之者　登ラセ可申　ト云ニ付通辞

り、申立難、成　候意味承知の上早速申立致▽　へ▲し▲と云彼○れ○然△ら△は通詞△の△者を○上△らせ可申　上○、云に付通詞△

リ　申立ナ▽リ▽カ▲タ▲ク▲候意味承知ノ上早速申立イ△タ△ス△ヘシト云彼レ然　ラ　ハ通辞△ノ者、登△ラセ申▽ヘ▲ク▲、○ト云ニ付通辞△

り303は○申立難▽304相○成▲　候意味承305知の上早速申立致△　へしと云彼306、然　ら　ハ通詞△の者を○上△らせ可▽申▲307と云に付通詞△

一人当番ニテ中島三郎介参ルヘキノ所　奉行ノ曰ク香山栄左衛門ハ内意モ申シ含メ置候間栄左衛門ヲ遣ハシ候様申
一人当番にて中島三郎助可参▲　処処奉行　、、、香山栄左衛門　、、、、、、、、、、、、、、、
一人当番ニテ中島三郎助可参　ノ処、奉行　香山栄左エ門ハ内意モ申　含　置候間香山　ヲ遣　シ候様差図
壱人当番にて中島三郎助可参　308の処　奉行309より　香山栄左衛門310は内意も申　含　置候間香山　を遣　し候様差図

修、樋3「帰」は改「帰」だが、修原本「皈」略字の訂正。修、樋3「神」291は改「神」だが、修原本「迅」と訂正し元に戻している。292修、樋3「たとふるに物なし」に（にはあきれきり申候）とルビ。修、樋3「知の」305は改「知の」だが、修原本「り候」と訂正し元に戻している。改、樋3本文末尾「接致申候」は原本・集成本とも「応」欠字だが、修原本にあるため改の脱字とみる。293「方」は、再「レ」を削除して補足しているから「、方」が正しい表記。293

ニ付　栄左衛門罷越応接致　シ　候事栄左衛門エ内意云こニ付与力仲間一統不平色こ議論相起リ甚　六　ケ敷　義ニ御座候所是ハ仲　間中
、、　、、、、、、、接致　、申候、香山　へ内意　、、に付　、、同役、、不平色々議論相起り甚　六つケ敷　儀、有之、、是は仲か間、、
ニ付キ右一人　ニテ応接イタシ申候　香山　へ内意云　ニ付　同役　不平色々議論相起リ甚タ六、ケシキ義　有之候処是ハ仲　間
ニ付、右一人　ニ而応接致　、申候　香山　311、内意の含に付　312同役　不平色こ議論相起り甚、313六　ケ敷　儀に有之、、314是ハ仲　315間中316

ノ事故　委細ハ不申上ト云テ止　ミ　又異船応接始終香山一人ニ託　候　意味アル　事ノ由
のと△故　委し△く△不申上候△云て止　り△候○、、、、、、、　香山壱△人に託　候は○深○く○意味有△　之○と△の由
ノ〻ユ△へ△委細△ハ△不申上ト△云テト△ヾ△マリ候　香山一△人ニ記△シ○候ハ深キ△意味アル△、△事△ノヨ△シ△
317 の事△故△　318 委細は 319 不申上と云て止△　り候 320 又○異○船○応○接○　香山壱△人に託△ 321 し候は 322 深き意味有△　323 之○事の由△
樋4一異人曰ク番船等　アリテハ誠ニウルサシ其方ニテ屹ト御申付ニ致　度若シ制方不行届　近寄　舟アラハ此
樋4一異人云△　番船△な△と△有△　ては誠にうるさし其方にて屹と御申付、△被△成度若、制△法▽行　届▽兼▲ね▲は○進△よ△り△船△あらは此
樋4一異人云　番船等△　ア△リ△テハ誠ニウルサシ其方ニテ此△ト御申付　被成度モ△シ○制法行キ○届カ△子△、近△ヨ△ル△船アラハ此
樋4一異人云　番船な△と△有△　ては誠にうるさし其方にて屹△と御申付　被成度若△、324 制△方行、届兼△　325 近寄△　船あらは此
方ニテ成敗致　スヘシ此方曰ク何ヲ以テ制　スルヤ異人曰ク鉄砲ニテ制スト云　此方曰左様ナ
方にて成敗、　すへし此方云△　何を以、△成○敗するや異△人△答ふ銕砲にて制すと云実に○不○届○の○申○分○な○り○乍○併○、、、、、、、
方ニテ成敗致○　スヘシ此方云　何ヲ以テ○制△敗スルヤ異人答テ△鉄炮△ニテ制スト云実ニ不当△ノ申分ナリ乍併
方にて成敗 326 い△た△すへし此方云　何を以、327 制、するや異人答ふ△鉄炮 328 にて制す 329 と云実に不届△の申分なり乍併
レハ此方ニテモ能ク制シテ舟ヲ寄セヌ様　致スヘシ其　方ニテモ　ヨラヌ様ニ可致　ト約束イタシ候由右浦賀
、、此方にても能、制して船を寄せす△様　に○、すへし其　方にても進○よる△、△とを△禁▽す▽へ▲し▲と約束、、、、し　浦賀よ○
此方ニテモ△ヨ○ク制シテ船ヲ△ヨ△ラ△ヌ△ヤ△ウ△、▽可致▲　ソ△ノ△方ニテ　、△近ヨル　〻ヲ禁スヘシト約束イ○タ○シ　浦賀ヨ
此方にても能△、制して船を寄△せ△330 ぬ様△　331 に○致▽　へ▲し▲其△　方にても○332 近寄△　事△を禁すへしと約束、、し　浦賀よ

＊再、樋3「記」（割註）は「託」の誤字。再、樋4「此」は「屹」の草体の誤字。修、樋4「すと」329は改「すと」だが、修原本「へし」を削除。

役船ヲ指出シ近寄ル舟ヲ制シ又陸上ノ見物人ナトヲ制シ何方突当　テモ出来ヌ様ニト用心致　シ候由然ル所　異
り役船を指出し進よる船を制し又上陸の見物人抔　を制し　、、突当りなと出来す様　、、用心致　し候、然るに　異
リ役船ヲ差出シ近ヨル船ヲ制シ又陸上ノ見物人ナトヲ制シ　突当　、ナト出来ヌ様　用心イタシ候　然ルトコロ異
り役船を333|差出し334|近寄335|る船を制し又336|陸上の見物人抔　を制し　突当りなと出来337|ぬ様　用心致　し候　然る338|処　異

人　　ハツテーラ　ニテ自由ニ漕アルキ所ヽ人ナキ　山際　ナトハ上陸致　シ九里浜ヘモ上陸致
人図にのり　「ハツテイラ」にて自由に漕あるき処に人なき場所　は山際　抔　へ上陸致　し久里浜へも上陸致
人図ニノリ　、バツテイラ　、ニテ自由ニ漕アルキ所ヽ人ナキ　、処ニテハ山キハナトヘ上陸イタシ九里浜ヘモ上陸イタ
人図にのりて339|340|　バツテイラ　341|にて自由に漕あるき342|所々人なき場所　、、は山際　抔　へ上陸致　343|し九里浜へも上陸致

シ候由追ヽ其土　人　ノ話ニテ承リ候由申之
し候由　、、其土地の者共　、、に　、承り申　候、、
シ候由　其土地ノ者共　ニ　承リ申　候
し候由　其土地の者共　に　承り申　候

樋5一書翰受取ノ場所九里浜ト申義ハ御指図ニテ相定　候事四間三間ノ小屋上段ノ間ノ姿ニ出来ル下タ　エ畳五十
樋5一書簡受取、場所九里浜と申儀は御差図にて相定め、、四間三間の小屋上段の間の姿に出来、下、の間へ畳数十
樋5一書翰受取ノ場処九里浜ト申儀ハ御差図ニテ相定メ　四間三間ノ小屋上段ノ間ノ姿ニ出来　下タノ間へ畳数十
樋5一書翰受取の344|場所九里浜と申儀は御差図にて相定め　四間三間の小屋上段の間の姿に出来　下、の間へ畳数十
程敷キ並へ板ニテカコヒ四方金屏風ヲ立廻シ幕二重ニ張リ入口二間程　明ケ上官共上段ノ間迄ノ通リ路ニ毛氈　ヲ敷
畳敷、並、板、、囲　ひ四方金屏風を立廻し幕二重に張、入口弐間　、あけ上官共上段の間迄の通り道に毛氈　を敷
畳シキ并へ板ニテカコヒ四方金屏風ヲ立廻シ幕二重ニ張リ入口二間ホト明ケ上官共上段ノ間迄ノ通リ道ニ毛センヲシ
畳敷　並345|へ板346|にて囲　ひ四方金屏風を立廻し幕二重に張、入口弐間　、、347|明け上官共上段の間迄の通り道へ348|毛氈　を敷

並へ候浦賀　人数備ハケヘール四十八挺合原樋田　与力付添野戦筒百目二挺是　ハ下曾根金三郎持前ナリ御備ト申
並、候浦賀の人数備はケヘ、ル四十八挺合原樋口弐人の与力附添野戦筒百目弐挺、は下曾根金三郎持にて　御備と申
キ并へ候浦賀、人数備ハケヘール四十八挺合原樋田二人、与力付添野戦筒百目二挺コレハ下曾根金三郎持ニテ　御備ト申
並、候浦賀の人数備はゲヘール四十八挺349|合原樋田弐人の与力附添野戦筒百目弐挺是350|は下曾根金三郎持にて　御備と申

ハ是　キリナリ
には是　なき也
、ハコレキリ也
には是351|切也

樋6一九里浜上陸ノ夷人　ノクリヤリ　調練ノ能ク整　ヒ候事其美事ナル事言語ニ述難　シ一同幕中エクリ込ミ
樋6一九里浜上陸　、、、人数は繰　出し　調練、能、整　、、、其美しき　と言語に述かたし一同幕内へ入り込、
樋6一九里浜上陸ノ異人人数ノ操　出シ　調練　ヨクトヽノヒ　其美事ナル┐言語ニ述カタク一同幕内へノリ込
樋6一九里浜上陸352の異人人数353之繰　出し　調練　能　整　354ひ　其美、355なる事言語に述かたし一同幕内へ356乗り込

入口ノ前へ一行ニ列ヲナス上官将官副将小屋ノ内ニ入ルト直様六　十人程　トヤ〳〵ト蹈込ミ上段ノ間ニ立塞ル何レ
入口の前に列を一行に立　上官将官副将小屋の内へ入、と直に六　十人程　俄に　蹈込、上段之間へ立上り何れ
入口ノ前ニ列ヲ一行ニナス上官将官副将小屋ノ内へ入ルト直ニ六　十人ホト俄ニ　蹈込　上段ノ間へ立塞ル何レ
入口の357所に列を一行に立　上官将官副将小屋の内へ358乗込と直に六359七十人程　俄に　踏込　上段之間へ立360塞る何れ

モ鍬ヲ佩シ六挺仕掛　筒　打ツハカリニ致シ　詰込ム　此方下タ　ニ列座スル
も剱を佩ひ六挺仕掛のヒス　ウルに玉を込めすはと云ハヽ切て放　つ　勢ひにて睨ミ控ゆる、、下、の間に居、、る
モ鍬ヲ佩ヒ六挺仕掛ノヒストウルニ玉ヲコミスハトイハヽ切テハナツノ勢、ニテ睨ミ控ユル　下タノ間ニ居　ル
も剱を佩ひ六挺仕掛のヒ361ストヲルに玉を込めすはと云ハヽ切て放　つ、勢ひにて睨み362扣ゆる　下、の間に居　る

組頭幷応接掛役等　蹈ミツフサレ候位ノ勢　ノ由奉行応接掛ヲ招テ　是エ上　レト申ニ付応接役　奉行ノ脇
、、、応接方　既に蹈　倒さるゝ、程の様子、、奉行、、、見兼　、、上かれと申、付、、、漸々　上段之間
応接方　既ニ蹈　倒サルヽ　程ノ様子　奉行　見カ子是へアカレト申ニ付　ヨウ〳〵上段ノ間
応接方　既に踏　倒さるゝ　程の様子　奉行　見兼363是へ上かれと申、付　漸ゝ　上段之間

エ上　リ候由右ノ勢　　　　ニテ如何トモスル事能ハス其儘ニ致シ置キ
へ上　り、、其場を凌　き候程　のことにて大に胆を抜れ中々指留ること抔　出来不申一同無念の歯かみをなしたるのみ
ヘアカリ　其場ヲシノキ候ホトノヿニテ大ニ膽ヲ抜シ中々差留ルヿナト出来不申一同無念ノ歯カミヲナシタルノミ
へ上　り　其場を凌　き候程　のことにて大に364|膽を抜れ中々365|差留る366|事抔　出来不申一同無念の歯かみをなしたるのみ

是と申も全く　公辺穏便　のみを御沙汰厳　き故　たま／＼鉄砲はあれとも玉を込　す火縄に火を付す大に異人共
是ト申モ全ク□公辺穏便々々ノ、、御沙汰厳シキユヘタマ／＼鉄炮ハアレ𪜈玉ヲコメス火縄ニ火ヲ付ス大ニ異人𪜈
是と申も全く□公辺穏便、、の367|御沙汰厳敷368|故　たま／＼369|鉄炮はあれとも玉を込　す火縄に火を付す大に異人共

＊再、樋6「操」は「繰」の誤字。

香山栄左衛門書翰ヲ受取リ戸田奉行エ渡ス奉行一礼シテ受取　書付
に威を示され返　す／＼も無念のことに候　扨　香山栄左衛門書簡、受取、、、奉行に渡す奉行一礼して受取の儀、、
ニ威ヲ示サレカヘス／＼、無念ノヿニ候　サテ香山栄左エ門書翰　受取　奉行ニ渡ス奉行一礼シテ受取其義
に威を示され返　す／＼も無念のことに候　扨　香山栄左衛門書370|翰　受取　奉行に渡す奉行一礼して受取371|其儀

箱入リ先方エ渡シ事済ム八日ノ日懸合ナリ返簡ノ義ハ　蘭人ヲ以テ申達スヘキ旨申　候所彼曰蘭人ニテ事
、、、、、、、相済、、、、、、、、、返簡の儀は前日掛合の節蘭人を以、申通すへき旨申達候処彼云蘭人にて事
相スム　返翰ノ義ハ前日掛合ノ節蘭人ヲ以テ申通スヘキ旨申達候処彼云蘭人ニテ事
相済　372 返翰の儀 373 は前日掛合の節蘭人を以、申通すへき旨申達候処彼云蘭人にて事

埒明キ候義ナレハ是迄　来船モ不致　候右様手遠フノ事ニテハ指支候間早速返簡受取度由　申スニ付此方曰クケ様
埒明き候儀なれは是迄　来船も不致　、右様手遠き　とにては指支候間早速返簡受取度由　申、に付此方云　箇様
埒明キ候義ナレハ是マテ来船モイタサス　右様手遠キ　ヿニテハ指支候間早速返簡受取度ヨシ申　ニ付此方云　ケ様
埒明き候儀なれは是迄　来船も不致　右様手 374 間取る事にては 375 差支候間早速返 376 翰受取度由　申　に付此方云　箇様

ノ義　重キ事ニテ　評定モ日間取レ候間中ゝ　火急ニハ出来不申左様ナレハ待　居　可申ト云ニ付此方曰ク此義ハ
の儀は、、、、、　評定に日数掛り、、　中々　火急には出来不申左、なれは待　居　可申と云、、此方云、、、
ノ義ハ重キヿニテ　評定モ日間トリ　中々　火急ニハ出来不申左様ナレハ待チ居リ可申ト云　此方云　此義ハ
の儀は 377 重き事ニ、378 候間評定に日数掛り　中 379 〳〵火急には出来不申左 380 様なれは待、居　可申と云　、、、、、、

江戸ノミニテハ裁判不相成□天子エモ奏聞　シ重キ　評議ニ相成候義故　余程　日数モカヽリ候事ナリ書翰受取ニ
江戸而已にて、裁判不相成□天子へも奏聞致　し重き　評議に相成候と故　余程　日数も掛　り候と也　書簡受取に
江戸ノミニテハ裁判不相成□天子ヘモ奏聞イタシ重キ御評義ニ相成候ヿユヘ余ホト日数モカヽリ候ヿ也　書翰受取ニ
江戸而已にては 381 裁判不相成□天子へも奏聞致　し重き 382 御 383 評定に相成候 384 事故　余程　日数も掛　り候 385 事也　書 386 翰受取に

相成候ハヽ　先ツ出帆致シ候様　申ニ付　彼曰ク左様ナルハ一ト先　出帆二ケ月モ過キ候ハヽ又　来船致　スヘ
相成る上は一と先、出帆致し候様　申談　候処、、、左候ハ、、、先　出帆三ケ月も過、、、、又々来船　、すへ
相成候ハヽ一、先ツ出帆致シ候ヤウ申談シ候処　左候ハ　ヽ　先ツ出帆二ケ月モ過キ　又ゝ来船イタスヘ
相成る上は一と先、出帆致し候様　申談、候処　左候ハ　ヽ　先、出帆三ケ月も過、又々来船致387すへ

＊修、樋6「は」373は改「は」だが、修原本「も」を訂正。

シ若シ間ニ合　ス　ハ　来年ニ可致　ト申候由類船モ中途エノコシ置候由　申候
し若、間に合　す候は〻来年に致すへしと云、、類船も中途に残　、置候由　、なり
シ若シ間ニ合ハス候ハヽ来年ニ致スヘシト云　由類船モ中途ヘノコシ置候ヨシ　、、
し若、間に合不申候は〻来年に致すへしと云　、類船も中途に残　、置候由　なり
388
樋7一夷人曰ク此度ノ上官ハ国王ノ命ヲ待タス何事　モ独断ニテ裁判　候程　ノ重役ナリト云又軍船ノ総将ハ今
樋7一異人云　此度の上官は国王の命を待たす何と　も独断にて裁判致　し候程　の重役也　と云又軍船の総将は今
樋7一異人云　此度ノ上官ハ国王ノ命ヲ待タス何ヿ　モ独断ニテ裁判イタシ候ホトノ重役ナリト云又軍船ノ総将ハ今
樋7一異人云　此度の上官は国王の命を待たす何事をも独断にて裁判致　し候程　の重役也　と云又軍船の総将は今

一度軍功ヲ立テサレハ蒸気船ノ大将ニハナラ　サル由　申シ候由

一度軍功を立、されは蒸気船の大将には成ら　さる由

一度軍功ヲ立テサレハ蒸気船ノ大将ニハナラレサルヨシ

一度軍功を立、されハ蒸気船の大将には成 389 れさる由

樋8一浦賀役船始メハ二艘ニテ見張候所跡ニテハ四艘ニナル浦賀船印ハ能ク覚エ居リ浦賀役船トハ能クハツシ合近付

なし

なし

なし

ケヌ様漕廻候様相見ル同所役船懸合事アリテ参ル時ハ合図ニモ可有之歟鐘ヲ打鳴ス

なし

なし

なし

樋9一異船コヘリ二尺位カ下タノ方程　段ゝ厚ク相見　ル鉄板小実子ハリ水入ハ銅ニテ包ム海深サ五ヒロ迄ハ通船

樋8一異船小へり三尺位か下　の方程　段々厚く相見　へ錬板小実　はり水入　銅にて包む海深　五ひろ迄は通船す

樋8一異船コヘリ二尺位カ下タノ方ホト段々厚ク相見スル鉄板小実子ハリ水入ハ銅ニテ包ム海深サ五ヒロ迄ハ通船

樋8一異船 390 小べり三尺位か下　の方程　段々厚く相見　へ鉄板小実　はり水入 392 は銅にて包む海深 393 サ 394 五尋　迄は通船す

ノ由
と△云△
ノ△由△
と△云△

樋10一当時日本船ニテハ決シテ船戦ハ出来不申サリトテ軍艦制作致シ候トテ二三艘ニテハ役立申間敷最早危急ノ境ニ

なし
なし
なし

ナリ候間陸岸ノ御備ナントカ厳重ノ御処置有之様祈ル所御老若ヲ始メ重役ノ人〻此方トモノ身ニナリ勤役致セ度モノナ

なし
なし
なし

リ左スレハ真ノ情実モ相分リ少シハ本気ニ相成可申候歟

なし
なし
なし

樋11一大樹公□上意此度ノ義ニ付誰レカ出張スカト閣老列座ノ節遣仰候所阿部伊勢守殿始メ黙シテモ被居候由之所牧

なし

なし

なし

＊修、樋8「小」390は改「小」だが、修原本「に」を訂正。修、樋8「三」に（二）とルビ。391再、樋8「ス」は「ユ」の誤字。

野備前守私エ出張被仰付候様申上候由承リ候ト云

なし

なし

なし

樋12一四家ノ人数　会津ヨリ外役ニ立ツトハ思レス　井伊家ハ甚タ武事ニ暗ク士気モ弱ク　候既ニ此度軍船ト

樋11一四家の人数の内会津殊に評判宜敷　又　用立可申　井伊家は甚た武事に暗く士気も弱く被存候、、此度軍船、、

樋11一四家ノ人数、内会津殊ニ評判宜シクマタ用立申ヘク井伊家ハ甚タ武事ニ暗ク士気モ弱ク被存候　此度軍船

樋11一四家、401人数の内会津殊に評判宜敷　又　用立可申　井伊家は甚、402武事に暗く士気も弱く被存候　此度軍船

シテ五大力船ヨリ少ヽ大フリノ舟　制造　ノ　由ニテ浦賀舟大工受取　候所聢トシタ軍船ノ図ニヨリテ拵ルト申ス
数艘制作有之　処　浦賀船大工受取　聢と　軍船の法により　拵ると
数艘制作有之候処　浦賀船大工受トリ　聢ト　軍船ヲ図ニヨリ　拵ルト申
403｜数艘制作有之　処　浦賀船大工受取　聢と　404｜軍船の法により　拵ると申　405｜
分ケモナク総テ大工任　セニテ大工ノ思ヒ付次第　拵ヒ　候トノ事八艘ニテ五千両ニテ受合ヒ候由右様大金ヲ費
かともなく　大工まかせ　思ひ付次第に致　し置　彼　処此　処
ヿモアリ　大工マカセ　思ヒ付次第ニイタシヲキ　彼ノ処コノ処
406｜事もなく　大工任　407｜せ　思ひ付次第に致　し置　彼　処此　処
シ拵ヒ候ニ実用ノ詮義モナク　大工ニ任セルナトヽ申事言語同断　是ニテ人材モナク武事ニ心ヲ用ヒ
の詮儀もなく大金を費しなから心を用ひさる　と言語同断なり
ノ詮義モナク大金ヲ費シナカラ心ヲ用ヒサル　ヿ言語同断ナリ
の詮儀もなく大金を費しなから心を用ひさる　408｜事言語同断なり
サルヿ知ヘシ右様ノ舟何程　アリ　テモ全ク虚文ニシテ頼ニ　ナラス
右様の船何程　有　之候ても必　用には相立申間敷　是にて人才もなく武事に心を用ひ
右様ノ船何ホト有　之候テモ必　用ニハ相立申間敷　コレニテ人才モナク武事ニ心ヲ用
右様の船何程　有　之候ても必　用には相立申間敷　是　にて人才もなく武事に心を用ひ

＊修、樋11「制」403は改「制」だが、修原本「製」を変更。修、樋11「船」は改「船」だが、修原本「船」の書き損じに朱を入れ訂正。

十五万石榊原式部大輔ナトニ被　仰付候方　宜　シ　ト　云

さ▲る▲ど▲察▲せ▲ら▲れ▲候▲十五万石榊原家△　抔△　に被□仰付候方却○て○宜　しか○る○へ△く△存△候△

サルヿ察　、ラレ候十五万石榊原　、ナ△ト△ニ被　仰付候方返△テヨ△ロ△シ　、、、ク存候四○家○ト○ハ○井○伊○川○越○会○津○忍○ヲ○云○

さる409|事△察せ○られ候十五万石榊原家○　抔△　に被□仰付候方却△て宜△　しか○る○へ○く存候

何○レ○モ○海○岸○御○固○メ○

樋13―川越ハ実体ニテ御奉公精勤落度ナキ様　ニト心掛ケ候様子感心乍去身上ハ貧ノ方ナリ大守モ幼　ナリ総テノ事

樋9―川越は実体に　、御奉行精勤落度なき様　にと心掛　、候様子感心乍去身上は貧の方也△　大守は△幼年○也△　惣△て　、、

樋9―川越ハ実躰ニ　御奉公精勤落度ナキヤ△ウ△ニト心掛　候様子感心乍去身上ハ貧　、乏△ナ△リ△大守ハ幼　、ナ△リ△総△テノ○ヿ○

樋9―川越は実体に　御奉公精勤落度なき様△395|にと心掛　候様子感心乍去身上は貧の○方△也△　大守は幼年○也△　惣△ての事△396|

家老持ニナリ居位故　思　様　ニハ届キ不申候
家老持、、、、故　思ふ様　には届き不申、
家老持　ユヘ思フヤウニハ届キ不申候
家老持　　故　思ふ様　には届き不申候397|

樋14一細川家　本牧御固メニ付浦賀　与力モ参リ候所カノン筒ヲ並ヘ置キ山際　へ　竹ヤラヒヲ結廻シ木戸ヲ
樋10一細川家　本牧御固、に付浦賀より与力、参、候処、、、、、、、山際　へは竹矢来　を結廻し木戸を
樋10一細川家　本牧御固メニ付浦賀ヨリ与力　参リ候処　山キハナドヘハ竹矢来　ヲ結廻シ木戸ヲ
樋10一398|細川家399|ハ本牧御固、に付浦賀より与力　参、候処　山際400|なとへは竹矢来　を結廻し木戸を

付ケ事厳重ニ陣ヲ　固メ万端行届候様子ニ相見　ル評判宜シキ由
付、、厳重に、、相固め万端行届候様子に、見　申候評判宜、き方
付ケ　厳重ニ　相固メ万端行届候様子ニ　見ヘ申候評判宜シキ方
付、　厳重に　相固め万端行届候様子に　見、申候評判宜、き方

修、樋9「に」395は改「に」だが、修原本変体仮名を補足確認。修、樋10「細川」は改「細川」398だが、修原本「本牧」を訂正。

樋15一風説ニハ当時　明　末之　兵　越テ韃ト戦フ　イキリス明兵ヲ援テ取合最中ノ由　アメリカ

樋12一風説に、此節唐土にて明の末の者兵を起し清と取合最中の由　英咭唎　明、を討て大に戦ふ、由　亜墨利加

樋12一風説ニ　此節唐土ニテ明、末ノ、兵、起リ韃ト取合最中ノヨシ　インキレス明　ヲ救テ大ニ戦フ　ヨシアメリカ

樋12一風説に　410 此節唐土にて明　411 末の者兵を起し清と取合最中の由　英咭唎　明　412 を救て大に戦ふ　由　亜墨利加

其　隙ニ　日本ヲ手ニ付ケイキリス人ノ先ヲカケントノ　謀ノ由

其　隙を伺ひ日本を手に入れ、、、、、、、、、、、んと、する、、由

ソノ隙ニ、、　日本ヲ手ニ入レ　ント　スル　ヨシ

樋田氏ヨリ聞書終

其　隙を伺ひ日本を手に入れ　んと　する　由

なし

樋16一浦賀奉行戸田ハ上手者ト申モノヽ由井戸ハ昨今ニテ不相分文学ハ頗ル本職ノ由先年勤メ候水野筑後守豪気ニテ

なし

なし

決断モアリ宜シキ様ニ相覚エ候由申ス

なし

なし

なし

樋17一浦賀役船スルツフ長サ七間位百目筒六挺左右ニカケル

なし

なし

なし

＊修、樋12「節」410は改「節」だが、修原本「説」を訂正。

樋18一十三日御目付堀織部御台場順見ニ出ル昨日異船引払ヒヨウ〳〵息ヲツク所エ今日御順見ニテ通リ筋ノ人夫被召

なし

なし

なし

使嘸と難渋可致候御台場ノ義ハ画図ヲ以テモ委敷分リ候事ナリソレトモ順見シタクハ今日ニモ限ルヘカラスト云也

なし

なし

なし

応接掛香山栄左衛門ヨリ聞書　奉行ノ内命アリテ栄左衛門始終応接致シ候由

香山栄左衛門より聞書此度の応接掛り
▽▽▽▽▽▽▽▽▽▽○○○▲▲▲○、、、、、、、、、、、、、、、、

香山栄左△エ門ヨリ聞書此度、応接掛、

香山栄左衛△門より聞書此度の○応接掛り○

香1一六月三日渡来蒸気船二艘フルカット二艘北亜米利加共和政治合衆国ノ内ワシントン都名カリホルニヤヨリ船ヲ
香1一六月三日渡来蒸気船弐艘フレカット弐艘北亜墨利加共和政治合衆国の内ワシントン都名カリホルニヤより船を
香1一六月三日渡来蒸気船二艘フレガット二艘北亜米利加共和政治合衆国ノ内ワシントン都名カリホルニヤヨリ船ヲ
香1一六月三日渡来蒸気船弐艘フレカット弐艘北亜墨利加共和政治合衆国の内ワシントン都名カリホルニヤより船を

仕立出帆ニテ国王ヨリノ書翰二通持参何レモ箱入カリホルニヤ出帆ヨリ十四日目　当地着ニ相成ル
仕立出帆にて国王より　、書簡弐通持参何れも筥入カリホルニヤ出帆より十四日　、にて当地着に相成候由
仕立出帆ニテ国王ヨリノ書翰一通持参何レモ箱入カリホルニヤ出帆ヨリ十四日目ニ　、当地着ニ相成候ヨシ
仕立出帆にて国王よりの書翰弐通持参何れも箱入カリホルニヤ出帆より十四日　、にて当地著に相成候由

413| 414| 415|

＊初、香1「フルカット」の「ル」は「レ」の誤植。再、香1「一」は「二」の誤字。

香2一使節ノ者年五十余人体宜　シ　名ハマツテヒリ日本ニテ申セハ左大臣位ノ高官ノ者ノ由
香2一使節の者年五十余人体よろしく名ハマツチヨセ日本、、、、、左大臣位の高官の、、由
香2一使節ノ者年五十余人躰ヨロシク名ハマツテヒリ日本　左大臣位ノ高官ノ　ヨシ
香2一使節の者年五十余人体よろしく名ハマツチヨセ日本　左大臣位の高官の　由

香3一上官是ハ軍大将年五十位名　ブカンナン
香3一上官是ハ軍大将年五十位名ハ○ブカ、ナン
香3一上官是ハ軍大将年五十位名ハブカン○ナン
香3一上官是ハ軍大将年五十位名ハブカ、ナン

香4一大蒸気船長サ三十　六間位巾　八九間位車指　渡　シ五間位　厚サ三間位　総鉄ニシテ木ヲ用ヒス船ハ鉄張
香4一大蒸気船長さ三十五○六間、巾は○八九間、車さ△し△は△た△し五間計△　厚さ三（本ノマヽ）計　惣△鉄にして木を用ひす船は錬△はり
香4一大蒸気船長サ三十五六間　巾、八九間　車差△　渡△　シ五間斗リ○厚サ三間斗リ○総△鉄ニシテ木ヲ用ヒス船ハ鉄ハリ
香4一大蒸気船長、三十五六間　巾は○八九間　416車差　渡　、五間計、厚さ三（本ノマヽ）計、惣△鉄にして木を用ひす船は鉄張△417

ニアラス総躰ミツタニテ塗ル水入リハカラ金ニテ包ム車水入四尺位　水際ヨリ船フチ迄高サ三間位　大砲十門小車四
に非△す物△体ミツタニテ塗る水入、はカラ金にて包む車水入四尺計り△○水際より船ふち迄高さ三間計△　大砲十門小車四
ニ△ア△ラ△ス総△躰△ミ△ツ△ク△ニテ塗ル水入　ハ△カリ金ニテ包ム車水入四尺斗リ水際ヨリ船フチ迄高サ三間斗リ○大炮△十門小車四
に非△　す惣△体△ミ△ツ△ダ△418にて塗419、水入り○420計△421カ△ラ金422にて包む車水入四尺計り水際より船ふち迄高さ三間計、大砲十門小車四

輪仕掛　ナリ六十八ホントノカノン筒六挺八十四ホントノホンヘカノン四挺ㇷ　十挺ナリ乗組二百九十人　使節上
輪仕掛け○也△　六十八ホントのカノン筒六挺八十四ホントのボ△ンヘカノン四挺合△て△十挺也△　乗組弐△百九十人也○　使節上
輪仕掛、也　六十八ポ△ントノカノン筒六挺八十四ホントノボンベ△カノン四挺ノ△　十挺ナリ△乗組二△百九十人ナリ△使節上
輪仕掛け○也　六十八ホ△ントのカノン筒六挺八十四ホントのボンヘ△カノン四挺合△て△十挺也△　乗組弐△百九十人也△　使節上

官副将皆　此ニ居ル別ニ十二ホントノ野戦筒二輪車仕掛六挺貯ヘ置ク
官副将皆　此に居る別に十二ホントの野戦筒二輪車仕掛六挺貯、置、
官副将ミナ此ニ居ル別ニ十二ポントノ野戦筒二輪車仕掛六挺貯ヒ置ク
官副将皆　此に居る別に十二ポントの野戦筒二輪車仕掛六挺貯、置、

*再、香4「ク」は「タ」の誤字。修、香4「に」422は改「に」だが、修原本「ニ」を仮名変更。再、香4「ノ」は「〆」の誤字カ。

香5一小　蒸気船総鉄張　大砲十挺野戦筒六挺乗組三百人
香5一小　蒸気船惣錬はり大砲十挺野戦筒六挺乗組三百人なり
香5一小ノ方蒸気船総鉄ハリ大炮十挺野戦筒六挺乗組二百人、、
香5一小、、　蒸気船惣鉄張 423　大砲十挺野戦筒六挺乗組三百人なり

香6一フレカット軍船二艘共　長サ三十間位　大砲廿　四挺ツヽ人数三百人ツヽ野戦筒六挺ツヽ
香6一フレカット軍船弐艘とも長さ三十間計り大砲二十四挺宛　人数三百人、、野戦筒六挺宛
香6一フレガット軍船二艘𪜈　長サ三十間斗リ大炮廿　四挺ツヽ人数三百人ツヽ野戦筒六挺ツヽ
香6一フレカット軍船弐艘とも長さ三十間計り大砲二十四挺宛　人数三百人ツヽ 425 野戦筒六挺宛

香7一船中昼夜トナク提燈ヲ付ケビードロ象ノ角ナド色々ノ提燈アリ鉄砲ヘハ不残玉ヲコメ蒸気ヲ絶ス事ナシ用心厳シク
香7一船中昼夜となく提燈を付ひいとろ象、角など色々、、、、、鉄砲へは不残玉を込、蒸気を絶すとなし用心厳しく
香7一船中昼夜トナク提燈ヲ付ケヒイトロ象ノ角ナト色々アリ鉄炮ヘハ不残玉を込メ蒸気ヲ絶スㄟナシ用心キビシク
香7一船中昼夜426となく提燈を付427、ヒイトロ象428、牙なと色々429なり430鉄炮へハ不残玉を込、蒸気を絶す431事なし用心厳432重

少シモ惰ル色ナシ船中万事鳴物ニテ指揮ス
少、も惰る色なし船中万事鳴物にて指揮す
少シモヲコタル色ナシ船中万事鳴物ニテ指押ス
少しも惰る色なし船中万事鳴物にて指揮す

香8一蒸気本船ノ外三艘ノ大将ハ本船ノ副将位　立派ノ者ナリ
香8一蒸気本船の外弐艘の大将は本船の副将位の立場の者なり
香8一蒸気本船ノ外三艘ノ大将ハ本船ノ副将位ノ立場ノ者也
香8一蒸気本船の外弐艘の大将は本船の副将位の立場の者なり

＊修、香5「三」424に（二）とルビ。修、香7「と」426は改「と」だが、修原本欠字の補足。再、香7「押」は「揮」の誤字。

香9一蒸気船ヲ止メル中ハ別ニ穴アリ　テ蓋ヲ取レハ蒸気是ヨリモレ出テ車マワラス蓋ヲスレハ蒸気車ニ当リテ車旋転ス

なし

香9一蒸気船ノ留ヽルニハ別ニ穴アリ　テ蓋ヲトレハ蒸気是ヨリモレヽテ車マハラス蓋ヲスレハ蒸気車ニ当リテ車旋転ス

433|香9一蒸気船の止まるには別に穴有　之、蓋を取れば蒸気是より漏れ　て車運　らず蓋をすれば蒸気車に当りて車旋転す

香10一蒸気船一昼夜ニ八百里位　走ル陸上ヲ走　ル　火輪船ト云モノアルヨシ是ハ一日ニ八百里走　ルト云ヿ

香9一蒸気船一昼夜、八百里計り走る陸上を走　るは火輪車と云物　なる由　是は一日、八百里走　ると申候

香10一蒸気船一昼夜ニ八百里斗リ走ル陸上ヲハシル、火輪船ト云モノアルヨシ是ハ一日ニ八百里ハシルト云、

香10一蒸気船一昼夜に八百里計り走る陸上を走434|　るは火輪車と云物　なる由　是は一日に435|八百里走436|　ると云437|

香11一九日八里浜ニテ書翰受取ノ節　ハ彼ヨリ上陸ノ人数五百人位　一同上陸畢テ本船ヨリ大砲十余発アリ是ハ祝砲

香10一九、、　里浜にて書簡受取の節、彼より上陸、人数五百人計り一同上陸畢て本船より大砲十余発あり是は祝砲

香11一九日栗　浜ニテ書翰受取ノセツハ彼ヨリ上陸ノ人数五百人斗、一同上陸畢テ本船ヨリ大炮十余発アリ是ハ祝砲

香11一九、、　里浜にて書翰438|受取の節、彼より上陸、人数五百人計り一同上陸畢て本船より大砲十余発あり是ハ祝砲

ノヨシ一同陣列ヲ正シ音楽　ヲ奏シ国王ノ書翰箱ヲ中へハサミ守護スケヘール組二百八十四人一隊四十八人ツヽ六隊

の由一同陣列を正し音楽　を奏し国王の書簡、を中にはさみ守護すゲベトル組二百八十四人一隊四十八人宛　六隊

ノヨシ一同陳列ヲ正シ音楽　ヲ奏シ国王ノ書翰　ヲ中ニハサミ守固スケヘール組二百八十四人一隊四十八人ツヽ六隊

の由一同陣列を正し音楽　を奏し国王の書翰 439| を中にはさみ守護すゲ 440| ベール組二百八十四人一隊四十八人宛　六隊

アリ一隊ニ二人ツヽ指図　アリ何レモ剣ヲ抜テ指揮ス法則能　整ヒ居候ヿ口舌ニ述難　シ前代未聞ノ事共　ナリ

有り一隊に弐人宛　指図　あり何れも劔を抜て指揮す法則能　整、居るこ口舌に述かたし前代未聞のことも也

アリ一隊ニ二人ツヽ指図人アリ何、モ釼ヲ抜テ指揮ス法則ヨク整ヒ居候ヿ口舌ニ述カタシ前代未聞ノヿ𪜈　ナリ

有り一隊に弐人宛 441| 指図人あり何れも劔を抜て指揮す法則能 442| 整ひ居る 443| 事口舌に述かたし前代未聞の 444| 事とも也

＊修、香10「走」は改「走」だが、修原本の俗字を変更。再、香11「陳」は「陣」の誤字。

香12一国王の書翰弐　箱何レモ板三重箱ニテネチ鋲ニテ留メル下タノ箱高サ五寸横五寸長サ一尺二三寸位　板ハタカ

香11一国王の書　、二た箱何れも板三重、にてねぢ鋲にて留、る下、の箱高さ五寸横五寸長さ壱尺二三寸計り板はたか

香12一国王ノ書翰二タ箱何レモ板三重　ニテ子ヂ鋲ニテ留　ル下タノ箱高サ五寸横五寸長サ一尺二三寸斗リ板ハタガ

香12一国王の書 445| 翰二 446| 、箱何れも板三重　にてねぢ鋲にて留　る下、の箱高さ五寸横五寸長さ壱尺二三寸計り板ハたか

ヤサン金ノ総金物封印ノ付キ候　上へ金ノ四寸位ノ◯如此蓋ヲシテアリ其辺色〻ノ飾　アリ尽　ク立派ノ者
やさし金の惣金物封印を付、候処の上へ金の四寸位の◯如此蓋をして、、其辺色々のかさりあり尽　く立派の物
ヤサン金ノ総金物封印、付　候処、上へ金ノ四寸位ノ◯如此蓋ヲシテアリ其辺色〻ノカザリアリ尽　ク立派ノモ
447 やさん金の惣金物封印を付　候処の上へ金の四寸位の 448 ◯如此蓋をして 449 あり其辺色々の 450 餝　りあり 451 こと〳〵く立派の物
ナリ書翰ノ趣何ヤラン分ラス右書翰ハアメリカ語フランス語漢文日本文四通ニ致シ来リ候由又彼ノ重官ヨリ此方
也　書簡の趣一向　分らす　、、、、、、、、、、、、、、、、、、、、、、、、彼、重官より此、
ノ也　書翰ノ趣一向　分ラス　又彼ノ重官ヨリ此方
452 也　書翰の趣一向　分らす　彼、重官より此、
ノ重官ヘノ書状アリ紙包ニテ封印付キ彼ノ執政ヨリ此方ノ執政ヘノ添状ノ様ナモノナリ使節上官副将四人分上段ノ間へ曲ロク
、重官への書簡あり紙包にて封印有之、、、、、、、、、、、、、、、、、、、使節上官副将四人分上段の間へ曲ろく
重官ヘノ書状アリ紙包ニテ封印有之　使節上官副将四人分上段ノ間へ曲ロク
453 重官への書状あり紙包にて封印有之　使節上官副将四人分上段の間へ曲録 454
ヲ設ク奉行ハ将几ヘ腰ヲカク対面一切応接ナシ只受取渡シノミナリ　イポレツトヲ付ケ候者　廿　五人ドヤ〳〵
を設け奉行は床几に腰をかけ対面一切応対なし只受取渡　、而已也　其節　イホレツトを付、候者　弐拾五人どや〳〵
ヲ設ク奉行ハ将机ニ腰ヲカケ対面一切応対ナシ只受取渡シノミ也　其セツイホレツトヲ付　候モノ廿　五人ドヤ〳〵
を設け奉行は床几に腰をかけ対面一切応対なし只受取渡　、而已也　其節　イホレツトを付　候者　弐拾五人どや〳〵

押込上段ノ間へ上リ使節ノ後　ロへ立チ塞　ル何レモ六挺仕掛　ノ筒ヲ持チ鋏　帯スイホレツトヲ付ケ候者ハ余程

押込上段の間へ上り使節のうしろへ立、ふさかる何れも六挺仕掛　の筒を持、鋏　帯すイホレツトを付、候者は余程

押込上段ノ間へ上リ使節ノウシロへ立　塞　ル何レモ六挺仕カケノ筒ヲ持テ釵ヲ帯スイホレツトヲ付ケ候者ハ余ホト

455 と押込上段の間へ上り使節のうしろへ立　456 塞　かる何れも六挺仕掛　の筒を持、鋏を帯すイホレツトを付、候者は余程

＊修、香12「さん」は改「さし」だが、修原本「や、」を訂正。再、香12持「テ」は「チ」の誤字。

宜　キ者ノ由　先年ホストンノ船渡来ノトキハ大将分二人ヨリ外　イホレツトヲ付ケ候者　ナシ

宜　き者の由　先年ホストン、、渡来の節　は大将分弐人の　外に、、、、、、付、るものなし

ヨロシキ者ノヨシ先年ホスカン　渡スノセツ、大将分二人ヨリ外、ホストン付　候者　十人

宜　き者の由　先年ホストン　渡来の節　は大将分弐人の　外に　、、、、付　るものなし

457

香13一イホレツトハ金ノ板金ヨリ総ヲ下ケカザリ候モノ両肩へ下ゲルナリ

イホ、ツト、金の板金より房を下けかさり候物　両眉へ下けるなり

香13一イホレツトハ金ノ板金ヨク房ヲ下ケカサリ候モノ両肩へ下ケル也

香13一イホレツト458は金の板金459にて房を下け460飾　り候、、両肩へ下461、るなり

香14ーケヘール組何レモ人品宜シク装束モ立派冠　ニ赤黒ノ玉ヲ付ケアル
香12ーゲベトル組何れも人品宜敷　装束、立派冠りに赤黒の玉を付、、る
香14ーケヘール組何レモ人品宜シク装束モ立派冠、ニ赤黒ノ玉ヲ付　アル
香14ーゲベール組何れも人品宜敷　装束、立派冠りに赤黒の玉を付、る
462|
香15ー車掛リノ者ハ冠其　外ホタン等ヘ車ノ印ヲ付ケル鉄砲掛リハ鉄砲ヲ付ケ舟掛　リハイカリヲ付ル
香13ー車掛りの者は冠、の外ボタン等へ車の印を付、り鉄砲掛りは鉄砲を付、舟掛　りは碇　を付候
香15ー車掛リノ者ノ冠ソノ外ホタン等ヘ車ノ印ヲ付ケル鉄炮掛リハ鉄炮ヲ付ケ船カヽリハイカリヲ付ル
香15ー車掛りの者は冠　の外ボタン等へ車の印を付、463|る鉄炮464|掛りは鉄465|炮を付、舟掛　りは碇　を付候
香16ー琉球ヘモ七艘カケ置ク此方出帆直ニ琉球ヘヨリ其　ヨリ漢東ヘ往キ当時イキリス明末ノ兵ヲ助　清ト取合アリ
香14ー琉球へも七艘かけ置、此方出帆直に琉球へ寄　夫　より広東へ行き当時英吉利　明末の兵を助け清と取合あり
香16ー琉球ヘモ七艘カケ置ク此方出帆直ニ琉球ヘヨリソレヨリ漢東ヘ往キ当時イキリス明末ノ兵ヲ助テ清ト取合アリ
香16ー琉球へも七艘懸け置、此方出帆直に琉球へ寄　夫　より広東へ行き当時英吉利　明末の兵を助け清と取合あり
466|

*修、香12「ン」は改「ン」だが、修原本脱字を補足。再、香12「カ」割註は「ト」の誤字、同「十人」は「ナシ」の誤字。改、香11「イホ、ツト」は「レ」の脱字。再、香13「ク」は「リ」の誤字。改、香11「眉」は「肩」の誤字。

故　ニ一寸イキリスへ　見舞　致し　其上帰国　　スト云
故に　英吉利へ軍　舞をして　帰国　すと云り
ユへニ　イキリスへ軍見舞ヲシテ　帰国イタスト云
故に　英吉利　へ軍467|見舞をして　帰国468|致すと云り

香17一アメリカ州先年ハイキリスニ制セラレイキリスノ催促ニテ　出陣　致　シ大ニ役セラレ候　処　イキリスト
香15一亜米利加州先年　英吉利　に制せられ其　催促に従ひ出陣　し大に役せられたる故に
香17一アメリカ州先年ハイキリスニ制セラレイキリスノ催促ニテ　出陣等イタシ大ニ役セラレタルユへ
香17一亜469|墨利加州先年470|ハ英吉利　に制せられ其　催促に従ひ出陣　し大に役せられたる故に

取合ニナリ打勝チ　和平取結ヒ候以来ハ対ゝノ国トナル是ハ七十六年　前ノ事ノ由
取合になり打勝　和平取結　以来　対ゝ　国
又取合ニナリ打勝　テ和平取結ヒ　以来　対ゝノ国トナル是ハ七十六年　前ノ　由
471|又取合になり打勝472|て和平取結　以来　対ゝ473|之国474|となる是ハ七十六年以前之事といふ

自司ノ権□　共和政治七十六年ト書　年号□□ヤソコセ千八百五十三年ノ由
自司の権　共和政治七十六年と書　年号　ヤリコセ千八百五十三年の由
自司ノ権□□共和政治七十六年ト書　年号□□□ヤワコセ千八百五十三年ノヨシ
自司の権□　共和政治七十六年と書　475|年号□　ヤリコセ千八百五十三年の由

香18一士大将以上ヲモ上官是ヲ指揮ス是モ剱ヲ抜キ指揮ス剱長サ二尺三四寸位長キハ三尺位モアリ
香16一士大将以上をも上官是を指揮す是も剱を抜、指揮す剱長さ弐尺、四寸、長きは三尺、もあり
香18一士大将以上ヲモ上官是ヲ指揮ス是モ釼ヲ抜キ指揮ス釼長サ二尺三四寸位長キハ三尺位モアリ
香18一士大将以上をも上官是を指揮す是も剱を抜、指揮す剱長さ弐尺476三四477寸位長きは三478尺位もあり

*再、香17「ワ」は「ソ」の誤字。修、香17「号」は改「号」だが、修原本に「虎」を補足「號」。

香19一　イキリス人ニ比スレハ温純ノ方ナリ総テ法則ノ整ヒ居候事妙ナリ去ナカラ書翰不受取　前ハ尽ク殺
香17一此度の異人英吉利　、に比すれは温順、、なり惣て法則の整、居ると妙なり乍去　書簡不受取以前は尽く殺
香19一此度ノ異人イキリス　ニ比スレハ温順ノ方也　総テ法則ノ整ヒ居候ヿ妙也　去ナカラ書翰不受取、前ハ尽ク殺
香19一此度の異人英吉利　479に比すれは温順の方なり惣て法則の整480ひ居る481事妙なり乍去　482書翰不受取以前は尽く殺

気立チ色〻ネチレ　言ヲ申サレ応接甚　難渋致　シ候処受取　候後　ハ大キニ落付候様子ニテ格別扱ヒヨク　ナル
気立、色々ねしけし言を申、、応接甚　難渋致　し候　、、、　後ちは大、に落付候様子にて格別扱ひよく相成る
気立チ色〻子ヂ也　言ヲ申　也応接甚夕難渋イタシ候処受取　候後、ハ大ニ落付候様子ニテ格別扱ヒヨク相成候
気立、色々ねじけし言を申　、応接甚、難渋致　し候484処請485取相済候後486は大　に落付候様子にて格別扱ひよく相成候487

此方御備イカニモ御手薄キ〆故　万一事ヲ起サレテハ大変ニ候間　　トコ　迄モタマシ込ミ穏便専要ニ取扱ヒ候
此方御備いかにも、手薄き、故　万一事を起されては大変に候ど故　とこ　迄もだまし込、穏便専要に取扱、候
此方御備イカニモ御手薄キ〆ユヘ万一事ヲ起サレテハ大変ニ候トコヘドコ　迄モタセシ込　穏便専要ニ取扱ヒ候
此方御備いかにも、手薄き488事故　万一事を起され489ては大変に候490事故　とこ491かとこ迄もだまし込　穏便専要に取扱、候

〆去ナカラ不ル遠内又　と　来船ノ筈　ニ候間此後ハ如何相成候モノ歟トノフリ参ルニハ無相違　事
、若　不、遠内又　、　来船の様子、、、此後は如何相成候物　歟との道　参る、は相違なし、と存候
シカシ　不　遠内マタマタ来　、ル様子　此度ハ如何相成候モノカトノミケ参ルニハ相違ナク　、、候
492併　不　493遠内又494々　来船の様子　此後は如何相成候495もの歟との道　参る496には相違なし　と存候

香20一異人六挺仕掛ノ筒ヲ持タサルモノナシケヘール組モ腰ニハサミアリ
香18一異人六挺仕掛の筒を持たさる者　なしケヘ、ル組も腰にはさみあり
香20一異人六挺仕掛ノ筒ヲ持タサルモノナシケヘ　ル組モ腰ニハサミアリ
香20一異人六挺仕掛の筒を持たさる者　なしケヘール組も腰にはさみあり

＊修、香19「ねじけし言を申」に483（我儘なる事云ひ）とルビ。修、香19「て」489は改「て」だが、修原本の仮名変更。再、香19「トコヘ」は「コトユヘ」がコを脱字ユをコと誤字、同「セ」は「マ」の誤字。修、香19「遠」は改「遠」だが、修原本「達」を訂正。

香21一此度彼　ヘノ贈リモノハ　公辺ヨリニ　アラス奉行ヨリナリ彼ヨリ　贈リモノアルニ付返礼ニ遣ス

香19一此度彼れ○への贈、物△は□公辺よりには○非△　す奉行より也△　彼より　贈、物△有△に付返礼に遣す也○

香21一此度彼、ヘノ贈リ○モ△ノ△ハ　公辺ヨリニ、ア△ラ△ス奉行ヨリ也　彼ヨリ　贈リ○モ△ノ△ア△ル△ニ付返礼ニ遣ス、

香21一此度彼 497| への贈、物△ 498| は□公辺よりには○非△　す奉行より也　彼より 499| 之○贈、物△　有△　に付返礼に遣す也○

香○山○栄○左○エ○門○ヨ○リ○聞○書○終○
、、、、、、、、、、、

応接掛近藤良次ヨリ聞キ書
、、、　　　　　　　、

近藤良治△より聞　書

近藤良次△ヨリ聞　書

500| 近藤良次より聞　書

近1一　三日下田沖ニ異船帆影　見　ルニ付下田八ツ時出立ノ註進船来ル異船浦賀着八ツ　少シ過ナリ下田沖ヨ

近1一六○月○三日下田沖へ△異船帆かけ△見△ゆ○るに付下田八ツ時出立の△注進船来る異船浦賀着八ツ半○時○少、過なり下田沖よ

近1一六月三日下田沖へ異船帆カゲ△見ユルニ付下田八ツ時出立ノ注進船来ル異船浦賀着八ツ　、、少シ○過也△　下田沖ヨ

近1一六月三日下田沖へ異船帆影△ 501| 見ゆるに付下田八ツ時出立の注進船来る異船浦賀着八ツ半○時○ 502| 少し過なり△△下田沖よ

リ浦賀迄　半時ニ足ラスシテ乗込　すして乗込海上三十六里
り浦賀迄　半時にたらすして乗込　、、、、海上三十六里
リ浦賀マテ半時ニ足ラスシテ乗込ム　海上三十六里
り浦賀迄　504 半時に足らすして乗込、　505 海上三十六里也 506

近2一着船ノ節　佐ゝ倉相太郎中島三郎介近藤良治三人共　応接役　乗付候処決シテ上船ヲ免サス国王ノ書翰持参致シ
近2一着船の節　佐々倉桐太郎中島三郎助近藤良治皆　応接、　乗付候処決して上船を不許　国王の書簡持参致し
近2一着船ノセツ佐々倉桐太郎中島三郎助近藤良次三人トモ応接方　乗付候処決、テ上船ヲ免サス国王ノ書翰持参致シ
近2一着船の節　佐々倉桐太郎中島三郎助近藤良次 507 508 三人共応接方也 509 510 乗付候処決して 511 乗船を不許　国王の書輸持参致し 512

＊修、香21「は」498は改「は」だが、修原本の変体仮名を変更。修、近1「半」に 503（ナシ）とルビ。初、近2「相」は「桐」の誤植。

候処其方ヨリ重官ノ人来受取　可　申歟又此方ヨリ参リ手渡シ可致　カ書翰受取渡シノ外別ニカケ合可致　筋ナ
候、其方より上官の者、受取に参　候や又此方より参、手渡し可致　や書簡受取渡、の外、、掛　合致へき筋な
候　其方ヨリ重官ノ者　受取ニ参リ候哉又此方ヨリ参リ手渡シイタスヘキ哉書翰受取渡　ノ外別ニ掛　合可致　筋ナ
候　513 其方より重官の者　受取に 514 参り 515 候哉又此方より 516 参り手渡 517 、可致 518 哉 519 書輸受取渡　の外　、、掛　520 合可致　筋な

シト云

しと云

シト云

しと云

近3一定例ノ詞ニテ此地へ乗込候ヿ国禁ナリ長崎へ参ルヘキ　旨申諭シ候処此度ノ義ハ先年蘭人ヲ以テ通達致　シ置

近3一定例の詞にて此地へ乗込候と国禁也　長崎へ可参　の旨申諭、候処此度の儀は先年蘭人を以、通達致　し置

近3一定例ノ詞ニテ此地へ乗込候ヿ国禁ナリ長崎へ参ルヘキ、旨申諭シ候処此度ノ義ハ先年蘭人ヲ以テ通達イタシ置

近3一定例の詞にて此地へ乗込候 521| 事国禁也　522| 長崎へ可参　の旨申諭、候処此度之儀は先年蘭人を以、通達致　し置

候事ナリ然ルヲ右様ノ事申サレ候ハ如何ノ義ソ　ト云テ大ニ腹ヲ立チ懸合向甚　難渋致　候事、

候と也　然るを右様のと申され候は、何の事そ　と云て大に腹、立て掛合　甚　難渋致　し候

候ヿ也　然ルヲ右様ノヿ申サレ候ハ如何ノ義ソ　ト云テ大ニ腹ヲ立テ掛合向甚タ難渋イタシ候

523| 候事也　然るを右様の 524| 事申され 525| 候は如何の 526| 527| 儀ニ候哉と 528| 、て大に腹 529| を立て掛合 530| 向甚、難渋致　し候

近4一此度ノ異船蘭人ヨリ通達御座候義昨　暮奉行へ内ゝ御達ニ相成リ候由　ノ処夫レモ只来夏ハ来ルカモ知レヌ位

近4一此度の異船蘭人より通達有之候儀昨年暮奉行へ内々御達に相成、候由　併　夫、も、来夏は来るか、、、位

近4一此度ノ異船蘭人ヨリ通達有之候義昨、暮奉行へ内々御達ニ相成リ候ヨシ併シ夫モ只来夏ハ来ルカモ知レヌ、

近4一此度の異船 531| 蘭人より通達有之候儀昨年暮奉行へ内々御達に相成、候由　併、夫 532| も只来夏は来る 533| かも知れぬ位

ノ御達ノ由　与力共　一向弁へ居　不申候故　懸合ノ節　大キニ困リ候事有之　由

のと　故　与力共も一向弁へ居　不申　故　掛合　大　に困　候　由

ヿ　ユへ与力𪜈　一向弁へ居リ不申候ユへ掛合ノセツ大ニ困リ候ヿ有之候

534 の事　故　与力共も 535 一向弁へ居　不申　故 536 掛合の節　大 537 に困り候 538 事有之 539 候由

＊修、近3「崎」は改「崎」だが、修原本「嵜」俗字を変更。初、近3「立チ」の「チ」は「テ」の誤植。修、近4「船」は改「船」だが、修原本「人」を訂正。修、近4「辨」535は改「辨」だが、修原本「弁」略字を訂正。

近5一書翰受取渡シ不致候テハ国王へ復命致　シ候ヿ不相成ト　テ尽ク必死ノ様子三度迄彼是懸合候処　六ケ敷

近5一書簡受取渡し不致候ては国王へ復命致　し候と不相成と云て尽く必死の様子三度迄彼是掛合候処中々六ケ敷

近5一書翰受取渡　不致候テハ国王へ復命イタシ候ヿ不相成ト云テ尽ク必死ノ様子三度迄彼是掛合候処中々六カシク

近5一書翰受取渡し 540 不致候ては国王へ復命致　し 541 候事不相成と云て 542 悉く必死の様子三度迄彼是掛合候処中々六ケ敷

ニ付其趣江戸へ申上ル七日ニ江戸ヨリ事穏便　致　シ書翰受取　候様　御達　ニ付即日異船へ其趣ヲ申通シ　七八

依て其趣江戸へ申上る七日　江戸より事穏便に致　し書簡受取　候様　御沙汰に付即日其趣　異船へ申通

依テ其趣江戸へ申上ル七日ニ江戸ヨリ事穏便ニイタシ書翰受トリ候ヤウ御達　ニ付即日異船へ其趣　申通シ候

543 依之其趣江戸へ申上る七日 544 ニ江戸より事穏便に致　し 545 書翰受取　候様 546 御達　ニ付 547 即日異船へ其趣　申通 548 候 549 処

日ノ両日受取渡シノ手筈懸合致候事彼申ニ書簡御受取ニ相成程　ナク返簡御遣シ　相成候義カ　此方答テ　夫レハ
、、、、、、、、、、、、、、、、、、、、程　なく返簡御遣し　被成候儀か　此方答に　夫、は
ホトナリ返翰御遣、ニ相成候義カ　此方答テ云夫レハ
程　なく550返翰御遣し、551相成候儀か552と云此方答に、夫、は

急　ニハ出来申間敷由申候処彼曰左様ナレハ本国　書翰別ニ下書持参ス先ツ此度ハ此ノ下書ヲ渡シ可申　候弥
急　に、出来申間敷由申候処彼云左様なれは国王の書簡、に下書あり　先つ此度は、、下書を渡し申へし、弥
急々ニハ参リ申間敷由申候処彼云左様ナレハ国王ノ書翰別ニ下書アリ　先ツ此度ハコノ下書ヲ渡シ可申　イヨ／＼
急、553にハ出来申間敷由申候処彼云左様なれは国王の554書翰別に下書あり　先つ555此度は此　下書を渡し申へし　弥

御返簡御出来ノ上本書ハ御返簡ト引換　ニ可致ト云ニ付色ゝ手段ヲ設ケ懸合候テ漸ク　此度ハ書翰ハカリ渡シ返書
、返簡　出来の上、書、、、、、引替　に可致と云、右種々手段を設け掛合、、漸、　此度は書簡而已　受取返簡
返簡　出来ノ上本書　引カヘニ可致ト云　右種ゝ手段ヲ設ケ掛合　ヨウ／＼此度ハ書翰ノミ　受取返翰
556返翰　出来の557上本書　引替　に可致と云　右種々手段を設け掛合　漸　此度は558書翰而已　受取559返翰

ハ追テ取リニ参リ候筈ニ約束相整ヒ弥　明九日受取ヘク振　ニ相成　候事
は追て取、に参、候筈に約束致　し漸々　明九日受取へく振合に致　し候、
ハ追テ取　ニ参リ候筈ニ約言イタシイヨ／＼明九日受取ヘク掛合ニイタシ候ヿ
は追て取　に参、候筈ニ約束致　し560弥　明九日受取へく振合に致　し候、

＊再、近5「リ」は「ク」の誤字。

近6一始終懸合ノ節ハ使節上官ノ者ハ対面不致　副将ノ者ノミ出席致シ候ヿ
近6一始終掛合之節者使節上官の者は対面不致　副将の者、出席致し候事
近6一始終掛合ノ節ハ使節上官ノ者ハ対面イタサス副将ノ者　出席致シ候ヿ
近6一始終掛合之561節ハ使節上官之者は対面不致　副将の者　出席致し候事

近7一此後返簡受取ニ参リ候時　ハ　日本王ノ書簡ヲ守固シ返リ候ヿ故　少人数ニテハ日本　ヲ敬スルニ当ラス右故
近7一此後返簡受取に参、候時、□日本王の書簡を守護し帰る、ど故　小人数にては日本　を敬するに当らす右故
近7一此度返翰受取ニ参リ候セツハ□日本王ノ書翰ヲ守固シ返リ候ヿユヘ少人数ニテハ日本　ヲ敬スルニ当ラス右故
近7一此後562返翰受取に参、候時563は□日本王の書564翰を守護し帰565り候566事故　小人数にては日本567国を敬するに当らす右故

軍船数艘仕立テ尚更大軍船二艘程　引連レ参ルヘク　候此度ハ我　国王ノ書翰故　此　位　ノ人数ニテ参リ候由　申
、、数艘仕立、尚更大軍船に、程　引連、可参　、此度は我　国王の書簡故　これほどの人数にて参、候由　申
軍船数艘仕立テ尚更大軍船二艘ホト引連レ参ルヘケレ𪜈此度ハ我カ国王ノ書翰ユヘコレホトノ人数ニテ参リ候ヨシ申
568軍船569数艘仕立、尚570又大軍船571二艘程　引連、可参　、此度は我、国王の書572翰故573是程　の人数にて参、候由　申

候、事
候
ス
候

近8一フレカツト軍船大砲二十四門蒸気船大砲八挺位各野戦筒　数挺ヲ用意アリ久里浜夷人上陸ノ時往来共　送リ迎
近8一フレカツト軍船大砲廿　四門蒸気船大砲八挺位各野戦筒も数挺、、、あり栗浜、、上陸の時往来とも送り迎
近8一フレガツト軍船大砲二十四門蒸気船大砲八挺位各野戦筒モ数挺　アリ栗　浜異人上陸ノ時往来𪜈　送リ迎
近8一フレカツト軍船大砲廿　四門蒸気船大砲八挺位各野戦筒も数挺 574　あり栗　浜 575 異人上陸の時往来とも送り迎

ヒ致　シ蒸気船へ上リ船中大体一見致　シ候処外　ヨリ見候ヨリ内ノ様子広大ナル事　ニテ一ト目ニハ見限　レ不申
ひ致　し蒸気船へ上り船中大抵一見致　し候処外　より見候とは相違にて広大なる物　にて一、日には見限られ申さ
ヒイタシ蒸気船へ上リ船中大躰一見イタシ候処ソトヨリ見候トハ相違ニテ広大ナルモノニテ一ト目ニハ見限ラレ不申
ひ致　し蒸気船へ上り船中大抵一見致　し候処外　より見候とは相違にて広大なるものにて 576 一、577 目には見取られ 578 申さ

＊修、近7「艘」は改「艘」だが、修原本「船」を訂正。改、近7「に　程」に（マヽ）とルビ、「二艘」の脱字。修、近8「挺」574は改「挺」だが、修原本「船」を朱に「挺」の墨書訂正。改、近8「日」は「目」の誤字。

候蒸気　車輪等ノ仕掛ケ是又　広大ニテ更ニ相分リ不申候

す▲、蒸気船○車輪の▽仕▽掛▽等▲、是又　広大にて更に相分り不申候

蒸気、車輪等▽ノ▲仕▲掛▲　是△マ△タ広大ニテ更ニ相分リ不申候

す▲蒸気船○車輪▽の▽仕▽掛等▲　是又△　広大にて更に相分り不申候

近9一書簡受取　渡　相済　後異人悦喜ノ様子ニ　相見ヘ申候本船ヘ返リ候時送リ参リ候処直ニ酒ナトヲ出シ飲セ

近9一書簡受取　、相済　候○後異人悦喜の体△　にて○、、、、本船へ返り候時送り参、候処直に酒、、を出し、、

近9一書翰△受△トリ△渡○　相△スミ△候後異人悦喜ノ様子ニ、相○見○ヘ○申○候○本船ヘ返リ候𪜈△送リ参リ○候処直ニ酒　ヲ出シ

579|近9一書翰受取△　580|渡し○　581|相済△　候後異人悦喜の様子ニ　582|相見、申候本船へ返り候時送り参、候処直に酒　を出し

ラレ申　候船中一見シテ暫ク手間ヲトリ返リカケニ相成　リ離　杯ヲスヽメルト云テ又酒ヲ　出サレ申候

、、申　候船中一見して暫く手間、取△、、、、候節△も離れ○盃を勧△めると、て又酒を　出し△、、候

申○シ候船中一見シテ暫ク手間　トリ△返○リ○　候セツ△ハ△離、杯ヲスヽメルト云テ○又酒ヲ差出○、候

申、候船中一見して暫く手間　583|取△帰、　候節△も離　584|杯を勧　585|めると云て又酒を、出　586|申○候

近10一書簡受取渡ノ節　ハ何ニカ六　ケ敷　事　テモ言レルカト存シ大　心配致　シ居候処何モ言事　ナシ

近10一書簡受取、之節△　何、か六ツ○ケ敷　とにても申△　候やと、、大に○心配致　し　候処何、、とも△なく安心致

近10一書翰△受取　ノ△セ△ツ△　何　カ六、カ△シ△キ△ヿ、テモ申シ○候歟ト　大、心配イ△タ△シ居○候処何　ヿモナク安心イタ△

587|近10一書翰受取　之△節△　何　か六　588|ケ△敷△　589|事　590|など△申　候△　591|哉と　大に○心配致△　592|し居候処何　593|事△もなく安心致

只書翰ハアメリカ語フランス語漢文和文ト四通リニ認メアル由申候事
し候　なし
シ候　なし
し候　なし

近11一右受取ノ席ハ上段ノ間使節上官副将二人〆　四人此方ニテハ奉行二人応接掛リ　与力四人通詞一人皆是　モ
近11一右受取之席は上段の間使節上官副将二人合て四人此方にては奉行二人応接掛りの与力四人通詞二人皆是　も
近11一右受取ノ席ハ上段ノ間使節上官副将二人〆、四人此方ニテハ奉行二人応接掛リ、与力四人通辞一人皆コレモ
594 近11一右受取之席は上段の間使節上官副将二人都合 595 四人此方にては奉行二人応接掛りの与力四人通詞 596 一人皆是　も

上段ノ間ニ上ル組頭ハ下タノ間与力七人同断ナリ
上段の間に上る組頭は下段の間与力七人同断、、
上段ノ間ニ上ル組頭ハ下タノ間与力七人同断
上段の間に上る組頭は下段の間与力七人同断

右五名ヨリ聞ケル所深秘ニ付不免他見
なし
□□右五名ヨリ聞ケル所深秘ニ付不免他見
□ 597 右五名より聞ける所深秘ニ付不許他見

598 （続通信全覧類輯／有所不為齋雑録）

右に与力聞書各稿本各項表記の展開異同について、初稿の表記が削除され改稿となり、さらに削除された表記を再び採用また変更補足して修訂本の基になった再稿に至る次第をみた。現在流布している修訂本各項目構成は、改稿本の項目構成により決定された。四稿本対校「与力聞書」校本を作成して気づくのは、或る改稿本表記を決定するため或る与力聞書初稿本表記を大きく削除し、別の与力聞書に移動し倒置補足等処理を施しできている特異な箇所があることだ。

それは与力聞書一六号文書「米人闖入一件」の箇所にある。ペリーの開国交易を迫った在り方に砲艦外交の謂があるが、この箇所には開鎖のテーマに何を問題にしたのかが表現されているとみる。この椿事には武家の一分が威嚇されれ幕府の威厳（国体）が揺らいだ意味があり、一五年後の幕府崩壊（攘夷を余所に勤王倒幕に傾く）の原因があるとみる。ペリー来航には、その開国圧力により江戸の都市機能停止に伴い、国家治乱の境に立つとの危機意識が醸成された。与力聞書「米人闖入一件」の意味とは、武家の一分が威嚇され幕府の国体が揺らいだと書いた。武士の一分とは、戦国の世を治めるため太平の世は教育によって達成される理念の基、儒教の徳義に依る。国書授受の場でペリーの身の安全を確保するため士官が押し込み、徳義をもって臨んだ幕府奉行を剣付鉄砲を持って威嚇したのである。ここに与力聞書の流布により、幕府の権威失墜が明白となり、武力で倒幕に至る扉が開かれる衝撃的意味が存在するのである。この衝撃の核心を一六号文書本文表記の形成展開過程とその受容という視点から左にみる。

一、当時の状況を語る文献の原拠

高橋恭一氏は「浦賀奉行与力よりの聞書（黒船来航見聞実記）[註1]」において与力聞書写本を翻字し、

日本側の記録（ペリー艦隊来航の）であるが、その数は相当あるようであるが大体内容は同一のもので、（省略）その原拠となるものは直接その応接に当った浦賀奉行与力五人の聞き書であるらしい。（省略）尾崎行雄翁が秘蔵した筆写本「米夷留舶秘談」六巻（省略）その第一巻に記された与力五人の聞き書を写して参考に供したい。これによれば、当時の外交政策として穏便主義一点張りで秘密主義を堅持していたこともよくわかる。さらに彼我の精意が疎通せず、ために誤解・邪推とりどりに織りなされている。アメリカ兵の行動に対する日本人の憤慨を語り、また沿岸防備の不用意不備など為政者の痛いところをついている。（省略）これら五人（合原・飯塚・樋口・香山・近藤）の聞書は日本側の記録に大抵記されている（省略）。

当時の状況を語る文献の原拠が、この聞書であるらしいと推定している。この点、岩下哲典氏『「ペリー来航予告情報」と中央政局の動向』[註2]で、入手していた浦賀奉行の「ペリー来航予告情報」は、与力に秘匿してついに事実の追認資料としてしか活用されない結果となった。その註（63）

前掲「大日本古文書」幕末外国関係文書之一、六五頁（一六号文書樋田第二項）。なお引用部より前の方では、幕閣がペリーの来航を昨年オランダ人から提供された予告情報で知っていたにもかかわらず「ことごとく秘密に」して何の対応策も講じなかったこと、筒井政憲がさかんに建議したが、幕閣は取り合わなかったこと、昨年暮れに四家へ情報を廻達したとき、浦賀奉行へも同時に廻達されたが、奉行はそれを秘して与力にも見せなかったこと、二、三月に「紀伊守殿より御手当伺[向の誤]御申出之処、一切御取用無之」であったことを述べている。この史料辺りが、勝や福地、蘇峰などの主張の根拠になったとも考えられる。

勝海舟には「海軍歴史」「陸軍歴史」「開国起原」、福地源一郎には「幕府衰亡論」、徳富蘇峰には「近世日本国民史」著述の根拠を語る。ペリー来航の衝撃の大きさを語るのである。

二、久里浜応接場米人闖入一件の本文表記形成

勝達に衝撃を与えた与力聞書が語るペリー来航の事実の核心は、応接場の米人闖入一件である。銃を持った上官が使節護衛のため国書授受の応接場に押し入った椿事である。各稿本がどのように表記しているか、とりわけ初稿・雑録本の表記が改稿・類輯本に至り大きく削除され、再稿・雑記本を経て修訂・古文書本に表記が集約された次第を見る。一行目初稿本、二行目改稿本、三行目修訂本（再稿本表記は修訂本に近いため省略）である。まず諸稿本ほぼ同表記の初稿・修訂本香山第一二項、改稿本同第一一項から引用する。ルビの△は表記変更、丶は削除、○は補足、

12使節上官副将四人分上段ノ間へ曲ロクヲ設ク奉行ハ将几へ腰ヲカク対面一切応接ナシ只受取渡シノミナリ
11使節上官副将四人分上段の間へ曲ろくを設け奉行は床几に腰をかけ対面一切応対なし只受取渡　而已也　其節
12使節上官副将四人分上段の間へ曲録　を設け奉行は床几に腰をかけ対面一切応対なし只受取渡　而已也　其節

イポレツトヲ付ケ候者廿　五人ドヤ〳〵　押込上段ノ間へ上リ使節ノ後　へ立チ塞　ル何レモ六挺仕掛ノ筒
イホレツトを付　候者弐拾五人どや〳〵　押込上段の間へ上り使節のうしろへ立　ふさかる何れも六挺仕掛の筒
イホレツトを付　候者弐拾五人どや〳〵と押込上段の間へ上り使節のうしろへ立　塞　かる何れも六挺仕掛の筒

ヲ持チ劔　帯ス（二行割註省略）
を持　劔　帯す（二行割註省略）
を持　劔を帯す（二行割註省略）

稿本間に表記の異同が多少あるが、諸稿同表記とみる。次は大きく表記の異同がある用例である。初稿本合原第一五項、改稿・修訂本同第一一項から引用する。

15一幕之内へ繰リ込ム前日懸合ニハ異人上官共弐拾人程ニ而上陸之筈之処案ニ相違し（ママ）大人数上陸ス
11　、、、、、、、、、前日掛合には、、上官共廿人程にて上陸の筈の処案に相違し大人数上陸、、
11　前日掛合には　上官共廿　人程にて上陸の筈の処案に相違し大人数上陸

削除があるが表記は、ほぼ同じである。次の初稿本合原第一六項は、改稿・修訂本同第一一項で削除する。その削除した表記を樋田第六項に「久里浜応接場米人闖入一件」として移動集約するのである。その次第をみる。片仮名平仮名混用は原文のまま、以下同じ。

16一小屋之内上段之間へ上官将官副将通リ奉行両人相対して座ヲトル下之間へハ組頭辻茂左衛門応接掛五人連座
11　、、、
11
其外一切人ヲ不入請取候積リ之所右上官等上段之間へ通ルト直様　六拾人程押込上官ト奉行之脇へ立塞
、、、、、、、、、、、、、、、、、、、、、、、、、、、、　其上不意に六十人計押込、官　奉行の脇　、塞
其上不意に六十人計押込上官　奉行の脇　立塞

リ上官ト奉行之方を見張リ居ル此方何レモ仰天シ彼是制　候ハハ直ニ奉行　虜ニ　サレルモ難斗　其儘ニ致

り　　　　　此方何れも仰天し彼是制し候ハヽ直ニ奉行を虜にもすへき、様子故其儘に致し置

り　　　　　此方何れも仰天し彼是制し候ハヽ直に奉行を虜にもすへき　様子故其儘に致し置

候由「右六十人之者何レモ剣ヲ佩シ[1]（六挺仕掛之ビストールヲ持何レモ玉ヲ込メドンドロ仕掛ニ而打ツバカリニ

候

候

致シ扣居ル）此方ニ而ハ込筒ハ壱挺も無之奉行近クにハ五六人着座スルノミニ而[2]（如何ともスル事ナシ畢竟穏便

穏便カ主トナル故右様之振舞ナサレ大ニ膽ヲ奪ハレル事残念言ハン方ナシ）」

右の削除した後半「右六十人云々」以下の表記が樋田第六項に集約される。諸稿共項目立ては、樋田第六項で同じだが表記は大きく異同がある。

6一九里浜上陸ノ夷人ノ　　クリヤリ調練ノ能ク整ヒ候事其美　事ナル事言語ニ述難　シ一同幕中エクリ込
6一九里浜上陸　、、、、人数は繰　出し調練、能、整、、、其美しきと、、、言語に述かたし一同幕内へ入り込
6一九里浜上陸の異人　人数之繰　出し調練　能　整ひ　其美、、、なる事言語に述かたし一同幕内へ乗り込
ミ入口ノ前へ一行ニ列ヲナス上官将官副将小屋ノ内ニ入ルト直様　六　十人程トヤ／＼ト蹈込ミ上段ノ間ニ立塞
、入口の前に列を一行に立　上官将官副将小屋の内へ入　、と直に　六　十人程俄に　蹈込、上段之間へ立上
入口の所に列を一行に立　上官将官副将小屋の内へ乗込と直に　六七十人程俄に　踏込　上段之間へ立塞
ル何レモ剱ヲ佩シ　六挺仕掛　筒　打ツハカリニ致シ詰込ム　此方下タ
り何れも剱を佩ひ㋐（六挺仕掛のヒス　ウルに玉を込めすはと云ハヽ切て放つ勢ひにて睨ミ控ゆる）　、、下、の間
る何れも剱を佩ひ　六挺仕掛のヒストヲルに玉を込めすはと云ハヽ切て放つ勢ひにて睨み扣ゆる　下　の間
ニ列座スル組頭幷応接掛役等　蹈ミツフサレ候位ノ勢　ノ由奉行　応接掛ヲ招テ是エ上　レト申ニ付　応接
に居　る　、、、応接方　、、既に蹈　倒さるゝ　程の様子、奉行見兼、、、、、、、、、上かれと申、付漸々、、
に居　る　応接方　既に蹈　倒さるゝ　程の様子　奉行見兼　是へ上かれと申　付漸ゝ
役奉行ノ脇エ上リ候由　右ノ勢　ニテ如何トモスル事能ハス其儘ニ致シ置キ
、上段之間へ上り　、、㋑（其場を凌き候程のと　にて大に胆を抜れ中々指留ると　抔出来不申一同無念の歯かみをな
上段之間へ上り　其場を凌き候程のと　にて大に胆を抜れ中々差留る事　抔出来不申一同無念の歯かみをな

したるのみ是と申も全く公辺穏便のみを御沙汰厳き故たま〳〵鉄砲はあれとも玉を込す火縄に火を付す大に異人
したるのみ是と申も全く公辺穏便の　御沙汰厳敷故たま〳〵鉄炮はあれとも玉を込す火縄に火を付す大に異人
香山栄左衛門書翰ヲ受取リ戸田奉行エ渡ス奉行一礼シテ受取　書
共に威を示され返す〳〵も無念のとに候）扨香山栄左衛門書簡、受取、、、奉行に渡す奉行一礼して受取の儀、
共に威を示され返す〳〵も無念のとに候　扨香山栄左衛門書翰　受取　奉行に渡す奉行一礼して受取其儀
付箱入リ先方エ渡シ事済ム〈八日ノ懸合ナリ〉
相済
相済

ルビの▽▲は倒置、〈 〉は二行割註、（①②）（㋐㋑）は便宜的に付けた。以上が久里浜応接場米人闖入一件の全表記である。改稿本樋田第六項に此の一件を集約するため、初稿本合原第一六項の表記①②が削除された。初稿本樋田第六項に①をもとに㋐が、②をもとに㋑が補足されたのである。改稿本樋田第六項㋐㋑の表記は、改稿本合原第一一項で削除した初稿本合原第一六項①②をその順序にまた表記を倒置等処理補足して本文表記が形成展開しているのである。[註3]ここに開国に至る鎖国日本の財政難から戦備を惜んだ怠慢から徳義を持って臨んだ武家の一分が威嚇され幕府の国体が揺らいだ衝撃を語り、筒井の度重なる建議に耳をかさず応接場に踏み込まれた恥辱を集約して当局を指弾し

ているのである。闖入した「六十人」（諸稿合原）を「二十五人」（諸稿香山）と表記するが、修訂本樋田第六項のみ「六七十人」とある。修訂本の原本「幕末外交文書集」[註4]には、初稿・改稿・再稿本すべて「六十人」とある所、「六七人」と「十」を「七」に表記変更した。ここには此方が仰天し肝を抜かれた国辱と認識した事実を、意図的に過小評価した表記が修訂本に残存するに至ったのである。

三、幕末における米人闖入一件の受容

改稿本によって表記の体裁が整い再稿本を経て、修訂本の出版により近現代において史料引用されるに至った。まず幕末においてどのように受容されたかみる。再稿本系「亜墨利加軍艦渡来秘譚」[註5]は、本文末尾に「癸丑七月一七日脱藁」と書写年月日があり、附言に異人の狼藉を語り、その後二字下げで

右者横須之者咄候趣芳野氏より伝聞之儘爰ニ附録すしかしなから是ハ我国戦闘を好む者我国人を激せしめんか為の虚言成よし浦賀人申候

附言が語る異人狼藉は虚言とみる。一方で合原・樋田・香山三与力が本文で語る米人闖入一件は、事実として認知されている。与力聞書には、本文とは別に久里浜仮小屋之図（○）が八写本に、さらに米人闖入一件を意図した対顔小屋ノ図（◎）が四写本に付く。

系統	写本	派生	○	◎	備考
A初稿本系①雑録本	②記聞本		○		（掲示写真⑩参照）
	③玉里本補筆				
B改稿本系④類輯本	⑤内閣本		○	◎	（掲示写真⑪参照）
	⑥雑件本				
C再稿本系⑦雑記本	③玉里本本文		○	◎	（掲示写真⑫参照）
	⑧一件本		○	◎	（掲示写真⑬参照）
	⑨秘譚本		○		（掲示写真⑭参照）
	⑩秘談本		○		（掲示写真⑮参照）
		⑪舶記本	○	◎	（掲示写真⑯参照）
	⑫新聞本				
	⑬始末本				
	⑭雑集本				
	⑮片葉七本	⑯片葉本	○		（掲示写真⑰参照）

与力聞書受容史の観点から右二図（久里浜仮小屋之図・対顔小屋ノ図）をみるに、ペリー国書授受に係わる久里浜応接の視覚化に限定される内容である。特に対顔小屋ノ図では、添付史料⑤のみ「異人」（掲示写真⑪参照）とあるが、③⑧⑪に「押込異人」（掲示写真⑫⑬⑯参照）とあり⑤の「異人」も米人闖入一件を事実として「押込異人」を伝承していることが判明する。右二図の成立は、与力聞書本文表記の体裁が整った改稿本に添付されたと推定する。中でも「押込異人」が視覚化された「対顔小屋ノ図」の存在は、鎖国日本に押し寄せた開国の怒濤の象徴としてまた事実

として受容されたとみるのである。

四、近現代における米人闖入一件の受容

「アメリカ使節応接始末」（⑬始末本）を収録した「村上忠順記録集成」の「嘉永記」解説[註6]に「ところで、いよいよ栗浜においてアメリカ大統領よりの書翰を受け取ることになるが、受け取りの場所として上段の間・下段の間を設け、上官は上段の間に着座することになった。いよいよ一同が会場に入り、上官・将官・副将などが入場すると、これと同時に六〇人程の兵がにわかに上段の間に踏み込んで立ち塞がり、何れも剣を佩しピストルを構え、すわといえば撃って放つの勢いで睨んで控え、下段の間の応接方は踏み倒されるほどであった。この息詰まるような緊張した様子の記述は目新しい。」と口語訳で紹介する。

近現代における右の受容をみるに、岡千仞「尊攘紀事」には単に「彼理兵の護衛を従へ、館に入り位に就き、国書方物を進む。」とだけあるが、「訂正尊攘紀事補遺」[註7]には

簇擁入館。館隘遏衛兵進入。不聴。戸田井戸二官出迎礼揖。彼理不敢答礼。直就賓位。二童子捧国書。二壮夫介之。授受儀了。

簇擁（ソクヨウ）して館に入る。館隘（せま）く衛兵の進入を遏（とど）むるも、聴かず。戸田井戸二官出迎へ礼揖（イフ）す。彼理（ペリー）敢へて答礼せず、直に賓位に就く。二童子国書を捧げ、二壮夫之を介（たす）け、授受の儀了（をは）る。

頭註に「無礼不遜、一至此」とあり、ペリー衛兵の驕傲な応接所闖入を「簇擁して館に入る。…衛兵の進入を遏むるも聴かず。戸田井戸二官出迎へ礼揖するも彼理敢へて答礼せず。」と明記する。尊攘論者からみた国体の侮辱をテー

マに慷慨を吐露する。「尊攘紀事」になかった米人闖入を表記した類輯本は、外務省で明治一八年末に出来、同二一年が編纂の下限である。[註8]岡の一覧した与力聞書は、或いは明治七年五月五日に太政官歴史課で添川鉉之助から借り受けた有所不為齋雑録三二冊からであろうと推測する。[註9]

中村勝麻呂「井伊大老と開港」[註10]では、「久里浜応接の時は、双方事情に通ぜざることゝて、殺気充満の体なりけるが、何等の事変も無くて、両国親交の端を発きしこそ、いとも目出たき事なりけれ」と自ら編輯した修訂本樋田第六項（「六七十人」は「六七人」と意図的に過小評価した表記が諸稿本「六十人」に留まらず反映している。）を抄録する。彦根藩士であった中村は、外務省編纂事務嘱託主任として与力聞書古文書本の原本「幕末外交文書集」の編纂にあたり、さらに東京帝国大学文科大学史料編纂掛として「幕末外国関係文書」編纂に関与した。不測の事態（闖入一件による国内の鳴動）にめげず開港を断行した井伊の決断が、維新の扉を開いた功績を顕彰する。

渡辺修二郎「阿部正弘事蹟」[註11]では、「会見ノ際、米兵数十人会見所ニ闖入ス。」（修訂本樋田第六項・香山第一二項を頭註で指示）を掲げ、福山藩生まれの渡辺は、穏便な開国政策を軸に彼我国力の差異、世界の大勢に開国やむなしとする阿部の戦端を開かない政策が国の存続をもたらしたとみる。

徳富蘇峰「近世日本国民史　開国日本」[註12]に、修訂本樋田第六項を表記変更して引用し「要するにいずれもわが不準備・不用意、全く彼に致されたる」結果、開国へ展開し攘夷から討幕へ方向変換した点に、植民地化をまぬがれ余毒を余恵たらしめた動向をみた。米人闖入により幕府威信が失墜し、与力聞書流布が討幕へ拍車をかけたのである。

井野辺茂雄「新訂維新前史の研究」[註13]では、与力聞書に限定すると、修訂本合原第八項（腫物にさはる・四家の人数は岸上にて見物するのみ）を抄録し米人闖入を語らず。国書提出の際に「白旗二旒」を奉行に贈るに「白旗書簡」をも添付したペリーの威嚇を語るのみである。

ペリー来航より九〇年たった戦後、米人闖入一件の史料引用は終息した。高橋恭一氏の再稿本系写本「米夷留船秘談」の翻字を「浦賀奉行」[註14]の口語訳では、秘談本の誤字（彼船）を修訂本で訂正（役船）紹介し、修訂本以外の写本の存在意義を世に知らしめた受容史上の価値がある。与力聞書が特異な表記により日米開国交渉の実態を活写していることを平易に記述し、与力聞書史料引用の世界に一石を投じたのである。平成一〇年代には「白旗二旒」交付は、白旗伝説として「白旗書簡」の真贋問題が展開する。[註15]平成一二年にはペリー来航予告情報[註16]をテーマに、その別段風説書の廻達が、江戸湾警備四藩へなされた史料を与力聞書に求め、従来にない史料引用となった。

註1　横須賀市自然・人文博物館「横須賀市博物館研究報告（人文科学）」六号所収。
註2　「幕末日本の情報活動―「開国」の情報史―」平成一二年一月雄山閣出版発行、第一部第二章第二節、九一頁参照。
註3　初稿と改稿との詳細は「東洋文化」復刊第一〇五号の拙文「与力聞書一六号文書成立の研究序説」を参照されたい。
註4　東京大学史料編纂所所蔵「幕末外交文書集嘉永6年6月一」所収。
註5　神奈川県立公文書館所蔵「亜墨利加軍艦渡来秘譚」参照。
註6　村瀬正章氏編校訂「村上忠順記録集成」平成九年九月文献出版発行、二二頁参照。
註7　岡千仞著「尊攘紀事」明治一五年八月鳳文館発行、巻之一、一ウ参照。「訂正尊攘紀事補遺」明治一七年五月同発行巻之一、二オ・ウ参照。
註8　田中正弘氏著「近代日本と幕末外交文書編纂の研究」第二部第一章第四節二四〇頁参照。
註9　拙著「添川廉齋―有所不為齋雑録の研究―」第一章第一節「(1)内閣文庫所蔵抄録写本」参照。
註10　中村勝麻呂著「井伊大老と開港」明治四二年七月啓成社発行、四九・五〇頁参照。
註11　渡辺修二郎著「阿部正弘事蹟」明治四三年七月著者蔵版発行、上、一三三・一三四頁参照。

註12　徳富蘇峰著「近世日本国民史　開国日本（二）」昭和二年一二月脱稿、講談社学術文庫昭和五四年四月発行、一二三頁参照。

註13　井野辺茂雄著「新訂維新前史の研究」昭和一七年九月中文館書店発行、第九編第三章開国、四九六・四九七頁参照。

註14　高橋恭一氏著「浦賀奉行」昭和五一年五月学芸書林発行、一一〇・一一七・一一九・一二〇・一二六・一二七～一三〇・一三三～一三五頁参照。

註15　平成一三年「中学社会　新しい歴史教科書」扶桑社版のコラム「ペリーが渡した白旗」が、一一九号文書を事実とし、中学歴史教科書の記述をめぐり歴史学会との間に論争が起きた。与力聞書本文には、白旗書簡の記述は存在しない。秘談本飯塚第一九項末尾行替え一字下げの「白旗弐流」と「白旗書簡」の風説が挿入されたのは、未曾有の開国圧力に直面した当時の恐慌、社会の閉塞感を語るものとみる。

註16　「ペリー来航予告情報」とは嘉永五年六月五日長崎に赴任した新商館長ドンケル・クルチウスによってもたらされた咬𠺕吧都督職之者筆記や別段風説書の史料群により明らかになった事実である。この史料群は有所不為齋雑録に収録され、勝安房著「開国起原」（明治二六年一月宮内省版）巻上の冒頭にも掲載される（拙稿『和蘭告密書御請取始末』の研究―史料の検討とその授受を通してみた幕府政権中枢との情報ネットワーク」参照）。岩下哲典氏は『ペリー来航予告情報』と中央政局の動向」で、「ペリー来航予告情報」の伝達に与力聞書を引用された。岩下氏の与力聞書史料引用には、際だった偏向がある。それは①樋田第二項の発言者・樋田多太郎を、飯塚久米三郎が悔し紛れに幕府に報告したとする事。ここに「白旗書簡の出典と与力聞書」の問題がある。それは「異国船見聞記」（神奈川県立図書館蔵、現同県立公文書館か）の「飯塚久米三郎より聞書」末尾の一文は、該当する初稿同聞書第二一項・改稿再稿同第一九項に存在しない。再稿本系の秘談本には、問題の「或ハ云」の風説が行替え一字下げで表記される。後の風聞挿入を与力聞書本文と誤り、ペリーの白旗書簡の風説を「飯塚久米三郎より聞書」が源流と誤解する。②吉田松陰「二十一回叢書」に記載される海保帆平の「飯塚久米三郎か話」に白旗の提示があるため、「異国船見聞記」の筆者を海保とみる。③与力聞書・玉里本の奥書に「水戸皆保帆平」とあり、再稿本系本文の行間に初稿本系細字を補筆した玉里本成立の経緯が判明したとして、「与

力聞書」原本の筆者を海保帆平と強弁するのである。

ロ 「与力聞書」諸写本翻字

「海防名応接記」（玉里本）（鹿児島大学図書館玉里文庫 所蔵）

玉里本は雑記を底本としているらしく、改稿本との相違をみて、表記の淵源を求めた。
注記は二字下げので示した。
独は独自表記、雑は雑記、初は初稿本、秘は秘談本記は記聞本による。

玉里ノ

（浦賀興力

合原惣蔵ヨリ聞書

1 合原

一嘉永六年丑六月三日未中刻蒸氣船二艘軍船
二艘迅速ニ乗込千代ケ崎ヲ乗コヘ観音崎近
近乗付蒸気船二艘ニテ軍船ヲ引キキタル其
速ナルヿ飛カコトシ諸方注進舟ヲ遥ニ乗コ
ヘ不圖入津ニ付浦賀中ノ騒キ鼎ノ沸ガ如シ

2

一浦賀与力中嶋三郎助并ニ合原猪三郎当番ニ
付乗リダシ異船ヘ近付候処異船乗込候トテ
舟ヲ逆ニ操戻シ候手際其神速自在ナルヿ耳
目ヲ驚シ候扨上船ヲ許サズヨウ々掛合通詞
一人應接掛り二人上船イタシ浦賀ハ異船入
（興力
津国禁ナリ長崎ヘ来ルヘク旨申聞セ候処異
用アラハ肥前）
人曰国禁ノ義ハ元ヨリ知ル処ナリ去ナガラ
浦賀江罷コシ用弁イタシ候ヨウ我国王ノ命
ナリ其方等タリ圧王命ナラハイカナル国禁
ノ場ヘモ可行申臣下タルノ道ナラスヤト申
此方曰ミカラバ何用アリテ渡来スルヤ異人

3

曰此度入津ノ義ハ国王ヨリ日本王江呈シ候書翰ヲ持来ル也早ク高官ノ者ノ請取ニ可参候モシ又コノニテ取上於無之ハ直様江戸乗込将軍家直呈可致ヤト云依テ此方答ニハ何分コヽニテハ裁判イタシカタシ何レニモ江戸表相伺命令次第ニ取計ヒ可申ト云異人曰江戸ハ是ヨリハ僅半日斗ノ里数ト聞及右返答遅ニ相分候ヨウイタシ度候扱等本国ヲ出帆ヨリ日数割詰ニテ繁リ候間コヽニテ空ク日ヲ送リ居候義迷惑ナリ早速返答承リ度候ヨシ中此方答ニハ総テケ様ノ義ハ夫々重位ノ人ノ手ヲ経テ御伺ニ相成候事エヘ年数モ掛候何ホト急キ候テモ五六日モ相カヽリ可申先夫迄ハ相控候ヨリト申諭シ候処彼事云江戸ノ命令次第ニテ深キ所存モ有之也五日位ハ待居候ト云

一　漂舩中新水事ト求ミク候ハヽ送リ遣シ可申由相尋候処彼云万端本国ニテ手厚ク用意何モ不足ナシ右事ノ無ハハ不申ト云

2

20×20

4 一船ノ大小兵器ノ員數乗組人數等兼リ候処異
人曰我等人數其方ニテ聞タリ共何ノ益ナシ
又此方ニテ申モ無益ナリ且又商船トハ違ヒ
是ハ軍船也右様ノ事可申筈ナシト云ケリ
5 一蘭人一人乗組マタ日本語ヲ遣ヒ候者一人乗
○大蒸気船将官ノ居船ニテ總テノ掛合向
ヲ致ス外三艘ヘハ人ヲチカヨラセス
込居候是ハヤハリアメリカモノト相ミユル
此二人ニテ談語無滞通弁イタシ候事
右船ニハ二十貫目位ノ真丸筒髄アリ十
八貫目ノボンベン筒アリ何レモ勝レタ
ル上品ノ筒ノ由
6 一四艘共ハツテイラ八艘宛アリ三日早天ヨリ
ハツテイラニテ所々漕行キ江戸近ク迄測量
ヲキハメ川越持場観音崎臺場ノ圖ヲウツシ
其上上陸ナサントス役人立イデヨウ々ニ差
押ヘ候是マテ渡來ノ異船トハ度カハリ此方
ヨリ申入義一向取合不申盡ク死ヲカヘリ見
サル者共ト相ミユル
7 一是迄ノ異船ハ此方江掛合ノ上発砲イタシ候

玉里3

知此度ハ左様ノ義無之時暁一発四ツ時一発
○憙一発
夜四ツ時コロ一発ツヽ号砲下リ六日朝ニハ
大炮連発イタシ候事
一江戸兼々御内意ニハ只何事モ彼等ニ気留候
様ノ事有候テハ大事ヲ招ク道理故免モ角モ
穏便ノ取斗専用ニ可致仮令ハ異人上陸イタ
シ民家江立ヨリ候尼格別ノ乱方イタ申不候
ハ一其儘ニ致シ置キ候様番船差出シ彼等加
斛ヲ取差ニモ不及只陸上テ専一ニ守リ居御
的違有之候右様御患ヒ被成候ユヘ浦賀ニテ
毛其義ニナヅミ用バ甚カタカラス番船一双
○此度四艘入津ノ義ハ兼テ蘭人ヲ以テ通
達下ルヿニテ元ヨリ御承知ニ相成居申
候義也当奉行戸田伊豆守老練ニテ候間
ドコマデモ穏便ニ取斗方行届申ベクト
ノ江ノ御了簡ノ由此度（ハ）
モ不差出事之ヘ異船浦賀ヨリ品川辺マテ自
在ニ漕下ルキ四家ヨリ固メノ人数等アキレ
ハテ岸上ニテ見物入ル已夜中ハバツテイテ

ヲ舟ノ前後ニ指タシ警固ス此方ヨリノ火攻
メヲ恐レテノ用心ト相見ル

9

一是マテ異船ノ義ニ付テハ只々上ノ御心配ヲ
恐レ十分ノモノナレハ六七分御心配ニ相成
サルケ條ノミ申上大支ノケ條ハ不ル申上姿
ニ成来居候事ヘ自然ト上ト下トノ了簡喰
違居甚タ嘆息ノ至也

右者當月六日合原ヨリ聞ケル処尚又此度
。徹行ニテ
同氏江聞合校正ス

10

一六日九ツ半時蒸気舟一艘江戸ノ方江向テ
馳ダス先ヘハツテイラ四艘ニテ測量シ行ク
川越ノ一手ニテ指当候処釼ヲ抜キ舟ブチニ
アラハレ寄ラハ切ラントスル仕方ヲイタシ
馳通或ハ釼付鉄炮ニ真丸ヲ込メ此方舟ノニ
三間サキヲシキリニ打ヲドシ通ル川越人数
怒ニ堪ス早舟ヲ以テ浦賀ヘ問合セ只今乗込
候異船輕侮イタシ候振舞忍ヒカタク候一手
ヲ以テ切シツメ可申トノ事尋参ル浦賀ニテ
モ御尤候ヘノモ兼々御内意ハ此処ニテ穏便ニ

玉里 5

11

トノ義ニ候ヘハ不宜タトヘマタ彼一艘ノミ
切シツメ候トテ事スミト申ニテモ無之諸家
申合モ不行届疎忽ニ手タシ致シ却テ補ヲ引
タシ候テハ不宜ル間先々穏便ニ被成候ヨウ
トノ事ニテ有之候且ツ諸家怒ニ不堪シテ若
手出シ杯イタシ却テ大事ヲ引出シ候様ノ義
有之テハ不相成トテ役舟二艘ヲ差タシ異舟
浦賀ヨリモ
ノ跡ニツキ警固イタシ候右役舟ハ陸上ノ見
物人又ハ諸家ニテ疎忽ニ手出シ無之ヨう制
禁スル為ニ指タシ候ヿ異舟ヲ取押ユル為ニ
アラズ右ニ付異舟早舟ヲ以テ只今一艘江
上官ノ居船
戸海東辺候ハ如何ノ趣意ニ候ヤ相尋候処
異人答テ云此度持参書翰御受取ニ不相成節
ハ存意有之ヿユヘ内海等測量致シ候尤晩景
ニハ帰来可申也ト云
右舟冨岡近測量シ七ツ半時スギ元ノ当舟場
江漕戻シ候事
一 九日栗濱ニテ書翰請取ノ義異人江申通シ置

（前日）
キ當日相十リ只今ヨリ參リ候様申通シ候処
早速蒸気船二艘波ヲ分ケ迅速ニ馳セ來リ岸ヲ
隔ルコト十丁斗ニシテ止マル（此処カカサ／ヒロ心カ少）九八
ツテイラ二艘ノ蒸気船ヨリ十五艘卸シテ上
（人數着岸ス二艘岸ノ方ヘ向テ左右ヨリ
空砲十餘發ウツ發是（ハ人數着岸ノ節發砲／シ候義定例ノ由其発）
（砲ノ手際誠ニ／ラマキ着ナリ）
陸終テ太鞁見留等ヲ十ラシ操込ム小屋エイ
ル浦賀人數ニテ固メル小屋ノ左右ヲ彦根川
越人數ニテカタメ何モケイトルニテ備ヲ固
メ（ケイトルトハ鈒付鉄炮ノ事筒目方／二貫五百目ハカリ玉目ハ八匁斗）彦根川
越備ノ前ヲ子リ歩行キ組頭様ノ者鈒ヲ抜キ
指揮ス浦賀人數固ヲ見テ異人共耳コスリヲ
シ或ハ指ザシナト致シ此方人数ヲ嘲弄スル
様子ニ相見ヘ無念イハン方ナシ又異人調練
ノ整ヒ候コ奇妙驚入候前日掛合ニハ上官庄
二十人程ニテ上陸ノ筈ニ候処案ニ相違シ太
人數上陸集上不意ニ六十人斗押込上官奉行
（ス小屋ノ内上段ノ間ヘ上官将官副将通

玉里7

辭奉行両人相對シテ坐ヲトリ下ノ間へ
ハ組頭辻茂左ヱ門應接掛リ五人連坐其
外一切人ヲ不入受取候積リノ処右上官
等上段ノ間へ通ルト直様六十人程押込
ノ脇ニ立塞ル此方何レモ大ニ仰天シ彼是制
シ候ハヽ直ニ奉行廣ニモ相ナルヘク様子ニ
へ其マヽニ致シ置候処先ツ々無事ニテ相ス
右六十人ノ者何レモ劔ヲ帯シ六挺仕懸
ノヒストールヲモチ何レモ玉ヲコメド
ンドロ仕懸ニテ打バカリニ致シ扣居ル
此方ニテハ込筒一挺モ無之奉行ノ近ク
ニハ五六人着座スルノミニテ如何ニス
ルトナシ
ミ候異舟ハツテイラノ方本船江引トリ浦賀
右受取渡シノ前日右相済候ハヽ早々出
帆可致返簡ノ義ハ追而長崎表ヨリ蘭人
ヲ以申通ヘキ旨申候処彼云左様ヲツコ
ラノ下ニハ不及来年又候渡来返詞兼リ
可申候イツレ出帆ハ致シ可申ト云
ニ向テ馳ス軍船ト申合一同出帆ノ義ト心得

12

居リ候処案外軍船ヲ引連レ波ヲ蹴立テ内海
（蒸気船弐艘）
へ乗込本牧ノ前カヘル右ニ付此方ヨリ申
ニハ如何ナレハ約定ヲタカヘ帰帆モ不致却
テ内海へ乗込候ヤト掛合候処異人云此後返
簡受取ニ参ル節ハ日本王ヨリノ返翰持帰ル
事ユヘ数艘引連レ并大軍船モ二艘参リ候事
也是全日本王書翰ヲ敬スルユヘ也依テ右様
ノ節浦賀ハ舟掛リ場宜シカラズ夫ユヘ此辺
（カケ可申候ト存ル）
測量致シ置キ候事也同日大師河原一艘ノ
リ込十日ニハ野島ハツテイラ二艘ニテ漕
ヨセ上陸水ヲ汲ヤントス役人立イデ水ヲ汲
テ与フ此時モ鉄ヲ抜キヒストヲルヲ放テ見
物人ヲ驚カス

一右滞船中出帆可致ム子掛合候処測量未ダ行
ト丶カズユヘ滞留イタシ居候ヨシ答依テ勘
定奉行ヨリ内海滞留ニテハ不穏トモ角モ
引戻シ候様御達ニ付トノ振浦賀迄引戻シ候
様精々掛合候処ヨら々十日朝大津迄引戻シ

玉里 9

猿島近邊金澤マテ盡ク測量ス

13 一十二日朝四ツ時コロ蒸気船二艘ニテ軍船ヲ綱二本ニテ繋キ烟筒ヨリ火焔ヲ吹キ船カ如ク出帆三崎沖ヨリハ火炎コトニ甚シク迅速又倍セリ見ルモノ驚カサルハナシ

14 一彼云本国ヨリ急ゲハ八日九日ニテ此地江着ク此度八十四日目ニツイタルヨシ（海上一万五千里）

一諸家番船少シ異船ヘ近寄レハ鐵付鉄炮ニテ真丸ヲ込メ番船ノ弐三間前海中ヘ打落シ候由

15 一通辞申ニハ彼が来年正月ハ此方ノ十月十一月ノ比ニ当ル左スレハ冬中ハ来リ不申来年二三月ノコロニモ可有ヤ合原云ニハ何分異人申義ハ当ニ成不申何時渡来難斗船数ノ義本国江廿日内ニテ往来致候由ナレハ如何ニ是何十艘ニテ参事ヤ難斗候廟堂ノ御了簡如何ニ候ヤ只トコ迄モ彼等が申処ニ御随ヒ相成居候事ナレハ是近通ノ御手当ニテモ宜ミク候ヘ共其仕義ニヨリ御國威ヲ大切ニ被思召候御了簡ニモ候ヘバ是近ノ姿ニテハ迚

玉里 10

16

モ叅ラサル義ニテ此上御臺場ノ一二ケ所モ
御増位ニテハ人夫ノミ費ニテ何ノ用ニモ立
不申江戸内海ハ勿論ナントカ厳重ノ御備被
仰付タキ義也大軍艦製造モ中々間ニ合申間
シク又一二艘出来ニ相成候共頼ニ相成リ不
申又蒸気船何ホト手厚ニテモ三メ目位筒矢
比ニ引受相放チ候ヘハ必ズ打貫キ可申ト存
候先日丁打ノセツ三百目ニテモミノ木一尺
ニ寸ノ角木ヲ立テ五町手前ヨリ打試候処イ
トヤスク打貫キ申候誠ニ火勢ハ意外ニ強キ
モノト感心イタシ候是ヲ以テ見レハ随分三
貫目以上ノ筒ナレハ異船ハ打砕キ可申ト存
候舟縁ノ厚サ一尺六七寸ニ相見ヘ申候
一ハツテ一ラ四五十間ヨリ十間位ニテ栗
濱ヘ上リ候節ハ大振リノハツテ一ラヘ
八七八十ノリ候

一會津公ヨリ浦賀奉行ヘ使者ヲ以テ此度ノ異
人前々渡来ノ砌トハ事カハリコトコトク諸
方ニテ乱妨日本ヲナイカシロニイタシ候段
心外無此上存候拙者御預リ場江發リ右様ノ

20×20

18　17

義有之バ拙者召連レ候家來ノ者共見留候テ
ハ堪忍致間シク存候万一差起候テハ　公辺
ノ御趣意ニモ背キ恐候左様ノセツハ當手ノ
軍勢ヲ以テ差押ヘ可申間兼テ此段御承知置
可被下旨申來ルニ付（一統御尤ノ被仰越ト）評
判

一昨十二日江戸ヨリ御沙汰ニテハ江戸近海迄
乗込セ測量イタサセ候義不宜トノコト今更
右様ノ義御沙汰ニテハ當惑ノ至リ何ノ間ニ
合ヒ不申候ヤウ存候事

一異船不残チヤンニテ又リ有之候此度ノ炎天
ニテハトロケ居候右ハ火ノ付キ易キモノナ
レハ焼キ討ガ宜シクヤウ存候何卒焼打ノ手
段エ夫イタシ度候事

一細川家本牧ヲ御備ノ時陣隊ヨク整ヒ万
事行届候様相見エルトノ評判

右合原操藏ヨリ聞書終

是ヨリ飯塚久米三ヨリ聞書合原トキリ符合聞
処ノ処ハ抽ノゾミ記ス　相違

玉里12

1
一　蒸気船何レモ鉄バリニテハ無之何カ鉄色ノ
モノニテ塗リ其上チヤンヲ加ヘ候モノ也
車輪ハ鉄ニテ造リ候モノ也大キサ色々ニ申
七トモ五六間スギス候事

2
一　ハツテイラ四五間ヨリ十間位マテノ事大振
ノ方ハ七八十人乗組候水主ニ十人位トモハ
ニ尺位モ高ク五寸廻リノ義尺アリ測量ノト
六
キハ是ヲ両人ニテ見居ル測量スルモノハ先
ニタチ文鎮ノ如クナル金ヘ細キ糸ヲツケ水
ノ目ヲモリ置投込々々測ユク脇ニ筆者ア
糸ニ一
リテ浅深ヲ書記ス也

3
一　川越持場亀ケ崎上陸無相違ヨウ々々制シ止
メ返シ候由

4
一　本牧帯舟中掛合ニ參リ候処異人云、四海ノ内
此後返簡受取ニ參リ候時ハ爰ヘ不残乗
込只一艘ハ浦賀ヘ留メ置懸合ヲ付可申
候彼又云
水上ノ義ハ一躰ニテ誰彼ノ領分ト申義ナシ

玉里 14

我国ナド八他ヨリ来リ海ヲハカル尾陸ノ間
數ヲ打トモ案内コソ致サ子バモカマイ不申
ト云

5 一粟濱上陸ノセツ此方ノカタメ全ク虚飾ニシ
テ實用ノ義ナシ彼等ヘノ警固ニハナリ申サ
ズ却テ嘲ヲ招キ申候畢竟穏便ヲ専用ニイタ
シ候ヨリ何ヿモ手薄ニ成行候事ト存候

6 一ケイトル組ニ十人ヘ一人ツヽノ指揮アリ斂
ヲ抜キ下知ス隊伍行列イカニモ相整ヒ實ニ
手足ヲツカウガ如シ見ル人感セヌハナシ

冠リモノ 差引役

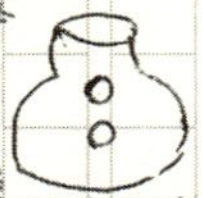

冠ケイトル モノ
上官等ノ冠リモノ
恰好是ニ類ス

7 一衣服ハカ子キン木綿様ナルモノニテ手ニメリヤ
スノ如皮ニテ作リ候モノハメル

8 一請取相済異人等一同悦喜ノ躰ニ見エル其様
子ハ何ニカ人ヲワナヘテモカケ候トテ悦候
様子ニ相見エル上官将官副将ニ人ニテ〆四
人也

9 一請取ノセツ何カ色々シヤベリ候ニ付通詞ヲ
以テ申談シ候義ハ松中ヘ参リ可承無言ニ致

シ度由申断ル余ホド、手間モトレ申候

10 一返輸請取ニハ八月比来ルヘシ此方往来八十
五日モカヽレハ相成候若シ八月間ニ合ヒ不
申候ハヽ来年来ルヘシト云彼方ノ来年八比方ノ十月十一月

11 一請取相済ミ候ヘハ翌朝出帆ノ掛合ニ候処直
ニ杉田沖ヘ乗込

12 一當時ハ大ニヒラケ合薬ハ箱ニ入水中ニヒタ
シ置ト云事
（異船一日ニハ八百里ヲ走ル）

13 一琉球ヘ一ト組ノコシ置キ候ト云蒸気船二艘
軍船二艘是ヲ一ト組ト云

14 一通詞香山栄左エ門ヲ指テ申ニハ此人ハ鉄炮
（異船ヘ乗込候時應接掛り）
ヲ好候人ナリト申聞ケ候処異人云鉄炮ガス
キナレハアメリカヘ来ルヘシ定テ上手ニナ
ルヘシト云

15 一通辞答テ何ホド鉄炮ハ委シクモ日本鎗釼ノ
術ハ又是外國ノ及ハザル知ル世ト申候処異人
笑テ曰日本鎗釼ノ術更ニ恐ルニ足ラズ悉ク

玉里 15

20×20

打スクメ用立マデニハ不致ト云

16 一異船入津ノセツ市中騒キ立町人百姓等諸道

○浦賀

具ナト持運混雑大方ナラズ依之奉行ヨリ色

々申諭シ、ヨウヤク静リ候ヘ共右様ノ始末異

一本 決シテ右様騒動ニ及申間敷不一ノヿア

レハ此方ヨリ指揮イタシ立退セ候間静

ヨウ精々相違候落付不申逃支度耳イタ

シ居其内ハ色々雑説流言アリテ益人気

ヲ動シ致方是ナク共歎息イタシ候

舟ノ事ユヘ幾度モ騒動ニヲヨビ後ニハ役人

制トヲ不聞致方ナシ甚タ以嘆息ノ至リ

17 一御備ノ義ハ是迄ノ姿ニテハ迚モ用方ニ成リ不

申スデニ今度ノ渡来モ過ル六日ニ将軍様

御耳ニ達シ候ヨシ是ホドノ大事右様ニテハ

如何ノ義嘆息也

18 一蒸氣船車輪ハ余車ノ如クニテ中ハカラニ致

○軍船二艘長サ廿七八間大概左右ニテ廿

貳挺

○長サ三拾間位左右ニ十一挺

シ有之鉄ヲ以テ造リ候モノ也

一異舟ヲ打破ルニハトモノ方手薄ク破リ易シ
以前ハトモノ方ハ合薬ナト入置候ナリ

一士氣ノ振ヒ候ハ會津家随一ノ由井伊家
人數鉄炮等ハ惰弱ノ由

一書輸箱ノ外ニ何カ一尺五寸斗リノ板箱二ツ
鉄ノ輪ヲハメ如圖モノ何品ナルカ相分リ
不申牛塩ツケトノ説モアリ候ヘ共全左様
ノモノ共不思書輸一同江戸表相送リ置候
事

一應接方五人有之候ヘ共此度ハ香山榮左エ門
ノミ始終應接イタシ候事

一書輸受取後贈物等互ニ取カハシ候故カ
奉行懇意ニナツタト申テ喜候由也

樋口多々郎ヨリ聞書　合原飯塚等ノ申処ト符合セル処ハ略ス

一此度入津ノ異船一昨年ト覧候蘭人ヲ以テ申
込有之候義ニテ石炭置場土地拝借并交易ヲ
通スルヿヲ願フトヿ兼テ御承知ノ義ニ候

玉里 18

知悉ク秘密ニノミ被成置一向御手當ノ義被
仰出モ無之ニ付兼テ筒井紀伊守殿ヨリ嚴重
ニ御手當為被有度旨度々御申立テニ相成候
処更ニ御取用ヒ無之ヨウヤク昨暮ニイタリ
四家江〔四家トハ井伊川／會津忍ノ加也〕御達ニ相ナリ浦賀奉
行ヘモ同節御達シ有之候然ル処又候奉行私
ニ秘シ置与力ヘハ一切通達無之候。扱當二三
昨年モ蘭人ヨリアメリカ来四月中渡来
ノ義通達御座候由ニテ
月ニ至リ追々時節ニモ相成候ニ付紀伊守殿
ヨリ御手當向御申上相成候義ヲ延引ニ相成
段イハン方ナシ

2 一浦賀役船始メハ二艘ニテ見張処跡ニテハ四
艘ニナル浦賀船即ハヨク覚ヘ居リ浦賀役船
トハヨクハツレ合近ツケ又様漕廻候様相見
ル同所役船懸合事アリテ参ル時ハ合圖ニモ
可有之鐘ヲ打鳴ス

3 一當時日本船ニテハ決メ船戦ハ出来不申サリ
トテ軍艦制作致シ候トテ二三艘ニテハ役立
間敷最早危急ノ境ニナリ候間陸岸ノ御備十

ントカ厳重ノ御取置有之様祈ル処御老若ヲ始メ重役ノ人々此方トモノ身ニナリ勤役致セ度モノナリ左スレハ真ノ情實モ相分リ少シハ本気ニ相成可申候歟）

（一大樹公　上意此度ノ義ニ付誰カ出張スカト各老列坐ノ節被仰候処阿部伊勢守殿始メ黙シテ被居候由ノ処牧野備前守私ヘ出張被仰付候様申上候由承リ候ト云）

（一浦賀奉行戸田ハ上手者ト申スモノヘ由井戸ハ昨今ニテ不相分文學ハ頗ル本職ノ由先年ツトメ候水野筑後守豪気ニテ決断モアリ宜シキ様ニ相覚ヘ候由申ス）

（一浦賀役船スルツフ長サ七間位百目筒六挺左右ニカケル）

（一十三日御目付堀織部御臺場順見ニ出ル昨日異船引拂ヒヨウく息ヲツク処ヘ今日御順見ニテ通リ筋ノ人夫被召使嘸々難渋可致候御臺場ノ義ハ畫圖ヲ以テモ委敷分リ候コセツレ圧順見シタクハ今日ニモ限ルヘカラスト云ナリ）

玉里 19

20×20

8 一蘭人兼テ申通シ候通り上官等ノ名船数総テ
符合只四月ト申越処六月ニ相成候ノミ相違
ナリ

9 一六月三日九里濱ニテ丁打有之与力同心一同
詰メ居八ッ時大概打限リ候ニ付休息イタシ
居候処ニワカニ異船海上遥ニ相見エル由ニ
テ騒キ立チ何レヨリノ注進ト相尋候処海鹿
島ニテアワビヲ取ニ出居リ候海士遠洋ニ見
付候ニ付注進致シ候ヨシ右ニ付トルモノモ
トリアヘズ久里八マヨリ浦賀近山越ニテ二
十町斗リノ処ヲ馳帰リ見レバ忽然ト四艘ノ
船浦賀ニノリ込扣タリ早速役船ノリ出シ候
処彼レ申ニハ決テ東上ルヿ無用也此度来船
ノ義ハカ子テ蘭人ヲ以テ通達致シ置候事故
江戸ニテモトヨリ承知ノ義也此所ニテ彼
是懸合候ニハ不及只入津ノ趣ヲ達ミ呉候様
（江戸へ）
申ニ付此方答ニハ假令何ホド江戸ニテ御兼
知ノ事ニセヨ我々ハ不存義也只異舟入津バ
カリヲ申立ナリガタシ渡来用向ノ次第承知

玉里 20

10

ノ上ニテ早速江戸表江申立イタスヘクト云
異人申ニハ然ラバ通辭ノ者登ラセ候ヨウト
ノ義ニ付通辭一人當番ニテ中島三郎助可參
ノ処奉行申サレ候ニハ香山榮左ヱ門ハ内意
モ申含置候間香山ヲ遣ミ候ヨウ差圖ニ付右
一人ニテ應接致シ申候香山江内意ニ付同役
不平色々議論相起
リ甚ダムツカシキ可有之シ加シ是ハ仲間ノ
事ヘ參細イワケハ申上ス香山一人ニ許シ
候義ハ意味甚
如アカシト申
一異人曰番船等アリテハウルサシ其方ニテ御
示シ置アリ度モシ又制法行届カ子近ヨル舟
アラハ此方ニテ成敗イタスヘシト云依テ制
方ヨリ申ニハ異人ハ何ヲ以テ右等ノ義ヲ制
敗スルヤ異人答テ鉄炮ニテ制スト云是以不
當ノ申分ナリ乍併タカイニ舟ヲヨセザルヨ
ウトノ約定イタシ浦賀ヨリ役舟ヲ差タシ異
舟ヘ近ヨル舟ヲセイス又陸上ノ見物人ナト
ヲセイス然ル処異人圖ニノリハテイラニ
テ自由ニ漕アルキ処々人ナキ処ヲ又ハ山キ
ハナトヘ上陸イタシ九里濱ヘモ上陸イタシ
候由ソノ土地ノ者共ニ兼リ申候

玉里21

11

一書翰受取ノ場処九里ハマト申ハ御差圖ニテ
相定メ四間三間ノ小屋上段ノ間ノ姿ニ出来
下タノ間ヘ疊數廿疊ミキナラベ板ニテカコ
（五十程）
ヒ四方金屏風ヲ立廻シ幕ニ重ニ張リ入口ニ
間ホドアケ上官共上段ノ間迄ノ通リ道ニ毛
センヲ敷キナラベ候浦賀人數ノ備ハケイト
ル四十八挺〔合原樋口二人／ノ子カ付添事〕
（野戦筒百目二挺是ハ下曽根金三郎持前
世御備ト申ハコレギリナリ）

12

一九里濱上陸ノ異人人數ノ操ダシ調練ヨクト
ヽノヒタリ而一同幕内ノリ込入口ノ前ニ列
（ク）
ヲ一行ニナス上官将官副将小屋ノ内ヘ入ル
ト直ニ六十人ホド俄ニ蹈込上段ノ間ヘ立塞
ル何レモ鉄ヲ佩シ六挺仕懸ノヒストウルニ
玉ヲコミスハトイハバ切テハナツノ勢ニテ
ニラミ付控エル下タノ間ニ居ル應接方ノ者
（二）
列座スル組頭并ニ

蹈倒サレン斗ノ様子奉行見カ子。是ヘアカレ
(應接掛リヲ招テ)
ト申ニ付ヨウ々ノ事ニ上段ノ間ヘアカリ其
場ヲニノキ候ホトノ支ニテ大ニ膽ヲ抜キ中
々差留ルヿナトト出来不申一同無念ノ歯カミ
ノナシタルノミ是ト申モ全ク　公辺ヨリ
穏便々々トノ御沙汰厳シキエヘタマ々鉄炮
アレ尼玉ヲコメス火縄ニ火ヲ付ズ夫ニ異人
尼ニ威ヲ示サレカヘリテ無念ノヿニ候サテ
香山榮左エ門書翰受トリ。奉行ニ渡ス奉行一
(ヲ)　(戸田)
礼シテ受取其義シキ相スミ返翰ノ義ハ前日
(書付箱入リ先方ヘ渡シ)
掛合ノ節蘭人ヲ以テ申通スベキ旨申達シ候
処異人曰蘭人ニテ支擰明キ候義ナレハ是マ
デワザ々来泊モイタサズ右様手遠キヿニテ
ハ指支候間早速返簡受取度ヨシ申ニ付此方
曰ケ様ノ義ハ於江戸モ御即答不相成書翰ノ
次第　天子ヘモ奏聞イタシ重
キ御評義ニ相ナル事ユヘ余ホト日数モカヽ

玉里 23

り候ヿ也書翰受取ニ相成候ハヽ一先ツ出帆
仕タシ候ヤウ申談シ候処左候ハヽ先ツ出帆
二ケ月モ過キ又々来船イタスベシ若シ間ニ
合ハス候ハヽ来年ニ致スベシト云由類舟モ
中途ヘノコシ置候ヨシ
一異人云此度ノ上官ハ国王ノ命ヲ待タズ何ヿ
モ独立裁判可致ホドノ重役ナリト云又軍艦
ノ総将ハ今一度軍功ヲ立テザレハ蒸気舟ノ
大将ニナラレザルヨシ
一異船ニコベリニ尺位下タノ方ホド段々厚ク相
見エル鉄板小實子ハリ水入ハ銅ニテツヽム
海ノ深サ五ツヒロ近通舟イタスヨシ也
一川越ハ實躰ニ御奉公精勤心掛様ニ感心乍去
御内貧ノ上大守幼童ユヘスヘテノヿ家老サ
ハイ思様ナラザル様子シカシ御役精勤致シ
イラレ候事
一細川家本牧御カタメ浦賀ヨリ与力参リ候処
（○カノン筒ヲ并ヘ置キ）
山キハナドヘハ竹ヤラヒノ結廻シ木戸ヲ付
テ厳重ニ相カタメ万端行届候様子ニ相見ヘ

玉里24

〇陣ヲ申候評判ヨロシキカタ

17 一四家ノ人數内會津殊ニ評判ヨロシク候又急〇度〇御用立申へク井伊家ハ武事ニ暗ク士氣モ弱ク被存候先日軍舟數艘製作有之候処浦賀船大工受トリ舵ト車船ノ圖ニヨリ拵ルト申義〇モナク只大金ヲ費シナガラ心ヲ用ザルヿ〇八艘ニテ五千両ニ受合候由言語同断ナリ右様ノ舟何ホド有之候テモ用立不申コレニテ都下ノ武吏ニ心ヲ用サルヿ察ラレ候却テ十五萬ノ榊原ナトニ被仰付候方可然義ト存候

18 一風説ニ此節唐土ニテ明末ノ兵起リ清ト取合最中ノヨシ英吉利明ヲ救ウテ大ニ戰ウヨシ亞美理駕其隙ニ日本ヲ手ニ入ントスルヨシ

樋田氏ヨリ聞書終リ

是ヨリ此般掛リ役〇香山榮左エ門ヨリ聞書

1 一六月三日渡來蒸氣船二艘フレカット二艘北亞米利加共和政治合衆国ノ内ワシンクドン

玉里 28

名都カリホルニヤヨリ船ヲ仕立出帆ニテ国王
ヨリノ書翰ニ通持参入レモカリホルニヤ出
帆ヨリ十四日目ニ當浦賀江ツキ候ヨシ也
一使節者年五十余ニテ人躰モヨロミク名ハ
マツテセリ日本官左大臣位
一上官人是ナルヨシ年五十位ニテ名ハブカン
ナン
一大ノ方蒸気船長サ三十五六間巾八九間車差
渡シ五間斗リ厚サ三間斗リニテ総鉄ニシテ
木ヲ用ヒス船ハ鉄バリニアラス総躰ミツタ
ニテ塗ル水入ハカラ金ニテ包ム車水入四尺
斗水際ヨリ船ブチ迄ノ高サ三間斗リ大炮十
門小車四輪仕掛ニ六十八ホトノカノン筒
六挺八十四ホントノボンベンカノン四挺メ
十挺
助且拾貫
一乗組人数二千人蒸気舟方使節上官副将ミ十是
ニ居ル別ニ十二ホントノ野戦筒六挺貯ヒ置
キ有之加輪仕車
一小ノ方蒸気船総鉄バリ大炮十挺野戦筒六挺

玉里　26

乗組三百人也

7 一フレカットト軍船二艘左長サ三十間ナリ大炮
廿四挺ツヽ人数三百人ツヽ野セン筒六挺ツ
ヽ

8 一船中昼夜トナク提燈ヲ付ケビイドロ角
鉄炮江ハ不残玉ヲ込メ蒸気ヲ絶ス事ナシ用
心キビシキテイ也船中万事鳴物ニテ指揮ス

9 一蒸気船本船ノ外ニ三艘ノ大将ハ本船ノ副将
位ノ立場ノ者也

10 一蒸気船ノ甾ルニハ別ニ穴アリ蓋イタシ有之
フタヲトレハ蒸気是ヨリモレテ車マハラズ
フタヲスレバ蒸気車ニ當リテ車旋轉スル也

11 一蒸氣舟一昼夜ニカアル事ハ百里斗リ陸上ヲ
走ル火輪船ト云モアリ是ハ一日ニ八百里走
ルト云

12 一九日栗濵ニテ書翰受取ノセツハ彼ヨリ上陸
ノ人数五百人斗一同上陸卒テ本舟ヨリ大炮
十余発アリ一同陣列ヲ正シ音楽ヲ奏
シ国王ノ書翰ヲ中ニハサミ守固スケイトル
（箱）

玉里 27

20×20

組四十八人ツヽ六隊アリ二人ツヽ指揮人アリテ何モ釼ヲ抜テ指揮ス法則ヨク相整ヒ候事

13

一国王ノ書翰ニタ箱何レモ板三重ニテ子ケ鉄ニテトメル下タノ箱高サ五寸横五寸長サ一尺二三寸斗リ板ハタガヤサンニテ金ノ総カナ物封印ノ付ケ候上ヘ金ノ四寸位ノ◯如圖蓋ヲシテアリ其辺色々ノカザリアリ畫立派ノモノ也。又彼ノ重官ヨリ此方重官ノモノヘ（右書翰ハアメリカ語フランス語漢文日本文四通ニ致シ来リ候由）ノ書翰アリ紙包ニテ封印有之。使節上官副将（ノ執政ヨリ此方ノ執政ヘ添状ノ様ナモノナリ）四人上段ノ間ヘ曲ロクヲ設ケ奉行ハ拝几ニ腰ヲカケ對面一切應對ナシ只受取渡シノミ也其節イホレツトヲ付候モノ廿五人使節ノウシロヘ立塞リ何レモ穴掛仕カケノ筒ヲ持チ釼ヲ帯シ居候事。イホレツトヲ付候モノハ格式ヨロシキ者ニト存ノ

先年ホツト渡来ノセツモ大将分ノ人ヨリ外ニイホレツト付ケ候モノナシ

14

一イホレツトハ金ノ板金ヨリ房ヲサゲカザリ

玉里 28

候モノ両肩江下ケル也

15 一ケイトル組何レモ人品ヨロシク装束モ立派

冠ニ赤黒ノ玉ヲ付アル

16 一車掛リノ者ハ冠リ其外ノボタン等ヘ車ノ印ヲツケル鉄炮掛リノ者ハ鉄炮ヲツケ舟掛リノ者ハイカリヲツケル

17 一琉球ヘモ七艘カケ置キ此方ヲ出帆シ直ニ琉球ヘヨリソレヨリ漢東ヘ往キ當時イギリス明末ノ兵ヲ助ケテ清ト取合最中ユヘイギリスヘ軍見舞ヲシテ帰国スト申

18 一アメリカ国先年ハイギリスニ制セラレテヨリヤイドイギリスノ催促ニテ出陣イタシ居リ候処大ニ役セラレタルユヘニ又候合戦ニ相成リツイニアメリカ打勝チ和平取結ビテ以来對々ノ国トナル是六七十年以前ノ事也依今度モ漢東ヘ行キ軍見舞スト云事

自司ノ権　共和政治七十六年ト書

年号　ヤソコセ千八百五十三年ノヨシ

士大将以上ヲモ上官是ヲ指揮ス是モ劔ヲ抜キ指揮ス劔ノ長サ二尺三四寸位長キハ三尺

玉里 29

19

位モアリ

一此度ノ異人イキリスニクラブレハ余ホド温順ノ方也総テ法律ノ整ヒ居事感ズルニタヘタリ去ナカラ書輪不受取以前ハ殺気立チ色々子ジケ言ヲ申應接方ノモノ甚ダ困リキリ候処受取ズミ後ハ大ニアツカイヨク相成申候是ト申モ此方御備ヘイカニモ御手薄キ事ユヘアクモタマシ込穏便専用ニ取斗ヒ候也シカシ不遠内亦々来舟ノ様子此後ハ如何相成候モノカ何レ乍発ニ無相違候事

20

一異人六挫仕掛ノ筒ヲ持タザルモノナシケイトルモ腰ニハサミアリ

21

一此度彼組等ヘノ贈モノハ　公辺ヨリニテハ十シ奉行ヨリ贈ル処ナリ是ハ異人ヨリモ贈物ガ有之ユヘニ右返礼ニ遣ス也

奉行ヨリ異人江送リモノハ鶏二百羽同タマコ二千斗并ニ日本美女ノ繪團扇五百本也但此美女エ團扇大ニ異人ノ悦候由異人ヨリ奉行江送リ物ハ羅紗貳百秋日本相場ニ直シ金四百両也不残浦賀ニテヤキ捨ニ相成事

香山榮左エ門ヨリ聞書終リ

是ヨリ應接掛リ近藤良治ヨリ聞書
一六月三日下田沖異船カゲ見エルニ付下
田八ツ時出立ノ註進舟来ル然ル処異舟浦賀
表ヘ着ハ八ツ時少シ過キ也下田沖ヨリ浦賀
マテヲ半時ニタラズシテ乗込
一着船ノセツ佐々倉桐太郎中島三郎助近藤良
治三人ト乗付候処異舟決テ上船ヲ免サズ
国王ヨリノ書輸持参重官ノ者請取可参又
此方ヨリ参リ手渡シ可致カ書輸受取渡シノ
外ニ掛合可致筋ハ無之ト云
一定例ノ詞ヲ以テ此地江乗込候事国禁也長崎
可参旨申諭シ候処此度ノ義ハ先年蘭人ヲ
以通達致置候事也然ルヲ右様ノ吏申サレ候
ハ如何ノ義ゾト云テ異人大ニ立腹シ掛合向
甚タ難渋ニ及ヒ申候
一此度ノ異舟蘭人ヨリ通達有之候義昨暮奉行
内々御達ニ相成リ候ヨシ夫モ只来夏ハ渡
来カモ知レズト位ノヿユヘ与力斥一向ニ辨
居不申候ユヘ掛合ノセツ大ニ困リ候ヿ有之

20×20

候△
一始終掛合ノ△節八△使節上官ノ者ハ對面イ△タ△サ△
ズ△副将ノ者出席致候叓
一異○人○曰○書輪受取渡シ不致候テハ国王復命
不相成ト云テ一△同△必死ヲ△極○メ○候○様子ユ○ヘ○三
度迄彼是掛合候処中々六カ△シ△ク△依テ其趣江
戸表○江△申上ル七日ニ○江戸ヨリ何○事モ穏便ニ
致シ書輪受取候ヤ△ウ△御達△シ○ニ付即日異舟
右△之△趣申通シ○候○ホ○ド△ナク返輪御遣ニ○相△成候
○彼レ○申ニ
義カ此方荅テ云○夫レ○ハ急々ニハ出来申間鋪△
由申候処彼レラ○云左様ナレハ国王ヨリ○ノ書
輪△ノ△下書別○ニ○持△参△居○先々△是ヲ相渡シ置△キ△イ△
ヨ△々△御返簡出来ノ上ニ○テ本書ハ○引替ニ可致
ト云依○テ○色△々ト○手段ヲ以△テ△本○書輪△受取置○返
書
ノ○義○ハ追テ取ニ参リ候ヨ△ウ△約言致シイ△ヨ△々
明九日ニ○八○可△受取振合ニイ△タ△シ候事
一此後返簡受取ニ参リ候時ハ日本玉ノ書輪△ヲ
持△チ△カ△ヘ△ル△事△ユ△ヘ△少△人数等ハ△テ△ハ△却△テ○日本
玉○江△不△敬△ユ△ヘ△御○書○為○守○護○大○軍○船○ヲ○仕○立○テ○可

玉里 32

衆ト云。此度ハ我国王ノ書輸ヘ此位ノ人数
ニテ参候由申候支
8 一アレカツト軍舟大炮二十四門蒸気舟大炮八
挺位各野セン筒モ数挺アリ栗濵異人上陸ノ
時往返トモ送リ迎ヒ致シ蒸気船モ上リ舟
中大躰一見イタシ候処ソトヨリ見ルトハ相
違ニテ其廣大ナル事中々一ト目ニハ見限レ
不申候蒸気舟車輪(等)ノ仕掛ケ是マタ廣大ニ
テ更ニ相分リ兼申候
9 一書輸受トリ渡シ相スミ候後ハ異人悦喜ノ様
子ニ相見ヘ申候本船江返リ候時モ送リ参リ
候処酒杯ヲ取出シ大ニモテナス舟中一見シ
テ暫ク手間モトレ返リ候節モ離盃ヲ進ムル
ト申、又大ニ酒シユル事
10 一書輸受取ノ節何カ六ツケ鋪義ニテモ不申ヤ
ト心配イタシ居候処何事モナク相スム
11 一右請取ノ席ハ上段ノ間使節上官副将ニ人メ
四人此方ニテモ両奉行并ニ應接掛リノ与カ
四人通辞一人皆コレモ上段ノ間ニ上ル組頭
ハ下タノ間与カ七人同断

玉里 33

右五名ヨリ聞書終リ
深秘ニ付不免他見事

平成十九年十二月十六日翻校了
平成二十年一月二日再校了

玉里34

町奉行書類所収外国事件書「外国雑件三」（雑件本）（国立国会図書館　所蔵）

「外国雑件」三の与力聞書抄録

雑件ノ

同　飯塚久米三郎ヨリ聞書

1 一 蒸気船軍船何レモ鉄張ニテハ無之何カ鉄色ノ
物ニテ塗上ヘチヤンヲ加ヘ候者ナリ車輪ハ
鉄ニテ造候物也大サ色々申セトモ恐ク八五丈
間ナルヘシ

2 一 パツテイラ四五間ヨリ十間位迄大振ノ方ハ七
八十人乗組候水手二十人位艫ニ弐尺位ニ高サ
五寸マワリノ儀尺有リ測量ノ時ハ是ヲ両人ニ
テ見居候測量スル者ハ先ニ五六文鎮ノ如クナ
ル金ヘ細キ糸ヲ付夫ヘ目ヲモリ置投込ミ測
リ行勝ニ筆者在テ浅深ヲ書ス

5 一 栗浜上陸ノ節此方ノ固メ全ク虚飾ニテ実用ナ
ル義ナシ彼等ヘノ警固ニハナリ申サス却テ嘲
ヲ招キ申候畢竟穏便専要ニ致候処ヨリ何事モ
手薄ニナリユキ形様ノミニ相成候

12 一 当時ハ大ニ開ケ合薬ハ箱ニ入レ水中ヘヒタシ
置ト云フニ候

13 一 琉球ヘ一ト組残シ置ト云蒸気船二艘軍船二艘
是ヲ一組ト云

14 一 通詞香山栄左エ門ヲ指テ此人ハ鉄炮ヲ好ミ候

人ナリト申候ヘハ異人鉄炮カ好キナレハ亜米利加ヘ来ルヘシ定テ上手ニナルヘシ通詞答テ成ホト鉄炮ハ委シクモアルヘシ日本鎗剱ノ術ハ又外国ノ及フ処ニ非ストテ云異人笑テ日本鎗剱ノ術恐ルニ足ラス悉ク打スクメ用五ヌテニハ致サヌト申候

蒸気船車輪ハ糸車ノ如ク中ハカラコニ致シ鉄ニテ造候物ト云

異船ヲ打破ランニハトモノ方手薄ク破レ易シ以前ハトモノ方ヘハ合薬杯入置候

右飯塚氏ヨリ聞書之写

同樋口多三郎ヨリ聞書写

異人云此度ノ上官ハ国王ノ命ヲ待タス何ヿモ独断ニテ裁判致シ候程ノ重役也ト云又軍船ノ総将ハ今一度軍功ヲ立テサレハ蒸気船ノ大将ニハナラサル由

異船小ベリ二尺伍歟下ノ方ホト段々厚ク相見エ鉄板小実張水入銅ニテ包ム海深サ五尋迄ハ通船ノ由

井伊家ハ甚タ武事ニ暗ク士気モ弱ク被存候此

雑件2

雑件3

度軍船数艘制作有之処浦賀船大工受トリ駈ト
軍船ノカタニヨリ拵ト申コモナク大工任セ思
ヒ付キ次第ニ致シ置彼所此所ノ詮義モナク大
金ヲ費シナガラ心ヲ用ヒサル了言語同断ナリ
右様ノ船何等有之トテモ必用ニハ相立申間敷
コレニテ人才モナク武事ニ心ヲ用ヒサル了察
セラレ候十五万石榊原ナトニ被仰付候方却て
宜シカルヘク存候

右樋口氏より聞書写

香山栄左エ門ヨリ聞書　此度応接掛リ

2. 使節ノ者年五十余人体ヨロミク名ハマツヒリ
日本左大臣位ニテ上位ノ由

3 上官大将是ハ軍年五十位名ハブカンナン

4 車水入四尺斗リ水際ヨリ船フチマテ高サ三間
斗リ大砲十門小車四輪仕掛ナリ六十八ホンド
ノカノン筒六挺八十四ホンドノホンカノン四
挺合セテ十挺ナリ乗組二百九十人アリ使節上
官副将ミナ此ニ居ル別ニ十二ホンドノ野戦筒
二輪仕カケ車六挺貯ヘ置　此船ハ大蒸気船也

5 小蒸気船大炮十挺野戦筒六挺乗組三百人也

20×20

雑件4

6 フレカツト軍船二艘トモ長サ三十間斗リ大炮
卅四挺ツヽ人数三百人ツヽ野戦筒六丁ツヽ
9 蒸気ヲ留ルニハ別ニ穴アリテ蓋ヲトレハ蒸気
是ヨリ洩レテ車マワラス蓋ヲスレハ蒸気車ニ
当リテ車旋転ス
12 ケヘール組何レモ人品宜ミク装束モ立派冠リ
ニ赤黒ノ玉ヲ付ルアルナリ
鉄砲掛リハ鉄炮ヲ付船掛リハ碇ヲ付候
13 車掛リノ者ハ冠ノ外ホタン等ヘ車ノ印ヲ付ル
14 琉球ヘモ七艘カケ置此方出帆直ニ琉球ヨリソ
レヨリ広東ヘユキ当時イキリス明末ノ兵ヲ助
ケ清ト取合アリ故ニ唉咭唎ヘ軍見舞ヲシテ帰
国致スト云リ
16 士大将以上ヲモ上官是ヲ指揮ス是モ剱ヲ抜キ
指揮ス剱長サ二尺四寸位長キハ三尺モ有リ
18 異人六挺仕掛ノ筒を持タザル者ナシケヘール組
モ腰ニハサミアリ
19 此度彼ヘノ贈物ハ　公辺ヨリハ非ス奉行ヨリ
ナリ彼ヨリ贈モノ有ニ付返礼ニ遣ス也
右香山氏ヨリ聞書写

雑件5

右之書ハ海警吏情秘録と題し当時罷り有候記
伝来皆写ニ暇なし役所ニて咳の中ニ鼻紙之字
し肝要之処を書抜候之通ニ存調其外とも入御
覧候様可仕候細書御察読可被下候以上

九月九日　　　　清蔵九拝

此書極秘之由書主ゟ申聞られ候左様思召可
被下候以上

「米船浦賀渡来一件」（一件本）（神奈川県立公文書館　所蔵）

合原惣蔵より聞書

1
一嘉永六年丑六月三日未中刻蒸氣船二艘軍船
二艘迅速乗込ミ千駄嵜を乗こへ観音嵜近
く乗付蒸氣船二艘にて軍船を引来る其迅な
ること飛か如し諸方注進船を遥に乗こへ不
図入津ニ付浦賀中の騒き鼎のわくか如し

2
一浦賀与力中嶋三郎介合原猪三郎当番ニ付乗
出し異船へ近付候処異船乗込候とて船を逆
こ操戻し候手きわ其神速自在の妙目を驚候
扱上船を許さすよふく掛合通詞一人応接
掛り壱人上船いたし浦賀異船入津国禁なり
長崎へ参るへき旨申候処彼云国禁之儀は固
より知処なり去なから浦賀へ罷こし用弁い
たし候やう国王の命なり其方たりとも王命
なれはいかなる国禁乃場へも行き申へし臣
子の身は国命より重きものなし此方云何用
ありて渡来るや答曰此度出帆之儀ハ我国王
より日本王へ呈し候書簡を持来る也高官者
受取ニ参り候や若こゝにて取上申さす候ハ
直ニ江戸へ乗込直呈いたすへしと云此方答

一件 1

▲代の誤字

▲下（ソ）の誤字

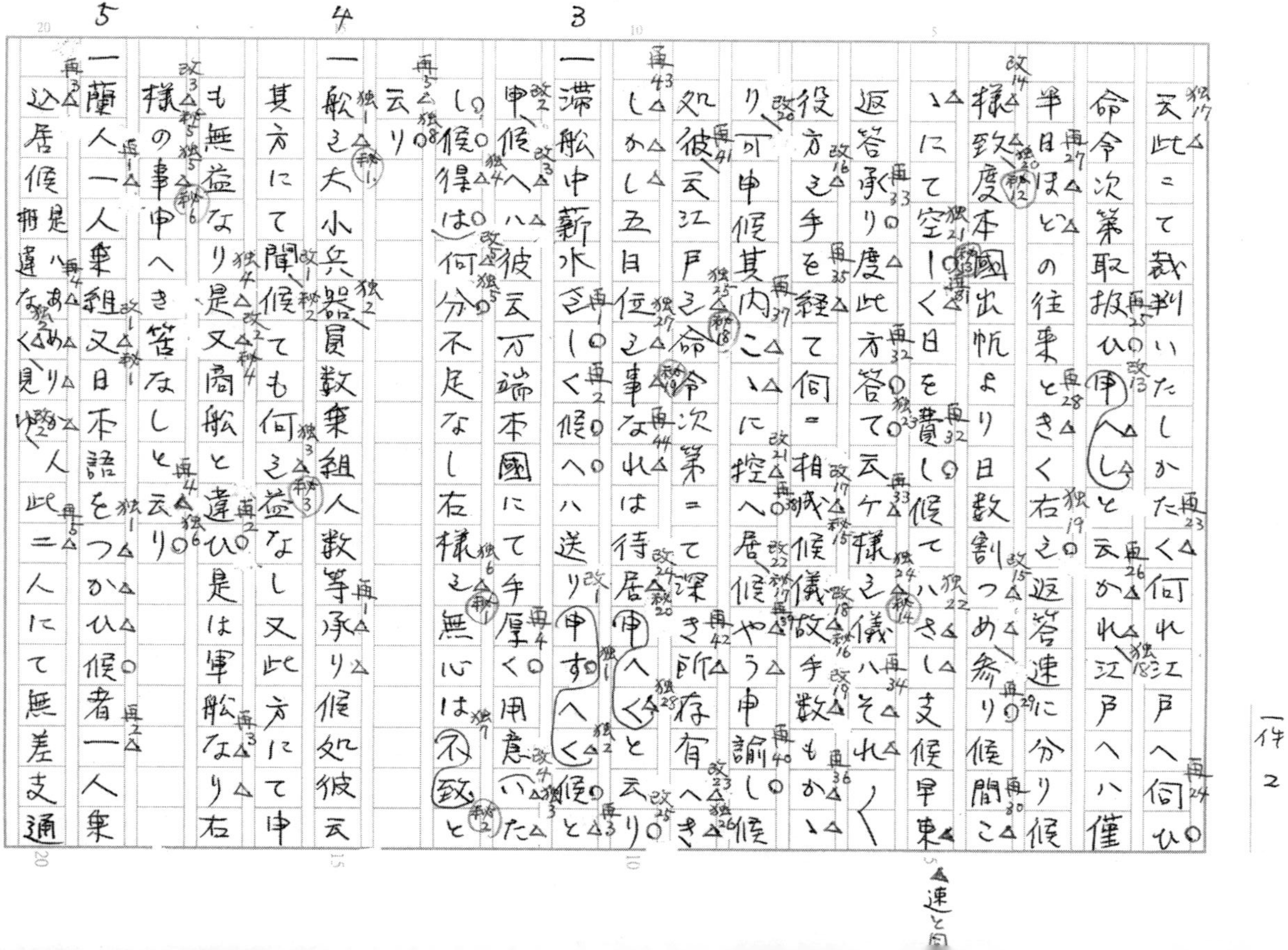
云此ニて裁判いたしかたく何れ江戸へ伺ひ
命令次第取扱ひ申へしと云かれ江戸へハ僅
半日ほとの往来とき右之返答速に分り候
様致度本國出帆より日数割つめ参り候間こ
ゝにて空しく日を費し候てハさし支候早東
返答承り度此方答て云ケ様之儀ハそれく
役方之手を経て何ニ相成候儀故手数もかゝ
り可申候其内こゝに控へ居候やう申諭し候
処彼云江戸之命令次第ニて深き所存有へき候
しかし五日位之事なれは待居申へくと云り
一滞船中薪水乏しく候へハ送り申すへくと
申候へハ彼云万端本國にて手厚く用意いたし
候得は何分不足なし右様之無心は不致と
云り
一船之大小兵器員数乗組人数等承り候処彼云
其方にて聞候ても何之益なし又此方にて申
も無益なり是又商船と違ひ是は軍船なり右
様の事申へき筈なしと云り
一蘭人一人乗組又日本語をつかひ候者一人乗
込居候是ハ相違なく相見ゆ此二人にて無差支通

6

辨いたし候
一四艘ともハツテイラ八艘位なり五日ニハパ
ツテイラニて処さ濵行江戸近く迄測量を究
め川越持場観音崎臺場の圖を取其上に上陸
なさんとす役人立出よふく差押へ候是
迄の異船と事変り此方より彼是申候ニハ一
向取合申さす落つき居候て甚ク地にあかる
の算定り居候儀と相見候

7

一是迄の異船ハ此方へ掛合の上発炮いたし候
処此度左様の義是なく暁一発四ツ時一発夜
四ツ時頃一発宛号砲あり六日朝には大砲連
発いたし候「江戸兼さ御内意ニハ彼か氣にあ
たり候様の事有てハ大事を招く道理故ニと
もかくも穏便専要ニいたすへし假令異人上
陸いたし民家へ立より候とも格別の乱妨い
たさす候ハヽ其まゝに見捨置へし番船差出
し彼船を取巻きなといたし候ては却て氣を
起シ宜しからす陸を専要に守り候様御内意
有之候右様御憂に被成候故浦賀にても尽く
用の心腫物にさわる様いたし候て番船は一艘

一件3

▲はの誤字

「8」この第八項の項目立てのないのは異例

▲1あの誤字
▲2バの誤字

も出さす故浦賀より品川迄自在に漕あるき
四家人数は岸上にて見物するのミ夜中ハハ
ツテイラを船の前後に指出し警固ス火攻等
を恐る丶故欤

一 是迄の異船の儀ニ付而ハ只々上之御心配を
恐れ十分之ものなれは六七分御心配ニ相成
らさるケ条のミ申上大事之ケ条ハ不申上海
に相成り居候事故自然と上と下との了簡喰
違ひ居り甚嘆息の至りに候
右當月六日合原氏より聞ける所尚又此
度同氏へ問合校正す

一 六日九ツ半時蒸氣船一艘小ノ江戸の方へ向
て馳出す先へハハツテイラ四艘にて測量しゆ
く川越の一手にて差留候処劔を抜き舟ふち
ハあらわれよらハ斬らんとする仕方致し馳せ
通り或ハ劔付鉄炮に真丸をこめ此方舟の二
三間先をしきりに打おとし通り候川越人数
怒に堪へす早舟を以浦賀へ問合せ只今乗込
ミ候異船軽侮のいたしかた忍ひ難き儀なり
切しつめ申へしとの事浦賀にて御尤に候へ

一件 4

と△も△御内意ニ○ハ何れにも穏便との義ニ△これ
有△且又彼一艘切しつめ候とも事済候と申○に
も△これ△なく△諸家申合行届かす蹂忽に手出し
い△た△し却而兵端を開キ○候にハ恐入候間先さ△
穏便ニ成△され候様との事ニ有之△候○且諸家怒
に△堪す、手出△いたし大事を引出し候てハ不相
成、と役船二艘を差出し異船の跡へ付警固
致シ候右役船ハ上陸の見物人を指押へ諸
に○て蹂忽に手出し無之様制禁するニ○差出
候事△異船を取押へるためにて非す右ニ付異船
江△早船を以只今一艘江戸海江乗込候ハ如何
之△趣意候や○と○相尋候処異人○答曰此度持参
書簡△御受取ニ不相成節は存意通取計候事故
内海測量いたし度わさ／＼指遣す○所なり尤
晩景ニ返り○申すへしと云右船富岡まて測
量い○たし○七ツ半過元之処江漕戻し候
一九日粟濱ニて書束請取の義異人江申通し置
き○當日ニ相成只今ゟ参り○候様申通し○候処早
東△蒸氣船二艘波をかけ迅速馳来り岸を隔る
事△拾△丁計にして止ル此所深サ九ヒロ位夫△よりハ△ツテ

イラヲ二艘ヽ蒸氣船より十五艘卸し上陸終
て太鼓ホラ貝笛ヲ鳴シ操こむ小屋の脇を浦
賀人数にて固める小屋の左右を彦根川越の
人数にて固む何もケヘ一ル鉄砲にて備をか
ため彦根川越備へ前を子行キ組頭様のもの
鎗をひらめかし差図す浦賀人数の固を見て
異人も耳エスリ(ヲ)致シ或ハ指さしなんとし
て尽く嘲弄いたたし候様子ニ相見へ無念いわ
んかたなし又異人調練の能とゝの仏候事奇
妙驚入候前日掛合ニハ上官とも二十人計程
にて上陸の筈に候処案に相違ひ大人数上陸
其上不意ニ六十人計押込上官奉行の脇ニ立
塞り此方何れも仰天なり彼是制候ハゝ直ニ
奉行虜になる様子故其まゝに致し置候処先
ツ無事に事済ミ異船ハツテイラ本船へ引と
り浦賀に向て馳す軍船と申合セ一同出帆之
儀と心得居り候処案外軍船を引連レ波をけ
たてゝ内海へ乗込ミ本牧の前へかゝる右ニ
付如何なれは約定にたかへ出帆も不致返て
内海へ乗込候やと掛合候処異人云此後返簡

一件6

受取ニ参候節ハ数艘引連レ大軍船も二艘参
り候事なり浦賀は舟掛り場宜しからす依而
此辺測量いたし置たく乗込候なり尤一艘掛
合のため此後は残し置あと不残此辺ニか、
ると云り同日太子河原へ一艘のり込十日ニ
ハ野島へハツテイラ二艘にてこぎよせ上陸
水汲んとす役人取押へ水を汲てよふ此時も
鍛を抜てヒストンヲ放ち見物人を怖シ申候

11 ⑫
一右滞船中出帆可致旨掛合候処測量未タ行と
ゝかず故に滞留致居候由答ニ依て勘定奉行よ
り内海江滞留ニてハ甚不穏兎も角も引戻候
様御達ニ付浦賀迄引戻し候様精々掛合候処よ
ふ〈く〉十日朝大津まて引返し猿島近辺金沢
まて尽く測量す

12 ⑬
一十二日朝四ツ時此蒸気船二艘にて軍船を綱
ノ本ニて繋キ烟筒より火炎を吹出し彼か如
くに出帆しの落字有寄沖より火炎ことに甚
しく迅疾迹倍せり見るもの驚かさるはなし

13 ⑭
一彼云本国より急けれは八日九日にて此地へ
着此度ハ十四日目ニ着致し候海上一万五千

一件ク

▲比の誤字
▲二の誤字
／三の脱字
▲驚の誤字
●誤入
▲ウルの誤字
「怖」オノノカと訓むか。

⑮ 14

一通詞申候ニハ彼か来る明年正月此方の十月 里△
十一月の比に當る左すれは冬中不来由来
二三月の比にも可有之欤合原云彼申事あて
に成候事一ツもなし彼地より廿日内に往来
いたし候由なり来月にとも渡来も難計且此
後ハ數艘にて来候よし申候へとも是亦何十
艘にて参候も難計届堂の御了簡如何に候や
とこまても彼か申処に御随ひ被成候儀なれ
は是迄の御手當にて宜しく候へとも御國威
を太切ニ被思召候御了簡ニも候へは是迄の
姿にては迚も参らさる義にて此上御臺場之
一ケ所御増益位ニて八失費のミにて何に
も成不申江戸内海ハ勿論何とか厳重ニ御備
被仰付へき儀なり大軍艦製造も申さ間に合
申徃しく又一二艘出来ニ相成候も頼ニも相
成不申又蒸氣船何ほと手厚ニても三メ目位
の筒矢比ニ引受相放ち候へハ必す打貫き申
すへくと存候先日丁打の節三百目にても三
の木一尺二寸の角木を立て五丁手前より打

一件 8

▲申の誤
●誤入
▲参の誤

一件9

試候ニいとやすく打貫申候誠ニ火勢ハ意外
ニ強きものと感心いたし候是を以てみれは
随分三メ目以上の筒なれは異船打砕可申と
存候船ぶちの厚サ大図一尺六七寸ニ相見へ
申候

⑯ 15
一会津侯より浦賀奉行へ使者を以此度之異人
前々渡来之砌よりハ事かわり尽く諸方にて
乱妨日本を蔑にし候段心外無此上存候拙者
御預り場へ参り右様之儀有之拙者召連れ候
家来之者共見留候てハ迚も堪忍いたす間鋪
と存候万一事を起候てハ公辺の御趣意にそ
むき恐入候左様之節ハ当所の百姓共差出し
相押へ候様可致候間兼て此段御承知被下候
様との御事誠ニ尤之儀と一統風評罷在候

⑰ 16
一昨十二日江戸より御沙汰ニ江戸近海まて
乗込せ測量致させ候儀不宜との事今更左様
之儀御沙汰にてハ当惑何とも間合不申と存
候

⑱ 17
一異船不残チヤンにてぬり有之候此節之炎天
ニてトロケ居候右ハ火の付易き者なれは焼

討よろしく候様存候何卒焼打之手段工夫致
度存候

右合原惣蔵より聞書終
飯塚久米三より聞書と合原より之聞書と違ひ之記すところ除け〈略〉相處

1
一蒸氣船軍船何れも鉄はりにてハ無之何か鉄
色之物にてぬり其上へチヤンを加へ候もの
なり車輪は鉄にて造り候物なり大さ色々申
せとも恐く五六間なるへし

2
一バツテイラ四五間より十間位にて大振の方
へハ七八十人乗組候水手二十人位トモニ二
尺位ニ高さ五寸廻り之儀尺なり測量の時は
是を両人にて見居り候測量するもの八先に
立文鎮の如なる金へ細き糸をつけそれへ目
をもり置投込ささ測り行き脇に筆着有て深
浅を書記す

3
一川越持亀ケ崎へ上陸ハ相違なく候よふく
制シ止返し候由

4
一本牧滞船中掛合に参候処異人云四海之内水
上之儀ハ一体にて誰彼の領分と申義なし我

一件　10

國なとハ他より参り海を測量いたすとも陸
の間打ともも案内こそ致さね少も構ひ不申と
云り

5 一粟濱上陸の節此方固メ全く虚飾ニて実用の
義なし彼等へ警固にハなり不申却て嘲を招
き申候畢竟穏便を専要にいたし候処より何
事も手薄に成り行候也

6 一ゲヘールル組せ人へ壱人宛指揮あり鎗を抜て
下知す隊伍行列いかにも能とゝのひ実に手
足をつかふ如し見る人感せさるハなし

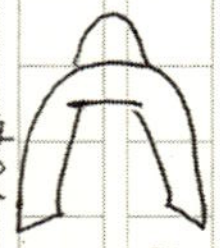

差引役
冠り物

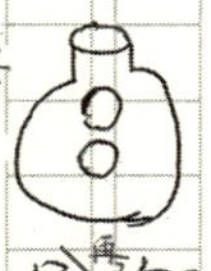

ケヘール
冠り物

上官等の冠りもの
恰好是に類す

7 一衣服ハかなきん木綿様なるものにて手にめ
りやすの如皮にて作り候ものをはめる

8 一請取相すみ異人等一同悦喜の体ニ見ゆる其
様子ハ何か人をわなへてもかけ候とて悦候
様子に見ゆる上官採官副官採ニ人みなメて
四人

9 一請取の節何か色々シャベり候ニ付通詞を以
て申談し候儀ハ船中へ参り可承無言に致度

▲如の誤字

▲ニテの誤字
ミナと誤解した

一件 11

由申断る余程手間もとれ候

10 一返翰請取ニハ八月比来るへし此方往来ハ十

五日もかゝれは相成候若し八月間ニ合不申

候ハゝ来年来るへしと云彼方来年八月比の十月十一月比に當

し拙者考ニハ多分直ニ別返し来着も知れ不申と存候

11 一請取相済候へハ翌朝出帆の掛合に候所直ニ

杉田沖へ乗込候

12 一當時ハ大に開ケ合薬は箱に入水中へひたし

置と云事

13 一琉球江一と組残し置と云蒸氣船二艘軍船二

艘ニこれを一組と云

14 一通詞香山栄左エ門を指て此人ハ鉄炮を好み

候人なりと申候へハ異人鉄炮かすきなれは

亜米利加へ来るへし定て上手になるべし通

詞答て成るほど鉄炮は妥くもあるへく候へ

とも日本の鎗劔の術は又外國の及ふ処に非す

と云異人笑日本鎗劔術更ニ恐るゝに不足悉

く打すくめ用立までには致させぬといへり

15 一異人入津之節市中騒き立荷物等持運ひ其混

雑中く云ばかりなし奉行申諭し決て左様騒

一件12

一件 13

動に及ひ申ましく万一の事あれは此方より
指揮いたし立のかせ候間しつまり候様精々
相違候へとも落付不申逃支度のみいたし居
其内にハ色々雑説流言あつて益人気を動シ
致し方なく甚嘆息いたし候

16
一御備之義是迄之姿ニてハ迚も致し方なし此
度異船之儀も将軍様御耳へは六日ニ申上候
由ケ程之大事右様遅く御耳へ入候ハ如何之
義歟是嘆息

17
一蒸氣船車輪ハ糸車之如く中ハカラコニ致し
鐵にて造候物

18
一異船ヲ打敗ハともの方手薄く破れ易し以前
ハともの方へハ合薬なと入置候

19
一書簡の外何か一尺五寸計りの板箱二つ鉄の
輪をはめ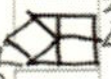如圖之者何ニ品なるか更に相分
不申牛の塩つけなとの説も有之候へとも中
ゝ左様物とも思われす書簡一同江戸へ遣候

20
一応接方五人有之候へとも此度は香山栄左エ
門のミ始終應接致し候

樋口多太郎より聞書

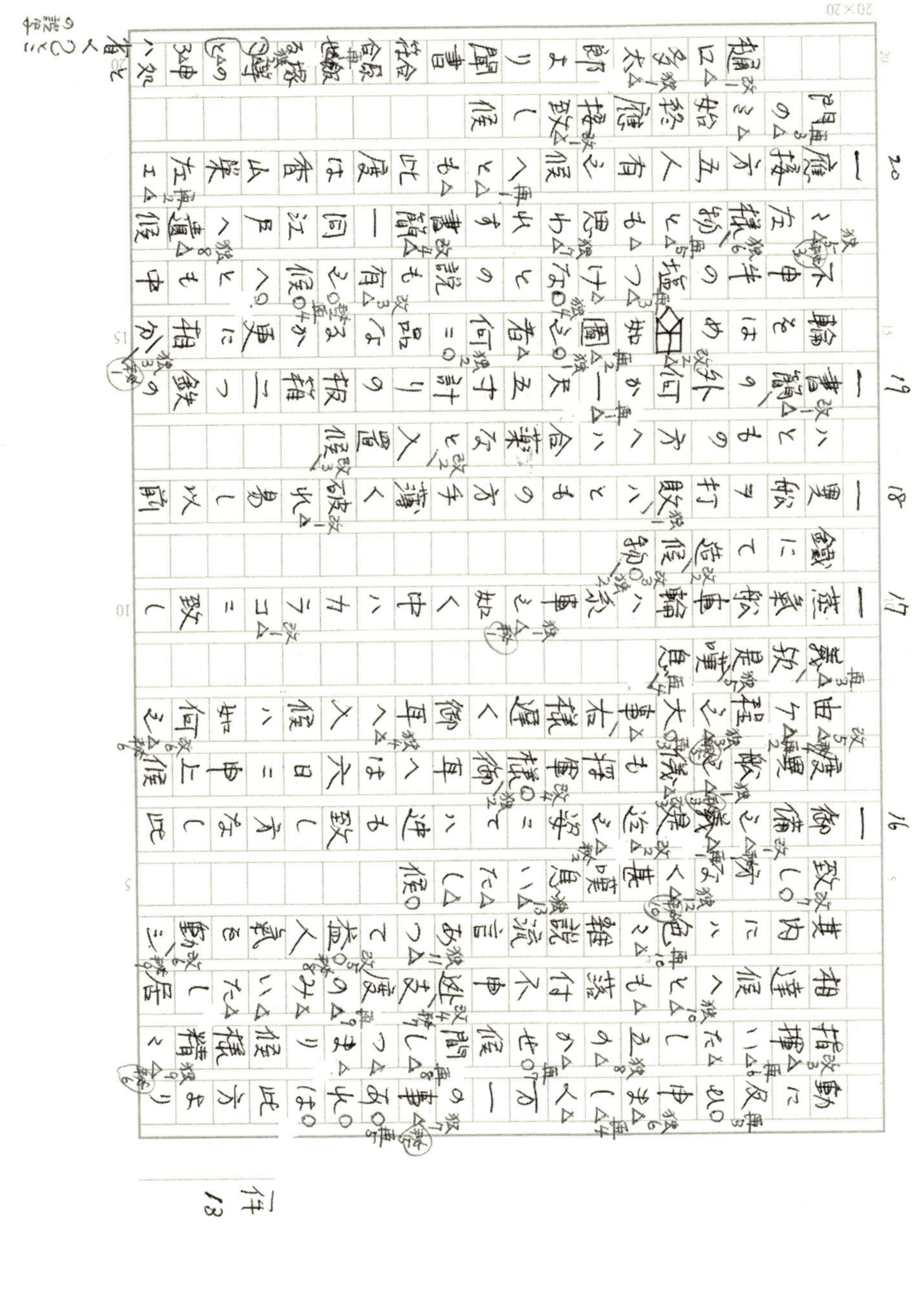

一此度入津之異船一昨年と覚候蘭人を以て申
込有之候義にて石炭置場之地拝借并交易を
通する事を願ふと云事兼て御承知之義ニ候
処尽く秘密ニの外被成置一向御手當之儀被
仰出も無之間井紀伊守殿より厳重ニ御手當
無之てハ不相成旨頻りに御申立ニ相成候処
更ニ御取扱無之（よ）ふ〈 〉昨暮ニ至り四家へ
御達ニ相成浦賀奉行へも同断御達有之候然
る処又候奉行鉢して与力入ハ一切通達無之
候扨當二三月に至り追々時節ニも相成候ニ
付紀伊守殿より御手當伺御申出之処一切御
取用無之由恐なから當時之御役人ハ異船何
ほと来るとも日本の鉄炮を出し示さは直ニ
迯て返るへき位の暇合なり慨嘆ニたへす
蘭人兼て申通し候通上官の名船数すへて符
合唯四月と申処六月に相成候儀のミ相違な
り

一六月三日九里濱ニ而丁打有之与力同心一同
詰メ居ハツ時大砲打切候ニ付休足いたし居
候処へ俄ニ異船相見へ候と申にて騒立何れ

一件15

よりの注進と相尋候処海鹿島にてあわびを
取ニ出居候海士遠洋に見付候ニ付注進いた
し候由右ニ付取るものもとりあへず久里濱
より浦賀まて山越にて二十丁計の処馳せ飯り
これは忽然として四艘の船浦賀ニ乗込控へ
たり其神速たとふるにもものなし早束役船乗
出候処彼申ニハ決して乗上り候事無用也此
度来船之儀は蘭人より通達いたし置候こと
ゆへ江戸にてハ元より承知の事也こゝにて
彼是懸合候ニハ不及只入津の趣を達し呉候
様申ニ付此方の答てハ何ほど江戸にて御承知之
事なりとも我々ハ不存儀只入津と計申立な
りかたく候意味承知の上早速申立いたすべ
しと云彼れ然らば通詞之者登らせ申へくと
云ニ付通詞一人当番にて中島三郎介可參知
奉行香山栄左エ門ハ内意も申含置候間香山
を遣し候様差図ニ付右一人にて應接いたし
申候
香山内意と云ニ付同役不平色々議論相起
り甚夕六ケしき義有之候処是ハ仲間の

▲速の者 画

一件16

④ 3

の事△ゆへ△委細ハ△不申上と△云て近り候香山一△
人ニ記△シ○候ハ深き△意味有△事△のよし△
一 異人云番船なと△あつては誠にうるさし其方
にて訖△と御申付被成度もし△制法行届かす近△
よる△船あらは此方にて成敗すへし其方何を
以成敗するや異人答て云○鉄炮にて制すと実
ニ不當の申分也△併しなから此節にても能制
して船を(よせぬよふ△致○すへし△其方にても近
よる事を禁すへしと約束いたし浦賀より役
船を差出し近よる船を制し又陸上の見物人
なと△を制し実當なと来ぬよふ用心致し候
やう○然△異人圖に東ハツテイラニて自由に
漕あるき知さ人なき處にてハ山きはなとへ
上陸致し九里濵へも上陸いたし候由その土
地の者共承り申候

⑤ 4

一 書簡請取の場所九里濵と申儀ハ御さしのに
て相定め四間三間の小屋上段之間之姿に出
来下之間へ畳数十畳敷ならへ板にてかこい
四方金屏風を立まわし幕二重に張り入に二
間ほとあり上官とも上段之間までの通道に

「云」動詞の削除

▲図の説

5

毛氈しきならべ候浦賀へ人数備ハケべ〇ル四
十八挺原力麺付ロそへ人野戦筒百目二挺これハ
下曽根金三郎持にて御備と申は[illegible]れきり也
一九里濱上陸の人数は繰出し調練能といのひ
其美き言語に述難し一同幕内へ入り込入口
之前に列を一行こ立て上官の探官副将小屋
の内へ入ると直ニ六十人ほと俄ニ踊入上段
之間へ立ふさかり何れも剱を備シ六挺仕懸
ヒストウル二玉をこみすハといはゞ切て
はなつの勢にて睨ミ控ゆる下タの間に居る
應接方欧に踊倒さる、程の様子奉行見かね
足へと申ニ付よふ／＼上段之間へさまかし其
場をしの候ほとの事にて大に膽を抜シ中
さ差留るなと出来不申一同無念の歯かミを
なしたるのミ是と申も全く公邊穏便さゝの
御沙汰厳きゆへたまく鉄炮のありても玉
もこめす火縄に火を付す大に異人ともに威
そ示され返す＼／も無念の事に候さて香山
栄左衛門書翰請取奉行に渡す奉役一礼して
請取の義相済返翰之儀ハ前日掛合の蘭人を

△1 あの誤字
△2 りの誤字

一件17

20×20

以申聞すへき旨申達と候処彼云蘭人にて事
探明候義なれは是まて来船もいたす右様
手遠き事にてハ差支候間早束返翰受取度よ
し申ニ付此方云ケ様の義は重き事にて評定
日数かゝり申さゝ火急には出来不申左様なれ
は待居り可申と云此方云此儀ハ江戸のミに
てハ裁判不相成候事ゆへ天子江も奏聞いたし重き
御評儀ニ相成上ハ一程日数もかゝり候
事也書簡受取ニ相成候ハヽ一先ツ出帆いたし
候様申談し候処左候ハヽ先ツ出帆ニケ月も
過き又ゝ来船すへし若間に不合候ハゞ来年
に致すへしと云難船も中途へ残し置き候由
(7) 6 一異人云此度の上官ハ國王の命を待たす何事
も独断にて裁判致ほどの重役也と云又軍船
の総将軍ハ今一度軍功立されば蒸気船の大
将にハならさるよし
(8) 7 一異船コべり二尺位欽下の方ほど段ゝ厚く
見ゆ鉄小実子ハり水入ハ銅にて包ム海深さ相
五ひろ迄は通る船のよし
(9) 8 一川越ハ実体に御奉公精勤し落度なきやうに

▲1 違の省

△ 勤の誤

一件 18

と心掛候やう子感心去なから身ハ貧の方也
太守ハ幼也総て(の)事家老持ゆへ思ふ様には
届き不申候

⑩9
一細川家本牧御固ニ付浦賀より与力参り候処
山きわなとへハ竹やらいを結廻し木戸を付
ケ厳重ニ相固メ万端行届候様子に見へ候評
判宜き方

⑪10
一四家人数内会津殊ニ評判宜しく又用立申す
べく井伊家甚タ武事に暗く士気も弱く被存
候此度軍船数艘制作有之候処浦賀船大工受
取方と軍船の図により拵ると申事もなく大
工まかせ思ひ付次第ニ致し置彼之処是処之
詮議もなく大金を費しなから心を用ひさる
事言語同断也右様の船何ほと有之候ても必
用にハ相立申間鋪これにて人才もなく武事
に心を用ひさる事察せられ候十五万石榊原
なとに被仰付候方かへつて宜しかるへく存
候

⑫11
一風説此節唐土にて明末の兵起り清と取合最
中の由英吉利明を救ふ大に戦ふ由アメリカ

▲聴の誤字

一件19

一件

其隙、旧本を手に入れんとするよし

右樋口氏より聞書終り

香山栄左エ門より聞書　此節応接掛り

1 一 六月三日渡来蒸氣船二艘フレカット二艘北亜米利加共和政治合衆国之内ワシントン都名カリホルニヤ、、、、、、、、、、向入レモカリホルニヤ出帆より十四日目に当地着ニ相成候よし

2 一 使節之者年五十余人体宜しく名はマツテヒり 但高本官左の大砲位ニ

3 一 上官大将軍年五十位名ハブカナン

4 一 大蒸氣船長さ三十五六間幅八九間車指渡シ五間はかり厚さ三間はかり総数にて木を用ひす船は鉄はりにて非す総体ミツタニテ塗る水入はから金にて包む車水入四尺計り水際より船ふちまて高さ三間計大炮十門小車四輪仕掛也穴十八ホントウカノン筒穴拾八十四ホントフボンベンがノン四拾メて十拾也東組二百九十人あまり使節上官副将みな此ニ居る別ニ十二ホユドウ野戦筒仕掛穴拾

ヽヨリ船ヲ立次帆ニ 國王ヨリ書翰一通 参の二字脱字

▲鉄の誤字

▲ノの誤字

▲ノの誤字

▲ノの誤字

ヽ二輪車 三字脱字

20

5 一小之方蒸氣船総鉄ばり大炮十挺野戦筒六挺
東組三百人フレカツト軍船二艘とも長さ三
十間也大砲二十四挺ツヽ人数三百人宛野戦
筒六挺宛

6 一船中昼夜となく提燈を付ケ七イト象ノ角
鉄炮へハ不残玉をこめ蒸氣施る事なし用心
きひしく少しも惰る事なし船中万事鳴物に
て指揮す

7 一蒸氣本船之外三艘之大将は本船の副将位の
立場之者也

8 一蒸氣船を留るには別に穴ありて蓋を上れは
蒸氣これよりもれて車まわらす蓋をすれは
蒸氣車にあたりて車旋轉ス

9 一蒸氣船一昼夜には百里計走り陸上をはしる
火輪車と云もののあるよし是は一日八百里は
はると云

10 一九日栗濱にて書翰受取之節ハ彼より上陸の
人数五百人計一同上陸畢りて本船より大砲
十余発あり是ハ祝砲一同陣列を正し音楽を

△絶すの誤字
△再稿は押とあるが揮の草体の誤解
△と(正)の誤字
△八の誤字
△「はか」とルビあり「は」とあるか

件21

奏し国王の書翰を中にはさみ守固すケべし
ル組二百八十四人一隊四十八人宛六隊あり
一隊に二人宛差圖人あり何も劔を抜て指揮
す法則能くそろひ居候事口合に述がたし前
代未聞の事とも也

⑫ 11
一国王之書翰ニ夕箱何れも板二重にて子ゲ鉄
にて留る下90の箱高さ五寸横五寸長さ一尺
二三寸計板ハたがやさん金之総金物封印つ
き候処上へ金之四寸位ノ⌒如是蓋をして其
邊色さかさりあり尽く立派のもの也書翰の
趣一向分らす又彼重官より此方重官へ書帖
あり紙包にて封印有之候節上官副将四人分
上段之間へ曲ロクを設く奉行八将几に腰を
かけ對面一切應對なし只受取渡しのみ也其
節イボレット付候もの廿五人とや〳〵押
込上段の間へ上り使節之後へ立塞る何れも
六挺仕掛之筒を持チ劔を帯フ付候者よ喰ト
大よ採る分一二三人もまのり外儀松先年ツ木トス付ト候も度の来なのし節

⑬ 12
一イボレットハ金の板金よりふさを下けかさ
り候もの両肩へ下ける也

▲三の誤か
▲鉄の誤
◎使の誤

一件 22

(14) 13
一ケ△へ△ール組何れも人品宜しく△装束も◦立派冠
(10') 赤黒の玉を付◦ケ事掛り者ハ△冠の外=◦ホタン
等へ車印シ△付る△鉄炮掛りハ鉄◎炮◎懸◎り◎ハ鉄炮
を付◦け◦舟か△い△り八いかり△を付る△

(16) 14
一琉球へも七艘掛ケ置く◦此方出帆直に琉球へ
より△そ△れ△より廣東へ往△き当時の◦イ△キ△リ△ス△明
末の兵を助て△清と取合あり故に△イ△キ△リ△ス△へ
軍見◦舞をして服国すと△い△へり◦

(17) 15
一ア△メ△リ△カ△州先年八◦イ△キ△リ△ス△=制せられイ△キ△
リ△ス△の◦催促にて出陣等◦い◦た◦し大=役せられ
たる△ゆ△へ△又◦取合になり打勝チ◦和平取結ひ◦以
し△
来対々△の◦国となる是は七十六年前の事◦の◦よ△

自司ノ権　共和政治七十六年ト春△
年号　ヤ△リ△ユ△七千八百五十三

(18) 16
一士大将以上をも上官是を指揮す是も鋏△を拔
き◦指揮す鋏△長さ二△尺三◦四寸位◦長きは三尺位◦
もあり

(19) 17
一此度の異人イ△キ△リ△ス△=比すれは温順◦之△方也
總し◦て法則之△整ヒ◦居候△事△妙なり△去なから書

△書の略字

△ヲの誤字
◎重複削除

一件
23

簡不受取前は尽く殺気立て色さねいけし言
を申し應接甚た難渋いたし處受取候へハ
大ニ落付候様子にて格別扱よく相成候此方
御備いかにも手薄き故万事を起させてハ大
変に候こと故とこまてもたましこみ穏便専
要ニ取扱ひ候しかし不遠為るに相違なく候
内またた来船之様子此後ハ如何相成候ものか
と

一異人六挺仕掛の筒を持さるものなしケへ
ル組も腰にはさみあり

一此度彼れへの贈りものハ公邊よりに非す奉
行よりなり彼より贈ものの有ニ付返礼に遣す

（香山栄左エ門聞書終）

近藤良治より聞書

一六月三日下田沖江異船帆かけ見ゆるに付下
田八ツ時出立の注進舟来る異船浦賀着八八
ツ少し過なり下田沖より浦賀近辺半時足すし
て集込海上三十六里

一着船之節佐々倉桐太郎中島三郎助近藤良治
應接人三人とも集付候処決して上船を許さす国王

20×20

之書翰持参いたし候其方より重官之者請取
に参り候哉又此方より参り手渡し致すへき
や書簡請取渡の外別に掛合筋なしと云
3 一定例の詞にて此地江東入候事国禁也長崎へ
て可参旨申諭し候処此度之儀ハ先年蘭人を以
通達いたし置候儀也然るを右様之事申さ
れ候は如何之儀そと云て大に腹を立掛合向
甚た難渋いたし候
4 一此度之異国船蘭人より通達有之候儀昨暮奉
行江内々御達ニ相成候由併シ夫も只来夏は
来るかもしれぬ位の事にて与力共一向弁へ
居不申ゆへ知れぬ節の大きに困り候事有之候
5 一書簡請取渡し不致候てハ国王へ復命致候事
不相成と云て尽く必死の様子三度まて彼是
掛合候処中々六かしく依て其趣江戸申上
る其日ニ江戸より事穏便ニいたし書翰受取
候様御達ニ付即日其趣異船江申通し候ほと
なく返簡御遣ニ相成候義か此方答曰夫ハ急
その〃ニは出来申すましく由申候処彼云左様な
れは国王之書翰別に下タ書有先ツ此度は此

国の誤字

一件 25

20×20

下タの書を渡し可申いよ〳〵返翰出来之上
本書引かへニ可致と云右種々手段を設け掛
合よふ〳〵此度は書翰のみ受取返翰は追て
取に参候筈約束いたしいよ〳〵明九日受取
へく振合にいたし候
6 一始終掛合之節ハ使節上官之ものハ對面いた
さす副将の者出席いたし候事
7 一此後返翰受取ニ参候とき八日本王の書を守
固し返り候事ゆへ少人数にて八日本を敬す
るに當らす右故軍船数艘仕立て尚更大軍船
ニ艘ほど引連レ参るへく此度ハ我国王の書
翰これほどの人数にて参り候よし申ス
8 一フレカット軍船大砲ニ十四門蒸氣船大炮八
挺位各野戦筒も数挺あり栗濱上陸の節往来
とも送り迎ひ致し蒸氣船へ上り船中大体一
見致し候処そとより見候とハ相違にて廣大
なるものにて一目にハ見限られ申さす蒸氣
船車輪等の仕掛是また廣大にて更ニ相分不
申候
9 一書翰受取渡し相済候後異人悦喜之様子に相

仟26

10

見○へ○申○候大▲船へ返り候△とき△送り参り○候処直
ニ酒を出し申候船中一見し暫く手間と△り△返○
り○候節△も盃▲杯を勧めるとて又酒を差出し○候
一書翰受取之節△何か六かし△き事ニ△も申候哉△と
大ニ○心配いた△し居○る△処何事△もなく安心い△た△
し候

11

一右請△取の席ハ上段之△間使節上官副将二人メ△
て○四人此方ニテハ奉行二人応接掛り之○与力
四人通詞一人皆これも上段之△間ニ上ル組頭
ハ下タ之△間与力七人同断
（右五名より聞ける処深秘ニ付不免他見）

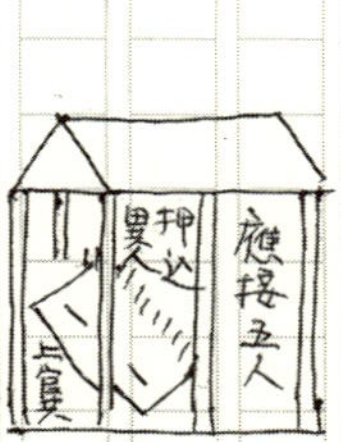

組頭

一件27

▲本の誤字

▲離の省画

20×20

栗濱何某ヱタヨシノ二人 一人ハ男児 一人ハ女子 留守番いた
し居候処猫眼児五人言程なく踊入り女子に
涙したゝかになき候処氣絶いたし折しも
なやぢろに来り憤怒にたへすてんびん棒に
てしたゝかになくりつけ二人ハ鼠走りいた
し三人ハ四ッ爬にてにけ其まゝ親父彦様陣
所に参り皆憤を晴し給度段申出従士色さ
とし候へとも不肯御物頭差圖にてやうやく
退そかせ此上ハ又候来春参候段承候間其節
は皆憤を雪かせ給度際願置退出其身命をお
しまさる面うたましみ満坐感し入候由浦賀
風評ヱタノ腸をどふそ役人衆に入かへたき
など御ゝやき居候

右御覧之上早ゝ要務之御方ゝ之御耳ニ
相觸候様申此節幕府の返翰次第と八申
なから進退両なから狼狽実に天下の難
渋と相成迚も一旦條異木事に反ひ申へき
や其近頃たハ霄より處ゝ押込がうど
うなとたゝぶすそう無評一円御邸にも
差出置候

際—漂

一件28

奉呈

蒙齋先生

玉机下

高橋親悀

此聞書真かたかなにてしたゝめ有之候へと
手間とり候間其儘此通りに直し写しむ

此書は薩人鮫嶋正助所持之書也宮部鼎蔵写
し候夫ゟ借用写

一件29

「亜墨利加軍艦渡来秘譚」（秘譚本）

（神奈川県立公文書館　所蔵）

癸丑年渡来亜墨利加船秘譚

浦賀与力所言

合原総蔵之言

一 嘉永六年癸丑六月三日未中刻蒸気船二艘軍
船壱艘迎運ニ乗込千代ケ崎を乗越観音崎迄
乗付蒸気船二艘ニ而軍船を引来る其速か成
事飛か如し諸方注進船を遥に乗越不計入津
ニ付浦賀之騒き鼎之沸か如し

一 浦賀与力中嶋三郎助合原猪三郎当番ニ付乗
出し異船ニ近付候所異船乗込迚逆ニ釋戻し
候手際其神速自在之妙目を驚し候扨上船を
免さす様之掛合通詞壱人応接掛壱人上船い
たし素り浦賀ハ異船入津國禁也長崎へ可参
旨申候所彼云國禁之儀は本ゟ知る所也乍去
浦賀江罷越用弁致候様國王之命なり其方た
り共王命とあれはいかなる國禁之場へも行
申へし臣下之身ハ國命ゟ重きハなし此方云
何用有て渡来するや答て曰此度出帆之儀ハ
我國王ゟ日本國王へ呈す書翰を持来るな
り高官之者請取ニ参候哉若爰ニ而取上ケ不申

候ハヽ江戸へ乗込直ニ可致と云此方答て云
爰ニ而裁判致難く何れ江戸江伺ひ命令次第
取扱可申と云彼云江戸へハ僅半日程之往来
と聞右之返答速ニ分り候様致したく本國合
出帆日数割詰参候間爰ニ而空しく日を費候
而ハ差支候早速返答承りたし此方云ケ様之
儀は夫々役方之手を経てうかゝひニ相成候
儀故手数も掛り可申其内爰江扣居候様申諭
候所彼云江戸之命令次第ニ而深所存有へし
併五日位之事ならは待居可申と云
一滞船中薪水乏くハ送り可申旨申候へハ彼云
万端本國ニ而手厚く用意致候得ハ何も不足
なし右様之無心は致さすと云
一船之大小兵器之員数乗組人数等尋候処彼云
其方ニ而聞候而も何益なし又此方ニ而申も
無益なり且又商船と違是ハ軍船也右様之事
申へき筈なしと申候
一蘭人壱人乗組又日本語を遣ふ者壱人乗合居
人是ハ亜墨利加之人ニ此弐人ニ而差支なく通弁致
申候

秘譚 2

一四艘共八ツテイラ八艘位有り五日ニは八ツテイラニ而所々漕行江戸近く迄測量を究め川越持場観音崎臺場之圖を取其上ニ上陸なさんとす役人立出様々差押へ是迄の異船と事変り此方分彼是申候ニハ一向取合不申落付居候而悉く地ニ上るの算定り居候と相見候

一是迄之異船ハ此方へ掛合之上発炮致候処此度ハ左様之儀無之暁ニ一発四つ時一発夜四つ時一発宛号炮有り六日朝ニは大炮連発致候

一江戸兼ゝ御内意ニは彼か氣に當り候様之事有ては大事を招く道理故兎も角も穏便専要ニ致へしたとへ異人上陸いたし民家へ立寄候共格別乱妨不致候ハヽ其侭見捨置へし番船差出し彼船を取巻抔致候て却而氣を起し不宜陸を専要ニ守り候様ニとの御下知故浦賀ニ而も腫物ニ障る様ニいたし番船一艘も出さす故ニ浦賀分品川迄自在ニ漕歩行四家の人数ハ岸上ニ見物するのミ夜中ハ八ツテ

9

イラを船の前後ニ差出し警固之躰なり火攻
なとゝ之恐味候故歟
一是迄異船之儀ニ付而は只〻上之御心配を恐
れ十分之物なれハ六七分御心配ニ不成候ケ
條而已申上大事之ケ條ハ不申上姿ニ相成居
候故自上下之了簡食違ひ甚歎息之至ニ候
右ハ当月六日合原氏ゟ聞所猶又此度同人
江問合校合ス

10

一六日九半時蒸氣船一艘小形也江戸之方へ向ひ
馳出す先へ八ツテイラ四艘ニ而測量しな
から行川越之手ニ而留候処叡を抜船縁ニ顕
れ寄らハ斬らんとする仕方を致し馳通或ハ
叡付之鉄炮ニ真丸を込此方船之二三間先を
頻りに打威し通候川越人数怒に堪す早船ニ
而浦賀江問合只今乗込候異船軽侮の致方忍
難き儀也切しつめ可申との事浦賀ニ而御尤
ニは候得とも御内意は何れニも穏便との儀
ニ有之且又彼一艘切しつめ候共済候とも無
之諸家申合もの不行届疎忽ニ手出致し却而矢
端を開候而は恐入候間まづ〳〵穏便ニ有之

秋譚 ケ

11

様ニ迚挨拶及ふ夫〻諸家怒り絶す大事を引
出候而は不相成と彼船二艘を差出し異船
の跡へ付警固致候されは右役船二隻ハ異船
を取押る為ニ而はなく陸上之諸家躁忽ニ手
出し不致様禁制の為なり右ニ付異船江早船
を以江戸海へ乗込ニハ如何之趣意と尋候処
答而今度持参候書翰御請取ニ不相成節ハ存
之通取計候事故内海測量致度態〻差遣ス所
世尤晩景ニは帰可申と云右船留岡近測量し
七ツ半過元之所江漕戻候
一九日異船ニ而書翰請取之儀異人江申遣置当
日に相成只今より参候様又〻申通候処早速蒸
氣船二艘波を分け迅速之馳来り岸を隔る事
拾町計ニして九尋許位深サ夫よりハツテイラを
二艘蒸氣船ゟ十五艘卸し上陸終て大鼓法螺を
の具笛を鳴しくり込む小屋の脇を浦賀人数
ニ而固る小屋の左右を彦根川越の人数ニ而
固む異人何れも「ケへ以鉄炮付せ」ニ而備を固む
彦根川越の備の前を歩行組頭様之者鉄をひ
らめかして指図す浦賀人数の固を見て異人

▲具への誤字

秘譚 5

共耳こするれ或ハ指差抔して尽く嘲弄之躰
こ相見無念いわんかたなき次第又異人調練之
能整候事奇妙驚入前日掛合ニは上官共廿人
程ニ而上陸之筈之所案ニ相違し大人数上陸
其上不意ニ六十人計押込上官奉行之脇塞く
此方何も仰天し彼是制候ハヽ直に奉行を虜
ニすへき様子故其侭ニ致置候先ツ無事ニ而
相済異人ハツテイラ本船へ引取浦賀に向て
馳候頃軍艦と申合一同出帆之儀と心得居候
処案外ニ軍艦を引連波を蹴立て内海江乗込
本牧之前へかゝる右ニ付いかなれは約を違
ひ出帆も不致却而内海江乗込候哉と掛合候
所答て此後返翰受取ニ参候節ハ数艘引連大
軍艦も二艘参る事也浦賀船掛り不宜因而此
邊測量致置為乗込候也尤此後ハ一艘ハ掛合
のため残し置跡不残此邊ニかゝへり
大師川原へ一艘乗込十日にハ野嶋へハツテ
イラニ艘乗寄せ上陸水を汲んとす役人取押
へ水を扱てよふ此時銕を抜ヒストラ此を放
ち見物人をおひやかす

但シ十日ニハ本船乙艫の沖に掛り居帆柱に登り望遠鏡ニ而伺ひ金沢邊入海有事を知り夫より「ハツテイラ」ニ艘かろし野嶋出張曲り角ニ大船と見通之所江一艘残し置今一艘ハ金龍院山下邊近く廻して後ニ野嶋ニ漕寄其内始終曲り角ニ残し置候一艘と見通相成居る異人も余程用心ハすると見へたりと云金沢の土氏語れり野嶋ニ而水を貰ひ菓子抔を投け引取掛て発炮致候となり

12

一滞船中出帆可致旨掛合候處測量未行届す故ニ滞留致居候由答ふ因而勘定奉行ゟ内海滞船ニ而ハ穏かならす兎も角も引戻候様御達ニ付浦賀迄引戻候様掛合候處漸十日朝大津迄引戻猿島邊金沢迄測量いたし候

13

一十二日朝四ツ時頃蒸氣船弐艘ニ而軍艦を綱弐本ニ而繋きせるゟ火焔の吹飛か如く出帆三崎沖ゟハ火焔殊ニ甚敷迅疾又倍せり見る者驚くと云

14

一本國ゟ急けハ八九日ニ而此地江着す此度ハ

▲艘の省画

▲色の誤字

校譯 7

15

十四日目ニ着致ス由海上千里一万
一通詞申候ニは彼か申来ル明年正月と八比方
の十月十一月頃ニ當ル左なく八冬中ハ来り
不申来年二三月頃ニも可有之欤合原云彼か
申事宛ニ成度一ツもなし彼地ら廿日の内ニ
而往来致候由なれは来月ニも渡来難計且此
後ハ数艘ニ而参候由申候得共是又何十艘ニ
而参候も難計　廟堂之御了簡如何ニ候や何
所近も彼か申所ニ従へ被成儀ならは是迄之
御手當ニ而宜候得共御國威を大切ニ被思召
候御了簡ニ候ハヽ是迄之姿ニ而ハ迚も不参
儀也此上御臺場一二ケ所御増益位ニ而は失
費而已ニ而何も成不申江戸内海は勿論何と
か厳重之御備被仰付度儀也大軍艘製造も中
々間ニ合申間敷又一二艘出来ニ相成候共輌
ニも成不申又蒸氣船何程手厚ニ而も三メ目
位の筒矢頃ニ引請相放候得ハ次打貫不申と
存候先日丁打之節三百目ニ而もみの木一尺
弐寸の角本を立五丁手前合打試候ニイり此有下
本之のまゝ子ハシ候是を以見れは随分三メ目以

※1 い(イ)とやすく打貫申候誠に火勢は意外に強き動(モノ)と感心致し(ミ)の行23字分脱字

▲本の誤字　▲可の誤字　▲艦・舩 改 再の誤字、次行の艘に引かれた　▲艘の省画

秘譚 8

上之銃丸は異船打砕き可申と存候船縁厚
サ大都壱尺六七寸ニ相見申候

16
一會津侯より浦賀奉行へ使者を以此度之異人
前ニ渡来之砌と八事変尽く諸方ニ而乱妨日
本を蔑ニし候段心外此上なく候拙者御預之
場へ参右様之儀有之候ハヽ召連候家来共見
留候而迚も堪忍致間敷存候万一事を起候而
は公辺之御趣意ニも背き恐入候左様之節は
當所之百姓共差出し相抑候様ニ可致候間兼
而此段御承知被下候様との御事誠ニ尤之儀
と一統風評罷在候

17
一昨十二日江戸ゟ御沙汰ニ江戸近海江乗込セ
測量為致候儀不宜との事今更左様之御沙汰
ニ而ハ當惑間ニ合不申候

18
一異船チヤンニ而ぬり有之候此節之炎天ニ而
とろけ居候右は火の付安き物なれは焼撃宜
敷様存候何卒焼打之手段工夫致度存候

1
飯塚久米二言
一慈氣船并軍艦共何れも鉄張ニは無之候何か

△三の誤字

原本 十三オ三 繋かけ

9

秘譚 10

鉄色之物を塗り其上江チヤンを加へ候物也
車輪ハ鉄にて造候物なり大サ色さ申せとも
恐らくハ五六間なるへし

2 一ハツテイラ五六間ら十間位迄大ふりの方へ
七八拾人乗込水主廿人位ともに二尺位ニ高
サ五寸廻りの磁石有測量之時ハ是を両人ニ
而見居候測量する者ハ先に立文鎮の如くな
る金へ細き糸を付け目を盛置投込く測行
勝ニ筆者有て深浅を書ス

3 一川越持場亀ヶ崎上陸ハ相違なく候様さ制留
候由

4 一本牧滞船中掛合ニ参候処異人云四海之内水
上之儀は一躰ニ而誰彼之領分と申義なし吾
國杯ハ他より参り海を測量致とも陸の間を
打共案内ハ致さね共構不申と云

5 一栗濱上陸之節此方之国メ全虚国ニ而実用の
儀なし彼等へ警固ニは成不申却而潮りを
招申候畢竟隠便専要ニ致候処より手薄ニ何
事も成行形容而已ニ相成候

6 一ケヘル組廿人江壱人宛之指揮有り鉄を抜下

▲嘲の誤字

▲義 改、再同じ

知す隊伍行列いかにも能整ひ実ニ手足を使
ふか如し感セぬハなし

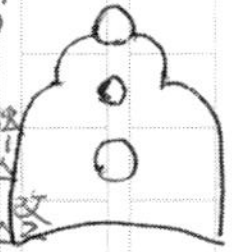

7 一 衣服ハかなきん木綿の様成物ニ而手ニぬり
やすの如く皮ニ而造候物をはめる

8 一 請取相済異人等一同喜悦之体ニ見へ其様何
か人をりなへても掛候而悦候様子ニ見ゆる
上官将官副将武人都合四人

9 一 請取之節色々ニヤベリ候ニ付通詞を以申談
候義ハ船中江参承へし無言致度よし申断候
余程手間取申候

10 一 返簡請取ハ八月頃来るべし此方往来八十五
日もかゝれは相成候若し八月ニ間ニ合不申
候ハゝ来年参へし
彼方ノ来年ハ此方之十月十一月頃ニ當
ル拙者考ルニハ多分引返来も知れ不申
候

11 一 請取相済候ハゝ翌朝出帆之掛合之所直ニ杉
田沖へ乗込候

秘譚 11

12
一当時ハ大ニ開け合薬ハ箱ニ入水中へひたし置と事ニ候

13
一琉球江一艘残置と云蒸氣船二艘軍艦弐艘是壱艘と云

14
一通詞香山栄右衛門を指て此人ハ鉄炮を好候仁ニてと申候得は異人云鉄炮が好ならは亜美利加へ来るへし定而上手に成へし通詞合て成程鉄炮ハ安くも有へけれとも日本之鎗鉞ハ又外國之及所ニ非すと云異人笑て日本鎗鉞之術恐るゝに足らすさとくくく打すくめ用立迄ハ致さすと申候

15
一異船入津之節市中騒立荷物等持運ひ其混雑中ゝ云計なし奉行中諭し決而右様騒動ニ及申間敷万一之事此方分差揮致立為逃候間静候様精ゝ相違候得共落付不申逃支度而已ゝ致居其内ニハ色ゝ雑説流言有之益人氣騒致方無甚歎息致候

16
一御備之儀是迄之姿ニ而は迚も致方無し今度異國船之儀も将軍様之御耳江は六日ニ申上候由ケ程之事を右様遅く御耳ニ入候義は如

何之義ニ候歟是又嘆息之至ニ候

17 一蒸氣船車輪ハ糸車の如く中ハカラニいた
し鉄ニ而造候物と云

18 一異船打破候ニはともの方手薄く破れ安し以
前ハともの方へは合薬と入置候

19 一書翰之外ニ何か一尺計之板箱二ツ鉄之輪を
はめ□の如く此物何なるか更ニ相分り不
申牛之塩漬との説有之候得とも中ニ左様之
物とも思われす書翰一同江戸江逆り候

20 一応接方五人有之候得共此度ハ香山栄左衛門
而已始終応接致候

樋口多三郎之言　榊原飯塚等之符合する

1 一今度入津之異國船一昨年と覚候蘭人を以申
込有之義ニ而石炭置場拝借并交易を通る事
を願ふと云事兼而御承知之義ニ而多候処尽
く秘密ニ而已被成置一向御手當之儀被仰出
候も無之筒井肥前守殿分厳重之御手當無之
而は被相成候旨頻りニ御申立ニ相成候処更
た御取上無之漸去暮ニ至四家江御達ニ相成

秘譚13

コの誤字　申処と脱字　省く脱字　土地脱字　不の誤字

浦賀奉行へも同時御達有之候所又候奉行秘
して与力へは一向通達無之扱當二三月頃ニ
至り追々時節ニも相成候ニ付肥前守殿ゟ御
手當向御申出候処一切御取用ひ無之由（下）（恐）
當時之御役人ハ異國船何程来る共日本鉄炮
を出し不さは直ニ逃帰へき腹合なる欤概歎
ニ堪す

一蘭人兼而申通候通上官名船数都而符合す但
四月と申所六月ニ相成候義而已相違せり

一六月三日粟濱ニ而丁打有之与力同心一同詰
合八ツ時大抵打切候ニ付休息致居候処俄ニ
異船相見ゆる由ニ而騒動何れゟ之注進と相
尋候処海鹿嶋ゟ鉄炮を捕ひ出候海士遠洋ニ見
付候ニ付注進致候由取物も取あへす粟濱ゟ
浦賀迄乗込相たり其迅速たとふるに物なし
早速役船乗出し候所彼申ニは決而乗上り候
事無用也此度来船之儀は蘭人通達有之事故
江戸ニ而は元来御承知之儀なり爰ニ而彼是
掛合ニ不及只入津之趣違候様此方答て云
何程江戸ニ而御承知之事也とも我ニ不存義

〈山越にて廿町計りの処駈り見れは忽然と四艘の船浦賀に乃至六字脱字

秘譚14

4

只入津と計申立難く候意味承知之上早速申
立可致と云彼云然らは通詞之者を上らせ可
申と云ニ付通詞一人當番ニ而中嶋三郎助可
参処奉行香山栄左衛門ハ内意も申含メ置候
間香山遣候様差圖ニ付右壱人ニ而應接致申
候
香山江内意之儀ニ付同役不平色々議論相
起甚六ヶ敷儀有之候処是は仲間之事故委
くハ不申上と云て止り候香山壱人ニ託セし
ハ深き意味有之事之よし

一異人云番船杯有てハ誠ニうるさし其方ニ而
屹度御申付被成たし若シ制法行届ねハ近寄
舟あらは此方ニ而成敗すへし此方云何を以
成敗するや異人答鉄炮にて制すといふ実に
不届之申分也併此方ニ而も能制して船を寄
セぬ様ニすへし其方ニ而も近寄事を禁すへ
しと約束し浦賀より船役を差出し近寄船を
制し又上陸之見物人なとを制し突當り杯出
来ぬ様た用心いたし候然るに異人圖に集ハ
リテイラニ而自由ニ漕歩行所々人なき所ハ

▲詑の誤字

▲船の省画

乙役船の誤写

秘譚 15

出隙なとへ上陸いたし栗濱へも上陸いたし
候よし其土地之者承候

5

一書翰請取之場所栗濱と申儀は御差圖ニ而相
定め四間ニ三間之小屋上段之間之姿ニ出来
下間へ畳数拾枚敷並へ板ニ而圍ひ四方金屏
風を立廻し幕ニ重ニ張入口弐間程明ケ上官
共上段之間迄之通道ニ毛氈を敷並へ浦賀之
人数備ハゲヘル四十八挺合原樋口与力付副ニ人野戦
筒百目弐挺ハ下曽根金三郎持ニ而御備と申
ニは無之也

6

一栗濱上陸之人数ハ繰出し調練能整へ其美敷
事言語ニ述難し一同幕の内へ入込入口の前
へ一行ニ立上官将官副将小屋の内へ入と直
ニ六十人程俄ニ踊込上段之間へ立上り何も
劔を佩し六挺仕掛の「ヒストウル」に玉を込メ
すわと云ハヽ切て放つの勢ひにて睨ミ控ゆ
る下の間ニ居應接方既ニ踊倒さるゝ程の様
子奉行見兼是へ上れと申ニ付漸く上段之間へ
上り其場を凌候程の事ニ而大ニ胆を抜れ中
ゝ差留る事抔出来不申一同無念の歯かミを

秘譚16

7

なしたるのミ是と申も全公邊穏便而已を御
沙汰厳重故たま〱鉄炮ハあれとも玉をこ
めす火縄に火を付す大に異人共に威を示さ
れかへす〱も無念の事に候扨香山栄左
衛門書簡請取奉行に渡す奉行一礼して請取
之儀相済返翰之儀前日掛合之節蘭人を以申
通へき旨申達候所彼云蘭人ニ而事埒明候儀
なれは是迄来船も不致右様手遠き事ニ而は
差支候間早速返簡請取度よしニ付此方云ケ
様之儀は重き事にて評定ニ日数かゝり中々
火急ニ出来不申彼云左様ならは待居可申と
云此方云江戸而已ニ而ハ裁判不相成天子
へも奏聞し重き評議ニ相成候事故余程日数
かゝり候事なり書翰受取ニ相成候上ハ一ト
先出帆致候様申談候処左様ならは先出帆二
ケ月も過候ハゝ来船すへししかし間ニ合す
候ハゝ来年ニ致へしと云類船途中ニ残し置
候よしなり○
一今度之上官ハ國王之命を待す何事も獨斷ニ
而裁判致候程の重役也と云又軍艦の惣将は

▲若の誤読 仮名「志」に「の」を添えた。

秘譚17

20×20

今一度軍功を立されは蒸氣船の大将には成
ららる由
8 一異船小へり三尺位か下の方ほと段々厚く相
見ゆ鉄板小実水入銅ニ而包む海深さ五尋迄
ハ通船すと云
9 一川越ハ実躰ニ御奉公精勤落度無様ニと心掛
候様子感心去なから身上は貧之方也大守幼
年ニて都而家老持故思ふ様ニは届不申候
10 一細川家本牧御固ニ付浦賀合与力参候処山際
なとは竹やらへにて木戸を付厳重ニ相かた
め万端行届候様子に相見申候評判宜方
11 一四家の人数之内会津殊ニ宜又用立へし井伊
家ハ武事ニ暗く士氣も弱く被存候此度軍船
数艘制作有之所浦賀舟大工請取駈と軍船之
法ニより搆る中事もなく大工仕也思付次
第に致置彼所是所之詮義もなく大金を費し
なから心を不用事言語同断なり右様之船何
ほと有之而も必用に八立申間敷是にて人材
もなく心を不用事被察候十五万石榊原なと
た被仰付候方ハ可被宜候

▲船の省略
▲さの誤り

秘譚18

12 一風説云。此節唐土ニ而明の末と着兵を起し清
と取合最中とよし英吉利明を救て大ニ戦ふ
よし亜墨利加其隙を伺仏日本を手に入人とす
るよし

香山栄左衛門言　此度之應接懸り

1 一六月三日渡来蒸氣船ニ艘到ルカツト一艘托
亜墨利加共和政治合衆國之内華盛頓名都カリ
ホルニヤより船を仕立テ出帆して國王ゟ書
翰ニ通持參鋼入説而同所出帆ゟ十四日ニ而
當地着ニ相成候由

2 一使節之者年齢五十余人体宜名ハマツテヒリ
日本左大臣之由

3 一上信年齢五十位名ハフカヽナン大将ハ事

4 一大蒸気船長サ三十五六間幅ハ九間車差渡五
間計厚サ三間計惣鉄ニ而木を不用船ハ鉄張
ニ非ス惣躰ミツタニ而塗り水入ハ唐銅ニ而
包船車水入四尺計水際ゟ船捺迄扁サ三間計
大炮と門小車四輪仕掛也六捨ハホンドビカ
ノン簡六疑八十四ホントノホンカノン四疑

ハ脱字
▲十の誤字
▲縁の誤字
△²▲¹ ニ レの誤字

19

合テ拾挺也乗組二百九十人也使節上官副将
皆是ニ居ル別ニ十二ホントノ野戦筒二輪付
六挺貯置

一小蒸氣船惣鉄張大炮十挺野戦筒六挺乗組三
百人也

一フレカツト軍艦弐艘兵長サ三十間大炮廿四
挺ツヽ人数三百人宛野戦筒六挺宛

一船中昼夜となく提燈を付ヒイトロ角ナト色々象牙鉄炮
へ不残玉を込蒸氣絶す事なし要心厳敷少も
惰る色なし船中万事鳴物にて指揮ス

一蒸氣本船之外ニ艘之大将ハ本船之副将位之
立場之者なり

一（蒸氣船留るニハ別ニ穴有て蓋をとれは蒸氣
是より洩て車廻らす蓋をスレハ蒸氣車に當
りて車旋轉す）

一蒸氣船一昼夜ニ八百里計走る陸を走るハ火輪
船と云もの（成）よし是ハ一日ニ八百里走ると
申候

一栗瘡ニ而書翰受取之節彼より上陸之人数五
百人計一同上陸畢て本船々大炮十余発有ハ是

12

鈔炮ノ一同陣列を正し音楽を奏し國王の書
翰を中ニ挿ミ守護スケヘトル組二百八十四
人一隊四十八人宛六隊ニ弐人宛指圖人有何
れも鈫を抜て差挿す法則ハ能整ひ居候事口
舌ニ述難し前代未聞之事共也
一國王之書翰弐箱何れも板三重ニ而ねち鋲ニ
而留る下箱高サ五寸横五寸長一尺弐三寸計
板ハタカヤサン金の惣金物封印之付処ノ上
ヘ金之四寸位〔図〕如此の蓋をして其邊色々の
飾り有悉く立派の物也書簡の趣一向分らす
彼重官与此重官江書簡有紙包ニ而封印有之
使節上官副将四人分上段之間へ曲ロクを設
け奉行ハ床机ニ腰を掛對面一切應對なし請
取渡而已也其節イホレットを付け候者廿五
人どやゝと押込上段之間へ上り使節之後
立ふさかり何れも六挺仕掛之筒を持鈫を帯
す

イホレットヲ付候ものよほと宜者之よし
先年ホストン渡来之節大将分弐人の外付
候もののなし

▲陣の誤字

ヘ有り一隊　省略

秘・改　読　21

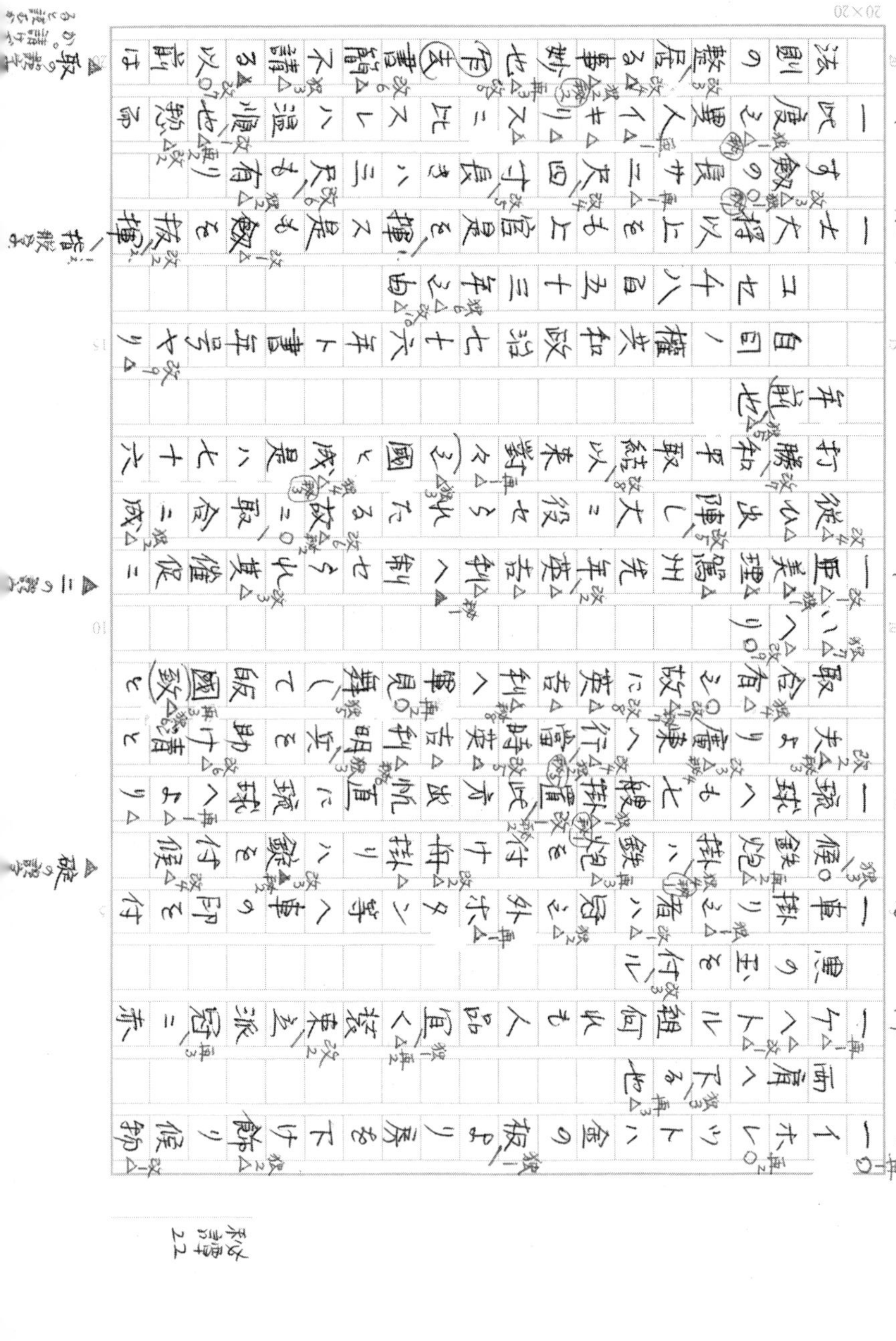
一〇イホレツトハ金の板より房を下け飾り候物
両肩へ下る也
一ケへトル組何れも人品宜く装束之派冠ニ赤
黒の玉を付ル
一車掛り之者ハ冠之外ホタン等へ車の印を付
候。鉄炮掛ハ鉄炮を付け舟掛りハ錠を付候
一琉球へも七艘掛置此方出帆直に琉球へより
夫より廣東へ行當時英吉利明兵を助け清と
取合有之故に英吉利へ軍見舞して皈國致と
いへり。
一亜美理駕州先年英吉利へ制せられ其催促ニ
従ひ出陣し大ニ役せられたる故ニ取合ニ成
打勝和平取結以来對々之國と成是ハ七十六
年前也
自由ノ権共和政治七十六年ト書年号ヤり
コセ千八百五十三年之由
一士大将以上をも上官是を揮ス是も劔を抜揮
す劔の長サ二尺四寸長きハ三尺も有り
一此度之異人イキリスニ比スレハ温順也惣而
法則の整居る事妙也下去書簡不請る以前は

△取の誤字か。請けざると読むか
揮 指般字
△二の誤字
△碇の誤字
秘譚22

ことく殺氣立テ色々ねちけし言を申し
應接甚難澁いたし候後ハ大ニ落付候様子ニ
而格別扱能相成此方御備いかにも手薄き故
万一事を起されてハ大変候事故ドゴ迄もた
まし込穏便専要ニ取扱候モヲシ不遠内又来
船之様子此後は如何相成候モノ欤ドノ道参
ハ相違無之候

一異人六挺仕かけ之筒不持者なしケヘル租も
腰ニ挟て有

一彼へ之贈物公邊分ハあらす奉行分なり彼よ
り贈物有之ニ付返礼ニ遣ス（なり）

近藤良治言

一六月三日下田沖へ異船帆影相見候ニ付下田
八時出立候注進船来る異船浦賀着八ツ少シ
過也下田沖分浦賀迄半時ニ不足して乗込上海

三里計

一着船之節佐々倉桐太郎中嶋三郎助近藤良治
應接方ニ乗付候所上船を免さす國王之書翰
持参致候其方より上官之者請取ニ参候ハズ

▲コの誤字。
●シの誤字。誤入

秘譚 23

此方分参手渡可致や書翰議取渡の外別ニ掛
合可致筋なしと云
3 一定例之詞ニ而此地江来込候事國禁也長崎へ
可参旨申諭候所此度之儀ハ先年蘭人を以通
達致置候事也然るを右様之事被申る丶ハ如
何之事也と云て大ニ腹立て掛合ニ甚難渋致
し候
4 一今度之異船蘭人ゟ通達有之候義昨年暮奉行
へ内々御達ニ相成候由併夫も来夏ハ来るか
位之事与力共も一向弁ひ居不申候故掛合大
ニ困り候由
5 一書翰請取渡不致候而は國王へ復命致事不相
成と云て尽く必死之様子三度迄彼是掛合候
所中々六ケ敷依右之趣江戸へ申上る七日ニ
自江戸事穏便に致し書翰受取候様御沙汰ニ
付即日異船へ申通程なく返翰御遣被成
候義か此方答て夫ハ急ニ出来申間敷由申候
所彼云左様なれは國王之書翰別ニ下書有先
此度ハ此下書を渡可申弥返翰出来之上本書
引替ニ可致と云右種々手段を設け掛合漸此

秘譚24

度書翰而已請取返翰ハ追而取ニ参皆ニ約束
いたし明九日請取へく振合ニいたし候

6 一始終掛合之節は使節上官之者対面致さす副
将之者出席致候事

7 一此後返簡請取ニ参候時ハ日本国王之書翰を
守護し帰候事故小人数ニ而ハ日本を敬す
に当らす右故数艘仕立猶更大軍艦二艘ほと
引連可参此度我国王の書翰故是程の人数ニ
而参候よし申候

8 一フレカツト軍船大炮二十四門蒸気船大炮八
位各野戦筒も数挺有渠濡上陸之時往来差送
り迎ひ致し蒸気船へより船中大抵一見致候
処外今見候とハ相違ニ而廣大成ものニ而一
目ニは見限られ不申蒸気船車輪等之仕かけ
是又廣大ニ而更に難分り不申候

9 一書翰請取候後喜悦之体ニ而本船へ帰候時送
参候所直ニ酒を出し申候船中一見し暫手間
取返り候節も離盃を勧る進又酒出し候

10 一書翰請取之節何か六ツケ敷事ニ而も申候哉
と大ニ心配いたし候所何事もなく安心いたし

11

し候
一右請取之席ハ使節上官副将ニ人合而四人也
方ニ而は奉行弐人応接掛り与力四人通詞壱
人是も上段之間へ上る組頭ハ下段ノ間与力
七人右同断
右五名之所説爰ニ畢
癸丑七月十七日脱藁

附言
墨夷舉濱邊へ上陸之節人家を離レ穢多小屋
ニ行其妻子而已居るを伺ひ大勢押込食物抔
奪ひ喰ひ其上右妻女を輪漢し終気絶ニ及へ
り拋船中ニ奪ひ去んとする所へ夫帰大ニ怒
り天秤杯有合の品ニ而四五人打脳し壱人ハ
是非生捕度働候なれ共多勢ニ無勢詮方なく
迯延られ候穢多余り遺恨ニ存川越陣所江訴
へ出私非又壱人の恥辱ニ非す日本之恥也江
戸へ被仰立是非恥辱を雪候様御計ひ被下度
申募り種々宥といへとも不用依而重き役柄

拋ナゲウツ

△人の誤字か

秘譚26

之者出相論漸納得なさしむ此後渡来之節ハ
御打拂ニ可相成非人なる下も真先ニ罷成此
恥辱清め可申と慨憤切歯立去りしと云
右者横須之者咄候趣芳野氏より傳聞之侭
爰ニ附録すしかしなから是ハ我國戦闘を
好む者我國人を激せしめんか為の虚言成
よし浦賀人申候

此書新店奥山氏より借用写置候

嘉永七甲寅年八月

三浦屋権四郎主

秘譚 27

「米夷留舶秘談」（秘談本）（横須賀市人文博物館　所蔵）

〇.△, 1, 2.

① 云認度と訓読 13.
② 未訂改自 6.7

彼 云 元ら 去なから 浦賀云込 ／ △ 他なし 4
・彼 云一 ・元ヨリ 去ナカラ ・浦賀へ ／ 2 △1 雑・雑・古
彼 之 本より 乍去 浦賀へ ／ ○1 雑・雑・古
※○雑・古「白」

應 採 懸 り 迄 人 東船 いたし 參る へき ／ △○ 2 雑・雑・古 6
・應 採 掛 り○ 一 人 上 船 いた△ し ・參 ル○ へ り△ ／ △ 2 他なし 5
應 採 掛 壱 人 上 船 致 し 參 へ き ／ △1 他なし ○1 雑

拟 東船 を 許 さ す 漸 ／ △△ 他なし 4
テ ハ○ ・拟 上 船 ヲ 免△ サ ス ヨ△ ラ△ 〈△ ／ △2 雑・古
拟 上 船 を 許 さ す 様 に ／ ○1 雑 古
「ヨラク」と同意。「漸」（やうやう） ※△雑「様」

東 出し 迄 付 候 へ△ 去△ 東 込 候 迄 船 を
一・東 出△ シ△ ・迄 付 候 処 ・東 込 候 ト テ 船 ／ ○ 雑・古
東 付 迄 付 候 処 東 込 ニ て 船 を ／ △2 他なし 3 △1 雑・古
※△古「出」

2

浦賀 中 の
・浦賀 中○ ノ
浦賀 之 ／ ○ 雑・古

引 来 候△ 其 速 か○ 諸 方 東 庭 不 図 ／ 1 2 雑
・引 来 ル 其 速 ・諸 方 ・東 コ へ 不 圖△ ／ △2 雑・雑
引 来 る 其 速 諸 方 之 東 庭 へ 不 許 ／ ○△ 1 中なし 2

千 代 ケ 崎 を 庭 へ 観音 崎 ／ 1 1 他なし
一・千 代 ケ○ 崎 ヲ ノ リ コ へ 観音 崎 近○ ク○ ／ ○○ 2 1 雑・雑・古
千 代 崎 を 東 庭 観音 崎

1

合原

／
・合 原 總藏 ヨ リ 聞書 ／
合 原 總藏 よ り 聞書 浦賀 附 與力

一行目・改稿本。二行目・雑記本。三行目・秘設本。
※天以下、旧秘設本の誤り、改稿本で「云認度撰雑記」とって
秘 ／

右返答　創誥ニ命参候　空敷く
・右返答　創誥ニテ〇参り〇候　・空7△
右の返答　創つ初め参候　空敷

取扱可申　江戸江△は不審△ニ△
・取扱ヒ〇可申と云　・江戸へハ僅
取扱申へしと云　江戸へは僅

ノノノノノノノ　江戸江△伺ふ△也〇
・欹判イタシカタク△　・江戸へ伺ヒ〇
判いたしかたし　江戸へ伺

直ニ江戸江△　直ヲ主可致　ノノノノノ
・直ニ〇戸江へ　・直ヲ主可致　・コノニテ
江戸へ　直ヲ主致へし　委にて哉

書翰を　差委ニて　取上不申
・書翰ヲ　・モシ〇コノニテ　・取上不申
書簡を　要にて　取上申さす

行可申候　重きものなし　日本王江△
・行可△申〇　・重キモ△ノナシ　・日本王へ
行かへし　重きはなし　日本王へ

致候　國王の命　王命不成ハ
・イタシ候　・國王ノ△命　・王命ナ△レバ
致し候　國王之命　王命と有は

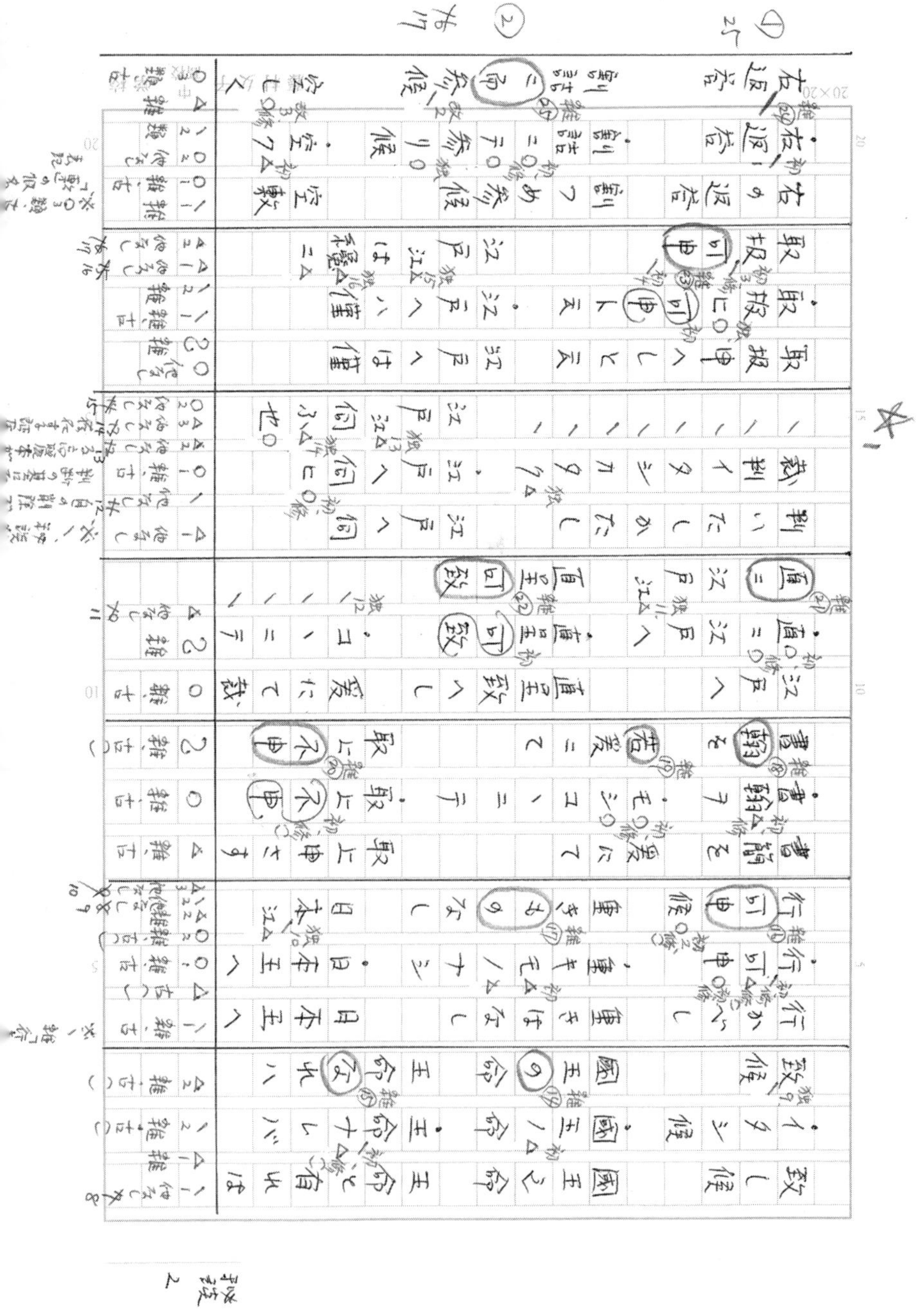

★2　秘談 3

貴候ては指支　承たし此方云
・貴シ○候テハ指支　・承り度此方答○云
貴し、ては差△支　承り度此方答に○、

○1 雑　、1 他なし18　△ 他なし19「ニテ」　○2 雑　○3 雑　、2 雑〈○4 雑〉

※○3 雑「返答」。○4 雑。

箇様の役方之手をへ相成候儀故
・ケ△様ノ・役方ノ△手ヲ経△・相ナリ候儀
ケ様之役方の手を経相成、、

△1 雑　△2 雑　△3 雑、古　、他なし20

手数も掛り　控
エヘ手カズモカヽり候○エ○へ○・扣△へ○
故、、、、、、、、、扣

○1 雑、古　○2 他なし　、他なし21　△ 雑　○3 雑

※、秘談独自の削除か。削除の判断の基となる写本が存在しない。証左

彼れ云　深き不存有へし　をなら
・彼云　・深キ所△存有ヿ△せ△　・ヿナレ△
彼云　深き所存有る○事せ　事なれ

、雑　△1 古　△2 雑、古　○ 他なし22　△3 古

は待居申へし
八・待ヲリ可申
八待居可申

２ 雑

3

さくは送申へき旨申候へは
一・さシ○ク候○へ○八送り○可申ト△申シ○候知△
さ較候八△ヽ送り可申と申候知

○1 雑、古　○2 雑、古　○3 他なし　○4 雑　２ 雑　○5 他なし　△2 雑、古　△3 雑、古　、雑、古

手厚用意致し候へは何も致さすと
・手厚ク○用意イ△ヅ△レ△何モ　・イタサズ
手厚く用意致△何も不致と云

○ 雑　△1 雑　△2 類、古　２ 雑

① 40
② 22

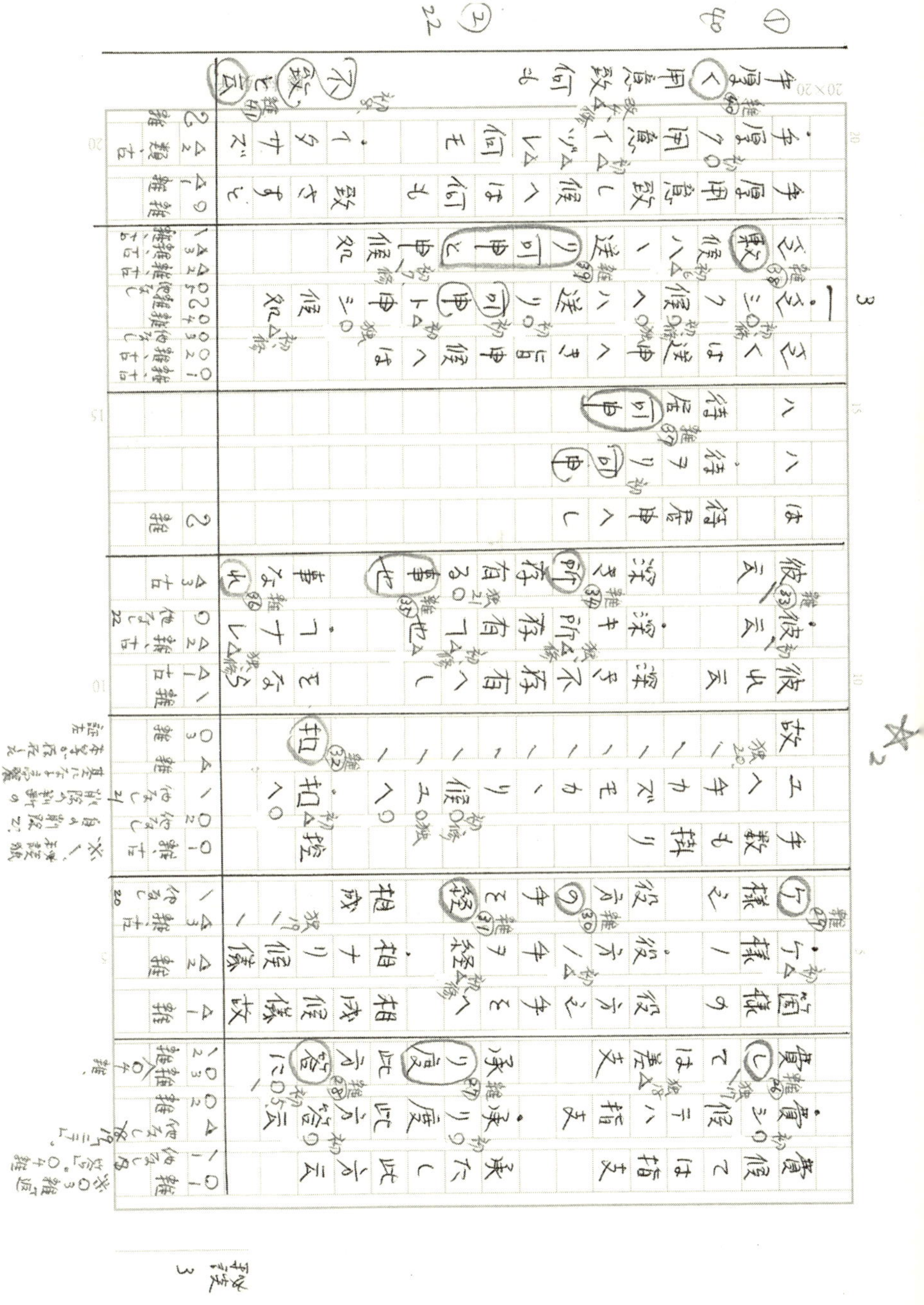

① 49
② 26

東上上陸　事聢り此方彼是△
・東上に上陸　・事カハり此方彼役人△
東上に上陸　事変り此方よ彼是

江戸近く迄　観音崎臺場之図
・江戸近クマデ　・観音崎臺場ノ図
江戸近迄　観音崎の図

バッテーラ弐艘也ハ艘　バッテーラ　6
・バッテイラハ艘　・バッテイラ
バッテイラハ艘　バッテイラ

通弁致候
・通弁イタシ候
通弁致し候

重込居る△　相違なく相見へ△る　（　　）　5
・重込△居候　相違ナク△相ミエル°也　（　　）
重組居候　相違なし見申　（訓註）

承り候　無なし　可申　云　4
・承り△候　・無ナリ　・申ヘキ　・云△
相尋候　無なり　申へき　申候

ト云△
答ふ

手段 4

① 62

② 41

候には一向取合申さす盡く地あか

・候ニハ更ニ取合不申・尽ク地ニア

候而ハ更ニ取合不申悉ク道ニ明

るの算定りて居候と相見へ候

カルク算定り居候義ト相見エル

るく兼而定居候儀と相見ゆる

7

発砲致し　左様　夜四ツ時

一・発砲イタシ・左様ノ義・夜四ツ時頃

發炮致、右様之義　夜四つ時頃

朝には大砲発致し候

・朝ニハ大砲連発イタシ候

朝、大炮連發す

8

彼氣に當り　有ては　招く道

一・彼カ氣ニアタリ・アリテハ・招ク道

彼か氣ニ當、有之而は　招候道

理故兎も角も致へし　上陸致し

理、兎、角、可致で・上陸イタシ

理兎角、可致事　致上陸

民家へ立寄候　格別　候ハ、

・民家へ立ヨリ候・格別ノ・候へハ

民家江立寄、格別之　候へハ

△1 雑　2 雑　△2 他なし 27　○ 雑、古　△3 他なし 28

△1 中村、古　\1 雑　○ 雑　△2 他なし　△3 雑　△4 他なし 29　\2 他なし 30

△1 他なし 31　\1 他なし 32　○1 他なし　△2 他なし 33　○2 雑

○ 雑、古 34　△1 他なし 35　△2 他なし 36

○1 雑 37　○2 他なし 38　△ 他なし 39

雑　1 雑　○ 雑　2 他なし 40

△1 中村　\ 他なし 41　○ 雑　△2 他なし

抄読 5

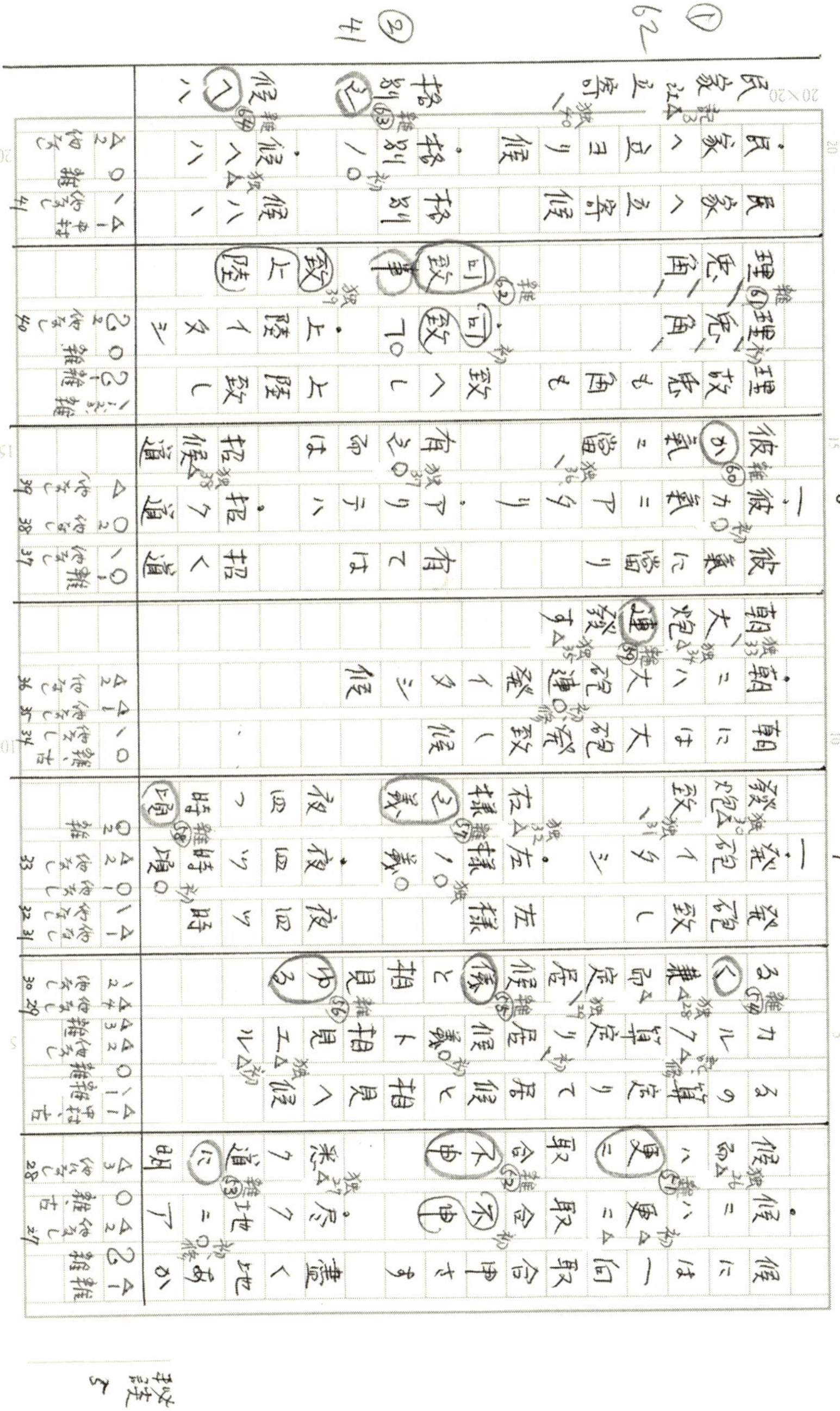

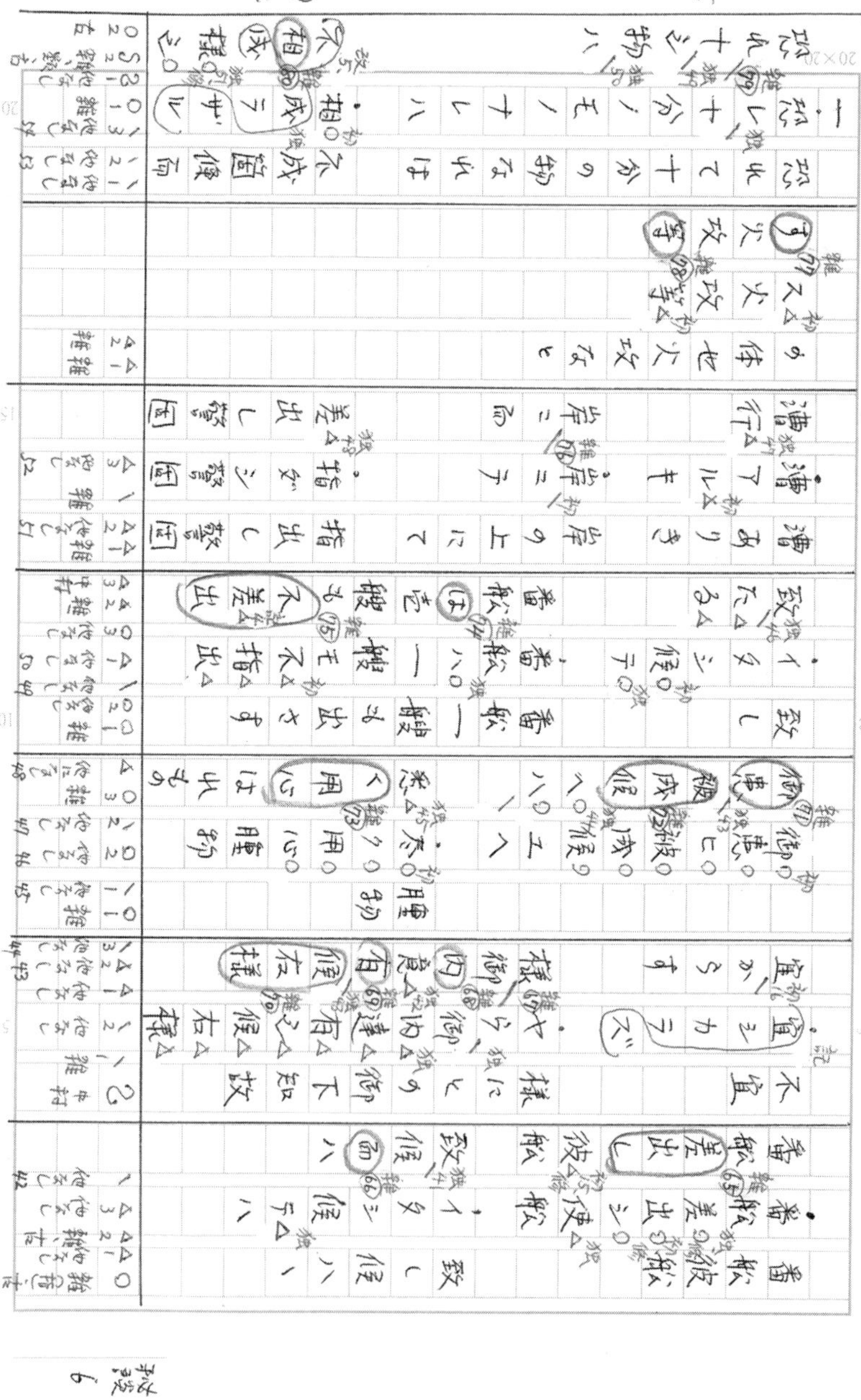

番船彼船　致し候八、
・番船差出シ使船、イタシ候テ八
番船差出し彼船　致候而八
不宜　様にとの御下知故
・宜シカラズ　・ヤら御内達有之候右様
宜からす　様御内意有候右様
腫物
・御患ヒ被成候エへ、・悉ク用心腫物
御患被成候へ八、悉く用心はれもの
致し　番船一艘も出さす
・イタシ候テ　・番船ハ一艘モ不指出
致たる　番船は壱艘も不差出
漕ありき　岸の上にて　指出し警固
・漕アルキ　・岸ニテ　・指ダシ警固
漕行　岸こ而　差出し警固
の体せ火攻なと
ス火攻等
す火攻等
恐れて十分の物なれは　不成箇條而
一・恐レ十分ノモノナレハ　・相成ラザル
恐れ十シ物八　不相成様之

秘談 7

已箇條は申上さる姿に相成
ケ△條ノ△ミ△ケ△條ハ不申ノ○上○姿ニ成居
ケ条のみケ条ハ不申上姿ニ成居候

居候故自ら喰違至り
り○候て○ユヘ自然喰違ヒ○居り○至り
事故自然と○喰違ひ居り至

右は當月六日合原氏より聞処尚又此
右當月六日合原氏ヨリ聞ケ○ル○処尚此
右浦○賀○應○接○掛○与○力○合原惣△蔵△今聞

度同人へ問合せ校合す
度同氏△へ問合校正△ス

小の方へ向ひ馳出すバッテ
一小ノ方へ向て△馳出スバッテ
小之方方江△向て走り△出すバッテ

イラ測量しなから行く川越の手
イラ測量シユク川越ノ一○手
1△ラ測量し行川越之一手

船ふちにはせ通鈒付銕砲
船ブチニ馳通ル○鈒付鉄炮△
舟測江△馳り○通る鈒付筒△

① 88
② 67

① 96 97

② 81

此方之怒に不絶早船を以て

此方船ノ怒ニ堪ヘス早船ヲ以テ

此方船の怒に不堪早船にて

浦賀込体と御候振舞忍かたく

浦賀へ軽御イタシ候振舞忍ヒカタ

浦賀へ軽御の致方忍難き儀也

右に御意ハ有之猶

キ義也右ニ御内意ハ有之間

右には御内意はこ此有

事済候儀ニ諸家中申合也

事スミ候ト申ニ諸家申合も不

且事済候に諸家申合行届

不行届穏便ニ被成候様との事ニ有

行届穏便ニ被成候ヤウトノ一ニ

かす穏便に有之様にとの挨拶に

之候且諸家怒リニ不絶手出し致

有之候且ツ諸家怒ニ不堪手出シイ

及ぶ夫より諸家怒に堪へす

タミ不相成役船ニ艘ヲ

相成らす役船弐艘を

不相成　彼役船二艘

20×20

跡へ附警固致し候されは
・跡へ附キ警固イタシ候
跡江着警固致し

異船を取押へる為にてなく陸上諸家
見物人ヲ指押へ諸家ニテソコツニ手
見物人を差扣へ諸家之而疎忽ニ手出

疎忽に手出し致さぬ様制禁の為也
出シ無之ヤラ制禁スル為指出シ候丁
無之様制禁する為ニ差出候異船を取

異船取扱フ為ニアラス
押る為ニあらす

異船へ早船を以て趣意と尋候処答
・異船へ早船ヲ以テ・趣意ニ候ヤ相尋
異船江早船を以趣意ニ候哉相尋

候 ゆざ〳〵指遣
候処異人答テ・ワザ〳〵指遣ス
候処異人答て云態々差遣す

帰申へしと七ツ半処へ漕戻し候
・返リ可申ト云・七ツ半・処へ漕戻シ候
帰可申と云七時処江漕戻る

秘談 9

11 （　）割註

書簡請取異人へ申遣只今より
一書翰受取異人へ申通シ只今ヨリ
書翰受取夷人江申通し唯今ら参
参候様又々分け迅速にはせ来る
参り候ヤウ分ケ迅速ニ馳せ来り
候様分迅速ニ馳来り
十町計にして（九ツ位）
十丁斗ニシテ止マル（九尋位）
拾町斗ニ而止る（九尋程）
ハツテイラを弐艘の蒸気船より十五
バツテイラ二艘ヲ蒸気船ヨリ十五艘
バツテ一ラ拾五艘を右蒸気船二艘ゟ
艘卸し上陸終て太鼓ホラ貝笛を鳴
卸シテ上陸終テ大鼓螺貝笛ヲ鳴シ
おろし上陸終て太鼓貝笛を鳴らし
し繰込固める囲む異人ゲヘル
操込ム固メル固ムゲヘ一
操込固め固めゲヘ一
ル備を固む為根川越の備前
ル備ヲ固メ為根川越備ノ前
ル備を立為根川越備の前

96 97 98 99 100 101 102 103 104 105 106 107

※△操は繰の誤字。類・古「繰」

秘説 10

② 107 115

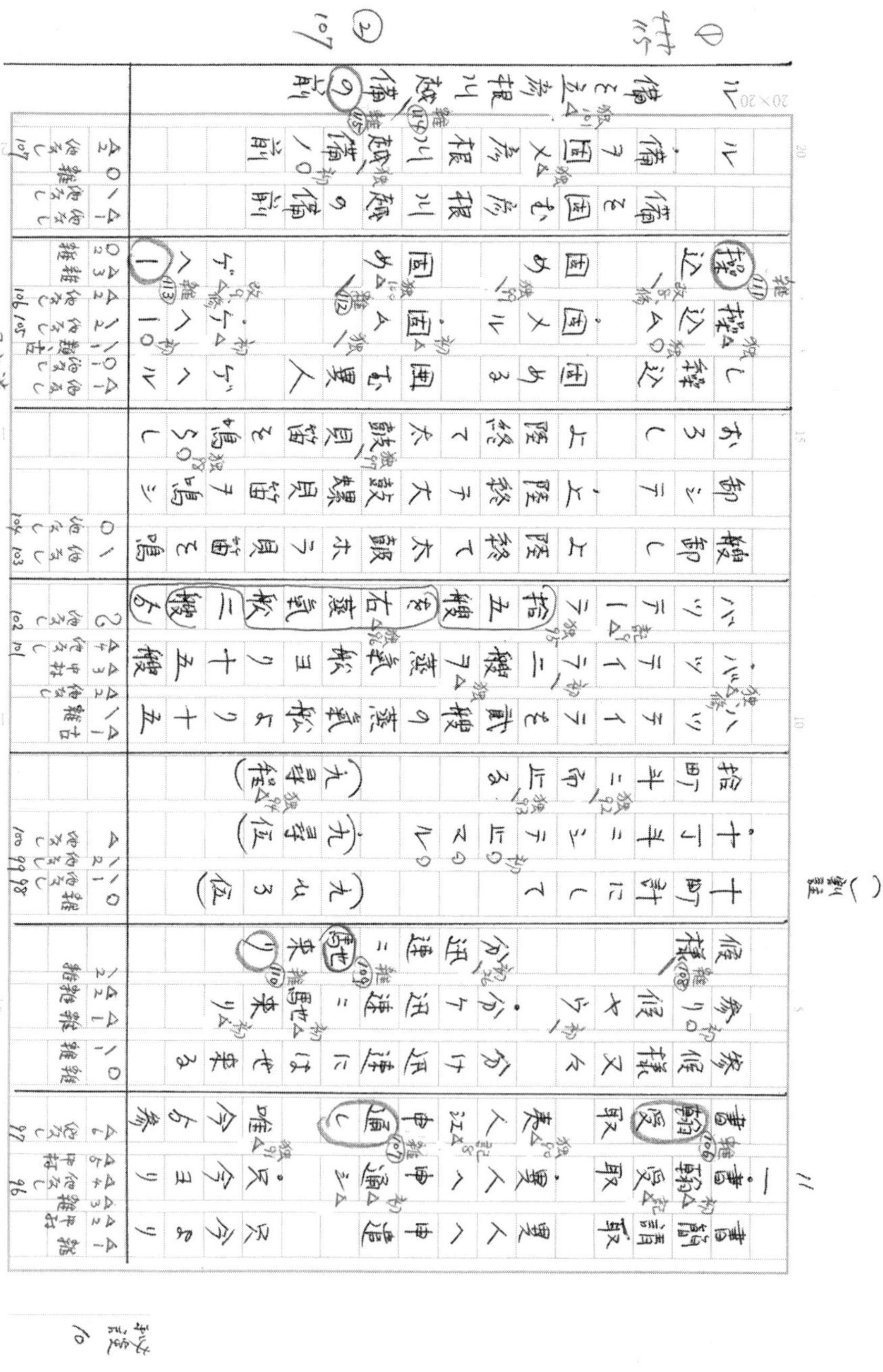

①125　②126

湾外軍船を引波を蹴立

湾外軍船ヲ引連レ波ヲ蹴立て、
湾外に軍船を引連れ波をけたて、
／4 他なし　／3 他なし　／2 他なし　／1 他なし　126 125

致置候気　先つ無事ニ事済
致シ置候知○　先ツ○無事ニテ相済ミ○
致し置候　先無事にて相済
／3 雑 類 古　△2 他なし　／3 他なし　○2 他なし　／1 雑　○1 他なし　124 123

の聊ニ互塞る　奉行虜ニ否り候○
の聊ニり互塞ル△　奉行虜ニナル△
聊塞り　奉行を虜にせすへき
○3 他なし　△2 他なし　△2 雑　／1 雑　△1 他なし　○2 雑 古　○1 他なし　122 121

皆ニ候知　多△人数上陸し○　上官奉行
皆ニ△候△知　大人数上陸　上○官奉行
皆の知　大人数上陸　官奉行の
○2 雑 古　○1 他なし　△2 他なし　△1 他なし　120 119

相見候△調△ゆ　定△合ニ命△
相見へ○ヨク整ヒ○　掛合ニハ
相見能整　掛合には
△4 他なし　△3 他なし　△2 他なし　／1 他なし　○2 中村　△1 雑　○1 雑　118 117 116 115

耳こすりを致　嘲弄致候様
耳コスリヲ○イ○タ○シ　嘲弄イ○タ○シ○候○様△
耳こすりし　嘲弄の体
3 他なし　△ 雑　○2 雑　／2 雑　／1 他なし　○1 雑　114 113

歩り行　差△図す　固め○を見て異△人
る○り○歩行キ　指図ス　固ヲ見テ異人
歩行き　指図す　固を見て異人
△2 他なし　○2 他なし　△1 他なし　／2 他なし　／1 他なし　○1 雑　112 111 110 109 108

手控　11

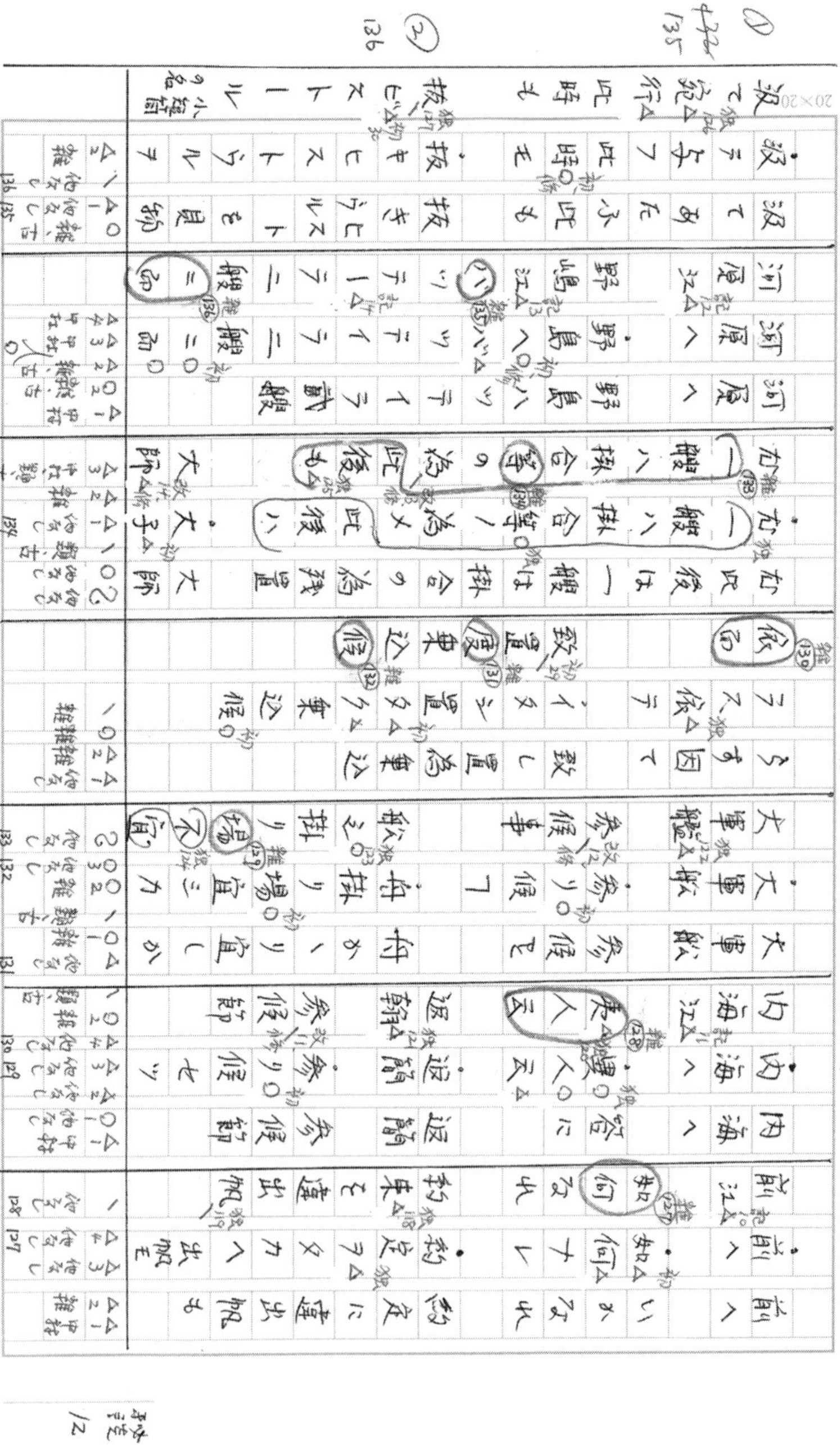
前へいかなれ　約定に違出帆も
前へ如何ナレ　約定ヲタカへ出帆モ
前江如何なれ　約束を違出帆へ
内海へ答に　返簡　参候節
内海へ人云　返簡　参り候セツ
内海江夷人云　返翰　参候節
大軍艦参候と　舟かゝり宜しか
大軍艦参り候て　舟掛り場宜ミカ
大軍艦参候事　船之掛り場不宜
らす因て致し置為乗込
ラス依テイタシ置タク乗込候
依而　致置度乗込候
右此後は一艘は掛合の為残置　大師
右一艘ハ掛合等ノ為メ此後ハ　大子
右一艘ハ掛合等の為此後も　大師
河原へ野島ハツテイラ弐艘
河原へ野島へバツテイラ二艘ニ而
河原江野嶋江ハツテーラ二艘ニ而
汲てあたふ此も　抜きヒルストを見物
汲テ与フ此時モ　抜キヒストトウルヲ
汲て宛行此時も　抜ビストール　小短筒の名

秘説 13

をおひやかす
放ち見物人テ驚カシ申候
を放ちて見物人を驚し申候

12 一右滞船出帆未た不行届故に
12 一右滞船中出帆未タ行トヾカズ故
又滞船中出帆未た行届かす候故

滞留致し答ふ因勘定奉行
滞留イタシ答依テ御勘定奉行
滞留致答依之勘定奉行

内海不穏引戻し候様に
内海へ甚不穏引戻シ候ヤら
内海江甚不穏引戻候様

浦賀迄掛合引取猿島
トノ振浦賀迄精ゝ掛合引返シ猿
浦賀迄浦賀迄精ゝ欠合引戻し猿

邉金澤邉測量致し候
島近辺金澤マテ尽ク測量ス
島近邊金澤迄悉く測量す

13 一二本に繋き煙筒火焔沖よりは
12 一・二本ニテ繋キ烟筒・火焔・沖ヨリハ
弐本ニ而繋き烟筒火焔沖合

① 146 150
② 147

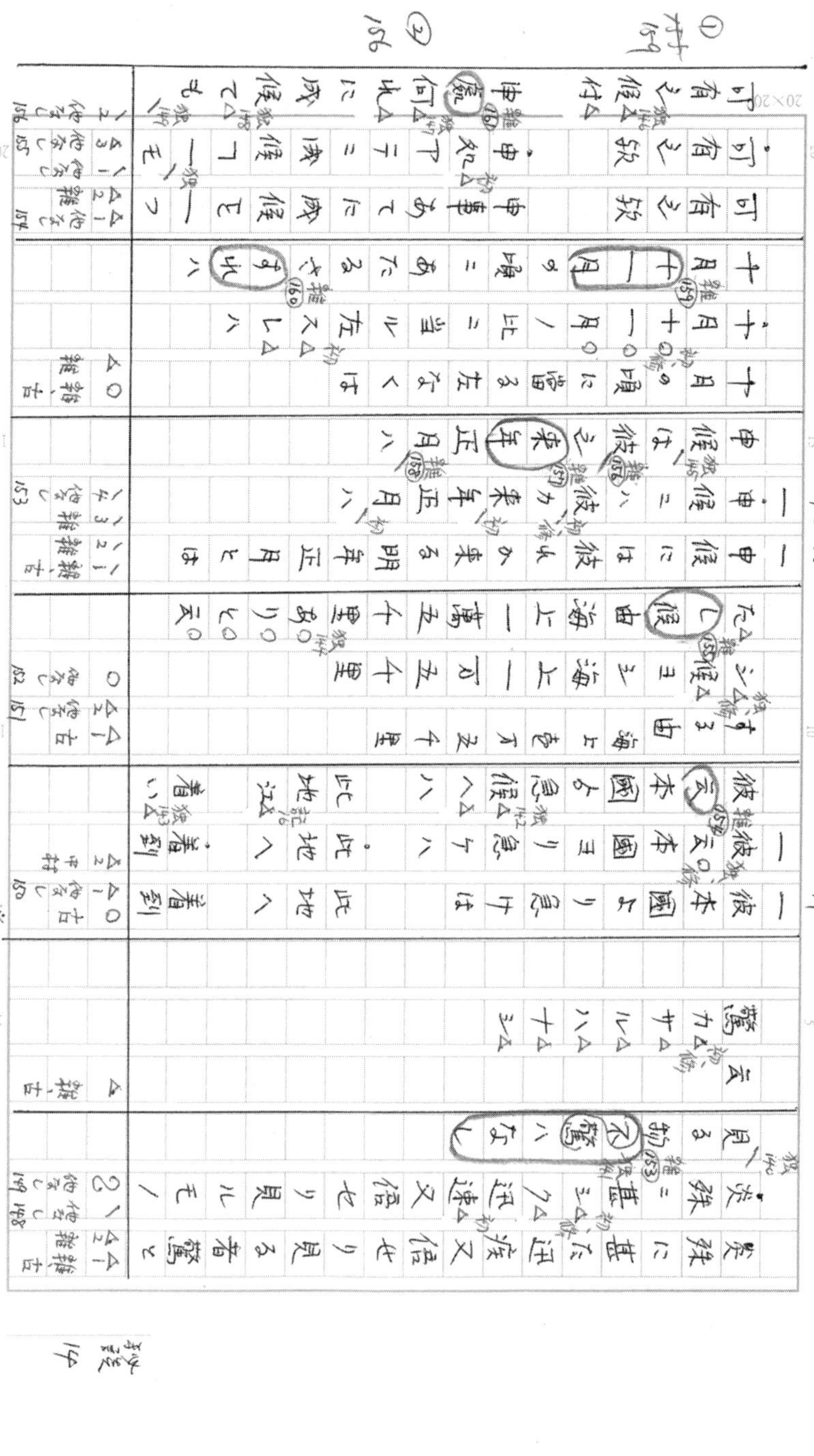
炎殊に甚た迅疾又倍せり見る者驚と
炎殊ニ甚シク迅速又倍セリ見ルモノ
見る物不驚ハなし
云
驚カサルハナシ
一彼本國より急けは此地へ着到
一彼云本國ヨリ急ケハ此地へ着到
彼云本國ゟ急候ヘハ此地江着い
する由海上壱万五千里
シ候ヨシ海上一万五千里
たし候由海上一萬五千里ありと云
一申候には彼れか来る明年正月とは
一申候ニハ彼カ来年正月ハ
申候は彼之来年正月ハ
十月の頃に當る左なくは
十月十一月ノ比ニ当ル左スレハ
十月十一月の頃ニあたるさすれハ
可有之欤申事あてに成候ヱ一つ
可有之欤申処下テニ成候ヿ一モ
可有之候付申處何れに成候ても

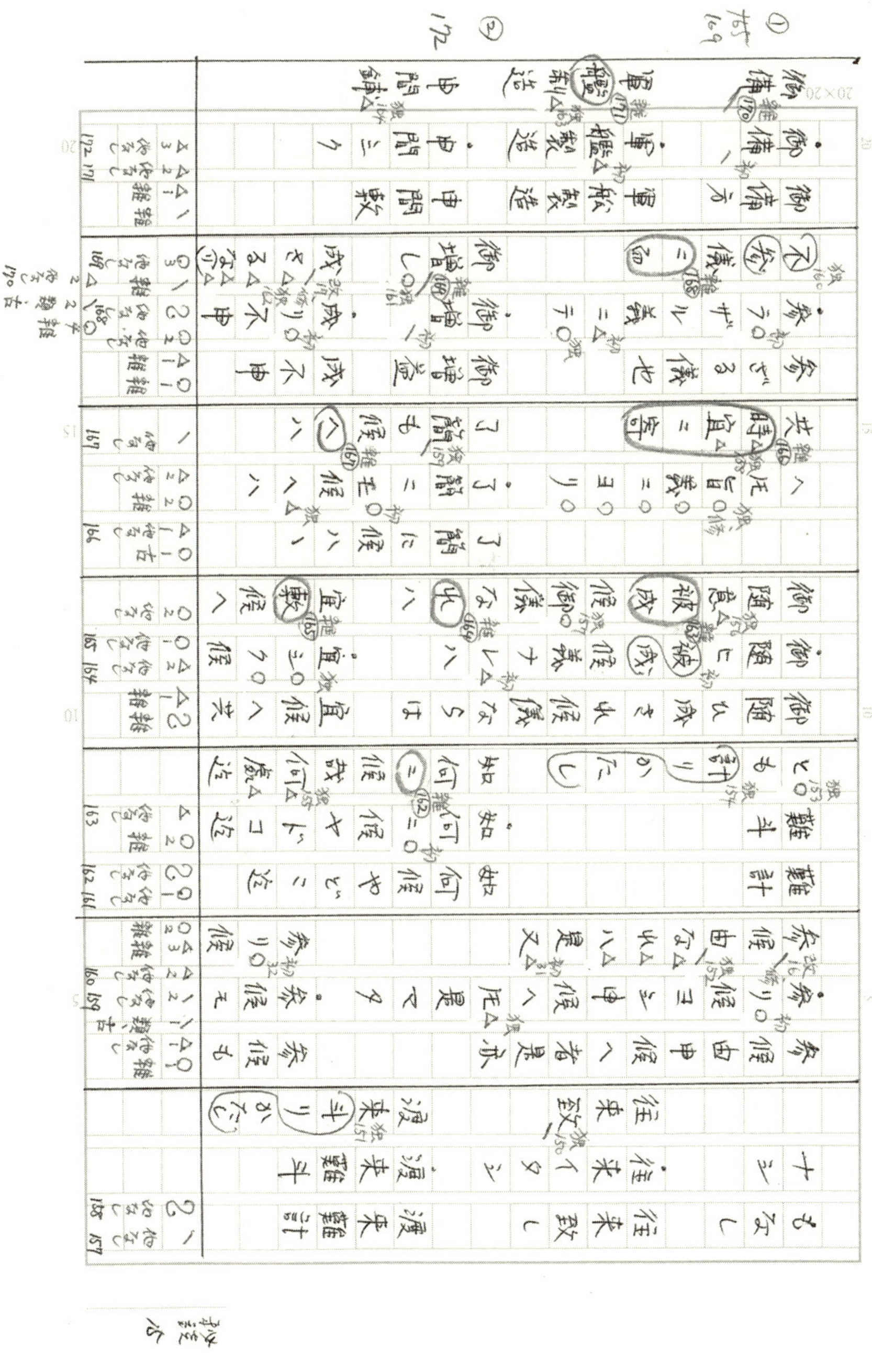

もなし　往来致し　渡来難計
ナシ　往来イタシ　渡来難斗
往来致　渡来斗りかたし

参候由申候へ者是亦　参候も
参り候ヨミ申候へ圧是マタ　参候モ
参候由なれ八是又　参り候

難計　如何候やどこ迄
難斗　如何ニ候ヤドコ迄
とも計りかたし　如何ニ候哉何處迄

御随ひ成され候儀ならは　宜候へ共
御随ヒ被成候義ナレ八　宜シク候
御随意被成候御儀なれ八　宜敷候へ

了簡に候八ヽ
へ圧旨義ニヨリ　了簡ニモ候へ八
共時宜ニ寄　了簡も候へ八

参ざる儀也　御増益　成不申
参ラザル義ニテ　御増ヽ　成り不申
不参儀ニ而　御増し　成さるなり

御備方　軍船製造　申間敷
御備ヽ　軍艦製造　申間ミク
御備　軍艦制造　申間鋪

①165 169
②172

157 158 159 160 161 162 163 164 165 166 167 168 169 170 171 172

秘読 15

① 179 177　② 186

本文	注記
相○成不申相叙〳貳寸〳角〳	＼4 ＼3 雑雑
成り○不申相叙ち二寸ノ角木	＼2 ＼1 ○2 他なし 雑・雑
成申す相叙ち貳寸り角木	○1 他なし 雑雑

173 古

本文	注記
打捗△候處△打抜△〳閻なルハ	△4 古
打試候ミ○が○打當中候閻ナレハ	＼1 △2 ＼3 他なし 他古
打試み候打當中候銃なルは	△1 ○1 他なし 他古

176 175 174

本文	注記
相△砕き船渕△一尺六七寸	＼1 ＼2 他なし
打砕〳船づ々大図一尺六七○寸	○3 △3 雑 中村
打砕き船ふち大都き尺六寸	△2 ＼1 他なし 他なし

180 179 178 177

本文	注記
會津公△奉行込△前ゝ渡来悉△く	
一會津候奉行へ前ゝ○渡来コく々	△3 他なし ○ 古
一會津候奉行へ前渡来悪く	△2 ＼1 他なし 他なし

183 182 181 180

本文	注記
諸方△を△亂し蛎無此上存○候込△参り	△4 中村
諸家△ニテ乱蛎無此上候へ参り	○2 ○1 古 他なし
諸方にて乱蛎無此上候へ参り	△3 △2 ＼1 他なし 類・古 他なし

184 183

本文	注記
家来之者共見留△候命八致ましくと	
家来ノ○者○共見受△候テハ○致タス間ミ	△2 類・古
家来共見留候て致間敷候	○2 △1 ○1 他なし 他なし 雑

本文	注記
存候起し△てハ相押候	＼1 ○3 他なし 雑・古
クト存○候起り○候テハ相押△入○候	△2 ＼1 雑・古 他なし
起候ては相抑候	△1 ○2 ○1 他なし 古古

186 185

15 16

手控 16

承知被下候様にとの
承知被下候ヤラトノ
承知置被下候様との

〇、古　他なし

一江戸より左様の間に合不申
一江戸ヨリノ〇右様ノ義〇何モ〇間ニ合
江戸ゟ之左様之儀何れ〇も間合

〇1 雑　△1 雑　〇2 類、古　△2 雑、古　〇3 中村　〇4 他なし　\ 187

候
不申候ヤウ〇存〇候〇
不申候様存候

〇 古

※〇古「様に存候」
※〇3古「何にも」

一とろけ居り候　焼打宜様
一トロケ居候　焼キ〇討力〇宜ク〇候ヤら
とろけ居候　焼討か宜敷候様

〇1 雑、古　△1 雑　〇2 中村　〇3 他なし　〇4 古　\2 雑、類、古

焼打の手段　工夫致し度存候
焼打ノ手段　工夫イタシ度候
焼討之手段　工夫致度候

△1 他なし 188　\1 雑　\2 他なし 189

右合原惣藏ヨリ聞書終
右同人ゟ聞記

△1 他なし 190　△2 他なし 191

飯塚粂三郎聞書　合原より聞処と符合の條は除き相違之処のみ記す
飯塚久米三ヨリ聞書　合原ヨリ聞ケル処ト符合ノ処ハノゾキ相違フ処ノミ記ス

軍船共何れ共鉄張にては　何か
一軍船何レモ鉄ハリニハ　何ニカ
何れも鉄張ニハ　何か

\1 雑　△1 雑、古　\2 雑　\3 他なし 192　〇 雑　\4 類、古

2

鉄色の紗にて塗其上へチヤンを加へ
鉄色ノモノニテ塗リ其上ヘチヤンヲ
鉄色のもの也
候紗也　大さ色々に申せ共恐
加へ候モノ也　大キサ色々ニ申セ圧
大きさ色ミ申候へ共
くは五六間可成
恐ラクハ五六間ナルベシ
六七間なるへし
ハツテイラは五六間より十間
一バツテイラ長サ四五間ヨリ横一間
バツテ一ラ四五間ゟ拾間
大ぶりの方へ車込主ともに
大振ノ方ヘ八車細候水主トモニ
大振の方へ八車細水主　艫に三
弐尺位に高さ五寸まはり儀尺あり
二尺位ニ高ク五寸廻リ儀尺アリ
尺位之高さ五尺廻りの磁石有
是を両人にて金へ細き糸を付
是ヲ両人ニテ　カ子ヘ細キ糸ヲツケ
両人ニ而是を　金ニ糸を付夫江

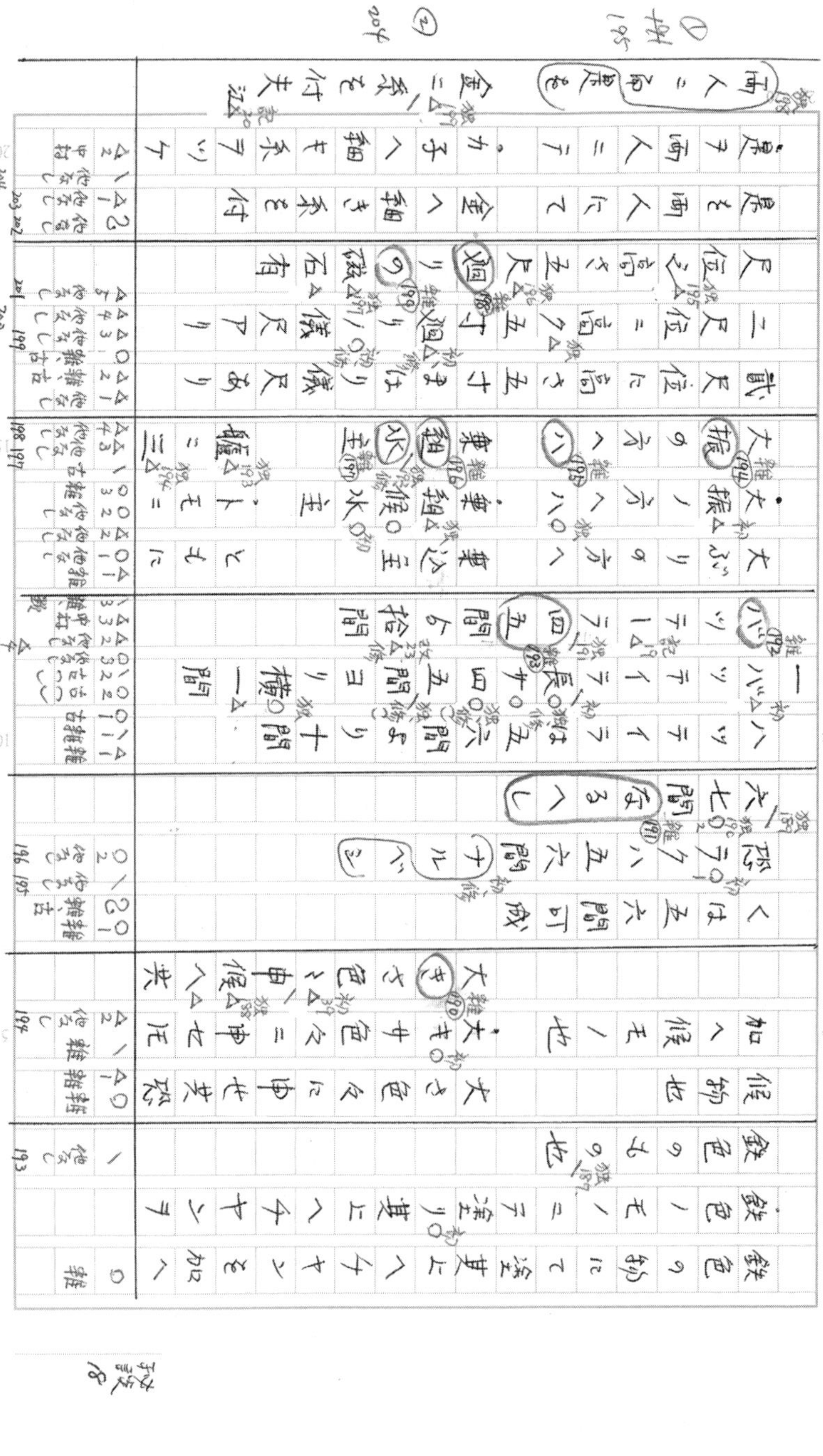

① 203 206

測り行き書す
ソ○レ○へ○、測りユク△書記○ス
量△り行、書記す

○1 雑 △1 雑 △2 他なし ＼2 中村 ○2 雑

※○雑「ネヘ」

3

川越持場亀ケ崎へ上陸は相違なく候
一川越持亀ケ崎へ上陸無相違ヨリ
川越持亀ケ崎江上陸無相違漸制し止

○1 雑 ○2 雑 ○3 雑 △1 中村 △4 他なし △2 雑、古 ＼5 古

206

漸々制留候由
制之○止○メ○返○シ○申○候
返し候由

○1 他なし ○2 雑 ○3 古 ＼1 古 ＼2 雑 ○4 雑 類

※○1 雑「ミ」

4

参候処異人四海内水の儀は一体
一参り候処異人、四海ノ内水の上之義
参候處表人四海之内水上之儀は

○1 雑 ＼1 類、古 △1 他なし ○2 雑、古 ○3 雑、古 ＼2 古

207

他より参致すとも
ハ一躰、他ヨリ参り、イタスト尼
一躰 他分参候即 致候

△1 中村 ○1 雑、古 ＼1 類 ○2 他なし △2 他なし

208 209

5

軍内いたせぬとも構 云り
軍内コソ致サ子少毛構ヒ 云
軍内こそ致せぬ少しもかまひ 云

○1 雑、古 △1 雑、古 △2 他なし ○2 中村、古 ＼ 雑 △3 類 ○3 他なし

210

② 211

固全く虚固 成不申 招き
一固メ全ク虚飾 アタリ申サス 招キ
固メ全ク虚飾 成不申 招、

○1 雑、古 △1 雑、古 △2 古 ○1 雑 △3 類 ○2 中村、類、古 ＼ 他なし

211

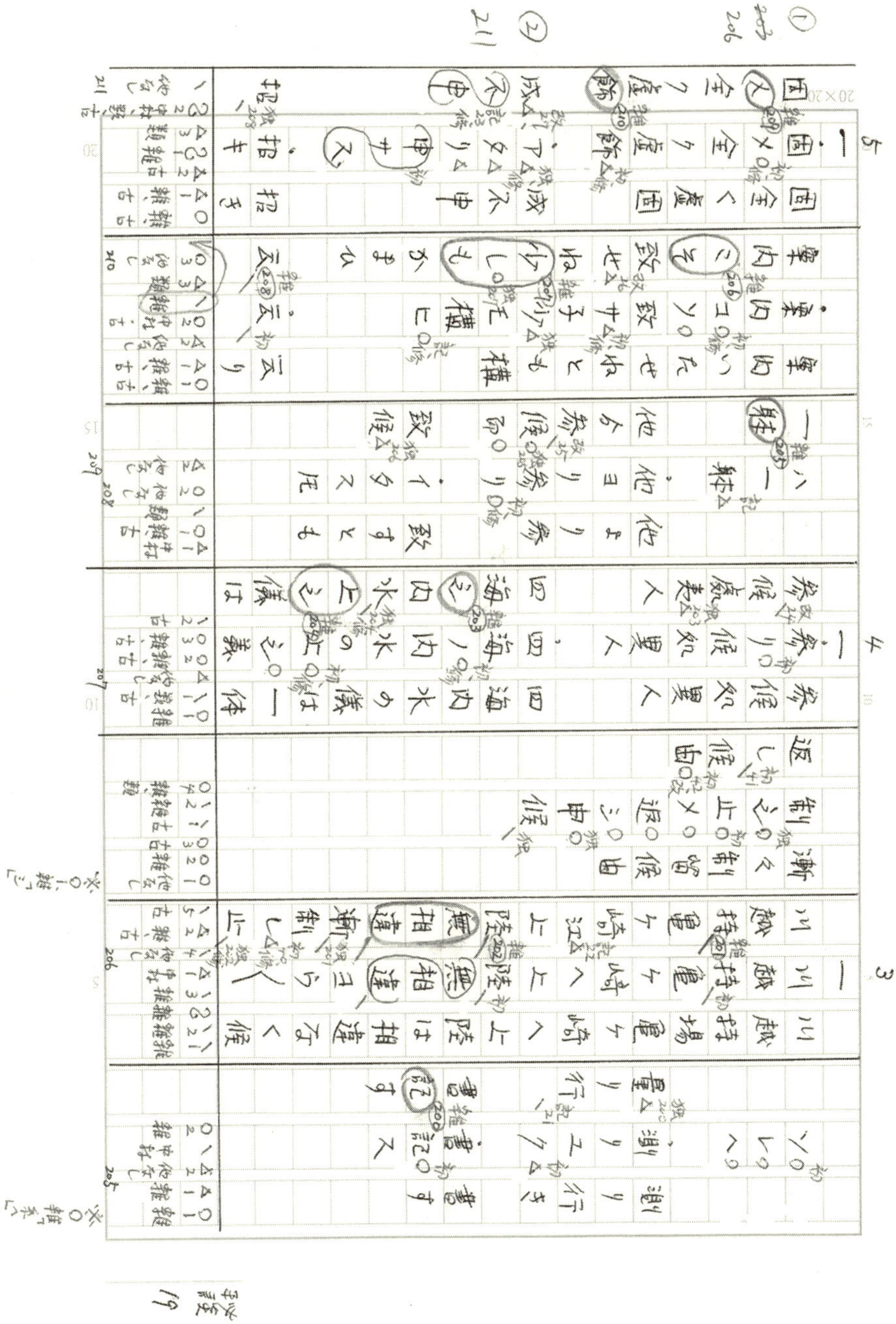

① 212 215

② 219

8

受△取悦喜の躰ニ見ゆる其様子ハ何

一請取・一同悦喜ノ躰△ニ見ユ△ル△ソノ様

請取一同悦喜の体に見へ其様何か

7

本絹様の△物製△候

一・本絹、様ナルモノ作△リ△候

本絹の様なる物にて造候

感に○せさるハなし

・感せサ△ル△ハナシ

感せぬはなし

也△隊伍の○行列いかにも能譏△ひ

アリ・隊伍行列イカ△ニモ能ク○整ヒ

隊伍行列いたすにも能整ひ

6

与△へいル組弐拾人江△壱人ツヽの指揮

一与へ1○ル組ニ十人へ一人ツ△ヽ△ノ○指揮△

与へル組廿人へ壱人宛指揮あり

に相成候

穏便を致候所△成行候也

・穏便○ヲ・イタシ候知・成行候也○

穏を致し候知成行形のみ

段手書 20

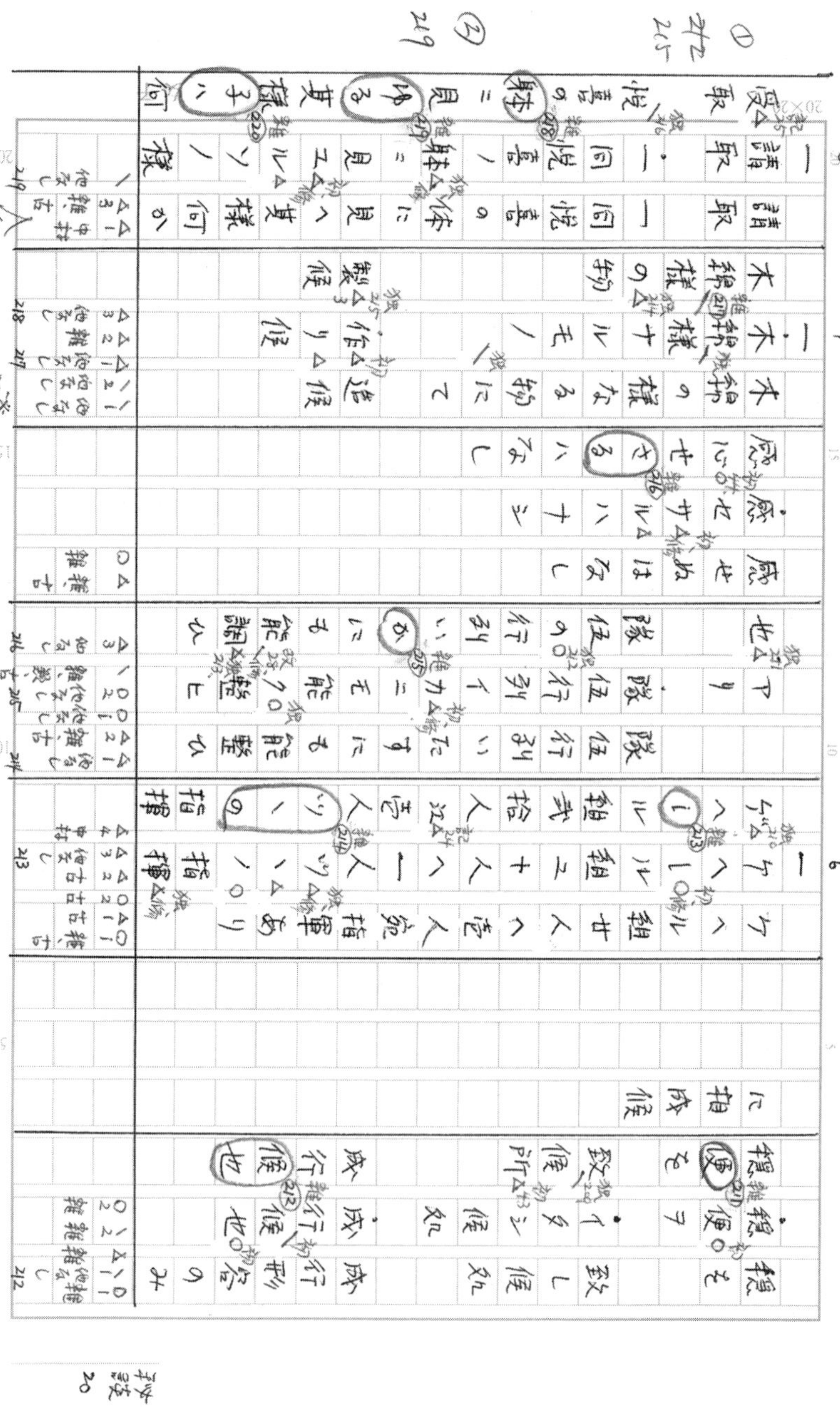

秘読 21

人をかな急　候迚悦候様
子ハ○何カナ○人ヲワナヘ△　・候ト△テ△悦候
か人をかなへ　候ニ

○1 雑、古　○2 古　△ 雑、古　\ 他なし　220

※1 この前段、雑・類・宮・古に本文あって秘読のみ前段としている点、宮の本文と錯綜している証左。

子に　副将貳人にて都合四人
様子ニ　・副将ニ人ニテ△メ四人
副将都△而△四人也○

△1 雑　\ 他なし 221　△2 他なし　○ 他なし 223　222

9

請取の節　色々しやべり　候儀船
一請取ノセツ　・色々△シャベリ　・候義ハ○船
受△取之節　色々しやべり　候義船

△1 中村　△2 雑　○ 雑、古　\ 類

中へ参　申断候余程の手間取申
船中へ参り○　・申断ル△余ホド手間モ○ト
中江△参り　申断る餘程手間取候

○1 雑　△1 中村　△2 雑　\1 雑　○2 雑　\2 類　\3 雑

※1 3、雑「取」

候
レ△候

△ 雑

10

返翰請取は　此方往来は　掛れは
一返翰請取ニ○ハ　・此方往来ハ　・カヽレ
返翰受△取ニハ　此方ハ　かゝり△

○ 雑、古　△1 中村　\ 他なし 224　△2 他なし 225

相成申候若　彼方来年は此方の十月十一月頃に当る故
ハ相成候若　・彼方来年ハ此方ノ十月十一月此アタル
候○へ○ハ相成由△

\1 他なし　○1 他なし 226　△ 他なし　\2 他なし 228　○2 雑、古　\3 他なし 229　\4 他なし 229

※1 4、秘読の全文前段は合原第十四項の本文に該当表記が多少あ

① 221　② 229　4 附

者考には多分引返し来るも知れ不申

拙者考ニハ多分直ニ引返シ来ルモ知レ不申

11

請取　出帆の掛合に候処　杉田沖へ

一　請取　出帆ノ掛合ニ候処　杉田沖へ

受取　出帆之欠合之処　杉田沖江

△1 中村　△2 他なし　△3 中村、古

12

大に開け　水中へひたし置と云

一　大ニヒラケ　船中へヒタシ置ト云

大きにひらけ　水中ニ浸し置と云

○ 他なし　△1 他なし　△2 他なし　△3 雑、類、古　△4 他なし　ヽ 他なし

を　に　候

事、

ヽ 雑

13

琉球へ一組　蒸気船弐艘軍船是を

一　琉球へ一ト組　蒸気船二艘軍船二艘

琉球江一組　蒸気軍船二艘を

△○ 雑　ヽ1 中村　○2 雑、古　ヽ2 他なし　ヽ3 中村

コレヲ

14

指て此人は鉄砲を好候人

一　指テ此人ハ鉄炮ヲ好ミ候人ナリ

指して此人は鉄炮を好み候人せ

△ 雑、古　○1 雑、古　○2 雑、古　○3 他なし

① 225　② 236

① 239

② 244

15

異人鉄砲か好きならは亜墨利加へ

・異人鉄炮カスキナレハ亜米利加ヘ

夷人鉄炮か好なれハ亜墨利加江

通詞成程は委くもへけれとも

・通辞答テナルホド鉄炮ハ委シクモア

通詞答て成程鉄炮は委敷くも可有候

日本の槍鈥は

ルヘク候へ圧 ・日本鎗鈥ノ術八

へとも 日本槍鈥之術八

異人笑て日本槍鈥術恐るゝに不足

・異人笑テ日本鎗鈥ノ術更ニ恐ルヽニ

夷人笑而日本槍鈥之術更ニ恐るゝに

用立迄には致さぬと申候

足ラス ・用立マテニハイタサズト云ヘ

足らす 用立迄ニハ不致と云

異船入津 騒き立 中々言ふ計

一異船入津 ・騒キ立 ・中々ニ而ハカリ

夷人入津 騒 中々云計

決して 此方より指揮

・決テ ・アレハ此方ヨリ指圖

決而 事あれハ 指圖

△1 雑、古 △2 雑 △3 他なし △4 他なし △5 甲拄

△1 雑 ○1 古 ○2 古 △1 雑 ○3 他なし △2 類、古

△1 他なし △2 他なし ② 雑、古 ○ 雑、古

○1 古 ○2 雑、古 △ 他なし

②1 他なし △1 他なし △2 他なし ②2 他なし

△1 他なし △2 古 △3 他なし △4 類 △5 他なし

○1 雑 △ 雑、古 △2 他なし

秘談 23

① 249 250　② 252

為立退精々致し居致し方な
・立退也・精々・イタシ居・致方ナシ
立退也精々△致致方なく△

245　246

し甚嘆息也
甚嘆息入△
甚歎息す

致し方将軍様の御耳へは箇程の
一・致シ方・将軍御耳へハ・ケ△程ノ
致方将軍家○御耳ニ△ハケ様△之

247　248

てを入候は如何之儀に候致
大○事・入候ハ如何ノ義致
大事入候へ○ハ如何之義致

249

中はからこに致し進候物と云
一中ハカラマ△ニ致シ進リ○候物○
中はか△らん△ニ致進り候物也○

250

打取候にはとも破れ易し
一打取レ△ニハトモ破リ△易シ
打破△候ニは膿△破り易き△也○

251　252

市へは入置候
・市へハ・入置候十り○
市へ入置候又り

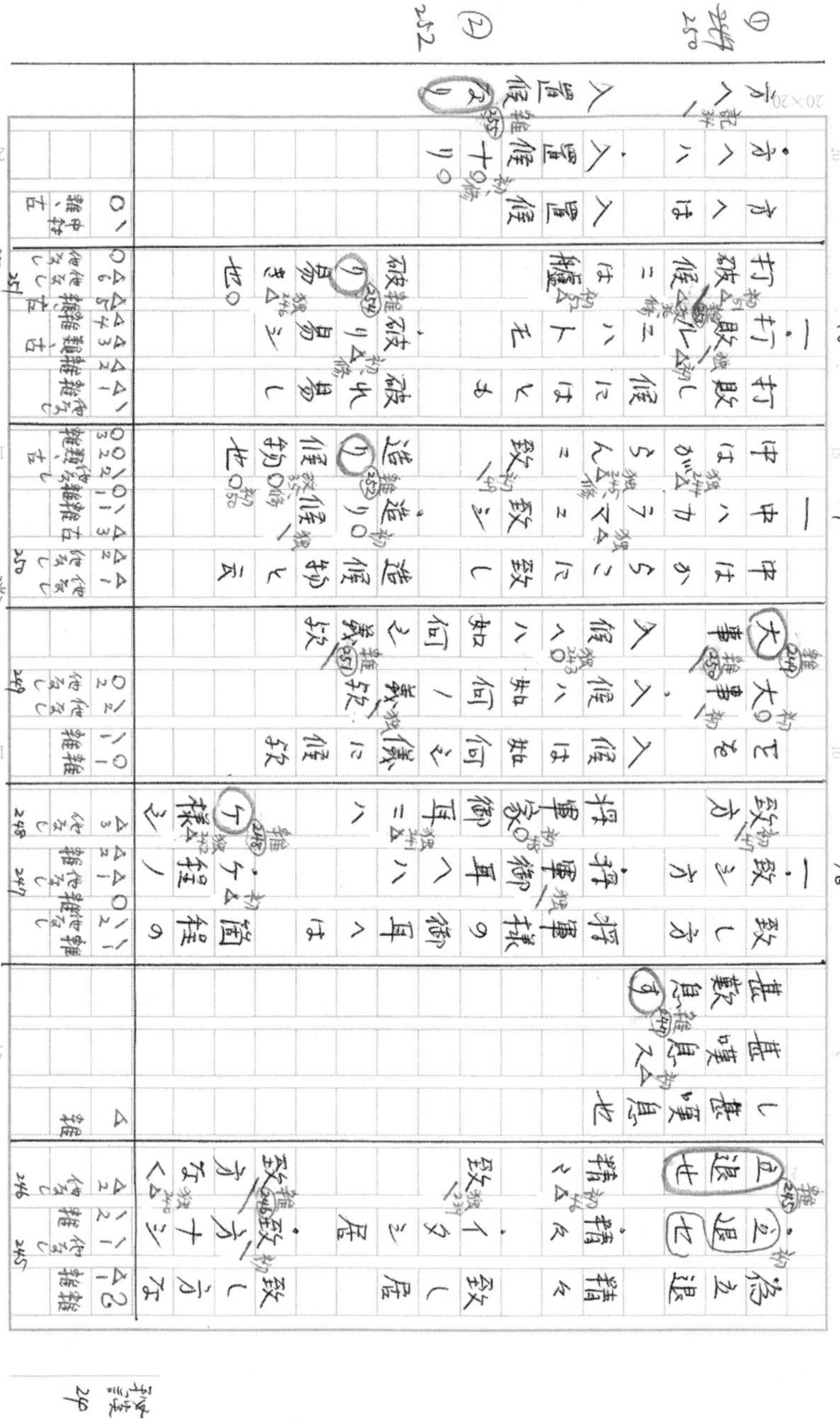

19

書簡の外　根箱二つ　如此物

一書翰箱ノ外　板箱二ツ　如図モノ

書翰箱の外ニ　箱二ツ　図のとき物

箱分り　との説も有之とも　物共

相分り　トノ説モアリ候へ圧　モノ

相分　と申説有之候へ共　物ニ

書簡一同江戸へ送り申候

トモ　書翰一同江戸へ送り候

も　書翰同様に江戸江送り候

或ハ云此箱之中は自複武流漢文之書

一通有之由其書之大意ハ此度呈候書

翰之趣意可承知ハ有ましく左すれハ

一戦ニ及ふへし然るに勝算は我にあ

① 253

② 261

秘読 25

※秘読行替え一字下げ。諸本なし。

※ヘ ー雑「接参」

①254 257

樋田、

り其節降参を乞ひ度ハ此旗を動すへ
し左すれハ船を退そけんとの義やと
云佟しかたしといへとも風説之佟を
ハ爰ニ記す

一・右は飯塚栄三分聞記す（独256）

樋口多三郎より聞書符合原す飯塚事処は省申く処と
樋田多々郎ヨリ聞書符合原飯塚事ノ処ハ省ク処ト

＼（独257）

1

一・入津の異國土地拝借通するをを
一・入津ノ異船・土地拝用・通スルヿヲ
入津之異船土地借用致度事ニ而
願と云と儀にて候処書く
願フト云ヿ・義ニ候処コト〳〵ク
義ニ候處悉く

②265

△1雑、古　△2雑、古　△3雑、古　△4他なし　＼他なし　○他なし　262 263 264
○雑　△1雑　＼雑　△2他なし　265

※「栄」は「条」の誤

手控　26

① ~~266~~ 269

② 276

☆

無之筒井肥前守手當無之ては
無之ニ付筒井紀伊守手當無之テハ
無之ニ付筒井紀伊守手充無之候ハヽ

○ 雑　△1 雑　△2 他なし　△3 中村　△4 他なし　266　267

頼に申立に相成取上に至
ミキリニ申立ニ相成取受ニ至
頼りニ申立被成取用ニ至

○ 雑　＼ 他なし　△1 他なし　△2 中村　△3 雑　268　269

り奉行へも同時有之候処
り四家へ奉行へモ同節有之候然
り四家奉行江も同節有之候然

○1 雑、古　＼ 他なし　△1 雑　△2 中村　○ 他なし　270

※○雑「四家江」

又候秘して與力へは
ル又候秘シヲキ与力へハ
る處又秘し置与力江は

○ 他なし　＼ 他なし　△1 雑、古　△2 中村　271

※○＼によって秘説は高麗独自の表記○を採用し、類に共通する表記を削除している。

筒井殿申出之処日本鉄砲
紀伊殿申出シノ処日本ノ鉄砲
紀伊守殿申出候処日本之鉄炮

△1 雑、古　○1 雑、古　○2 雑　△2 他なし　＼ 他なし　○3 雑、古　△3 古　272　273

示さは迯返るへきなるか概嘆
放サハ迯ケ返ルへシ也概嘆ニ堪
示さハ迯帰るへしかと概歎ニ

△1 古　△2 雑、類　○1 雑　△3 雑、古　＼1 類、古　△4 古　△5 雑　＼2 雑　○2 他なし　＼3 他なし　274　275

に堪す候
へ○入
絶へず候

○1 中村　＼ 雑　△ 他なし　○2 類、古　276

抄註27

◎ 詰メ居（相）↓ 詰合居（数）↓ 詰メ居（高麗）↓ 詰居（秘談）

2

すへて符合す只 相違せり
一総テ符合只 相違ナリ
総而符合唯 相違なり

△1 雑 、雑 △2 他なし △3 雑 277

※△3雑「アルノミナリ」

3

要濱にて 興力同心一同詰合居
一九里濱ニテ 与力同心一同詰メ居
九里濱ニ而 与力同心詰居

△1 雑 △2 他なし △3 雑 、1 他なし 、2 他なし 278 279

※、1、2は秘談が高麗を写して最少限に削除した証左◎

打切候 騒動 何れよりの
打限り候 騒立 レツレヨリノ
打限り候 騒立 何れ分

△1 雑 △2 雑 、他なし 280

海鹿島より 出候海士 要濱
海鹿島ニテ 出居り候海士 久里濱
海鹿嶋ニ而 出居候海手之 要濱

△1 雑 ○1 古 、他なし △2 他なし ○2 他なし △3 雑 △4 類、古 281 282

※△4、秘談の表記の問題点がここにある。即ち同項冒頭の「九里」と「要」は、互に隣するのである。この記は高麗以外に引継がれ本文の記の象が投影したとみる。

山越にて 馳販り 扣へたり共
山越ニテ 馳帰り 扣へタリ其
山越しニ而 馳帰、 扣居たり其

○ 雑 、他なし △1 雑、古 △2 雑、古 △3 雑 283

役船乗出し候処彼 乗船 通達
役船ノリ出シ候処彼レ 乗船 通達
役舟ニ乗出候処彼 乗船 通達

○1 雑 △1 他なし ○2 他なし 、1 他なし 、2 類 △2 雑 284 285 286

有之 掛合に 違是
イタシ候丁 懸合候ニハ 違シ是
致置候事 懸合候ニは 違し是

△1 雑 ○1 雑 ○2 雑 △2 雑 ○3 雑 ○4 他なし ○5 雑、古

① 285
② 286

秘談 28

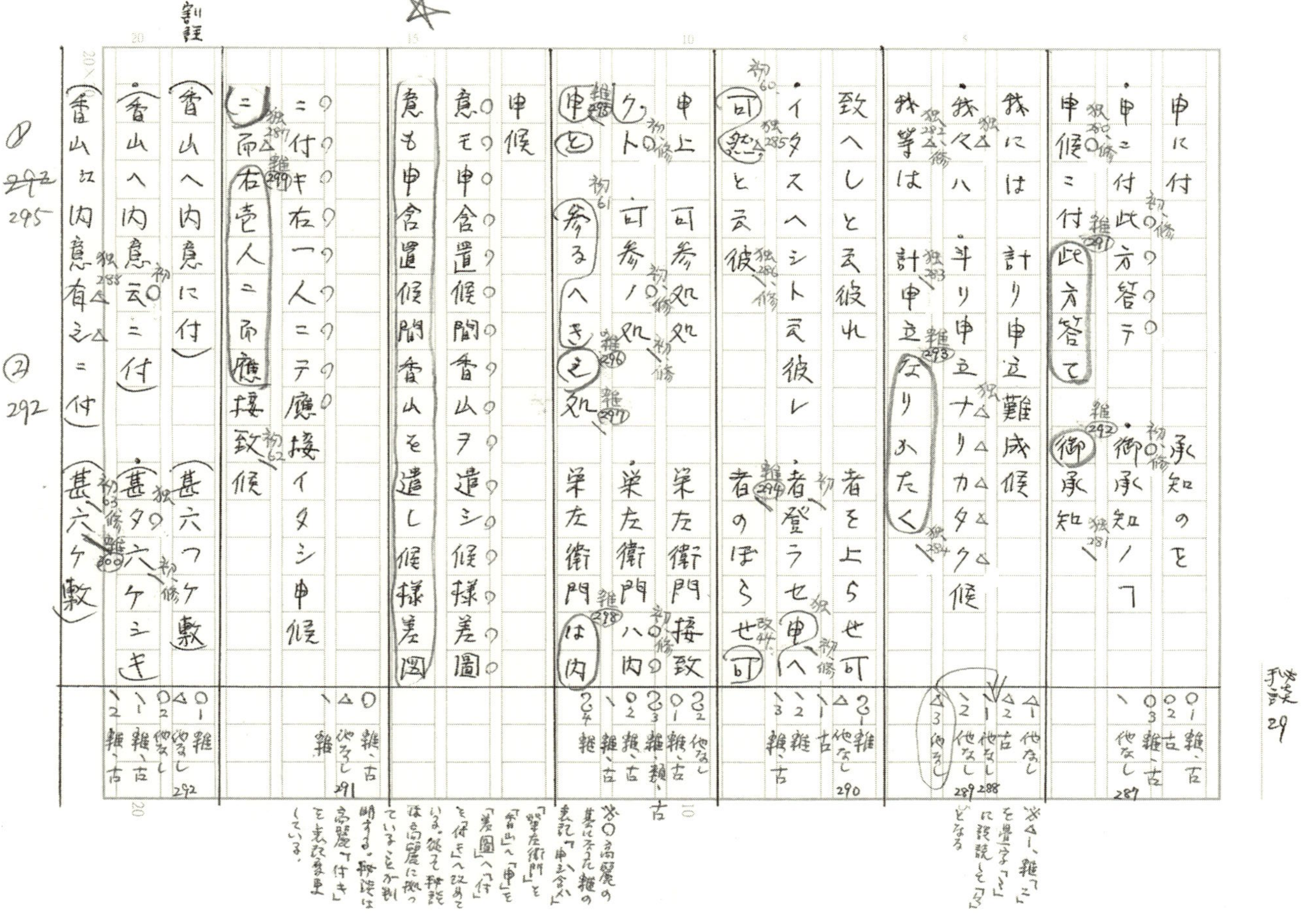

申に付 承知のを

•申ニ付此方答テ •御承知ノ7

申候ニ付此方答て 御承知

我には計り申立難成候

•我々八斗り申立ナりカタク候

我等は計申立なりかたく

致へしと云彼れ 者を上らせ可

•イタスヘシト云彼レ •者登ラセ申へ

可然と云彼 者のぼらせ可

申上 可参処 采左衛門接致

ク、ト 可参ノ処 •采左衛門八内

申と 参るへきと処 采左衛門は内

申候

意モ申含置候間香山ヲ遣シ候様差圖

意も申含置候間香山を遣し候様差図

ニ付キ右一人ニテ應接イタシ申候

ニ而右壱人ニ而應接致候

香山へ内意に付 甚六ケ敷

•香山へ内意云ニ付 •甚夕六ケミキ

香山江内意有之ニ付 甚六ケ敷

① 292 295 ② 292

割註

※○高麗の甚は不見雑の表記「申込含ハ」「采左衛門」を「香山」へ「申」を「差圖」へ「付」を「付き」へ改めている。従って抄説は高麗に拠っていることが判明する。抄説は高麗「付き」を表記変更している。

※△1、雑「こ」を畳字「ゝ」に誤読して「々」となる

抄説 29

（有之是は仲か間）（委しく不申上候
有之候処是ハ仲間　委細ハ不申上ト候
有之候処是ハ仲間　委細不申候

云て止り候　詑候は深く意味有
云テトバマリ候　記シ候ハ深キ意味
遣し候義深き意味

之を由
アル事ノヨシ
有る事之よし果而後ニ同人御咎筋有

之候事

4
番船なと屹と　若制法行届兼かは
一番船等此ト　もシ制法行キ届カ
番船等能とト　よし制法行届兼近

進より　成敗すへし　咎ふ鉄炮に
子近ヨル　成敗スヘシ　咎テ鉄炮ニ
寄　成敗可致　咎て鉄炮ニ

て制すと云實に不届の　能制して船
テ制スト云実ニ不当ノ　ヨク制シテ
而制す實ニ不當之　よく制して

舟船

寄せす様にすへし　進よるを
ヨテ又やら可致　近ヨル事ヲ
寄さる様可致　近寄事

役船を指出し進よる船　上陸の見物
役船ヲ差出シ近ヨル船　陸上ノ見物
役舟差出近寄舟　陸上之見物

人杯を制し　出来す様
人ナトヲ制シ　出来又様
杯も制し猶又　出来さるやう

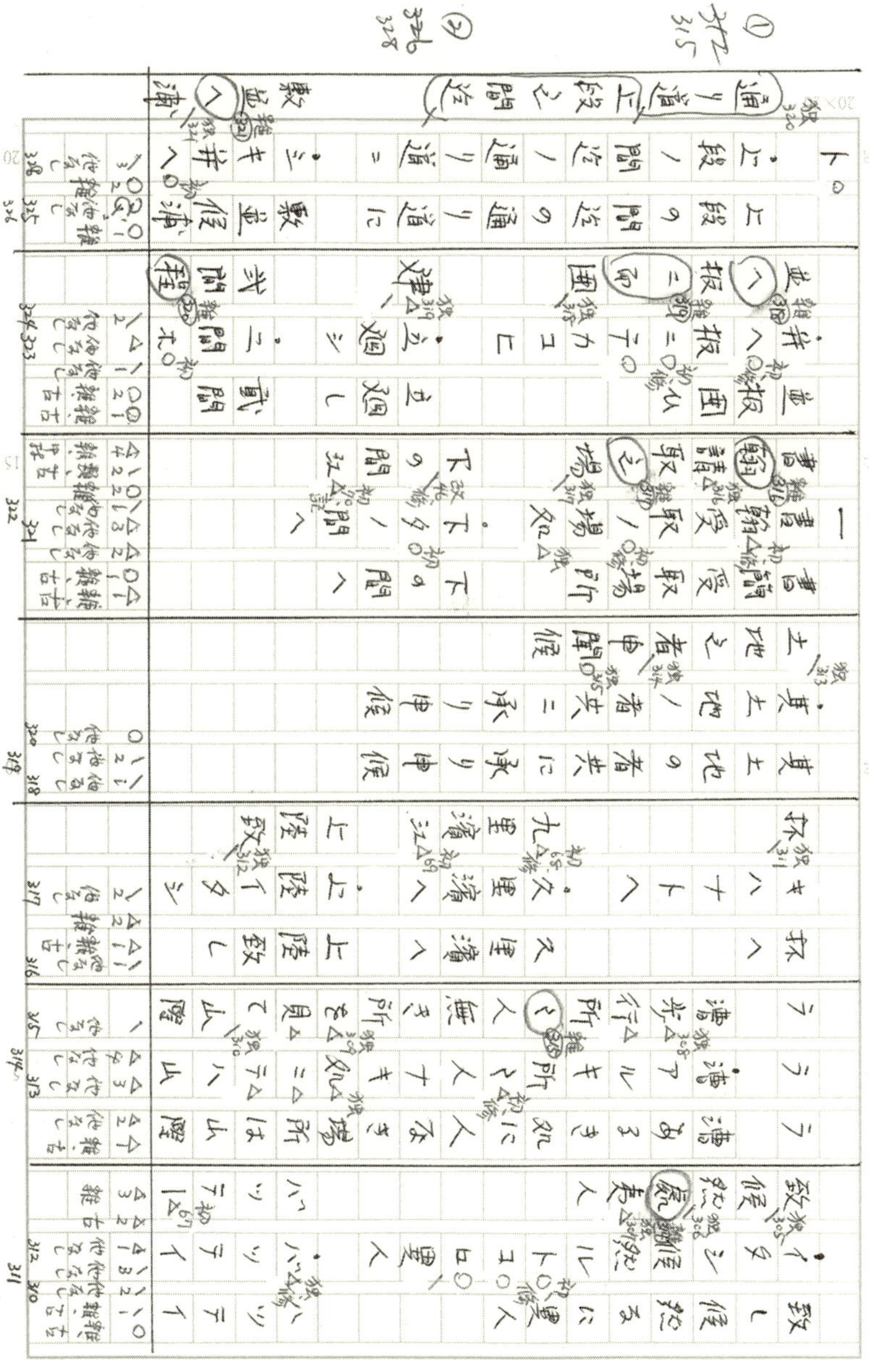

5

致し候然るに異人ハツテイ
イタシ候然ルトコロ異人バツテイ
致候然処夷人バツテ
ラ濤あるき処に人なき場所は山陰
ラ濤アルキ所ニ人ナキ処ニテ八山
ラ濤歩行所ヽ人無き所を見て山陰
抔へ久里濱へ上陸致し
キハナトヘ久里濱へ上陸イタシ
抔九里濱江上陸致
其土地の者共に承り申候
其土地ノ者共ニ承リ申候
土地之者申聞候
書簡受取場所下の間へ
一 書翰受取ノ場処下タノ間へ
書翰請取之場下の間江
並板囲仏立廻し貳間
并へ板ニテカコヒ立廻シ二間ホ
並へ板ニ而囲建、弐間程
上段の間迄の通り道に敷並候浦
ト 上段ノ間迄ノ通リ道ニミキ并へ浦
通り道上段之間迄敷並へ浦

手控 31

賀の人数ケヘル
候浦賀人数・ケヘール・
賀人類ケヘ｜ル

合原通口武人　武挺は
の現力附添
与合原通取付添二人　二挺コレハ
合原口式人之与力附添　式挺是は

申には是なき也
申八コレキリ也
申八是きり也

上陸人数は稗出し調練能整其美しき
一上陸ノ異人人数ノ操出シ調練ヨクト
上陸之美人人数操出調練能調ひ其美

をく言語に述かたし　幕内へ入り込
人ノヒ其美事ナル　幕内へノり込
事成ことく言語に述かたく同　幕内江くり込

一行に立　内へ入　間へ立上り
一行ニナス　内へ入ル　間へ立塞ル
一行になす　内江入る　間江立塞

仕掛ノヒスらル　切て放つ勢ひ
仕掛ノヒストウル　切テハナツノ勢
仕懸之ヒストレル　切て放す勢ひ

秘談
32

秘談 33

眄ミ控ゆる見兼上かれと申
・眄ミ控エル・見カ子是へアカレト申
にらみ扣る見かね是江あかれと申

△1 古
〈1 他なし
△2 他なし
○ 雑、古
△3 雑、中村
335

間へ上り胆を抜れ中々指留
ニ○ ・間へアカリ・膽ヲ抜シ中々差留
ニ 閒江あかり膽を抜れ中ゝ差留

○1 雑
△1 雑、中村
△2 古
△3 他なし
△4 古
△5 類、古

穏便のみを厳き故鉄砲
・穏便々○々○ノ・厳シ○キユへ・鉄炮
穏便〳〵との厳重成故鉄炮

○1 他なし
〈1 古
○2 他なし
○3 他なし
△1 他なし
△2 古
336 337

火を付す返すくも書簡受取
・火ヲ付ス・カヘス〳〵・書簡受取
火も付すかえす〳〵書簡受取

△1 他なし
〈1 他なし
△2 類、古
338

一禮して受取の儀返簡の儀
・一礼シテ・受取其義・返翰ノ義
一覧して受取其儀返翰之義

△1 他になし
△2 古
△3 古
339

埒明き来船も手遠き返簡受取
・埒明キ・来船モ・手遠キ・返簡受取
埒明〳来舩も遠き返翰受取

〈1 他なし
△1 他なし
〈2 他なし
△2 古
340 341 342

申に付箇様の儀は評定に日数掛
・申ニ付・ケ様ノ義ハ重キ○フ○ニ○テ評
申候○ニ付ケ様之重き事ハ評定も日

○1 他なし
○2 雑、古
○3 雑
〈1 他なし
△2 他なし
343 344 345

① ~~338~~ 341
② 345

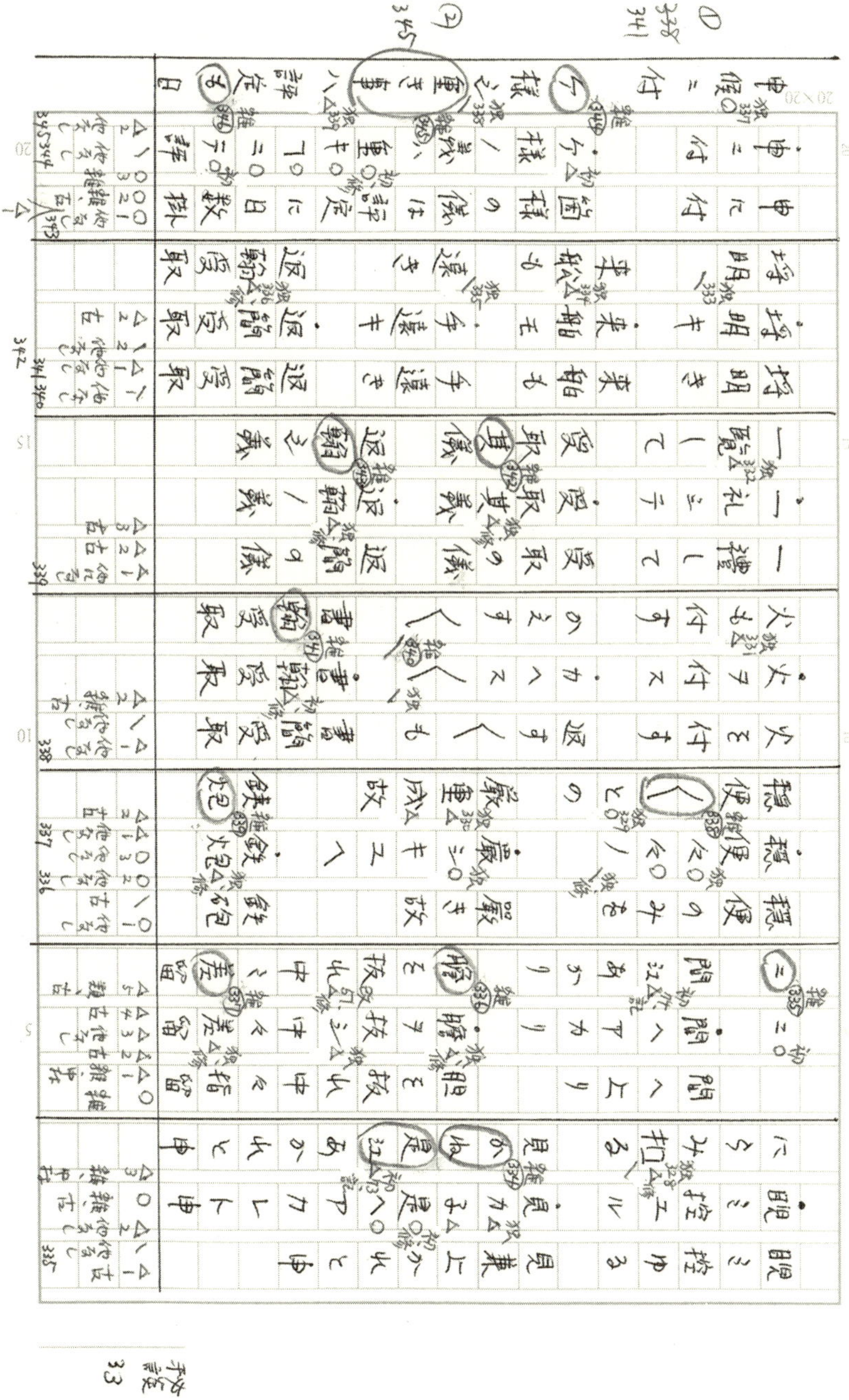

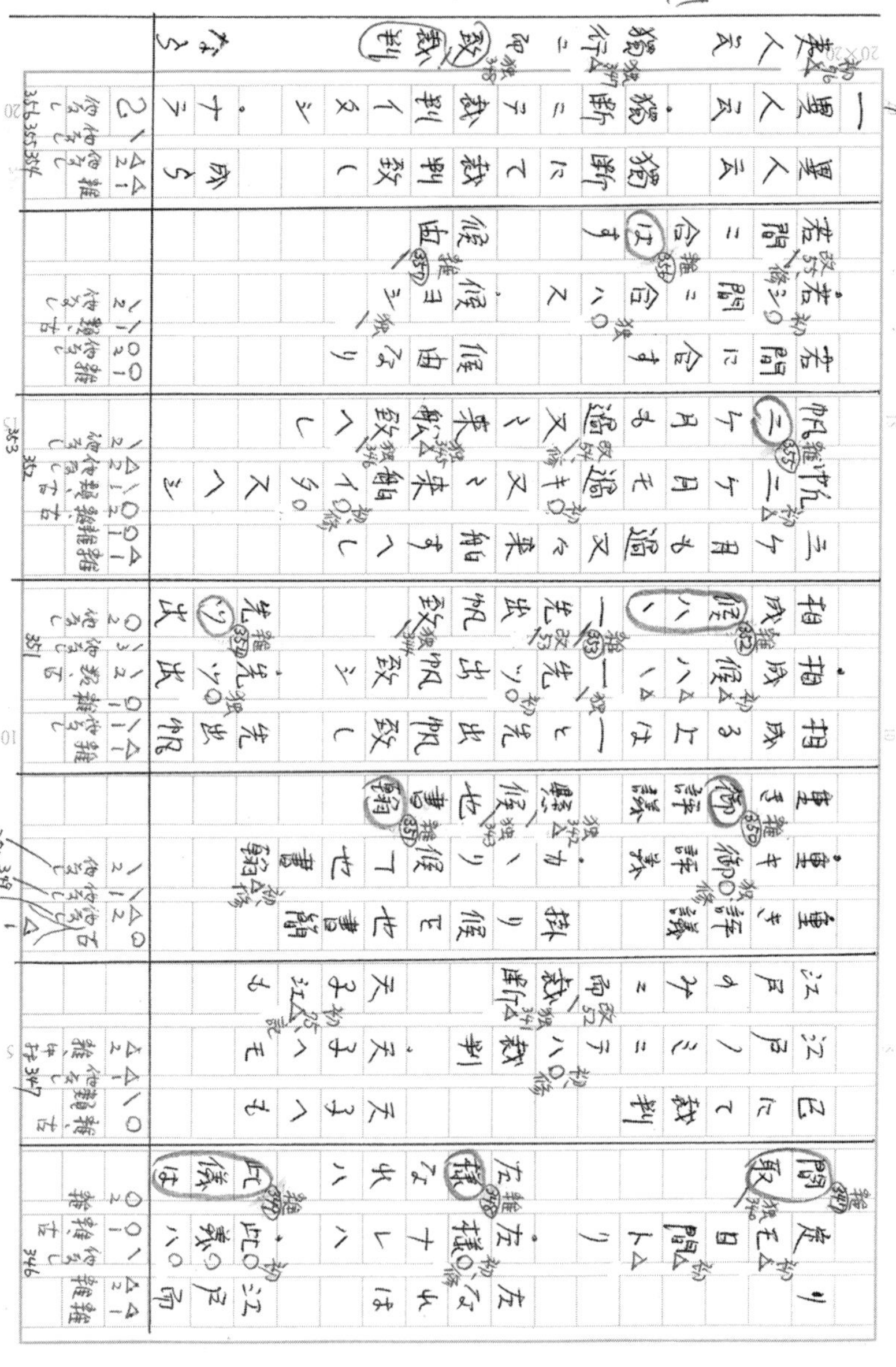
一
里人云獨断ニテ裁判イタシ。ナラ
里人云獨断にて裁判致し成ら
夷人云獨行ニ而致裁判なら
若聞に合す候由なり
若シ聞ニ合ハス候ヨシ
若聞ニ合はす候由
三ケ月も過又々来船すへし
帆ニケ月モ過キ又ミ来船イタスヘシ
帆ニケ月も過又ミ来艘致へし
相成る上は一と先出帆致し先出帆
相成候ハヽ一先ツ出帆致シ先ツ出
相成候ハヽ一先出帆致先ツ出
重き評議掛り候モ世書簡
重キ御評議カヽリ候丁世書翰
重き御評議懸候也書翰
已にて裁判天子へも
江戸ノミニテハ裁判天子ヘモ
江戸のみニ而裁断天子江も
り左なれは江戸而
定モ日間トリ左様ナレハ此義ハ
間取左様なれハ此儀は
秘談34

秘談35

さる
レサル
れさる

○古

8

男船小へり三尺位か下の　相見へ
一男船コへり二尺位欤下タノ　・相見ス
男船之縁弐尺位下タ之　相見ゆ

鉄板小実はり水入
ル鉄板小實子ハり水入ハ
る水つきより下

海深五ひろ迄は通船すと云
・海深サ五ヒ口迄ハ通船ノ由
海之深さ弐拾尋位迄ハ通船致候由

9

實体になき様にと心掛　作去身
一実躰ニ・ナキヤらニト心掛　・作去身
實躰ニ無之様ニ心懸　去なか

上は貧の方也　幼年也惣て
上ハ貧之ナリ　・幼ナリ総テノ事
身上貧之方也　幼少なり総而

には届き不申
・ニハ届キ不申候
ニ届き不申候

① 356 359
② 370

秘談 36

一

細川家　浦賀より興力　山隣へは

一細川家　・浦賀ヨり与力　・山キ八十○

細川家は　浦賀分与力　山隣杯江

○1古　△1他なし　△2他なし　雑　371

相国め　見申候評判宜き方

ド○へ八　・相国メ　・見へ○申候評判宜シ○

相国ノ　見へ評判よろしき

○1古　○2他なし　○3雑　\1他なし　\2雑　372

方

キ方

一

四家の　用立可申　井伊

一四家ノ　・用立申へク　・井伊

四家　會津忍彦根川越之　用立可申候　彦根

○1古　○2他なし　△他なし　373　374

古○文○i.　古写本同　項末尾の割註より引用

家は甚た武事に暗く士気　制作有之

家ハ甚タ武事ニ暗ク士気　・制作有之

は甚武事も暗く士風　制作有之

\古　△1他なし　△2他なし　375　376

処　大工受取　軍艦の法に

候処　・大工受トり　・軍艦ヲ図ニ

候処　大工受合　軍艦之図ニ

○1他なし　△2他なし　△3雑　△4雑、類、古　377

捨るともなく　榊原家杯に

・捨ルト申テモアリ　・榊原ナトニ

捨ると申事もなく　榊原杯ニ

○1雑、古　\1他なし　△1他なし　△2雑、類、古　\2他なし

①365 368

②377

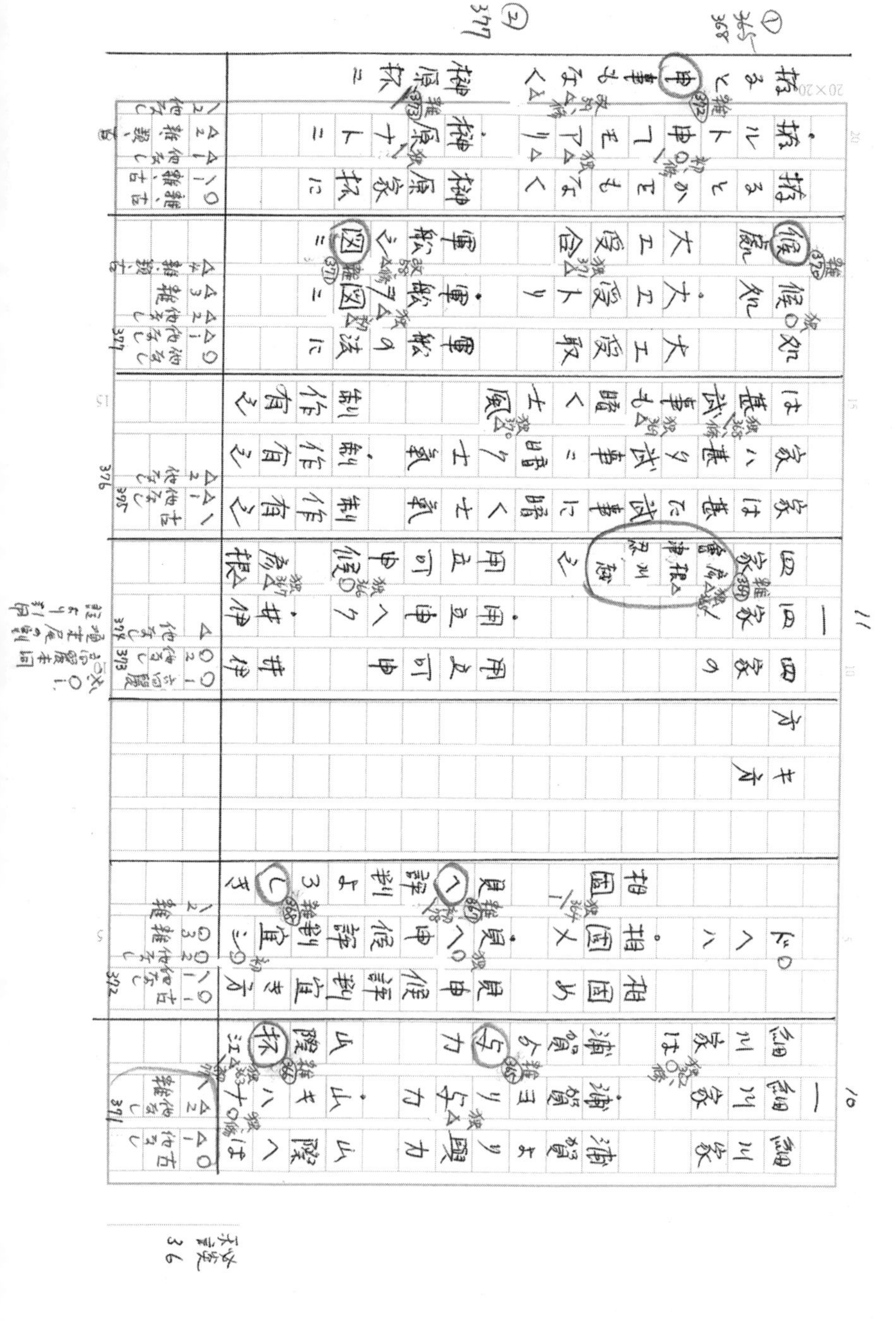

却て宜しかるへく存候

返テヨロシク存候

よろしく被存候

国海の 如岸の 御の

明の末の者兵を起し清と 英咭唎明

一明末ノ兵起リ韃ト インキレ

明末之兵起り韃靼と 英吉利明

を討て 其隙を伺ひ

ス明ヲ救テ ツノ隙ニ、 樋田氏ヨ

を救て 其隙ニ、 右樋口多

り聞書終

太郎分聞記

香山栄左衛門より聞書 此度掛り

香山栄左衛門ヨリ聞書 此度應接掛

\

フレカット貳艘北亜墨利加 英和政治

一フレカット二艘北亜米利加 英和政治

フレガツト二艘北米里幹 共和政

合衆國の内ワシントン 都名 カリホルニ

合衆國ノ内ワシントン 都名 カリホルニ

治州之都華盛頓の命を受角里弗爾尼

※△2、高麗に「恐ラク清ノ誤／栄左エ門咄ニ清ト云」と註がついており、雑録「清ノ誤リ」の註は、中村が韃を「清」にしている所から、原本にあった高麗の註のごときものを、雑録は断定整理して表記した。中村は合衆国に単に清と本文に書くのみ。

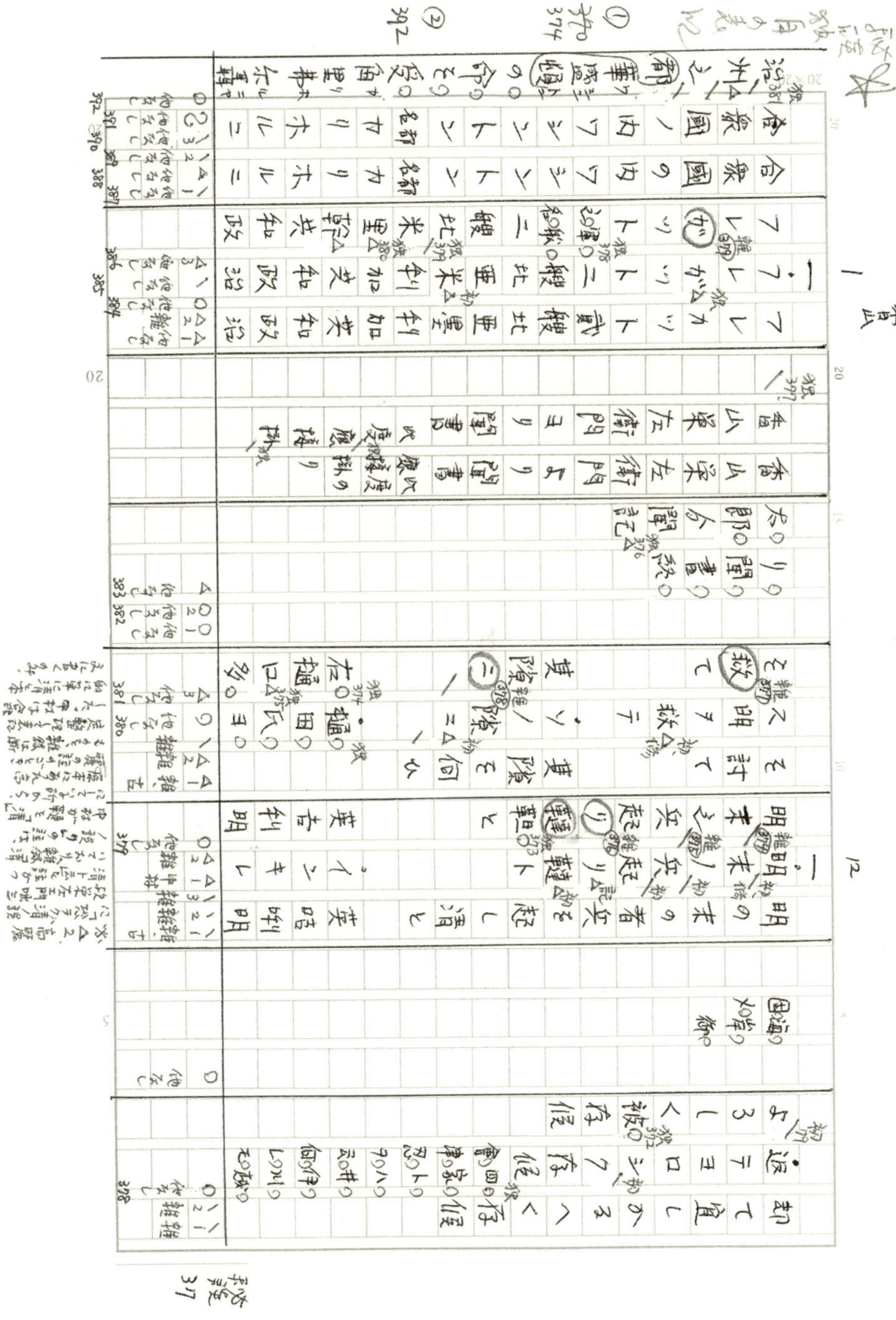

秘談 38

ヤより船を仕立出帆にて國王より書
ヤヨリ船ヲ仕立出帆ニテ國王ヨリノ
の仕立船ニ而國王の書翰を持参

蘭國通捧参何れもカリホルニヤ出帆
書翰一通捧参入レモカリホルニヤ出
本國出

より十四日にて當地着に相成候由
帆ヨリ十四日目ニ当地着ニ相成候ヨシ
帆今十四日目當港江着いたし候由

2
一便節の者人体マツチヨセ
一使節ノ者人躰マツテヒリ
便節人躰彼理

3
名ハブカナン
一名ハブカンナン
名ブカナン

4
巾は八九間車さしはたし三計
一巾八九間車差渡シ三間斗り
幅九間車差渡し三間計

鋏はり惣体塗る水入はカラ金に
鉄ハリ総躰塗ル水入ハカリ金ニ
鉄張全体塗り水入ハ銅ニ而包

① 377 381
② 350 410

○1 雑・古　△ 他なし 393　⌒1 他なし 394　╲1 他なし 395　╲2 他なし 396　╲3 他なし 397　○2 他なし 398　╲4 他なし 399
△1 雑・古　△2 中村　△3 雑・古　△4 他なし 340 400
○1 雑　╲1 雑　╲2 雑　○2 他なし 341 401 342 402 343 403
╲ 他なし 344 404　△1 他なし　△2 雑　△3 他なし 345 405
○ 雑　╲1 雑　╲2 雑・古
╲1 雑　╲2 他なし 346 406　△1 古　△2 雑・古　○ 雑
△1 古　△2 雑　△3 雑　△4 他なし 347 407　△5 中村・雑・古　△6 中村　△7 他なし 348 408　△8 他なし 349 409　╲ 他なし 350 410

※1、3、秘談は独自の表記が目立つが、雑と高麗との表記が異なり此掲するため削除である。

秘談 39

て包む船ふち大砲仕掛け也
テ包△船フチ大炮△仕掛也
船渕△大炮仕掛也

△1 他なし
△2 他なし
ヽ 雑
411

六十八ホント八十四ホントのホン
六十八ポ△ニト八十四ホントノホン
六拾八ホ△ンド△八拾四ホンド△ノホン

△1 他なし
△2 他なし
△3 他なし
△4 他なし
414 413 412

へ四挺合て貳百九十人也
べ△四挺ノ△二百九十人ナリ
べ四挺都△而△弐百九拾人

△1 他なし
△2 他なし
△3 他なし
ヽ 雑
415

※△3、中村に「メて」とある。

此に居る
此ニ居ル
此に居り△

△ 他なし
416

5
小蒸氣船惣鐵は大砲三百人
一小ノ方蒸氣船総△鉄△張八リ大炮△三△百人
小之方蒸氣船鉄張大炮三百人

○ 他なし
△1 雑
△2 古
△3 他なし
ヽ1 他なし
△4 古の一本
ヽ2 雑
417

6
フカツト三十間計り大砲二十四
一フレガツト三十間斗リ大炮△廿四挺
フレガツト三拾間計大炮弐拾四挺

△1 他なし
△2 他なし
ヽ 他なし
418

※ヽ、雑「位」と送り仮名なし

挺砲人数三百人野戦筒六挺砲
ツ△ヽ△人数三百人野戦筒六挺ツ△ヽ△
ツヽ

△1 雑
△2 雑
ヽ 他なし
419

① 386 391
② 419

秘談 40

船中晝夜となく提燈を付ひいところ象　○1 雑
角なと色々（初）　○2 雑
7 一船中晝夜トナク提燈ヲ付ケヒイトロ（初 象角ナ）（独405）　他なし 420

鉄砲へは不残　少しも　○1 雑
（初）阿ト炮、鉄炮へハ不残・少シモ（初 シ〇修）　○2 雑・古
少（雑397）しも

蒸氣本船の外貳艘の大将は本船の副　△ 雑
8 一蒸氣本船ノ外三（初△）艘ノ大将ハ本船ノ副（独406）　他なし 421

将位の立場の者なり
将位ノ立場ノ者也

9 蒸氣船ノ留ルニハ別ニ穴アリテ蓋ヲ（初記）　△ 雑　他なし 422
7 一（雑398）蒸氣船を（初383）（雑399）止るに（独407）（雑400）穴ありて蓋を取れハ　○ 雑・中村
※雑・中村による

トレハ蒸氣是ヨリモレテ車マハラス　他なし 423
蒸氣（独408）（雑401）もれて車廻らす

蓋ヲスレハ蒸氣車ニ當リテ車旋轉ス
蓋をすれハ蒸氣くるまにあたりて旋轉す

① ~~388~~ 393
② 423

8　10

一晝夜八百里計り　走るは火輪車
一晝夜ニ○八百里斗り・八ニシル火輪船
一昼夜ニ八百里計　走る火輪車

是は一日八百里走ると申候
・是ハ一日ニ○八百里ハニシルト云
是も八百里走ると云

9　11

一九里濱にて書簡受取の節彼より上陸
一九日栗濱ニテ書翰受取ノセツハ○彼ヨ
一九日栗濱上陸之

五百人計り一同畢て
り上陸ノ○・五百人斗一同畢テ
五百人計　終而

大砲十余発あり是は祝砲の由　國王の書
・大炮十余発アリノ是ハヨシ祝砲　・國王ノ書
大炮拾余發響祝炮のよし　國王之書

簡守護すゲベトル　四十八人宛六
翰・守固スケヘール　・四十八人ツヽ
翰与固すゲベール　四拾八人ツヽ

隊有り　貳人宛指図あり
六隊アリ・ニ人ツヽ指図人アリ
六隊也　二人ツヽ差図人あり

①405
②433

○1 雑・古　△1 他なし　△2 雑　△1 雑　△2 類・古　424
○ 雑・古　△1 雑・古　△1 中村・古　△2 他なし　425　426
○1 雑　△1 他なし　△2 雑・古　○2 雑　△ 他なし　427
○ 雑　△1 他なし　△2 他なし　△ 他なし　428　429
△1 他なし　△2 他なし　△ 他なし　430　431
△1 雑・古　△2 他なし　△3 雑・古　△4 雑
△1 他なし　△2 雑　○ 古　△3 他なし　432　433

※1、雑「位」送り仮名も
※1、秘説は高麗に依拠しながら独自に削除している
※1、雑「位」
※○、中村「役」

秘談 42

法則能整居るを口舌に述かたし前代

法則ヨク整ヒ居候ヿ口舌ニ述カタシ

法則の整たるを前代未聞言語ニ述か

○1 雑・古　△1 雑　○2 他なし　\1 他なし　\2 類　△2 他なし　△3 他なし
434 435 436 437

未聞のをとも也

前代未聞ノヿ任ナリ

たし

② 他なし
438

國王の書二た箱　下の箱高さ

一國王ノ書翰ニタ箱　下タノ箱高サ

一書翰箱弐　下之箱高

○1 雑・古　\1 他なし　\2 雑・古　② 他なし　○2 雑　\3 類・古　\4 他なし
439 440 441

長さ壱尺たかやさし如此蓋をし

長サ一尺タガヤサン如此蓋ヲシ

長壱尺鉄カ木如是蓋をな

\ 他なし　△1 雑・古　△2 他なし　○ 他なし
442 443 444

て其遏色々書簡の趣彼重

テアリ其辺色さ書翰ノ趣又彼

してあり其辺色く書翰之趣又彼

○1 雑・古　△1 他なし　△2 雑　△3 雑・古　○2 雑

官より此重官への書簡あり封

ノ重ヨリ此方重官ヘノ書状アリ封

重官分此方重官江之書翰も有封

○1 雑　○2 雑　△1 雑・古　\ 類・古　△2 他なし　△3 他なし　○3 他なし
445 446 447

印有之上段の間へ曲ろくを設け

印有之上段ノ間ヘ曲ロクヲ設ク

印有之候上段江曲録を設け

○ 他なし　△1 雑　\ 他なし　△2 中村　△3 中村・頼・古
448 449

① 408 413

② 449

※△1 国書　雑では書翰、それ以外のは書状と表記の別があるか。

① 413 417
② 459

秘笈 手控 43

(イホレットを付候者は余程宜き者の由先年ホストン渡来の節は大拝分弐人の外に付るものなし)
(イホレットヲ付ケ候者ハ余ホトヨロシキ者ノヨシ先年ホスカン渡スノセツ大拝カ二人ヨリ外ホストン付候者十人)
(イホレットハ金ヒ板金ニ房を付両肩ニさげて飾る也是を付候者は余程宜敷官之由先年ホストン渡来之時大拝弐人之外イホレットを付候者なし)
○1雑、△1他なし、△2他なし、\1他なし、△3独、\2雑、○2他なし、△3雑、△4他なし、○3他なし、\3類も、○4他なし、\4他なし、△5他なし、△6雑、類、古、△8雑、\5他なし、△9類、古、△10雑、○6雑、△11雑類古、△7雑、類、古

受取渡　其節イホレツト　上段
受取渡シ・其セツイホレツト・上段
請取渡し　其節イボレツト　上段
○1雑　△1他なし 450　△2他なし 451

の間へ　うしろへ　仕掛の筒を挿釵
ノ間へ・うシロへ・仕カケノ筒ヲ挿
シ間江　後江　仕懸の筒を挿釵
△1中村 452　△2中村　△3中村　\1他なし　\2中村、類、古

帯す　テ○　釵ヲ○　帯ス
を帯し　候○
○1他なし　△1他なし　○2中村、古 453　△2他なし　○3他なし 454

12 イホツト金の板金より房を下けかさ
13 一イホレツト八金ノ板金ヨク房ヲ下ケ
10 イホレツト八金ヒ板金ニ房を付両肩
○1雑、古　○2雑、古 455　△1他なし　△2他なし　△3他なし 456
改△1「ク」は「リ」の誤字

り候物両肩へ下けるなり
カサリ候モノ両肩へ下ケル也
ニム さげて飾る也
△1雑、古 457　△2他なし　○2他なし 458

13 一ゲベトル組何れも人品宜敷装束五派
14 一ケヘール組何レモ人品宜ミク装束モ○
○△1雑、古　\他なし 459

冠りに赤黒の玉を付る
五派冠ニ赤黒ノ玉ヲ付アル
○\雑雑

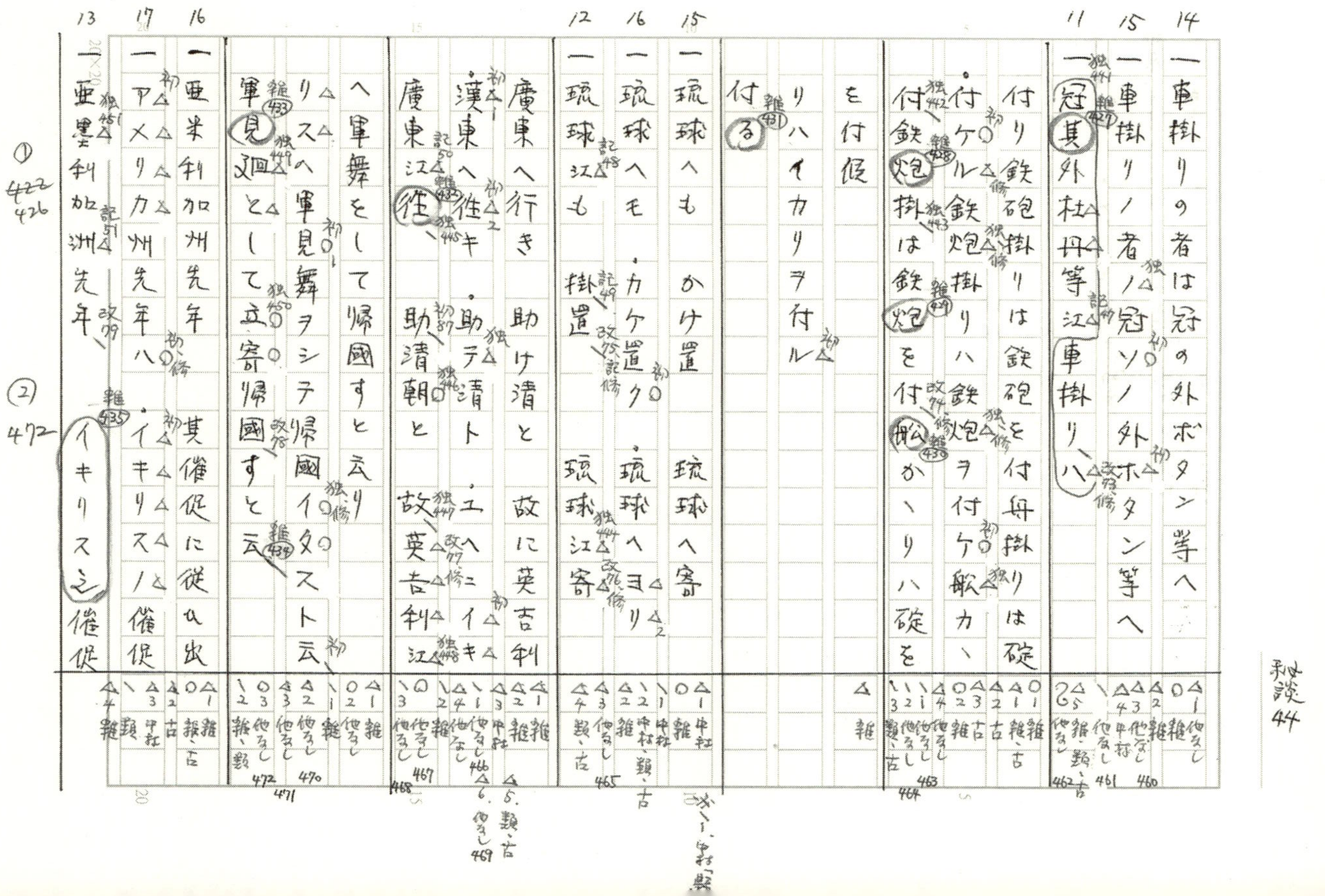
一車掛りの者は冠の外ボタン等へ
一車掛リノ者ノ冠ソノ外ボタン等へ
一冠其外杜丹等江車掛リハ
付り鉄砲掛りは鉄砲を付舟掛りは碇
付ケルル鉄炮掛リハ鉄炮ヲ付ケ舩カヽ
付鉄炮掛は鉄炮を付舩かヽりハ碇を
を付候
りハイカリヲ付ル
付る
一琉球へもかけ置　琉球へ寄
一琉球へモカケ置ク　琉球ヘヨリ
一琉球江も掛置　琉球江寄
廣東へ行き助け清と　故に英吉利
漢東へ往キ助テ清ト　エヘイギ
廣東江往　助清朝と　故英吉利江
へ軍舞をして帰國すと云り
リスへ軍見舞ヲシテ帰國イ又スト云
軍見廻として立寄帰國すと云
一亜米利加州先年　其催促に従ひ出
一アメリカ州先年八　イキリスノ催促
一亜墨利加洲先年　イキリス之催促
秘談44

秘談 45

陣し大に　故に取合
ニテ出陣等イタシ大ニ　エヘ又取合
ニハ出陣等致大きニ　故又取合

打勝和平取結以来對々國
打勝テ和平取結ヒ以来對々ノ國トナ
打勝て和平取結ひ以来對々の國と成

自司の
ル是八七十六年前ノ由　自司ノ
是は七十六年前の事のよし　自司権

権　艾和政治七十六年と書　年号
権　艾和政治七十六年ト書　年号
艾和政治七十六年と云

ヤリコ七千八百五十三年の由
ヤワコ七千八百五十三年ノヨシ

14 18 17
一、是も剱を抜指揮す剱長さ貳尺四寸長
一、是モ剱ヲ抜キ指揮ス剱長サ二尺三四
一、剱ニ而指揮すと云の剱の長さ弐尺三四

きは三尺もあり
寸位長キハ三尺位モアリ
寸位或ハ三尺位もあり

① 434 438
② 482

※△・雑「ソ」

18 一此度の異人英吉利　温順なり惣て

19 一此度ノ異人イキリス　温順ノ方也総

15 一此度之夷人イキリス　温順の方也総

テ　整居るを妙なり乍去書簡

御　整ヒ居候ヿ妙也去ナカラ書翰

調居候事妙也去なから書翰

以前は盡く殺氣立色々ねしけし言を

前ハ尽ク殺氣立チ色々子ヂ世言ヲ申

前ハ悉く殺氣立色々子ヂ言を申

申　難澁致し候得ちは大に落付候様

也　難澁イタシ候処受取候後ハ大ニ

難澁致し候受取後大きにおち付

子にて　扱ひよく相成る

落付候様子ニテ　扱ヒヨク相成候

扱よく相成候

いかにも手薄き　大変に候を故

イカニモ御手薄キヿ　大変ニ候トコ

如何にも御手薄　大変ニ付何處

とこ迄もだまし込　取扱候若

ヘドコ迄モタセシ込　取扱ヒ候シカシ

迄もだまし　取扱候併

① 449　② 494

秘談 46

※△2「せ」は「マ」の誤

※△2 雑「今」

秘訣 47

不遠内　候物歟との道参るは相違在
・不遠内　・候モノカトノミケ参ルニ○ハ
不遠　候もの哉との道参る八無相

しと存候
相違ナク△候
違候

一畏人穴掛仕掛の箇を持たさる者
一畏人穴掛仕掛ノ箇ヲ持タサルモノ
一穴掛仕懸之箇不持者

ケヘル　はさみあり
・ケヘル　・ハサミアリ
ケヘ1○ル　挟みおれ△り

一此度彼れへの贈物は公邊よりには
此度彼へノ贈リモノハ公邊ヨリニ
一此度彼れ之贈物八公辺合に

彼より贈物有　遣す也
・彼ヨリ贈リモノアル○　・遣ス
贈物有る　遣す

・香山栄左ヱ門ヨリ聞書終
右此度之應接掛香山栄左衛門分聞

① ~~449~~ 453
② 502

※△ー「ケ」は「チ」の誤

近藤

近藤良治より聞書

近藤良次ヨリ聞書

下田沖へ異船帆かけ見ゆるに付下田

一下田沖へ異船帆カゲ見ユルニ付下田

下田沖江異船帆影相見

八ツ時出立の注進船来る異船浦賀着

八ツ時出立ノ注進船来ル異船浦賀着

八ツ半時少過なり下田沖より浦賀迄

八ツ少シ過也下田沖ヨリ浦賀マテ半

半

半時にたらずして乗込十海上三里

時ニ足ラスシテ乗込ム海上三十六里

時ニ不足して浦賀湊ニ入海上三拾里

2

佐々倉良治応皆接不許國王

一佐々倉良次応接人前見サス國

佐々倉陸治座皆接与カ也ゆるさす

の書簡持参致し候其方より上官の者

王ノ書翰持参致シ候其方ヨリ重官ノ

秘談48

受取に参候や又此方より参手渡し可

者受取ニ参り候哉又此方ヨリ参り手

致や書簡受取渡の外掛合致へき筋な

渡シイタスヘキ哉書翰受取渡ノ外別

しと云

ニ○掛合可致筋ナキト云

2 3 3

一・此地へ可参の旨申諭 先年蘭

一・此地へ参ルヘキ旨申諭シ・先年蘭

一此地江参るへき旨申諭 蘭人を

人を以通達致し 右様のと申さ

人ヲ以テ通達イタシ・右様ノ了申サ

以通達致 右之事申さる

れ候は何の事そ 太に腹立て掛合

レ候ハ如何ノ義ソ・大ニ腹立テ掛

ハ如何之義 大きニ立腹懸合

合向

秘談 49

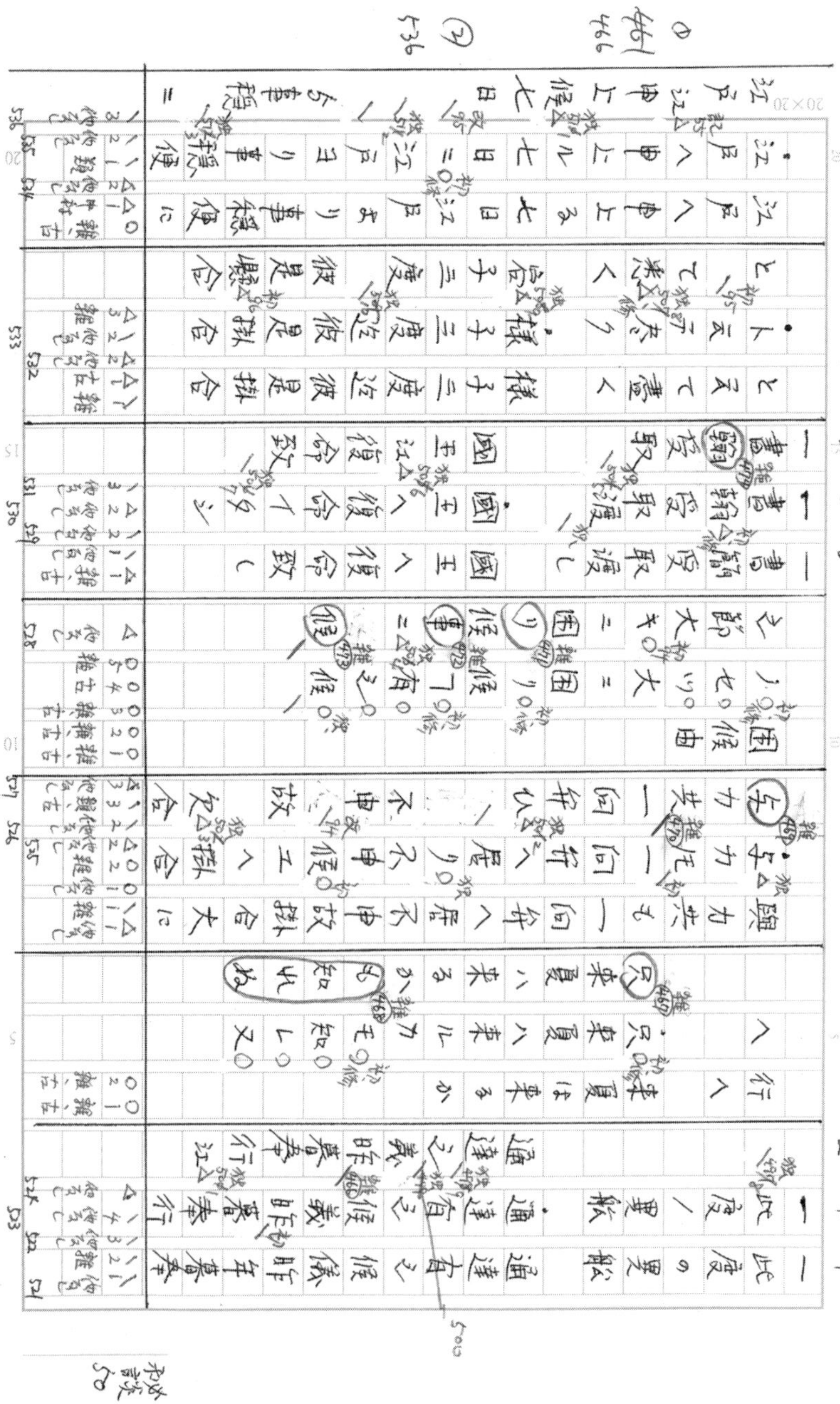
一此度の異船通達有之候儀昨年暮奉
一此度ノ異舩・通達有之候義昨暮奉行
通達之義昨暮奉行江
行へ来夏は来るか
へ・只来夏八来ルカモ知レ又
只来夏八来るかも知れぬ
與力共も一向弁へ居不申故掛合大に
与力モ一向弁へ居リ不申候エへ掛合
与力共一向弁仏不申故欠合
囲候由
ノセツ大ニ囲リ候ヿ有之候
之節大キニ囲リ候事ニ候
一書簡受取渡し國王へ復命致し
一書翰受取渡國王へ復命イタシ
一書翰受取國王江復命致
とえて盡く様子三度迄彼是掛合
と云テ尽ク様子三度迄彼是掛合
とて悉く容子三度迄彼是懸合
江戸へ申上る七日江戸より事穏便に
江戸へ申上ル七日ニ江戸ヨリ事穏便
江戸江申上候七日今事穏ニ

書簡受取候様御沙汰其趣異
二書翰受トり候ヤウ御達異船へ
書翰受取候様御達異船江

△1 雑、古 △2 雑、古 △3 中村

船へ申通程なく返簡御遣し被
其趣申通シ候ホトナリ返翰御遣二
其趣申、候、、、返翰、、、

○1 雑 ○2 古 \1 他多し \2 他多し

成候儀か此方答に夫は急に
相成候義カ此方答テ夫レハ急々ニ八
、、、之義ハ此度、、、、急、ニ八

△1 雑、古 △2 雑 ○1 雑 ○2 他多し ○3 雑、古 \1 他多し ○4 他多し △3 他多し

國王の書簡に下書を渡し申へし
國王ノ書翰別ニコノ下書ヲ渡シ可
國王之書翰別に、、下書を渡し可

△ 雑、古 ○1 雑、古 ○2 類、古 \

返簡出来の上書右種々手段
申返簡出来ノ上本書右種々手段
申返答出来之上本書右、、手段

○2 雑、雑 △1 他多し △2 雑 \ 他多し

此度は書簡而已受取返簡は参候答
此度ハ書翰ノミ受取返翰ハ参り候
、、、書翰のみ受取返翰ハ参、候

△1 雑、古 △2 古 \1 他多し ○ 雑 \2 類、古

に約束致し漸々明九日受取へ
答ニ約言イタシイヨ〈明九日受
答ニ約束致候

△1 他多し △2 雑、類、古 ○ 他多し \ 他多し

① 472 477
② 547

秘談 51

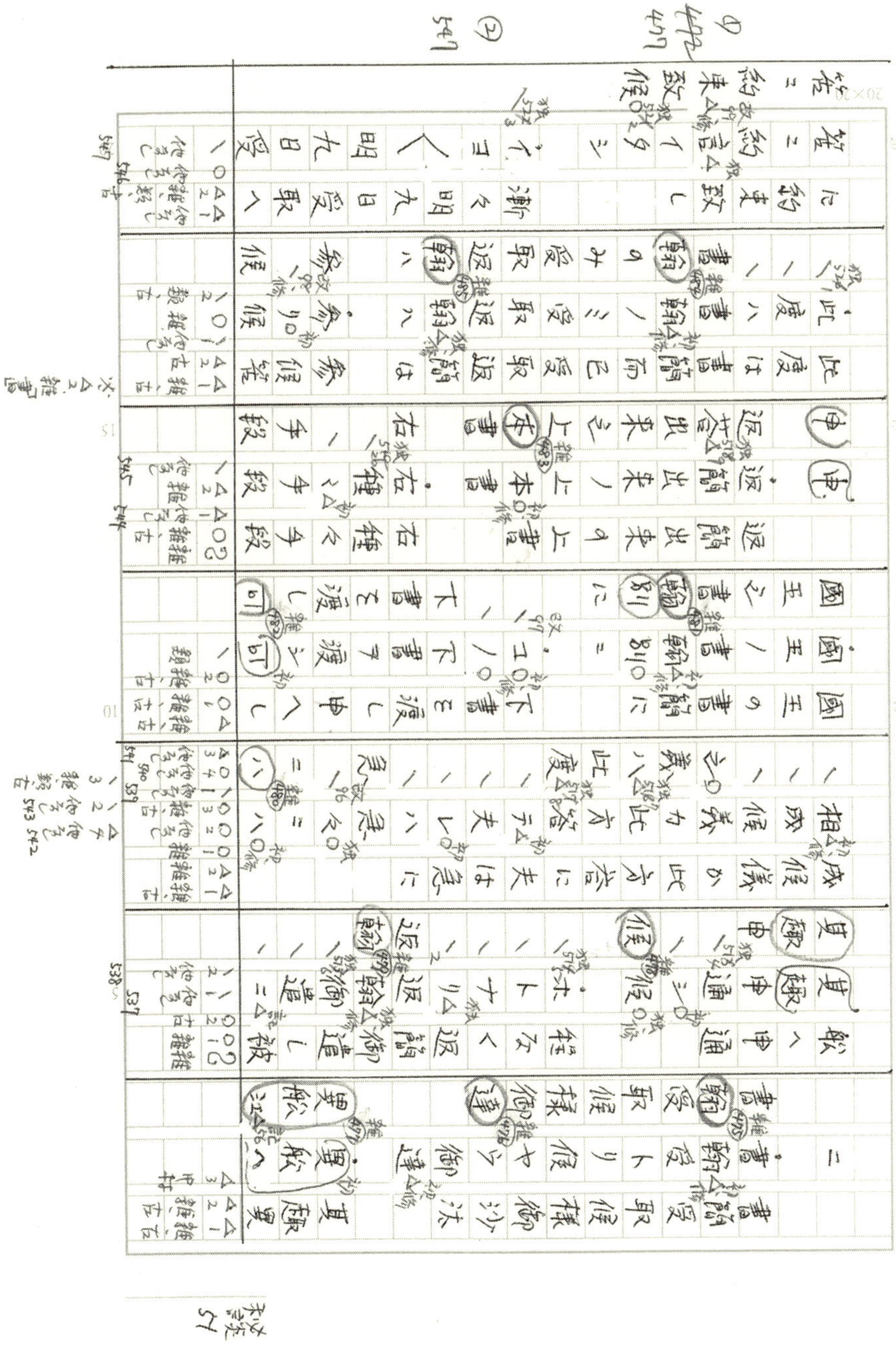

①
~~473~~
478
②
549

く振合に致し候
取へク掛合ニイタシ候丅

6 一掛合之節者
6 一、掛合ノ節ハ
4 一欠合之節ハ
7 一此後返簡受取に参候時日本王の書簡
7 一此度返翰受取ニ参り候セツハ日本王

を守護し帰るを故小人数にては日本
ノ書翰ヲ守固シ返り候コユヘ少人数

を敬するに當らす右故数艘仕立尚更
ニテハ日本ヲ敬スルニ當ラス右故軍

大軍船程引連可参此度は我國王の書
船数艘仕立テ尚更大軍船二艘ホト引

簡故これほどの人数にて参候由申候
連レ参ルヘケレ圧此度ハ我カ國王ノ

秘談
52

秘談 53

書輸ユヘコレホトノ人數ニテ参り○候

○△ 雑、雑古

ヨシ申ス△

△ 他なし

8 8 5

一フレカツト軍船大砲廿四門蒸氣船大

一フレカツト軍船大砲ニ十四門蒸氣船

一\

\ 他なし 550

砲八挺位各野戦筒も数挺あり栗濱上

大砲八挺位各野戦筒モ數挺アリ栗濱

栗濱

陸の時往来とも送り致し蒸

異人○上陸ノ往来圧送り•イタシ

\\上陸之節役船ニ而送り致

\○1 雑古　△1 他なし　△2 他なし　\2 他なし

551 552 553

※○：雑「異人」

氣船へ上り大抵一見致し

蒸氣船へ上り•大躰一見イタシ

蒸氣船江来大躰一覧致

△1 中村　△2 他なし　△3 中村　△4 他なし　\ 他なし

554 555 556

見候とは相違にて廣大なる物にて

•見候ト八相違ニテ廣大ナルモノニテ

見ると八違\\廣大\\\\\ニ而

△ 他なし　\1 他なし　\2 他なし　\3 他なし

557 558 559 560

① 479

② 560

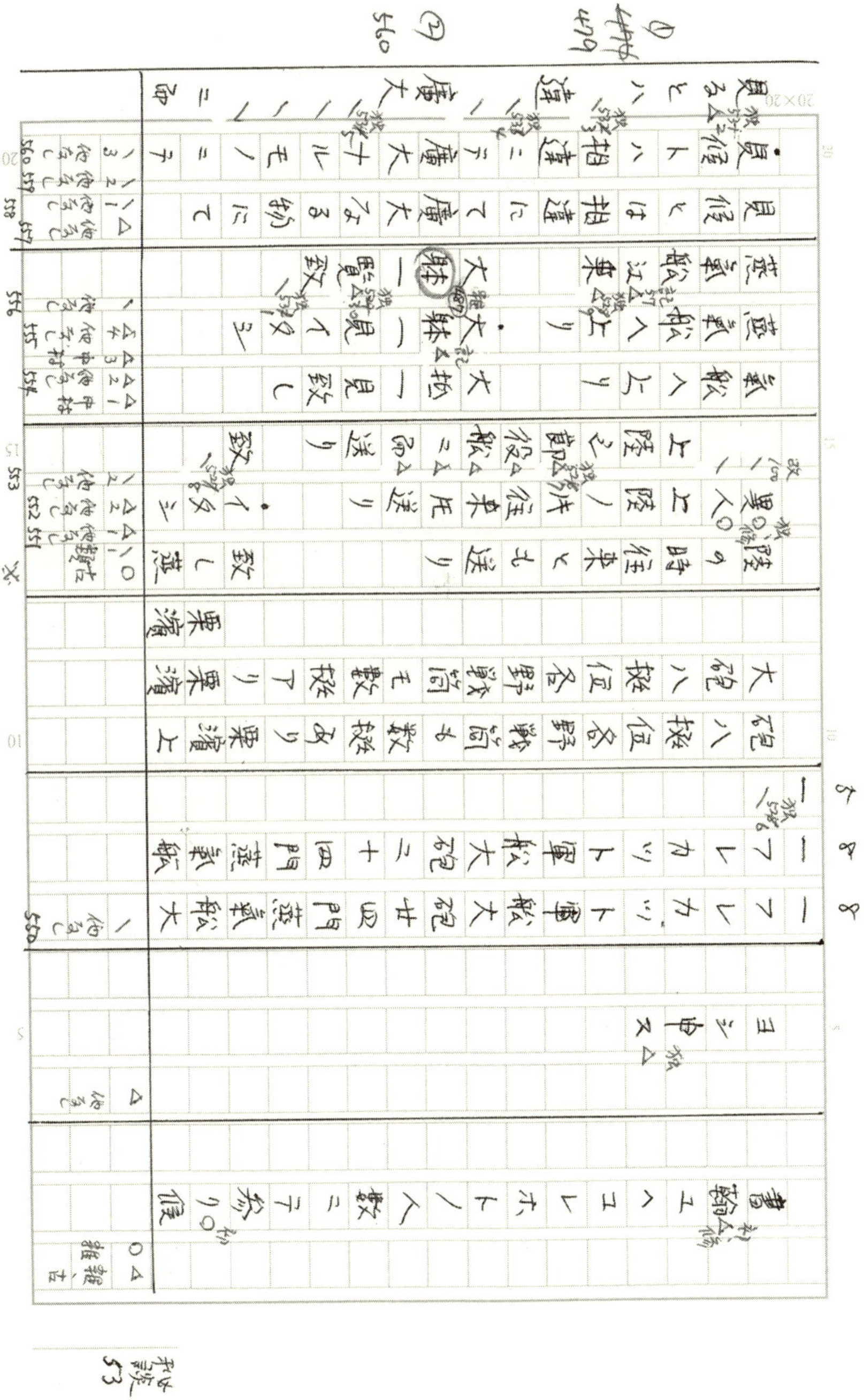

① 491
② 571

6 9 9

一日には見限られ申さす蒸気船車
一ト目ニハ見限ラレ不申蒸気車
一と目ニハ見き、れ不申蒸気車

輪の仕掛等是又廣大
輪等ノ仕掛是マタ廣大
輪等之仕掛是亦宏大

一書簡受取相済候後異人悦喜の体にて
一書翰受トリ渡し相スミ候後異人悦喜ノ
一書翰受取渡し相済候後夷人悦喜之

本船へ返り
様子ニ相見へ申候本船へ返り
様子ニ相見江申本船江帰り

参候処暫く手間取候節も離れ盃
参り候処暫ク手間トリ返り候セツ
参候処、手間取帰、候節

を勧めるとて酒を出
離杯ヲススメルト云テ酒ヲ差
離杯をすすめるとて酒をさ

し候
出候
し出すゝめ申候

秘談 54

秘談 55

一書簡受取之節何か六ツケ敷をにても

一書翰受取ノセツ何カ六カシキ了テモ

申候やと大に心配致し候

申シ候殺ト大心配イタシ居候

一二人合て應接掛りの與力通詞二

一・二人メ應接掛り与力通辞一

人下段の間與力

人・下タノ間与力

右の五名ヨリ聞ケル所深秘ニ付不見他

右近藤陸治分聞

見・嘉永六丑年六月浦賀表江異國船

右之箇條浦賀應接与力五人分寵

渡来之始末同所同心分申来字

之聞記其趣合する處ハこれを省き畢

② 580

572 573 574 575 576 577 578 579 580

秘談 5-6

れる處有るヶ條は再三載するものせ

○他なし 581

○他なし 582

弘 ~~559~~ 60

柴浦漁者谿門排韓

②

582

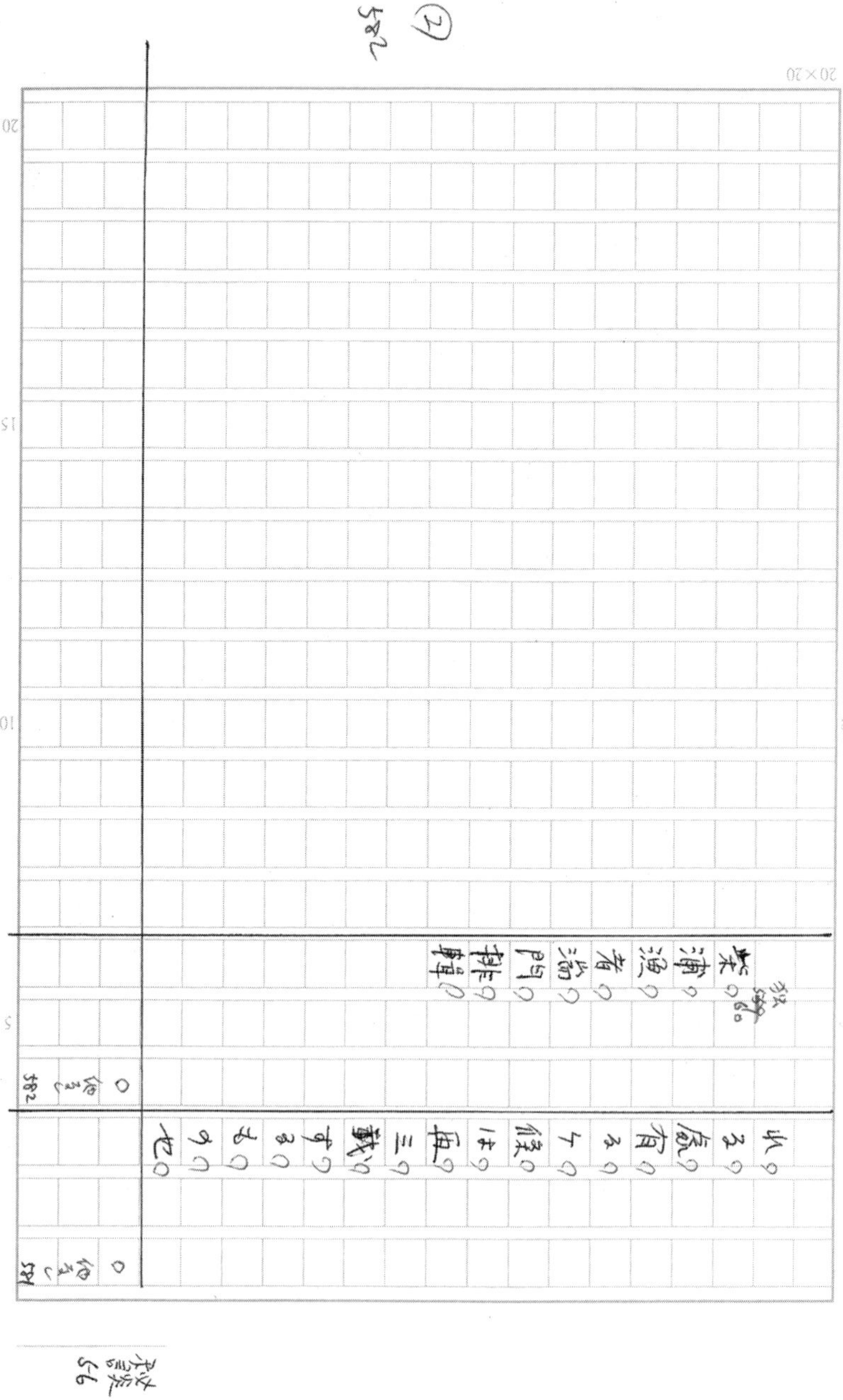

「賀港来舶記」（舶記本）（横須賀市人文博物館　所蔵）

合原総蔵分聞書

嘉永六年丑ノ六月三日未之中刻蒸氣船二艘軍船二艘迅速ニ乗込千代崎を乗越観音崎近迄乗付蒸氣船二艘ニ而軍船を引来る其速なる事飛か如し諸方注進船を遥に乗越不圖入津ニ付浦賀中之騒動鼎の沸か如し

一浦賀與力中嶋三郎助合原猪三郎當番ニ付乗出し異船へ近付候處異船乗込候迚船を逆ニ操戻し候手際其神速自在の妙目を驚し候扱上船を許さす漸懸合通詞壱人應接懸り壱人上船いたし浦賀へ異国船入津國禁也長崎へ可参旨申候處彼云国禁之儀ハ本ゟ知る處也去なから浦賀へ罷越用弁致候様国王の命也其方たりとも王命なれハ如何なる国禁の場へも行き申へし臣下の身ハ国命ゟ重きものなし此方云何用ありて渡来するや答曰此度出帆の儀ハ我國王ゟ日本王へ呈し候書翰を持来る也高官の者受取ニ参候や若此ニて取上不申候ハヽ直ニ江戸へ乗込直呈致へしと云此方答云此にて裁判致難し何れ江戸へ伺

ひて○命令次第取扱可申と云彼江戸へハ僅半
日程△の往来と聞右之○返答速ニ分り候様△致度
本國出帆ゟ△日数ワり△詰候間此△ニ而空敷△日
を費し○候而は差支候早速返答承り○たし此方
答に○ケ様之儀は夫々役方の手を經て何ニ相
成候義故手数もかゝり△可申○候其内此に控居
候様申諭候處彼云江戸の命令次第ニて深き
所△存可有併五日位の事なれハ待居申へしと
云

3 一滞船中薪水之数候ハゝ送り可申と申候へは△
彼云万端本国ニて手厚く用意致候へハ△何も
不足ハ○なし右様の無心ハ致さすといへり○

4 一舟の大小兵器の員数乗組人数等承候處彼云
其方ニ而承候而も何の益なし又此方ニて申
も無益也且又商船と違ひ是は軍船也右様の
事申へき筈なしと云り○

5 一蘭人壱人乗組又日本語を遣ひ候者壱人乗込
居候ニ是ハ相違なく見此二人にて通弁致し候

6 一四艘共ハツテイラ八艘位あり五日にはハツ
テイラにて處々漕行江戸近く迄測量を究メ

川越持場観音崎臺場の圖を取其上に上陸な
さんとす役人立出てよう〳〵に差押へ候是
迄の異船と事変り此方ゟ彼是申候ニは一向
取合不申落着居候て盡く地にあかるへく算定
り居候儀と相見へ候
一是迄之異船は此方へ懸合之上發砲致し候處
此度は左様之儀無之暁一發四ツ時比一發ツヽ
ヽ号砲あり六日朝にハ大砲連發致候
一江戸ゟ兼て御内意にハ彼か氣に當候様の事
有るハ大事を招く道理故に免も角も穏便専
要ニ致すへし假令異人上陸致し民家へ立寄
候共格別の乱妨不致候ハヽ其侭ニ見捨置へ
し番船差出し彼船を取巻抔致候様却て氣
を起し宜からす陸を専要ニ守候様御内意有
之候右様御憂被成候故浦賀ニ而も盡く用心
腫物ニさわる様致候而番船ハ一艘も差出さ
す故ニ浦賀ゟ品川迄自在ニ漕ある四家の
人数は岸上ニ而見物するのミ夜中はハツテ
イラを船の前後に差出し警固す火攻等を恐
るゝ故歟

船記
3

9
一是迄異船の儀ニ付て八只ゝ上の御心配を恐
れ十分のものなれ八六七分御心配に相成ら
ざるケ条のミ申上大事のケ条八不申上姿ニ
相成居候事故自然と上と下との了簡違有之
甚歎息の至ニ候
右は當月六日合原氏より聞ケる所尚又此
度同氏へ問合校正す

10
一六日九半時蒸氣船一艘小ノ江戸の方へ向て
馳出す先へ八ツテイラ四艘ニ而測量し行川
越の一手ニて差留候處鋤をぬき舟ふちに顕
れよれは斬らんとする仕方を致し或鋤付鉄
砲に真丸を込此方の船の二三間先を頻に打
落し通候川越人数怒に不堪早船を以て浦賀
へ問合せ只今東込候異船軽侮の致方忍ひ難
き儀也切沈め可申との事浦賀にて御尤ニ候
へ共御内意八何れにも穏便との儀ニ有之且
又彼壱艘切沈候共事済候と申にも無之諸家
申合も行届す疎忽に手出し致し却而兵端を
開きの候而は恐入候間先ゝ穏便ニ被成候様と
の事に有之且諸家怒ニ堪す手出し致し大事

△ら の誤字

船記 4

11

を引出し候而は不相成迚役船二艘を差出し
異船のあとへ付警固致し候彼役船ハ陸上の
見物人を差押へ諸家ニて疎忽に手出し無之
様制禁する為に指出し候事異船を取押る為
ニあらす右ニ付異船へ早船を以て只今一艘
江戸海へ乗込候は如何之趣意ニ候哉と推尋
候處異人答て曰此度持参之書簡御受取ニ不
相成節ハ存意之通り取計候事故内海測量致
度態々指遣處也尤晩景に八返申へしと右船
富岡まて測量致七半過元之所へ漕戻り候
九日栗濱ニ而書翰請取之儀異人へ申通置當
一
日ニ相成只今ゟ参候様申通候處早速蒸氣船
二艘波を分け迅速ニ馳せ来り岸を隔る事十町
計にして止まる此所深サ六尋ハツテイラを
二艘の蒸氣船ゟ十五艘卸し上陸終て太鼓ホ
ラ見留を鳴し繰込小屋の脇を浦賀人数ニて
固める左右を彦根川越の人数ニて固む何も
ケへル鉄砲付にて備固め彦根川越備へ前を
宗行組頭様の者鉄をひらめかし指図す浦
賀人数固めを見て異人共耳こすりを致し或

船記5

ハ指さし坏して尽く嘲弄致し○候○様△子ニ相見
へ○無念いわん方なし又異人調練の能整ひ○候
事△奇妙驚入候前日懸合には上官共二△十△程に
て上陸の筈に△候○知案に相違し大人数上陸其
上不意ニ六十人計押込上○官奉行の脇ニ○立塞
り△此方何れも仰天也△彼是制候△ハヽ直ニ奉行
広になる△様子故△其侭ニ致△置候処△先無事ニて
事△済異船△本船へ△引取浦賀に向て馳す軍船と△
申合一同出帆の儀と心得居候処△按外軍船引
連れ波を立て○内海へ乗込本牧の前へかヽ
る右ニ付如△何様○なれハ約定違へ○て出帆も不
致却て内海へ乗込候やと懸合候処異人○云△此
後返翰△受取ニ参候ハ数船引連れ大軍船も二△
艘参候事也浦賀ハ舟懸り場宜しからす依て
此△遠測量致置度乗込候也尤一艘ハ懸合の為
此○所へ△残し○置跡不残此辺へかヽる云○同
日太△子△河原へ一艘乗△込十日に八野嶋へ八ツ
テイラ二△艘ニ○て漕寄上陸水を汲んとす役人
取押へ水を汲興△ふ△此時も釼を抜て○ヒストウ
ルを放○ち○見物を怖△し△申○候○

▲シの誤字か。

船記 6

15

船記7.

12
一右滞船中出帆可致旨懸合候處、測量未行届かす滞留致居候由答ニ依て、勘定奉行人内海へ滞留ニ而は甚不穏、兎も角も引戻候様御達ニ付、浦賀迄引戻候様精々懸合候處、漸十日朝大津迄引返し、猿嶋近辺金沢迄盡く測量す

13
一十二日朝四時比蒸気船二艘にて軍船を綱を二本にて繋き、烟管より火焔を吹出し候か如く出帆し、本牧崎沖より火焔殊に甚敷、迅速應倍せり、見る者驚かさるハなし

▲三の誤字

14
一彼云、本国合衆国急けハ八九日ニ而此地へ着、此度八十四日目ニ着致候由、海上壱万五千里、通詞申候にハ、彼か来る明年正月は此方の十一月を比に当る、左すれハ冬中ハ来り不申、来年二三月の比にも可有之か、合原云、彼申事あてに成候事一ツもなし、彼地合廿日内に往来致候由なれハ来月にも渡来難計、且此後は数艘ニて参候由申候へは、是又何十艘にて参候も難計、廟堂の御了簡如何ニ候や、とこ迄も彼か申所に御随ひ被成候儀なれハ、是迄之御手当にて宜敷候へ共、御國威を大切に被思召候

御了簡ニも候へは是迄之姿にてハ迚も参らさる儀ニて此上御臺場之一二ヶ所御増益位ニ而は失費□にて何も成不申江戸内海ハ勿論何とか厳重之御備被仰付度儀也大軍艦製造も申之間に合申間敷又一二艘出来ニ相成候共頼みにも相成不申又蒸氣船何程手厚にても三貫目位の筒矢ころに引受相放候へは必打貫け可申と存候先日丁打の節三百目にてもみの木壱尺二寸の角木を立て五丁手前合打試候にいと安く打貫申候誠ニ火勢ハ意外ニ強きものと感心致候此を以て見れハ随分三〆目以上之筒なれハ異船ハ打砕可申と存候船ふちの厚さ大圖壱尺六七寸に相見申候

一會津侯分浦賀奉行へ使者を以て此度之異人前さ渡来の砌と事変り盡く諸方ニ而乱妨日本を蔑にし候段心外無此上存候拙者御預り場へ参り右様之儀有之候拙者召連候家来之者見留候而は迚も堪忍致間敷と存候萬一事を起候而は公邊之御趣意ニも背恐入候左様

之節ハ當所之百姓共差出し相押候様可致候間兼而此段御承知被下候様との御事誠ニ尤之儀ト一統風評罷在候

一昨十二日江戸分之御沙汰に江戸近海迄乗込せ測量爲致候儀不宜との事今更左様の儀御沙汰にて八當惑何も聞ニ合不申と存候

一異船不残チヤンにてぬり有之候此節之炎天にてハとろけ居候右ハ火の付易き物なれハ焼打宜様存候何卒焼討の手段工夫致度候

右合原氏分聞書終

飯塚久米三分聞書

一蒸氣船車船何れも鉄張にては無之何か鉄色の物にてぬり其上へチヤンを加へ候物也車輪ハ鉄にて造候物也大サ色さに申せとも恐く八五六間なるへし

一八ツテイラ四間分十間位迄大振の方へは七八十人乗組水主二十人位ともに二尺位に高サ五寸廻りの磁石あり測量の時ハ是を両人にて見居候測量する者か先に五寸文鎮のさとくなる金へ細き糸を付け夫れへ目をも

船記9

り置投入ゝゝ測り行脇に筆者有て深浅を記
す
3 一川越持亀ケ崎へ上陸ハ相違なく候さめく
制し止メ返し候由
4 一本牧滞船中掛合ニ参候処異人云四海の内水
上之儀は一体にて誰彼の領分と申儀なく我
國抔ハ他ゟ参り海を測量致す共陸の間を打
共按内ニ致さね少も構ひ不申といへり
5 一栗濱上陸の節此方の固め全虚飾にて実用之
儀なし彼等へ警固には成不申却而嘲を招き
申候畢竟穏便を専要に致候処より何事も手
薄ニ成行候也ケヘル組ニ十人江壱人ツヽ指
揮也鈎を抜下知す隊伍行列いかにも能相整
ひ実に手足を遣ふか如し見る人感せさるハ
なし

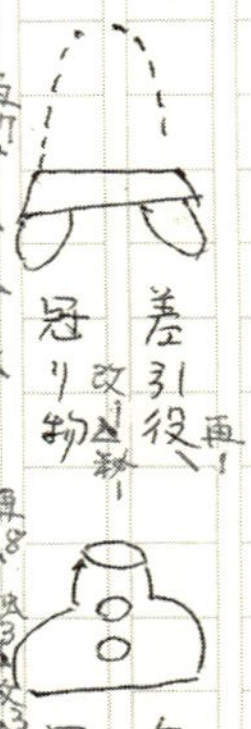

衣服ハカナキン木綿様成物ニて手にめりや
すことく皮にて作り候物をはめ候請取相済
異人等一同喜悦の体に見ゆ其様子ハ何か人

船記10

船記 11

をかなへこもかけ候迚悦候様子ニ見ゆ上官
将官副官将二人ニて〆て四人

(9) 6 一請取の節何か色々しやべり候ニ付通詞を以
て申談候儀ハ船中へ参り可承無言に致度由
申断る余程手間もとれ候

(10) 7 一返翰受取ニは八月比来るへし此方往来ハ十
五日もかゝれハ相成候若間ニ合不申候ハヽ
来年来るへしと云彼方の来年ハ此方の十月（十一月比當る此方の者考）
にハ多分直ニ引返し
来るも知れ不申存候

(11) 8 一請取相済候へハ翌朝出帆の懸合ニ候處直ニ
杉田沖へ乗込候

(12) 9 一當時は大に開け合薬ハ箱に入れ水中へ漬し
置と云事

(13) 10 一琉球江一組残し置と云蒸氣船二艘軍船二艘
を一組と云

(14) 11 一通詞香山栄左エ門を差て此人ハ鉄砲を好ミ
候人也と申候へハ異人鉄砲か好なれハ亜米
利加ハ来るへし定て上手に成へし通詞答へ
て成程鉄砲ハ手めくも可有候得共日本鎗鉞
の術ハ又外国の及ふ所に非といふ異人笑て

▲委（悉）の誤字

19 ⑱ ⑰ 16 ⑮

14 13 12

日本鎗鈠の術ハ恐るゝたらす悪く打すくめ
用立近にハ(不)(致)と云り
一 異船入津の節市中騒キ立荷物持運ひ其混雑
中々云計りなし奉行申諭し決て右様騒動に
及申間敷萬一の事あれハ此方ゟ指揮致し(為)
(立)(退)候間鎮り候様精々相違候得共落付不申
逃支度のミいたし居其内にハ色々雑説流言
有て益人氣を動し致方なく甚歎息致し候御
備之儀是迄之姿にてハ迚も致方なし此度異
国船之儀も揮軍様御耳へハ六日に申上候由
ケ様の大事右様遅く御聞に入とハ如何之儀
か是又歎息致し候
一 蒸氣船車輪ハ糸車の如く中ハからに致し鉄
にて造候もの
一 異船を打破るにハともの方手薄く破れ易し
以前ハとものの方へ合薬杯入置候書翰の外何
か一尺五寸計りの箱二ツ鉄の輪をはめ如
圖の物何品なるか更に相分り不申牛の塩漬
との説もあり候へ共左様の物共思はれす書
翰一同江戸へ送り候由

船記12

に脱字

應接方五人有之候へ共此度ハ香山栄左エ門のミ始終應接致候
樋口多八郎分聞書

一此度入津の異船一昨年と覚候蘭人を以て申込有之候儀ニて石炭置場拝借并交易を通する事を願事と云事を兼て御承知の儀ニ而候處盡く秘密ニのミ被成置一向御手當之儀無之筒井紀伊守殿分厳重ニ御手當無之てハ不相成旨しきりに御申立ニ相成候處更ニ御取受も無之よふ〱昨暮に至り四家へ御達ニ相成浦賀奉行へも同節御達有之候然ル處奉行秘して興力へハ一切通達無之候扱當二三月ニ至り追〻時節にも相成候ニ付紀伊守殿分御手當向御申出の處一切御取用無之由恐なから當時之御役人ハ異船何程来る共日本の鉄砲を出し示さハ直ニ逃帰るへし位之腹合也慨歎に堪す

一蘭人兼而申通候通上官の名船数すへて符合す只四月と申處六月ニ相成候儀而已相違也
一六月三日久里濱ニて町打有之与力同心一同

詰居八時大概打切候ニ付休息致居候處儀ニ
異船相見る由ニて隔き立何よりの注進と相
尋候処海鹿島ニて蚫を取に出居候ものあま遠洋
に見付候ニ付注進致候由右ニ付取ものも取
あへす久里濱浦賀迄山越にて二十町計の
所は世帰り見れハ忽然と四艘の異船浦賀へ
乗込扣へたり其神速たとふるにものなし早
連役船乗出し候處彼れ申にハ決して上り候
事無用也此度来船之儀は蘭人より通達致置
候事故江戸にて八元より承知の儀也此ニて
彼是懸合候ニハ不及只入津の趣を達し呉候
様申ニ付此方ニて何程江戸にて御承知の事
成共我さ八不存儀只入津と計申立難成候處
味承知之上早速申立致すへしと云彼然らハ
通詞之者登らせ申へくとの申ニ付通詞壱人當
番ニて中嶋三郎助可参処香山栄左エ門八内
意も申含置候間香山を遣候様差圖ニ付右壱
人ニて應接致し候
香山へ内意と云ニ付同役不平色々議論
相起甚六ケ敷儀有之候處是ハ仲ケ間の

舶記14

20×20

事故委細ハ不申上と云て止り候香山壱
人ニ託し候ハ深き意味有事也

4
一異人云番船杯ありては誠ニうるさし其方ニ
て屹と御申付被成度若制法行届かねハ近寄
船あらハ此方ニて成敗致すへし此方云何を
以て成敗するや異人答て云鉄砲ニて制すと
実に不當の申分也併から此方ニて能制して船
を寄せぬ様致へし其方ニてハ近寄る事を禁
すへしと約束致し浦賀より役船を出し近よ
る船を制し又陸上の見物人杯を制し突當出
来ぬ様に用心致し候然處異人圖に乗八ツテ
イラニ自由に漕あるき所々人なき所にて
ハ山陰なとへ上陸致し九里濱へも上陸致し
候由其土地の者共承り申候

5
一書翰受取の場所九里濱と申儀ハ御差圖にて
相定め四間三間の小屋上段の姿に出来下の
間へ疊数十疊敷ならへ板ニて囲ひ四方金屏
風立廻し幕二重ニ張り入口二間程あり上官
共上段の間の通り道に毛氈を敷ならへ候浦
賀人数備ハケべしル四十八挺の合與原力植隊口添二人

△けの誤字

船記15

6

野戦筒百目二挺此は下曽根金三郎持ニ而御
備と申ハ是切也
一九里濵上陸の人数は繰出し調練能整ひ其美
き事言語ニ述かたし一同幕内へ入り込入口
の前へ列を一行に立て上官将官副将小屋之
内へ入ると直に六十人程儀に踏込上段の間
へ立ふさかり何れも鈹を佩し六挺仕懸のヒ
ストウルに玉をこみすわといはゝ切て放つ
の勢にて睨ミ扣ゆる下の間に居る應接方既
に踏倒さるゝ程の様子奉行見かねて是へあ
かれと申ニ付ようく上段の間へ上り其場
を凌き候程の事にて大に膽を抜れ中さ差留
る事抔出来不申一同無念の歯がみをなした
るのミ是と申も全く公邊穏便さゝの御沙汰
厳敷故適さ鉄炮ハあれとも玉を込す火縄に
火を付す大に異人共に威を示され返さも無
念の事ニ候香山栄左衛門書簡受取奉行に渡
す奉行一禮して受取其儀相済返翰之儀は前
日懸合之節蘭人を以て申通へき旨申達候所
彼云蘭人ニて事埒明たる義なれハ是迄来船

船記16

船記17

も不致右様手遠き事にて八差支候間早速返簡受取度由申ニ付此方云ケ様の儀ハ重き事にて評定の日数懸り中々火急には出来不申左様なれハ待居り可申と云此方云此義ハ江戸のミにてハ裁判不相成天子へ奏聞致し重き御評議ニ相成候事故餘程日数もかゝり候事也書簡受取ニ相成候上ハ一先出帆致候様申談候処左候ハゝ先出帆ニケ月も過き又さ来船致すへし若し間ニ合す候ハゝ来年に致すへしと云由類船も中途ニ残置候由

7 一異人云此度之上官は國主の命を待す何事も獨断にて裁判致す程之重役也と云又軍艦の惣将軍ハ今一度軍功を立されは蒸氣船の大将にはならさる由

△王の誤字

8 一異船こべり一尺位か下の方程段々厚く相見ゆ鉄板小実子バリ水入は銅にて包む海の深さ五尋迄ハ通船の由

9 一川越ハ実体ニ御奉公精勤落度なき様にと心懸候様子感心去なから身上ハ貧の方也大守ハ幼也総ての事家老持故思不様ニハ届不申

候

10 一細川家本紋御国ニ付浦賀へ與力参候處山際探へハ竹矢来を結廻し木戸を付厳重ニ相固メ万端行届候様ニ相見候評判宜き方

11 一四家の人数内會津殊に評判宜く又用立可申井伊家ハ甚た武事に暗く士氣も弱く被存候此度軍船数艘製作有之候處浦賀船大工受取聢ト軍船圖によ（り）候と申事もなく大工任せ思ひ付次第に致置候彼所此所の詮議もなく大金を費しなから心を用ひさること言語同断也右様の船何程有之候而も必用にハ相立申間敷此にて人才もなく武事に心を用ひさる事察せられ候十五万石之榊原様ニ被仰付候方却て宜敷あるへく存候

12 一風説ニ此節唐土にて明末の兵起り清と取合最中の由英吉利を救て大ニ戦ふよしアメリカ其隙に日本を手に入れんとする由

香山栄左衛門分聞書　此度應接懸りせ

一使節之者年五十餘人体宜名ハマツテヒリ　本日

佐大臣位まり　は高官のより　上官　是ハ大将軍　年五十位名はハブ

船記18

20×20

カンナン

(4)2 一大蒸氣船長サ三十五六間幅八九間車差渡五
間計厚サ三間計総鉄にして木を用ひす船は
鉄張ニ非す総体ミツタにて塗る水入はから
金ニて包む車水入四尺計水際ゟ船ぶち迄高
サ三間計大炮十門小車四輪仕懸也六十八ホ
ントのカノン六挺八十四ホントのホンヘン
カノン四挺メ十挺也乗組二百九十人也使節
上官副将皆此に居る別に十二ホントの野戦
筒二仕懸輪車六挺貯へ置

(5)3 一小ノ方蒸氣船総鉄張大砲十挺野戦筒六挺乗
組三百人

7
一

(6)4 一フレカット軍船二艘其長サ三十間也大砲廿
四挺ツヽ人数三百人ツヽ野戦筒六挺ツヽ船
中昼夜となく提燈を付ナヒトイ包卜ミ口PO象リ0/0角鉄砲
へハ不残玉を込蒸気を絶す事なし用心厳敷
少しも惰る色なし船中萬事鳴物ニて指揮す

(8)5 一蒸氣本船の外三艘の大将ハ本船の副将位の
立場の者也

(9)6 一蒸気船を止るたは別ニ穴ありて蓋を取れハ

△気は再稿の用字　新設は気と受け継いだ

船記 19

20×20

蒸気足よりミ以て車まからす蓋をす以ハ蒸気車に偏りて車轉旋す

(10)7 一 蒸気船一昼夜に八百里許り走る火輪車といふものあるよし是は一日に八百里走ると云

(11)8 一 九日栗濱ニ而書翰受取の節ハ彼か上陸の人數五百人許一同上陸す畢て本船か大砲十餘發あり是は　　一同陣列を正し音楽を奏し國王之書翰を中ニ挟ミ守固すケヘール組二百八十餘人一隊四十八人ツヽ六隊あり一隊ニ二人ツヽ指圖人あり何以も劔を抜て指揮す法則能整ひ屋假事口舌に述難し前代未聞の事也

(12)9 一 國王の書翰二箱何以も板三重にて捻鉄にて留る下之箱高サ五寸横五寸長サ壱尺二三寸許板ハタガヤサン金の鋲金物封印の付候所上へ金三四寸位と◠如圖此蓋を一て其辺へ色々の飾あり盡く立派の物也書翰の趣一向分らす彼重官ゟ此方重官へ書帖あり紙包にて封印有と使節上官副将四人分上段の間へ曲ろくを設け奉行ハ床机に腰を懸對面一切

△之の翻なし

前記 20

應對なし唯受取渡しのミ也其節イホレツト
を付候者廿五人とやく押込上段の間へ上
り使節の後へ立塞る何れも六挺仕掛の筒を
捧ケ鈎を帯す者イホレツト付候者ハ餝
以上分ニけ人候もの外なし、イホレツトは金の板

13

金よりふさを下け節を入れ両肩へ下ケる也

(14) 10
一ケヘール組何れも人品宜く装束も立派冠に
赤黒の玉を付ある

(15) 11
一車懸りの者ハ冠の下ボタン等へ車の印を付
る鉄砲懸りハ鉄砲を付け船懸りハ碇を付る

(16) 12
一琉球へも七艘懸置此方出帆直に琉球へより
夫より廣東へ行き當時イキリス明末の兵を
助けて清と取合あり故にイキリスへ軍見舞
として帰国致すといへり

(17) 13
一アメリカ州先年はイキリスに制せられイキ
リス催促ニて出陣等いたし大に役せられ
候故又取合ニなり打勝和平取結ひ以来對さ
の国となる是ハ七十六年前の事の由

自司ノ権・世和政治七十六年と書
年号　ヤリコセ千八百五十三年ミ由

△外の誤字

13ーは改稿に項目立てがない。この本文も項目立てしないが、改稿を引用した跡が無い。

船記21

18 士大将以上をも上官是を指揮す是も鎗を抜
き指揮す鎗長サ二尺三四寸長きは三尺位も
あり

14 (19) 一此度の異人イキリスに比らへれハ温順の方
也総て法則之〻堅ひ居候事妙也去なから書
簡不受取前ハ殺氣立色〻子〻ケ〻言を申し
應接甚た難渋致し候處受取後は大ニ落付候
様子ニ而格別取扱能相成候此方御備如何に
も手薄故万一事を起されてハ大変ニ候事故
とこ迄もたまし込穏便専要ニ取扱候然し不
遠内又来船の様子此後は如何相成候もの歟
どの道参るには相違なく候

15 (20) 一異人六拠仕懸の筒を持たさる者なしケへ一
ル鉏も腰に挟ミ有

16 (21) 一此度彼への贈り物ハ公邊分にあらす奉行分
也彼分贈物有ニ付返禮ニ遣ス

近藤良治より聞書

1 一六月三日下田沖へ異船帆影見ゆるニ付下田
八時出立の注進舟来る異船浦賀へ着ハ八ツ
少し過也下田ら浦賀迄半時に足らすして集

冊記22

込海上三十六里

2

一着船の節佐々倉桐太郎中島三郎助近藤良治
三人応接人ニ兼付候処決て上船を許さす国王の書
簡持参致候其方ゟ重官之者受取ニ参や又此
方ゟ参り手渡ニ可致や書翰受取渡之外別ニ此

3

懸合候筋なしと云定例の詞にて此地へ乗込
候事国禁也長崎へ参るへき旨申諭候処此度
之儀は先年蘭人を以て通達致置候事也然る
を右様の事被申候ハ如何の義そと云て大に
腹を立て掛合甚難渋致候

(4) 3

一此度之異国船蘭人より通達有之候儀昨暮
行へ内々御達ニ相成候由併夫も来夏ハ来る
かも不知位の事故与力共一向弁へ居不申故
懸合之節大ニ困候事有之候

(5) 4

一書翰受取渡不致候而は国王へ復命致候事相
成と云て尽く必死の様子三度迄彼是懸合候
処中々六ケ敷依而其趣江戸へ申上る七日ニ
江戸ゟ事穏便ニ致書簡受取候様御達ニ付即
日其趣異船へ申通候無程返翰差遣しニ相成
候儀か此方答曰夫ハ急ニは出来間敷由申候

船記23

20×20

船記24

處彼云左様なれハ国王の書簡別ニ下書あり
先此度は下書を渡可申弥返翰出来之上本書
引替ニ可致と云右種々手段を設け懸合やう
〈 此度ハ書簡のミ受取返簡は追て取ニ参
候答ニ約束致し弥明九日受取へく振合ニ致
し候
⑥5 一 始終懸合之節は使節上官の者ハ對面不致副
7 将の者出席致候事此後返簡受取ニ参候時ハ
日本王の書簡を守囲し返り候事故少人数に
て八日本を敬するに當らす右故軍船の数艘仕
立て尚更大軍船二艘程引連参るへく此度は
8 我国王之書翰故是程之人数ニて参候由申フ
レカツト軍船大砲二十四門蒸氣船大砲ハ擬
位各野戦筒も数擬アリ
⑧6 一 栗濱上陸の時往来共送り迎ひ致し蒸氣船へ
上り大体一見致候所外々見受候とハ相違ニ
て廣大成物ニて一日ニは見限らぬ不申蒸氣
船車輪等の仕掛是又廣大ニて更ニ相分り不
申候
⑨7 一 書翰受取渡相済候後異人悦喜の様子ニ相見

10

(11) 8

申○候○本船へ返り候時△送り=○参候所△直=酒を
出し申候船中一見し暫く手間取△返り○候節も△
離杯を勧ると又酒を差出候書簡受取之節△
何か六ケ△敷事をも可申やと大=○心配致△居候
處何事もなく安心致△候
一　右受取之△席上段之△間使節上官副将〆△四人此
方にて八奉行二人應接懸△り之△与力四人通詞△
壱△人皆是△も上段之△間に上る組頭ハ下タ△之△間
與力七人同断
右○五○名○分△聞○け○る○知△深○秘○=○付○不○許△他○見○

船記
25

「浦賀新聞」（新聞本）　（近世風聞・耳の垢　所収　広島県呉市仁方町　相原正敏氏　所蔵）

〇合原惣蔵より聞書

嘉永六年丑六月三日未中刻、蒸気船二艘、軍船二艘迅速に乗込み、千代崎を乗り越へ観音崎近く迄乗り付け、蒸気船二艘にて軍船を引き来たる。其の速やかなる事、飛ぶが如し、諸浦注進船を遥に集りかへ、不図入津に付き、浦賀中の騒き鼎の湧くか如し。

浦賀与力中嶋三郎助、合原猪三郎当番に付き乗出し、黒船へ近付き候処、異船乗込み候とて船を逆しまに操戻し候手際、其の神速自在なる事目を驚かし候、扱上船を許さず、ようよう掛合ひ、通詞一人、応接掛り一人上船いたし、浦賀は異船入津国禁なり、長崎へ参るべき旨申し候処、彼云ふ、国禁の儀は元より知る所なり、去りながら浦賀へ罷り越し、用弁致し候様国王の命なり、其方たりとも王命なれば、いかなる国禁の場へも行き申す可し、臣下の身は王命より重きものなし、此方云ふ、何用あつて度来するや、答へて云ふ、此の度出帆の儀は我が国王より日本国王へ呈

新聞2

し候書簡を持ち来れり、高官の者請取り候か、
若し爰にて取り上げ申さず候はゞ、直ちに江
戸海へ参り直呈致すべし（申すべし）といふ、此方答へて
云ふ、爰にて裁判致し難しといふ、何れ江戸へ伺ひ
命令次第取扱ひ申す（申すべし）といふ、彼れ云ふ、
江戸へは僅か半日の往来の由、右返答速かに
分り候様致し度く、本国出帆より日数刻詰め
にて参り候間、爰にて空しく日を費し候へ
は差支へ候、早速返答承り度し、此方答へて
云ふ、ケ様の儀夫々役方の手を経て伺ひに相
成り候儀にて、手数もかゝり候故、何程急ぎ

合3

候ても五日位掛り申す可く候、其の内爰に控
へ居り候様申し談じ候処、彼れ云ふ、江戸の
命令次第にて早き所存有る事なり、しかし五
日位の事なれば待ち居り申す可しといふ。
滞船中薪水乏しく候はゞ送り申す（申す可し）と申候
処、彼れ云ふ、万端本国にて手厚き用意し何
れも不足なし、右様の無心は致さずといふ。

合5

蘭人一人乗組み、又日本詞を遣ひ候者一人乗
組込み居り候相違無く相見ゆる（是は通詞力人に）此の二人にて

▲諸本「語」

▲諸本「割」草体の誤字

新聞3

合6
差支無く通弁いたし候。
四艘とも「ハツテイラ」八艘位あり、五日に
は「ハツテイラ」にて所々漕ぎ行く、江戸近
く迄測量を究め、小砲打場、観音崎台場の図
を取り、其の上上陸なさんとす、役人立ち出
で漸々差し押へ候、是水近の異船と事替はり
此方役人申し聞かすも、更に取り合ひ申さす
落ち付き候てことことく地にあがる望定め居
る儀と相見ゆる。

合7
是水迄の異船は此方へ掛ケ合ひの上発砲いた
し候処、此の度は左様の儀之れなく、暁一発
四ツ時一発、夜四ツ時比一発づゝ発砲あり、
六日朝には大砲連発致し候。

合8
江戸より兼ねて御内意には、彼れが気に当り
候様の事ありては、大事を招く道理、兎角穏
便専用に致すべき事、たとへ異人上陸いたし
民家へ立ち寄り候とも、格別の乱妨致さす
候へは、其の儘見捨て置くべし、番船差出し
使船を取り巻くなど致し候ては、却つて気を
起し宜しからず、陸を御専用に守り候様内達

▲諸本「打」　写本の誤字か

これ有り候、右様御患ひ成され候故、浦賀にて、其の用心腫物にさはり候様に致し候て、番船は差出さず、故に浦賀品川辺迄自在に漕ぎあるき、四家の人数は岸にて見物するのみ、夜中は「ハツテイラ」を船の前後に差出し警固す、火攻め等を恐るゝなり。

合9

是れ迄黒船の儀に付いては、品々上の御心配を恐れ十分のものなれは、六七分御心配に相成らざるケ条のみ申上げ、大事のケ条は申上げず候姿に成り居り候故、自然と上と下との了簡喰ひ違ひ居り、甚だ以つて嘆息の至りに候。

右当月六日、合原氏より聞き候処、尚ほ此の度同氏へ聞き合せ校正す。

合10

六日九ツ時、蒸気船一艘小の江戸の方に向つて馳せ出す、先へ「ハツテイラ」四艘にて測量し行く、川越の一手にて差し留め候処、劔を抜き船縁にあらはれ、寄らば切らんとする仕方を致し馳せ通る、或は劔付鉄炮に真丸を込め、此方船の二三間先をしきりに打ち落し

新聞4

通り、川越人数怒りに堪へず、早船を以て
浦賀へ問合せ、只今乗込み候異船軽侮致し候
振舞忍び難き儀なり、切り沈め申す可しと
事、浦賀にて御尤もに候へども、且つ御内意は何
れにも穏便との儀に之れ有り、且つ又彼の一
艘切り沈め候とも事済み候にも之れ無く、諸
家申し合せも行き届かず、疎忽に手出し致し、
却って兵端を開き候ては恐れ入り候間、先々く
穏便に成され候様との事に之れ有り候、且つ
諸家怒りに堪へず手出し致し大事を引き出し
候ては相成らずとて、彼の二艘を差し出し候
黒船の跡へ附き警固致し、右役船は陸上の見
物人を指し押へ、諸家にて麁忽に手出し之れ
無き様、制禁する為め差出し候事、黒船取扱
ふ為めにあらず、右に付き異船へ早船を以つ
て、只今一艘江戸海へ乗り込み候は如何の趣
意に候や、相尋ね候処、異人答へ云ふ、此の
度持参の書翰御請取に相成らず候はゞ、存意
通り取斗ひ候事故、内海測量いたし度く、態
々く差し遣はし候、尤も晩景には帰り申す可し

▲諸本「役」草体の誤字

新聞5

といふ、左船官閏まで測量七ツ半時過まで、元の所へ漕ぎ戻し候。

一　九日久里浜にて書翰受取りの儀、異人と申し通じ遅す、当日に相成り、只今より参り候様申し通じ候処、早速蒸気船二艘波を分け迅速に馳せ来たり、岸を隔てる事十丁ばかりにして[illegible]よりバツテイラ[illegible]二艘の蒸気船より十五艘錨卸して上陸、総て太鼓・宝螺・笛を鳴らし擢りこむ、小屋の脇を浦賀人数にて固める、小屋の左右彦根・川越の人数にて固む、何れも[illegible]にて備へを固め、鉄炮の付鉄、彦根・川越の備への前を走り行き、組頭ども剣をひらめかし指図す、浦賀人数固めを見て、異人ども耳こすりいたし、或は指さしなど致して、こと〳〵く嘲弄致し候様子に相見へ、無念いはん方なし、又異人錬のよく整候事奇妙驚き入り候、前日掛け合には上官とも二十人程にて上陸の答に候処、案に相違し大人数上陸、其の上不意に六十人ばかり押込み、上官奉行の脇に立塞

新聞 6

合12

かる、此方何れも仰天し、彼是刹し候はゞ直
ちに奉行虜になすべき様子故、其の儘に致し
置き候処、先づ無事にて事済み、異船ハラツ
刈は本船に引き取り浦賀へ向けて馳せ候、軍
船と申合せ、一同出帆の儀と心得居り候処、
案外、軍船を引き連れ波を蹴立てて内海へ乗り
込み、本牧の前へかゝる、右に付き如何なれ
ば約定を違ひ、出帆致さず、反て内海へ乗り
込み候や掛合ひ候処、異人云ふ、此の後返翰
請取り候節は、数艘引連れ大軍船も一艘参る
事なり、浦賀は舟がゝり場宜しからず、依つ
て此の辺測量致し置き度く、乗込み候なり、左
も一艘は掛合ひ等の為め残し置き、跡残らず
此の辺にかゝるといふ、同日大師河原へ一艘
乗り込む、十日には野嶋へ「ハツテイラ」二
艘にて漕ぎ寄せ、上陸して水を汲まんとす、
役人ども取り押へ水を汲みて与ふ、此の時も
剱を抜き、ピストルを放ち見物人を驚かし申
し候。
右滞船中、出帆致す可き旨掛合ひ候処、測量

新聞　7

合13　合14　合15

いまだ行届かざる故、滞留致し居り候由答ふ、
依って御勘定奉行より内海へ滞留にては甚だ
穏かならず、兎も角も引戻し候様御達しに付
き、浦賀迄引戻し候様精々掛合ひ候処、やう
十日朝大津迄引返し、猿嶋近辺、金沢迄
悉く測量す。
十二日朝四ツ時頃、蒸気船にて軍船二本
にてつなぎ、烟筒より火焔を吹飛ぶがごと
く出帆、三崎沖より火焔殊に甚だしく、迅速
ま倍せり、見るもの驚かさるはなし。
彼れ云ふ、本国より急げば八九日にて此の地
へ着く、此の度は十四日目に着致し候由、海
上一万五千里
[illegible]
[illegible]
通詞申し候には、彼れが来年正月は此方の十
月、十一月頃に当る
[illegible]
冬年は来らずして来年二月三月の比にも
有る可きや、合原云ふ、彼れが申す処、当
てになる事一つもなし、彼の地より廿日内に

新聞 8

て往来致す由なれば、来月にも渡来はかり難し、且つ此の後は数艘にて参り候由申し候へども、是れ又何十艘にて参るもはかり難し、廟堂の御了簡如何に候や、どこ迄も彼れか申す処に御随ひ成され候儀なれば、是れ迄の御手当にても時宜により、御国威を大切に思召さる御了簡にも候はゞ、是れ迄の姿にては迚も参らざる儀に候、此の上御台場一二ケ所御増し位にては失費のみにて何にも成り申さず、江戸内海は勿論なんと厳重の御備へ仰せ付けられ度き儀なり、大軍船製造も中々間に合ひ申すまじく、又三艘出来に相成り候とも、頼みにも相成り申さず、併し蒸気船何程手厚にても、三貫目位の筒矢頃に引受け打ち放ち候へば、必ず打ち貫き申す可しと存じ候、先づ丁打の節三百目にて縦の木一尺二寸の角木を立て、五丁手前より打ち試み候処、いと安く打ち貫き申し候、誠に火勢は意外に強きものと感心致し候、是れを以って見れば、随分三貫目以上の筒なれば、異船は打ち砕き申す可

▲「三」は「二」の誤字

新聞 9

しと存じ居り候、船緑の厚さ大凡そ一尺六寸
た相見へ申し候。

合16

会津侯より浦賀奉行に使者を以って、此の度
の異船前々渡来の砌りとは事替はり、諸所に
て乱妨致し、日本をないかしろに致し候段、
心外此の上無く存じ候、拙者御預り場へ参り、
右様之儀之れ有らは、拙者召連れ候家来の者
とも見請け候はゞ迚も堪忍致すまじくと存じ
候、万一事起り候ては、公辺の御趣意を背き
恐れ入り候、左様の節は、当所の百姓とも差
出し相押へ候様致す可く候間、兼ねて其の段
御承知置き下され候様との御事、誠に尤もの
訳と一統風評罷り在り候。

合17

昨十二日江戸より御沙汰に、江戸近海を乗込
ませ測量致させ候儀宜しからずとの御事、今
更左様の御沙汰にては当惑いづれも間に合ひ
申さず候。

合18

黒船残らずチヤンにて塗り之れ有れば、此の
節の炎天にはとろけ居り候、右は火の付き安
きものなれば、焼打ちが宜しく候様、何卒焼

△「近」は「迄」の草体の誤字

新聞 10

打ちの手段工夫致し度候。

右合原知蔵より聞書終り。

○飯塚条蔵より聞書合原より聞きたと付合ひの処は除き処、相違の処ばり記す。

飯1

蒸気船いづれも鉄張りには之れ無く、何か鉄色のものにて塗り、其の上へチヤンを加へ候ものなり、車輪は鉄にて造り候ものなり、大いさ色々に申せども恐らくは五六間なるべし。

飯2

ハツテイラ長さ四五間より横一間位迄、大振りの方は七八十人乗り組み候、水主二十人位、船に二尺位。高さ五寸廻りの磁に入れあり、測量の時は是れを多人にて見居り、測量するものは先た五つケタ鉄のごとくなる金へ細き糸を付け、それへ目をもり置、投げ込みく測り行く、脇に筆者之れ有り、浅深を書き記す。

飯3

川越持ち亀ケ崎へ上陸、相違無くやうく制止め返し申し候。

飯4

本牧滞船中掛け合ひに参り候処、異人云ふ、四海の内、水上の儀は一体にて誰彼の領分と

△「船」は「艘」の誤字
△「多」は「両」の誤字

新聞11

新聞12

申す儀之れ無し、我が国などは他より参り海
を測量致すとも、陸の間を打つとも、案内こ
そ致さねども構ひ申さず候といふ。

飯5

久里浜にて上陸の節、此方の固め虚飾にて実
用の儀なし、彼等より警固には当り申さず、
却つて嘲りを招き申し候、畢竟穏便を専用に
致し候処より何事も手薄に成り行き候なり。

飯6

ケウエール組二十人、一人づつの指揮あり、
剱を抜き下知す、隊伍行列いかにも能く整ひ、
実に手足を遣ふがごとし、見る人感ぜざるは
なし。

飯7

衣服はカナキン木綿様成るもの、手にめりや
すのごとく皮にて作り候ものをはめる。

飯8

請取り相済み、異人等一同悦喜の体に見ゆる、
其様子は何か人をワナにでも掛け候と悦び
候様に見ゆる、上官・採官・副将二人づつメ
四人。

飯9

請取りの節、何か色々しゃべり候へども通詞
を以つて申し候儀は、船中へ参り承る可し、
無言にいたし度き由申し断る、余程手間取ら

飯10　飯11　飯12　飯13　飯14

れ候。返翰受取りには八月比来たるべし、此方往来は十五日もかかれば相成り候、答ニ八月に間に合ひ申さず候はゞ、来年来たるべしと云ふ。に当る、者考へには多分直ちに引返し来る。もと知れなじ申さ。請取り相済み候へば、翌朝出帆の掛合ひに候処、直ちに杉田沖へ乗込む。当時は大いにひらけ、合言葉は箱に入れ船中にひたし置き候といふ。琉球へ一組残し置くといふ。蒸気船二艘軍船二艘、是を一組といふ。通詞香山栄左衛門を指して、此の人は鉄炮を好み候なりと申し候へば、異人云ふ、鉄炮が好きなれば亜米利加へ来たるべし、定めて上手になるべし、通詞答へて、成程鉄炮は委しくも有るべく候へども、日本にては戦に臨んで鎗と鎗に鋭きものありと申せば、異人日本の鎗の術更に恐るゝにたらず、ことごとく打ちすくめ用意迄には致さずと云ふ。

▲「答」は「若」の誤字。

○▲「言葉」は「葉」の誤字

新聞13

20×20

飯15

異船入津の節、市中騒ぎ立て、荷物等持ち運
び、其の混雑中々云はん方なし、奉行申し諭
し、決して右様騒動に及ぶまじく、一万々一の
事あれば、此方より差図致し立ち退かせ候間、
静まり候様、精々相達し候へども、落付き申
さず逃げ支度のみ致し居り、其の内には色々
説き、流言有って人気動き致し方なし、甚だ
嘆息す。

飯16

御備への儀、是れ迄の姿にては迚も致し方な
し、此度の異船の儀は、将軍御耳へは六日
に申上げ候由、ケ様の大事、右様速く御耳に入
れ候は如何の儀か、是れまた嘆息す。

飯17

蒸気船車輪は糸車の如し、中はカラマに致し、

飯18

鉄にて造り候もの、異船を打ち破るにはトモ
の方手薄く破り易し、以前は軸の方へは合薬
を入れ置き候なり。

飯19

書翰箱の外、何か一尺五寸ばかりの板箱二ツ
鉄の輪をはめ、何品なるか更に相分り申さず、
牛の塩漬との説もこれ有り候へども、中々左
様のものとも思はれず、書翰一同江戸へ送り

新聞14

飯20一　樋1

申し候。

応接方五人之れ有り候へども、此の度は香山栄左衛門のみ始終応接いたし候。

○樋田多太郎聞書

此の度入津の異船、一昨年と覚へ候、蘭人を以って申込み之れ有る儀にて、石炭置場土地借用、并びに交易を通ずる事を願ふと、兼々御承知に候処、悉く秘密にのみ置かれ、一向御手当の儀仰せ出されも之れ無きに付き、筒井紀伊守殿より厳重御手当之れ無くては相成らざる旨、頻りに御申立てに相成り候処、更に御取用之れ無く、よふく昨暮に至り四家へ御達しに相成り、浦賀奉行へも同節御達しこれあり候、然る処又奉行秘し置き、与力へは一切通達之れ無く候、扱て当二三日に至り、追々時節にも相成り候に付き、紀伊守殿より御手当向きの御申出で候処、一切御取用之れ無き由、恐れ乍ら当時の御役人は異船の何程来たるとも、日本の鉄炮を打ち放たば、直ちに逃げ去るべき位の腹合ひなり、慨嘆にた

「再5「日」は「月」の誤字」

新聞15

へず。

樋二

蘭人東ねて申し通じ候通り、上官の名及び船の数、惣て符合せり、四月と申す処六月に相成り候儀のみ相違せり。

樋3

六月三日久里浜にて丁打之有り、与力同心一同詰め居り、八ツ時大抵打ち限り候に付き、休息致し居り候処、俄かに異船相見ゆる由にて騒ぎ立ち、いづれよりの注進と相尋ね候処、鹿島にて炮を取りに出で居り候海士、遠洋に見付け候に付き注進致し候由、右に付き取るものも取りあへず、久里浜より浦賀まで山越へにて二十町ばかり処馳せ帰り見れば、忽然と四艘の船浦賀に乗り込み控へたり、其の神速たとふるに物なし、早速役船乗り出し候処、彼の中には乗り上り候事決して無用なり、此度来船の儀は蘭人を以って通達致し置き事故、江戸にては元より承知の儀なり、爰にて彼是掛け合ひには及ばず、只入津の趣を達しくれ候様申すに付き、此方答へて、何程江戸にて御承知の事なりとも、我々は存ぜざる

「の中」は「レ中」の誤字

「海」脱字

新聞16

樋4

儀、只入津とばかり申し立て成り難し、意味
承知の上早速申し立て致すべしと云ふ、彼し
からば通辞の者登らせ申す可しといふに付き、
通辞一人当番にて中嶋三郎助参る可く候処、
奉行、香山栄左衛門へ内意も申し含め置き候
間、香山を遣はし候様差図に付き、右二人に
て応接致し申し候
香山へ内意を云ひ付け、
[illegible]平色々議論起り、甚
穴しき儀之れ有り候知、是れは仲間の事
へ毎細は申し出すといふてとゞまり候、香山
一人之れ有る候は深き由
意味有る事
異人云ふ、番船等ありて誠にうるさし、其方
にて屹度御申付け成され度し、則ち法行届き
兼ね近寄る船あらば、此方にて成敗致すべし、
此方云ふ、何を以って成敗するや、異人答へ
て、鉄炮にて制すといふ、実に不当の申し分
なり、併し乍ら此方にてもよく制して船を寄
せぬ様致す可し、其方にて近寄る事禁ずべし
と約束致し、浦賀より役船を差出し近寄る
を制し、又陸上の見物人などを制し、[illegible]当て
などは来ぬ様用心致し候、然る処、異人図に
乗り「ハッテイラ」にて自由に漕ぎあるき、

新聞17

新聞18

所々人無き所にては山際などへ上陸いたし、
久里浜へも上陸致し候由、其の土地の者ども
に承り申候。

樋5

書翰請取りの場所、久里浜と申す儀は御差図
にて相定め、四間三間の小屋上段の姿に出来、
下ノ間に畳数十畳敷きならべ、板にて囲ひ四
方金屏風を立て廻し、幕二重に張り、入口二
間程明け、上官ども上段の間迄の通り道にも
毛氈を敷きならべ候、浦賀人数備へケウエー
ル四十八挺・与力陣添二野戦筒百目二挺、是
れは下曽根金三郎持ちに候、御備へと申すは
是れ切りなり。

樋6

久里浜上陸の異人人数の繰出し、調練能く整
ひ、其の美事言語に述べ難し、一同幕内へ集
り込み、入口の前に列を一行になす、上官・
将官・副将小屋の内へ入ると、直ちに六十人
程俄かに踏み込み、上段の間へ立ち塞がる、
いづれも剱を佩び六挺仕掛の「ヒストール」
王を込め、すはと云はば切っ放し候勢にて睨
み控ゆる、下ノ間に居る応接方既に踏み倒さ

△「ヘ」は「ハ」の誤字。

20×20

るゝ程の様子、奉行見兼ね、是へ□□れと申すに付き、稍々上段の間へ上り、其の場を凌ぎ候程の事にて大いに胆を抜き申し候、中々差当て候事など出来申さず、一同無念の歯がみをなしたるのみ、是れと申すも全く公辺穏便の御沙汰厳しき故、たまたま鉄炮はあれども玉を込めず、火縄に火を付けず、大いに畏人ともに威を示され、返す返すも無念の事に候、さて香山栄左衛門書翰受取り、奉行に渡す、奉行一礼して受取り、其の儀相済み、返翰の儀は、前日掛け合ひの節蘭人を以って申し遣ずべき旨申し達し候処、彼云ふ、蘭人にて事埒明き候儀なれば、是れ迄来船を致さず、右様手遠き事にては差閊へ候間、早速返翰請け取り度よし申すに付き、此方云ふ、ケ様の儀は重き事にて評定も暇どり中々火急には出来申さず、左様なれば待ち居り申す可しと云ふ、此方云ふ、此の儀は江戸のみにては裁判相成らず、天下へ奏聞し重き御評議に相成り候事ゆへ、余程日数もかゝり候事なり、書翰

▲「下」は「子」の誤字。

新聞 19

国図

新聞 20

受取りに相成り候へば、一ト先づ出帆いたし
候様申し談じ候処、左様候はゞ先づ出帆し、
二ケ月を過ぎ又々来船致すべし、若し間に合
はず候はゞ、来年に致すべしと云ふ、類船も
中途へ残し置き候由。

随7
異人云ふ、此の度の上官は国王の命を待たず、
何事も独断にて裁判致し候程の重役なりと
ふ、又軍船の惣将は今一度軍功を立てざれば、
蒸気船の大将には成られず候。

随8
異船小縁二尺位、下の方程段々厚く相見ゆる、
鉄板小実張り、水入り候処は銅にて包む、海
深さ五尋迄は通船候由。

随9
川越（藩●）は実躰に御座候、御奉公精勤に落
度なき様にと心掛け候様子感心、去り乍ら身
上は貧乏なり、大守は幼なり、惣じての事家
老持ゆへ思ふ様には届き申さざる由。

随10
細川家本牧御固めに付き、浦賀より与力参り
候処、山際などへは竹矢来を結ひ廻し、木戸
を付け、厳重に相固め、万端行き届き候様子
に見へ申し候、評判宜しき方に御座候。

●「藩」新聞本筆者の注

四家の人数の内にて会津殊に評判宜しく、又
用立ち申す可し、井伊家は甚だ武事暗く、士
気も弱く存せられ候、此の度軍船数艘制作
の心有り候、浦賀船大工受取り、聡と軍船の
図に拵へる処、申す事なれとも、大工仕せ思ひ
付き次第に致し置き、彼等此等の詮儀もなく、
大金を費しながら心を用ひさる事同断なり、
右様の船何程これ有り候ても必ず用には相立
ち申すまじく、是れにて人才もなく、武事に
心を用ひざる事窺せられ候、十五万石榊原な
どに仰せ付けられ候方、却って宜しく存じ候
四家とは井伊・川越・会津・忍を云ふ、いつれも海岸御固めなり
風説に、此の度唐土にて明末の兵起り、韃と
取り合ひ最中の由、「イキリス」明を救って
大いに戦ふ由、「アメリカ」其の隙に日本を
手に入れんとする由。

○香山栄左衛門より聞書　このたび応接掛
六月三日渡来蒸気船二艘、「フレカト」二
艘、北亜米利加共和政治合同国の内和聖東名都
「カリホルニヤ」より船を仕立て出帆、国王

新聞22

よりの書翰一通持参、何れも、カリホルニアよ
り十四日目に当地着に相成り候よし、使節の

香2

者、年五十余、人躰よろしく、名は「マツテ

香3

ヒリ」日本の左大臣位、上官是は大将軍年五十位、
名は「フカンナン」。

香4

大蒸気船長さ三十五六間、幅八九間・車差し
渡し五間ばかり、厚さ三間ばかり、惣鉄にて
木を用いず、船鉄張りにあらず、総体ミック
にて塗る、水入ればかり金にて包む、車水入
れ四尺ばかり、水際より船縁迄高さ三間ばか
り、大炮十門・小車四輪仕掛の六十八「ボン
ド」一「カノン」筒六挺、八十四「ボンド」
一「ボンヘンカノン」四挺メ十挺なり、乗組
二百九十人なり、使節・上官・副将皆ここに
居る、別に十二「ボンド」の野戦筒仕掛二輪車六挺貯
ひね。

香5

小の方蒸気船惣鉄張り、大炮十挺・野戦筒六
挺乗組二百人。

香6

フレカット軍船とも長さ三十間ばかり、大炮
廿四挺づつ、人数三百人づつ、野戦筒六挺づつ。

ー「タ」の誤字
▲「は」の誤字
▲「世」の誤字
▲「ノ」の誤字
▲「ノ」の誤字

香7
船中昼夜となく提灯を付けヒイトロ象の角、鉄炮へは残らず玉を込め、蒸気を絶やす事なし、用心厳しく少しも怠る色なし、船中万事鳴物にて指揮す。

香8
蒸気本船の外三艘の大将は、本船の副将位の立場の者なり。

香9
蒸気船の留るには、別に穴有りて蓋をとれば蒸気是れより洩れて車廻らず、蓋をすれば蒸気車に盈ち車旋転す。

香10
蒸気船一昼夜に八百里ばかり走る、陸上を走る火輪船と云ふもの有る由、是れは一日に八百里走るといふ。

香11
久里浜にて書翰請取りの節は、彼より上陸の人数五百人ばかり一同上陸、畢つて本船より大炮十余発あり、是の礼、一同陣列正しく音楽を奏し、国王の書翰を中にはさみ守固す、ケウエール組二百八十四人、一隊四十八人づゝ六隊あり、一隊に二人づゝ指図人あり、いづれも剣を抜いて指揮す、法則よく整い居り候事、口舌に述べがたし、前代未聞の事どもなり。

新聞23

新聞24

倉12

国王の書翰二箱、いづれも三重にてネヂ鋲に
て留める、下の箱高さ五寸・横五寸・長さ一
尺二三寸ばかり、板はタガヤサン金の惣金物
封印付け候上へ金の四寸位の◯此の如き蓋を
して有り、書翰の趣一向分らず、紙包みにて封印
より此天重臣への書状あり、又彼の重官
之此有り、使節・上官・副将四人分上段の間
へ曲彔をまふく、奉行は床几に腰をかけ、対
面一切応対なし、只請取り渡しのみなり、其
の節てイボレットを付け候もの廿五人、ど
やく押込み上段の間へ上り、使節の後口へ
立ち塞がる、いづれも六挺仕掛の筒を持ち、
剱を帯す イボレツトを付け候ものは、余程宜 / きものの曲、先手ホスカン渡来の節、
大将分二人外ニ斯ス加。 / 水付きの候もの十人

倉13

イボレットは、金の抜金より房を下げかざり
候もの、両肩へ下げるなり。

倉14

ケウエル組いづれも人品宜しく、装束も立
派、冠に赤黒の玉を付ける。

倉15

車掛りの者の冠、其の外ホタン等へ車の印を
付ける、鉄炮掛りは鉄炮を付け、舟掛りは破

▲「ラ」の誤字

を付ける。
香16 琉球へも七艘掛け置き、此方出帆直ちに琉球
へ寄り、それより広東へ往き、当時イキリス
明末の兵を助けて清と取合ひあり、故にイキ
リスへ戦見舞をして帰国致すといふ（寿伯註
此の事聞き違ひと相見へ唐山より帰り来り候
はん）。
香17 アメリカ洲先年はイキリスに制せられ、イキ
リスの催促にて出陣等致し、大いに役せられ
たる故また取合ひになり、打ち勝って和を取
り結び、以来対々の国となる。是れは七十六
年前の由。
自司権　共和政治七十六年
年　号　ヤワコセ千八百五十三年の由
（ヤワコセは耶蘇降生の事に候はん、西
洋にて此の事を以って中興革命元年と致
し、当丑の年千八百五十三年に相成る、
アメリカにても是れを用ゆ）
香18 士大将以上をも上官是れを指揮す、是れも劔
を抜き指揮す、劔長さ二尺三四寸位、長きは

新聞25

新聞26

三尺位もあり。

香19
此の度の異人イキリスに比すれば温順の方なり、惣て法則の整ひ居り候事妙なり、さりながら書翰請取らざる以前は、尽く殺気立ち、色々ネヂケ言を申す、応接に甚だ難渋致し候処、受取りの後は大いに落ち付き候様子にて、格別扱ひよく相成り候、此方御備へいかにも御手薄き事故、万一事を起されては大変に候、どこがどこ迄もたらし込み、穏便専要に取扱ひ候、しかし遠からざる内又々来たる様子、此の度は如何相成り候ものか、又参るには相違なく候。

△「ことゆへ」の誤字
△「さ」の誤字

香20
異人六挺仕掛けの筒を持たざるものなし、ゲウエル銃も腰に挟みあり。

香21
此の度彼への贈りものは公辺よりにあらず、奉行よりなり、彼より贈り物あるに付き返礼に遣はす。

◎近藤良治より聞書

近1
六月三日、下田沖に異船帆影見ゆるに付き、下田八ツ時出立の注進船来たる、異船浦賀着八ツ時少々過ぎなり、下田沖より浦賀迄半時に足らずして乗り込む、海上三十六里。

近二
着船の節、佐々倉桐太郎・中嶋三郎助・近藤良治・三蔵なりも応乗りかけ候処、決して上船を許さず、国王の書翰持参致し候、其方より重官の者受取りに参り候や、また此方より参り手渡しに致す可きや、書翰受取り渡しの外、別に掛合ひ致す可き筋なしと云ふ。

近3
定例の詞にて此の地へ乗り込み候事国禁なり、長崎へ参るべき旨申し諭し候処、此の度の儀は先年蘭人を以って通達致し置き候事なり、然るを右様の事申さるゝは如何の儀ぞと云ひて、大いに腹を立て掛合ひ向き甚だ難渋いたし候。

近4
此の度の異船蘭人より通達之れ有り候儀、昨暮奉行へ内々御達しに相成り申し候、併しそれも只来夏は来るかも知らぬ位の事ゆへ、与力とても一向弁へ居り申さず候ゆへ、掛合ひの節大いに困り候事之れ有り候。

近5
書翰受取り渡し致さず候ては、国王へ復命致

新聞27

新聞28

し候事相成らずといふて、悉く必死の様子、
三度迄彼れ是れ掛合ひ候処、中々六ケしく、こ
れに依り其の趣江戸へ申上げ候、七月に江戸
より事隠便に致し、書翰請取り候様御達しに
付き、即日異船へ其の趣申し通じ候、程なく
返翰御遣はしに相成り候儀か、此方答へて云
ふ、それは急々には参り申すまじき由申し候
処、彼云ふ、左様なれは国王の書翰別に下書
あり、先づ此の度は此の下書を渡し申すべく、
いよ〳〵返翰出来の上、本書引き替へに致す
可しといふ、右種々手段を設け掛け合ひ、漸
く此の度は書翰のみ請け取り、返翰は追って
取りに参り候答に約言致し、いよ〳〵明九日
請取るべく掛け合ひにいたし候事。

近6

始終掛け合ひの節は、使節・上官の者は対面
致さず、副将の者出席致し候事。

近7

此の度返翰受取りた参り候事は、日本国王の
書翰を守固し返り候事故、少人数たては日本
を敬するに当らず、右ゆへ軍船数艘仕立て、
尚ほまた大軍船二艘程引き連れ参るべけれど

▲「旦」の誤字

新聞29

も、此の度は我が国王の書翰故、是れ程の人
数にて参り候由申し候。

近8
フレカット軍船大炮二十四門、蒸気船大炮八
挺位、各野戦筒も数挺あり、久里浜異人上陸
の時往来とも送り迎ひ致し、蒸気船へ上り
船中大躰一見致し候処、外より見候とは相違
にて、広大成るものにて一ト目には見限らず、
蒸気車輪等の仕掛、是れまた広大にて更に相
分り申さず候。

近9
書翰請取り渡し相済み候後、異人悦喜の様子
に相見へ申さず候、本船へ返り候時、送り参
り候処、直ちに酒を出し申し候、船中一見し
て暫く間取り、帰り候節、猶ほ離杯をすすめ
ると云って又酒を差出す。

近10
書翰受取りの節、何が六ケしき事も申し候
かと大いに心配いたし居り候処、何事なく安
心いたし候。

近11
右請取りの席は上段の間へ使節・上官・副将
二人〆四人、此方にては奉行二人、応接方与
力四人、通詞一人、皆是れも上段の間に上が

ツメル

読入で「申候」。

る、組頭は下の間、与力七人同断。
右五名より聞きたる処、秘に付き他見を許さず。

此の書は古賀氏（謹一郎）聞輯の由にて、
桜田様より御覧に入れ奉り候様申し来たるを
竊かに写し置きぬ、殆んど事実に近きか。甲
寅（嘉永七年）の晩夏写畢　巌雨屋主人
右は阿部氏より借用にて甲寅の季秋写す。
（進藤寿伯）菊の屋主人

広島県呉市仁方町　相原正敏氏所蔵
（昭和四十六年十二月）

新聞
30

「アメリカ使節応接始末」（始末本）（村上忠順記録集成・嘉永記　所収）

応接始末

1
嘉永六年丑六月三日未中刻、蒸気船一艘・軍船二艘迅速ニ乗込、千代崎をのりこえ観音崎あたりまでのりつけ、蒸気船二艘にて軍船引来り、其速なる事恰か如し、諸方の注進舟を遥にのりこえ不図入津ニ付、浦の騒き鼎の沸か如し

2
浦賀与力中嶋三之助・合原伊三郎当番にてのり出し蛮船近付候処、蛮船のり込候とて舟を遂に推戻し候手際、其神速自在の妙目を驚し候、扱上船をゆるさずやう懸合通詞一人応待掛り一人上船致し候、浦賀ハ夷船入津国禁也、長崎へ可参と申候処、彼ニ国禁之義元合知処也、作去浦賀へ罷通り用弁致様国王の命也、其方たりとも王命なれハいかなる国禁の場にも行申へし、臣下の身ハ王命より重きハなし、〇此方云、何用有て渡来するや、答云、夷国王今日本へ呈し候書簡を持来也、高官のもの受取ニ参候や、若此にて取上不申候ハヽ、直ニ江戸へのり込直呈にい

始末 /

たすへしと云、○○此方答云、此にて裁判致し
かたし、何レ江戸へ伺ひ命令次第取扱可申と
云、彼云、江戸へ僅に日程の往来と聞、右
返答速度に分り候様致度、本国日数かゝりつめ
答候間、此にてたゝ日を費候てハ指支候、早速
返答承度候、此方答て云、ケ様の義夫々役方
手数を経て伺ニ相成候義故、日数も懸り可申、
其内此ニ扣居候様申諭シ候処、彼云、江戸の命
令次第にて深き取扱有へし、然し五日位の事
なれハ待居可申と云り、滞船中薪水之数候て
も送可申と云へハ、彼云、万端本国にて手厚
く用意致し候へハ何も不足なし、右様の無心
ハ不致と云り、舟の大小兵器多数のり組人数
等承候処、彼云、其方にて聞候ても答なし、
又此方に申も無答也、且又商船と違ひ是ハ軍
船也、右様之事可申答なしと云り、蘭人一人
のり組、又日本語を遣候者一人乗込居、是ハあ
めりか人に相違なく之由、此ニ人にて無差支
に致通弁候、四艘共バッテイラ八艘位也、五日
にハバッテイラニ而処々漕行、江戸近辺迄測

7　8　9

量を極め、川越持場観音崎台場の図を取△、其
上に中上陸せんとす、役人立出漸々差押へ候、
是近△の異船と事変り、此方ゟ彼是と申候へハ
一向取合不申落着居り候て、是迄之異船ハ此
方へ懸合候上発砲致し候処、此度ハ左様の義
無之、暁一発四ツ時一発、夜四時一発ツヽ號
砲あり、六日夜ハ大炮連発致候、江戸表の御
内意ハ彼か気に当り候様の事有之ハ大事を招候
道理故に、とも角も穏便専要に可致候、仮令
異人上陸致し民家へ立より候共、格別の乱妨
不致候ハヽ、其儘に見措置へし、番船差出し
彼△舟を取捲なと致候ハヽ気を起し不宜、陸を
専要に守り候様御内意有之候、右様被成候
故浦賀にても尽く用心、雎船にさはる様に致
し候て、番船ハ一艘も不差出、故に浦賀合品
川近△自在に漕ありき、四家人数ハ岸上にた見物
するのみ、夜中バツテイラを舟の前後に差出△
警固をす、火攻等を恐る、故△、是迄夷船の
義ニ付てハ只上の御心配を恐れ、十分の者な
山ハ、六七分御心配に相成さる一ケ條のみ申上

改一　独下　再下　追加

大事の一ヶ條ハ不申上姿に相成居候事故、自然と上下の了簡くい違ひ居り、甚歎息の至りに候「右ハ当月六日合原氏合聞取候所也、尚又此度同氏へ問合校合仕候」

六日九半時蒸気船一艘北ノ方江戸の方へ向ケて馳出す、先へバッテイラ四艘にて測量し行川越の一手にて指留候、鎗を抜舟ふちへ顕れ、よらハ斬らんとする仕方を致し馳通り、或ハ鉄付鉄炮ニ真丸を籠め、此方舟の二三間先を頻に打おどし通り候、川越人数怒に不堪、早舟にて浦賀へ問合せ、只今のり込候處船軽侮の由致方難忍ヒ義せ、切沈め可申との事、浦賀にて御免に候へとも御内意ハ何にも穏便との義ニ有之、且又一艘切沈め候とも事ずみと申にも無之、諸家申合せ不行届疎忽に手出し致し却て異端を開候てハ恐入候間、先々穏便に被成候様との事に有之候、且諸家怒に不堪、手出を致し大事を引出し候てハ不相成候とて、役船二艘漕出し乗船の後に付警固仕候由、右役船陸上の見物人を差押へ、諸家ニ陣忽にはま手

出じ無之様制禁する為に差出し候事、夷船を
取押へ候為にあらす、右ニ付夷船へ早舟を以
只々一艘江戸海へのり込候者如何の趣にて候
哉と尋候、夷人答云、此度持参の書簡御請取
ニ不相成候節ハ、存寄通り取斗候事故、内海
測量致度、兼而差遣す所也、暁気には帰可申と
云、右留置迄測量いたし、七半時もとの所へ漕
戻し候

11

九日栗浜にて書簡請取候義、夷人へ申通置旨
日に相成、只今より参候様申通候処、早速蒸
気船二艘をわけ迅速に馳来り、岸を隔候事十
丁斗にて止候「此所深さ廿九尋位」、それよ
りバッテイラを卸二艘の蒸気船より十五艘おゝろ
し上陸了て、太鼓ほら貝・笛を鳴しねりこむ、
小屋のわきを浦賀人数にて固め、小屋の左右
を彦根・川越の人数にて固む、何レもゲヘ
ル「剣付鉄炮ノコト」、ゲヘールハ浦賀の同心斗
也、山堅くかため、彦根・川越の備へ前を歩行
き、組頭様の着剣をひらめかし差図す、浦賀
人数固めをミて夷人とも耳こすり致し、又ハ

始末ち

改一　再下　独正　追加

12

指さしなとして尽く朝弄致候様子ニ相みえ無
念無致方、又夷人調練能整候事寄へ奇し妙驚
入候、前日懸合ニハ上官共廿人斗ニて上陸之
筈候処、案に相違し多人数上陸、其上不意た
六十人斗押込、上官奉行の脇ニ立塞候、此方
何レも仰天申候、彼是制シ候ハヽ直ニ奉行膚
にならる様子故、其儘致シ置候処、先無事にて
事終り、夷人本船へ引取候処、港外軍船を引
セ、波をこえて内海へ参り本牧前にかゝる、
右之時いかなれハ約束を違へ出帆も不致、却
て内海へのり込候哉と懸念候処、異人云、此
後返簡受取参候節ハ数艘引連、大軍艦も二艘
なる事也、浦賀ハ舟かゝり不宜、依て此辺測
量致し置のり込候也、一艘ハ懸合の為此後ハ
残し置なと、不残此辺ニかゝると云、同日大
師河原へ一艘のり込、十日ニハ野辺へバッテ
イラ二艘にて漕よせ上陸し、水を汲んとす、
役人取押へ水を汲て与ふ、此時も鉄砲を抜てヒ
ストウを放ち、見物人怖れ申候
右滞船中出帆可致旨懸合候処、測量未タ行届

始末　6

改 追加
下

20×20

かず故　滞留致居候趣答によりて、勘定奉行
今内海へ滞留にて甚不穏、とかくも引戻候
様御達ニ而浦賀まで引戻候様粘々懸合候処、
漸く十日朝大津辺猿島辺金沢田迄冬ク測量ス、
十二日朝四時比蒸気船一艘にて軍艦を綱本ニ
繋き、烟筒ゟ火炎を吹出し、飛か如く出帆す、
沖より火焔炎殊ニ甚敷、迅速も亦一倍せり、見
る者驚かさるハなし
彼云、本国も急けバ八日九日にて此地ニ着
此度八十四日目ニ着致候趣、海上万五千里
通詞云、彼ら来年正月ハ此方十月十一日比ニ
当り、左れハ冬中ハ来り不申、来年二三月比
にも可有之か、合原云、彼の事あてに成事な
し、彼地ゟ廿日内にて往来致候趣なれハ、来
月にも渡来難斗、且此後ハ数艘にて来候趣申
候へハ、是又何十艘にて参り候も難斗、廟堂
の御了簡如何哉、どこまても彼か申様に御随
被成候なれハ、是迄の御手当にて宜候へ共、
御国威を大切と被思召候御了簡に候ハヽ、是
迄の姿にて八迸も不為儀にて、御台場一ヶ所

追加

始末7

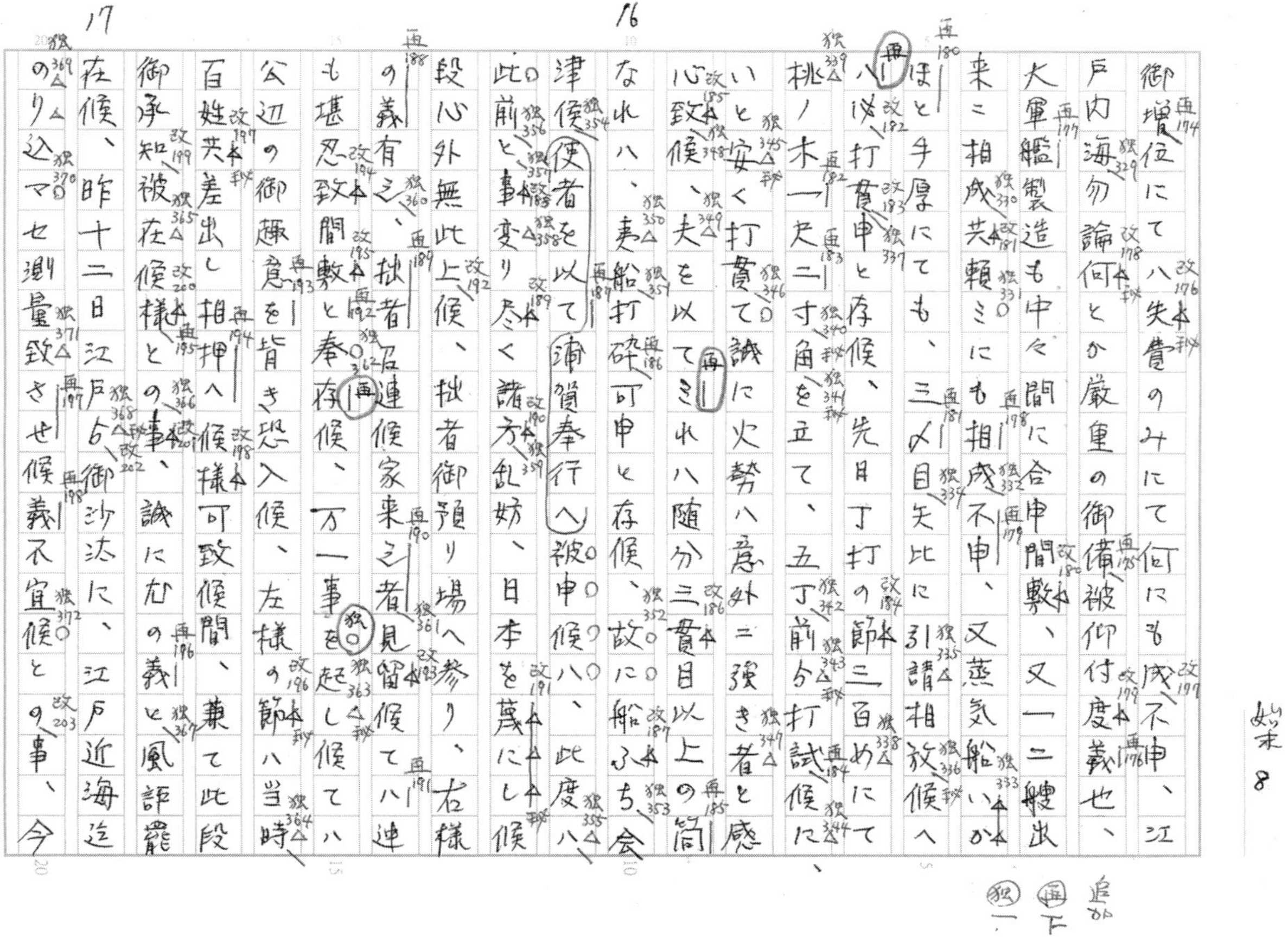

御増位にてハ先費のみにて何にも成不申、江戸内海勿論何とか厳重の御備被仰付度義也、大軍艦製造も中々間に合申間敷、又一二艘出来ニ相成共頼ミにも相成不申、又蒸気船いかほと手厚にても、三メ目矢比に引請相放候へハ必打貫申と存候、先日丁打の節三百めにて桃ノ木一尺二寸角を立て、五丁前ゟ打試候に、いと安く打貫て誠に火勢ハ意外ニ強き者と感心致候、夫を以てミれハ随分三貫目以上の筒なれハ、夷船打砕可申と存候、故に船ふち会津侯使者を以て浦賀奉行へ被申候ハ、此度ハ此前と事変り尽く諸方乱妨、日本を蔑にし候段心外無此上候、拙者御預り場へ参り、右様の義有之、拙者召連候家来之者見留候てハ連も堪忍致間敷と奉存候、万一事を起し候てハ公辺の御趣意を背き恐入候、左様の節ハ当時百姓共差出し相押へ候様可致候間、兼て此段御承知被在候様との事、誠に尤の義と風評罷在候、昨十二日江戸ゟ御沙汰に、江戸近海造のり込マセ測量致させ候義不宜候との事、今

更左様の義御さたにてハ、当惑何たも間に合
不申と存候、○夷船不残チャンにてぬり有之
候、此節の火炎にてところ居候、右ハ火の付
易き者なれハ焼討に宜キ様存候、何卒焼討の
手段工夫致度存候。右合原惣蔵より聞取申候

飯塚条蔵より聞書
蒸気船・軍船何レも鉄張りにて八無之、何か
鉄ミ之物にて塗り、其上ヘチャンを加へ候も
のゝ也、車輪ハ鉄にて造候もの也、大サ色々申
候ヘ共恐らくハ五六間斗なるへし、○バッテ
イラ四五間より十間位まて、大振のかた八七
八十人のり組候、水主廿人位ともに二尺位高
サ五寸廻り也、破石あり、測量の時ハ是を両
人にて見居り候、測量する者先に立候、文
鎖の如くなる重き細き糸を付、夫へ目をもり
置投込測り行き、糸者ありて浅深を書記す、
○本牧滞船中懸合ニ参候処、夷人云、海面水
上之内四海之内水上之義候ヘ一躰にて誰彼
の領分と申義無之、我国なとハ他より参り海
を測量いたす共陸の間ンを打とも、案内等も

始末9

独一 改一 再下 追加

致さすすこしもかまひ不申といへり
栗浜上陸之節、此方のかため全く虚飾にて実用之義無之、彼等警固にはなり不申、却て嘲を招き申候、畢竟穏便を専用ニ致すより何事も手薄になり行申候
ケベール組廿人に一人宛指揮あり、叙をぬき下知す也。隊伍行列いかにもよくといのひ、実に手足をつかふか如し、衣服ハかなきん、木綿様なるものにて、手に皮の袋を懸る

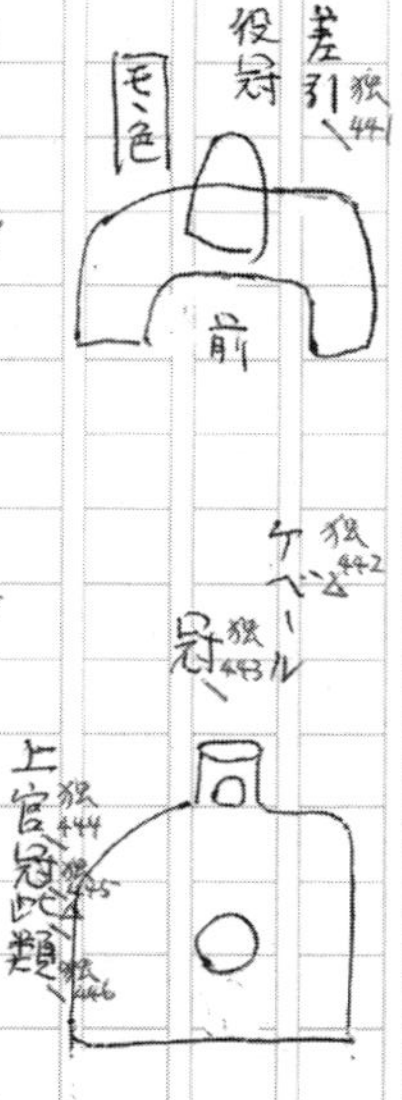

請取相済、夷人等一同喜悦の躰にきゆ、其様子ハ何か人をゆなでもかけ候とて悦ひ候様子にきゆ、上官・将官・副官将二人にて〆四人、
○請取の節何か色々しやべり候ニ付、通詞を以て申談候へハ、船中へ参り可承無答ニ致度趣申断、余程手間も取候、○返書請取にハ八月比来るへし、此方往来十五日もかゝれハ相

上図右に「手薄になり行候也」(原稿本表記)とあるが、これは飯塚第五項末の表記で、村上氏は「手薄になり行申候」とする。改稿稿本が「形容のみに相成候」なので、村上氏の翻字が正しいとすれば、狄自表記となる。

成候、もし八月間合不申候ても来年可来と云
「彼方之来年ハ此方十月十一日に当る山、扱
者考には多分直ニ引かへし来るも不可知、請
取相済候へハ翌朝直ニ出帆のかけ合ニ候処、
直に杉田沖へのりこみ当時ハ大きに聞け合薬
を箱に入水中に置と云、○琉球に一組のこし
道と云、蒸気船二艘、軍船二艘一組と云、通
詞香山草左衛門をさし、此人は鉄炮を好ミ候
人也といへハ、鉄炮かすきならハあめりかへ
来るへし、定て上手に可成、通詞答云、成程
夷ハ可成候へとも、日本鎗の術ハ又外国の
及処に非スと云、夷笑て云、日本鎗の術吏
致に恐るゝに不足、悉く打すくめ用意迄も不為
と云へり、夷船入津の節市中騒き立、荷物
等運ひ其混雑中々申斗なし、奉行申諭シハ
決而左様騒動ニ及不申、万一の事あれハ此方
合指揮致し立除せ候間、静り候様粘々相違候
へ共落付不申逃支度斗致し居、其内にハ色々
雑説流言有て、益々人気を劫し致方無之嘆息
仕候、御備の義も是迄の姿にてハ迚も致方無

11 12 13 14 15 16

始末 11

改 独 再 追加
丁 一 丁

之、此度夷船の義も将軍様御耳にハ六日に申
上候趣、かやうの大事右様遅々御耳ニ入候ハ
いか〻の義か、是又歎息、蒸気船車輪ハ糸車
の如し、中ハから二致し鉄にて造候もの也、
夷船打破りにハともの方手薄にて破れ易し、
以前ハともの方へハ合薬なと入置候、書簡
の外何か一尺五寸斗之板箱二ツ鉄の輪をはめ、
如図もの何品なるか相分り不申、牛の
塩漬との説もあり候へとも中々左様のものと
も思ハれず、書簡一同江戸へ送り申候、応接
方五人有之候へとも、此度ハ香山栄左衛門
みゆ始終応接いたし候
樋口多次郎より聞書

此度入津の異船、一昨年と覚候蘭人を以て申
上有之候義ハ、石炭置場土地拝借并交易を通
候事を願ふと云事、兼て御承知之義ニ候処、
悉く秘密に致し被成置候、一向御手当無之所不
被仰出、筒井紀伊守殿より厳重御手当無之て
ハ不相成旨、頻ニ御申立ニ相成、更ニ御取受
無之、漸々昨暮に至り、四家へ御達ニ相成浦

20×20

賀奉行にも同節御達有是候、然る処、又々奉
行秘して与力へハ一切通し不申候、抜当ニ三
月に至り、追々時節にも相成候ニ付、紀伊守
殿より御手当伺申出られ候処、御取用無之趣、
下夫当時之御役人ハ、夷船何程来る共日本の
鉄炮を出し置候ハ、直に逃返るへき位の腹合
也、概歎に不堪候、蘭人曾て通し置候通り、
上官の名・舟数都て符号、只四月と申処、六
月に相成候のみ相違候と、六月三日栗浜にて
丁打有之、与力・同心一同詰合ハツ時大伍打
切候ニ付、休息致居候処へ、俄に異船相みえ
候趣にて騒立、何より注進致候哉、右にて取物
も不取敢、栗浜より浦賀へ山越にて廿丁斗の
所馳帰りし。に、忽然四艘の舟浦賀へのりこし
扣へたり、其神速驚るに物なし、早速役船の
引出し候処、彼申には、決てのり上り候事無
用也、此度来船の義ハ蘭人より通達致置候処、
江戸にてもとより承知の義也、此にて彼是欠
合候にハ不及、只入津の趣を達し呉候様申候。
ニ付、此方答云。江戸にて承知にても於ハ不

2 3

改 削除 訂正 削除 再
独 一 再 下 改 一 追加

始末 13

20×20

存候、只入津と申立なり難く候、意味承知
之上、早速申達可致候と云、彼云、然ハ通詞
之者出し可申と云ニ付、通詞一人当番中嶋三
之助可承処、奉行香山栄左衛門内意も申含置
候間、香山を遣し候様指図にて右一人応接い
たし申候

香山へ内意にて同役不平有之、議論相お
こり甚六ケ敷有之候処、これハ仲間の事
故委細ハ不申上候とて止り、香山一人に
託候ハ深き意味有之由

夷人云、番船なとありてハ実にうるさし、甚
方にて屹と被申付被成度、若制法行届かす近
よる舟あらハ、此方にて成敗致へし、此方云、
何を以て成敗するや、夷答云、鉄炮にて制す
と、実に不当の申分也、併此方にて能制して
舟をよせぬ様可致、其方にても近寄事を禁す
へしと約束を致し、浦賀より役船をさし出し
近寄舟を制し、又陸上の見物近制し、突当出ハ
来ぬ様用心致し候、然る処夷人図により、ハ
ツテイラにて自由に漕あるき、処々人なき所

始末 14

独 改 再 追加
一 丁 正

にて山陸なとへ上陸いたし候、栗浜へも上り、
候趣土地のものともより承候、書簡受取の場
所栗浜と申義ハ、御差図にて相定め、四面三
四に小屋上段之間の姿に仕出し、下の間へ畳
数十畳敷並べ、板にて囲ひ四方平屛風を立置
し幕二重はり、入口ハ二間程あり、上官ハ上
段の間を通り道に毛氈を敷申候、浦賀の人数
備ゲヘール四十挺・合原・樋口二人与力付そ
ひ山野戦筒百匁二挺、是ハ下曽根金三郎持に
て御備と申ハ是きり也、栗浜上陸の人数ハ縦
出し、調練能整ひ、其見事言語に難候、一
同幕内へ入込、入口に列を一行に立て、上官
将官・副将小屋の内へ入ると、直に六十人程
ふみこみ上の間へ立塞り、何レも劔を佩し六
挺仕懸のヒストらルに玉をこみ、すゆといは
、打て放の勢にて睨き控へある、下の間にあ
る応接方、已に踏倒さるゝ程の様子、奉行見
兼是へ上れと申に付、漸々上段の間に上り其
場を凌候程の事にて、大に肝をぬかれ、中々
差留事なと出来不申、一同無念歯嚙をなした

始末15

(再)追加 下

るのみ、是と申も全公辺穏便々々との御さた
故、だまし鉄砲ハ何レ共玉を不籠火縄に火不
付、大ニ夷人に威を示され色々無念の事に候、
扱香山栄左衛門書簡受取、奉行に渡し奉行一
礼して受取其義相済、返簡の義ハ前日かけ合
の節、蘭人を以申通すへき旨申達候故、彼云、
蘭人見事埒明なれハ是迄来船も不致、右様子
にて遠き事にて八差支候間、早速返簡請取度申
ニ付、此方云、かやうの義ハ重き事にて、評
定日数懸り中々火急ニハ出来不申、左様なれ
ハ待居可申と云、此方云、此所ハ江戸のみの
裁判に不相成、天子に奏聞致し重き評議に相
成候事故、余程日数も相懸り候事也、受取に
相成候上ハ一ト先出帆致し候様に申談候処、
左候ハヽ先出帆ニ一カ月も過又々来船可致、若
間に合不申候ハヽ、来年に可致と云、類船も中
途ニ残し置様、夷人云、此度の上官ハ国王の
命を不待、何事も独断にて裁断致候程の重役
也と云、又軍船の総将軍ハ、今一度軍功を立
されハ、蒸気船の大将にハ不成趣、夷船こしべ

9 10 11 12

リ二尺位歟、下のふさ段々厚く相ミゆ、鉄板
小実にはり水入ハ銅にて包、海深サ五ひろ迄
ハ通船の趣、○川越ハ実躰に御奉公精勤落度
無様にと心懸候様子感心、乍去身ニ上貪き方
也、太守ハ劫し総ての事家老挂合ヒ同様に行
届不申候、○細川家本牧御固メにて浦賀合与
力参候処、山隙などにて竹やらひ構まハし木
戸を付、厳重に相固め、不揃行届候様子にみ
え申候、評判宜き方、○四家人数内会津殊に
評判宜し、又用ニ立可申井伊家ハ其武事惰
オコタリ士気も弱くと被存候、此度軍船数
艘製作有之処、浦賀舟大工受取、しかと軍船
の図によりて拵候と申事も無之、大工任セ思
付次第に致し置、彼所此所の評議も無之、大
金を費しなから心を用ゐざる所ヽコトヽ言語
同断也、右様の舟何程有之候共必ズ用にハ相
立申間敷、是にて人材もなく武事に心を用ゐ
さる事察せられ候、十五万石榊原なとに被仰
付才、却て宜かるへく存候、風説に此の節唐
土にて明末の足起り、清と取合最中のよし、

始末17.

図 一 追加

4　3　2　1

英吉利須の抜にて大に戦由、亜墨利加実際に
日本を手に入んとするよし
香山草左衛門より聞とり、

六月三日渡来蒸気船二艘フレカット舟二艘、
北アメリカ共和政治合衆国の内にてワシント
ン冂都ノ名山カリホルニヤより舟を仕立出帆
にて、国王より書簡ニ通持参冂箱入山、カリ
ホルニヤ出帆より十四日内に当地へ着に持来
候由、使節のものゝ年比五十余、人躰宜敷、名
ハマツテヒリ冂日本ノ右大臣位ニテ高官ノヨ
シ山、上官冂是ハ軍大将山年比五十位、名ハ
ブヤンナン、大蒸気船長サ三十五六間、幅
九間、車さしワたし五間半、厚サ三間斗、総
鉄にて木を不用、舟ハ鉄張りにあらす惣躰ミ
ツダにてぬり、水入ハ銅にて包む、平水入四
尺斗、水上三間斗、大炮十門、小車輪仕懸け
也、六十八ホンドノガノン筒六挺、八十四ホ
ンドノボンベンガノン十四挺〆て廿挺、乗
組二百九十人あり、使節上官・副将皆此に居
る、十二ホンドノ野戦筒冂ニ輪車しかけ山六

改一　追加

始末18

5 桜貯置、此方蒸気船総鉄張り、大炮六挺、野
6 戦筒六挺、乗組三百人、フレガット軍艦長サ
三十間也、大炮廿四挺、人数三百人宛、野戦
7 筒六挺つゝ、船中昼夜なく提灯を付门七イ
トロ形色々アリ」鉄炮に八玉をこめ蒸気絶る
事なし、用心厳敷、少しも怠る事なし、船中万
9 事鳴物にて指揮す、蒸気船を留るにハ別に穴
ありて蓋をとれハ蒸気これよりもれて車廻ら
10 ず、蓋をすれバ蒸気車に当りて旋転す、蒸気
船一昼夜に八百里斗走る、火輪車と云物あり
11 是ハ一日に八百里陸上を走るといへり、○九
日栗浜にて書簡受取の節、彼合上陸の人数五
百人斗一同上陸了りて、本船合大炮十餘発あ
り「是ハ短筒のよし」、一同陣列を正し音楽
を奏し、国王書簡を中に挟み守護す、ケヘー
ル組二百八十四人一隊四十八人宛六隊あり、
一隊に二人つゝ指図人あり、何レも鎗を抜指
揮す、行列能揃ひ居事口舌に述難し、前代未
聞の事也
12 国王書簡二箱何レも板三重にて封し、鉄にて

始末 19

㊣ ㊄ 追加

留る、下箱高さ六寸、横五寸、長サ三尺二三寸也。板ハタガヤサン、金の惣金ナ物封印の如、上へ金の四寸位ノ○如此蓋をして、其辺色々飾り有り、尽く立派也、書簡の趣一向不分、又彼重官合此重官へ書簡あり、紙包にて封印あり、使節上官・副将四人にて上段の間に曲禄を設くし、奉行ハ床几に腰をかけ対面、一切言対無之。、只台取渡しのみせ、其節イボレットを附け。候者廿五人、ドヤ／＼とおし込、上段の間へ登り、使節の後に立塞り、何レも六挺仕懸の筒を持、鎗を帯す「イボレットを持候者ハよほど宜しき者の由、ホイストン渡来の節、大将二人外イボレット付候人なし」、イボレットハ金の抜金より房を下げ飾り候もの、両肩へ付る也、ケベール組何レも人品宜しく装束も立派、冠に赤黒の玉を付あり、車懸り者ハ冠りの外ボタン等へ車之印を付、鉄炮懸りハ鉄炮を付、舟懸りハ碇を付る、琉球へ七艘懸け置候、此方出帆直々琉球へより、それより広東へ行、当時いきりすより明末の

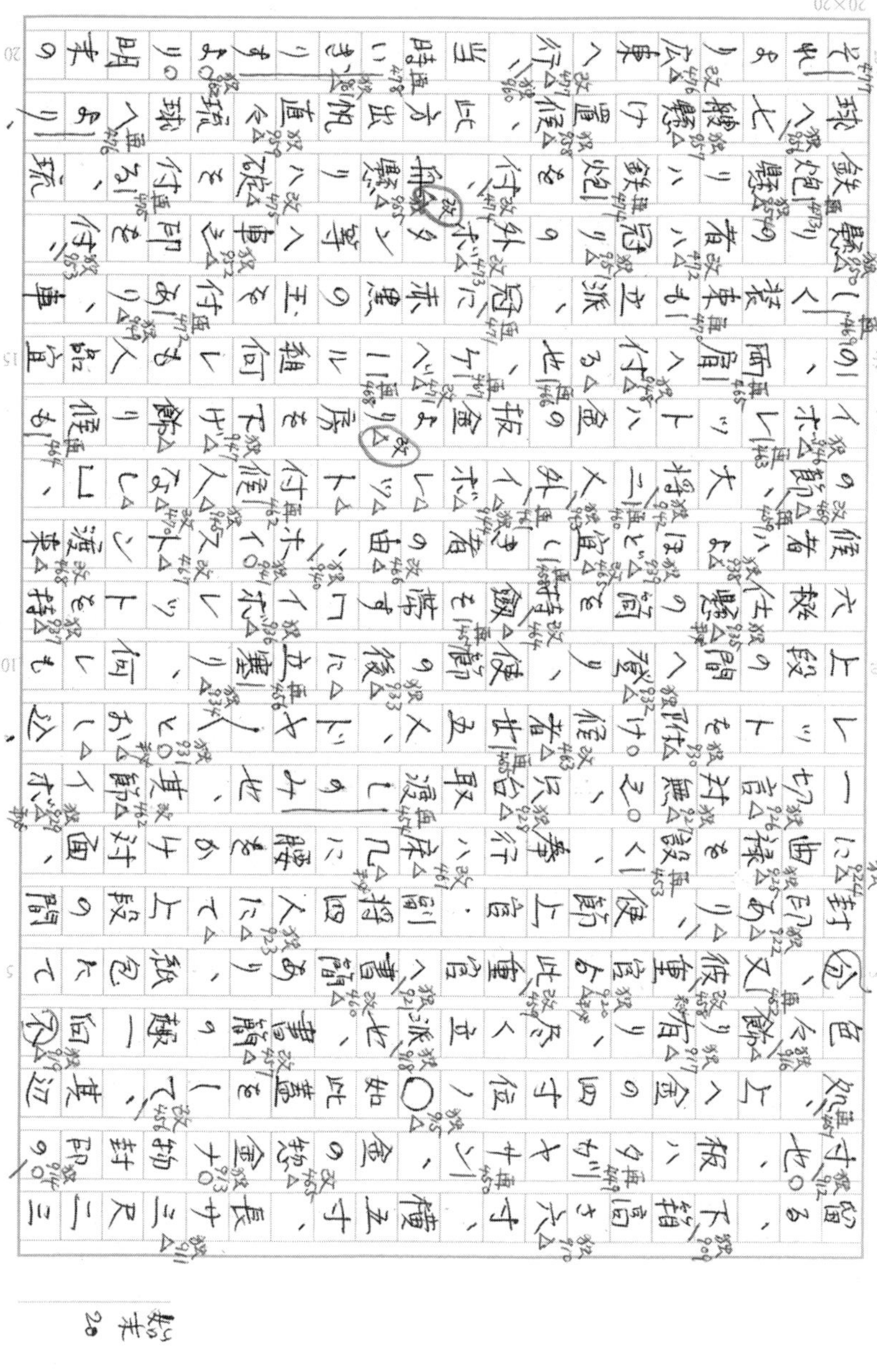

21　20　19　18　17

兵を助け、清と取合あり、故にいきりすへ軍
見舞して帰国致すと云、阿米利加洲先年ハイ
キリスに制せられいきりすの従僕にて出陣等
致し、大に役せらる故、又取合となり打勝、
和平取結已来別の国となる、是ハ七十六年暮
の事の由自司ノ権　共和政治七十六年と書
　年号ヤフロセ千八百五十三年之
士大将已上も上官是を指揮す、是も剱を抜て取
指揮す、剱長サ三尺三四寸、長きハ三尺一四
カ山館も有之、此度の異人いきりすに比すれ
ハ温順の方也、総て法列の整居候事妙也、㊒
書簡不受取前に尽く殺気立、色々恥ぢけし
言を申、応接甚難渋致し候処、受取候後ハ大
ニ落付候様子ニて格別能相成候、此方御備ハ
かゝるに薄故、万一事起れハ大変の事故、とゞ
こまでもだましこみ穏便専要に取扱以致し、
不遠内又来船の様子、此後ハいかなるや何れ
まゐるに相違無之候、夷人六挺仕懸の筒を持
さる者無之、ゲベール組も脇に挟み有、此度
彼へ贈り物ハ公辺よりにはあらず奉行より也

㊞追加　一

始末21

彼より贈り物有之に付返乱に遣す也、
近藤良次より聞書「原書ノマヽ也、六月三日記」
六月三日下田沖へ異船帆影みえ候ニ付、下田
八ツ時出立の注進舟来る、異舟浦賀へ着、八
ツ時少し過也、下田沖より浦賀まて半時に不
足来る、海上卅六里、着船の節佐々倉相太
郎・中嶋三之助、近藤良次「三人ともに応接
方」集附候、決而上船を不許、国王の書簡持
参致候、其方より重役の者受取に参り候哉、
又此方より手渡し可致や、書簡受取いたし候
外、別に取合可致筋無之と云、定例の詞にて
此地へのり込候事国禁也、長崎へ参へしと申
伝候処、此度之義先年蘭人を以通達致置候事
也、然を左様の事を申候ハいかゝの義など云
て、大に腹を立懸合向甚難渋仕候、此度之奏
船蘭人より通達有之候処、昨年晩レ奉行へ内
々達しに相成候由、夫も只来る、度々来るか
も不知位の事故、与力も一向弁へ居不申候、
懸合の節大ニ困り候事有之候、書簡受取渡不
致候て八、国命「王」に復命致候事不相成と

始末　22

云て巳に必死の様子、三度迄彼是懸合候処、
中々六ケ敷、依而其趣江戸へ申上候、七日に
江戸ゟ事穏便に可致書簡受取候様御達に付、
則其の趣意異船へ申通候、無程返簡御遣しに
相成候、此方答云、夫ハ急ニハ出来申間敷由
申候処、彼云、左様なれハ国王の書簡別に下
書あり、先此度ハ此下書を渡し可申、弥返答
出来候て本書引替に致へしと云、右様の手段
を設て懸合、漸々此度ハ書簡文のみ受取、返
簡ハ追而取ニ参候答ニ約言致し、弥明九日可
受取振合に致候、始終かけ合之節、使節上官
のものとも対面不致候、副将とも出度致候、
此後返簡受取ニ参候節ハ日本王の書簡を専固
之書ク故、少人数にてハ日本を象するに当今
ず、故に軍艦数艘仕立、尚更大軍艦二艘程引
つれ可参、此度ハ我国王の書簡故、只是程の
人数にて参候由、フレガット軍艦人数に大炮
挺四門・蒸気船大炮八挺位、各野戦筒も数挺
あり、栗浜上陸の時往来も送り迎致し、蒸気
船へ上り船中一見致候、外ゟ見ると相違にて

始末 23

再 独 追加　改 削除

広大なるものにて、一目には見限られ不申、蒸気船車輪等之仕懸、是又広大にて、更に相分り不申候、書簡受取渡シ相済候、宅人書性之様子に相ミえ申候、掬へ返り候時送り参り候所、直ニ遁を出し、船中ニ暫時今聞取り、返り候節も、離木を動めるとて通を出候、書簡受取節、何か天今数事申候かと、大ニ心配致居候処、何事も無之、安心致候

讀此録而不慷慨痛哭者、其人必非志士、讀此録而不皆裂髪竪者、其人必非壯士、讀此録而不以身殉家國天下者、其人必非烈士、吾今得志士壯士烈士而哭、泄胸中之不平敵

平大星跋

「合原伊三郎ヨリ聞書略他」（雑集本）（鈴木大雑集第四　所収）

合原伊三郎ヨリ聞書略

四艘共ハツテヒラ八艘位アリ　五日ニ八ハツテヒラニテ處々漕行キ江戸近ク迄測量ヲ究メ川越持場観音崎臺場ノ圖ヲ取其上ニ上陸ナサントス役人立出ヨウヽニ差押ヘ候是迄ノ異船ト事變リ此方ヨリ彼是申候ニハ一向取合申サス落ツキ居リ候テ盡ク地ニアカルク算定候義ト相見候

○六日九ツ半時蒸氣船一艘外小ノ江戸ノ方へ向テ駛出ス先ヘハツテヒラ四艘ニテ測量シユク川越ノ一手ニテ指置候處劔ヲ抜舟ブチニ顯レヨラハ斬ントスル仕方ヲ致シ駛過リ或劔付鉄炮ニ眞丸ヲコメ此方舟ノ二三間先ヲシキリニ打ヲトシ通リ候川越人數怒ニ堪ヘズ早舟ヲ以テ浦賀へ問合セ只今乗込候異船輕侮ノ致シ方忍ヒ難キ義ナリ切シツメ申スベシトヿ浦賀ニテ御尤ニ候ヘ庄御内意ハ何ニモ穏便ノ義ニコレ有且又一艘切沈メ候トモ事濟候ト申ニモコレナク諸家行屆ス跡忽手出致シ却テ兵端ヲ開キ候テハ恐入候間先々穏便成サレ候樣ト

雑集 1

ノヿ有之候且諸家怒ニ堪ヘス手出シ致シ大事
ヲ引出シ候テハ不相成トテ役船二艘ヲ指出シ
異船ノアトヘ付警固イタシ候右役船ハ陸上ノ
見物人ヲ持押ヘ諸家ニテ疎忽ニ手出シコレナ
キ様制禁スル為ニ指出シ候ヿ異船ヲ取押ル為
ニ非ス右ニ付異船ヘ早船ヲ以テ今只一艘江戸
海ヘ乗込候ハ如何ノ趣意ニ候ヤト相尋候異人
答曰此度持参ノ書翰御受取ニ不相成節存意通
リ取計候ヿ故内海測量イタシ度ワザ〳〵指遣
ス所ナリ尤晩景ニ返リ申スヘシト云右船富岡
ニテ測量イタシ七ツ半過元ノ處ヘ漕戻シ候
○九日栗濱ニテ書翰請取ノ義異人ヘ申通シ置
キ當日ニ相成リ只今ヨリ参リ候様申通候處早
速蒸氣船二艘波ヲ分ケ迅速ニ馳來リ岸ヲ隔ル
ヿ拾丁計ニテ止マル此所深サ夫ヨリハツテヒ
ラ二艘ノ蒸氣船ヨリ十五艘卸シ上陸終テ大鼓
ホラ貝笛ヲ鳴ラシ繰コム小屋脇ヲ浦賀人數ニ
テ固メル小屋ノ左右ヲ彦根川越ノ人數ニテ固
ム何モゲベル鉄炮剣付ニテ緊ク固メ彦根川越備ノ
前ヲ歩キ組頭様ノ者剣ヲヒラメカシ指圖又浦

賀人數固ヲ見テ異人モ耳コスリニ致或ハ指サシナトシテ盡ク嘲弄イタシ候様子ニ相見ヘ無念イハン方ナシ又異人調練ノ能整候ヿ奇妙驚入候前日掛合ニハ上官共ニ十人程ニテ上陸ノ筈ニ候處案ニ相違シ多人數上陸其上ニ不意ニ六十人計押込上官奉行ノ脇ニ立塞リ此方何レモ仰天ナリ彼是製候ハヽ直ニ奉行虜ニナル様子故其マヽニ致置處先無事ニテ事濟ミ異人ツハラテ本船ヘ引下リ浦賀ニ向テ馳軍船ト申合一同出帆ノ義ト心得居リ候處案外軍船ヲ引連波ヲケタテヽ内海ヘ乗入本牧ノ前ヘカヽル右ニ付如何ナレハ約定ヲタガヘ出帆モ不致返テ内海ヘ乗込候ヤト掛合候處異人ノ此後返翰受取リニ參候節ハ數艘引連レ大軍船ニ艘參リ候ヿナリ浦賀ハ舟掛リ場宜シカラズ依テ此邊測量イタシ置キ乗込候也右一艘ハ掛合ノ爲メ此度ハ殘シ置アト殘不此邊ニカヽルト云リ同日ニ大師河原ヘ一艘ノリ込十二日ニハ野島ヘハツテイラ二艘ニテユキヨセ上陸水ヲ汲ントス役人取押ヘ水ヲ汲テ與フ此時モ劍ヲ抜テヒスト

制カ

雑集 3.

12. 13 14 15

ウヲ敀チ見物人ヲ悩シ申候右滞船中出帆可致
ム子掛合候處測量未ダ行トヽカズ故ニ滞留致
居候由答フニ依テ勘定奉行ヨリ内海入滞留ニ
テ甚不穏兎モ角モ引戻シ候様御達ニ付浦賀マ
テ引戻候様精々掛合候處ヨウ〳〵十日朝大津
マテ猿島近邉金澤迄盡ク測量ス
〇十二日朝四ツ時比蒸氣艘ニテ車船ヲ綱本ニ
テ繋キ烟筒ヨリ火炎ヲ吹出シ飛カ如ク出帆セ
此間脱字アラン
ミミミ沖ヨリ火焰コトニ甚ク迅疾亦倍セリ見
ル者驚カサルハナシ
〇彼云本國ヨリ急ケハ八日九日ニテ此地ヘ着
此度ハ十四日ニ致候ヨシ海上一萬五千里
〇通詞申候ニハ彼カ來明年正月ハ此方ノ十月
十一月ノ比ニ當ルト左スレハ冬中ハ來リ不申來
年二三月ノ比ニモ可有之歟合原云彼申事アテ
ニ成候ヿモナシ彼地ヨリ廿日内ニテ往來致候
由ナレハ來月ニモ渡來難計且此後ハ數艘ニテ
來候ヨシ申候ヘハ是亦何十艘ニテ參候モ難計
廟堂ノ御了簡如何ニ候ヤトコヽマテ彼カ申處
ニ御隨被成候ナレハ是マテノ御手當ニテ宜シ

雑集4

16

ク候ヘ尼御國威ヲ大切ニ被思召候御了簡ニ候
ヘハ是マテノ姿ニテハ迚モ参ラサル義ニテ此
上御台場一ニケ所御壇位ニテハ失費ノミニテ
何ニモ成不申江戸内海ハ勿論何トカ厳重ノ御
備被仰付タキ義ナリ大軍船製造モ中々間ニ合
申間シク又一二艘出来ニ相成候尼頼ニモ相成
申サス又蒸氣船如何程手厚ニテモ三貫目位ノ
筒矢比ニ引受相放チ候ヘハ必ス打貫ケ申ス
ト存候先日丁打ノ節三百目ニテモミノ木一
尺ニ寸ノカク木ヲ立テ五丁手前ヨリ打試候ニ
イトヤスク打貫申候誠ニ火勢ハ意外ニ強キ者
ト感心イタシ候ソレヲ以テミレハ随分三貫目
以上之筒ナレハ異船打砕可申ト存候船ブチノ
厚サ大圖一尺六寸ニ相見申候
○會津侯ヨリ浦賀奉行ヘ使者ヲ以テ此度ノ異
人前ニ渡来ノ砌トハ一変リ盡ク諸方ニテ乱妨
日本ヲ蔑ニシ候段心外無此上存候拙者御預り
場ヘ参り右様ノ義有之拙者召連レ候家来ノ者
尼見留候テハ迚モ堪忍イタス間敷クト存候萬
一事ヲ起シ候テハ公邊ノ御趣意ニモソムキ恐

雑集5

入候左様ノ節ハ當所ノ百姓尼差出シ相押ヘ候
様可致間兼テ此段御承知被下候ヤうトノ御ヿ
誠ニ御尤ノ義上統風評罷在候
○昨十一日江戸ヨリノ御沙汰ニ江戸近海迄乗
込セ測量イタサセ候不宜トノコト今更左様ノ
義御沙汰ニテハ當惑何ニモ間ニ合不申ト存候
○異船ハ不残チヤンニテヌリ有之候今節ノ炎
天ニテトロケ居候右ハ火ノ付易キモノナレハ
焼討宜ク候様存候何卒焼打ノ手段工夫致度候
右合原伊三郎ヨリ聞書
飯塚久米三郎ヨリ聞書 合原ト符合シ處ハ悉ク相違ノ ル
蒸氣船軍船何レモ鉄ハリニテハ無之何カ鉄色
ノ物ニテヌリ其上チヤンヲ加ヘ候モノ也車輪
ハ鉄ニテ造候物也大サ色〻申セ共恐ラクハ五
六間ナルベシ
ハツテイラ四五間ヨリ十間位マテ大振ノ方ヘ
ハ七八十人乗組ミ水手二十人位ト尼ニ二尺位
ニ高サ五寸廻リノ儀尺也測量ノ時ハ是ヲ兩人
ニテ見合候測量スル者ハ先ヘ立文鎮之如クナ
ル金ヘ細キ糸ヲ付ソレく目ヲモリ置投込ミ

ト一統カ

雑集6

20×20

雑集7

3

測リ量ヲ測リ行キ勝ニ筆者有テ深淺ヲ書記ス
○川越持籠ケ崎ヘ上陸相違無ク候様々制シ留
メ候

4

○本牧滞船中掛合ニ参リ候處異人云四海ノ内
水上ノ義ハ一体ニテ誰彼ノ領分ト申義ナシ我
國ナトハ他ヨリ参リ海ヲ測量イタス共陸ノ間
ヲ打共窄内コソ致サ子共少モ構ヘ不申ト云リ

近藤6

○始終掛合ノ節上官ノ者ハ對面致サス副将者
出席致候事

近藤7

○此後返簡受取リニ参候時ハ日本王ノ書簡ヲ
守固シ返リ候フ故少人數ニテハ日本ヲ敬スル
ニ當ラス右故軍船數艘仕立尚更大軍艦二艘程
引連レ参ルベク此度ハ我國王ノ書簡故是程ノ
人數ニテ参リ候由申候

近藤8

○フレカット軍船大炮二十四門蒸氣船大炮ハ
挺位各野戰筒モ數挺有リ九里濱上陸ノ時往來
共送リ迎ヒ致シ蒸氣船ヘ上リ船中大体一見イ
タシ候處ソトヨリ見候トハ相違ニ而廣大ナル
モノニテ一目ニテハ見限ラレ申サス

近藤8

○蒸氣船車輪等ノ仕掛是亦廣大ニテ更ニ相分

近藤9 近藤9 近藤10

リ不申候
○書翰請トリ渡○相済候後異人悦喜ノ様子ニ相
見○申○候本舟へ帰リ候セツモ離杯ヲ勧メルトテ
酒ヲ差○出候
○送トキ送リマイリ○候處直ク酒ヲ出シ申候船
中一見暫ク手間トリ返リ○候
○書翰受取ノ節何カ六ケ敷フテモ申シ○候ヤト
大ニ心配致居○候處何事モ無ク安心イタシ候

栗濱上陸ノ節此方ノ固全ク屋飾ニテ賓用ノ義
ナ彼等へ警固ニハナリ申サス却テ嘲弄ヲ招
キ由ニ○候畢竟穩便ヲ専要ニ致候ヨリ何フモ手
薄ニ成行候十○リ○
○ケベル組廿人へ一人宛ノ○指揮アリ鉞ヲ抜キ○
下知ス隊伍行列イカニモ能整ヒ實ニ手足ヲ遣
フカ如シ見ル人感セサルハナシ
カゲベリ○物ル上○官○等○冠リ○物○恰○好○是○ニ類ス  差引服 
○衣服ハカナキン木綿様ナル物ニテ手ニメリ
ヤス處々皮ニテ作候物ヲハメル
○請取相スミ異人等一同悦喜ノ体ニ見エル○其

8 7 6 5

雑集8

雜集9

樣子ハ何ニ人ヲワナベデモヤケ候トテ悦候樣
子ニ見ユル上官將官副官將二人ニテ〆今四人
○請取ノ節何カ色々シャベリ候ニ付通詞ヲ以
テ申談ヒ候ハ船中ヘ參リ可承無言ニ致度由申
斷ル余程手間モトレ候
○返簡請取ニハ八月比來ルベシ此方往來八十
五日モカヽレハ相成候若シ八月間ニ合不申候
ハ來年來ルベシト云〔彼方來年ハ此方ノ十月／十一月比ニ當ル拙者考ニ〕
〔ハ多分直ニ返シ來／ルモ知レ不申ト存候〕
○請取相スミ候ヘハ翌朝出帆ノ掛合候所直ニ
杉田沖ヘ來込候
○當時ハ大ニ開ケ合藥ハ箱ニ入レ水中ヘヒタ
シ置ト云フ
○琉球ヘ一組殘シ置ト云蒸氣船二艘軍船二艘
之ヲ一組ト云
○通詞香山榮左衛門ヲ指シテ此人ハ鉄炮ヲ好
ミ候人也ト申候ヘハ異人鉄炮カスキナラハ亞
米利加ヘ來ルヘシ定テ上手ニナルベシ通詞答
テ成ルホト鉄炮ハ委クモアルヘク候ヘ共日本
劒槍ノ術ハ又外國ノ及フ處ニ非スト云異人笑

テ日本ノ鎗槍ノ術ハ更ニ恐ルヽニ足ラス悉ク
打スクメ用立マテニハ致サスト云リ
15 ○異船入津ノ節市中騒キ立荷物等持ハコビ其
混雑中々申スハカリナシ奉行申諭シ決シテ左
様騒動ニ及ヒ申間敷万一ノヿアレハ此方ヨリ
指揮イタシ立ノカセ候間シツマリテ居様精々
相違候ヘトモ落付不申逃支度ノミ致居其内ニ
ハ色々雑説流言アリテ益人氣ヲ動シ致方ナク
甚以嘆息致シ候
16 ○御備之義是迄ノ姿ニテハ迚モ致方ナシ此度
異船ノ義モ将軍様御耳ヘハ六日ニ申上候ヨシ
カホトノ大事右様遅ク御耳ニ入候ハ如何ノ義
カ是又嘆息
17 ○蒸氣船車輪ハ系車ノ如ク中ハカラコニ致シ
鉄ニテ造リ候物ナリ
18 ○異船ヲ破ニハトモノ方手薄シ破レ易シ以前
ハトモノ方ヘハ合薬ナト入置候
19 ○書簡ノ外何カ一尺五寸計リノ板箱二ツ鉄ノ
輪クハメ如圖ノ者何品ナルカ不分牛ノ鹽
付トノ説モ有候ヘトモ中々左様ノ物ニモ思ハ

レズ書翰一同江戸へ送リ候
〇應接方五人有之候へ共此度ハ香山榮左衛門
ノミ始終應接致シ候
樋口多三郎ヨリ聞書
今度入津之異船一昨年ト覺候蘭人ヲ以申込有
之候義ニテ石炭置場土地坪借并ニ交易ヲ通ス
ルコヲ願フト云フ〇兼テ御承知之義ニ候處盡ク
秘密ニイタシ被成置一向御手當ノ義被仰出モ
無之筒井紀伊守殿ヨリ嚴重ニ御手當無之テハ
不相成旨シキリニ御申立ニ相成候更ニ取受無
之ヨウヨウ昨暮ニ至リ四家へ御達シ相成浦賀
奉行へモ同節御達有之候處又ゾロ奉行秘シテ
與力へハ一切通達無之候扱當二三月ニ至リ追
々時節ニモ相成候ニ付紀伊殿ヨリ御手當御申
出シ之處御取用一切無之由恐ナカラ當時之御
役人ハ異船何ホト來ル日本ノ鐵炮ヲ出シ示
サハ直ニ逃返ルヘシ位ノ腹合也概歎ニ堪ヘス
〇蘭人兼テ通シ置候通リ上官ノ名船數スベテ
符合只四月ト申處六月ニ相成候義ノミ相違
〇六月三日九里八マニテ丁打有與力同心一同

雑集 11

4

詰メ△居ハツ時大抵打切り○候ニ付休息致居候處
ヘ○俄ニ異船相見エル由ニテ騒立チ△何ヨリ注進
致シ候ヨ△右ニ付トル△モノ△モトリア△ヘス九里濱
ヨリ浦賀近山越ニテ二△十△丁計リノ處馳セ歸レ
ハ忽然ト四艘舟浦賀ニ乗コシ控ヘタリ其神速
タトフルニ物ナシ早速役舟乗り出シ候處彼レ○
申ニハ決メ○乗り上リ候フ△無用也此度來船ノ義
ハ蘭人ヨリ通達イ△タシ置フ△ユヘ江戸ニテ元ヨ
リ△承知ノ義也コ△ヽ△ニテ彼是懸合候ニハ不及只
入津ノ趣ヲ達シ○呉候ヤラ△申ニ付コノ方答曰江
戸ニテ御承知ノフ△ナリ匝△我々ハ不存義只入津
ト計リ申立ナ△リ△カ△タ△ク△候意味承知之上早速申
達イ△タ△ス△ス○ヘシト云然ラハ通詞ノ者登ラセ申
ヘク ト○云ニ付通詞一人當番ニテ中島三郎介可
参處奉行香山榮左衛門ハ○内意モ申含置候間香○
山ヲ○遣○シ○候○様○ノ○差○圖○ニ○付○キ○右○一○人○ニ○テ○應○接○致
シ○申候香山ヘ内意云々○ニ付同役不平色々議論
山ノ一フ△人故ニ細ハ不申上候ト云テ止リ候
起リ甚タ六ケ敷義有之候處是ハ深キ△意味有フ△ノ由也
◎異人ハ△番船十トア△リ△テ誠ニウルサシ其方ニ
テ此ト御申付被成度モ△シ○制法行届子ハ近△ツ△ケ△

雑集口

ル△船アラハ此方ニテ成敗致○スベ△シ此方云何ヲ
以テ○成敗スルヤ異人答曰○鐵炮△ニテ制スト云眞△
ニ不届ノ申分ナリ併シナカラ此方ニテモ能制
シテ船ヲ△ヨセ△又△様致○スヘシ其方ニテモ近△ヨル
丁△ヲ禁スベ△シト約定致○シ浦賀ヨリ役舟△ヲ差出
シ近△ヨル丁△ヲ禁スベシト約束致○シ浦賀ヨリ役
船ヲ差△出シ近△ヨル船ヲ制シ又陸上ノ見物人ナ△
ト△ヲ制シ突當ナト出来△又△様用心致シ候然ル處△
異人ツ△ニ乗△リバ△ツライラニテ自由ニ漕キ○アル
キ處々△人ナキ處△ニ△テ△山ギ△ハ△杯ヘ上陸致シ九△里
濱ヘモ上陸候由ソ△ノ土地ノ者共ニ承リ申候
○書簡受取ノ○場所果△濱ト申候△ハ御指圖△ニテ相
定メ四間三間ノ小屋上段ノ間ノ姿ニ仕△来下ノ
間ヘ疊數十疊シ△キ○ナ△ラ△ベ△板ニテカ△コ△ヒ四方金
屏風ヲ立マ△ワ△シ幕二重ニ張リ○入口二△間ホト○ア
ベ△ク上官ト△モ△上段ノ間マ△テ△ノ通リ道ニ毛セ△ン△ヲ
數ナ△ラ△ヘ○候浦賀人數備ケ△ベ△ー○ル四十八挺合原
樋口二△人ノ與力付ソ△ヘ△野戰筒百目二△挺コ○レ○ハ
下曾根金三郎持ニテ御備ト申ス○ハコ△レ△キ△リ△ナ△
リ△

雜集 13

6

〇九里濵上陸ノ人數ハ練出調練能トヽノヒ其
美事言語ニ述難シ一同幕内ヘ入リ込入口ノ前
ニ列ヲ一行ニ立テ上官將官副將小屋ノ内ヘ入
ルト直クニ六十人程俄ニ踏込上段ノ間ヘ立フ
サカリ何モ敘ヲ偏シ六挺仕懸ノヒストラルニ
玉ヲコミスハト云バ切ツテ放ツ勢ニテ睨ミ控
ユル下タンノ間ニ居ル應接方既ニ蹈倒サレル
程ノ様子奉行見カ子是ヘアカレト申ニ付ヨウ
〱上段ノ間ヘアカリ其場ヲシノキ候ホトノ
ヿニテ大ニ膽ヲ抜レ中々差留ルヿナド出來申
サズ一同無念ノ齒カミヲナシタルノミ是ト申
モ全ク公邊穏便テ御沙汰嚴キ故タマ〱鉄炮
ハアレ𪜈玉ヲコメス火縄ニ火ヲ付ズ大ニ異人
共ニ威ヲ示サレ返ス〱無念ノヿ候サテ香山
榮左衛門書翰請取奉行ニ渡ス奉行一禮シテ受
取ソノ義相濟返簡ノ義ハ前日掛合ノ節蘭人ヲ
以申通スヘキ旨申達候處彼云蘭人ニテ事埒明
候ナレハ是迄來船モイタサス右様手遠キヿニ
テハ指支候間早速返簡受取度ヨシ申ニ付此方
云个様ノ義ハ重キヿニテ評定モ日數カヽリ中

雑集14

々火急ニハ出来不申左様ナレハ待チ居可申ス
云此方云此義ハ江戸ノミニテ裁判不相成　天
子ヘ奏聞致シ重キ御評義ニ相成候故ヨホト日
數モカヽリ候了ナリ書簡受取ニ相成上ハ一先
ツ出帆シ候様申談候所左候ハヽ先出帆二ケ月
モ過キ冬来船致スヘシ若シ間ニ合ス候ハヽ来
年ニ致スヘシト云由類船モ中途ヘ残シ置候由
7 ○異人云此度ノ上官ハ國王ノ命ヲ待タス何ト
モ獨断ニモ裁判致候ホドノ重役セト云又軍艦
ノ總將軍ハ今一度軍功ヲ立サレハ蒸氣ノ大将
ニハナラサルヨシ
8 ○異船コベリ二尺位カ下ノ方程段々厚ク相見
ユ鉄板小實子ハリ水入ハ銅ニテ包海深サ五ヒ
口迄ハ通船ノ由
9 ○川越實体ニ御奉公精勤落チ度ナキ様ニト心
掛候様子感心去ナカラ身上貧ノ方也太守ハ幼
也總テノ事家老持エヘ恩フ様ニハ届キ不申候
10 ○細川本牧御固メニ付浦賀ヨリ與力參リ候處
山ギハナドヘハ竹ヤラヒヲ結廻シ木戸ヲ付厳
重ニ相固メ万端行届候様子ニ見ヘ申候評判宜

雑集15

キ方

11 ○四家人數内會津珠ニ評判宜シク又用立申ヘ

⑵井伊家ハ甚武事惰リ士氣モ弱ク被存候此度

軍船數艘製作有之候處浦賀船大工受トリシカ

ト軍船ノ圖ニヨリ拵ルト申コモナク大工マカ

セ思ヒ付次第ニ致置キ彼所此所ノ詮義モナク

大金ヲ費シナカラ心ヲ用ヒサルコ言語同斷ナ

リ右様ノ船何ホト有之候トモ必用ニハ相立申

間敷コレニテ人才モナク武事ニ心ヲ用サルコ

察セラレ候十五万石榊原ナトニ被仰付方反テ

ヨロシカルヘク存候

12 ○風説ニ此節唐土ニテ明末ノ兵起リ清ト取合

最中ノ由英吉利明ノ拔ニテ大ニ戰フ由アメリ

カ其隙ニ日本ヲ手ニ入レントスル由

樋口氏ヨリノ聞書ノ終

香山榮左衛門ヨリ聞書　此度應接掛

1 六月三日渡來蒸氣船二艘フレカツト二艘此ア

メリカ共和政治合衆國ノ内ワシントンカリ

ホルニヤヨリ船ヲ仕立出帆ニテ國王ヨリ書簡

二通掛合人也カリホルニヤ出帆ヨリ十四日

目ニ當地着ニ相成候ヨシ
○使節之着年五十餘人体ヨロシク名ハマツテ
ヒリ組テ本高官左大臣位由
○上官是ハ大將軍年五十位名ハブカンナン
○大蒸氣船長サ三十五六間幅八九間車サシ渡
シ五間バカリ厚サ三間計リ總鉄ニソ木ヲ用ヒ
ス船ハ鉄バリニアラズ總体ミツタニテ塗ル水
入ハカラ金ニテ包車水入四尺計水キハヨリ
船ブチマテ高サ三間計リ大炮十門小車輪仕懸
ナリ六十八ホンノカノン筒六挺八十四ホン
トノホンヘカノン四挺メテ十挺ナリ乗組二百
九十人アリ使節上官副將ミナ此ニ居ル別ニ十
ニホントノ野戰筒二仕掛輪車六挺貯置ク
○少方蒸氣船總鉄ハリ大炮十挺野戰筒六挺來
組三百人
○フレカツト軍船庇長サ三十間ナリ大炮廿四
挺ツヽ人數三百人ツヽ野戰筒六挺宛
○船中晝夜トナク提燈ヲツケヒイトロ象ノ角（ナト色々アリロ）
鉄炮ヘハ玉ヲコメ○蒸氣絶ルヿナシ用心キビシ
ク少モ惰メルヿナシ船中万事鳴物ニテ指揮ス

雑集 17

⑨

○蒸氣ヲ留ムルハ別ニ穴アリテ蓋ヲ上レハ蒸
氣コレヨリモレテ車マワラズ蓋ヲスレハ蒸氣
車ニ當リテ車旋轉ス
○蒸氣船一晝夜八百里計リ走ル火輪車ト云者
アルヨシ是ハ百八里陸上ヲ走ルト云リ
○九日粟濱ニテ書翰受取ノ節彼ヨリ上陸ノ人
數五百人計リ一同上陸畢リテ本舟ヨリ大炮十
余發アノ一同陣列ヲ正シ音樂ヲ奏シ國
王ノ書翰ヲ中ニハサミ守固スゲヘしル組二百
八十四人一隊四十八人宛六隊アリ一隊ニ二人
宛指圖ノ人アリ何モ剣ヲ拔テ指揮ス法則能ソ
ロヒ居候ヿ口舌ニ述カタシ前代未聞ノヿ共ナ
リ
○國王ノ書翰二タ箱何レモ振三重ニテ子ゲ鉄
ニテ留ル下タノ箱高サ五寸横五寸長サ一尺三
寸計振ハタガヤサン金ノ總金物封印ツキ候處
上ヘ金ノ四寸位ノ○如此蓋ヲシテ其邊色ミ
カサリアリ叁立派ノモノ也書簡ノ趣一向分ラ
ス又彼重官ヨリ此方重上官ヘ書帖アリ紙包ニ
テ封印有之使節上官副将四人分上段ノ間ヘ由

雑集 18

ニクヲ設ク奉行ハ床几ニ腰ヲカケ對面一切之
對ナシ只請取渡シノミナリ候節イボレットヲ
付候モノ廿五人トロノ押込上段ノ間ヘ上リ
使節ノウシロヘ立塞ル何モ穴掛仕懸ノ筒ヲ持
チ劍ヲ帶ス　イサレツト付候着ハ余ホトヨロシ　キ着ノ外國イ○ン先年ボストン渡来ノセユ
オワツレツト付候着ナリシ　大將分ニ人ヨリノ外
○イボレットハ金ノ板金ヨリフサヲサゲカサ
リ候モノ両肩ヘ下ルナリ
○ケヘール組何レモ人品宜敷装束モ立派冠ニ
赤黒ノ玉ヲ付ケアル車カヽリノ者ハ冠リノ外
ボタン等ヘ車ノ即ヲ付タリ鉄炮掛リハ鉄炮ヲ
付舟カヽリハイカリヲ付ル
○琉球モ七艘カケ置ク此方出帆直ニ琉球ヘヨ
リソレヨリ廣東ヘ往キ當時イキリス明朱ノ兵
ヲ助ケ清ト取合アリ故ニイキリスヘ軍見舞ヲ
ミ歸國イタスト云リ
○アメリカ洲先年ハイキリスニ制セラレイキ
リスノ催促ニテ出陣等致シ大ニ役セラレ故又
取合ニナリ打勝チ和平取結ビ以来對々ノ國ト
ナリ是ハ七十六年前ノヿノ由自司ノ推
共

雑集19

致詔七十六年ト書　年號ヤツロ也牛八百五
十二年ノヨ△ミ△
○士大將以上ヲモ上宜是ヲ指揮ス是モ劍ヲ拔
キ○指揮ス劍ノ○長サ二△尺三四寸位長キハ三尺位
モ下リ
○此度ノ要人イ△キ△リ△ス△ニ比スレハ遲順ノ方○ナ
リ總△テ法則ノ整ヒ○居候△コ△妙也△ケカラ書簡受
取中此前ハ尽リ殺氣立今○色々子△今△午シ言ヲ申
シ○候樣甚タ○難澁イ△タ△シ候處受取候後ハ大ニ落
付候樣子ニテ別テ服ヒヨク相成候△此方守△備△如
何△ニモ手薄キ故万一事ヲ起サレテハ大變ニ候
テ△筈ド△コ迄モダマシコ△ミ○穩便專要取報ヒ○候ヨ○
シ○シ△カ△シ△不遠内マ△タ△來船ノ樣子此候ハ如何相
成候モ△ノ△カ△ド△ノ遣ルニ○相違ナク△候
○要人六取仕掛ノ間ヲ持タサル者ナシケベ△ー○
ル組モ腰ニハサミヤリ
○此度彼ヘノ贈リ○物ハ公邊ヨリニ非ス奉行ヨ
リナ△リ△彼ヨリ贈リ○モ△ノ△有ニ付返禮ニ遣ス
香○山○紫○右○衛○門○聞○書○終○
近藤良治ヨリ聞書

雑傳 20

1
○六月三日下田沖へ異船帆カケ見エルニ付下田八ツ時出立ノ注進舟来異船浦賀着八ツ少シ過ニ下田沖ヨリ浦賀迄半時ニタラスシテ乗込
△○海上三十六里

2
○着船ノ節佐々倉桐太郎中島三郎介近藤良治三人應接共ニ乗付候處決テ上船ヲ許サス國王ノ書翰持参致候其方ヨリ重官ノ者受取リニ参リ候ヤ此方ヨリ参リテ手渡シ致スベキヤ書簡受取渡シノ外ニ掛合可致筋ナシト云

3
○定例ノ詞ニテ此地ヘ乗込候ヿ國禁也長崎ヘ参ルベキ旨申諭シ候處此度ノ義先年蘭人ヲ以通達イタシ置候トナリ然ルヲ右様ノヿ申サレ候ハ如何ノ義ゾト云テ大ニ腹ヲ立チ掛合甚タ難渋イタシ候

4
○此度ノ異國船蘭人ヨリ通達有之候義昨暮奉行ヘ内々御達ニ相成候由シカシカ夫モ只来夏ハ来ルカモ知レヌ位ノ故與力共一向辨ヘ居不申候掛合ノ節大ニ困リ候ヿ有之候

5
○書簡受取渡不致候テハ國王ヘ復命致シ候ヿ不相成ト云テ尽ク必死ノ様子三度迄彼是掛合

雑集
21

候處中々六ケ三△ク△依テ其趣江戸へ申上ル七日
ニ○江戸ヨリ事穏便ニイ△タ△シ書簡受トリ△候様御
違△ニ付即日異船へ申通シ○候○様ナク返簡御遣ニ△
相△成候△義カ此方答曰○夫ハ火急ニハ○出來申マシ△
ク△〈申候處彼云左様ナレハ國王ノ書簡別ニ下書
アリ先ツ此度ハコ○ノ○下書ヲ渡シ申べ△シイ△ヨ△〈
〈△返簡出來ノ上本書引違△ニ可致ト云右種々手
段ヲ設ケ掛合ヨ△ラ△〈△此度ハ書簡ノ△ミ△受取返
簡ハ追テ取ニ參候筈ニ約言△致彌△明九日受ヘキ△
振合ニ致候

「灰原某ヨリ聞書他」（片葉本）

（「草能片葉」第十四冊所収　静嘉堂文庫　所蔵）

灰原某ヨリ聞書

1. 嘉永六年丑六月三日未中刻蒸気船二艘軍船二艘迅速ニ乗込千代ケ崎ヲ乗越観音崎アタリ迄乗付蒸気船二艘ニテ軍船ヲ引来ル其速ナル事飛カ如シ諸方注進舟ヲ遥ニ乗越不図入津ニ付浦賀中ノ騒キ鼎ノワクカゴトシ

2 浦賀与力中嶋三郎助合原三郎当番ニ付乗出シ異船ヘ近付候トコロ異船乗込候迚船ヲ逆ニ繰戻シ候争際甚神速自在ノ妙自ヲ驚ミ候扱上船ヲ許サズヨウ〳〵掛合通詞一人応接掛リ一人上船致シ浦賀ハ異船入津国禁ナリ長崎ヘ参ルヘキ旨申候処彼云国禁ノ義ハ本ヨリ知ル処ナリ去ナカラ浦賀ヘ罷越シ用弁イタシ候ヨフ国王ノ命ナリ其方タリ臣王命ナレハイカナル国禁ノ場ヘモ行申スヘシ臣下ノ身ハ国命ヨリオモキモノナシ此方云何用アリテ渡来スルヤ答テ曰此度出船ノ義ハ我国王ヨリ日本ヘ呈シ候書簡ヲ持来ル也高官ノ者受取ニ参リ候ヤ若コヽニテ取上申サズ候ハヾ直ニ江戸ヘ乗込直呈致スベシト云此方答云此ニテ裁判致シガタシ

片葉 1

片茎　2

何レ江戸ヘ伺ヒ命令次第取扱ヒ申ヘシト云彼云江戸ヘハ僅半日ホドノ往来トキク右ノ返答遅ニ及候ヤア致シ度本国出帆日数割ツメ参候アヒダ長ニテ空ク日ヲ費シ候テハ指支候早速返答承リ度此方答云ケ様ノ義ハソレ〳〵程方ノ手ヲヘテ伺ニ相ナリ候義故時数モカヽリ可申候ソノ内コヽニ控ヘ居候ヤア申諭シ候処彼云江戸ノ命令次第ニテ譯所存有ヘシシカシ五日位ノヿナレハ待居申スベシト云リ

漂船中薪水乏ク候ヘバ送リ申スヘク候ト申候ヘバ彼云万端本国ニテ手厚ク用意致シ候ヘハ何モ不足ナシ右様ノ無心ハ致サズト云リ

船ノ大小兵器員数乗組人数等承リ候処彼云其方ニテ聞候テモ何ノ益ナシ又此方ニテ申モ無益ナリ且又商船ト違ヒ是ハ軍船ナリ右様ノ事申ヘキ筈ナシト云リ

蘭人一人乗組又日本語ヲ遣ヒ候者一人乗込居リ候ニ相違ナク見ヘ故此二人ニテ無差支通弁致シ候

四艘尤バッテイラ八艘位アリ五日ニハ小ツテ

7　(8)

イラニテ処々漕行キ江戸近クマテ測量ヲ究メ
川越持場観音崎台場ノ図ヲ取其上ニ上陸ナサ
ントス役人立出ヨウ〳〵ニ差押ヘ候是迄ノ異
船ト事変リ此方ヨリ彼是申候ニハ一向取合申
サズ落ツキ居リ候テ尽ク地ニアカルノ算定居
候義ト相見候
是迄ノ異船ハ此方ヘ掛合ノ上発砲致シ候処此
度ハ左様ノ義コレナク暁一発四時一発夜四時
比一発宛号砲アリ六日朝ニハ大炮連発致シ候
江戸并ニ御内意ニハ彼カ気ニ中リ候ヤフノ一
有ハ大事ヲ招ク道理ユヘニ兎モ角モ穏便専要
ニイタスヘシ仮令異人上陸イタシ民家ヘ立ヨ
リ候圧格別ノ乱妨イタサス候ハヾ其マヽニ見
ステオクヘシ番船サシ出シ彼ノフ子ヲ取マキ
ナト致シ候テハ却テ気ヲ起シ宜シカラズ陸ヲ
専要ニ守リ候ヤフ御内意有之候右ヤフ憂ヒラ
レ候故浦賀ニテモ尽ク用心ハレ物ニサワルヤ
フニ致シ候テ番船ハ一艘モサシ出サス故ニ浦
賀ヨリ品川マテ自在ニ漕アルキ四家人数ハ岸
上ニテ見物スルノミ夜中ハバツテイラヲ船ノ

庁葉 3

前後ニ指タシ警固ス火攻等ヲ恐ルヽ故欤是迄異船ノ義ニ付テハ只ヽ上ノ御心配ヲ恐レ十分ノ者ナレハ六七分御心配ニ相ナラサルケ条ノミ申上大事ノケ条ハ不申上姿ニ相ナリ居候了故自然上下ノ了簡喰違ヒ居リ甚嘆息ノ至リニ候

右ハ当月六日灰原氏ヨリ聞ケル所尚又此度同氏へ問合校正ス

六日九ツ半時蒸気船一艘冰ノ江戸ノ方へ向テ馳出ス先ヘハツテイラ四艘ニテ測量シ行川越ノ一手ニテ指留候所飯ヲ抜舟ブチニ顕レヨラバ斬ントスル仕方ヲ致シ馳通リ或ハ飯付鉄炮ニ直丸ヲコメ此方舟ノ二三間先ヲミキリニ打ヲドシ通リ候川越人数怒ニ堪ズ早舟ヲ以テ浦賀へ問合セ只今乗込候異船軽侮ノ致シ方忍ヒ難キ義ナリ切鎮メ申ヘシトノ了浦賀ニテ御尤ニ候ヘ圧御内意ハ何レニモ穏便トノ義ニコレアリ且又彼一艘切沈候圧事済候ト申ニモコレナク諸家申合モ行届ス踈忽ニ手出致シ却テ兵端ヲ開キ候テハ恐入候間先ヽ穏便ニナサレ候

斤葉4

(11) 10

ヤフトノ丁ニ有之候且諸家怒ニ堪ス手出シ致
シ大事ヲ引出シ候テハ不相成トテ役船二艘ヲ
サシ出シ異船ノアトヘ付警固致シ候右役船ハ
陸上ノ見物人ヲ指押ヘ諸家ニテ蹤忽ニ手出シ
コレナキヤフ制禁スル為ニ指イタシ候丁異船
ヲ取押ル為ニ非ズ右ニ付異船ヘ早船ヲ以テ只
今一艘江戸海ヘ乗込候ハ如何ノ趣意ニ候ヤト
相タツ子候処異人答曰此度持参ノ昼簡御受取
ニ不相成節存意通リ取計候丁故内海測量イタ
シ度ワザ〳〵指ツカワス所ナリ尤晩景ニハ返
リ申ヘシト云右船富岡マテ測量イタシ七ツ半
時過元ノ処ヘ漕戻シ候
九日栗浜ニテ昼簡請取ノ義異人ヘ申通シ置キ
当日ニ相ナリ只今ヨリ参リ候ヤフ申通シ候処
早速蒸気船二艘波ヲワケ迅速ニハセ来リ岸ヲ
ヘタツル丁拾丁斗リニシテ止ル此所深サ九ヒロ有大ヨ
リハツテイラヲ二艘ノ蒸気船ヨリ十五艘卸シ
上陸シ終テ太鼓ホラ貝笛ヲ鳴シクリコム小屋
ノ脇ヲ浦賀人数ニテ固メル小屋ノ左右ヲ彦根
川越ノ人数ニテ固ム何モケヘール剱付鉄炮ニテキ

有は位の字体を誤写か

片葉5

ビシク固メ房根川越ノマヘヲアルキ組頭ヤフ
ノ者飲ヲヒラメカシサシヅス浦賀人数ノ固テ
見テ異人民耳コスリヲイタシ或ハ指サシナド
シテ尽ク嘲弄致シ候ヤフ子ニ相ミヘ無念イツ
ン方ナシ又異人調練ノ能整候丁音妙驚入候前
日掛合ニハ上官迄二十人程ニテ上陸ノ筈ニ候
処案ニ相違シ大人数上陸其上不意ニ六十人斗
リ押込上官奉行ノ脇ニ立塞リ此方何レモ仰天
ナリ彼是刺候ハヽ直ニ奉行虜ニナルヤフス故
其マヽニイタシオキ候処先無事ニテ事ス畢
船イハラツテ本船ヘ引トリ浦賀ニ向テ馳ス軍船ト
申合一同出帆ノ義ト心得居リ候処案外軍船ヲ
引連波ヲケタテヽ内海ヘ乗込本牧ノマヘヽカ
ヽル右ニ付如何ナレハ約定ヲタカヘ出帆モ不
致返テ内海ヘノリ込候ヤト掛合候処異人云此
後返簡受取ニ参候節ハ数艘引連レ大軍船モ二
艘参リ候丁ユヘ浦賀ハ舟掛リ場宜シカラス依
テ此辺測量イタシ置タクノリ込候ナリ尤一艘
ハ掛合ノ為此後ハ残シオキアト不残此辺ニカ
ヽルト云リ同日大師河原ヘ一艘ノリ込十日ニ

片葉6

(12)11 (13) 12 (14) (15) 13

ハ野島ヘバツテイラ二艘ニテコギヨセ上陸水
ヲ汲ントス役人取押ヘ水ヲ汲テ与フ此時モ飲
ヲ抜テヒストウルヲ放チ見物人ヲ怖シ申候
右滞船中出帆可致旨掛合候処測量未タ行届ズ
故ニ滞留イタシ居候由答フ依テ勘定奉行ヨリ
内海ヘ滞留ニテハ甚不穏兎モ角モ引戻シ候ヤ
フ御達ニ付浦賀マテ引戻候ヤフ精々掛合候処
ヨフ／＼十日朝大津マテ猿島近辺金沢マテ尽
ク測量ス
十二日朝四ツ時比蒸気船二艘ニテ軍船ヲ綱本
ニテ繋キ烟筒ヨリ火炎ヲ吹出シ飛カ如ク出帆
シ　寄沖ヨリハ火炎殊ニ甚ク迅疾亦倍セリ見
ル者驚カサルハナシ
彼云本国ヨリ急ケハ八日九日ニテ此辺ヘ着此
度八十四日目ニ着致シ候ヨシ　海上一万五千里
通詞申候ニハ彼カ来明年正月ハ此方ノ十月十
一月ノ比ニ当ルニ左スレハ冬中ハ来リ不申来年
二三月ノ比ニモ可有之欤合原云彼申事アテニ
ナリ候ヿモナシ彼地ヨリ廿日内ニテ往来イ
タシ候由ナレハ来月ニモ渡来難斗廟堂ノ御了

〜テ葉ク

怖 オソレ／オノノカ

独1 二 一字脱字

独4 シは三の誤字

独2 且此後ハ数艘ニテ参リ候ヨシ申候ヘ尤是マタ何十艘ニテ参候モ難斗 21字脱字

(16) 14

簡如何ニ候ヤドコマデモ彼カ申処ニ御随ナサレ候ナレハ是迄ノ御手当ニテ宜ク候ヘ共御国威ヲ大切ニ被思召候御了簡ニ候ヘハ是迄ノ姿ニテハ迚モ叶ラサル義ニテ此上御台場一ニケ所御増位ニテハ先貴ノミニテ何ニモ成不申江戸内海ハ勿論何トモ厳重ノ御備被仰付タキ義ナリ大軍艦製造モ中々間ニ合申間シ又一二艘出来ニ相ナリ候共頼ニモ相ナリ申サス又蒸気船何ホド手厚ニテモ三メ目位ノ筒失比ニ引受相放チ候ヘハ必ス打貫申スヘクト存候先日丁打ノ節三百目ニテモミノ木一尺二寸ノカク木ヲ立テ五丁手前ヨリ打試ミ候ニイトヤスク打貫申候誠ニ火勢ハ意外ニ強キ者ト感心イタシ候是ヲ以テミレハ随分三メ目以上ノ筒ナレハ異船打砕可申ト存候船ブチノ厚サ大図一尺六寸ニ相ミヘ申候

会津侯ヨリ浦賀奉行ヘ使者ヲ以テ此度ノ異人前々渡来ノ砌トハ丁変リ尽ク諸方ニテ乱妨日本ヲ蔑ニミ候段心外無此上存候拙者御預り場ヘ参リ右様ノ義有之拙者召連レ候家来ノ者共

狄12 失は矢の誤字.

斤葉8

2 一　1　⑱ 16　⑰ 15

見留候テハ迚モ堪忍致ス間敷クト存候万一事
ヲ起候テハ公辺ノ御趣意ニモソムキ恐入候左
ヤフノ節ハ当処ノ百姓モサシ出シ相押ヘ候ヤ
フ可致間兼テ此段御承知被下候ヤフトノ御丁
誠ニ尤ノ義ト一統風評罷在候
昨十二日江戸ヨリノ御沙汰ニ江戸近海マデ東
込セ測量イタサセ候義不宜トノ丁今更左ヤフ
ノ義御沙汰ニテハ当惑何モ間ニ合不申ト存候
異船不残チヤン。ニテヌリ有之候此節ノ炎天
ニテトロケ居候右ハ火ノ付易キモノナレハ焼
討宜ク候ヤフ存候何卒焼打ノ手段工夫致度候
伊井蔦葉ヨリ聞届先聞ト符合ノ
蒸気船軍船何レモ鉄バリニテハ無之何カ鉄色
ノ物ニテヌリ其上ヘチヤンヲ加ヘ候モノ也車
輪ハ鉄ニテ造候物ナリ大サ色々申セ共恐クハ
五六間
八ツテイラ四五間ヨリ十間位マテ大ブリノ方
ヘハ七八十人ノリ組候水ノ手ニ十人位トモニ
二尺位ニ高サ五寸廻リノ儀尺アリ測量ノ時ハ
是ヲ両人ニテ見居候測量スル者ハ先ニ立チ文

ノ手は主の誤字

斥葉 9

片業 10

鎮ノ如クナル金ヘ細キ糸ヲ付其ヘ目ヲモリオ
キ投込ミ測リ行キ帰ニ筆若有テ深淺ヲ居記ス
川越揆庵ケ崎ヘ上陸指達ナク候ヨリ〳〵箭ミ
止メ候由
本牧鼻舩中掛合ニ参リ候処異人云辺海ノ内水
上ノ義ハ一体ニテ誰彼ノ領分ト申義ナシ我国
抔ハ他ヨリ参リ海ヲ測量致ス迄陸間ヲ打任案
内コソ致サ子少モ障ヒ不申候ト云リ
軍浪上陸ノ節此方ノ国メ全ク虚飾ニテ実用ノ
義ナシ彼等ヘ警固ニハナリ申サズ却テ嘲ヲ招
キ申候畢竟揆便ヲ専要ニ致シ候ヨリ何事モ手
薄ニ成行候ナリ
ケヘ一ル組廿人ヘ一人宛ノ指揮アリ剱ヲ抜キ
下知ス隊伍行列イカニモ能ク整ヒ実ニ手足ヲ
遣カ如シ見ル人感セサルハナシ

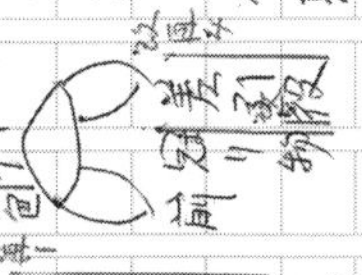

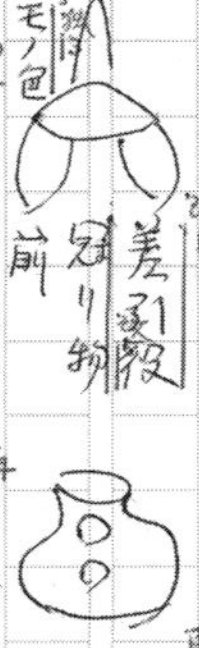

衣服ハカナキン木綿ナル物ニテ手ニメリヤ
スノ如ク皮ニテ作候物ヲハメル
請取相スミ異人等一同悦喜ノ体ニ見エ其様子

行葉 11

ハ何カ人ヲワナヘデモカケ候トテ悦候様子ニ
見エ上官将官副官将二人ニテ〆テ四人
9 請取ノ節何カ色々シヤヘリ候ニ付通詞ヲ以テ
申談シ候ハ船中ヘ参可承無言ニ致度由申断ル
余程手間モトレ候
10 返簡請取ニハ八月比来ルヘシ此方往来八十五
日モカヽレハ相ナリ候若八月間ニ合不申候ハ
ヽ来年来ルヘシト云 一彼方月比ニ至ル此方指都考ニハ十湖
多 来ヽモ不知ト存候 返シ
11 請取相スミ候ヘハ翌朝出帆ノ掛合ニ候所直ニ
杉田沖ヘ乗込候
12 当時ハ大ニ開ケ合薬ハ箱ニ入レ水中ヘヒタシ
オクト云フ
13 琉球ヘ一ト組残シオクト云蒸気船ニ艘軍艦ニ
艘コレヲ一組ト云
14 通詞香山栄左エ門ヲ指テ此人ハ鉄炮ヲ好ミ候
人ナリト申候ヘハ異人云鉄炮ガ好ナラ亜米利
加ヘ来ルヘシ定テ上手ニナルベシ通詞答テ成
ルホド鉄炮ハ委シクモアルベク候ヘ共日本剱
槍ノ術ハ又外国ノ及ブ処ニ非ト云異人笑テ日

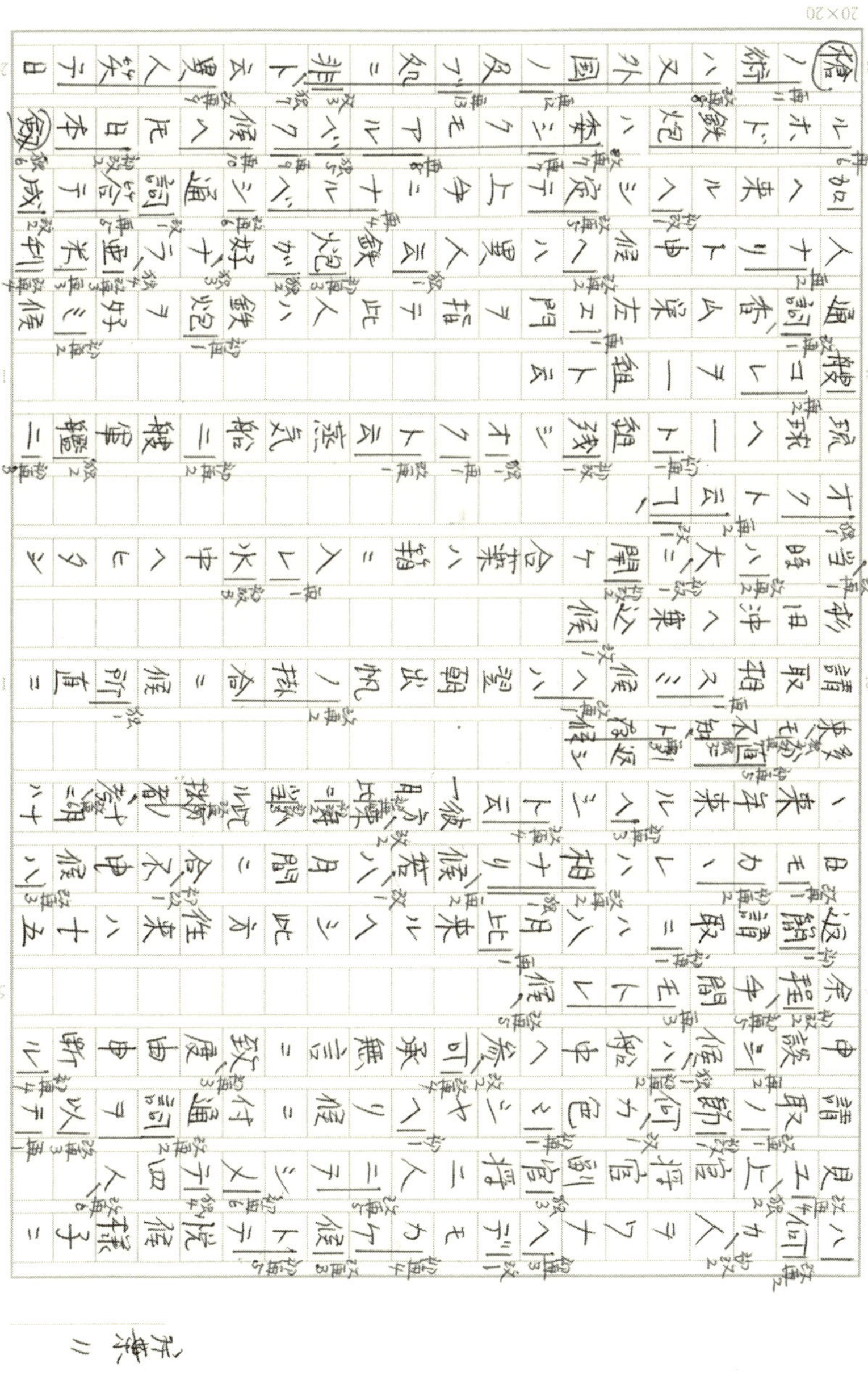

本釼槍ノ術更ニ恐ルヽニ足ラズ悉ク打スクメ
用立マテニハ致サズト云リ異船入津ノ節市中
騒キ立荷物等持運ヒ其混雑中ヽ言斗リナシ奉
行申諭シ決シテ左様ニ騒動ニ及ヒ申マジク万
一ノコアレハ此方ヨリ指揮イタシ立退セ候間
シツマリ居リ候ヤフ精ヽ相達候ヘドモオチ付
申サス迯支度ノミ致シオリ其内ニハ色ヽ雑説
流言アリテ益人気ヲ動シ致方ナシハナハダ嘆
息イタシ候
御備ノ義是迄ノ姿ニテハ迚モ致方ナシ此度異
船ノ義モ将軍様御耳ヘハ六日ニ申上候ヨシカ
ホドノ大事右様遅ク御耳ニ入候ハ如何ノ義カ
是亦タンソク
蒸気船車輪ハ糸車ノ如ク中ハカラコニ致シ鉄
ニテ造リ候モノハ
異船ヲ打破ハトモノ方手薄ク破レ易シ以前ハ
トモノ方ヘハ合薬ナド入置候
昔簡ノ外何カ一尺五寸斗リノ板箱ニツ鉄ノ輪
ヲハメ如図ノモノ何品ナルカ更ニ相分リ不
申牛ノ塩ツケトノ説モ有候ヘ共中ヽ左様ノ物

斤葉 12

トモ思ハレス昏簡一同江戸へ送り候
19 応接方五人有之候へ共此度ハ香山栄左エ門ノ
(20) ミ始終応接致シ候
井口氏ヨリ聞居

1 此度入津ノ異船一昨年ト覚候蘭人ヲ以テ申込
有之候義ニテ石炭置場土地拝借并ニ交易ヲ通
スル丁ヲ願フト云丁兼テ御承知ノ義ニ候処尽
ク秘密ニ致シ被成置一向御手当ノ義被仰出モ
無之間井紀伊守殿ヨリ厳重ニ御手当無之テハ
不相成旨頻ニ御申立ニ相成候吏ニ御取受無之
ヨフく昨暮ニ至り四家へ御達ニ相成浦賀奉
行へモ同節御達有之候然ル処又候奉行秘シテ
与力へハ一切通達無之候扨当二三月ニ至り追
々時節ニモ相成候ニ付紀伊守殿ヨリ御手当伺
御申出シノ処一切御取用無之由恐ナカラ当時
ノ御役人ハ異船何ホド来ルモ日本ノ鉄炮ナ出
シ示サハ直ニ逃返ルヘシ位ノ腹合也慨嘆ニ絶
ズ

2 蘭人兼テ内通シ候通り上官ノ名船数スヘテ符
合只四月ト申処六月ニ相成候義ノミ相違

庁葉 13

3

六月三日九里浜ニテ丁打有之与力同心一同詰
メ居八ツ時大抵打切リ候ニ付休足致シ居候処
ヘ俄ニ異船相見ユル由ニテ騒立チ何ヨリ注進
致シ候ヨシ右ニ付トル者モトリ敢ズ九里浜ヨ
リ浦賀マテ山越ニテ二十丁斗リノ処馳帰リミ
レハ忽然ト四艘ノ舟浦賀ニ乗込控ヘタリ其神
速タトフルニモノナシ早速役船乗出シ候処彼
申ニハ決メ来セ候コト無用ナリ此度来船ノ義
ハ蘭人ヨリ通達致シ置候ヿ故江戸ニテハ元ヨ
リ承知ノ義ナリ爰ニテ彼是懸合候ニハ不及只
入津ノ趣ヲ達シ呉候ヤフ申ニ付此方答テ江戸
ニテ御承知ノヿナリ共我々ハ不存義只入津ト
斗リ申立ナリカタク候意味承知ノ上早速申達
スベシト云彼云然ラハ通詞ノ者登ラセ申ヘク
ト云ニ付通詞一人当番ニテ中島三郎助同参処
奉行香山栄左エ門ハ内意モ申含置候間香山ヲ
遣シ候様トノ差ツニ付右一人ニテ応接致シ申
候

香山ヘ内意云々ニ付同役不平色々議論相
起リ甚タ六ケシキ義有之候処是ハ余ノコ

再1、詰は詰の誤字

庁葉 14.

卜紋委細ハ不申上ト云テ止通食山一人ニ訖シ候ハ淫キ意味有丁ノ由也

異人云番船杯有下ハ誠ニウルサシ其方ニテ此ト御申付被成度モシ制法行届子ハ近ヨリ候船下テハ此方ニテ成敗致スヘシ此方云何ヲ以テ成敗スルヤ異人答テ鉄炮ニテ制スト実ニ不当ノ申外也併シナガラ此方ニテモ能制シテ船ヲヨセ又様致スヘシ其方ニテモ近ヨル丁ヲ禁スヘシト約束致シ浦賀ヨリ役船ヲ差出シ近ヨル船ヲ制シ又陸上ノ見物人ナドヲ制シ突当ナド出来又様浦ハ致シ候様熟ル知異人図ニ集ハツテイラニテ自由ニ通アルキ知ミ人ナキ知ニテハ山キハ杯ヘ上陸致シ九里浜ヘモ上陸致候由ソノ土地ノ者共ニ承リ申候

一 倉間置取ノ場所九里浜ト申義ハ御中シツニテ相定メ迎間三間ノ小屋上段ノ間ノ次ニ玄関下ノ間ヘ畳数十畳シキナラヘ板ニテカコヒ四六金屛風ヲ立マワシシ一重ニ張リ入口二間木ト下リ上官トモ上段ノ間迄ノ通リ道ニ色モシテ敷並ヘ候浦賀人数備ハケヘ一ル四十ハ段[illegible][illegible]

⑥ 5

カニ付人ソ杉オ野戦筒百目二挺コレハ下曽根金三郎
持ニテ御備ト申スハ是ギリナリ
九里浜上陸ノ人数ハ練出調練能整ヒ其ウツク
シキ言語ニ述難シ一同幕ノ内ヘ入込入口ノ
前ニ列ヲ一行ニ立テ上官将官副将小屋ノ内ヘ
入ルト直ニ六十人程俄ニ踊込上段ノ間ヘ立チ
フサガリ何レモ剱ヲ帯シ六挺仕掛ノヒストウ
ルニ玉ヲコメスハト云ハ切テ放ツノ勢イニテ
睨ミ控タリ下タノ間ニ居ル応接方已ニフミタ
ヲサレルヤフス奉行見カ子コレヘアガレト申
ニ付ヨウ〈〈上段ノ間ヘアカリ其場ヲ三ノキ
候ホドノヿニテ大ニ胆ヲ抜レ中ゝ差留ルヿナ
ド出来申サズ一同無念ノ歯カミヲナシタルノ
ミ是ト申モ全ク公辺穏便ゝゝトノ御沙汰キビ
シキユヘタマ〈〈鉄炮ハ有レ圧玉ハコメズ火
縄ニ火ヲ付ズ大ニ異人圧ニ威ヲ示サレ返ス〈〈
モ無念ノヿニ候サテ香山栄左エ門書簡受取
奉行ニ渡ス奉行一礼シテ受取其義相スミ返簡
ノ義ハ前日掛合ノ節蘭人ヲ以テ申通スヘキ旨
申達候処彼云蘭人ニテヿ埒明候義ナレバ是迄

独1. 練は操の草体の誤字

片葉 16

片葉17

来船モ致サズ右様手遠キヿニテハ差支候間早
速返簡受取度由申スニ付此方云ケ様ノ義ハ重
キヿニテ評定モ日数掛リ中〻火急ニハ出来申
サズ左様ナレバ待居可申ト云此方云此義ハ江
戸ノミニテ裁判不相成　天子へ奏聞致シオモ
キ御評義ニ相ナリ候ヿユヘヨホド日カヅモカ
ヽリ候ヿナリ居簡受トリニ相ナルウエハ先ツ
出帆イタシ候ヤフ申談シ候処左候ハヽ先出帆
二ケ月モスキ又〻来船イタスヘシ若間ニアワ
ス候ハヾ来年ニイタスベシト云由類船モ中途
ヘノコシヲキ候由

⑦6

異人云此度ノ上官ハ国王ノ命ヲ待ズ何ヿモ独
断ニ裁判致シ候ホドノ重役ナリト云又軍船総
将軍ハ今一度軍功ヲ五サレハ蒸気船ノ大将ニ
ハナラザルヨシ

⑧7

異船ヨベリニ尺位旅下ノ方ホド段〻アツク相
ミヘ鉄板小実子ハリ水入ハ銅ニテ包ミ海フカ
サ五ヒロ迄ハ通船ノヨシ

⑨8

川越ハ実体ニ御奉公精勤落度ナキヤフニト心
掛候ヤフス去ナガラ身上貧〻也太守ハ幼也ス

独2ヘ
感心
削除

片葉 18

ベテノ「家老持チ故思フヤフニハ届キ不申候
9 細川家本牧御固メニ付浦賀ヨリ与力参リ候処
⑩ 山際抔ヘハ竹ヤラヒヲ結マワシ木戸ヲ付厳重
ニ相固メ万端行届キ候ヤフスニミヘ申候評判
宜キ方
10 四家人数内会津殊ニ評判宜ク又用立チ申スベ
⑪ ク井伊家ハ甚タ武事惰リ士気モ弱ク被存候此
度軍船数艘制作有之候処浦賀船大工受取ニカ
ト事船ノ図ニヨリ拵ルト申「モナク大工マカ
セ思付次第ニ致シオキ彼所此所ノ詮義モナク
大金ヲ費シナガラ心ヲ用ヒザル「言語同断ナ
リ右ヤフノ船何ホド有之候テモ必用ニハ相立
由有マジクコレニテ人オモナク武事ニ心ヲ用
サル「察セラレ候十五万石榊原ナドニ被仰付
方反テヨロシカルベクト存候
11 風説ニ此節唐土ニテ明ノ末ノ支起リ清ト取合
⑫ 最中ノ由英吉利明ヲ援テ大ニ戦フヨシアメリ
カ其隙ニ日本ヲ手ニ入ントスルヨシ
佐山氏ヨリ聞届
1 六月三日渡来ノ蒸気船二艘フレカツト二艘比

亜米利加共和政事合衆国ノ国ワシントン都カ
リホルニヤヨリ船ヲ仕立出帆ニテ国王ヨリ書
簡二通持参箱入レモカリホルニヤ出帆ヨリ十四
日目ニ当地着ニ相ナリ候由

2 使節ノ者年五十余人体宜ク名ハマツテヒリ相
ハ左[illegible]

3 上官大是将ハ軍年五十位名ハブカンナン

4 大蒸気船長サ三十五六間幅ハ九間車サシ渡シ
五間バカリ厚サ三間ハカリ総鉄ニシテ木ヲ用
ヒス船ハ鉄バリニ非ズ総体ニマツヤニニテ塗
ル水入ハカラカ子ニテ包ム車水入四尺斗リ水
際ヨリ船ブチマテ高サ三間斗リ大炮十門小車
四輪仕掛ナリ六十八ポンドノカノシ筒六挺八
十四ポンドノホンヘカノン四挺ミメテ十挺ナ
リノリクミ二百九十人アリ使節上官副将ミ十
此ニ居ル別ニ十ニポンドノ野戦筒二輪車六挺
貯オク

5 小ノ方蒸気船総ハリ大炮十挺野戦筒六挺東組
三百人

6 フレカット軍船モ長サ三十間ナリ大炮廿四挺

片葉 19

独1 三艘トの三字脱字

独1 鉄 一字脱字

独6 国は内の誤字

7

ツヽ人数三百人ツヽ野戦筒六挺ツヽ
船中昼夜トナク提燈ヲツケナビドイ包卜[illegible]下[illegible]角鉄
炮ヘハ不残玉ヲコメ蒸気鑵ルヿナシ用心キビ
シククシモ惰ルヿナシ船中万事鳴物ニテ指揮
ス

⑨8

蒸気船ヲ留ルニハ別ニ穴アリテ蓋ヲ上レバ蒸
気コレヨリモレテ車マワラズ蓋ヲスレバ蒸気
車ニ当リテ車旋転ス

⑩9

蒸気船一昼夜ニ八百里斗リ走ル陸上ヲハシル
火輪車ト云モノアルヨシコレハ一日ニ八百里ハ
シルト云

⑪10

九日九里浜ニテ昼輪受取ノ節ハ彼ヨリ上陸ノ
人数五百人斗リ一同上陸ヲワリテ本舟ヨリ大
炮十余発アリ是祝砲一同陣列ヲ正シ音楽ヲ
奏シ国王ノ昼簡ヲ中ニハサミ守固スケヘル
組二百八十四人一隊四十八人宛六隊アリ一隊
ニ二人ツヽ指ツ人アリ何モ剱ヲ抜テ指揮ス法
則ヨクソロヒオリ候ヿ口舌ニ述カタシ前代未
聞ノヿ乍也

⑫11

国王ノ昼簡二箱何レモ板三重ニテ子ダ鉄ニテ

鉄は鉄の誤字

香8 蒸気本船ノ外三船ノ大将八本船ノ副将位ノ立場ノ者也 24字全文脱

片葉 20

⑯14　⑮　⑭13　⑬12

留ル下タノ箱高サ五寸横五寸長一尺二三寸斗
リ板ハタガヤサン金ノ総金物封印ツキ候処上
ヘ金ノ四寸位ノ〇如此蓋ヲシテ其辺色〻カザ
リアリ尽ク立派ノモノナリ昼間ノ趣一向ワカ
ラズ又彼重官ヨリ此方重役ヘ昼帖アリ紙包ニ
テ封印有之候使節上官副将四人分上段ノ間ヘ
曲ロクヲ設ケ奉行ハ将几ニ腰ヲカケ対面一切
之対ナシ只受取渡シノミナリ其節イボレツト
ヲ付候モノ二十五人トヤ〱押込上段ノ間ヘ
上リ使節ノうしろヘ立塞ル何モ穴ハ仕掛ノ筒
ヲ持チ剱ヲ帯スイホレツトヲ付候者ハ除ホ外ヨロキ者ノヨシ先年ホスト
ン渡来ノセツ大将分ニ谷ヨリ
外イホレツト付候モノナシ
イホレツトハ金ノ板カ子ヨリフサヲサゲカザ
リ候モノ両肩ヘ下ケルナリ
ケヘールル組何レモ人品宜シク装束モ立派冠ニ
赤黒ノ玉ヲ付アル車掛リノ者ハ冠リノ外ボタ
ン等ヘ車ノ印ヲ付ル鉄炮カヽリハ鉄炮ヲ付舟
カヽリハイカリヲ付ル
琉球ヘモ七艘カケ置此方出帆直ニ琉球ヘヨリ
ソレヨリ漢東ヘ往キ当時イヤリス明ノ役亂ノ

改12 之は忘の誤字

片葉 21

兵ヲ助ケ清ト取合アリ故ニイギリスヘ軍ミマヒヲシテ帰国イタスト云リ

アメリカ州先年ハイキリスニ制セラレイギリスノ催促ニテ出陣等致シ大ニ役セラレタル故ニ取合ニナリ打カチ和平取ムスヒ以来対ミノ国トナルコレハ七十六年前ノヿノヨシ

自司ノ権　共和政治七十六年ト書

年号　ヤソコセ千八百五十三年ノヨシ

士大将以上ヲモ上官是ヲ指揮スコレモ剱ヲヌキ指揮ス剱長サ二尺三四寸位長キハ三尺位モアリ

此度ノ異人イキリスニ比スレハ温順ノ方ナリ給テ法則ノ整ヒオリ候ヿ妙也去ナガラ書簡不受取前ハ叁ク殺気立チ色ミ子ダケシ言ヲ申シ応接甚タ難渋イタシ候処受取候後ハ大ニ落付候ヤフスニテ各別扱ヒヨク相ナリ候此方御備イカニモ手薄キ故万一事ヲ起サレテハ大変ニ候ヿ故ドコマデモダマシコミ穏便専要ニ取扱ヒ候シカシ不遠内マタ来船ノヤフス此後ハ如何相ナリ候モノカドノ道参ルニ相違ナク候

片葉 22

4 此度ノ異国船蘭人ヨリ通達有之候義昨着年行
服ヲ立テカケ合向甚ダナンジフイタシ候
ヤフノヿ申サレ候ハイカヽノ義ツト云テ大ニ
蘭人ヲ以テ通達イタシオキ候ヿナリ然ルヲ右
崎ヘ参ルヘキ旨申諭シ候処此タビノ義ハ先年
3 定例ノ詞ニテ此地ヘノリコミ候ヿ国禁ナリ長
マタシノ外別ニカケ合可致スダナシト云
此方ヨリ参リテワタシ致スヘキヤ居館寂トリ
シ候其方ヨリ重官ノモノ受トリニ参リ候ヤ又
随刻集付候処決テ上船ヲ許サス国王ノ居館致
2 着船ノ節佐々倉桐太郎中島三郎助近藤良治目
ノリコム海上三十六里
シ過ナリ下田沖ヨリ浦賀マテ半時ニタラズア
ウ時状五ノ注進舟来ル異船浦賀ノ者ハハツ小
1 六月三日下田沖ヘ異船帆影見ユルニ付下田ハ
　　　本藤氏ヨリ聞居
リナリ彼ヨリ贈モノ下ルニ付返礼ニツカハ又
21 19 此度彼ヘノ贈リモノハ公辺ヨリニ非ズ奉行ヨ
ル組モ膝ニハサミアリ
20 18 異人六挨仕カケノ筒ヲ持タザル者ナシケヘ一

戸東 23

ヘ内々御違ニ相ナリ候ヨシ併シ夫モ只来夏ハ
来ルカモ知レヌ伍ノ事故与カモ一向ワキマヘ
居不申候故カケ合ノ節大ニコマリ候事有之候
5
書簡受トリワタシ不致候テハ国王ヘ復命イタ
シ候事不相成ト云テ尽ク必死ノヤフス三度マ
デ彼是掛合候処中々六ケ敷ク依テ其極江戸ヘ
申上ル七日ニ江戸ヨリ事穏便ニイタシ書簡受
取候様御達ニ付即日其趣異船ヘ申達シ候ホド
ナク返簡御ツカワシニ相ナリ候義カ此方答曰
夫ハ急ニハ出来申マシクヨシ申候処彼云左ヤ
ウナレハ国王ノ書簡別ニ下書アリ先此度ハ此
下書ヲ渡シ申ベシイヨ〳〵返簡出来ノ上本書
引替ニ可致ト云右種々手段ヲ設ケ掛合ヨウ〳
〵此度ハ書簡ノミ受トリ返簡ハ追テ取ニ参候
筈ニ約言イタシ弥明九日ウケトルヘク候フリ
合ニ致候
6
始終カケ合ノ節ハ使節上官ノ者ハ対面イクサ
ズ副将ノ者出席イタシ候コト
7
此後返簡受トリニ参リ候トキハ日本王ノ書簡
ヲ守固シ返リ候事故小人数ニテハ日本ヲ敬ス

独2 クはタの誤字

片葉24

ル当ラズ故ニ軍艦数艘備候テ尚度大軍船ニ
艘ホト引連レ参ルベク此度ハ我国王ノ居館故
コレホドノ人数ニテ参候ヨシ申ス
8 フレカリト軍船大砲二十四門蒸気船大砲ハ拾
位各野戦闘モ数挺下リ九里浜上陸ノ時往来共
送リ迎ヒ致シ蒸気船ヘ上リ船中大体一見致シ
候処ソトヨリ見候トハ相違ニテ広大ナルモノ
ニテ一目ニハ見限ラレ申サス蒸気船車輪等ノ
仕掛是マタ広大ニテ更ニ相分リ不申候
9 書翰ウケトリ渡相スミ候ノ今異人悦喜ノヤウ
スニ相ミヘ申候本船ヘ返リ候時送リマイリ候
処直ニ通ヲ出シ申シ候船中一見シ暫ク手間ド
リ返リ候セツモ離杯ヲ勧メルトテ又通チサシ
出候
10 書翰ウケトリノ節何カ六ケシキヿテモ申候ヤ
ト大ニ心配イタシ居候処何ヿモナク安心致シ
候
11 右請取ノ席ハ上段ノ間使節上官副将ニ人シメ
テ四人此方ニテ奉行ニ人応接掛リノ与力四人
通詞一人皆コレモ上段ノ間ニ上ル組頭ハ下タ

片葉25

ノ聞与カセ人同断

右五名ヨリ聞ケル所澤秘ニ付不見候

片葉26

「合原惣蔵ヨリ聞書他」（片葉七本）（「草片葉」第七冊所収　静嘉堂文庫　所蔵）

合原惣蔵ヨリ聞書

一　嘉永六年丑六月三日未中刻蒸気船二隻軍船二隻迅速ニノリ込千代ケ崎ヲ乗越観音崎アタリ迄乗付蒸気船二隻ニテ軍船ヲ引来ル其速ナル事倪カ如シ諸方注進舟ヲ遥ニ乗越不図入津ニ付浦賀中ノ騒キ昇ノワクカ如シ

二　浦賀与力中嶋三郎助合原三郎当番ニ付乗合シ異船へ近付候処番船ノリ付候トテ船ヲ逆ニ繰戻シ候手際其神速自在ノ妙目ヲ驚シ候扨上船ヲ許サズヨらく〱掛合通詞一人応接カヽリ一人上船致シ浦賀ハ異船入津国禁ナリ長崎へ参ルヘキ旨申候処彼云国禁ノ義ハ本ヨリ知ル処ナリ去ナカラ浦賀へ罷コシ用弁イタシ候ヤウ国王ノ命ナリ其方タリ共王命ナレハイカナル国禁ノ場へモ行申スヘシ臣下ノ身ハ国命ヨリオモキモノナシ此方云何用アリテ渡来スルヤ答テ曰此度出船ノ義ハ我国王ヨリ日本へ呈シ候書簡ヲ持来候也高官ノ者受トリニ参リ候ヤ若コヽニテ取上申サス候ハヾ直ニ江戸へ乗込直呈イタスヘシト云此方答云此ニテ裁判イタ

片葉七　1

庁葉七、2

シカタシ何レ江戸ヘ伺ヒ命令次第トリ扱ヒ申
ヘシト云彼云江戸ヘハ僅半日ホドノ往来トキ
ク右ノ返答速ニ分リ候ヤウ致シ度本国出帆日
数割ツメ参候アヒタ爰ニテ空ク日ヲ費シ候テ
ハサシ支候早速返答承リ度此方答云カヤウ義
ハソレ〳〵役方ノ手ヲヘテ伺ニ相ナリ候義故
手数モカヽリ可申候ソノ内コヽニ控ヘ居候ヤ
ウ申諭シ候処彼云江戸ノ命令次第ニテ深ク所存
有ヘシミカシ五日位ノ了ナレハ待居申スベシ
ト云リ

3 滞船中薪水乏ク候ヘハ送リ申スヘク候ト申候
ヘバ彼云万端本国ニテ手厚ク用意イタシ候ヘ
ハ何モ不足ナシ右様ノ無心致サスト云リ

4 船ノ大小兵器員数乗組人数等承リ候処彼云其
方ニテ聞候テモ何ノ益ナシ又此方ニテ申モ無
益ナリ且又商船ト違ヒ是ハ軍船ナリ右様ノ了
申ヘキ筈ナシト云リ

5 蘭人一人ノリ組又日本語ヲ遣ヒ候モノ一人乗
込オリ候ニ付是ハ通事ナク傭リ見カヘ人此二人ニテ無差支通
弁イタシ候

6 7 ⑧

四隻瓦バツテイラ八隻位アリ五日ニハバツテイラニテ処々漕ユキ江戸近クマテ測量ヲ究メ川越掛場観音崎臺場ノ図ヲ取其上ニ上陸ナサント又役人立出キウノ〳〵ニ差押ヘ候是迄ノ異船ト了変リ此方ヨリ彼是申候ニハ一向取合申サス落ツキ居リ候テ尽ク地ニアカルノ算定シ居候義ト相見候

是迄ノ異船ハ此方ヘ掛合ノ上發砲イタシ候処此度ハ左ヤフノ義コレナク暁一発四時一発夜四時此一発ツヽ号砲アリ六日朝ニハ大炮連発致シ候江戸并ニ御内意ニハ彼カ気ニ中リ候ヤフノ了有ハ大事ヲ招ク道理ユヘニ兎モ角モ穏便専要ニイタスヘシ假令異人上陸イタシ民家入タチヨリ候モ格別ノ乱妨イタサス候ハヾ其マヽニ見ステオクヘシ番船サシ出シ彼ノフ子取ヤキナト致シ候テハ却テ気ヲ起シ宜シカラス陸ヲ専要ニ守リ候ヤウ御内意有之候右ヤウ憂ヒラレ候故浦賀ニテモ尽ク用心ハレ物ニサワルヤウニイタシ候テ番船ハ一隻モサシ出タサス故ニ浦賀ヨリ品川マテ自在ニコキアルキ

岸華七、3.

片葉七、4.

四家人数ハ岸上ニテ見物スルノミ夜中ハバッ
テイラヲ船ノ前後ニサシタシ警固ス火攻等ヲ
恐ルヽ故歟
(9) 8
是迄異船ノ義ニ付テハ只々上ノ御心配ヲ恐レ
十分ノ者ナレハ六七分御心配ニ相ナラサルケ
條ノミ申上大事ノケ條ハ不申上姿ニ相ナリ居
候丁故自然上下了簡クヒチガヒ居リ甚ダ歎息
ノ至リニ候
右ハ当月六日合原氏ヨリ聞ケル処尚又此
度同氏ヘ問合校正ス
(10) 9
六日九ツ半時蒸気船二隻小ノ江戸ノ方ヘ向テ
馳出ス先ヘハツテイラ四隻ニテ測量シユキ候
ニ付川越ノ一手ニテ指留候所劔ヲ又キ舟ブチ
ニ踰レヨラハ斬ントスル仕方ヲイタシ馳通リ
或ハ劔付鉄炮ニ直丸ヲコメ此方舟ノ二三間先
ヲシキリニ打ヲドシ通リ候川越人数怒ニ堪ス
早舟ヲ以テ浦賀ヘ問合セ只今乗込候異船軽侮
ノイタシ方忍ヒカタキ義ナリ切リシツメ申ス
ヘシトノ丁浦賀ニテ御右ニ候ヘ圧御内意ハ何
レ尾穏便トノ義ニコレアリ且又彼一隻切シツ

メ候モヿスミ候ト申ニモコレナク諸家申合モ行届ス踈忽ニ手出シイタシ却テ兵端ヲ開キ候テハ恐入候間先ゝ穏便ニナサレ候ヤウトノヿニ有之候且諸家怒ニタヘス手タシ致シ大事ヲ引出シ候テハ不相成トテ役船二隻ヲサシ出シ異船ノアトヘ付警固イタシ候右役船ハ陸上ノ見物人ヲ指押ヘ諸家踈忽ニ手タシコレナキヤウ制禁スル為ニ指イタシ候ヿ異船ヲトリ押ル為ニ非ス右ニ付異船ヘ早船ヲ以テ只今一隻江戸海ヘ集込候ハ如何ノ趣意ニ候ヤト相タツ子候処異人答曰此度持参ノ昼間御受トリニ不相成節存意通リ取計候ヿ故内海測量イタシ度ワザ〱指ツカワス所ナリ尤晩景ニハ返リ申ヘシト云右船富岡マテ測量イタシ七ツ半時過モトノ処ヘコキ戻シ候

九日栗濱ニテ昼間受トリノ義異人ヘ申通シヲキ当日ニ相ナリ只今ヨリ参リ候ヤウ申通シ候処早速蒸気船二隻波ヲワケ迅速ニハセ来リ岸ヲヘタツルヿ十丁斗リニシテ止ル此所深サ九ヒロ有之夫ヨリハツテイラヲ二隻ノ蒸気船ヨ

20×20

關内ニヲ出夲イシノ數ニ整ニ承賀下飯左釋リ
空海付ケ帆舩タ候舩上十ヒ相ハ人ル右コ十
トヘ如タノヘシハニ陸人候ミ指數キニヲム之
リノ何テ義引オバ之其程丁ヘサノ雜テ彦小隻
ニリ十ヽトトキ直ヲ上ニ奇無シ固頭キ根屋卸
參込レ内ハリ候ニサ不テ妙念ナヲヤビ川ノシ
候候ハ海得浦處參カ危上驚イド貝ウミ越舩上
節ヤ約ヘ屋賀先行リニ陸入ウミテノクノヲ陸
ハト定集リ入無虜此六ノ候シテ畏着固人浦ミ
數カヲ込候何事ニ方十答前六尺人叙メ數賀終
度ケタ夲處テニナ何斗ニ日ナクトヲ彦ニ人テ
引合カ役室駝テルレリ候カシ噸モヒ根テ數太
違候ヘノ外又ヿヤモヲ処ケ又弄耳ラ川固ニ鼓
レ処出マ軍軍スウ仰シ宗合畏イコメ砍ムテ才
大畏帆ヘ舩舩ミス天コニニ人タスカノ何固ラ
軍人モヽヲト畏故ナミ相ハ調シリシ備モメ貝
舩云不カ引申舩其リ上違上称候ヲ指ノ今ル御
モ此致ヽ違合イハマ彼官シ官ノヤイヅマヘ小ヲ
ニ役返ルレ一ラツヽ是奉大トヨウタスヘ一屋鳴
度返テ右波同テニ制行人モクスシ浦ヲルノミ

20×20

参リ候ア工ヘ浦賀ハ舟カヽリ場宜シカラス依
テ此辺測量イタシ置タメ来込候ナリ危一隻ハ
掛合ノ為此ノチハ残シ置キアト不残此辺ニカ
ヽルト云リ同日大師河原ヘ一隻ノリ込十日ニ
ハ野嶋ヘバツテイラニ隻ニテコギヨセ上陸水
ヲクマントスル人トリ押ヘ水ヲ汲ンテ与フ此
トキモ剱ヲヌイテヒストウルヲ放チ見物人ヲ
怖シ申候

(12) 11

右滞船中出帆可致旨カケ合候処測量未タ行届
ス故ニ滞留致シ居候由答フ依テ勘定奉行ヨリ
内海ヘ滞留ニテハ甚タヲタヤカナラス兎モ角
モ引戻シ候ヤウ御達ニ付浦賀マテ引戻シ候ヤ
フ精ゝ掛アセ候処ヨウゝゝ十日朝大津マテ猿
島近辺金沢マテ尽ク測量ス

(13) 12

十二日朝四ツ時エ口蒸気船二隻ニテ軍船ヲ綱
本ニテ繋キ烟筒ヨリ火炎ヲフキ出シ飛カ如ク
出帆シ冂凵寄沖ヨリハ火炎殊ニ甚シク迅速モ
亦倍セリ見ルモノ驚カサルハナシ

(14)

彼云本国ヨリ急ケハ八日九日ニテ此辺ヘ着此
度ハ十四日目ニ着イタシ候由五海上千里一万

片葉七、7.

⑮ 13

通詞申候ニハ彼カ来明年正月ハ此方ノ十月十
一月ノ比ニ当ル左スレハ冬中ハ来リ不申来年
二三月ノ比ニモ可有之歟合原氏云彼申事当テ
ニ成リ候事一ツモ無シ彼ノ地ヨリ廿日内ニテ
往来致シ候由ナレハ来月ニモ渡来難斗候廟堂
ノ御了簡如何ニ候ヤドコヤデモ彼カ申処ニ御
随被成候ナレハ是迄ノ御手当ニテ宜ク候ヘト
モ御国威大切ニ被思召候御了簡ニ候ヘハ是迄
ノ姿ニテハ迚モ参ラサル義ニテ此上御台場一
ニケ所御増位ニテハ失費ノミニテ何ニモ成リ
不申江戸内海ハ勿論何トモ厳重ノ御備仰付ラ
レ度キ義ナリ大軍艦製造モ中々間ニ合申スマ
シ又一二隻出来ニ相成リ候トモ頼ニモ相成リ
不申又蒸気船何ホト手厚ニテモ三貫目位ノ筒
矢比ニ引受相放チ候ヘハ必ス打貫申スヘクト
存候先日丁打ノ節三百目ニテモミノ木一尺二
寸ノカク木ヲ立五丁手前ヨリ打試候ニイトヤ
スク打貫申候誠ニ火勢ハ意外ニツヨキ者ト感
心致シ候是ヲ以テ見レハ随分三メ目以上ノ筒
ナレハ異船打砕キ可申ト存候船ブチ厚サ大図

片葉七、8、

一尺六寸ニ相見ヘ申候
會津侯ヨリ浦賀奉行ヘ使者ヲ以テ此度ノ異人前ヽ渡来ノ砌トハ事変リ尽ク諸方ニテ乱妨ニ及ヒ日本ヲ蔑ニシ候段心外無此上存候拙者御預リ場ヘ参リ右ヤウノ義有之拙者召ツレ候家来ノ者トモ見留候テハ迚モ堪忍イタス間敷ク存候万一事ヲ起シ候テハ公辺ノ御趣意ニモソムキ恐入候左ヤウノ節ハ当処ノ百姓共差出シ相ヲサヘ候ヤウ可致間兼テ此段御承知被下候様トノ御ヿ誠ニ尤ノ義ト一統風評罷在候
昨十二日江戸ヨリノ御沙汰ニ江戸近海マテ乗込セ測量致サセ候義不宜トノヿ今更左様ノ義御沙汰ニテハ甚タ当惑何モ間ニ合不申ト存候異船不残チヤンニテ塗リ有之此節ノ冬天ニテトロケ居候右ハ火ノ付易キモノナレハ焼討宜キヤフ存候何卒焼キウチノ手段エ夫イタシ度候

飯冢久米三ヨリ聞符合原ノ処ハ聞ヅル処
一蒸気船軍船何レモ鉄ニテハ無之何カ鉄色ノモノニテヌリ其上ヘチヤンヲ加ヘ候モノ也

車輪ハ鉄ニテ造リ候物ナリ大サ色々申セトモ
恐ク八五六間
2
ハツテイラ四五間ヨリ十間位ニテ大ブリノ方
ヘハ七八十人ノリ組候水手二十人位トモ二
尺位ニ高サ五寸廻リノ儀尺アリ測量ノ時ハ是
ヲ両人ニテ見居候測量スル者ハ先ニ立チ文鎮
ノ如クナル金ヘ細キ糸ヲ付ソレヘ目ヲモリ置
投込ミハカリ行キ肱ニ筆者在テ深浅ヲ昼記ス
3
川越持亀ケ嵜ヘ上陸相違ナク候ヨウく剋シ
止メ候由
4
本牧滞船中掛合ニ参リ候処異人云四海ノ内水
上ノ義ハ一体ノ義ニテ誰彼ノ領分ト申義ナシ
我国杯ハ他ヨリ参リ海ヲ測量イタス陸間ヲ
打托案内コソイタサ子ド少モカマヒ不申ト云ヲ
リ
5
栗濱上陸ノ節此方ノ国メ全ク虚飾ニテ実用ノ
義ナシ彼等ヘ警固ニハナリ不申知テ嘲ヲヤ子
キ申候畢竟穏便ヲ専要ニイタシ候ヨリ何事モ
手ウスニ成リ行候ナリ
6
ケヘ一ル組ニ十人ヘ一人ツヽノ指揮アリ歟ヲ

片葉七、10

片葉七　11.

抜ヤ下知ス隊伍行列イカニモ能ク卜ヽノヒ実
ニ手足ヲ遣カ如シ見ル人感セサルハナシ

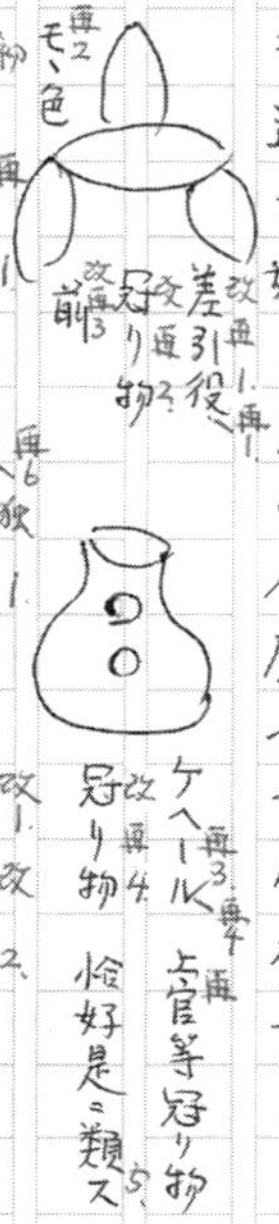

7. 衣服ハカナキン木綿ヤフナル物ニテ手ニメリ
ヤスノ如ク皮ニテ作候物ヲハメル
8 受取相スミ異人等一同悦喜ノ体ニ見ユ其ヤフ
スハ何カ人ヲワナヘデモカケ候トテ悦ヤフス
ニ相ミヘ申候上官将官副官将ニ人シメテ四人
9 受トリノ節何カ色々シヤヘリ候ニ付通詞ヲ以
テ申談シ候ハ船中ヘ参リ可承無言ニイタシ度
キシ申断ル余ホト手間モトレ候
10 返簡請トリニハ八月比来ルヘシ此方往来ハ十
五日モカヽレハ相ナリ候若シ八月間ニ合不申
候ハヽ来年来ルヘシト云彼方来年ハ此方ノ十
月十一月比ニ当ル拙者考ニハ多分直ニ引返シ
来モ不知ト存候
11 受トリ相スミ候ヘハ翌朝出帆ノカケ合ニ候所
直ニ杉田沖ヘノリ込候
12 当時ハ大ニ開ケ合薬ハ箱ニ入レ水中ヘヒタシ

置ト云フ
13 琉球ヘ一ト組ノコシ置ト云蒸気船ニ艘軍艦ニ
艘コレヲ一組ト云
14 通詞香山栄左エ門ヲサシテ此人ハ鉄炮ヲ好ミ
候人ナリト申候ヘハ異人云鉄炮カ好キナラア
メリカヘ来ルヘシ定メテ上手ニナルヘシ通詞
答テナルホド鉄炮ハ委シクモアルベク候ヘ圧
日本釼槍ノ術ハ又外国ノ及ブ処ニ非ト云異人
笑テ日本釼槍ノ術更ニ恐ル丶ニ足ラズ悉ク打
(15) スクメ用立マテニハイタサスト云リ異船入津
ノ節市中サハキ立荷物等持ハコヒ其混雑中ミ
言斗リナシ奉行申論シ決シテ左ヤウニ騒動ニ
及ヒ申マシク万一ノヿアレハ此方ヨリ指揮イ
タシ立退セ候間シツマリテ居候ヤウ精ミ相違
候ヘドモ落付不申逃支度ノミイタシ居其内ニ
ハ色ミ雑説流言アリテ益人気ヲ動シイタシ方
ナシ甚タ嘆息イタシ候
(16) 15 御備ノ義是迄ノ姿ニテハ迚モイタシ方ナシ此
度異船ノ義モ将軍様御耳ヘハ六日ニ申上候由
カホトノ大事右ヤウ遅ク御耳ニ入候ハ如何ノ

義カ是亦嘆息
蒸気船車輪ハ汞車ノ如ク中ハカラコニ致シ鉄
ニテ造リ候モノ
男船ヲ打破ハトモノ亓手薄ク破レ易シ以前ハ
トモノ方ヘ合薬ナト入置候
書簡ノ外何カ一尺五寸斗リノ板箱ニツ鉄ノ輪
ヲハメ如図モノ何品ナルカ更ニ相分リ不申
牛ノ塩ツケトノ説モ有之候ヘ共中々左ヤラノ
物トモ思ハレス書簡一同江戸ヘ送リ申候
応接方五人有之候ヘ共此度ハ香山栄左エ門ノ
ミ始終応接イタシ候

樋口多二郎ヨリ聞書

此度入津ノ異船一昨年ト覚候蘭人ヲ以テ申込
有之候義ニテ石炭置場土地拝借并ニ交易ヲ通
スルヿヲ願フト云ヿ兼テ御承知ノ義ニ候処尽
クヽ秘密ニイタシ被成置一向御手当ノ義被仰出
モ無之筒井紀伊守殿ヨリ厳重ニ御手当無之テ
ハ不相成旨頻リニ御申立ニ相ナリ候処更ニ御
取受無之ヨウ〱昨暮ニ至リ四家ヘ御達ニ相
ナリ浦賀奉行ヘモ同節御達ニ有之候然ル処又

候奉行秘シテ与力ヘハ一切通達無之候扱当ニ
三月ニ至リ追々時節ニモ相ナリ候ニ付紀伊守
殿ヨリ御手当伺御申出シノ処一切御取用無之
由恐ナカラ当時ノ御役人ハ異船何ホト来ルトモ
日本ノ鉄炮ヲ出シ示サハ直ニ逃返ルヘシ位ノ
腹合ナリ概嘆ニ絶ス
蘭人兼テ内通シ候通リ上官ノ名船数スヘテ符
合只四月ト申処六月ニ相ナリ候義ノミ相違
六月三日九里浜ニテ丁打有之与力同心一同詰
メ居ハツ時大抵打切リ候ニ付休足イタシ居候
処ヘ俄ニ異船相見エル由ニテ驗五千何ヨリ注
進イタシ候由右ニ付取モノモトリ敢ス九里浜
ヨリ浦賀マテ山越ニテ二十丁斗リノ処馳帰リ
ミレハ忽然ト四隻ノ舟浦賀ニノリ込控ヘタリ
其神速タトフルニモノナシ早速役船ノリ出シ
候処彼申ニハ決シテ東上リ候丁無用ナリ此度
来船ノ義ハ蘭人ヨリ通達イタシ置候丁故江戸
ニテハ元ヨリ承知ノ義ナリ爰ニテ彼是掛合候
ニハ不及只入津ノ趣ヲ達シ呉候ヤウ申ニ付此
方答テ江戸ニテ御承知ノ丁ナリトモ我々ハ不存

④

義只入津ト斗リ申立ナリオタシ意味承知ノ上
早速申達イタスヘシト云彼然ラハ通詞ノ者登
ラセ申ヘクト云ニ付通詞一人当番ニテ中嶋三
郎助可為処奉行云香山栄左エ門ハ内意モ申含
置候間香山ヲ遣シ候ヤウノ差図ニ付右一人ニ
テ応接イタシ申候

　香山ヘ内意云ゝニ付同役不平色ゝ議論相
　起リ甚タ六ケシキ義有之候処是ハ仲間ノ
　丁放委細ハ不申上ト云テ止候香山一人ニ
　託シ候ハ深キ意味アルノ由

異人云番船抔有テハ誠ニウルサシ其方ニテ屹
ト御申付被成度モシ制法行届子ハ近ヨリ候船
アラハ此方ニテ成敗イタスヘシ此方云何ヲ以
テ成敗スルヤ異人答テ鉄炮ニテ制スト実ニ不
当ノ申分也併シナカラ此方ニテモ能制シテ船
ヲヨセ又ヤら致シ其方ニテモ近ヨルヿヲ禁ス
ヘシト約束イタシ浦賀ヨリ役船ヲサシ出シ近
ヨル船ヲ制シ又陸上ノ見物人ナトヲ制シ寛当
ナト出来又ヤウ用心イタシ候然ル処異人図ニ
ノリハツテイラニテ自由ニ漕キアルキ処ゝ人

片葉七　15

⑤4　⑥5

ナキ処ニテハ山キハ杯ヘ上陸イタシ九里浜ヘ
モ上陸イタシ候由其土地ノモノ共ニ承リ申候
昼飯受トリノ場処九里浜ト申義ハ御サシツニ
テ相定メ四間三間ノ小屋上段ノ間ノスカタニ
出来下ノ間ヘ畳数十畳ニキナラヘ根ニテカコ
ヒ四方金屏風ヲ立マワシ幕二重ニ張リ入口ニ
間木トアリ上官トモ上段ノ間マテノ通リ道ニ
毛センヲ敷ナラヘ候浦賀人数備ハケヘール四
十八挺合原樋口二人ノ与力付ソフ野戦筒百目
二挺コレハ下曽根金三郎持ニテ御備ト申スハ
是ギリナリ
九里浜上陸ノ人数ハ練出シ調練ヨク整ヒ其ウ
ツクシキ言語ニ述難シ一同幕ノ内ヘ入イリ
ロノ前ニ列ヲ一行ニ立テ上官将官副将小屋ノ
内ヘ入ルト直ニ六十人ホト俄ニ踊コミ上段ノ
間ヘ立チフサカリ何レモ剱ヲ帯シ六挺仕カケ
ノヒストヲルニ玉ヲコメスハトイハヾ切テハ
ナツノ勢イニテ睨ミ控ヘタリ下タノ間ニ居ル
応接方已ニフミタヲサレル様子奉行見カ子コ
レヘアガレト申ニ付ヨウ／＼上段ノ間ヘアガ

庁葉七　16.

聞ニ合又候ハバ来年ニイタスヘシト云由類船
候ハバ先出帆二ケ月モスキ又〻来舶スヘシ若
ルウヘハ一先ツ支帆イタシ候ヨア申談候知左
ヨホト日数モ掛リ候ヿナリ居簡受トリニ相ナ
天子ヘ奏問イタシ重キ御評議ニ相ナリ候ヿ致
ノミニテ叙判不相成□□□□□□□□□□□
左ヨウナレハ待居可申ト云此亦云此義ハ江戸
テ評定モ日数カヽリ中〻火急ニハ出来申サズ
リ度由申スニ付此云云カヨウノ義ハ重キヿニ
乍ウ年遠キヿニテハ差支申候間早速返簡受ト
テヿ埒明候義ナレハ是マデ来舶モイタサズ右
蘭人ヲ以テ申通スヘキ旨申達候処彼云蘭人ニ
テ役トリ其義相スミ返簡ノ義ハ前日到令ノ節
栄左エ門居簡ウケトリ奉行ニ渡ス奉行一礼シ
威テ示サレ返ス〱モ無念ノヿニ候サテ香山
レ陀玉ハコメズ火縄ニ火ヲ付ス大ニ異人任ニ
ミトノ御沙汰キヒシキユヘタマ〱鉄炮ハア
カミヲナシタルノミ是ト申モ全ク公迎穏便〻
抜レサシ留ルヿナト出来申サス一同無念ノ當
リ其場ヲニノキ候ホトノコトニテ大キニ胆テ

岸壁七　17.

モ中途ヘノコシ置候由
(7) 6 異人云此度ノ上官ハ国王ノ命ヲ待ズ何ヿモ
断ニ裁判イタシ候ホドノ重役ナリト云又軍船
ノ総将軍ハ今一度軍功ヲ立サレハ蒸気ノ大将
ニハナラサル由
(8) 7 異船コヘリニ尺位欤下ノ方ホト段々アツク相
ミヘ鉄板小実子ハリ水入ハ銅ニテ包ミ海ヲカ
サ五ヒロ迄ハ通船ノ由
(9) 8 川越ハ実体ニ御奉公精勤落度ナキ様ニト心掛
候ヤウス去ナカラ身上貧乏ナリ大守ハ幼セス
ヘテノヿ家老持チ故思フヨウニハ届キ不申候
(10) 9 細川家本牧御固メニ付浦賀ヨリ与カ参り候処
山際杯ヘハ竹ヤラヒヲ結廻シ木戸ヲ付厳重ニ
相固メ万端行届キ候ヤウスニ見ヘ申候評判宜
キ方
(11) 10 四家人数内会津殊ニ評判宜ク又用立チ申スヘ
ク井伊家ハ甚タ武事惰り士気モ弱ク被存候此
度軍船数隻制作有之候処浦賀船大工受トリシ
カト軍船ノ図ニヨリ拵ルト申ヿモナク大工マ
カセ思付次第ニイタシ遣彼所此所ノ詮義モナ

片葉七 18.

ク大金ヲ費シナカラ心ヲ用ヒサルヿ言語同断
ナリ右ヤウノ船何ホト有之候テモ必用ニハ相
立由有マシクコレニテ人才モナク武事ニ心ヲ
用サルヿ察セラレ候十五万石榊原ナトニ被仰
付候方返テヨロシカルヘク存候

(2) 二
風説ニ此節唐土ニテ明ノ後ノ兵起リ清ト取合
最中ノ由英吉明ノ救テ大ニ戦フヨシアメリカ
其隙ニ日本ヲ手ニ入ントスルヨシ
香山栄左エ門ヨリ聞届

1
六月三日渡来蒸気船二隻フレカツト二隻北亜
米利加共和政事合衆国ノ国ワシントン都カリ
ホルニヤヨリ船ヲ仕立出帆ニテ国王ヨリ書簡
二通持参翻訳入レモカリホルニヤ出帆ヨリ十四日
メニ当地着ニ相ナリ候由

2
使節ノ者年五十余人体宜ク名ハマ゜ツ゜テヒリ本日
ノ左大臣位ニ／テ高官ノ王シ

3
上官大提督八軍年五十位名ハブカンナン

4
大蒸気船長サ三十五穴間幅八九間車サシ渡シ
五間バカリ厚サ三間ハカリ総鉄ニシテ木ヲ用
ヒス船ハ鉄ハリニ非ス総体ニマツヤニニテ塗

片葉七　19

ル水入ハカラカ子ニテ包ム車水入四尺斗リ水
際ヨリ船ブチマテ高サ三間斗リ大炮十門小車
四輪仕掛ナリ六十八ポンドノカノン筒六挺八
十四ポンドノホンヘカノン四挺シメテ十挺ナ
リ乗クミ二百九十人アリ使節上官副将ミナ此
ニ居ル別ニ十二ポンドノ野戦筒仕掛輪車六挺貯
ヲク
5. 小ノ方蒸気船総ハリ大炮十挺野戦筒六挺ノリ
組三百人
6 フレカット軍船モ長サ三十間ナリ大炮二十四
挺ツヽ人数三百人ツヽ野戦筒六挺ツヽ
7 船中昼夜トナク提燈ヲツケナド色ゝヤリノ角鉄
炮ヘハ不残玉ヲコメ蒸気絶ルコトナシ用心キビ
シク少シモ惰ルコトナシ船中万事鳴物ニテ指揮
ス
8 蒸気船ヲ留ルニハ別ニ穴アリテ蓋ヲ上レハ蒸
気コレヨリモレテ車マワラズフタヲスレバ蒸
気車ニ当リテ車旋転ス
9 蒸気船一昼夜ニ八百里斗リ走ル陸上ヲハシル
火輪車ト云モノアルヨシコレハ一日ニ八百里八

シルト云ス

(11)10 九日九里浜ニテ書翰受トリノ節ハ彼ヨリ上陸

ノ人数五百人斗一同上陸ヲハリテ本舟ヨリ大

炮十余発アリノ是ヨリ祝砲一同陣列ヲ正シ音楽ヲ

奏シ国王ノ書簡ヲ中ニハサミ守固スケヘールヲ

組二百八十四人一隊四十八人ツヽ六隊アリ一

隊ニ二人ツヽ指図人アリ何モ鉄ヲ抜テ指揮ス

法則ヨクソロヒ居候コロ合ニ述カタシ前代未

聞ノコト也

(12)11 国王ノ書簡二箱何レモ板三重ニテ子チ鉄ニテ

留ル下ノ箱高サ五寸横五寸長サ一尺二三寸斗

リ板ハタガヤサン金ノ縁金物封印ツキ候処上

ヘ金ノ四寸位ノ○如此蓋ヲシテ其辺色々カザ

リアリ尽ク立派ノモノナリ書簡ノ趣一向ワカ

ラズ又彼ノ重官ヨリ此方重役ヘ書帖アリ紙包

ニテ封印有之候使節上官副将四人分上段ノ間

ヘ曲ロクヲ設ケ奉行ハ将几ニ腰ヲカケ対面一

切之対ナシ只受取渡シノミナリ其節イボレツ

トヲ付候モノ廿五人ドヤヽ押込上段ノ間ヘ

上リ使節ノウシロヘ立塞ル何モ六挺仕掛ノ筒

片葉七 22.

(13 12 一

ヲ持チ叙ヲ帯スイホレツトヲ付候者ハ余ホドヨロ三キ者ノ由先年ホストン

外渡陳ノセツ大将分ニ人ヨリイホレツト付候者ナ

イボレツトハ金ノ板カ子ヨリフサヲ下ゲカザ

リ候者両肩へ下ケル也

(14 13

ケヘールル組何レモ人品宜シク装束モ立派冠ニ

(15

赤黒ノ玉ヲ付アル車掛リノ者ハ冠リノ外ボタ

ン等ヘ車ノ印ヲ付ル鉄炮掛リハ鉄炮ヲ付舟カ

ヽリハイカリヲ付ル

(16 14

琉球ヘモ七隻カケ置此方出帆直ニ琉球ヘヨリ

ソレヨリ漢東ヘユキ当時イキリス明ノ後ノ兵

ヲ助ケ清ト取合アリ故ニイヤリスヘ軍ミマヒ

ヲ三テ帰国致スト云リ

(17 15

アメリカ州先年ハイキリスニ制セラレイキリ

スノ催促ニテ出陣等致シ大ニ役セラレタル故

ニ取合ニナリ打カチ和平取ムスヒ以来対さノ

国トナルコレハ七十六年前ノコノ由

自司ノ権　共和政治七十六年ト昏

年号　ヤソコセ千八百五十三年ノ由

(18 16

士大将以上ヲモ上官是ヲ指揮スコレモ叙ヲ又

キュ指揮ス叙長サ二尺三四寸位長キハ三尺位モ

アリ
此度ノ異人イキリスニ比スレハ温順ノ方ナリ
総テ法則ノ整ヒ居候丁妙ナリ去ナカラ昼簡不
受取前ハ尽ク殺気立チ色々子ダケシ言ヲ申シ
応接甚タ難渋致シ候処受トリ候後ハ大ニ落付
候様子ニテ各別扱ヒ能ク相成候此方御備イカ
ニモ手薄キ故万一コトヲ起サレテハ大変ニ候
丁故トコマデモダマシコミ穏便専要ニ取扱ヒ
候シカシ不遠内マタ来船ノヤウス此後ハ如何
相成候者カトノ道参ルニ相違ナク候
異人六挺仕掛ノ筒ヲ持タサル者ナシケヘール
麺モ腰ニハサミアリ
此度彼ヘノ贈リ物ハ公辺ヨリニ非ス奉行ヨリ
ナリ彼ヨリ贈モノ有ニ付返礼ニツカワス
近藤良治ヨリ聞昼
六月三日下田沖ヘ異船帆影見エルニ付下田八
ツ時出立ノ注進舟来ル異船浦賀着ハ八ツ少シ
過ナリ下田沖ヨリ浦賀マテ半時ニタラズシテ
東込海上三十六里
着船ノ節佐々倉桐太郎中嶋三郎助近藤良治

様共一応申付候処決テ上船ヲ許サス国王ノ居簡致
候其方ヨリ重官ノ者受取ニ参リ候ヤ又此方ヨ
リ参リテワタシ申スヘキヤ居簡受取渡ノ外別
ニ掛合可致スダナシト云
3
定例ノ詞ニテ此地へ乗込候ヿ国禁ナリ長崎へ
参ルヘキ旨申諭シ候処此度ノ義ハ先年蘭人ヲ
以テ通達致シ置候ヿナリ然ルヲ右様ノヿ申サ
レ候ハ如何ノ義ソト云テ大ニ腹ヲ立テ掛合向
甚タ難渋致シ候
4
此度ノ異国船蘭人ヨリ通達有之候義昨暮奉行
へ内々御達ニ相成候由併シ夫モ只来夏ハ来ル
カモ知レヌ位ノヿ故与力モ一向ワキマヘ居不
申候故掛合ノ節大ニコマリ候ヿ有之候
5
居簡受取渡不致候テハ国王へ復命致シ候ヿ不
相成ト云テ尽ク必死ノ様子三度マデ彼是掛合
候処中々六ケ敷依テ其趣江戸へ申上ル七日ニ
江戸ヨリ事穏便ニ致シ居簡受取候様御達ニ付
即日其趣異船へ申通シ候ホドナク返簡御ワカ
ワシニ相成候義カ此方答曰夫ハ急ニハ出来申
マシク由申候処彼云左様ナレハ国王ノ居簡別

ニ下書アリ先此度ハ此下書ヲ渡シ申ヘシイヨ
〳〵返簡出来ノ上本書引替ニ可致ト云右種々
手段ヲ設ケ掛合ヨウ〳〵此度ハ書簡ノミ受取
返簡ハ追テ取ニ参候筈ニ約言致シ弥明九日受
取ヘク候振合ニイタシ候
6 始終掛合ノ節ハ使節上官ノ者ハ対面致サス副
将ノ者出席イタシ候ヿ
7 此後返簡受取ニ参リ候時ハ日本王ノ書簡ヲ守
固シ返リ候ヿ故小人数ニテハ日本ヲ敬スルニ
当ラス故ニ軍艦数隻ヲ倍テ尚更大軍船二隻ホ
ト引連レ参ルヘク此度ハ我国王ノ書簡故コレ
ホドノ人数ニテ参候由申ス
8 フレカット軍船大砲二十四門蒸気船大砲八挺
位各野戦筒モ数挺アリ九里浜上陸ノ時往来共
送リ迎ヒ致シ蒸気船ヘ上リ船中大体一見致シ
候処ソトヨリ見候トハ相違ニテ広大ナルモノ
ニテ一目ニハ見限ラレ申サス蒸気船車輪等ノ
9 仕掛是亦広大ニテ更ニ相分リ不申候
書簡請取渡相スミ候後異人悦喜ノ様子ニ相見
ヘ申候本舟ヘ返リ候時送リ参候処直ニ酒ヲ出

シ申候船中一見シ暫ク手間ドリ返リ候節モ離
杯ヲ勧メルトテ又酒ヲ差出候

10 昼翰受取ノ節何カ六ケ敷ヿテモ申候ヤト大ニ
心配致シ居候処何ヿモナク安心致シ候

11 右請取ノ席ハ上段ノ間使節上官副将二人シメ
テ四人此方ニテ奉行二人応接掛リノ与力四人
通詞一人皆コレモ上段ノ間ニ上ル組頭ハ下タ
ノ間与力七人同断

右五名ヨリ聞ケル所深秘ニ付不許他見

後記

添川廉齋編輯「有所不為齋雑録」に収録される史料は、日本開国に係わるものが多い。今回検討したのは、ペリー来航に関する史料と同来航予告情報史料である。大日本古文書・幕末外国関係文書之一に収録される一六号文書は、近現代において史料引用されるが、史料自体の調査研究はなされておらず、史料の意味価値は引用者に任されているのが実状である。平成一七年拙著「添川廉齋―有所不為齋雑録の研究―」で、「癸丑浦賀雑録にみるペリー国書提出と廉齋際会の足跡」「六月浦賀奉行支配組与力等よりの聞書―その異文の存在と本文の異同―」「附録史料一、三本対校『六月浦賀奉行支配組与力等よりの聞書』」で一考し、三本間の異同は理解できるが、その異同にどのような意味があるのか、また古文書本成立に至る過程がわからなかった。つまり一六号文書の底本となった類輯本と雑録本をどう調査しても疑問は消えなかった。一六号文書冒頭の按文割註に「此書、二種ノ引用書トモニ誤脱多シ」とある問題を解決するために、諸写本を博捜し諸文献の語る事実を集約帰納した。当初諸写本間には、史料を二分する本文異同を認め、それが一六号文書に結び付かなかった。諸写本は二分する本文を持つ二系統に属する諸本と考えていた。しかし奥書書写年月が思いもかけず近い写本から、同一筆者による再三の推敲を経た本文異同が、三系統に分岐している事実に気づくことになる。雑録本・類輯本・古文書本と三本を並列しただけから、雑記本を加えた四本に至る過程を初稿本・改稿本・再稿本・修訂本と、与力聞書を観想するに至った。一六号文書編輯者・中村勝麻呂が雑録本と類輯本表記の誤脱と表現したのは、与力聞書筆者による短期間の再三にわたる推敲に起因する表記の変更・削除・補足

・倒置を指示することになる。一原本の書写による誤写・誤脱ではなかったことが判明したのである。

与力聞書受容史を調査してみると、引用する在り方に近現代とはいえ時代差があることがわかる。現代においても史料批判がなされていない写本に対し、根拠が示されないまま原本に近いとの識者の言及もある。諸写本の調査は、翻字から入り四稿本対校与力聞書校本を作成し、各写本表記を対比し何れの稿本系に属するか明らかにした。この過程を示す必要から、活字に置き換えられないため著者自筆の翻字史料を写真版で掲げた。調査研究の過程まで示す不用意な記入また誤記もあるがご寛恕願いたい。写本の本文を見ていただけるなら幸いである。

四稿本対校与力聞書校本は、一六号文書成立の文献学的研究の柱なので、活字に翻刻し全表記の異同を記述した。その修訂本は原本の文書集本の底本に、加朱訂正を五九八ヶ所に施してできている。この加朱が再稿本表記と多く一致する。修訂本は再稿本表記により成立しているのである。修訂本の左に五九八ヶ所を示した。五年以上の調査であるため、写真版など記入表記の訂正など見苦しい点があることを恐れる。しかし小瑕はあっても大過はないと信じる。

ペリー来航予告情報とオランダ国王開国勧告史料は、右拙著で「天保甲辰長崎雑録と廉齋の時局認識」「咬𠺕吧都督筆記別段風説書之内」他五項でみた。第四章「廉齋の頭書また追書、朱書及び朱書頭註他」の廉齋は、無名氏と訂正する。有所不為齋雑録で天保甲辰長崎雑録は、その第一に据えられ、日本開国の端緒は天保一五年のオランダ国王開国勧告に始まるとする廉齋の時局認識が窺える。

ペリー来航予告情報は、当初開明的な朱書及び朱書頭註に時代の風潮に反した開国維新に通ずる思想と表記の顕彰のみで、五段落構成にわたるペリー来航予告情報の史料価値検証に至らなかった。今回この五段落構成をみるに、全体のテーマを「嘉永五年壬子六月和蘭告密書御請取始末」として、江戸幕閣関係者や長崎奉行関係者らの史料伝達の留書が施され、三一項を小テーマ別に編輯した史料群であることがわかった。同文を含む他史料「和蘭襍録」「鈴木大雑集」「海軍歴史」と対比し、史料の検討を行った。ペリー来航予告情報に加朱された朱書及び朱書頭註の在り方に、幕府機密情報に対する諮問答申の色彩が濃厚なことから、幕府政権中枢による情報ネットワークの存在をみた。現今この機密情報の伝達は、御三家・島津・浦賀奉行・江戸湾警備四藩等へ、嘉永五年一二月までなされたことが知られている。御請取始末の史料には、本文に江戸幕閣関係者の留書が一一月一三日より一五日の史料伝達を最後として語られる。しかし史料の編輯、諮問のため下付、答申を考えると一二月より場合により翌嘉永六年に至ることが理解される。事実加朱にはペリー来航前後の記述もある。嘉永五年一二月以降の動静を語る新史料か。明治二〇年代に勝海舟が、「開国起原」で幕閣有司の不見識・日蘭通商条約草案の不採用・ペリー来航予告情報の放置を痛惜する。しかし加朱には約四〇年も前に同様の卓見を答申した無名氏がいたのである。

右は日本開国の端緒とペリー来航に係わる混乱を記述した高度な幕府機密情報史料である。かかる膨大な史料を廉齋は、どうして有所不為齋雑録に収録することができたのか。加朱に幕府政権中枢との情報ネットワークの存在をみた。安中藩主漢学の賓師であっても布衣の町儒者である廉齋に、加朱にみたと同様の幕府政権中枢に居た者との情報ネットワークが存在した。これを加朱答申の雛形として、廉齋の経歴から石川和介（関藤藤陰）を割り出し、「添川廉齋宛石川成章書簡」に幕府機密情報史料の授受の足跡をたどった。当時福山藩主で老中首座阿部正弘の君側御用を務めた次第をみた。この二人が頼山陽・菅茶山・篠崎小竹に師事しており、同門の詩文交流をみ、最後に廉齋の時局認識と史料収集に至る足跡をみた。

嘉永六年ペリー来航を記した「与力聞書」の問題点を、一、その言語化　二、その視覚化　三、その思想化　としてまとめ終わりたい。

一、ペリー来航言語化の原拠「与力聞書」は、単一の原本から諸写本が生まれたのか。諸写本は原本成立から一ヶ月で流布する諸本が確認できるから、原本作成者が短時日のうちに初稿から改稿さらに再稿と推敲している。各稿本作成者の奥書はない。しかし各稿本を書写した写本には、奥書が付き稿本を書写した顛末が語られる。これは書写者の観想で、原本を聞き書きした原作者のものではない。流布する各稿本の善本を紹介する形で四稿本対校「与力聞書」校本を作成し、その差異をみた。しかし原本との差異が存在しよう。例えば再稿本の仮名表記には、諸稿本の共通表記が漢字である所を仮名に変更している箇所がある。各稿本の原本は存在せず、書写者の意図が不明である。人名においても異同が甚だしい。与力の姓名に初稿の樋田多二郎が改稿で樋口多三郎に、再稿で樋田多々郎に、修訂本で樋田多太郎に変った。原本は漢字の楷書体に片仮名が使われたが、書写の際に草書体に変体仮名の連綿による速記が原因で誤読による誤写が生じた。また本文を理解するために風説が引用される。風説は補足された表記で本文ではない。「与力聞書」言語化の特徴は、改稿本により各項目構成が決定され、再稿本から修訂本に至る基本表記となった。原本作成者が意を用いた項目が、初稿本合原第一六項の表記削除（改稿本同第一一項）と関連して樋田第六項における初稿と改（再）稿との表記の差にある。ここには「米人闖入一件」をテーマに表現している。幕末から昭和初期まで引用され戦後に引用が終息した「米人闖入一件」を問題にするのは、倒幕思想展開の端緒からでもある。詳細は次項へ。

二、「与力聞書」深秘の視覚化。諸図が付く諸写本がある。諸図とは久里浜仮小屋掛之図と対顔小屋ノ図である。添付図は原本に付随せず、書写流布し受容される過程で補足添付されたとみる。「与力聞書」が如何に受容されたかを示す史料なのである。仮小屋掛之図は他史料と比べ特異なものでなく、②記聞本⑤内閣本③玉里本⑧一件本⑨秘譚本⑩秘談本⑪舶記本⑯片葉本に付く。対顔小屋ノ図は「与力聞書」のみに見える添付図である。それには「押込異人」表記があり、「米人闖入」をテーマとした視覚化で、②内閣本③玉里本⑧一件本⑪舶記本に付き改（再）稿本系にのみ存在する。「押込異人」とは、一でみた初稿本合原第一六項の表記削除と改（再）稿本樋田第六項への補足を通した「米人闖入一件」をテーマに集約された表記にある。撃つばかりの剣付鉄砲を持った米兵六〇人程が、会見場幕内へ踏み込んだ一件を表現する。幕府の威信が失墜した原因を公辺穏便の沙汰とし、応接方は踏み倒されんとし、奉行は虜にされる勢いに、胆を抜かれ仰天し無念の歯がみをする。この「押込異人」の威に屈伏した屈辱を末尾の一文「右五名ヨリ聞ケル所深秘ニ付不免他見」が核心的テーマとして表現しているとみる。深秘とは砲艦外交に屈服し、国体の恥辱により幕府の威信失墜が表面化するを恐れた秘密である。三との絡みでは他見により佐幕から倒幕思想を引き出すを恐れたと読める。「与力聞書」は写本として深秘や不免他見とは裏腹に流布する。

三、「与力聞書」深秘の流布と倒幕思想形成の端緒。幕末思想は、勤皇佐幕また攘夷開国思想のバランスがどう展開するかにある。幕府の威信失墜が表面化すると、幕藩体制下で勤皇佐幕思想を維持しつつ攘夷を断行することは不可能であった。無二念打払いから薪水給与への幕府穏便の沙汰は、戦端を開く恐れがある攘夷思想から距離を置くことでもある。開国を断行した幕府に対し「与力聞書」深秘の流布は、勤皇を助長することはあっても佐幕思想の擁護にならず、倒幕思想の惹起傾斜する端緒となったと考えるのである。

平成一七年に出版した拙著「添川廉齋―有所不為齋雑録の研究―」から早六年が経ち、本稿のテーマを史料検討し納得消化するのに思いの外時間がかかり、忸怩たる思いである。関係機関の諸氏に大変お世話になり感謝の念に堪えない。ここに記して御礼を申し上げる。諸賢の斧正を乞う。

著 者 略 歴

木 部 誠 二（きべ　せいじ）

昭和 23 年　東京都生

昭和 46 年　國學院大学経済学部経済学科卒業

昭和 49 年　國學院大学文学部文学科卒業

同年井之頭学園藤村女子中学高等学校国語科教諭、今に至る。

論文　「旧安中藩の版木調査と甘雨亭叢書蔵版書の基礎的研究」

「小林本次郎正愨校訂恥斎漫録巻之四とその研究」

「添川廉斎」

「添川廉斎　－有所不為斎雑録の研究－」

「添川廉斎宛石川成章書簡にみる有所不為斎雑録の史料収集」

「菅茶山三回忌と忍池宝珠院」

「与力聞書16号文書成立の研究序説」

有所不為齋雑録の史料にみる日本開国圧力
―与力聞書とオランダ国王開国勧告史料―

平成二十五年三月　発行

定価　本体 二万円 ＋税

著者　木部誠二
発行者　木部誠二
印刷　望洋印刷
発売所　汲古書院

〒102-0072 東京都千代田区飯田橋二-五-四
電話 〇三（三二六五）九七六四
FAX 〇三（三二二二）一八四五

ISBN978 - 4 - 7629 - 9557 - 6　C3021

人　名　索　引

あ

阿部正弘（伊勢守、福山七代藩主、老中）　8・11・26・32・293・300・338・347・348・350・355・357・359・360・364・367・374・382・396・397・398・399・400・401・402・403・404・406・407・409・411・413・419・420・424・426・427・428・430・431（福山侯逝去）437・440・447・449・452・516
浅野長祚（中務少輔、梅堂、浦賀奉行、京都町奉行）　288・407・408・424・425・426
アダムス（Henry A. Adams、参謀長海軍中佐）　327
秋田重致（古河藩士）　334
アウリツキ（John H. Aulick、東印度艦隊司令長官、海軍代将）　365・366
安島信立（帯刀、水戸藩家老）　385
阿部正教（福山八代藩主）　398・400
阿部正方（福山九代藩主）　398・400
阿部正桓（福山十代藩主）　398・400・401
安藤織馬（福山藩御用役）　407
青木光行　452
阿部正精（棕軒、福山六代藩主、老中）　452

い

井野辺茂雄　9・311・312・313・348・349・553・555
岩下哲典　9・10・26・124・133・331・338・339・340・341・343・344・350・351・352・356・440・448・544・555
石川和介（関藤藤陰、君達、福山藩儒）　11・26・355・356・396・397・398（文兵衛）400・402・403・404・405・406・407・408・409・410・411・412・413・414・415・416・417・419・420・422・423・424・425・427・428・429・430・431・432・439・441
板倉勝明（伊予守、甘雨、安中七代藩主）　12・288・336・374・412・413・424・426・427・432・437・438・439・451
飯塚久米（三、三郎、浦賀与力）　15・124・131・132・335・336・339・342・343・350・352・353・488
色川三中（常陸土浦の国学者）　19・250・261・263・281・282
井伊直亮（彦根一三代藩主）　46
井戸弘道（石見守、鉄太郎、海防掛目付、浦賀奉行）　46・124・131・336・343・353・367・450・520
岩瀬忠震（修理、幕臣）　124・452
井伊直弼（掃部頭、彦根一四代藩主、幕

府大老）　291・293・311・348
石 井 孝　293
伊澤政義（美作守、長崎奉行）　389
石塚敬儀（関藤藤陰養子、陸軍大尉）　398・401
石川政太郎（石川和介長男嗣子）　398・401
板倉勝尚（安中六代藩主）　413
石川順介（関藤元五郎、後の藤陰養父）　450

う

ウィルレム二世（オランダ国王）　389・443
内田祢太郎（観斎）　452

え

江 木 鰐（繁太郎、鰐水、福山藩士）　408・413・415・416・427・428・432
江川坦庵（太郎左衛門、韮山代官）　409・410・440・452
江越弘人　448

お

岡 千 仭（仙台藩士、尊攘論者）　8・283・286・289・347・552・554
小野(横山)湖山（豊橋藩儒、優遊吟社）　288・289・290・453
乙骨耐軒（寛、幕府儒官）　288
大江志乃夫　330
大澤定宅（豊後守、長崎奉行）　377・379・442
大久保要（土浦藩校郁文館館頭、藩公用人）　404・424・451
大久保忠豊（浦賀奉行）　420
岡本祐之助　423
岡田逸一（広島県立福山誠之館中学歴史地理教諭）　451

か

香山栄左衛門（応接掛、浦賀与力）　15・44・124・131・178・188・225・233・283・284・286・299・303・309・318・324・327・330・334・336・343・345・347・353・449・496・500・506・507・511・521・534・549
金指正三　18・202
菅 政 友（亮之介、桜廬、水戸藩彰考館文庫役）　26
海保帆平（板倉侯の剣客から水戸藩士）　124・131・133・335・336・341・343・350・351・352・353・555・556
川路聖謨（左衛門尉、幕臣）　332・412・452
勝 安 房（麟太郎、幕臣）　350・371・448・452・544・555
菅 茶 山（晋帥、文恭先生、神辺、福山藩儒）　288・413・416・419・423・438・439

き

木原行蔵（土浦藩士）　261・263・281・282
岸 俊 光　331
岸 田 秀　332

絹屋理左衛門（古河旅宿）　405

く

久留金之助（幕臣）　334
黒野九平次（幕臣）　334
日下部伊三次（水戸藩士）　423・424
窪田子蔵（下総佐倉藩士）　430・431
窪田潜龍（越後村上藩士）　431
黒田斉溥（美濃守、福岡一一代藩主）　448
栗谷川虹　451・453

こ

合原総(惣)蔵（浦賀与力）　15・131・202・299・457・469・484・534
近藤良次（治、浦賀与力）　15・51・124・131・187・230・232・324・336・343・345・346・353・535
古賀謹一郎（茶渓、謹堂、洋学所頭取）　202
合原伊三郎（浦賀与力）　131・132・237・239・243・300・459・482
コンチー（John Contee、参謀海軍大尉）　327
小西四郎　332
小寺廉之（清先三男、備中笠岡郷校敬業館教授）　414
古賀侗庵（昌平校教授）　416
古賀精里（佐賀藩儒、幕府儒官）　429
古賀穀堂（佐賀藩参政禄）　432
後藤松陰（機、春艸、大阪の儒者）　435
五弓久文（祠官、事実文編の編者）　438・453
小林本次郎（正愨、安中藩士）　453

さ

鮫島正助（薩摩藩士）　22・155・166
沢伊十郎（竹亭、江戸小網町廻船問屋、船記本書写）　22・197・198・201
佐久間象山（平大星、修理、松代藩儒）　236・237・332
佐藤一斎（幕府儒官）　236・392
佐々倉桐太郎（義行、浦賀与力）　160・232・234・324・345・346・535
斎藤竹堂（子徳、茫洋子、江戸の儒者）　215・405・441
阪谷素（朗廬、広島の儒者）　397・399・402・427・450
桜任蔵（真金、月波、水戸藩士）　408・428
斎藤拙堂（津藩儒）　429・433・439・441
佐治岱次郎（下総佐倉藩士）　430
佐波銀次郎（下総佐倉藩士）　430
坂口筑母　290・452
榊原式部大輔（越後高田藩）　46・518

し

渋川六蔵（敬直、天文方、御書物奉行）　11・388・390・391・392・393・394・406
進藤寿伯（広島藩医師格）　18・202・209
島津斉彬（修理太夫、薩摩守、薩摩一三代藩主）　26・338・410・448
下曽根金三郎（桂園、幕臣砲術師範）　315・452・509
塩田順庵（幕府医官、海防論者）　405

篠崎小竹（弼、大坂の儒者）　413・415・416・419・432・433・438・439
次　郎　吉（加州領越中東岩村、漂客）　422・423
渋谷脩軒（竹価、松代藩医）　423

す

鈴　木　大（水戸藩士、弘道館助教）　10・18・237・385・386・452
杉田成卿（幕府天文方）　335・337
鈴木秉之丞（師揚、彝斎、福山藩士）　428・429・432

せ

関藤藤陰（石川和介、関五郎、淵蔵、文兵衛、福山藩儒）　11・26・397・398・402・414（関五郎）415・416・422・450
清　　蔵（雑件本書写）　147
関藤政信（備中吉浜の人、第四子が藤陰）　397・399・450
関藤成緒（藤陰一女の女婿、嗣子）　399・401
関藤国助（藤陰の嫡孫）　404・410・450
仙波市十郎（松平薩摩守内）　410
関　立　介（藤陰の兄）　413・414

そ

添川廉斎（栗、仲穎、寛夫、有所不為齋）　3・10・12・13・16・22・288・289・355・356・396・397・402・403・411・412・413・414（仲穎）　415・416・417・418・419・422・423・424・425・427・428・429・430・431・432・433・434・435・437・439・441・451
添川鉉之助（廉斎嗣子）　286・347・553

た

高橋恭一　9・124・180・190・197・198・314・315・316・317・318・320・321・323・324・342・349・543・554・555
田中正弘　17・69・110・554
湍　　門（柴浦漁者、秘談本排輯）　20・22・180・198
高橋親触（一件本書写）　22
高野武貞（松代藩士）　334
立石得十郎（幕府天文台詰通詞）　334
竹内清太郎（保徳、勘定吟味役、海防掛）　360・378
高橋多一郎（水戸藩士）　404・423
鷹見泉石（古河室老、洋学者）　405・406
高島四郎太夫（秋帆、長崎町年寄、幕末砲術家）　409・452
田保橋潔　448
玉木文之進（吉田松陰叔父）　449

ち

珍田捨己（外務次官）　69・70・71
茅根伊予之介（水戸藩士）　385

つ

筒井政憲（肥前守、紀伊守、西丸留守居、大目付）　4・26・32・233・306・

310・333・335・337・339・344・351・359・360・378・382・395・396・449・450・452・502・549
土屋寅直（采女正、大阪城代、土浦十代藩主）　451
辻茂左衛門（浦賀奉行支配組頭）　546

て

寺地強平（福山藩士）　430

と

徳富蘇峰（民友社創立）　9・180・297・298・300・310・348・452・544・553・555
豊田天功（水戸藩士）　26
徳川家慶（一二代将軍）　45
戸田氏栄（伊豆守、浦賀奉行）　44・46・124・131・315・336・343・353・408・409・424・426・427・450・511・520・549
徳川斉昭（景山、烈公、前中納言、水戸九代藩主）　124・133・328・339・343・353・385・397・398・399・408・410・424・438・440
遠山茂樹　310
徳川慶勝（名古屋一七代藩主）　338・385
ドンケル・クルチウス（Jan Hendrik Donker Curtius、東印度高等法院評定官、長崎オランダ商館長）　341・350・357・364・373・387・426・442・445・446・555
戸川安鎮（中務少輔、海防掛目付）367
どいまあるふあんとういすと（Albertus Jacob Duymaer van Twist、阿蘭陀領東印度総督）　373・442・445

な

中村勝麻呂（旧彦根藩士、外務省編纂事務嘱託、東京帝国大学文科大学史料編纂官）　7・8・17・25・69・71・77・112・290・291・292・348・553・554
中野同子（添川廉斎嗣子、鉉之助の娘）　15・17
中村正勝　17・111・119・123・124
中井信彦　263・282・337
中島三郎助（永胤、浦賀与力）　131・232・283・284・286・299・300・303・304・317・318・324・345・346・459・506・535
中浜万次郎（ジョン万次郎、翻訳通弁、幕臣）　365・412・430・440
内藤忠明（安房守、長崎奉行）　378
長沼澹斎（兵学者）　408
中西邦基（忠蔵、拙脩、幕府切手同心）　408・423・428・431
成石修輔（下総関宿藩士）　431

に

西吉兵衛（長崎大通詞）　357・359・360・442・443・448
蜷川郡平（石川和介、三女と婚姻）　398・401・403・420

は

原　　剛　9・328・329・350
萩 原 裕　17
林 述 斎（快烈府君、八代大学頭）　236
服部之総　310
秦 郁 彦　331
浜野章吉（懐旧紀事編者）　374、441
林伊太郎（鶴梁、甲府徽典館学頭）　423
羽倉簡堂（外記、幕臣）　429
濱 久 雄　451

ひ

樋田(口)多二(三・太)郎（浦賀与力）　15・132・161・233・350・396・501
広瀬旭荘（文敏先生、大坂の儒者）　26・386
尾藤水竹（希大、高蔵、二洲長男）　415・416・417・418・419・420・421・422・423
ビッドル（James Biddle、アメリカ東印度艦隊司令長官、海軍代将）　420・452

ふ

藤 田 清（藤田穎嗣子、有所不為齋雑録活字本校字、廉齋遺艸編輯）　15・26・439
藤田東湖（誠之進、水戸藩儒）　26・404・408・410・428
ブカナン（Franklin Buchanan、海軍中佐、サスクェハナ艦長）　272・320・321・327・523
フィルモア大統領（Millard Fillmore）　320・322
藤岡信勝（新しい歴史教科書をつくる会）　329・332
福田禄太郎（阿部正弘公編輯、広島県立福山誠之館中学校漢文担当）　351
深谷盛秀（遠江守、海防掛大目付）　367
プチャーチン（Evfemi Vasilievitch Putiatin、海軍中佐）　381
藤森恭助（弘庵、天山、江戸の儒者、土浦藩儒）　423・451
フォス美弥子　441・447
福地源一郎　544

へ

ペリー(Commodore Matthew Calbraith Perry、海軍代将、東印度艦隊司令長官）　3・4・5・8・9・10・13・15・20・22・154・166・180・188・202（ペルリ）236・272・283（彼理）284・288・291・293・294・296・297・298・303・312・314・320・322・325・326・328・329・332・339・341・342・348・349・366・395・427・522・543

ほ

堀 利 凞（織部、外国奉行目付）　46・521
堀達之助（通詞）　334

ま

牧 義 制（志摩守、長崎奉行） 7・11・341・357・360・363・379・381・382・426・442・446・447・450
牧野忠雅（備前守、越後長岡一一代藩主、老中） 45・124・516
前田夏蔭（幕臣、蝦夷志料編者） 326・333・335・336
丸山真男 332
松本健一 329・330・340・350
牧 百 峯（輗、信侯、善助、学習所儒師） 416
牧野黙庵（唯助、讃岐高松藩儒） 416・418・419・420・423
松平近直（金之丞、四郎、河内守、勘定奉行） 452

み

三浦屋権四郎（秘譚本書写） 20・167
宮部鼎蔵（増実、田城、熊本藩士） 22・155・166
水野忠徳（筑後守、浦賀奉行、長崎奉行、勘定奉行） 32・46・449・520
三上参次（史料編纂官） 70
宮地正人 147・154・330・333
三輪公忠 330・331
箕作阮甫（津山藩士、蕃所調所教授） 405・412・441
宮原節庵（龍、士淵、謙蔵、京都の儒者） 416
三牧楓崖（駲、子駿、又一郎、小普請組奥田主馬支配、甲府徽典館学頭、幕府儒者） 417・418・419

む

村瀬正章 18・217・554
村上忠順（刈谷藩侍医、国学者） 18・217・230

め

メンチコフ（Alexandr Sergeivitch Menshikov、海軍大臣海軍大将公爵） 382

も

森山栄之助（憲直、長崎小通詞） 357・359・360・388・391・392・442・448
森山源左衛門（長崎大通詞） 388・391・392・448
門田朴斎（尭佐、福山藩儒） 413・416・417・418・419・420・422・423
森田節斎（儒者、志士） 413
諸木雄介（蔀山、福山藩儒） 423
森 一 馬（春成、越後長岡藩士） 431
森田雅一 451
望 月 茂 451

や

山本詔一 123・340・342・351
山寺常山（松代藩士、兵学者、寺社奉行、郡奉行） 334
保岡元吉（嶺南、川越藩儒） 423
山本橘次郎（福山藩士） 430・431

矢田七太郎（広東官補、スイス公使）　440
山鹿素水（兵学者）　449
山下立樹　452

よ

吉田松陰（萩藩士、儒者）　236・335・340・341・343・350・352・449・555
吉田助三郎（福山藩御用役）　407
吉沢忠恕（五郎右衛門、遠斎、福山藩士）　408・431
依田利用（恵三郎、源太左衛門、匠里、幕府儒者）416・438・439

ら

頼 山 陽（京都の儒者）　288・399・401・402・413・414・415・416・419・438・439
頼 春 風（安芸藩医）　414

り

林 則 徐（湖広総督、阿片禁輸の清国欽差大臣）　407

れ

レザノフ（Nikolai Petrovitch Rezanov、日本特派全権ロシア大使、国務顧問官兼待従）　291
レフィソン（Joseph Henrij Levyssohn、長崎オランダ商館長）　378

ろ

ロ ー ゼ（Frederik Cornelis Rose、長崎オランダ商館長）　445

わ

渡辺修二郎（旧福山藩士）　8・293・297・328・348・452・553・554
和田英松（国史学者、史料編纂官）　451

書　名　索　引

あ

阿部正弘事蹟（渡辺修二郎）　8・293・328・348・452・453・553・554
亜墨利加軍艦渡来秘譚（秘譚本、神奈川県立公文書館所蔵）　18・166・550・554・628
アメリカ使節応接始末（始末本、村上忠順記録集成所収）　18・217・218・552・770
亜墨利伽図説（鹿児島大学図書館玉里文庫所蔵）　124・125・336・343・353
阿部正弘公（福田禄太郎）　351
阿片始末（斎藤竹堂）　405
アメリカ地誌　411・412・450
安政乙卯日暦（藤田東湖）　428・429
浅野梅堂（坂口筑母）　452

い

井伊大老と開港（中村勝麻呂）　8・25・290・291・348・553・554
飯塚久米三郎ヨリ聞書他（雑件本、海警吏情秘録、国会図書館所蔵）　18・147
異国船見聞記（神奈川県立図書館所蔵）　124・340・341・342・343・347・350・352・353・555
色川三中来簡集　261
色川三中の研究　伝記篇（中井信彦）　263・282
色川三中の研究　学問と思想篇（中井信彦）　263・282
維新史（文部省維新史料編纂事務局）　327・329・331
維新史料綱要（東京大学史料編纂所蔵版）　440・452
伊沢蘭軒（森鷗外）　450

う

浦賀与力合原総蔵ヨリ聞書他（雑録本・初稿本、有所不為齋雑録所収）　3・17・285
浦賀奉行支配組与力等よりの聞書（一六号文書・古文書本・修訂本、幕末外国関係文書之一所収）　3・13
浦賀奉行（高橋恭一）　9・314・349・554・555
浦賀与力より之聞書（内閣本、国立公文書館内閣文庫所蔵）　18・55・139
浦賀新聞（新聞本、近世風聞　耳の垢所収）　18・202・203・209・739
浦賀奉行与力よりの聞書（黒船来航見聞実記、高橋恭一の秘談本翻字）　124・180・198・324・325・342・543
浦賀奉行史（高橋恭一）　315・349
丑寅者ハつけ（有所不為齋雑録所収）　327
浦賀表米船対話書（二〇号文書、幕末外国関係文書之一所収）　327・332・334・337・338・341

え

江戸時代における白旗認識と「ペリーの白旗」（岩下哲典、青山史学第21号）　124・340
江戸の海外情報ネットワーク（岩下哲典）　124・133・341・343・353
蝦夷紀行（石川和介）　399・401
江木鰐水日記（大日本古記録所収）　431・453

お

和蘭襍録（青山学院大学図書館所蔵）　11・390・392・393・394・440
乙骨耐軒日記　288
遠近橋（続日本史籍協会叢書）　403・423・451
和蘭宝函採要和解（有所不為齋雑録所収）　404
豪斯多辣利訳説（箕作阮甫）　411・412・441
大峯記（廉齋遺艸所収）　432・433・438・439
大亀谷（廉齋遺艸所収）　434
大久保要（青木光行）　452

か

嘉永五年壬子六月和蘭告密書御請取始末（御請取始末、有所不為齋雑録所収）　4・7・8・10・11・351・355・357・362・394・432・439
海軍歴史（勝安芳、海軍省蔵版）　11・390・391・392・393・394・448・449・544
嘉永五年子六月和蘭風説申上一件諸書付（一件諸書付、和蘭襍録所収）　11・356・393・394・440
外交始末底本（萩原裕、東京大学史料編纂所所蔵）　17
外交紀事本末底本（萩原裕、東京大学史料編纂所所蔵）　17
嘉永癸丑アメリカ船渡来記聞（記聞本、北辺に散った士魂、中島三郎助所収）　17・48・111
海防名応接記（玉里本、鹿児島大学図書館玉里文庫所蔵）　18・27・111・124・125・336・343・353・557
嘉永六年六月浦賀奉行支配与力等より聞書（一件本、米船浦賀渡来一件、神奈川県立公文書館所蔵）　18・342
賀港来舶記（舶記本、横須賀市人文博物館所蔵）　18・180・197・201・713
嘉永六年六月三日亜米利加船浦賀入津より同月一二日退帆に至る間の模様につき浦賀奉行支配組与力等よりの聞書（文書集本、幕末外交文書集所収）　19
嘉永六年六月浦賀奉行支配与力等より聞書（山本詔一、横浜市立大学よこはまアーバンカレッジテキスト）　124・340・351
外国雑件三（雑件本、与力聞書抄録本、国立国会図書館所蔵）　147・332・333・592
片葉雑記　色川三中黒船風聞日記（中井信彦）　263・282・337・341

学説批判明治維新論（石井孝）　293
香山栄左衛門応接手続書差出之件（幕末維新外交集成所収）　313・314
隠されたペリーの「白旗」（三輪公忠）　330
概観維新史（文部省蔵版）　331
書留草子（東北大学狩野文庫所蔵）　334
開国前夜の政局とペリー来航予告情報（岩下哲典、「ペリー来航予告情報」と中央政局の動向）　338
開国起原（勝安房、宮内省蔵版）　350・356・360・362・364・371・373・376・440・441・544・555
嘉永五年壬子和蘭別段風説書（鈴木大雑集所収）　365・440
懐旧紀事（浜野章吉編纂、阿部氏蔵版）　374・441・452・453
観国録（石川和介）　399・401・431・453
海防彙議（塩田順庵）　405
海防彙議翼（斎藤竹堂）　405
海国図誌（林則徐）　407
我為我軒遺稿（牧野黙庵松村遺稿所収）　416・418・421
家乗（牧野黙庵、牧野暢男氏所蔵）　417・419・420・421・451
加州領越中東岩村次郎吉話（有所不為齋雑録所収）　422
鶴梁林先生日記（都立中央図書館所蔵）　423
罕有日記（越後長岡藩森一馬、函館市中央図書館所蔵）　431
甘雨亭叢書（板倉勝明編輯、群馬県安中市所蔵）　438・439
我為我軒詩（牧野黙庵、牧野暢男氏所蔵）　451
我為我堂集（牧野黙庵、牧野暢男氏所蔵）　451
我為我軒咏物詩（牧野黙庵、牧野暢男氏所蔵）　451
茅原の瓜　小説関藤藤陰・青年時代（栗谷川虹）　451

き

近世日本国民史　開国日本（徳富蘇峰）　9・180・297・299・300・306・308・348・452・544・553・555
癸丑浦賀雑録（有所不為齋雑録所収）　15・17・23・25・284・327・457
近代日本と幕末外交文書編纂の研究（田中正弘）　17・110・554
近世風聞・耳の垢（進藤寿伯）　18・202・739
協和私役（窪田子蔵、下総佐倉藩）　431
北蝦夷画帖（下総佐倉藩）　431

く

草乃可佼葉（草能片葉第一四冊、色川三中、静嘉堂文庫所蔵）　19・250・282・818
草片葉（第七冊、色川三中、静嘉堂文庫所蔵）　19・263・282・845
黒船来航見聞実記（秘談本を翻字）　124
黒船幻想ー精神分析から見た日米関係（岸田秀）　332
偶作（添川廉齋、湖山楼詩屏風所収）　438

こ

甲辰乙巳（弘化元年二年）和蘭告密（有所不為齋雑録所収） 4・10・11・355・363・386・387・388・390・406
高麗環雑記（東京大学史料編纂所所蔵） 5・14・15・47・51・78・125・190・205・237・313・326・334・338・457
合原惣蔵ヨリ聞書他（雑記本、再稿本、高麗環雑記所収） 5・14・18
合原伊三郎ヨリ聞書略他（雑集本、鈴木大雑集所収） 18・237・795
合原惣蔵ヨリ聞書他（片葉七本、草片葉第七所収） 19・263・845
湖山楼詩屏風（小野湖山） 288・453
極秘（有所不為齋雑録所収） 327・338
穀価（廉齋遺艸所収） 434
礦婦怨（廉齋遺艸所収） 434

さ

鮫島正助書輸集（東京大学史料編纂所所蔵） 166
桜真金伝（水戸烈士伝） 408
薩州御届（有所不為齋雑録所収） 365・410・422・440
山陽遺稿（河内屋徳兵衛板、五玉堂刊後印） 413・414・415・451
山陽先生行状（江木戩） 413
西遊稿抄（廉齋遺艸所収） 432
鎖国時代日本人の海外知識（開国百年記念文化事業会） 441

し

新訂維新前史の研究（井野辺茂雄） 9・311・348・553・555
七月十日水戸前中納言上書（二七一号文書、幕末外国関係文書之一の二七一所収） 328・338
白旗伝説（松本健一） 329・330・350
白旗伝説余波（松本健一） 329
白旗伝説異聞（松本健一） 329
白旗伝説を再考する（松本健一） 329
白旗伝説の内部深くに（松本健一） 329
正体見たり！「白旗書簡」ニセモノ説を掲げ「新しい歴史教科書」潰しに狂奔した宮地正人とその一派（秦郁彦） 331
「白旗書簡＝偽文書説」の五つの虚偽―宮地正人氏における「歴史家失格」（藤岡信勝） 332
如坐漏船居紀聞（山寺常山、東京大学史料編纂所所蔵） 334
辛丑以来拙詩稿（廉齋遺艸所収） 428・432

す

鈴木大雑集（日本史籍協会） 10・18・237・356・360・376・383・384・386・440・795
鈴木大日記（内閣文庫所蔵史籍叢刊） 386

せ

世続一世記（徳川林政史研究所所蔵） 338

関藤藤陰年譜（関藤国助撰）　403・409・411・450
関藤文書（東京大学史料編纂所所蔵）　429
先君甘雨公行状（廉齋遺艸所収）　433・437・451
関藤藤陰先生の伝（和田英松、福山学生会雑誌所収）　451
関藤藤陰小伝（森田雅一、高梁川所収）　451
誠之館百三十年史（福山誠之館同窓会編）　451
晴雨私暦（牧野黙庵、牧野暢男氏所蔵）　451
関藤藤陰十大功績（岡田逸一）　451・452・453

そ

続通信全覧類輯之部（幕末維新外交史料集成・雄松堂出版発行所収）　4・12・13・15・16・18・69・71・72・77・233・312・313・457・542
添川廉齋ー有所不為齋雑録の研究ー（木部誠二）　10・14・15・17・25・27・290・338・343・440・441・448・452・457・554
添川廉齋（木部誠二、藤村女子中学高等学校研究紀要所収）　23・27・290・451・453
尊攘紀事（岡千仭）　283・284・290・347・552・553・554
続回天詩史料（藤田東湖）　408
添川廉齋罵安中侯（五弓久文、村居独語所収）　438
増訂近代日本外国関係史（田保橋潔）　448
「添川廉齋宛石川成章書簡」にみる有所不為齋雑録の史料収集（木部誠二、東洋文化復刊第百号所収）　450
添川廉齋「有所不為齋雑録」の成立とその背景（木部誠二、東洋文化復刊第九五号所収）　451
村居独語（五弓久文）　453

た

耐軒詩文稿（乙骨耐軒）　288
大日本維新史料（維新史料編纂会）　326・329・331
対灯私記（吉田松陰）　335・352
対外関係史総合年表　451

ち

中学社会　新しい歴史教科書　9・329・350・555
紐宛韻府（ニウウエンホイス、箕作阮甫）　405・411・412・430・450

つ

通商か戦争か（松本健一）　329
通航一覧　383
通信全覧　383

て

訂正尊攘紀事補遺（岡千仭）　8・283・284・287・288・290・347・552・554
天保甲辰長崎雑録（有所不為齋雑録所収）　10

と

徳川実記（新訂増補国史大系） 233
杜詩偶評説（関藤藤陰） 399・401
藤陰舎遺稿（関藤国助発行） 405・418・420・421・450・452
東徼私筆（下総関宿藩士、成石修輔） 431
読嘆夷犯清国事状数種作長句以記之（廉齋遺艸所収） 432・435・453
藤陰関藤先生碑（阪谷素撰文、藤陰舎遺稿所収） 450

に

日間瑣事備忘録（広瀬旭荘全集日記篇所収） 26・386
日本人が忘却した白旗（松本健一） 329
日本の歴史19　開国と攘夷（小西四郎） 332
二十一回叢書（吉田松陰） 335・341・343・350・352・555
日本政記（頼山陽） 399・402・416
日光山紀行（藤陰舎遺稿所収） 405
ニウウエンホイス（紐宛韻府・紐宛斐氏韻府、有所不為齋雑録所収） 411・412・450
日本外史（頼山陽） 416

は

幕末外国関係文書之一（大日本古文書所収） 4・12・13・14・16・71・314・331・338・348・385・449・457・544・553
咬𠺕吧都督筆記（有所不為齋雑録所収） 5・350・355・362・364・371・384・386・387・390・393・440・555
幕末外交文書集（東京大学史料編纂所所蔵） 5・8・24・25・50・56・68・69・70・71・110・348・550・553・554
幕末海防史の研究（原剛） 9 ・328
幕末日本の情報活動 ―「開国」の情報史―（岩下哲典） 9・10・26・338・339・342・356・440・448・544・554
幕末維新外交史料集成（維新史学会編） 15・18・314・338・457
灰原某ヨリ聞書他（片葉本、草乃可伎葉第一四所収） 19・250・818
幕末外交文書集編纂材料目録（東京大学史料編纂所所蔵） 110
蕃史（斎藤竹堂） 215・405・441
幕末における視座の変革 ―佐久間象山の場合（丸山真男） 332
幕末古文書（秋田重致、国会図書館所蔵） 334
幕末之偉人江川坦庵（矢田七太郎） 440
幕末出島未公開文集 ―ドンケル＝クルチウス覚書―（フォス美弥子） 441
幕末の外交官森山栄之助（江越弘人） 448
幕府衰亡論（福地源一郎） 544

ひ

常陸帯（藤田東湖） 404
漂流記（中浜万次郎漂流記、嘉永六癸丑

年八月晦日御勘定奉行河路左衛門尉御仮宅エ指出ニ相成候漂流人取調書） 411・412・450
漂客次郎吉話詩（个益、有所不為齋雑録所収） 422・423
百死余生稿（廉齋遺艸所収） 432

ふ

藤岡屋日記（第五巻、第四四海防全書） 336・341
文章軌範筆記（関藤藤陰） 399・401
藤田東湖伝（高須芳次郎） 408
文稿（廉齋遺艸所収） 432
藤森天山（望月茂） 452

へ

米夷留船秘談（秘談本、横須賀市人文博物館所蔵） 9・18・51・180・198（附録）・315・324・325・342・343・349・554・656
米使ペルリ初テ渡来浦賀栗浜ニ於テ国書進呈一件（浦賀与力談話筆記、類輯本・改稿本、続通信全覧類輯所収） 13・18・312・457
丙辰長崎下田箱館雑録　下（有所不為齋雑録第九所収） 26・386
ペリーの白旗書簡は明白な偽文書である（宮地正人） 154・330・333
米船浦賀渡来一件（一件本、神奈川県立公文書館所蔵） 155・598
ペリーの白旗書簡と砲艦外交（原剛） 329
ペリー来航と阿部正弘の外交（松本健一） 329
「ペリーの白旗」伝説を三考する（松本健一） 330
ペリー艦隊大航海記（大江志乃夫） 330
ペルリ提督日本遠征記（土屋喬雄、玉城肇訳） 330
ペリーの白旗150年目の真実（岸俊光） 331
ペリーの「白旗」―アメリカ側に記録が無いわけ（三輪公忠） 331
編年雑録（豊後臼杵藩編纂、東京大学史料編纂所所蔵） 334
「ペリー来航予告情報」と中央政局の動向（岩下哲典「開国前夜の政局とペリー来航予告情報」を改題） 338・544・555
兵要録口義（浅野中務少輔祖父親写） 407・408
兵要録（長沼澹齋） 408

ほ

北辺に散った士魂　中島三郎助（中村正勝） 17・119・123
北溟紀行（越後村上藩士、窪田潜龍） 431

ま

町奉行書類所収外国事件書（国会図書館所蔵） 147・313・326・332・333・592
牧野黙庵松村遺稿（濱久雄編集解説） 451
牧野黙庵の詩と生涯（濱久雄） 451

み

箕作阮甫の研究（蘭学資料研究会編） 441

箕作家勤書（津山郷土館報第八集所収）　450

む

村上忠順記録集成・嘉永記（村瀬正章編校訂）　18・217・552・554・770

め

明治維新史（服部之総）　310
明治維新（遠山茂樹）　310
明治前期（鈴木大）　386・452

や

役々ノ者異船将官士外士官立会応接之件（幕末維新外交史料集成所収）　327・338

ゆ

有所不為齋雑録（添川栗編、藤田清校字、中野同子発行）　3・4・12・13・15・16・17・22・26・69・71・72・77・78・284・286・327・338・347・350・355・356・363・385・394・396・432・435・438・439・457・542・553・555
莠草年録（高野武貞、国会図書館所蔵）　334
輶軒書目（有所不為齋雑録所収）　441

よ

予告されていたペリー来航と幕末情報戦争（岩下哲典）　341・344
与謝吟稿（廉齋遺艸所収）　432・434
与力聞書一六号文書成立の研究序説 — 幕末外国関係文書と諸写本の関係について —（木部誠二、東洋文化復刊第百五・百八号所収）　449・554
四方の波　小説関藤藤陰伝・壮年時代（栗谷川虹）　453

り

陸軍歴史（勝安房、陸軍省編）　544

れ

廉齋遺艸（中野同子発行）　27・415

ろ

六月浦賀奉行支配組与力等よりの聞書（米船浦賀渡来一件、一六号文書、古文書本、修訂本、幕末外国関係文書之一の一六所収）　19・68・449・457
六月浦賀奉行支配組与力香山栄左衛門上申書（一五号文書、幕末外国関係文書之一の一五所収）　312・314・324・325・449
六月九日（？）米国使節ペリー書翰　我政府へ　白旗差出の件（一一九号文書、幕末外国関係文書之一の一一九所収）　325・326・331・332・338・350
六月四日浦賀表米船対話書（二〇号文書、幕府外国関係文書之一の二〇所収）　327・332・334・337・338・341
蠟燭説（山陽遺稿巻之十所収）　415
郎盧先生宛諸氏書簡集（山下立樹編）　452

事 項 索 引

あ

アヘン戦争情報と開国勧告（②Ａ～Ｋ甲辰乙巳和蘭告密所収、②′ＡＢＩ和蘭襍録所収②′ＥＦ海軍歴史所収）　11・368・387・388・389・396
②Ａ　鍵箱之上書和解　天保十四年癸卯十一(ママ)月廿七日（和蘭国王密議庁主事）　388・389・390・393・394
②Ｂ　鍵箱之封印和解（記述ナシ）　11・388・389・390・393・394
②Ｃ　書簡外箱上書和解（日本国帝殿下　和蘭国王）　388・389・390・393
②Ｄ　書簡和解　天保十四年癸卯十二月廿七日　388・389・390・393
②Ｅ　鍵箱之上書和解　天保十四年卯十二月廿七日（和蘭国王の密談所頭取）　388・389・390
②Ｆ　鍵箱之封印和解（王之密談所）　388・389・391
②Ｇ　書翰外箱上書ノ和解（日本国王帝殿下え　和蘭国王）　388・389・391・393
②Ｈ　和蘭国王書簡和解　天保十四年卯十二月廿七日　388・389・391・393
②Ｉ　鍵箱之上書横文字和解　天保十四年卯十二月廿七日（国王用方役）　388・389・391・393
②Ｊ　書翰箱上ニ彫付有之候横文字和解（日本国殿下え和蘭国王より）　388・389・391・393
②Ｋ（和蘭国王書翰和解、タイトルナシ）　天保十四年卯十二月廿七日　388・389・391・393
②′Ａ　鍵箱之上書和解　天保十四年癸卯十二月廿七日（和蘭国王密議庁主事）　11・390・393・394
②′Ｂ　鍵箱之封印和解（王之密談所）　11・390・393・394
②′Ｅ　鍵箱之上書和解　天保十四卯年十二月廿七日（密談所頭取）　11・390
②′Ｆ　鍵箱の封印和解（王の密談所）　391
②′Ｉ　鍵箱之上ハ書横文字和解　一千八百四十四年第二月十五日　391
アヘン戦争情報と開国勧告拒絶（②甲辰乙巳和蘭告密所収）　387・389・394
②Ｍ　和蘭国摂政え之御書翰　389・391・393
②Ｎ　かぴたんえ喩書写　370・372・389・391・393
②Ｏ　阿蘭陀国重役へ書翰　389・391・393
②Ｐ　別幅　389・391

②′N　かひたんエ諭書写（和蘭襍録所収）　391•392・393
②′N　甲比丹え諭書写（海軍歴史所収）　391

い

飯塚久米ヨリ聞書　15・50・237・239・261・281・336・340・341・350・352・488
一件本(嘉永六年六月浦賀奉行支配与力等より聞書)　18・19・21・22・27・155・156・164・208・551・598
井伊家　45・46
井伊直亮による三度にわたる十万石加封願（木部誠二）　46
伊井嶌某ヨリ聞書（片葉本）　261・281
井口氏ヨリ聞書（片葉本）　261・281
一件諸書付（嘉永五年子六月和蘭風説申上一件諸書付）　356・360・362・363・364・367・376・390

う

浦賀与力合原総蔵ヨリ聞書（雑録本）　289・457

え

蝦夷探険　402・430・453

お

オランダ国王開国勧告　3・4・10・11・351・355・386・387・389・394・426・435・443・452
阿蘭陀別段風説書　338・339・350・356・440
御請取始末（嘉永五年壬子六月和蘭告密書御請取始末）　4・5・8・10・355・356・357・360・362・363・364・367・376・382・383・384・385・386・387・395・396・406・432・448
①Ⅰ　和蘭国王書簡幷献上物目録和解（①Ⅱ和蘭国王使節呈文之和解・①Ⅲ横文字和解）　388・389・393・406
①Ⅳ　和蘭国摂政え之御書翰幷御別幅甲必丹え御諭書（和蘭摂政エ之御書翰幷御別幅甲必丹エ之御口諭・和蘭国執政へ御書翰並別幅甲比丹え御諭書）　389・391・392
オクタント（コンパスと定木により測定する測量器）　411・412
押込異人　551

か

香山栄左衛門ヨリ聞書　15・242・261・281・320・322・521
片葉本（灰原某ヨリ聞書他）　19・21・27・250・252・254・255・261・263・265・279・281・282・551・518
片葉七本（合原惣蔵ヨリ聞書他）　19・21・27・263・265・266・279・281・282・551・845
改稿本（類輯本）　5・6・7・8・14・17・20・21・23・24・25・32・33・34・47・48・49・111・112・139・146・147・154・156・157・169・170・181・182・199・233・237・275・277・279・324・347・350・550・545・550

き

記聞本（嘉永癸丑アメリカ船渡来記聞）　17・19・21・27・48・51・54・111・112・113・119・139・181・551

く

久里浜仮小屋之図　550・551

こ

合原総蔵ヨリ聞書　15・23・223・239・261・281・318・323・457
近藤良次ヨリ聞書　15・68・132・237・261・281・345・534
古文書本（六月浦賀奉行支配組与力等よりの聞書）　7・16・19・20・21・27・32・68・293・294・299・300・310・312・315・319・320・321・324・348
弘化開国勧告史料　356・386・387・388
コロンブス・ビンセンス号浦賀来航（アメリカ東印度艦隊司令長官ビッドル）　420

さ

三本対校六月浦賀奉行支配組与力等よりの聞書　10・17・25・33・343・457
雑録本（浦賀与力合原総蔵ヨリ聞書他、有所不為齋雑録所収）　5・13・14・15・16・17・19・20・21・27・111・113・347・551
雑件本（飯塚久米三郎ヨリ聞書他、外国雑件三所収）　18・19・21・27・33・47・147・152・153・154・551・592
雑記本（合原惣蔵ヨリ聞書他、高麗環雑記47所収）　5・14・18・19・20・21・27・47・

48・49・205・207・209・237・238・248・551
雑集本（合原伊三郎ヨリ聞書略他） 18・19・21・27・208・237・243・248・249・551・795
再稿本（雑記本） 5・6・7・8・14・17・20・21・23・24・25・32・34・47・56・111・125・130・139・142・155・156・157・164・166・168・169・170・178・180・181・182・183・184・190・197・199・201・202・204・205・209・217・218・219・230・237・250・252・255・261・263・266・268・279・300・324・350・353・550
佐山氏ヨリ聞書（片葉本） 261・281
サマラン号長崎来航 417

し

一六号文書（六月浦賀奉行支配組与力等よりの聞書、幕末外国関係文書之一の一六所収） 4・5・12・13・15・16・17・19・20・342・345・449・450
白旗書簡伝説 9・12・32・45・188・311・314・325・326・327・328・329・331・332・334・335・337・339・340・341・344・349・350・351・352・553・554・555
新聞本（浦賀新聞） 18・19・21・27・202・203・204・205・207・209・551・739
始末本（アメリカ使節応接始末） 18・19・21・27・208・217・218・219・223・224・230・236・237・551・770
初稿本（雑録本） 5・6・7・8・14・17・20・21・23・24・25・28・32・33・34・47・48・49・50・51・56・111・125・126・130・139・140・181・182・324・336・343・347・350・353・545
修訂本（古文書本） 5・6・7・8・20・21・23・24・32・48・49・51・53・56・112・181・310・312・324・349・545・550・554
私策及戯文類（有所不為齋雑録第二八所収） 327
十条五事建議書（海防愚存、徳川斉昭） 328

た

玉里本（海防名応接記） 18・19・21・27・32・124・125・126・130・131・133・208・343・351・353・551・555・557
対顔小屋ノ図 550・551

と

徳川斉昭雪冤運動 26・398・400・403・408・423・424・427

な

内閣本（浦賀与力より之聞書）　18・19・20・21・27・33・47・55・56・139・140・141・142・143・146・551

に

日本開国の端緒　10
日本安全の一ツ之方便　362・378・384・441
日本国殿下え和蘭国王より奉献候貢物目録（②Ｌ）　388・389・391・393
日米和親条約　409・410・428・430
日英和親条約　430
日露和親条約　430

は

幕府政権中枢との情報ネットワーク　4・10・11・26・351・355・356・383・395
舶記本(賀港来舶記)　18・19・21・22・27・197・198・199・200・201・208・551・713
灰原某ヨリ聞書（片葉本）　261・281
八丈島　410

ひ

樋田多二郎ヨリ聞キ書　15・132・261・281・317・344・395・449・501
秘譚本（亜墨利加軍艦渡来秘譚）　18・19・20・21・22・27・166・167・168・170・171・172・178・208・551・628
秘談本（米夷留船秘談）　18・19・20・21・27・54・124・156・157・164・169・170・180・181・182・183・184・185・186・187・188・190・198・201・208・237・315・316・317・318・319・320・321・322・323・324・325・340・349・551・554・656

ふ

フェートン号（英艦）事件　291

へ

ペリー来航　3・4・5・8・9・10・13・15・21・22・33・286・293・297・310・314・315・328・337・340・347・349・350・368・381・408・409・427・438・441・453・

543・544・545・554
米人闖入一件　3・6・8・9・10・43・44・294・295・296・297・309・322・323・347・348・351・543・545・546・549・550・551・552・553・554
ペリー来航予告情報　4・8・9・10・23・45・133・338・339・341・344・347・348・350・351・355・362・364・366・371・387・396・449・450・452・544・554・555
ペリーが渡した白旗（中学社会　新しい歴史教科書）329・350・555
ペリー来航情報と日蘭通商条約草案（御請取始末所収）
咬𠺕吧都督筆記受理の可否　357・358・359・361・362・363・440・442
②A 紅毛かぴたん横文字指出候ニ付御内慮奉伺候書付　357・361・362・363・367
②B 和蘭かひたん別段差出候封書和解　11・358・361・362・363・367・440・442
②C 右書子六月十日夕通詞を以かひたんえ答申聞候口達之覚　11・359・361・362・363・364・443
②D 別段風説書之内　11・359・361・362・363・364・409
②E かひたん再願横文字和解　11・359・361・362・363・364・366・440・443
海防掛評議答申　359・361・362・367・371
②F 海防掛評議答申　359・361・362・367・372・440
②G 子七月廿八日伊勢守長崎奉行え覚　359・361・362・367・372・441
商館長の誓約と都督筆記開示　359・361・362・372
②H 長崎奉行より通詞え相達候書付　359・361・362・372・375・376
②I 通詞え口達之覚　359・361・362・372・375・376・443
②J 答横文字口上書和解　359・361・362・372・375・376・444
②K 咬𠺕吧都督職之者筆記和解　359・361・362・364・373・374・375・376・378・379・384・442・444・446・447
前商館長へ挨拶口上案申請　359・360・361・362・375
②L 咬𠺕吧頭役筆記相廻候ニ付申上候書付　359・361・362・375・376・377・384
②M 海防掛評議答申　360・361・362・377・384・440
②N 長崎奉行え被仰渡案　360・361・362・377・384
日蘭通商条約草案　5・360・361・362・371・378・379・387・390・395・409・442・447
②O 新商館長上申書　360・361・362・378・382・440・444
②P 甲比丹差出候封書和解　5・360・361・362・379・380・382・446・447

ほ

砲艦外交　9・188・325・329・340・343・344・349・350

む

無人島（小笠原島）　298・410

も

文書集本（嘉永六年六月三日亜米利加船浦賀入津より同月一二日退帆に至る間の模様につき浦賀奉行支配組与力等よりの聞書）　7・19・21・27・32・68・69・71・72・73・77・78・112
本藤氏ヨリ聞書（片葉本）　261・281

や

ヤソコセ（耶蘇降世）　208・216・234・248・281・531

よ

与力聞書　3・4・6・8・14・20・21・22・23・32・33・45・112・124・128・147・198・236・282・283・290・299・307・308・310・314・315・324・335・337・338・339・342・343・344・347・348・350・351・352・353・450・543・550・553・555・557
四稿本対校与力聞書校本　8・10・32・33・72・147・203・250・343・457・543

る

類輯本（米使ペルリ初テ渡来浦賀栗浜ニ於テ国書進呈一件）　5・13・14・15・16・17・18・19・20・21・27・143・347・551